허 서 연
서울대학교 자율전공학부 2023년 입학
경북 구미여자고 졸

Xi story Honors
[격려상 수상]

"현빈(현반)이 유화(그림)를 안삼(안섬)!"

■ **지구과학 I 은 개념 암기가 중요해!**

지구과학 I 은 암기를 잘한다면 좋은 성적을 받을 수 있지만, 개념이 많은 만큼 정말 노력해도 안 외워지는 개념이 있어. 나는 '고체 지구'에서 우리나라의 퇴적 지형 파트가 그런 개념이었어. '진안군 마이산이 퇴적 지형... 타포니? 차별 침식? 뭐....그렇다네. 근데 이거 개념이 너무 지엽적이라서 어차피 안 나올거 같은데 그냥 한번 읽어두기만 해야겠다!'라고 처음에는 이런 안일한 태도를 갖고 있었지만, 자이스토리를 풀면서 이 파트로 인해 한 문제를 틀린 이후에는 생각을 바꾸게 되었어.

나는 네 단계 개념 학습 방법으로 지구과학 I 을 완벽하게 암기하려고 노력했어.

① **전체 내용 흐름 잡기**: 1회독에서는 과목의 개요와 전체적인 흐름을 파악해야돼. 정확하게 이해되지 않고 와 닿지 않는 개념들은 완주를 목표로 넘어가도 돼. 그 다음 2회독에서 단원별로 내용을 이해하는 거야.

② **키워드와 구조를 중심으로 암기하기**: 표를 암기할 때는 예를 들어, 화산암의 경우 각 항목의 같은 속성값을 가진 것끼리 묶어서 앞 글자를 따는 거야. (현무암, 반려암), (안산암 섬록암), (유문암, 화성암)은 '현반 안섬 유화' 이런 식으로, 그리고 스토리를 만드는 거야. '현빈(현반)이 유화(그림)를 안삼(안섬)!' 현빈씨가 유화 그림에 일말의 시선조차 주지 않고 매정히 그림을 지나가는 이미지까지 떠올리면 확실히 잊어버리지 않더라고.

③ **백지 학습법**: 내가 아는 것과 모르는 것을 정확하게 구분하는 과정이야. 내가 모르는 것이 무엇인지 정리가 되지 않은 단원은 어디인지 찾을 수 있어.

④ **자투리 시간 활용하기**: 대중교통을 이용하는 시간, 점심시간 식당에서 기다리는 시간 등을 활용해서 지구과학 I 의 암기를 했어.

■ **자료해석 문제는 대처 원칙을 세워 해결하자!**

지구과학 I 에는 개념만으로 해결하기 어려운 자료해석 문제가 빈번하게 등장해. 대표적으로 '엘니뇨와 라니냐' 는 그동안 수많은 그래프들이 변형되어 출제되었는데 이걸 전부 암기하는 것은 비효율적일뿐만 아니라 불가능해. 낯선 자료는 기본적으로 기출에 있던 자료의 변형과 응용이기 때문에 자료 문제가 나왔을 때 대처할 수 있는 나만의 기본과 원칙을 만드는 것이 중요해. 그래서 나는 몇 가지 대처 원칙을 세웠는데 낯선 자료가 나오면 아래의 단계로 해석하려고 했어.

① 문제에서 알려준 조건과 중요하다고 생각되는 조건에 밑줄 치기
② (그래프의) 가로축/세로축 살펴보기
③ (그래프의) 가로축과 세로축 사이의 관계 따져보기
④ 해당 그래프 및 표에서 해석할 수 있는 정보 정리
⑤ 주어진 표만으로 이해되지 않는다면 따로 그림을 그려서 이해하기

지구과학 I 의 경우 같은 유형의 문제도 자료를 바꿔 출제하면서 수험생들이 생소하게 느껴지도록 나오는 경우가 많아 자료를 해석하는 힘과 자료와 개념을 연결시켜서 해석하려는 시도가 필요해.

■ **가능성이 1%라도 남아있다면 포기하지 말자!**

나는 6월 모평에서 지구과학 I 이 4등급이었고 9월 모평에서는 3등급이었어. 6, 9월 모평 등급만으로는 내가 수능 때 지구과학 I 에서 1등급을 받을 것이라고 아무도 예상 못했을 거야. 만약 내가 남들보다 뒤쳐져 시작하는 현실에 포기하고 순응했더라면, 수능 1등급은 그저 요원한 꿈으로만 남았을 거야. 하지만 나는 포기하지 않았고 나 자신을 믿었기에 끝내 백분위 98점으로 1등급을 성취할 수 있었어.

My Story Xi Story [지구과학 I]

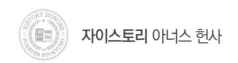

DREAMS COME TRUE

물이 강줄기를 따라 흐르는 것은
그것이 물의 흐름을 가장 쉽게 하는 자연의 순리이기 때문입니다.
최소 저항의 길이라는 이 길을
우리는 세상을 살아가면서 끊임없이 부딪히고, 또 이쪽저쪽 재며 갈등합니다.
순리대로 힘들이지 않고 가면 되는 길인 것 같지만 꼭 그렇지만은 않은가 봅니다.
모두가 으레 밟고 지나가는 이 길이 때로는 버거운 짐이라 느껴져
어떻게든 거슬러 보려고 하지만 바로 이 길만이 최소 저항의 길인 것입니다.

가장 자유로워야 할, 그리고 무한한 가능성을 알맞게 빚어나가야 할 나이에
여러 가지 족쇄에 얽매여 날개를 움츠러뜨린
이 땅의 수많은 수험생들 여러분,
내 앞에 놓인 이 길을 어차피 지나가야 하는 거라면
저 멀고 높은 곳을 목표로 삼아 한 번 멋지게 이뤄보는 것은 어떤가요?
현재가 불안한 사람일수록 앞날을 알고 싶어합니다.
그러나 미래를 아는 사람은 이 세상에 단 한 사람도 없습니다.
그런데 100%는 아니지만 조금이나마
미래를 알 수 있는 방법이 하나 있습니다.

그것은 자신의 현재를 살펴보는 것입니다.
현재에 충실한 것이 곧 내가 꿈꾸는 미래를 만들어 가는 것입니다.
내일을 염려하지 말고 오늘에 충실하면 됩니다.
스스로를 신뢰하고 긍정적인 사고로 전환하면 꿈꾸던 미래가 현실이 됩니다.
더 나은 내일을 위해 고전 분투하는 수험생들을 위해
오늘날의 교육 환경 모두를 개선하는 것은 역부족이지만,
뜻을 모으고, 머리를 맞대고, 마음의 정성을 쏟아
오로지 공부만을 위한 공부가 아닌 편안한 마음으로 볼 수 있는 교재,
노력한 만큼 뿌듯한 결과를 안겨줄 수 있는 교재를
만들어 드리기 위해 꾸준히 노력하겠습니다.

이 땅의 수험생 여러분께 진심으로 경의를 표합니다!!

수경출판사 임직원 올림

🍀 내신+수능 **1등급** 완성 학습 계획표 [21일]

★ 최근 5개년 학력평가를 그대로 수록하였습니다.

★ 실전처럼 정해진 시간에 맞춰 꾸준히 풀면 통합과학 1등급을 받을 수 있습니다.

Day	회차 및 쪽수	틀린 문제 / 헷갈리는 문제 번호 적기	날짜		복습 날짜	
1	**01**회-8~12p		월	일	월	일
2	**02**회-13~17p		월	일	월	일
3	**03**회-18~22p		월	일	월	일
4	**04**회-23~27p		월	일	월	일
5	**05**회-28~32p		월	일	월	일
6	**06**회-34~38p		월	일	월	일
7	**07**회-39~43p		월	일	월	일
8	**08**회-44~48p		월	일	월	일
9	**09**회-49~53p		월	일	월	일
10	**10**회-54~58p		월	일	월	일
11	**11**회-60~64p		월	일	월	일
12	**12**회-65~69p		월	일	월	일
13	**13**회-70~74p		월	일	월	일
14	**14**회-75~79p		월	일	월	일
15	**15**회-80~84p		월	일	월	일
16	**16**회-86~90p		월	일	월	일
17	**17**회-91~95p		월	일	월	일
18	**18**회-96~100p		월	일	월	일
19	**19**회-101~105p		월	일	월	일
20	**20**회-106~110p		월	일	월	일
21	수능 예시문항 - 112~116p		월	일	월	일

• 나는 _____ 대학교 _____ 학과 _____ 학번이 된다.

• 磨斧作針 (마부작침) – 도끼를 갈아 바늘을 만든다. (아무리 어려운 일이라도 끈기 있게 노력하면 이룰 수 있음을 비유하는 말)

🍀 차 례

🍀 집필진 · 감수진 선생님들

🌰 자이스토리는 수능 준비를 가장 효과적으로 할 수 있도록
수능, 평가원, 학력평가 기출문제를 개념별, 유형별, 난이도별로
수록하였으며, 명강의로 소문난 학교·학원 선생님들께서
명쾌한 해설을 입체 첨삭으로 집필하셨습니다.

[집필진]

강동화 대전 대전고등학교	**이상복** 서울 압구정 센티움 학원	**채규선** 경기 경기북과학고등학교
김연귀 서울 혜원여자고등학교	**이은경** 경기 고양일고등학교	**최진아** 서울 현대고등학교
성지은 군포 수리고등학교	**이재훈** 서울 선덕고등학교	**황은수** 울산 울산과학고등학교
안민기 서울 서울과학고등학교	**조은희** 서울 구암고등학교	

[특별 감수진]

권혜령 서울 중앙고등학교	**손지혜** 서울 중앙고등학교	**유성렬** 용인 용인삼계고등학교
김예린 안산 성포고등학교	**송영훈** 서울 뉴런과학학원	**이기담** 경기하남고등학교
김현철 대전 한빛고등학교	**안국진** 성남 판교고등학교	**이미연** 서울 계성고등학교
문금현 광주 숭일고등학교	**오정일** 부천 부천고등학교	**이지영** 서울 풍문고등학교
박보라 서울 장훈고등학교	**오지은** 성남 분당고등학교	**하영훈** 서울 덕원여자고등학교
손아람 서울 강서고등학교	**유동훈** 강원 신철원고등학교	**홍성희** 서울 장훈고등학교

[감수진]

강지우 대전 더오름수학과학학원	**박희원** 대구 군위고등학교	**임덕린** 서울 은광여자고등학교
강현주 수원 망포고등학교	**변재희** 광주 조선대학교부속고등학교	**임지우** 수원 권선고등학교
고현주 수원 이의고등학교	**서지예** 오산 성호고등학교	**임현정** 시흥 신천초등학교
권미정 서울 연희이지과학	**손정아** 오산 세마고등학교	**장다솜** 부산 동아고등학교
권순규 대구 경원고등학교	**송병기** 인천 제일고등학교	**전수민** 성남 분당파인만학원
김나진 서울 현대고등학교	**송영찬** 용인 청덕고등학교	**정건석** 대전 제일학원
김도곤 대전 더오름수학과학학원	**송윤정** 서울 서울대학교사범대학부설고등학교	**정경철** 고창 자유고등학교
김도훈 서울 대치시대인재,다원교육,	**신상미** 서울 사이언스메카과학교습소	**정성범** 서울 단국대학교사범대학부속고등학교
중계학림학원	**신효일** 울산 교담학원	**정운덕** 광주 광주대동고등학교
김미래 서울 세화여자고등학교	**양재석** 서울 와이지수학과학학원	**정율이** 인천 인하대학교사범대학부속고등학교
김민희 서울 장충고등학교	**양정웅** 제주 노형정석학원	**정은정** 울산 채움과학학원
김봉주 천안 신당고등학교	**양종배** 구리 수택고등학교	**정치송** 울산 동지수학과학전문학원
김성구 대전 성지입시전문학원	**유가영** 청주 충북대학교사범대학부설고등학교	**정해나** 서울 효문고등학교
김수정 평택 비전고등학교	**유예지** 서울 세화고등학교	**정해영** 수원 다올림과학전문학원
김수정 경기 남한고등학교	**유지현** 부산 부산중앙여자고등학교	**조문경** 서울 S153과학전문학원
김영민 대구 경원고등학교	**유진하** 서울 풍문고등학교	**조선영** 서울 대일외국어고등학교
김영철 군포 용호고등학교	**윤애란** 서울 석관고등학교	**조선희** 광명 충현고등학교
김유림 서울 상암고등학교	**윤영준** 화성 양감중학교	**조현구** 제주 샘N학원
김의철 광주 국제고등학교	**윤예찬** 포항 포항중앙고등학교	**주민규** 남양주 청학고등학교
김정애 용인 현암고등학교	**윤혁준** 서울 동명여자고등학교	**주인선** 인천 진산과학고등학교
김한나 서울 영일고등학교	**이동수** 서울 광문고등학교	**지혜인** 의정부 삼광학원
김현미 의왕 우성고등학교	**이민경** 부산 부산외국어고등학교	**최길승** 순천 금당고등학교
김현오 의정부 일산과학전문학원	**이민정** 서울 홍익대학교사범대학부속여자	**최선아** 부천 부천고등학교
김효원 부산 다름학원	고등학교	**최성우** 대구 경원고등학교
도효정 성남 분당고등학교	**이봉기** 용인 태성중학교	**최승호** 전주 SMT아카데미 학원
박경환 대구 영남고등학교	**이수령** 서울 중동고등학교	**최신우** 용인 용인한국외국어대학교부설고등학교
박근오 부산 대동학원	**이수일** 서울 대치플라즈마학원	**표미희** 부산 아이작과학전문학원
박성조 화성 예당고등학교	**이영주** 성남 분당고등학교	**한문희** 청주 청주여자고등학교
박성환 대전 메이저학원	**이예진** 천안 오성고등학교	**한성희** 서울 강서고등학교
박세현 대구 경원고등학교	**이윤창** 창원 히포크라테스과학전문학원	**한소희** 서울 한과학
박오석 서울 목동고등학교	**이은령** 부산 학산여자고등학교	**허난영** 구미 구미고등학교
박우열 창원 히포크라테스과학학원	**이지연** 서울 강서고등학교	**황영하** 평택 청옥중학교
박재용 대구 협성고등학교	**이현석** 안양 안양예술고등학교	**황현진** 부천 부천고등학교
박정원 포항 포항제철고등학교	**이화수** 구리 토평고등학교	
박주현 부천 부천고등학교	**임민정** 전주 솔루션과학사회전문학원	

🍀 등급컷

Ⅰ 3월 전국연합

1회 [2024년 3월 시행]
· 나의 점수 : (   )

등급	원점수	누적비율(%)
1	40	3.69
2	35	8.78
3	30	17.35
4	25	30.15
5	20	47.5
6	15	68.36
7	10	89
8	5	98.76

4회 [2021년 3월 시행]
· 나의 점수 : (   )

등급	원점수	누적비율(%)
1	40	11.55
2	35	23.07
3	30	37.46
4	25	53.63
5	20	69.68
6	15	83.18
7	10	94.38
8	5	99.25

2회 [2023년 3월 시행]
· 나의 점수 : (   )

등급	원점수	누적비율(%)
1	40	5.5
2	35	12.28
3	30	22.62
4	25	36.46
5	20	53.33
6	15	71.65
7	10	90.24
8	5	98.63

5회 [2020년 4월 시행]
· 나의 점수 : (   )

등급	원점수	누적비율(%)
1	40	–
2	35	–
3	30	–
4	25	–
5	20	–
6	15	–
7	10	–
8	5	–

3회 [2022년 3월 시행]
· 나의 점수 : (   )

등급	원점수	누적비율(%)
1	40	7.31
2	35	15.65
3	30	27.76
4	25	43.55
5	20	60.98
6	15	77.71
7	10	92.64
8	5	99.03

Ⅱ 6월 전국연합

6회 [2024년 6월 시행]
· 나의 점수 : (   )

등급	원점수	누적비율(%)
1	40	15.4
2	35	24.43
3	30	34.68
4	25	46.71
5	20	60.86
6	15	76.79
7	10	92.59
8	5	99.22

9회 [2021년 6월 시행]
· 나의 점수 : (   )

등급	원점수	누적비율(%)
1	40	12.47
2	35	22.09
3	30	33.49
4	25	46.33
5	20	60.15
6	15	74.55
7	10	90.01
8	5	98.8

7회 [2023년 6월 시행]
· 나의 점수 : (   )

등급	원점수	누적비율(%)
1	40	10.12
2	35	17.66
3	30	26.6
4	25	37.06
5	20	49.76
6	15	65.85
7	10	86.78
8	5	98.42

10회 [2020년 6월 시행]
· 나의 점수 : (   )

등급	원점수	누적비율(%)
1	40	4.4
2	35	11.63
3	30	25.21
4	25	43.44
5	20	62.12
6	15	77.41
7	10	91.89
8	5	96.55

8회 [2022년 6월 시행]
· 나의 점수 : (   )

등급	원점수	누적비율(%)
1	40	20.33
2	35	31.34
3	30	43.61
4	25	56.61
5	20	69.41
6	15	81.34
7	10	93.23
8	5	99.26

Ⅲ 9월 전국연합

11회 [2024년 9월 시행]
· 나의점수 : (   )

등급	원점수	누적비율(%)
1	40	20.73
2	35	31.64
3	30	42.77
4	25	54.17
5	20	65.91
6	15	78.11
7	10	93.23
8	5	99.11

14회 [2021년 8월 시행]
· 나의점수 : (   )

등급	원점수	누적비율(%)
1	40	11.29
2	35	20.41
3	30	31.71
4	25	45.09
5	20	59.82
6	15	75.05
7	10	92.1
8	5	98.88

12회 [2023년 9월 시행]
· 나의점수 : (   )

등급	원점수	누적비율(%)
1	40	11.37
2	35	19.87
3	30	30.86
4	25	44.14
5	20	58.58
6	15	72.54
7	10	92.15
8	5	98.76

15회 [2020년 9월 시행]
· 나의점수 : (   )

등급	원점수	누적비율(%)
1	40	25.47
2	35	37.5
3	30	48.73
4	25	59.22
5	20	68.9
6	15	78.34
7	10	92.09
8	5	97.94

13회 [2022년 8월 시행]
· 나의점수 : (   )

등급	원점수	누적비율(%)
1	40	8.96
2	35	17.67
3	30	28.97
4	25	42.89
5	20	59.09
6	15	75.7
7	10	92.29
8	5	99.22

Ⅳ 11월 전국연합

16회 [2023년 12월 시행]
· 나의점수 : (   )

등급	원점수	누적비율(%)
1	40	14.6
2	35	23.98
3	30	34.25
4	25	45.31
5	20	57.83
6	15	71.8
7	10	89.34
8	5	98.65

19회 [2020년 11월 시행]
· 나의점수 : (   )

등급	원점수	누적비율(%)
1	40	16.45
2	35	26.84
3	30	39.06
4	25	52.78
5	20	66.93
6	15	79.57
7	10	93.92
8	5	99.2

17회 [2022년 11월 시행]
· 나의점수 : (   )

등급	원점수	누적비율(%)
1	40	14.85
2	35	24.75
3	30	36.12
4	25	48.75
5	20	62.24
6	15	76.26
7	10	90.94
8	5	98.91

20회 [2019년 11월 시행]
· 나의점수 : (   )

등급	원점수	누적비율(%)
1	40	10.38
2	35	20.47
3	30	32.79
4	25	46.16
5	20	60.03
6	15	74.72
7	10	92.07
8	5	98.88

18회 [2021년 11월 시행]
· 나의점수 : (   )

등급	원점수	누적비율(%)
1	40	13.53
2	35	24.34
3	30	36.54
4	25	49.5
5	20	62.48
6	15	75.35
7	10	90.05
8	5	98.51

❖ 자신의 점수를 기록하고, 해당 등급에 check 하면서 자신의 위치를 전국 단위로 비교해 보세요.

❖ 2022 새교육과정의 단원 변경으로 등급컷 구분 원점수는 실제 점수와 차이가 있을 수 있습니다.

🍀 내신+수능 **1**등급을 위한 최고의 실전 모의고사

1 최신 5개년 학력평가 기출 모의고사 – 20회

최신 5개년 학력평가를 월별로 구분해서 집중 학습할 수 있도록 수록하였습니다.

2 2028 수능 대비 예시 전문항 수록

교육부에서 발표한 통합과학 대학수학능력시험 예시 문항을 전체 수록했습니다.

3 2022 새교육과정에 맞게 문항 재구성

새교육과정 범위에 맞게 고2·3 학평 및 새교육과정 예상 문제도 추가하여 구성했습니다.

4 고난도, 잘 틀리는 문제 동영상 강의 제공

정답률 50% 이하와 자주 틀리는 문제는 이해하기 쉽게 동영상 강의를 제공합니다.

QR코드 고난도 문제 동영상 강의

8 입체 첨삭 해설!

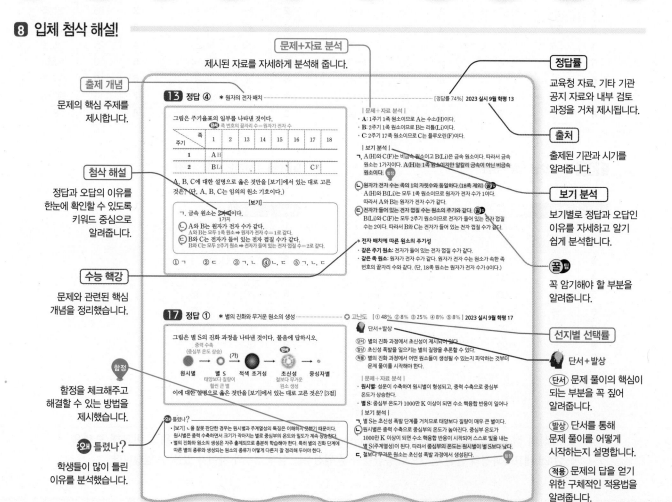

문제+자료 분석
제시된 자료를 자세하게 분석해 줍니다.

출제 개념
문제의 핵심 주제를 제시합니다.

첨삭 해설
정답과 오답의 이유를 한눈에 확인할 수 있도록 키워드 중심으로 알려줍니다.

수능 핵강
문제와 관련된 핵심 개념을 정리했습니다.

함정
함정을 체크해주고 해결할 수 있는 방법을 제시했습니다.

왜 틀렸나?
학생들이 많이 틀린 이유를 분석했습니다.

정답률
교육청 자료, 기타 기관 공지 자료와 내부 검토 과정을 거쳐 제시됩니다.

출처
출제된 기관과 시기를 알려줍니다.

보기 분석
보기별로 정답과 오답인 이유를 자세하고 알기 쉽게 분석합니다.

꿀팁
꼭 암기해야 할 부분을 알려줍니다.

선지별 선택률

단서+발상

단서 문제 풀이의 핵심이 되는 부분을 꼭 짚어 알려줍니다.

발상 단서를 통해 문제 풀이를 어떻게 시작하는지 설명합니다.

적용 문제의 답을 얻기 위한 구체적인 적용법을 알려줍니다.

★3월 전국연합학력평가

[회별 20문항, 제한 시간 30분]

출제 범위	중학교 전 범위		
난이도	상: 3~6문항	중: 10~15문항	하: 1~4문항

3월 대비 학습 전략
• 중등 과정에서의 자유 낙하 하는 물체의 운동, 중화 반응, 세포분열, 판 구조론 개념이 자주 출제된다. 이 개념들은 고등 과정에서도 연계되므로 반드시 중등 과정의 기본 개념부터 충실히 학습해야 한다.

문제 구성
• 1~5번: **물리학**(5문항)
• 6~10번: **화학**(5문항)
• 11~15번: **생명과학**(5문항)
• 16~20번: **지구과학**(5문항)

중등 과정의 내용은 고등 과정에서도 연계되니까 꼼꼼히 공부하자!

01

그림은 프라이팬을 가열하여 달걀 요리를 하면서 세 학생이 대화하는 모습을 나타낸 것이다.

프라이팬 바닥은 비열이 커서 빨리 뜨거워져.

프라이팬에서 달걀로 열이 이동해.

손잡이는 전도에 의한 열의 이동이 잘 일어나지 않는 재질이어야 해.

학생 A   학생 B   학생 C

제시한 내용이 옳은 학생만을 있는 대로 고른 것은?

① A   ② B   ③ A, C   ④ B, C   ⑤ A, B, C

02

다음은 부력과 관련된 실험이다.

〈실험 과정〉

(가) 용수철저울에 질량이 100 g인 추를 매달고 추가 정지한 상태에서 용수철저울의 눈금을 읽는다.

(나) (가)의 추를 물속에 완전히 잠기게 한 후, 추가 정지한 상태에서 용수철저울의 눈금을 읽는다.

(다) 질량이 200 g인 추로 바꾸어 (가), (나) 과정을 반복한다.

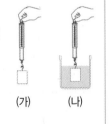

(가)   (나)

〈실험 결과〉

추의 질량(g)	(가)에서의 측정값(N)	(나)에서의 측정값(N)
100	w	㉠
200	㉡	㉢

이에 대한 옳은 설명만을 [보기]에서 있는 대로 고른 것은?

[보기]

ㄱ. ㉠, ㉢은 각각의 추에 작용하는 부력의 크기이다.

ㄴ. ㉡은 w이다.

ㄷ. ㉢은 ㉡보다 작다.

① ㄱ   ② ㄷ   ③ ㄱ, ㄴ   ④ ㄱ, ㄷ   ⑤ ㄴ, ㄷ

03

그림은 렌즈 A 가까이에 물체를 놓았을 때, 물체보다 크고 바로 선 상이 생긴 모습을 나타낸 것이다. A는 볼록 렌즈와 오목 렌즈 중 하나이다. A에 대한 옳은 설명만을 [보기]에서 있는 대로 고른 것은? [3점]

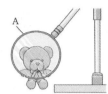

A

[보기]

ㄱ. 볼록 렌즈이다.

ㄴ. 빛을 모으는 데 이용할 수 있다.

ㄷ. A를 이용하여 물체보다 작고 바로 선 상도 만들 수 있다.

① ㄱ   ② ㄷ   ③ ㄱ, ㄴ   ④ ㄴ, ㄷ   ⑤ ㄱ, ㄴ, ㄷ

04

그림은 건전지, 자석, 코일을 이용하여 만든 간이 전동기에서 코일이 자석으로부터 힘을 받아 회전하고 있는 어느 순간의 모습을 나타낸 것이다. P, Q는 코일의 서로 맞은편에 있는 지점이다.

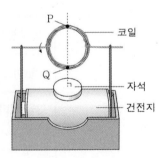

P   코일

Q   자석

건전지

이에 대한 설명으로 옳지 않은 것은?

① P와 Q가 자석으로부터 받는 힘의 방향은 같다.

② 전동기에서는 전기 에너지가 운동 에너지로 전환된다.

③ 자석의 극을 반대로 바꾸면 코일의 회전 방향이 반대로 바뀐다.

④ 전지의 극을 반대로 바꾸면 코일의 회전 방향이 반대로 바뀐다.

⑤ 자석을 세기가 더 강한 것으로 바꾸면 코일이 더 빠르게 회전한다.

05

그림과 같이 지면으로부터 같은 높이에서 테니스공과 야구공을 손으로 잡고 있다가 가만히 놓았다. 질량은 야구공이 테니스공보다 크다.
이에 대한 옳은 설명만을 [보기]에서 있는 대로 고른 것은?
(단, 공기 저항과 공의 크기는 무시한다.) [3점]

테니스공   야구공   지면

[보기]
ㄱ. 떨어지는 동안 테니스공의 역학적 에너지는 일정하다.
ㄴ. 떨어지는 동안 두 공의 단위 시간당 속력의 변화량은 같다.
ㄷ. 지면에 도달하는 순간, 운동 에너지는 야구공이 테니스공보다 크다.

① ㄱ　　② ㄴ　　③ ㄱ, ㄷ　　④ ㄴ, ㄷ　　⑤ ㄱ, ㄴ, ㄷ

06

그림과 같이 삼각 플라스크에 수산화 바륨과 염화 암모늄을 넣고 유리 막대로 섞었더니 플라스크의 바깥쪽 표면에 얼음이 생겼다.
수산화 바륨과 염화 암모늄의 반응에 대한 옳은 설명만을 [보기]에서 있는 대로 고른 것은?

수산화 바륨 + 염화 암모늄
얼음

[보기]
ㄱ. 반응이 일어날 때 주변의 온도가 낮아진다.
ㄴ. 반응이 일어날 때 열에너지를 흡수한다.
ㄷ. 이 반응을 이용하여 손난로를 만들 수 있다.

① ㄱ　　② ㄷ　　③ ㄱ, ㄴ　　④ ㄴ, ㄷ　　⑤ ㄱ, ㄴ, ㄷ

07

그림은 나트륨 원자가 전자를 잃고 나트륨 이온이 되는 과정을 나타낸 것이다.

전자 1개 잃음

나트륨 원자   나트륨 이온

이에 대한 옳은 설명만을 [보기]에서 있는 대로 고른 것은?

[보기]
ㄱ. 전자는 음(−)의 전하를 띤다.
ㄴ. 나트륨 이온은 양이온이다.
ㄷ. 나트륨 원자가 나트륨 이온이 될 때 원자핵의 전하량은 변하지 않는다.

① ㄱ　　② ㄴ　　③ ㄱ, ㄷ　　④ ㄴ, ㄷ　　⑤ ㄱ, ㄴ, ㄷ

08

표는 비커 (가)~(다)에 들어 있는 액체에 대한 자료이다. ㉠은 물과 에탄올 중 하나이다.

비커	(가)	(나)	(다)
액체	물	에탄올	㉠
부피(mL)	100	100	200
질량(g)	100	78.9	200

이에 대한 옳은 설명만을 [보기]에서 있는 대로 고른 것은?
(단, 액체의 온도는 모두 같다.)

[보기]
ㄱ. ㉠은 물이다.
ㄴ. 질량은 물질의 특성이다.
ㄷ. 밀도는 물이 에탄올보다 크다.

① ㄴ　　② ㄷ　　③ ㄱ, ㄴ　　④ ㄱ, ㄷ　　⑤ ㄱ, ㄴ, ㄷ

09

그림 (가)는 삼각 플라스크의 입구를 비눗물로 막고 뜨거운 바람으로 가열할 때 비눗물 막이 부푸는 모습을, (나)는 삼각 플라스크에 작은 드라이아이스 조각을 넣고 입구를 비눗물로 막았을 때 비눗물 막이 부푸는 모습을 나타낸 것이다.

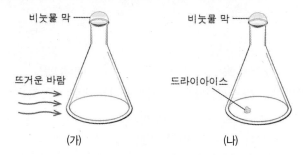

비눗물 막이 부푸는 동안 플라스크 속 기체에 대한 옳은 설명만을 [보기]에서 있는 대로 고른 것은? [3점]

─────[보기]─────
ㄱ. (가)에서 기체 분자의 운동이 활발해진다.
ㄴ. (나)에서 기체 분자의 크기가 커진다.
ㄷ. (가)와 (나)에서 모두 기체 분자의 개수가 많아진다.
─────────────

① ㄱ　　② ㄴ　　③ ㄷ　　④ ㄱ, ㄴ　　⑤ ㄱ, ㄷ

10

그림은 온도와 압력이 일정할 때 기체 A와 기체 B가 반응하여 기체 C가 생성되는 반응의 부피 관계를 나타낸 것이다.

A 1부피　　　B 3부피　　　C 2부피

반응 전 용기 속 입자 모형이 오른쪽 그림과 같을 때, A와 B가 반응하여 C가 생성된 후 용기 속 입자 모형으로 가장 적절한 것은? [3점]

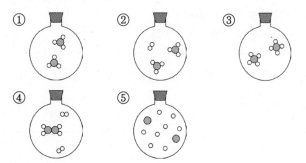

11

표는 생물 ㉠~㉢의 특징을 나타낸 것이다. ㉠~㉢은 고사리, 대장균, 침팬지를 순서 없이 나타낸 것이다.

생물	특징
㉠	단세포생물이다.
㉡	광합성을 한다.
㉢	세포벽이 없는 세포로 구성된다.

이에 대한 옳은 설명만을 [보기]에서 있는 대로 고른 것은?

─────[보기]─────
ㄱ. ㉠은 고사리이다.
ㄴ. ㉡의 세포에는 핵이 있다.
ㄷ. ㉢은 먹이를 섭취하여 영양분을 얻는다.
─────────────

① ㄱ　　② ㄴ　　③ ㄱ, ㄷ　　④ ㄴ, ㄷ　　⑤ ㄱ, ㄴ, ㄷ

12

그림은 어떤 집안의 유전병 (가)에 대한 가계도를 나타낸 것이다. (가)는 우성 대립유전자 A와 열성 대립유전자 a에 의해 결정된다.

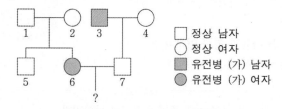

□ 정상 남자
○ 정상 여자
■ 유전병 (가) 남자
● 유전병 (가) 여자

이에 대한 옳은 설명만을 [보기]에서 있는 대로 고른 것은? (단, 돌연변이는 고려하지 않는다.) [3점]

─────[보기]─────
ㄱ. (가)는 우성 형질이다.
ㄴ. 2와 7은 (가)에 대한 유전자형이 같다.
ㄷ. 6과 7 사이에서 아이가 태어날 때, 이 아이에게서 (가)가 발현될 확률은 $\frac{1}{4}$이다.
─────────────

① ㄱ　　② ㄴ　　③ ㄱ, ㄷ　　④ ㄴ, ㄷ　　⑤ ㄱ, ㄴ, ㄷ

13

그림은 정상인에서 혈당량이 증가했을 때 일어나는 혈당량 조절 과정의 일부를 나타낸 것이다. ㉠은 글루카곤과 인슐린 중 하나이다.

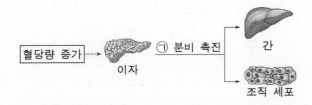

㉠에 대한 옳은 설명만을 [보기]에서 있는 대로 고른 것은?

[보기]
ㄱ. 인슐린이다.
ㄴ. 간에서 글리코젠의 합성을 촉진한다.
ㄷ. 조직 세포로의 포도당 흡수를 촉진한다.

① ㄱ   ② ㄷ   ③ ㄱ, ㄴ   ④ ㄴ, ㄷ   ⑤ ㄱ, ㄴ, ㄷ

14

그림은 소화계에서 일어나는 영양소의 소화 과정을 나타낸 것이다. ㉠과 ㉡은 각각 라이페이스와 아밀레이스 중 하나이다.

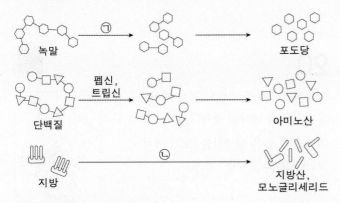

이에 대한 옳은 설명만을 [보기]에서 있는 대로 고른 것은?

[3점]

[보기]
ㄱ. 침에는 ㉠이 있다.
ㄴ. 이자에서 ㉡이 분비된다.
ㄷ. 소장에서 아미노산은 융털의 암죽관으로 흡수된다.

① ㄱ   ② ㄷ   ③ ㄱ, ㄴ   ④ ㄴ, ㄷ   ⑤ ㄱ, ㄴ, ㄷ

15

표는 사람에서 일어나는 세포분열 Ⅰ과 Ⅱ의 특징을, 그림은 사람의 염색체 1쌍을 나타낸 것이다. Ⅰ과 Ⅱ 중 하나는 감수분열이고, 나머지 하나는 체세포분열이다.

세포분열	특징
Ⅰ	㉠
Ⅱ	2가 염색체가 관찰되는 시기가 있다.

이에 대한 옳은 설명만을 [보기]에서 있는 대로 고른 것은? (단, 돌연변이는 고려하지 않는다.) [3점]

[보기]
ㄱ. Ⅱ는 감수분열이다.
ㄴ. '딸세포의 염색체 수가 모세포 염색체 수의 절반이다.'는 ㉠으로 적절하다.
ㄷ. ⓐ는 ⓑ의 상동염색체이다.

① ㄱ   ② ㄴ   ③ ㄱ, ㄷ   ④ ㄴ, ㄷ   ⑤ ㄱ, ㄴ, ㄷ

16

그림은 암석을 분류하는 과정을 나타낸 것이다.

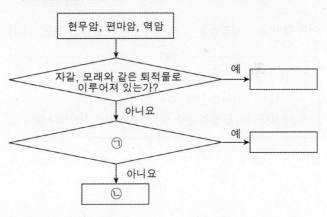

㉠과 ㉡에 들어갈 내용으로 가장 적절한 것은?

	㉠	㉡
①	마그마가 식어 굳어진 것인가?	역암
②	마그마가 식어 굳어진 것인가?	현무암
③	어둡고 밝은 줄무늬가 관찰되는가?	역암
④	어둡고 밝은 줄무늬가 관찰되는가?	현무암
⑤	어둡고 밝은 줄무늬가 관찰되는가?	편마암

17

그림은 우리나라 주변의 해류에 대해 세 학생이 대화하는 모습을 나타낸 것이다.

동한 난류와 황해 난류는 우리나라 주변을 흐르는 해류야.

북한 한류는 저위도에서 고위도로 흘러.

동해에는 난류와 한류가 만나는 해역이 있어.

학생 A   학생 B   학생 C

제시한 내용이 옳은 학생만을 있는 대로 고른 것은?

① A   ② B   ③ A, C   ④ B, C   ⑤ A, B, C

18

그림은 지구에서 6개월 간격으로 측정한 별 S의 시차를 나타낸 것이다.

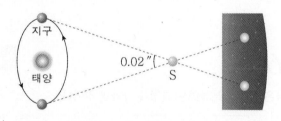

지구

태양

0.02″

S

이에 대한 옳은 설명만을 [보기]에서 있는 대로 고른 것은? [3점]

─[보기]─

ㄱ. S의 연주 시차는 0.02″이다.

ㄴ. S까지의 거리는 100 pc(파섹)이다.

ㄷ. S보다 가까운 별의 연주 시차는 S의 연주 시차보다 작다.

① ㄱ   ② ㄴ   ③ ㄱ, ㄷ   ④ ㄴ, ㄷ   ⑤ ㄱ, ㄴ, ㄷ

19

다음은 닮음비를 이용하여 사진 속 달의 크기를 측정하는 탐구이다.

〈탐구 과정〉

(가) 벽면에 달 사진을 붙이고 3 m 떨어진 곳에 선다.

(나) 종이에 원형의 구멍을 뚫고 구멍의 지름(d)을 측정한다.

(다) 아래 그림과 같이 종이를 달 사진에 평행하게 두고, 종이의 구멍을 통해 달 사진을 본다.

(라) 종이를 앞뒤로 움직여 구멍이 사진 속 달의 크기와 일치할 때, 눈과 종이 사이의 거리(l)를 측정한다.

(마) 비례식 ⎡____㉠____⎤을/를 이용하여 사진 속 달의 지름(D)을 구한다.

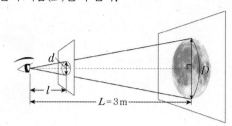

d l D $L = 3\,\text{m}$

〈탐구 결과〉

구분	값(cm)
구멍의 지름(d)	1
눈과 종이 사이의 거리(l)	30
사진 속 달의 지름(D)	㉡

이에 대한 옳은 설명만을 [보기]에서 있는 대로 고른 것은? [3점]

─[보기]─

ㄱ. '$l : L = d : D$'는 ㉠으로 적절하다.

ㄴ. ㉡은 20이다.

ㄷ. d를 크게 하면 l은 작아진다.

① ㄱ   ② ㄴ   ③ ㄱ, ㄷ   ④ ㄴ, ㄷ   ⑤ ㄱ, ㄴ, ㄷ

20

그림은 우리나라 주변의 전선 배치와 강수 구역을 나타낸 것이다.

이에 대한 옳은 설명만을 [보기]에서 있는 대로 고른 것은? [3점]

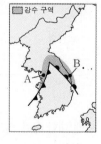

강수 구역

B

A

─[보기]─

ㄱ. 우리나라는 온대 저기압의 영향을 받는다.

ㄴ. A에서는 소나기성 비가 내린다.

ㄷ. B에서는 층운형 구름이 발달한다.

① ㄱ   ② ㄷ   ③ ㄱ, ㄴ   ④ ㄴ, ㄷ   ⑤ ㄱ, ㄴ, ㄷ

01

그림은 전구 A, B가 연결되어 빛이 나고 있는 모습을 나타낸 것이다. C는 A에 연결된 전선 위의 점이다.

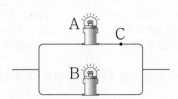

이에 대한 옳은 설명만을 [보기]에서 있는 대로 고른 것은?

─[보기]─
ㄱ. A와 B의 연결 방법은 직렬연결이다.
ㄴ. C에서 전선이 끊어지면 A와 B가 함께 꺼진다.
ㄷ. A와 B의 연결 방법은 멀티탭에 꽂혀 작동하는 전기 기구들 사이의 연결 방법과 같다.

① ㄴ ② ㄷ ③ ㄱ, ㄴ ④ ㄱ, ㄷ ⑤ ㄴ, ㄷ

02

그림과 같이 점 A에 가만히 놓은 물체가 곡면을 따라 높이가 가장 낮은 점 B를 지나 운동하고 있다. 점 C, D는 곡면상의 점이고, A와 D의 높이는 같다.

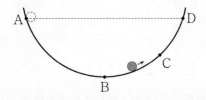

이에 대한 옳은 설명만을 [보기]에서 있는 대로 고른 것은? (단, 물체의 크기, 모든 마찰과 공기 저항은 무시한다.)

─[보기]─
ㄱ. D에서 물체의 속력은 0이다.
ㄴ. 물체의 역학적 에너지는 B에서가 C에서보다 크다.
ㄷ. 물체가 A에서 B로 운동하는 동안, 물체의 위치 에너지가 운동 에너지로 전환된다.

① ㄱ ② ㄴ ③ ㄱ, ㄷ ④ ㄴ, ㄷ ⑤ ㄱ, ㄴ, ㄷ

03

그림은 질량이 같은 물체 A, B를 접촉시킨 순간부터 A와 B의 온도를 시간에 따라 나타낸 것이다. 이에 대한 옳은 설명만을 [보기]에서 있는 대로 고른 것은? (단, 열은 A와 B 사이에서만 이동한다.) [3점]

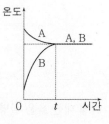

─[보기]─
ㄱ. 0부터 t까지 A가 잃은 열량은 B가 얻은 열량보다 작다.
ㄴ. t 이후 A와 B는 열평형 상태에 있다.
ㄷ. A의 비열이 B의 비열보다 크다.

① ㄱ ② ㄴ ③ ㄱ, ㄷ ④ ㄴ, ㄷ ⑤ ㄱ, ㄴ, ㄷ

04

그림 (가)는 용수철저울에 매달린 추가 물에 절반 정도 잠긴 채 정지해 있는 모습을, (나)는 (가)의 추가 물에 완전히 잠긴 채 정지해 있는 모습을 나타낸 것이다.

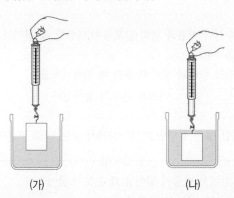

(가)   (나)

(나)에서가 (가)에서보다 크기가 큰 힘만을 [보기]에서 있는 대로 고른 것은? [3점]

─[보기]─
ㄱ. 추에 작용하는 중력
ㄴ. 추에 작용하는 부력
ㄷ. 용수철저울로 측정한 힘

① ㄴ ② ㄷ ③ ㄱ, ㄴ ④ ㄱ, ㄷ ⑤ ㄱ, ㄴ, ㄷ

05

그림은 빛의 삼원색에 해당하는 빛 A, B, C를 흰색 종이에 비추는 모습을 나타낸 것이다. P, Q는 빛이 겹쳐진 영역의 색이다.

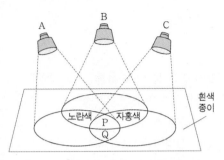

이에 대한 옳은 설명만을 [보기]에서 있는 대로 고른 것은? (단, 종이에 도달하는 A, B, C의 세기는 동일하다.) [3점]

──────[보기]──────
ㄱ. B는 빨간색 빛이다.
ㄴ. Q는 청록색이다.
ㄷ. C의 조명만 끄면 P는 노란색으로 바뀐다.

① ㄱ　② ㄴ　③ ㄱ, ㄷ　④ ㄴ, ㄷ　⑤ ㄱ, ㄴ, ㄷ

06

다음은 2가지 화학 반응이 일어날 때의 열에너지 출입에 대한 설명이다.

(가) 수산화 바륨과 염화 암모늄이 반응할 때 열에너지를 흡수한다.
(나) 산화 칼슘과 물이 반응할 때 열에너지를 ⊙ 하므로 온도가 높아진다.

이에 대한 옳은 설명만을 [보기]에서 있는 대로 고른 것은?

──────[보기]──────
ㄱ. (가)에서 반응이 일어날 때 온도가 낮아진다.
ㄴ. '방출'은 ⊙으로 적절하다.
ㄷ. (나)의 반응을 이용하여 즉석 발열 도시락을 만들 수 있다.

① ㄱ　② ㄴ　③ ㄱ, ㄷ　④ ㄴ, ㄷ　⑤ ㄱ, ㄴ, ㄷ

07

다음은 물질의 특성을 이용한 사례 (가)와 (나)에 대한 설명이다.

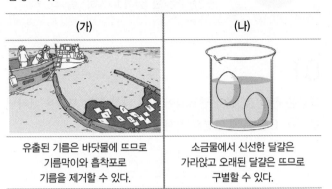

(가)	(나)
유출된 기름은 바닷물에 뜨므로 기름막이와 흡착포로 기름을 제거할 수 있다.	소금물에서 신선한 달걀은 가라앉고 오래된 달걀은 뜨므로 구별할 수 있다.

(가)와 (나)에서 공통으로 이용된 물질의 특성으로 가장 적절한 것은?

① 밀도　② 비열　③ 용해도　④ 녹는점　⑤ 끓는점

08

그림은 리튬 이온(Li^+)과 산화 이온(O^{2-})을 각각 모형으로 나타낸 것이다.

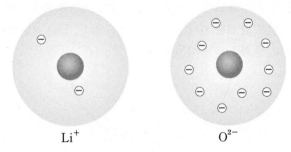

Li 원자의 전자 수(⊙)와 O 원자에서 원자핵의 전하량(ⓛ)으로 옳은 것은? [3점]

	⊙	ⓛ		⊙	ⓛ
①	1	+8	②	1	+12
③	2	+10	④	3	+8
⑤	3	+12			

09

그림 (가)는 물이 들어 있는 가는 유리관의 한쪽 끝을 손으로 막은 것을, (나)는 유리관을 손으로 감쌌을 때 물이 빠져나가는 것을 나타낸 것이다.

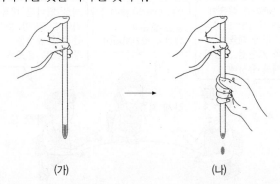

(가)   (나)

(가)에서 (나)로 될 때, 유리관 속 기체에 대한 옳은 설명만을 [보기]에서 있는 대로 고른 것은? (단, 물의 증발은 무시한다.)

[보기]
ㄱ. 부피가 증가한다.
ㄴ. 분자 수가 증가한다.
ㄷ. 분자의 운동이 활발해진다.

① ㄱ   ② ㄴ   ③ ㄱ, ㄷ   ④ ㄴ, ㄷ   ⑤ ㄱ, ㄴ, ㄷ

10

그림은 기체 반응 (가)와 (나)에서 부피 관계를 각각 모형으로 나타낸 것이다.

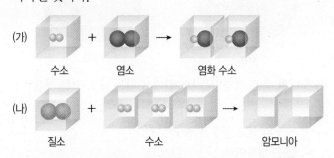

(가)   수소 + 염소 → 염화 수소

(나)   질소 + 수소 → 암모니아

이에 대한 옳은 설명만을 [보기]에서 있는 대로 고른 것은? (단, 기체의 온도와 압력은 일정하다.) [3점]

[보기]
ㄱ. (가)에서 수소와 염소는 1 : 1의 질량비로 반응한다.
ㄴ. 질소와 수소가 반응하여 암모니아를 생성할 때 기체의 부피는 감소한다.
ㄷ. 암모니아의 분자 모형은 🔬이다.

① ㄱ   ② ㄴ   ③ ㄷ   ④ ㄱ, ㄴ   ⑤ ㄴ, ㄷ

11

그림은 식물의 잎에서 일어나는 광합성을 나타낸 것이다. A와 B는 각각 산소와 이산화 탄소 중 하나이다.

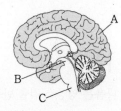

빛에너지

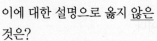

A+물 ─→ B+포도당

이에 대한 옳은 설명만을 [보기]에서 있는 대로 고른 것은?

[보기]
ㄱ. A는 이산화 탄소이다.
ㄴ. 기공을 통해 A와 B가 출입한다.
ㄷ. 광합성에서 포도당이 분해된다.

① ㄱ   ② ㄷ   ③ ㄱ, ㄴ   ④ ㄴ, ㄷ   ⑤ ㄱ, ㄴ, ㄷ

12

그림은 사람의 뇌 구조를 나타낸 것이다. A~C는 각각 대뇌, 연수, 중간뇌 중 하나이다.
이에 대한 설명으로 옳지 않은 것은?

① A는 대뇌이다.   ② A에 연합뉴런이 있다.
③ B는 동공 크기를 조절한다. ④ C는 심장박동을 조절한다.
⑤ 뇌는 말초신경계에 속한다.

13

그림은 어떤 동물에서 체세포분열이 일어나고 있는 여러 세포를 나타낸 것이다. A와 B는 각각 전기 세포와 중기 세포 중 하나이다.

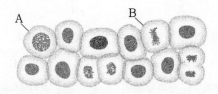

이에 대한 옳은 설명만을 [보기]에서 있는 대로 고른 것은? (단, 돌연변이는 고려하지 않는다.) [3점]

[보기]
ㄱ. A는 전기 세포이다.
ㄴ. B에서 염색체가 관찰된다.
ㄷ. 체세포분열 결과 만들어진 딸세포는 모세포보다 염색체 수가 적다.

① ㄱ   ② ㄷ   ③ ㄱ, ㄴ   ④ ㄴ, ㄷ   ⑤ ㄱ, ㄴ, ㄷ

14

그림은 사람의 심장 구조를 나타낸 것이다. A와 B는 각각 우심실과 좌심방 중 하나이다.

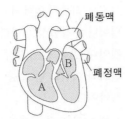

이에 대한 옳은 설명만을 [보기]에서 있는 대로 고른 것은? [3점]

[보기]
ㄱ. B는 우심실이다.
ㄴ. A가 수축할 때 A와 폐동맥 사이의 판막이 닫힌다.
ㄷ. 혈액의 산소 농도는 폐정맥에서가 폐동맥에서보다 높다.

① ㄱ   ② ㄷ   ③ ㄱ, ㄴ   ④ ㄴ, ㄷ   ⑤ ㄱ, ㄴ, ㄷ

15

다음은 영양소 검출 반응 실험이다.

〈실험 과정 및 결과〉
(가) 시험관 A~C에 달걀 흰자액을 각각 10 mL씩 넣는다.
(나) A에 증류수, B에 수단Ⅲ 용액, C에 뷰렛 용액(5 % 수산화 나트륨 수용액＋1 % 황산 구리 수용액)을 0.5 mL씩 넣는다.

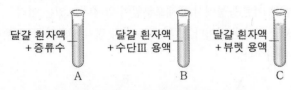

(다) 반응 후 각 시험관의 색깔 변화는 표와 같다.

시험관	A	B	C
색깔 변화	변화 없음	㉠	보라색으로 변함

이에 대한 옳은 설명만을 [보기]에서 있는 대로 고른 것은? [3점]

[보기]
ㄱ. ㉠은 '청람색으로 변함'이다.
ㄴ. C의 색깔 변화로 달걀 흰자액에 단백질이 있음을 알 수 있다.
ㄷ. 수단Ⅲ 용액은 지방 검출에 이용한다.

① ㄱ   ② ㄷ   ③ ㄱ, ㄴ   ④ ㄴ, ㄷ   ⑤ ㄱ, ㄴ, ㄷ

16

다음은 베게너가 주장한 대륙 이동설의 증거에 대한 세 학생의 대화이다.

남아메리카 대륙의 동쪽 해안선 모양과 아프리카 대륙의 서쪽 해안선 모양이 대체로 유사해.

멀리 떨어진 대륙에서 같은 종류의 화석이 발견되었어.

서로 떨어진 대륙을 하나로 모으면 빙하의 흔적이 남극을 중심으로 분포해.

학생 A   학생 B   학생 C

제시한 의견이 옳은 학생만을 있는 대로 고른 것은?

① A   ② C   ③ A, B   ④ B, C   ⑤ A, B, C

17

그림 (가)는 지구의 수권 분포를, (나)는 육지의 물 분포를 나타낸 것이다.

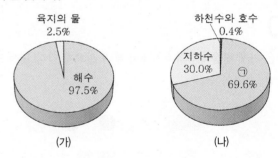

(가)   (나)

이에 대한 옳은 설명만을 [보기]에서 있는 대로 고른 것은?

[보기]
ㄱ. 지구의 물은 대부분 해수이다.
ㄴ. ㉠은 빙하이다.
ㄷ. 생활용수로 바로 활용할 수 있는 물이 수권 전체에서 차지하는 비율은 2 %보다 크다.

① ㄱ   ② ㄷ   ③ ㄱ, ㄴ   ④ ㄴ, ㄷ   ⑤ ㄱ, ㄴ, ㄷ

18

그림은 어느 날 우리나라에서 관측한 별의 일주 운동 모습을 나타낸 것이다.

이에 대한 옳은 설명만을 [보기]에서 있는 대로 고른 것은?

[3점]

─[보기]─
ㄱ. 북쪽 하늘을 관측한 것이다.
ㄴ. 별 A의 일주 운동은 시계 방향으로 일어난다.
ㄷ. 별의 일주 운동은 지구의 공전 때문에 나타나는 현상이다.

① ㄱ　　② ㄴ　　③ ㄱ, ㄷ　　④ ㄴ, ㄷ　　⑤ ㄱ, ㄴ, ㄷ

19

그림 (가)는 1955년부터 2020년까지 지구의 평균 기온 변화를, (나)는 이 기간 동안 대기 중 이산화 탄소 농도 변화를 나타낸 것이다.

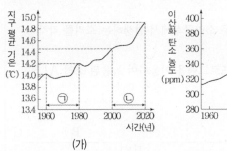

이에 대한 옳은 설명만을 [보기]에서 있는 대로 고른 것은?

─[보기]─
ㄱ. 지구의 평균 기온 변화 폭은 ㉠ 기간이 ㉡ 기간보다 크다.
ㄴ. 이 기간 동안 이산화 탄소 농도 증가는 지구의 평균 기온 상승에 영향을 주었을 것이다.
ㄷ. 이 기간 동안 해수면의 평균 높이는 높아졌을 것이다.

① ㄱ　　② ㄷ　　③ ㄱ, ㄴ　　④ ㄴ, ㄷ　　⑤ ㄱ, ㄴ, ㄷ

20

다음은 우주 팽창에 따른 은하 사이의 거리 변화를 알아보기 위한 모형 실험이다.

〈실험 과정〉
(가) 풍선을 작게 분 다음 ㉠ 스티커 A~D를 붙인다.
(나) A와 B, A와 C, A와 D 사이의 거리를 각각 줄자로 잰다.
(다) 풍선을 크게 분 다음 (나)의 과정을 반복한다.

 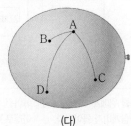

　　　　(나)　　　　　　　　　　(다)

〈실험 결과〉

과정	A와 B 사이의 거리(cm)	A와 C 사이의 거리(cm)	A와 D 사이의 거리(cm)
(나)	4	8	10
(다)	8	16	20

이에 대한 옳은 설명만을 [보기]에서 있는 대로 고른 것은?

[3점]

─[보기]─
ㄱ. ㉠은 은하에 해당한다.
ㄴ. B와 C 사이의 거리는 (나)보다 (다)에서 멀다.
ㄷ. 스티커 사이의 거리가 멀수록 풍선의 팽창에 따른 거리 변화값이 크다.

① ㄱ　　② ㄴ　　③ ㄱ, ㄷ　　④ ㄴ, ㄷ　　⑤ ㄱ, ㄴ, ㄷ

01

그림은 열의 이동과 관련된 현상 A~C를 나타낸 것이다.

A: 촛불 위에서 바람개비가 돌아간다.   B: 에어컨의 찬 공기가 아래로 내려온다.   C: 난로를 쬐는 손바닥이 손등보다 따뜻하다.

대류에 의한 현상만을 있는 대로 고른 것은?

① A   ② B   ③ C   ④ A, B   ⑤ B, C

02

그림은 대전되지 않은 금속구 A와 대전된 금속구 B가 음(−)전하로 대전된 막대 P에 의해 각각 끌려오거나 밀려나는 모습을 나타낸 것이다. A와 B는 절연된 실에 매달려 있다.

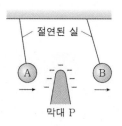

이에 대한 옳은 설명만을 [보기]에서 있는 대로 고른 것은? (단, A, B, P는 서로 접촉하지 않는다.) [3점]

─[보기]─
ㄱ. A에서 전자는 P에 가까운 쪽으로 이동한다.
ㄴ. B는 음(−)전하로 대전되어 있다.
ㄷ. P를 제거하면, A와 B에는 서로 당기는 전기력이 작용한다.

① ㄱ   ② ㄴ   ③ ㄱ, ㄷ   ④ ㄴ, ㄷ   ⑤ ㄱ, ㄴ, ㄷ

03

그림은 두 공 A와 B를 각각 지면으로부터 높이가 $2h$와 h인 지점에서 가만히 놓았을 때, A와 B가 자유 낙하하는 모습을 나타낸 것이다. A와 B의 질량은 각각 m과 $2m$이다.

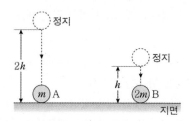

지면에 도달하는 순간, A가 B보다 큰 물리량만을 [보기]에서 있는 대로 고른 것은? (단, 지면에서 공의 위치 에너지는 0이고, 공의 크기와 공기 저항은 무시한다.)

─[보기]─
ㄱ. 속력   ㄴ. 운동 에너지   ㄷ. 역학적 에너지

① ㄱ   ② ㄷ   ③ ㄱ, ㄴ   ④ ㄴ, ㄷ   ⑤ ㄱ, ㄴ, ㄷ

04

다음은 소리를 분석하는 실험이다.

〈실험 과정〉
(가) 서로 다른 두 소리굽쇠에서 발생하는 소리를 각각 녹음한다.
(나) 소리 분석 프로그램을 이용하여 녹음된 소리 A, B를 분석한다.

〈실험 결과〉

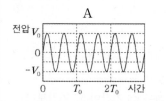 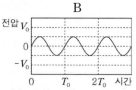

이에 대한 옳은 설명만을 [보기]에서 있는 대로 고른 것은?

─[보기]─
ㄱ. 소리의 주기는 A가 B보다 짧다.
ㄴ. 소리의 높이는 A가 B보다 높다.
ㄷ. 소리의 크기는 A가 B보다 크다.

① ㄱ   ② ㄴ   ③ ㄱ, ㄷ   ④ ㄴ, ㄷ   ⑤ ㄱ, ㄴ, ㄷ

05

그림과 같이 동일한 용수철 A와 B가 연직 아래로 같은 길이만큼 늘어난 채 정지해 있다. A와 B의 탄성력의 크기는 각각 F_A와 F_B이고, 왼손이 A를 직접 당기는 힘과 오른손이 B에 매달린 추를 당기는 힘의 크기는 각각 f_A와 f_B이다.

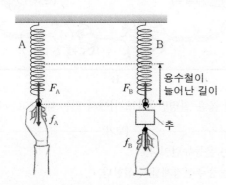

힘의 크기를 옳게 비교한 것은? [3점]

	탄성력의 크기	손이 당기는 힘의 크기
①	$F_A > F_B$	$f_A > f_B$
②	$F_A > F_B$	$f_A < f_B$
③	$F_A = F_B$	$f_A > f_B$
④	$F_A = F_B$	$f_A = f_B$
⑤	$F_A < F_B$	$f_A < f_B$

06

그림 (가)는 t_1°C에서 실린더에 헬륨(He) 기체가 들어 있는 모습을, (나)는 피스톤 위에 추를 올려놓았을 때의 모습을, (다)는 온도를 t_2°C로 변화시켰을 때의 모습을 나타낸 것이다.

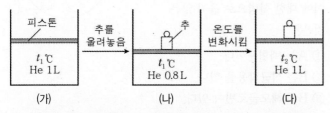

이에 대한 옳은 설명만을 [보기]에서 있는 대로 고른 것은? (단, 대기압은 일정하고, 피스톤의 질량과 마찰은 무시한다.)

[보기]
ㄱ. 실린더 속 기체의 압력은 (나) > (가)이다.
ㄴ. $t_2 > t_1$이다.
ㄷ. 실린더 속 기체 분자의 운동은 (다)에서가 (나)에서보다 활발하다.

① ㄱ　② ㄷ　③ ㄱ, ㄴ　④ ㄴ, ㄷ　⑤ ㄱ, ㄴ, ㄷ

07

그림은 고체 물질 X를 일정한 열원으로 가열할 때 시간에 따른 온도를 나타낸 것이다.

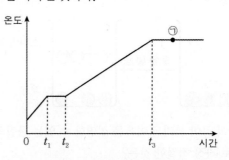

이에 대한 옳은 설명만을 [보기]에서 있는 대로 고른 것은?

[보기]
ㄱ. t_1부터 t_2까지 X는 액화된다.
ㄴ. t_2부터 t_3까지 X가 흡수한 열은 상태 변화에만 이용된다.
ㄷ. ㉠에서 X는 2가지 상태로 존재한다.

① ㄱ　② ㄴ　③ ㄷ　④ ㄱ, ㄴ　⑤ ㄱ, ㄷ

08

표는 원자 X~Z의 이온에 대한 자료이다.

이온	X^{2+}	Y^-	Z^{2-}
전자 수	10	10	10

이에 대한 옳은 설명만을 [보기]에서 있는 대로 고른 것은? (단, X~Z는 임의의 원소 기호이다.) [3점]

[보기]
ㄱ. 원자 X가 전자 2개를 잃어 X^{2+}이 된다.
ㄴ. 원자의 전자 수는 Y > X이다.
ㄷ. 원자핵의 전하량은 $Z^{2-} > Y^-$이다.

① ㄱ　② ㄴ　③ ㄱ, ㄷ　④ ㄴ, ㄷ　⑤ ㄱ, ㄴ, ㄷ

❖ 정답 및 해설 22~25p

09

그림은 스타이로폼 공과 쇠공이 함께 들어 있는 비커에 물을 넣었을 때 공이 분리되는 것을 나타낸 것이다.

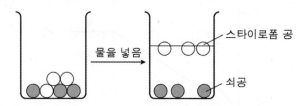

이와 같이 공이 분리된 이유를 설명할 수 있는 물질의 특성으로 가장 적절한 것은?

① 굳기   ② 밀도   ③ 끓는점   ④ 녹는점   ⑤ 용해도

10

표는 용기에 X와 Y를 넣고 한 가지 물질이 모두 소모될 때까지 반응시킨 실험 Ⅰ과 Ⅱ에 대한 자료이다. X와 Y가 반응하여 Z가 생성되고, Ⅰ에서 반응 후 남은 반응물의 질량은 2 g이다.

실험	반응 전		반응 후 Z의 질량(g)
	X의 질량(g)	Y의 질량(g)	
Ⅰ	1	6	5
Ⅱ	3	x	10

x는? [3점]

① 7   ② 8   ③ 11   ④ 12   ⑤ 15

11

표는 생물 (가)와 (나)에서 핵막과 세포벽의 유무를 나타낸 것이다. (가)와 (나)는 각각 대장균과 아메바 중 하나이다.

구분	핵막	세포벽
(가)	있음	없음
(나)	없음	있음

이에 대한 옳은 설명만을 [보기]에서 있는 대로 고른 것은? [3점]

[보기]
ㄱ. (가)는 아메바이다.
ㄴ. (나)는 단세포생물이다.
ㄷ. (나)는 원핵생물계에 속한다.

① ㄱ   ② ㄴ   ③ ㄱ, ㄷ   ④ ㄴ, ㄷ   ⑤ ㄱ, ㄴ, ㄷ

12

그림은 뉴런 A~C가 연결된 모습을 나타낸 것이다. A~C는 각각 연합뉴런, 운동뉴런, 감각뉴런 중 하나이다.

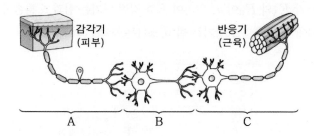

이에 대한 옳은 설명만을 [보기]에서 있는 대로 고른 것은?

[보기]
ㄱ. A는 운동뉴런이다.
ㄴ. B는 중추신경계를 구성한다.
ㄷ. C에 신경세포체가 있다.

① ㄱ   ② ㄷ   ③ ㄱ, ㄴ   ④ ㄴ, ㄷ   ⑤ ㄱ, ㄴ, ㄷ

13

그림은 혈액의 구성 성분 A~C를 나타낸 것이다. A~C는 각각 혈소판, 적혈구, 백혈구 중 하나이다.
이에 대한 설명으로 옳지 <u>않은</u> 것은?

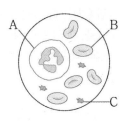

① A는 백혈구이다.
② B는 식균작용을 한다.
③ B에 헤모글로빈이 있다.
④ C는 혈액응고에 관여한다.
⑤ A~C는 모두 혈구에 해당한다.

14

다음은 검정말을 이용한 광합성 실험이다.

〈실험 과정 및 결과〉

(가) ㉠ 날숨을 불어넣어 노란색으로 변화시킨 BTB
용액을 시험관 A~C에 넣는다.

(나) 그림과 같이 B와 C에만 검정말을 넣고, C는 빛이
통하지 않도록 은박지로 감싼다.

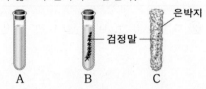

(다) 일정 시간 동안 빛을 비춘 후 A~C의 BTB 용액
색깔을 관찰한 결과는 표와 같다. ⓐ는 노란색과
파란색 중 하나이다.

시험관	A	B	C
색깔	노란색	파란색	ⓐ

이에 대한 옳은 설명만을 [보기]에서 있는 대로 고른 것은?
(단, 제시된 조건 이외의 조건은 같다.) [3점]

─[보기]─
ㄱ. ㉠에 이산화 탄소가 있다.
ㄴ. (다)의 B에서 광합성이 일어났다.
ㄷ. ⓐ는 노란색이다.

① ㄱ　　② ㄷ　　③ ㄱ, ㄴ　　④ ㄴ, ㄷ　　⑤ ㄱ, ㄴ, ㄷ

15

그림은 아버지, 어머니,
딸, 아들로 구성된 어떤
가족의 유전병 (가)에
대한 가계도이다. (가)는
우성 대립유전자 A와 열성 대립유전자 a에 의해 결정된다.
이에 대한 옳은 설명만을 [보기]에서 있는 대로 고른 것은?
(단, 돌연변이는 고려하지 않는다.) [3점]

□ 정상 남자
○ 정상 여자
■ 유전병 (가) 남자
● 유전병 (가) 여자

─[보기]─
ㄱ. 아버지는 A와 a를 모두 가진다.
ㄴ. 딸과 아들은 (가)의 유전자형이 같다.
ㄷ. 셋째 아이가 태어날 때, 이 아이에게서 (가)가 나타날
확률은 $\frac{1}{2}$이다.

① ㄱ　　② ㄷ　　③ ㄱ, ㄴ　　④ ㄴ, ㄷ　　⑤ ㄱ, ㄴ, ㄷ

16

그림은 지구 내부의 층상 구조를 나타낸 것이다.

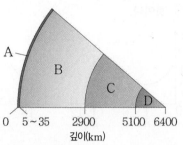

A~D 층에 대한 옳은 설명만을 [보기]에서 있는 대로 고른 것은?

─[보기]─
ㄱ. B는 맨틀이다.
ㄴ. C는 고체 상태이다.
ㄷ. 밀도는 A가 D보다 크다.

① ㄱ　　② ㄴ　　③ ㄱ, ㄷ　　④ ㄴ, ㄷ　　⑤ ㄱ, ㄴ, ㄷ

17

그림은 별 S에서 나온 빛이 거리가 멀어짐에 따라 퍼져
나가는 모습을 나타낸 것이다.

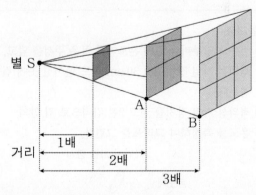

이에 대한 옳은 설명만을 [보기]에서 있는 대로 고른 것은?

[3점]

─[보기]─
ㄱ. 거리가 멀어질수록 별빛이 비추는 면적은 넓어진다.
ㄴ. 거리가 2배 멀어지면 관측되는 별의 밝기는 $\frac{1}{4}$배가
된다.
ㄷ. 별 S의 절대 등급은 A 지점과 B 지점에서 같다.

① ㄱ　　② ㄴ　　③ ㄱ, ㄷ　　④ ㄴ, ㄷ　　⑤ ㄱ, ㄴ, ㄷ

18

그림은 서해안에서 관측한, 조석 현상에 의한 해수면의 높이 변화를 나타낸 것이다.

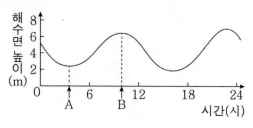

이에 대한 옳은 설명만을 [보기]에서 있는 대로 고른 것은?

┌─────────[보기]─────────┐
ㄱ. A일 때 만조이다.

ㄴ. 6시에는 밀물이 나타난다.

ㄷ. 이날 갯벌이 가장 넓게 드러나는 때는 B이다.
└────────────────────────┘

① ㄱ　　② ㄴ　　③ ㄱ, ㄷ　　④ ㄴ, ㄷ　　⑤ ㄱ, ㄴ, ㄷ

19

다음은 지구의 복사 평형의 원리를 알아보기 위한 실험이다.

┌────────────────────────────────────┐
〈실험 과정〉

(가) 검은색 알루미늄 컵에 온도계를 꽂은 뚜껑을 덮고, 적외선 가열 장치에서 30 cm 정도 떨어진 곳에 컵을 놓는다.

(나) 적외선 가열 장치를 켜고 2분 간격으로 컵 안의 온도를 측정하여 그래프를 그린다.

〈실험 결과〉

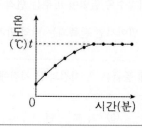
└────────────────────────────────────┘

이에 대한 옳은 설명만을 [보기]에서 있는 대로 고른 것은?

[3점]

┌─────────[보기]─────────┐
ㄱ. 적외선 가열 장치는 태양에 해당한다.

ㄴ. 컵 안의 온도가 $t\,°C$에 도달했을 때 컵이 흡수하는 에너지와 방출하는 에너지의 양은 같다.

ㄷ. 컵과 적외선 가열 장치의 거리를 40 cm로 하면 컵 안의 온도는 $t\,°C$보다 높은 온도에서 일정해진다.
└────────────────────────┘

① ㄱ　　② ㄷ　　③ ㄱ, ㄴ　　④ ㄴ, ㄷ　　⑤ ㄱ, ㄴ, ㄷ

20

그림은 어느 날 일식이 일어났을 때 태양, 달, 지구의 상대적인 위치를 나타낸 것이다.

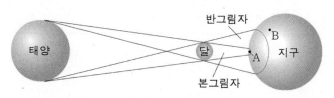

이에 대한 옳은 설명만을 [보기]에서 있는 대로 고른 것은?

[3점]

┌─────────[보기]─────────┐
ㄱ. 이날 보름달이 관측된다.

ㄴ. 이때 A 지역에서는 개기 일식이 관측된다.

ㄷ. 이때 B 지역에서는 일식이 관측되지 않는다.
└────────────────────────┘

① ㄱ　　② ㄷ　　③ ㄱ, ㄴ　　④ ㄴ, ㄷ　　⑤ ㄱ, ㄴ, ㄷ

01

다음은 선생님이 제시한 과제와 학생 A, B, C의 답변이다.

과학 선생님

여러분!
무동력차가 내려가면서 속력이 증가할 때, 무동력차의 에너지 변화를 댓글로 달아 주세요.

좋아요 100개

A: 운동 에너지가 증가해요.

B: 지면 기준으로 위치 에너지가 감소해요.

C: 역학적 에너지가 증가해요.

답변의 내용이 옳은 학생만을 있는 대로 고른 것은?
① A   ② C   ③ A, B   ④ B, C   ⑤ A, B, C

02

다음은 전압과 전류의 관계를 알아보는 실험 과정이다.

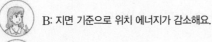

〈실험 과정〉
(가) 저항값이 100 Ω인
니크롬선 A를 전원 장치에
연결한 회로를 구성한다.
(나) 스위치를 닫고 전원
장치의 전압을 증가시키며
니크롬선에 걸리는 전압과 니크롬선에 흐르는 전류의
세기를 측정한다.
(다) (가)에서 A를 저항값이 200 Ω인 니크롬선 B로 바꾼
후 (나)를 수행한다.

A, B에 흐르는 전류의 세기를 전압에 따라 나타낸 그래프로 가장 적절한 것은? [3점]

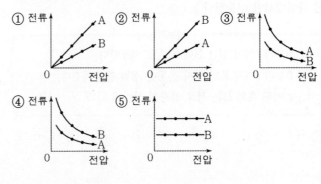

03

그림은 빛의 삼원색에 해당하는 빨강, 초록, 파랑 빛이 나오는 화소로 구성된 화면에서 색을 표현할 때, 화면의 각 지점 A와 B를 확대한 모습을 나타낸 것이다. A에서는 초록빛이, B에서는 빨강 빛이 나오는 화소가 꺼져 있다.

A와 B에서 표현한 색으로 가장 적절한 것은? (단, 켜진 화소의 밝기는 모두 같다.)

	A	B		A	B
①	노란색	자홍색	②	노란색	청록색
③	자홍색	노란색	④	자홍색	청록색
⑤	청록색	자홍색			

04

그림은 물체 A를 액체 B에 넣은 후, A와 B의 온도를 시간에 따라 나타낸 것이다. t일 때 A와 B의 온도가 같아졌다.

이에 대한 옳은 설명만을 [보기]에서 있는 대로 고른 것은? (단, 열은 A와 B 사이에서만 이동한다.)

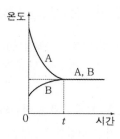

[보기]
ㄱ. 0부터 t까지 열은 B에서 A로 이동한다.
ㄴ. 0부터 t까지 B의 입자 운동은 점점 활발해진다.
ㄷ. t 이후 A와 B는 서로 열평형 상태에 있다.

① ㄱ   ② ㄴ   ③ ㄱ, ㄷ   ④ ㄴ, ㄷ   ⑤ ㄱ, ㄴ, ㄷ

05

그림 (가)는 물체 A가 용수철저울에 매달려 정지해 있는 모습을, (나)는 (가)의 A를 물에 넣었을 때 A가 물속에서 정지해 있는 모습을 나타낸 것이다. (가)와 (나)에서 용수철저울로 측정한 힘의 크기는 각각 40 N, 30 N이다.

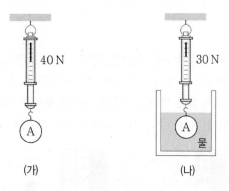

(나)에서 A에 작용하는 부력의 크기는? [3점]

① 10 N   ② 30 N   ③ 40 N   ④ 50 N   ⑤ 70 N

06

그림 (가)는 감압 용기에 풍선을 넣은 모습을, (나)는 (가)의 감압 용기에서 공기를 빼낸 후의 모습을 나타낸 것이다.

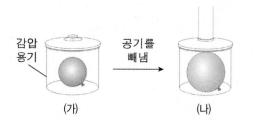

이에 대한 옳은 설명만을 [보기]에서 있는 대로 고른 것은?
[3점]

[보기]
ㄱ. 감압 용기 속 기체의 분자 수는 (가) > (나)이다.
ㄴ. 풍선 속 기체의 압력은 (가)에서와 (나)에서가 같다.
ㄷ. (나)의 감압 용기에 공기를 다시 넣어 주면 풍선의 부피는 증가한다.

① ㄱ   ② ㄷ   ③ ㄱ, ㄴ   ④ ㄴ, ㄷ   ⑤ ㄱ, ㄴ, ㄷ

07

그림은 이온 (가)~(다)를 모형으로 나타낸 것이다.

이에 대한 설명으로 옳은 것은?

① ⊖은 원자핵이다.
② (가)는 음이온이다.
③ (나)는 양이온이다.
④ 원자핵의 전하량은 (가) > (나)이다.
⑤ 원자일 때 전자 수는 (다) > (나)이다.

08

그림은 염화 나트륨(NaCl) 수용액 (가)와 질산 은(AgNO₃) 수용액 (나)를 혼합하였을 때, (나)와 혼합 용액에 들어 있는 이온을 모형으로 나타낸 것이다.

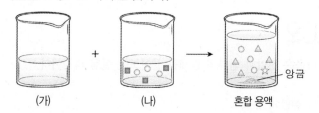

(가)에 들어 있는 이온을 모형으로 옳게 나타낸 것은? [3점]

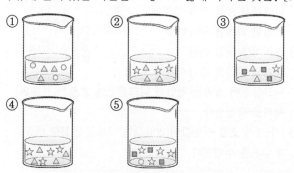

09

그림 (가)는 액체 X와 Y의 혼합물을 가열하여 분리하는 장치를, (나)는 액체 Y와 Z의 혼합물을 분리하는 장치를 나타낸 것이다. (가)에서는 X가, (나)에서는 Y가 먼저 분리된다.

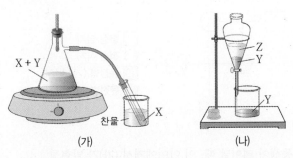

(가)   (나)

이에 대한 옳은 설명만을 [보기]에서 있는 대로 고른 것은?

─────[보기]─────
ㄱ. 끓는점은 X가 Y보다 높다.
ㄴ. (나)에서 액체의 밀도는 Y>Z이다.
ㄷ. (나)에서 혼합물이 분리되는 원리를 이용하여 원유에서 휘발유를 분리할 수 있다.

① ㄱ   ② ㄴ   ③ ㄷ   ④ ㄱ, ㄷ   ⑤ ㄴ, ㄷ

10

다음은 마그네슘(Mg)과 산소(O₂)가 반응하여 산화 마그네슘(MgO)이 생성되는 반응의 화학 반응식이다.

$$aMg + O_2 \rightarrow aMgO \ (a\text{는 반응 계수})$$

표는 반응 용기에 Mg과 O₂의 질량을 달리하여 넣고, 반응물 중 하나가 모두 소모될 때까지 반응시킨 실험 (가)와 (나)에 대한 자료이다.

실험	반응 전 반응물의 질량(g)		반응 후 남은 반응물의 질량(g)
	Mg	O₂	
(가)	3	3	1
(나)	7	4	1

이에 대한 옳은 설명만을 [보기]에서 있는 대로 고른 것은?

[3점]

─────[보기]─────
ㄱ. $a=1$이다.
ㄴ. MgO에서 성분 원소의 질량비는 Mg : O=3 : 2 이다.
ㄷ. 남은 반응물의 종류는 (가)에서와 (나)에서가 같다.

① ㄱ   ② ㄴ   ③ ㄷ   ④ ㄱ, ㄷ   ⑤ ㄴ, ㄷ

11

그림은 식물에서 일어나는 반응의 일부를 나타낸 것이다. (가)와 (나)는 각각 광합성과 호흡 중 하나이다.

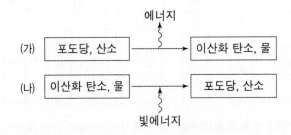

이에 대한 옳은 설명만을 [보기]에서 있는 대로 고른 것은?

[3점]

─────[보기]─────
ㄱ. (가)는 호흡이다.
ㄴ. (가)는 빛이 없을 때만 일어난다.
ㄷ. 엽록체에서 (나)가 일어난다.

① ㄱ   ② ㄴ   ③ ㄷ   ④ ㄱ, ㄷ   ⑤ ㄴ, ㄷ

12

표는 사람의 감각기관 A~C의 특징을 나타낸 것이다. A~C는 각각 귀, 눈, 코 중 하나이다.

감각기관	특징
A	후각세포가 있어 냄새를 맡을 수 있다.
B	주변의 밝기에 따라 ㉠동공의 크기가 조절된다.
C	공기의 진동을 자극으로 받아들여 소리를 감지한다.

이에 대한 옳은 설명만을 [보기]에서 있는 대로 고른 것은?

[3점]

─────[보기]─────
ㄱ. A는 코이다.
ㄴ. 어두운 곳에서 밝은 곳으로 이동하면 ㉠은 커진다.
ㄷ. C에는 달팽이관이 있다.

① ㄱ   ② ㄴ   ③ ㄱ, ㄷ   ④ ㄴ, ㄷ   ⑤ ㄱ, ㄴ, ㄷ

13

그림은 고양이의 분류 단계를 나타낸 것이다.

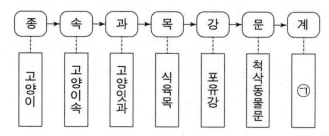

종	속	과	목	강	문	계
고양이	고양이속	고양잇과	식육목	포유강	척삭동물문	㉠

이에 대한 옳은 설명만을 [보기]에서 있는 대로 고른 것은?

[보기]

ㄱ. ㉠은 동물계이다.

ㄴ. 식육목에 속하는 생물은 척삭동물문에 속한다.

ㄷ. 종은 자연 상태에서 서로 교배하여 생식 능력을 가진 자손을 낳을 수 있는 무리이다.

① ㄱ   ② ㄴ   ③ ㄱ, ㄷ   ④ ㄴ, ㄷ   ⑤ ㄱ, ㄴ, ㄷ

14

그림은 사람의 기관 A~D를 나타낸 것이다. A~D는 각각 간, 위, 쓸개, 이자 중 하나이다.

이에 대한 설명으로 옳은 것은?

① A는 위이다.

② B에서 단백질이 소화된다.

③ C에서 펩신이 분비된다.

④ D에서 쓸개즙이 생성된다.

⑤ A~D는 모두 순환계에 속한다.

15

그림은 어떤 가족의 유전병 (가)에 대한 가계도를 나타낸 것이다. (가)는 1쌍의 대립유전자에 의해 결정되며, 대립유전자에는 우성 대립유전자 A와 열성 대립유전자 a가 있다.

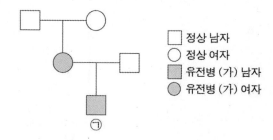

□ 정상 남자
○ 정상 여자
▨ 유전병 (가) 남자
● 유전병 (가) 여자

㉠의 동생이 태어날 때, 이 아이에게서 (가)가 발현될 확률은? (단, 돌연변이는 고려하지 않는다.) [3점]

① 0   ② $\frac{1}{4}$ ③ $\frac{1}{2}$ ④ $\frac{3}{4}$ ⑤ 1

16

다음은 암석의 생성 과정에 대한 학생 A, B, C의 대화이다.

학생 A: 변성암은 기존 암석이 열이나 압력을 받아 만들어져.

학생 B: 화성암은 마그마가 지표나 지하에서 식으면서 만들어져.

학생 C: 퇴적암은 퇴적물이 쌓인 후 다져지고 굳으면서 만들어져.

제시한 내용이 옳은 학생만을 있는 대로 고른 것은?

① A   ② C   ③ A, B   ④ B, C   ⑤ A, B, C

17

그림은 전 세계의 지진 및 화산 분포와 판의 경계를 나타낸 것이다.

이에 대한 옳은 설명만을 [보기]에서 있는 대로 고른 것은?

[보기]

ㄱ. 태평양에서 지진은 중앙부보다 가장자리에서 활발하다.
ㄴ. 지진이 발생하는 곳에서는 항상 화산이 분출한다.
ㄷ. 지진대는 대체로 판의 경계와 일치한다.

① ㄱ ② ㄴ ③ ㄱ, ㄷ ④ ㄴ, ㄷ ⑤ ㄱ, ㄴ, ㄷ

18

그림 (가)와 (나)는 온난 전선과 한랭 전선 부근의 모습을 순서 없이 나타낸 것이다.

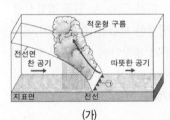

(가)   (나)

이에 대한 옳은 설명만을 [보기]에서 있는 대로 고른 것은?

[3점]

[보기]

ㄱ. ㉠은 한랭 전선이다.
ㄴ. (나)에서는 소나기가 내린다.
ㄷ. 전선의 이동 속도는 ㉠이 ㉡보다 느리다.

① ㄱ ② ㄷ ③ ㄱ, ㄴ ④ ㄴ, ㄷ ⑤ ㄱ, ㄴ, ㄷ

19

다음은 해양에서 혼합층이 형성되는 원리를 알아보기 위한 실험이다.

〈실험 과정〉

(가) 그림과 같이 온도계의 깊이를 서로 다르게 설치하고 가열 장치로 10분 동안 가열한 후, 깊이에 따른 수온을 측정한다.

(나) 가열 장치를 켜둔 상태에서 3분 동안 선풍기로 수면 위에 바람을 일으킨 후, 깊이에 따른 수온을 측정한다.

〈실험 결과〉

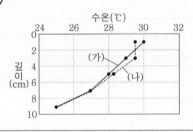

이에 대한 옳은 설명만을 [보기]에서 있는 대로 고른 것은?

[보기]

ㄱ. 가열 장치는 태양에 해당한다.
ㄴ. 혼합층은 (가)보다 (나)에서 잘 나타난다.
ㄷ. (나)에서 선풍기의 바람을 더 강하게 하면 수온이 일정한 구간의 두께는 증가한다.

① ㄱ ② ㄴ ③ ㄱ, ㄷ ④ ㄴ, ㄷ ⑤ ㄱ, ㄴ, ㄷ

20

그림 (가), (나), (다)는 우리나라에서 7일 간격으로 관측한 달의 모습을 나타낸 것이다.

(가)   (나)   (다)

이에 대한 옳은 설명만을 [보기]에서 있는 대로 고른 것은? [3점]

[보기]

ㄱ. (가)는 상현달이다.
ㄴ. (나)를 관측한 날에 일식이 일어날 수 있다.
ㄷ. 태양과 달 사이의 거리는 (다)일 때 가장 멀다.

① ㄱ ② ㄷ ③ ㄱ, ㄴ ④ ㄴ, ㄷ ⑤ ㄱ, ㄴ, ㄷ

01

그림은 직선 운동을 하는 물체
A와 B의 속력을 시간에 따라
나타낸 것이다.
A, B의 운동에 대한 옳은
설명만을 [보기]에서 있는 대로
고른 것은?

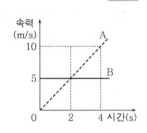

───────[보기]───────
ㄱ. 0초부터 2초까지 이동 거리는 A가 B보다 크다.
ㄴ. 2초일 때 A와 B에 작용한 알짜힘의 크기는 같다.
ㄷ. 2초부터 4초까지 A에 작용한 알짜힘의 크기는
　　일정하다.
─────────────────────

① ㄴ　　② ㄷ　　③ ㄱ, ㄴ　④ ㄱ, ㄷ　⑤ ㄴ, ㄷ

02

그림과 같이 점 A에 가만히 놓은 물체가 점 D까지 올라갔다.
A~D는 운동 궤도 상의 점이다. A~B 구간과 C~D
구간은 마찰이 없고, B~C 구간은 마찰이 있다.

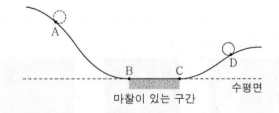

B, C, D에서의 물체의 역학적 에너지를 각각 E_B, E_C, E_D
라고 할 때, E_B, E_C, E_D를 옳게 비교한 것은? (단, 물체의
크기와 공기 저항은 무시한다.)

① $E_B > E_C = E_D$　　　　② $E_B > E_C > E_D$
③ $E_B > E_D > E_C$　　　　④ $E_C = E_D > E_B$
⑤ $E_D > E_B > E_C$

03

그림은 동일한 3개의 전구 A, B, C와 스위치 S, 전압이
일정한 전원 장치를 이용하여 구성한 회로를 나타낸 것이다.

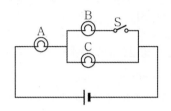

이에 대한 설명으로 옳지 않은 것은? [3점]

① S를 닫기 전, A와 C에 흐르는 전류의 세기는 같다.
② S를 닫기 전, A와 C의 밝기는 같다.
③ S를 닫으면 B와 C에 걸리는 전압은 같다.
④ S를 닫으면 A는 닫기 전보다 어두워진다.
⑤ S를 닫으면 C에 걸리는 전압은 닫기 전보다 작아진다.

04

그림 (가)는 열팽창 정도가 서로 다른 금속 A, B를 접합시켜
만든 바이메탈을 전원 장치에 연결한 모습을, (나)는 (가)에서
스위치를 닫고 난 얼마 후 A, B가 팽창하여 접점에서 떨어진
모습을 나타낸 것이다. (가)에서 A, B의 길이는 같고, (가)와
(나)에서 A, B는 서로 열평형 상태에 있다.

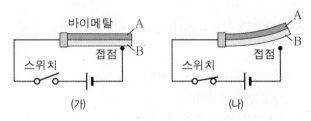

이에 대한 옳은 설명만을 [보기]에서 있는 대로 고른 것은?

───────[보기]───────
ㄱ. B의 온도는 (나)에서가 (가)에서보다 높다.
ㄴ. 열팽창 정도는 B가 A보다 크다.
ㄷ. 바이메탈은 전열기의 과열 방지에 이용될 수 있다.
─────────────────────

① ㄱ　　② ㄴ　　③ ㄱ, ㄷ　④ ㄴ, ㄷ　⑤ ㄱ, ㄴ, ㄷ

05

다음은 거울에 의한 상을 관찰하는 실험이다.

〈실험 과정〉

(가) 그림과 같이 오목 거울 앞에 물체를 놓는다.

(나) 물체와 거울 사이의 거리를 달리하면서 거울에 의한
상을 관찰한다.

(다) (가)에서 오목 거울 대신 볼록 거울을 놓고 과정
(나)를 반복한다.

〈실험 결과〉

A	B	C
물체보다 크고 똑바로 선 상	물체보다 작고 똑바로 선 상	물체보다 작고 거꾸로 선 상

A, B, C 중 오목 거울에 의한 상만을 있는 대로 고른 것은?

[3점]

① A   ② B   ③ A, C   ④ B, C   ⑤ A, B, C

06

다음은 화학 변화에 대한 세 학생의 대화이다.

제시한 의견이 옳은 학생만을 있는 대로 고른 것은?

① A   ② C   ③ A, B   ④ B, C   ⑤ A, B, C

07

그림은 찌그러진 탁구공을 뜨거운 물에 넣기 전과 후의
모습을 나타낸 것이다.

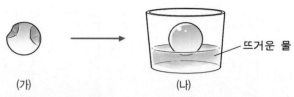

탁구공 속 기체에 대한 옳은 설명만을 [보기]에서 있는 대로
고른 것은?

[보기]

ㄱ. 분자 수는 (나)에서가 (가)에서보다 크다.

ㄴ. 분자의 운동은 (가)에서가 (나)에서보다 활발하다.

ㄷ. 분자 사이의 평균 거리는 (나)에서가 (가)에서보다
크다.

① ㄱ   ② ㄷ   ③ ㄱ, ㄴ   ④ ㄱ, ㄷ   ⑤ ㄴ, ㄷ

08

표는 원자 또는 이온 (가)~(라)에 대한 자료이다.

원자 또는 이온	화학식	원자핵의 전하	전자 수
(가)	O	$+8$	
(나)	O^{2-}	x	a
(다)	Na		11
(라)	Na^+		b

이에 대한 옳은 설명만을 [보기]에서 있는 대로 고른 것은?

[3점]

[보기]

ㄱ. x는 $+8$이다.

ㄴ. $b > a$이다.

ㄷ. (나)와 (라)로 이루어진 화합물의 화학식은
Na_2O이다.

① ㄱ   ② ㄴ   ③ ㄷ   ④ ㄱ, ㄷ   ⑤ ㄴ, ㄷ

09

그림은 묽은 염산(HCl), 수산화 나트륨(NaOH) 수용액을 각각 이온 모형으로 나타낸 것이다.

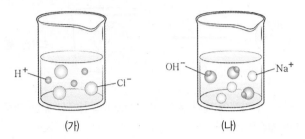

(가) (나)

이에 대한 옳은 설명만을 [보기]에서 있는 대로 고른 것은? (단, 두 수용액의 온도는 같다.) [3점]

[보기]
ㄱ. (가)에 페놀프탈레인 용액을 넣으면 붉은색으로 변한다.
ㄴ. (가)와 (나)를 혼합하면 수용액의 온도가 높아진다.
ㄷ. (가)와 (나)의 혼합 용액은 전기 전도성이 없다.

① ㄴ ② ㄷ ③ ㄱ, ㄴ ④ ㄱ, ㄷ ⑤ ㄴ, ㄷ

10

표는 용질 A~D를 각각 물에 녹인 포화 용액 (가)~(라)에 대한 자료이다. (가)~(라)의 온도는 모두 $t\,°C$이다.

포화 용액	(가)	(나)	(다)	(라)
용질	A	B	C	D
물의 질량(g)	50	50	100	100
용질의 질량(g)	18	20	5	20

이에 대한 설명으로 옳은 것은? [3점]

① $t\,°C$에서 A의 용해도는 18이다.
② $t\,°C$에서 용해도는 B가 C의 4배이다.
③ B와 D는 같은 물질이다.
④ 퍼센트 농도는 (라)가 (다)의 4배이다.
⑤ (라)에 $t\,°C$의 물 50 g을 넣으면 D 10 g이 더 녹을 수 있다.

11

그림은 잎의 구조 일부를 나타낸 것이다. A~C는 각각 표피조직, 해면조직, 울타리조직 중 하나이다.

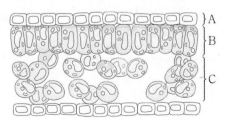

이에 대한 설명으로 옳지 않은 것은?

① A는 해면조직이다.
② A는 잎을 보호하는 역할을 한다.
③ B는 기본 조직계에 속한다.
④ B에는 핵을 갖는 세포가 있다.
⑤ C에는 광합성을 하는 세포가 있다.

12

그림은 어떤 동물에서 일어나는 수정과 난할의 일부를 나타낸 것이다. A~C는 각각 1개의 세포이다.

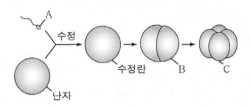

이에 대한 옳은 설명만을 [보기]에서 있는 대로 고른 것은?

[보기]
ㄱ. A는 생식세포이다.
ㄴ. A와 B의 염색체 수는 같다.
ㄷ. B와 C의 부피는 같다.

① ㄱ ② ㄴ ③ ㄱ, ㄴ ④ ㄱ, ㄷ ⑤ ㄴ, ㄷ

13

그림은 귀의 구조 일부를 나타낸 것이다. A~C는 각각 달팽이관, 반고리관, 전정기관 중 하나이다.

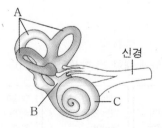

이에 대한 옳은 설명만을 [보기]에서 있는 대로 고른 것은?

[3점]

[보기]
ㄱ. A는 반고리관이다.
ㄴ. B는 소리 자극을 받아들인다.
ㄷ. C에는 청각세포가 있다.

① ㄱ ② ㄷ ③ ㄱ, ㄴ ④ ㄱ, ㄷ ⑤ ㄴ, ㄷ

14

그림은 순종의 둥근 완두와 주름진 완두를 교배하여 잡종 1대를 얻고, 이 잡종 1대를 자가수분하여 잡종 2대를 얻는 과정을 나타낸 것이다. R는 r와 대립유전자이며, 잡종 2대는 800개이다.

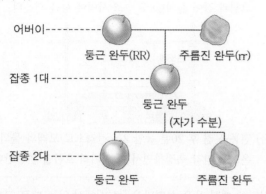

이에 대한 옳은 설명만을 [보기]에서 있는 대로 고른 것은? (단, 돌연변이는 고려하지 않는다.) [3점]

─────[보기]─────
ㄱ. 완두의 모양은 주름진 것이 열성형질이다.
ㄴ. 잡종 1대에서 둥근 완두는 r를 갖는다.
ㄷ. 잡종 2대에서 둥근 완두의 유전자형은 모두 RR이다.
────────────────

① ㄱ   ② ㄷ   ③ ㄱ, ㄴ   ④ ㄴ, ㄷ   ⑤ ㄱ, ㄴ, ㄷ

15

그림은 사람의 기관 A~C를 나타낸 것이다. A~C는 각각 위, 입, 소장 중 하나이다.

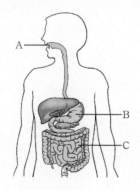

이에 대한 설명으로 옳은 것은?

① A에서 펩신이 분비된다.
② A에서 기계적 소화가 일어난다.
③ B는 소장이다.
④ C의 내부는 산성 환경이다.
⑤ A~C는 모두 순환계에 속한다.

16

그림은 암석의 순환 과정을 나타낸 것이다. A와 B는 각각 변성암과 퇴적암 중 하나이다.

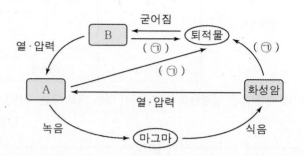

이에 대한 옳은 설명만을 [보기]에서 있는 대로 고른 것은?

─────[보기]─────
ㄱ. A는 변성암이다.
ㄴ. B에서는 화석이 발견될 수 있다.
ㄷ. ㉠에는 풍화·침식 과정이 포함된다.
────────────────

① ㄱ   ② ㄷ   ③ ㄱ, ㄴ   ④ ㄴ, ㄷ   ⑤ ㄱ, ㄴ, ㄷ

17

그림은 어느 해역의 해수 1 kg에 녹아 있는 염류의 양을 나타낸 것이다.

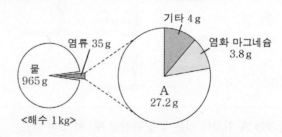

이에 대한 옳은 설명만을 [보기]에서 있는 대로 고른 것은?
[3점]

─────[보기]─────
ㄱ. A는 염화 나트륨이다.
ㄴ. 이 해수의 염분은 35‰(psu)이다.
ㄷ. 이 해역에 비가 많이 내릴수록 표층 염분은 증가한다.
────────────────

① ㄱ   ② ㄴ   ③ ㄱ, ㄴ   ④ ㄱ, ㄷ   ⑤ ㄴ, ㄷ

18

표는 별 A와 B의 특징을 나타낸 것이다.

별	A	B
겉보기 등급	5	1
절대 등급	1	1
색깔	붉은색	파란색

이에 대한 옳은 설명만을 [보기]에서 있는 대로 고른 것은? [3점]

─[보기]─
ㄱ. A는 B보다 밝게 보인다.
ㄴ. 실제 밝기는 A가 B보다 밝다.
ㄷ. 표면 온도는 A가 B보다 낮다.

① ㄱ　　② ㄷ　　③ ㄱ, ㄴ　　④ ㄴ, ㄷ　　⑤ ㄱ, ㄴ, ㄷ

19

다음은 지구 주위를 공전하는 달의 위상 변화를 알아보기 위한 활동이다.

그림과 같이 한쪽 방향에서 빛이 비치게 하고 관찰자는 가운데에, 다른 학생들은 공을 들고 주변에 앉는다. 관찰자는 각 위치에 있는 공의 밝은 부분을 관찰한다.

관찰자가 A 위치에 있는 공을 관찰할 때, 이 공의 밝은 부분에 해당하는 달의 위상으로 가장 적절한 것은?

① ② ③

④ ⑤

20

다음은 해풍이 부는 원리를 알아보기 위한 실험 과정이다.

〈실험 과정〉
(가) 두 수조에 같은 높이로 모래와 물을 각각 채우고 그림과 같이 설치한 후 수조 사이에 향을 피운다.

(나) 전등을 켠 후 20분 동안 2분 간격으로 모래와 물의 온도를 각각 측정하면서 향 연기의 흐름을 관찰한다.

이 실험에 대한 옳은 설명만을 [보기]에서 있는 대로 고른 것은? [3점]

─[보기]─
ㄱ. (가)에서 모래는 육지, 물은 바다에 해당한다.
ㄴ. (나)에서 향 연기는 물 쪽으로 치우쳐 흐른다.
ㄷ. (나)에서 물의 온도는 모래의 온도보다 천천히 올라간다.

① ㄱ　　② ㄴ　　③ ㄱ, ㄴ　④ ㄱ, ㄷ　⑤ ㄴ, ㄷ

*6월 전국연합학력평가

[회별 20문항, 제한 시간 30분]

6회 **모의고사** — 2024년 시행

7회 **모의고사** — 2023년 시행

8회 **모의고사** — 2022년 시행

9회 **모의고사** — 2021년 시행

10회 **모의고사** — 2020년 시행

출제 범위	[통합과학1] Ⅲ. 시스템과 상호작용 1. 지구시스템까지		
난이도	상: 0~2문항	중: 11~13문항	하: 6~9문항

6월 대비 학습 전략

• 스펙트럼, 우주 초기 원자 생성, 화학 결합 등의 문제가 고난도로 출제되므로 세부적인 개념을 잘 이해하고 관련 문제를 집중적으로 학습해야 한다.

문제 구성

• 새교육과정에서 '과학의 기초' 단원이 추가되었다.

┌고1 난이도에 적합한 문제 선별 수록·제작┐

구분	고1 학력 평가 기출	고2·3 학력 평가 기출	새교육과정 예상 문제
6회	18	—	2
7회	16	2	2
8회	17	—	3
9회	18	—	2
10회	18	—	2

• **물리학** (3~4문항)   • **화학** (4~6문항)

• **생명과학** (3문항)   • **지구과학** (7~9문항)

새로 생긴 '과학의 기초' 단원의 문제는 실수하지 않도록 주의하자!

01

다음은 사람을 구성하는 물질 A와 B에 대한 설명이다.

- A는 사람 몸에서 가장 많은 비율을 차지한다.
- B는 항체, 근육, 머리카락의 주요 구성 물질이다.

A와 B로 가장 적절한 것은?

	A	B		A	B
①	물	핵산	②	물	단백질
③	물	탄수화물	④	탄수화물	핵산
⑤	탄수화물	단백질			

02

그림은 과학 도서를 읽고 세 학생이 대화하는 모습을 나타낸 것이다.

…별에 직접 가볼 수 없고 시료를 채취할 수도 없으니 별의 구성 성분을 영원히 알 수 없을 것이라고 생각했던 것이다. 그러나 콩트가 죽은 지 겨우 3년 후에 스펙트럼으로부터 화학 성분을 결정할 수 있다는 사실이 밝혀졌다. … – 칼 세이건, 『코스모스』 –

별빛이 분광기를 통과하면 파장에 따라 나뉘어. 원소마다 고유의 스펙트럼이 나타나. 별빛이 별의 대기를 통과하면 특정 파장의 빛만이 선택적으로 흡수돼.

학생 A   학생 B   학생 C

제시한 내용이 옳은 학생만을 있는 대로 고른 것은?

① A ② B ③ A, C ④ B, C ⑤ A, B, C

03

 [2019 실시 9월 학평 6]

그림 (가)~(다)는 우주, 지각, 생명체를 구성하는 주요 원소의 질량비를 순서 없이 나타낸 것이다.

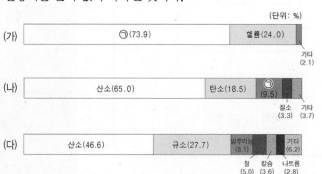

(단위 : %)

(가) ⊙(73.9) 헬륨(24.0) 기타(2.1)

(나) 산소(65.0) 탄소(18.5) ©(9.5) 질소(3.3) 기타(3.7)

(다) 산소(46.6) 규소(27.7) 알루미늄(8.1) 기타(6.2) 철(5.0) 칼슘(3.6) 나트륨(2.8)

이에 대한 설명으로 옳은 것만을 [보기]에서 있는 대로 고른 것은?

[보기]
ㄱ. ⊙은 수소이다.
ㄴ. 지각은 주로 규산염 광물로 이루어져 있다.
ㄷ. 생명체를 구성하는 주요 원소의 질량비는 (다)이다.

① ㄱ ② ㄷ ③ ㄱ, ㄴ ④ ㄴ, ㄷ ⑤ ㄱ, ㄴ, ㄷ

04

다음은 물질 A에 대한 설명이다.

- A는 약간의 불순물을 첨가하거나 에너지를 가하는 등 특정 조건에 따라 전류가 흐르는 물질로서 규소(Si)와 저마늄(Ge) 등이 있다.
- A는 집적회로, 발광 다이오드(LED), 태양 전지를 만드는 기본 소재가 된다.

집적회로   발광 다이오드(LED)   태양 전지

A로 가장 적절한 것은?

① 부도체 ② 도체 ③ 반도체 ④ 구리 ⑤ 플라스틱

05

그림 (가)는 정상 우주론에 대한 프레드 호일의 주장이고, (나)는 이를 근거로 한 우주의 크기와 은하 분포 변화를 나타낸 것이다.

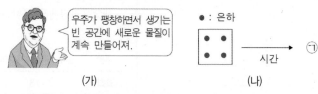

우주가 팽창하면서 생기는 빈 공간에 새로운 물질이 계속 만들어져.

●: 은하

시간 ⊙

(가)   (나)

(나)의 ⊙으로 가장 적절한 것은?

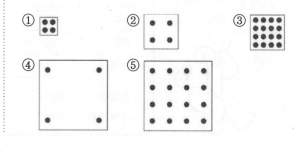

① ② ③ ④ ⑤

06

그림은 단백질 X가 만들어질 때 단위체 A와 B가 결합하는 과정을 나타낸 것이다.

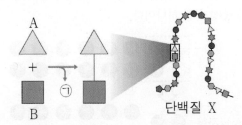

이에 대한 설명으로 옳은 것만을 [보기]에서 있는 대로 고른 것은?

[보기]
ㄱ. ㉠은 산소(O_2)이다.
ㄴ. A와 B는 모두 아미노산이다.
ㄷ. 단위체의 배열 순서에 따라 단백질의 종류가 달라진다.

① ㄱ   ② ㄴ   ③ ㄷ   ④ ㄱ, ㄴ   ⑤ ㄴ, ㄷ

07

그림은 빅뱅 이후 약 38만 년을 기준으로 원자 형성 이전과 이후를 각각 A와 B 시기로 나타낸 것이다.

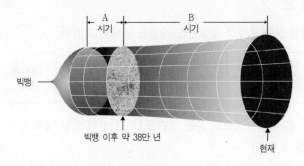

이에 대한 설명으로 옳은 것만을 [보기]에서 있는 대로 고른 것은?

[보기]
ㄱ. A 시기에 빛은 우주 공간을 자유롭게 이동할 수 있다.
ㄴ. 빅뱅 이후 B 시기에 우주의 온도가 계속 낮아진다.
ㄷ. 우주의 평균 밀도는 A 시기보다 B 시기가 낮다.

① ㄱ   ② ㄴ   ③ ㄱ, ㄷ   ④ ㄴ, ㄷ   ⑤ ㄱ, ㄴ, ㄷ

08

다음은 세 학생이 수업 시간에 수행한 원소 빙고 게임이다.

〈게임 방법 설명하기〉
• 그림과 같이 가로와 세로 각각 3칸인 (3×3) 빙고 판을 준비한다.
• 원자 번호 1번부터 20번까지의 원소 중 1가지씩을 칸에 적는다.
• 학생 X, Y, Z 순으로 원소의 성질을 말한다.
• 학생이 말한 성질에 해당하는 원소가 있으면 그 원소가 적힌 칸을 색칠한다.
• 색칠한 칸이 가로, 세로, 대각선 어느 방향으로든 1줄로 되면 교사의 확인 후 '빙고!'를 외친다.

〈원소의 성질 말하기〉
• 학생 X: 비활성 기체로 풍선이나 비행선을 띄우는 데 이용된다.
• 학생 Y: 금속 원소로 원자가 전자가 1개이다.
• 학생 Z: 원자가 전자가 7개로 실온에서 2원자 분자로 존재한다.

Z가 원소의 성질을 말한 후 X가 '빙고!'를 외쳤을 때, X가 적은 빙고 판으로 가장 적절한 것은? [3점]

①
S	C	Be
Mg	He	F
H	N	O

②
K	S	Si
H	Ar	Be
N	O	Mg

③
K	C	S
H	He	Al
Ar	N	Cl

④
C	S	Li
Al	He	P
Si	F	N

⑤
Si	N	P
H	Ar	B
K	S	C

09

[예상 문제]

그림 (가)는 수소 원자를, (나)는 태양계 일부를 설명한 것이다.

○ 수소 원자의 지름: ㉠ 1 nm
○ 전자가 원자핵 주위를 도는 데 걸리는 시간: 약 150 as
(가)

○ 지구와 태양 사이의 거리: 1 AU
○ 지구가 공전하는 데 걸리는 시간: 365일
(나)

이에 대한 설명으로 옳은 것만을 [보기]에서 있는 대로 고른 것은? (단, 1 as는 10^{-18} s이다.) [3점]

[보기]
ㄱ. 시간 규모는 (가)가 (나)보다 크다.
ㄴ. ㉠의 단위를 미터(m)로 바꾸면 10^{-6} m이다.
ㄷ. (가)는 미시 세계, (나)는 거시 세계에 해당한다.

① ㄱ   ② ㄷ   ③ ㄱ, ㄴ   ④ ㄴ, ㄷ   ⑤ ㄱ, ㄴ, ㄷ

10

다음은 화학 결합의 종류에 따른 물질의 성질을 알아보기 위한 가설과 이를 검증하기 위한 탐구 활동이다.

〈가설〉
- 이온 결합 물질인 염화 나트륨, 염화 칼슘은 고체 상태에서는 전기 전도성이 없으나 수용액 상태에서는 전기 전도성이 있고, 공유 결합 물질인 포도당은  ㉠ .

〈탐구 과정〉
(가) 포도당($C_6H_{12}O_6$), 염화 나트륨(NaCl), 염화 칼슘($CaCl_2$)을 준비한다.
(나) 각각의 고체 물질에 전기 전도성 측정기를 이용하여 전구가 켜지는지를 확인한다.

(다) 각각의 고체 물질을 증류수에 녹인 후 전기 전도성 측정기를 이용하여 전구가 켜지는지를 확인한다.

〈탐구 결과〉

구분	포도당	염화 나트륨	염화 칼슘
(나)	×	×	×
(다)	×	○	○

(○: 전구가 켜짐, ×: 전구가 켜지지 않음)

〈결론〉
- 가설이 옳다.

결론이 타당할 때 옳은 것만을 [보기]에서 있는 대로 고른 것은? [3점]

─────[보기]─────
ㄱ. '고체 상태와 수용액 상태에서 모두 전기 전도성이 없다'는 ㉠으로 적절하다.
ㄴ. 포도당 대신 설탕($C_{12}H_{22}O_{11}$)으로 실험해도 탐구 결과는 동일하다.
ㄷ. 염화 나트륨, 염화 칼슘에 대한 (다)의 결과는 이온의 이동 때문이다.

① ㄱ   ② ㄴ   ③ ㄱ, ㄷ   ④ ㄴ, ㄷ   ⑤ ㄱ, ㄴ, ㄷ

11

그림은 초기 우주에서 양성자와 중성자가 결합하여 A 원자핵이 만들어지는 과정을 나타낸 것이다. ㉠과 ㉡은 각각 양성자와 중성자 중 하나이다.

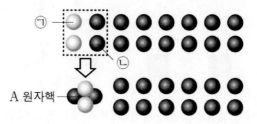

이에 대한 설명으로 옳은 것만을 [보기]에서 있는 대로 고른 것은? [3점]

─────[보기]─────
ㄱ. ㉠은 양성자이다.
ㄴ. ㉡의 전하량은 0이다.
ㄷ. 이 과정 이후 우주에 존재하는 수소 원자핵 총질량은 A 원자핵 총질량의 약 3배가 되었다.

① ㄱ   ② ㄷ   ③ ㄱ, ㄴ   ④ ㄴ, ㄷ   ⑤ ㄱ, ㄴ, ㄷ

12

다음은 태양계가 형성되는 과정을 나타낸 것이다.

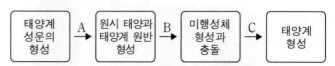

이에 대한 설명으로 옳은 것만을 [보기]에서 있는 대로 고른 것은? [3점]

─────[보기]─────
ㄱ. A 과정에서 성운 중심부의 온도는 높아진다.
ㄴ. B 과정에서 원시 태양으로부터의 거리에 따른 물질의 평균 밀도는 일정하다.
ㄷ. C 과정에서 태양계의 미행성체 수는 계속 증가한다.

① ㄱ   ② ㄴ   ③ ㄷ   ④ ㄱ, ㄴ   ⑤ ㄴ, ㄷ

13

그림 (가)는 원자 A와 B가 이온이 되었을 때의 전자 배치를, (나)는 화합물 C_2A의 결합 모형을 나타낸 것이다.

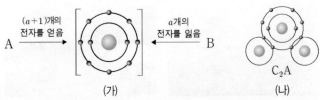

(가)   (나)

이에 대한 설명으로 옳은 것만을 [보기]에서 있는 대로 고른 것은? (단, A~C는 임의의 원소 기호이다.) [3점]

[보기]
ㄱ. $a=1$이다.
ㄴ. A와 B는 같은 주기 원소이다.
ㄷ. A와 B로 이루어진 안정한 화합물의 화학식은 BA_2이다.

① ㄱ ② ㄷ ③ ㄱ, ㄴ ④ ㄴ, ㄷ ⑤ ㄱ, ㄴ, ㄷ

14

[예상 문제]

측정 표준에 대한 설명으로 옳은 것만을 [보기]에서 있는 대로 고른 것은? [3점]

[보기]
ㄱ. 어떤 양을 측정할 때 공통으로 사용할 수 있는 단위에 대한 기준이다.
ㄴ. 측정 표준을 이용하여 제공되는 정보는 신뢰할 수 있다.
ㄷ. 우리나라는 온도를 측정할 때 °F(화씨도) 단위로 측정한다.

① ㄱ ② ㄷ ③ ㄱ, ㄴ ④ ㄴ, ㄷ ⑤ ㄱ, ㄴ, ㄷ

15

다음은 같은 족 원소들의 성질에 대한 탐구 활동이다.

〈탐구 과정〉
(가) 알칼리 금속(1족)과 할로젠 원소(17족)의 전자 배치 모형과 성질을 조사한다.
(나) 조사한 내용을 표로 정리한다.

〈탐구 결과〉

구분	알칼리 금속		할로젠 원소	
전자 배치 모형	(Li 모형)	(Na 모형)	(F 모형)	?
원소 기호	Li	Na	F	X
성질	• 칼로 자를 수 있을 정도로 무르다. • ⑦ 물과 격렬하게 반응한다.		• 고유의 색깔을 띠고, 수소와 반응한다. • 실온에서 2원자 분자로 존재한다.	

이에 대한 설명으로 옳은 것만을 [보기]에서 있는 대로 고른 것은? (단, X는 임의의 원소 기호이다.) [3점]

[보기]
ㄱ. X의 원자가 전자 수는 7이다.
ㄴ. 플루오린(F)의 2원자 분자의 결합 모형은 이다.
ㄷ. ⑦ 반응 후 수용액에 페놀프탈레인 용액을 떨어뜨리면 붉은색으로 변한다.

① ㄱ ② ㄴ ③ ㄱ, ㄷ ④ ㄴ, ㄷ ⑤ ㄱ, ㄴ, ㄷ

16

그림 (가)는 DNA 모형의 일부를, (나)는 DNA를 구성하는 단위체를 모형으로 나타낸 것이다. G는 구아닌, C는 사이토신, A는 아데닌이며, ⑦은 U(유라실)와 T(타이민) 중 하나이다.

(가)   (나)

이에 대한 설명으로 옳은 것만을 [보기]에서 있는 대로 고른 것은? [3점]

[보기]
ㄱ. ⑦은 U(유라실)이다.
ㄴ. (가)의 단위체는 뉴클레오타이드이다.
ㄷ. (가)에서 A(아데닌)는 G(구아닌)와 짝을 이루어 결합한다.

① ㄱ ② ㄴ ③ ㄷ ④ ㄱ, ㄴ ⑤ ㄴ, ㄷ

17

그림은 과학 신문 기사의 일부를 나타낸 것이다.

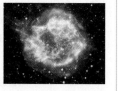

> **㉠ 초신성 폭발의 비밀을 풀어줄 관측 이미지 공개**
>
> 미국항공우주국(NASA)이 제임스
> 웹 우주 망원경 (JWST)의 근적외선
> 카메라로 관측한 초신성 폭발 잔해의
> 이미지를 공개했다. 초거성 단계를
> 거쳐 ㉡ 초신성 폭발이 일어난 별은
> 우리 은하의 중심부에 위치하며 … (후략)

이에 대한 설명으로 옳은 것만을 [보기]에서 있는 대로 고른
것은?

─[보기]─
ㄱ. ㉠ 과정에서 철보다 무거운 원소가 생성된다.
ㄴ. ㉡이 주계열성이었을 때의 질량은 태양의 질량보다 크다.
ㄷ. 초신성 폭발로 생성된 원소 중 일부는 새로운 별을
　　만드는 재료가 된다.

① ㄱ　② ㄷ　③ ㄱ, ㄴ　④ ㄴ, ㄷ　⑤ ㄱ, ㄴ, ㄷ

18

그림 (가)는 규산염 사면체의 구조를, (나)는 어느 규산염
광물의 결합 구조를 나타낸 것이다.

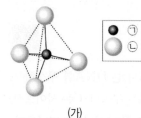
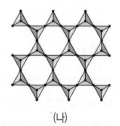

(가)　　　　　　　　　　(나)

이에 대한 설명으로 옳은 것만을 [보기]에서 있는 대로 고른
것은?

─[보기]─
ㄱ. 지각을 구성하는 원소의 질량비는 ㉠이 ㉡보다 크다.
ㄴ. 흑운모는 (나)와 같은 결합 구조를 가진다.
ㄷ. 규산염 사면체의 결합 구조에 따라 다양한 규산염
　　광물이 만들어진다.

① ㄱ　② ㄷ　③ ㄱ, ㄴ　④ ㄴ, ㄷ　⑤ ㄱ, ㄴ, ㄷ

19

그림 (가)와 (나)는 화산 활동이 일어나는 지역에서 관찰되는
모습을 나타낸 것이다.

(가) 대기 중으로 분출되는 화산재　(나) 관광 자원으로 활용되는 온천

이에 대한 설명으로 옳은 것만을 [보기]에서 있는 대로 고른
것은?

─[보기]─
ㄱ. (가)는 지권과 기권이 상호 작용하는 예이다.
ㄴ. 지구 내부 에너지는 화산 활동의 에너지원이다.
ㄷ. (나)는 화산 활동을 인간이 긍정적으로 활용하는 예이다.

① ㄱ　② ㄷ　③ ㄱ, ㄴ　④ ㄴ, ㄷ　⑤ ㄱ, ㄴ, ㄷ

20

표는 지구시스템의 에너지원 (가)~(다)에 대한 자료이다.
(가)~(다)는 각각 조력 에너지, 태양 에너지, 지구 내부
에너지 중 하나이다.

구분	에너지양의 상대적 비율(%)	에너지가 일으키는 현상의 예
(가)	99.985	날씨 변화
(나)	0.013	㉠
(다)	0.002	밀물과 썰물

이에 대한 설명으로 옳은 것만을 [보기]에서 있는 대로 고른
것은? [3점]

─[보기]─
ㄱ. (가)는 태양 에너지이다.
ㄴ. '지진 해일(쓰나미)'은 ㉠에 해당한다.
ㄷ. (다)는 지구에 대한 달과 태양의 인력으로 생긴다.

① ㄱ　② ㄷ　③ ㄱ, ㄴ　④ ㄱ, ㄷ　⑤ ㄱ, ㄴ, ㄷ

01

그림은 이중나선구조인 DNA의 일부를 나타낸 것이다.

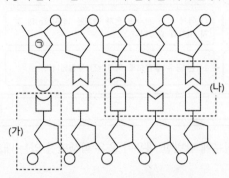

이에 대한 설명으로 옳은 것만을 [보기]에서 있는 대로 고른 것은?

[보기]
ㄱ. ㉠은 인산이다.
ㄴ. (가)는 뉴클레오타이드이다.
ㄷ. (나)에서 아데닌(A)의 수와 타이민(T)의 수는 같다.

① ㄱ   ② ㄴ   ③ ㄱ, ㄷ   ④ ㄴ, ㄷ   ⑤ ㄱ, ㄴ, ㄷ

02

다음은 태양계와 지구가 형성되는 과정의 일부를 나타낸 것이다.

(가)	태양계 성운과 원시 태양 형성	우리은하의 나선팔에 위치한 거대한 성운에서 ㉠ 가스와 먼지가 모여 태양계 성운이 형성되었고, 태양계 성운의 중심부에 원시 태양이 탄생하였다.
(나)	원시 지구 형성	미행성체들이 충돌하고 결합하여 원시 지구가 형성되었다.
(다)	마그마 바다 형성	미행성체의 충돌열 때문에 지구의 온도가 상승하여 마그마 바다가 형성되었고, 지구 내부는 핵과 맨틀로 분리되었다.
(라)	원시 지각과 원시 바다 형성	지표가 식어 원시 지각이 만들어졌고, 빗물이 낮은 곳으로 모여 원시 바다가 만들어졌다.
(마)	최초의 생물체 출현	바다에서 최초의 ㉡ 생명체가 출현하였다.

이에 대한 설명으로 옳은 것만을 [보기]에서 있는 대로 고른 것은? [3점]

[보기]
ㄱ. ㉠을 이루는 원소 중 일부는 결합하여 ㉡의 구성 성분이 된다.
ㄴ. (나)에서 원시 태양계의 미행성체 수는 줄어든다.
ㄷ. (다)에서 지구 중심의 밀도는 작아진다.

① ㄱ   ② ㄷ   ③ ㄱ, ㄴ   ④ ㄴ, ㄷ   ⑤ ㄱ, ㄴ, ㄷ

03

그림은 프레드 호일이 주장한 우주의 모형을 모식적으로 나타낸 것이다.

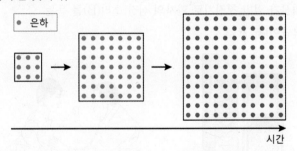

● 은하

시간

이 모형에서 시간의 흐름에 따라 일정하게 유지되는 값만을 [보기]에서 있는 대로 고른 것은?

[보기]
ㄱ. 우주의 질량   ㄴ. 우주의 밀도   ㄷ. 우주의 크기

① ㄱ   ② ㄴ   ③ ㄱ, ㄷ   ④ ㄴ, ㄷ   ⑤ ㄱ, ㄴ, ㄷ

04

[예상 문제]

다음은 여러 가지 물리량과 단위를 이용하여 우리 주변의 자연 현상을 설명한 것이다.

> 이번 태풍은 제주도 남동쪽
> ㉠ 260 km 부근 해상에서
> ㉡ 16 km/h의 속도로
> 북서진하고 있다. 중심 기압은
> ㉢ 960 hPa이며, 최대 풍속
> ㉣ 39 m/s의 강한 바람이 분다.

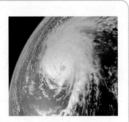

이에 대한 설명으로 옳은 것만을 [보기]에서 있는 대로 고른 것은? [3점]

[보기]
ㄱ. ㉠의 물리량은 길이이다.
ㄴ. ㉢은 기본량이다.
ㄷ. ㉡과 ㉣ 중 국제단위계(SI)에서 제시하는 기본 단위로 나타낸 것은 ㉣이다.

① ㄱ ② ㄴ ③ ㄱ, ㄷ ④ ㄴ, ㄷ ⑤ ㄱ, ㄴ, ㄷ

05

[2012 실시 3월 학평 2 물리(고2)]

그림 (가)는 신호등의 불빛(A)을 나타낸 것이고, (나)는 의사가 일반 청진기로 환자의 심장 소리(B)를 듣는 모습이다.

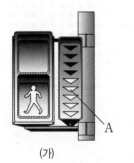
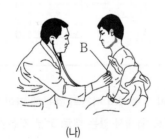

(가)   (나)

이에 대한 설명으로 옳은 것만을 [보기]에서 있는 대로 고른 것은?

[보기]
ㄱ. A의 신호는 횡단보도를 건널 수 있는 시간의 정보를 알려준다.
ㄴ. B의 신호는 디지털 신호이다.
ㄷ. A의 신호는 시각을, B의 신호는 청각을 활용하여 인식한다.

① ㄱ ② ㄷ ③ ㄱ, ㄴ ④ ㄱ, ㄷ ⑤ ㄴ, ㄷ

06

다음은 공기를 이루는 물질에 관한 원격 수업의 일부이다.

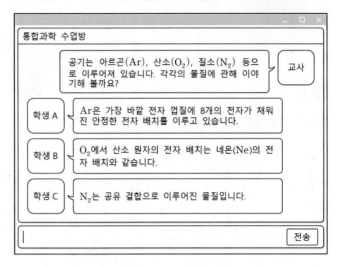

교사의 질문에 답변한 내용이 옳은 학생만을 있는 대로 고른 것은?

① A   ② C   ③ A, B
④ B, C   ⑤ A, B, C

07

[2023 실시 9월 학평 14]

그림 (가)는 판의 경계에 위치한 지역 A, B와 주변 판들의 상대적 이동 방향을 나타낸 것이다. (나)는 (가)의 A, B에서 발달하는 지형 또는 지각 변동 ㉠, ㉡, ㉢을 벤 다이어그램으로 나타낸 것이다.

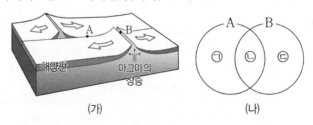

(가)   (나)

이에 대한 설명으로 옳은 것은? [3점]

① A에서는 해구가 발달한다.
② B에서는 해양판이 소멸한다.
③ 화산 활동은 ㉠에 속한다.
④ 지진은 ㉡에 속한다.
⑤ 습곡 산맥은 ㉢에 속한다.

08

다음은 일상생활에서 사용하는 제품과 이와 관련된 물질에 대한 자료이다.

수산화 나트륨 (NaOH)은 비누를 만드는 재료이다.

손 소독제의 주성분은 에탄올(C_2H_5OH) 이다.

습기 제거제의 주성분은 염화 칼슘($CaCl_2$) 이다.

이에 대한 설명으로 옳은 것만을 [보기]에서 있는 대로 고른 것은?

[보기]
ㄱ. NaOH에는 금속 이온이 포함되어 있다.
ㄴ. C_2H_5OH과 $CaCl_2$은 같은 종류의 화학 결합으로 이루어져 있다.
ㄷ. $CaCl_2$ 수용액은 전기 전도성이 없다.

① ㄱ ② ㄴ ③ ㄱ, ㄷ ④ ㄴ, ㄷ ⑤ ㄱ, ㄴ, ㄷ

09

그림 (가)는 우주의 탄생과 진화의 과정을, (나)의 ㉠과 ㉡은 각각 A와 B 시기에 해당하는 우주의 일부를 순서 없이 나타낸 것이다.

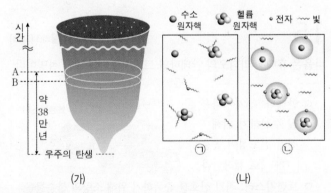

(가)   (나)

이에 대한 설명으로 옳은 것만을 [보기]에서 있는 대로 고른 것은? [3점]

[보기]
ㄱ. ㉠은 A 시기에 해당한다.
ㄴ. 우주의 온도는 A 시기가 B 시기보다 낮다.
ㄷ. 우주의 밀도는 A 시기가 B 시기보다 크다.

① ㄱ ② ㄴ ③ ㄱ, ㄷ ④ ㄴ, ㄷ ⑤ ㄱ, ㄴ, ㄷ

10

[2023 실시 9월 학평 15]

그림은 지구시스템에서 일어나는 자연 현상 A, B, C를 나타낸 것이다.

A. 대기 중으로 화산 가스 방출

B. 해수의 증발로 인한 태풍 발생

C. 식물체로부터 석탄 생성

A, B, C를 지구시스템 구성 요소들의 상호작용으로 표현할 때 가장 적절한 것은?

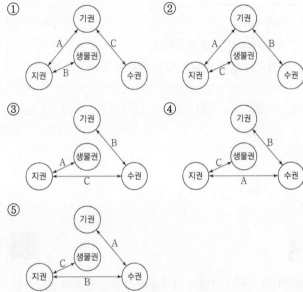

11

그림은 원자 A~C의 전자 배치를 모형으로 나타낸 것이다.

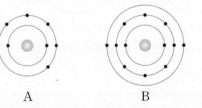

A   B   C

이에 대한 설명으로 옳은 것만을 [보기]에서 있는 대로 고른 것은? (단, A~C는 임의의 원소 기호이다.) [3점]

[보기]
ㄱ. BA는 이온 결합 물질이다.
ㄴ. 공유하는 전자쌍의 수는 C_2가 A_2의 2배이다.
ㄷ. B와 C가 화학 결합할 때 전자는 C에서 B로 이동한다.

① ㄱ ② ㄷ ③ ㄱ, ㄴ ④ ㄱ, ㄷ ⑤ ㄴ, ㄷ

12

표는 18족 원소를 제외한 원자 A~C에 대한 자료이다.

원자	A	B	C
원자가 전자 수		1	
전자가 들어 있는 전자 껍질 수	1	3	
전자 수	㉠		7

이에 대한 설명으로 옳은 것만을 [보기]에서 있는 대로 고른 것은? (단, A~C는 임의의 원소 기호이다.) [3점]

─────[보기]─────
ㄱ. ㉠은 1이다.
ㄴ. A와 B는 같은 족 원소이다.
ㄷ. B와 C는 전자가 들어 있는 전자 껍질 수가 같다.
──────────────

① ㄱ ② ㄷ ③ ㄱ, ㄴ ④ ㄴ, ㄷ ⑤ ㄱ, ㄴ, ㄷ

13

그림 (가)와 (나)는 사람과 지각을 구성하는 원소의 질량비를 순서 없이 나타낸 것이다. ㉠~㉢은 각각 규소, 산소, 수소 중 하나이다.

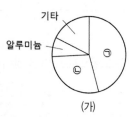

(가)   (나)

이에 대한 설명으로 옳은 것만을 [보기]에서 있는 대로 고른 것은?

─────[보기]─────
ㄱ. 사람을 구성하는 원소의 질량비를 나타낸 것은 (나)이다.
ㄴ. 규산염 사면체의 구성 원소는 ㉠과 ㉡이다.
ㄷ. ㉢은 산소이다.
──────────────

① ㄱ ② ㄷ ③ ㄱ, ㄴ ④ ㄴ, ㄷ ⑤ ㄱ, ㄴ, ㄷ

14

그림은 고온 고밀도의 광원에서 나온 빛을 분광기로 관찰하는 과정을 모식적으로 나타낸 것이다. 스펙트럼 ㉠은 방출 스펙트럼과 흡수 스펙트럼 중 하나이다.

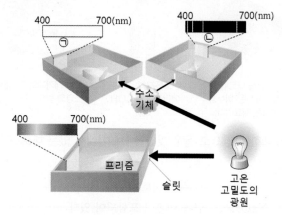

이에 대한 설명으로 옳은 것만을 [보기]에서 있는 대로 고른 것은? (단, 수소 기체 이외에 다른 기체는 없으며, 빛은 슬릿을 통해서만 분광기 내부로 들어간다.) [3점]

─────[보기]─────
ㄱ. ㉠은 수소 기체 방전관에서 나온 빛의 스펙트럼과 같다.
ㄴ. ㉠과 ㉡에 나타나는 선의 위치는 같다.
ㄷ. 태양에서 나온 빛이 태양의 대기를 통과하여 나타나는 스펙트럼의 종류는 ㉡과 같다.
──────────────

① ㄱ ② ㄴ ③ ㄱ, ㄷ ④ ㄴ, ㄷ ⑤ ㄱ, ㄴ, ㄷ

15

[2017 실시 3월 학평 1 물리 I (고2)]

다음은 휴대용 라디오의 안테나와 트랜지스터에 대한 설명이다.

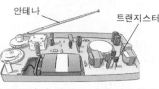

○ 안테나: 전자기파를 잘 수신하기 위해 전기 전도성이 높은 (가) 로 제작한다.

○ 트랜지스터: 전기 신호를 증폭하기 위해 소량의 불순물을 첨가하여 전기 전도성을 증가시킨 (나) 로 제작한다.

(가), (나)로 가장 적절한 것은?

	(가)	(나)		(가)	(나)
①	도체	반도체	②	도체	부도체
③	반도체	도체	④	반도체	부도체
⑤	부도체	반도체			

16

그림은 단위체의 결합으로 단백질이 형성되는 과정을 나타낸 것이다. 이에 대한 설명으로 옳은 것만을 [보기]에서 있는 대로 고른 것은?

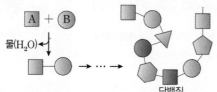

```
[보기]
ㄱ. A는 아미노산이다.
ㄴ. A와 B는 펩타이드결합으로 연결된다.
ㄷ. 단위체의 배열 순서에 따라 단백질의 종류가 달라진다.
```

① ㄱ　　② ㄷ　　③ ㄱ, ㄴ　　④ ㄴ, ㄷ　　⑤ ㄱ, ㄴ, ㄷ

17

그림은 어느 주계열성의 탄생과 진화 과정을 나타낸 것이다. 이에 대한 설명으로 옳은 것만을 [보기]에서 있는 대로 고른 것은?

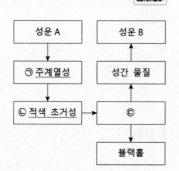

```
[보기]
ㄱ. ㉠과 태양은 질량이 같다.
ㄴ. ㉡에서 철보다 무거운 원소가 생성된다.
ㄷ. 초신성 폭발은 ㉢에 해당한다.
```

① ㄱ　　② ㄷ　　③ ㄱ, ㄴ　　④ ㄴ, ㄷ　　⑤ ㄱ, ㄴ, ㄷ

18

표는 생명체를 구성하는 물질 A~C의 특징을 나타낸 것이다. A~C는 각각 단백질, 탄수화물, 핵산 중 하나이다.

특징 \ 물질	A	B	C
탄소 화합물이다.	○	㉠	○
유전정보를 저장하고 전달한다.	○	×	×
포도당, 녹말 등의 형태로 존재한다.	×	×	○

(○: 있음, ×: 없음)

이에 대한 설명으로 옳은 것만을 [보기]에서 있는 대로 고른 것은? [3점]

```
[보기]
ㄱ. ㉠은 '×'이다.
ㄴ. A는 핵산이다.
ㄷ. 효소와 호르몬의 주성분은 C이다.
```

① ㄱ　　② ㄴ　　③ ㄱ, ㄷ　　④ ㄴ, ㄷ　　⑤ ㄱ, ㄴ, ㄷ

19

다음은 나트륨(Na)의 성질을 알아보기 위한 실험이다.

```
〈실험 과정 및 결과〉
(가) 물기가 없는 유리판에 Na을 올려놓고 칼로 자른 후
     단면을 살펴보았더니, 은백색 광택이 곧 사라졌다.
(나) 물이 들어 있는 비커에 쌀알 크기의 Na을 넣었더니,
     격렬하게 반응하였다.
(다) (나)의 비커에 들어 있는 ㉠ 수용액에 페놀프탈레인
     용액 2~3 방울을 떨어뜨렸더니, 붉은색으로 변하였다.
```

이에 대한 설명으로 옳은 것만을 [보기]에서 있는 대로 고른 것은? [3점]

```
[보기]
ㄱ. Na은 공기 중의 산소와 반응한다.
ㄴ. Na은 물에 닿지 않도록 보관해야 한다.
ㄷ. ㉠은 산성이다.
```

① ㄱ　　② ㄷ　　③ ㄱ, ㄴ　　④ ㄴ, ㄷ　　⑤ ㄱ, ㄴ, ㄷ

20

[예상 문제]

그림은 저마늄(Ge) 결정에 비소(As) 원자를 도핑하여 만든 불순물 반도체의 결정 구조를 나타낸 것이다. 이에 대한 설명으로 옳은 것만을 [보기]에서 있는 대로 고른 것은? [3점]

```
[보기]
ㄱ. p형 반도체이다.
ㄴ. 비소 원자의 원자가 전자 1개가 공유 결합에 참여하지
    못한다.
ㄷ. 비소 원자의 원자가 전자는 9개이다.
```

① ㄱ　　② ㄴ　　③ ㄱ, ㄷ　　④ ㄴ, ㄷ　　⑤ ㄱ, ㄴ, ㄷ

01

[예상 문제]

유도량에 대한 설명으로 옳지 <u>않은</u> 것은?

① 두 가지 이상의 기본량을 가지고 유도된 물리량이다.

② 유도량의 단위는 기본량 단위의 조합으로 나타낼 수 있다.

③ 넓이, 부피, 밀도, 힘 등이 있다.

④ 가속도의 단위는 길이와 시간의 단위를 조합하여 나타낼 수 있다.

⑤ 온도의 단위를 이용해서 농도의 단위를 나타낼 수 있다.

02

[예상 문제]

사람의 감각기관과 역할이 비슷한 센서를 옳게 짝지은 것은?

	감각기관	센서
①	코	광센서
②	귀	화학 센서
③	혀	온도 센서
④	눈	가속도 센서
⑤	피부	압력 센서

03

그림은 빅뱅 이후 초기 우주에서부터 태양계가 형성되기까지의 과정 중 일부를 나타낸 것이다.

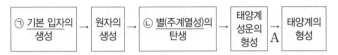

| ⊙ 기본 입자의 생성 | → | 원자의 생성 | → | ⓒ 별(주계열성)의 탄생 | → | 태양계 성운의 형성 | →A | 태양계의 형성 |

이에 대한 설명으로 옳은 것만을 [보기]에서 있는 대로 고른 것은? [3점]

──────[보기]──────

ㄱ. 쿼크는 ⊙에 속한다.

ㄴ. ⓒ에서 수소 핵융합 반응이 일어난다.

ㄷ. A 과정에서 태양계 성운은 수축하면서 회전한다.

─────────────────

① ㄱ   ② ㄷ   ③ ㄱ, ㄴ   ④ ㄴ, ㄷ   ⑤ ㄱ, ㄴ, ㄷ

04

그림은 태양의 스펙트럼과 원소 ⊙, ⓒ의 방출 스펙트럼을 나타낸 것이다.

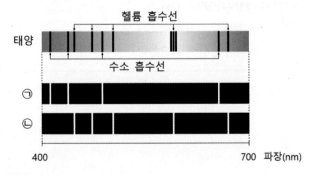

이에 대한 설명으로 옳은 것만을 [보기]에서 있는 대로 고른 것은? [3점]

──────[보기]──────

ㄱ. ⊙은 헬륨이다.

ㄴ. 태양의 대기에는 ⓒ이 있다.

ㄷ. 우주를 구성하고 있는 천체의 스펙트럼을 분석하면 우주를 구성하고 있는 원소의 종류를 알 수 있다.

─────────────────

① ㄱ   ② ㄴ   ③ ㄱ, ㄷ   ④ ㄴ, ㄷ   ⑤ ㄱ, ㄴ, ㄷ

05

다음은 우주론에 대한 두 과학자의 서로 다른 주장이다.

조지 가모프: 우주는 팽창하면서 온도와 밀도가 계속 감소합니다.

프레드 호일: 우주는 팽창하면서 생기는 빈 공간에 물질이 계속 만들어집니다.

두 과학자가 주장하는 우주론을 모형으로 나타낼 때 가장 적절한 것을 [보기]에서 고른 것은?

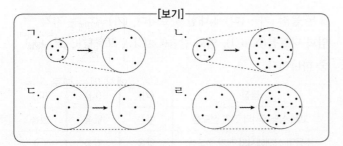

[보기]

ㄱ. ㄴ. ㄷ. ㄹ.

	조지 가모프	프레드 호일
①	ㄱ	ㄴ
②	ㄱ	ㄷ
③	ㄴ	ㄱ
④	ㄷ	ㄹ
⑤	ㄹ	ㄴ

06

그림은 별의 탄생과 진화의 순환 과정 일부를 단계별로 나타낸 것이다.

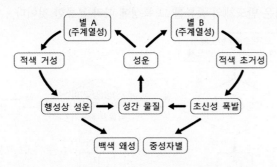

이에 대한 설명으로 옳은 것만을 [보기]에서 있는 대로 고른 것은? [3점]

[보기]

ㄱ. 별의 질량은 B가 A보다 크다.
ㄴ. 초신성 폭발 과정에서 철보다 무거운 원소가 생성된다.
ㄷ. 별의 탄생과 진화의 순환 과정이 거듭될수록 우주 전체의 수소의 양은 증가한다.

① ㄱ   ② ㄷ   ③ ㄱ, ㄴ   ④ ㄴ, ㄷ   ⑤ ㄱ, ㄴ, ㄷ

07

그림 (가)는 어느 별의 진화 과정에서 중심부의 핵융합 반응이 끝난 직후 별의 내부 구조를, (나)는 지구를 구성하는 원소의 질량비를 나타낸 것이다. ㉠~㉢은 각각 규소, 산소, 철 중 하나이다.

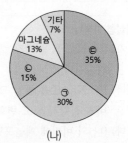

(가)   (나)

2022. 6

8회

이에 대한 설명으로 옳은 것만을 [보기]에서 있는 대로 고른 것은?

[보기]

ㄱ. ㉠은 규소이다.
ㄴ. 별의 진화 과정에서 ㉡은 ㉢보다 먼저 만들어졌다.
ㄷ. 별의 진화 과정에서 생성된 물질들의 일부는 지구를 형성하는 재료가 되었다.

① ㄱ   ② ㄴ   ③ ㄱ, ㄷ   ④ ㄴ, ㄷ   ⑤ ㄱ, ㄴ, ㄷ

08

그림은 주기율표의 일부를 나타낸 것이다.

	1족	2족	13족	14족	15족	16족	17족
2주기	A			B			C
3주기		D				E	

이에 대한 설명으로 옳은 것만을 [보기]에서 있는 대로 고른 것은? (단, A~E는 임의의 원소 기호이다.) [3점]

[보기]

ㄱ. 원자가 전자 수는 A와 C가 같다.
ㄴ. 전자가 들어 있는 전자 껍질 수는 B와 C가 같다.
ㄷ. D와 E가 화학 결합할 때 전자는 E에서 D로 이동한다.

① ㄱ   ② ㄴ   ③ ㄷ   ④ ㄱ, ㄴ   ⑤ ㄴ, ㄷ

09

다음은 학생 A가 같은 족의 세 금속 리튬(Li), 나트륨(Na), 칼륨(K)의 성질을 알아보기 위해 수행한 실험이다.

〈가설〉

⊙

〈실험 과정〉

(가) Li, Na, K을 각각 칼로 자른 후 단면의 변화를 관찰한다.

(나) Li, Na, K을 쌀알 크기로 잘라 물이 든 3개의 비커에 각각 넣고 변화를 관찰한다.

(다) (나)의 비커에 페놀프탈레인 용액을 각각 2~3방울 떨어뜨리고 변화를 관찰한다.

〈실험 결과〉

• (가)에서 모든 금속에서 단면의 광택이 사라졌다.
• (나)에서 모든 금속은 물과 잘 반응했다.
• (다)에서 모든 수용액은 붉은색으로 변했다.

〈결론〉

• 가설은 옳다.

학생 A의 결론이 타당할 때, 이에 대한 설명으로 옳은 것만을 [보기]에서 있는 대로 고른 것은?

[보기]

ㄱ. (가)에서 금속은 산소와 반응한다.
ㄴ. (다)에서 수용액은 산성이다.
ㄷ. '같은 족의 금속 원소들은 화학적 성질이 비슷하다.'는 ⊙으로 적절하다.

① ㄱ   ② ㄷ   ③ ㄱ, ㄴ   ④ ㄱ, ㄷ   ⑤ ㄴ, ㄷ

10

그림 (가)와 (나)는 사람과 지각을 구성하는 원소의 질량비를 순서 없이 나타낸 것이다. ⊙~ⓒ은 각각 규소, 산소, 탄소 중 하나이다.

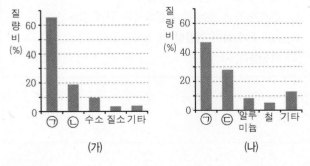

이에 대한 설명으로 옳은 것만을 [보기]에서 있는 대로 고른 것은? [3점]

[보기]

ㄱ. (가)는 지각을 구성하는 원소의 질량비이다.
ㄴ. ⓒ은 산소이다.
ㄷ. 규산염 광물은 ⊙과 ⓒ을 포함한다.

① ㄱ   ② ㄷ   ③ ㄱ, ㄴ   ④ ㄴ, ㄷ   ⑤ ㄱ, ㄴ, ㄷ

11

표는 물질 (가)~(다)에 대한 자료이다. (가)~(다)는 각각 염화 나트륨(NaCl), 염화 칼슘($CaCl_2$), 포도당($C_6H_{12}O_6$) 중 하나이다.

물질	(가)	(나)	(다)
고체 상태에서의 전기 전도성	없음	없음	없음
수용액 상태에서의 전기 전도성	없음	있음	⊙

이에 대한 설명으로 옳은 것만을 [보기]에서 있는 대로 고른 것은?

[보기]

ㄱ. (가)는 포도당이다.
ㄴ. (나)는 이온 결합 물질이다.
ㄷ. ⊙은 '없음'이다.

① ㄱ   ② ㄴ   ③ ㄷ   ④ ㄱ, ㄴ   ⑤ ㄴ, ㄷ

12

[2011 실시 11월 학평 16 과학 - 물리]

그림은 반도체의 종류를 그 특성에 따라 분류한 것이다.

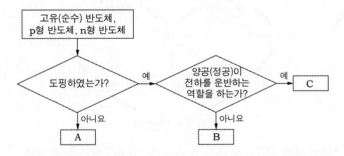

A~C에 해당하는 반도체의 종류를 바르게 짝지은 것은? [3점]

	A	B	C
①	고유(순수) 반도체	p형 반도체	n형 반도체
②	고유(순수) 반도체	n형 반도체	p형 반도체
③	p형 반도체	n형 반도체	고유(순수) 반도체
④	n형 반도체	p형 반도체	고유(순수) 반도체
⑤	n형 반도체	고유(순수) 반도체	p형 반도체

13

다음은 다양한 단백질이 만들어지는 원리를 알아보는 탐구 활동이다.

〈준비물〉
- ⊙ 단백질의 단위체를 알파벳으로 나타낸 카드 4종류 각 10장, 실

〈탐구 과정〉
- 카드를 실로 연결하여 영어 단어를 만든다.

〈탐구 결과〉
- 다른 뜻을 가진 여러 개의 단어가 만들어졌다.

이에 대한 설명으로 옳은 것만을 [보기]에서 있는 대로 고른 것은?

────────[보기]────────
ㄱ. ⊙은 아미노산이다.
ㄴ. 카드와 카드를 연결한 실은 펩타이드결합을 의미한다.
ㄷ. 단위체의 종류와 수, 결합 순서에 따라 다양한 단백질이 만들어진다.
──────────────────

① ㄱ ② ㄷ ③ ㄱ, ㄴ ④ ㄴ, ㄷ ⑤ ㄱ, ㄴ, ㄷ

14

그림은 생명체를 구성하는 물질 A∼C의 공통점과 차이점을 나타낸 것이다. A∼C는 각각 단백질, 탄수화물, 핵산 중 하나이다.

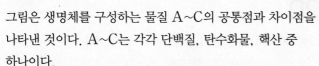
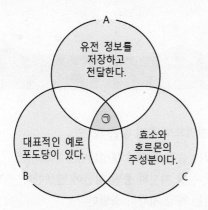

이에 대한 설명으로 옳은 것만을 [보기]에서 있는 대로 고른 것은?

────────[보기]────────
ㄱ. A는 핵산이다.
ㄴ. B와 C는 에너지원으로 이용된다.
ㄷ. '탄소 화합물이다.'는 ⊙에 해당한다.
──────────────────

① ㄱ ② ㄷ ③ ㄱ, ㄴ ④ ㄴ, ㄷ ⑤ ㄱ, ㄴ, ㄷ

15

그림은 생명체를 구성하는 핵산의 일부를 모형으로 나타낸 것이다. G는 구아닌, T는 타이민이고, ⊙과 ⓛ은 각각 A(아데닌)와 C(사이토신) 중 하나이며, (가)는 핵산의 단위체이다.

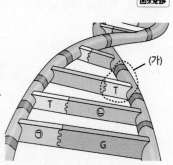

이에 대한 설명으로 옳은 것만을 [보기]에서 있는 대로 고른 것은? [3점]

────────[보기]────────
ㄱ. 이 핵산은 DNA이다.
ㄴ. (가)는 뉴클레오타이드이다.
ㄷ. ⊙은 A(아데닌), ⓛ은 C(사이토신)이다.
──────────────────

① ㄱ ② ㄷ ③ ㄱ, ㄴ ④ ㄴ, ㄷ ⑤ ㄱ, ㄴ, ㄷ

16

그림은 3가지 이온의 전자 배치 모형을 나타낸 것이다.

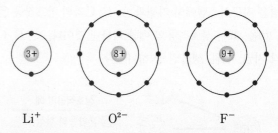

Li^+ O^{2-} F^-

이에 대한 설명으로 옳은 것만을 [보기]에서 있는 대로 고른 것은? [3점]

────────[보기]────────
ㄱ. Li과 F은 같은 주기의 원소이다.
ㄴ. Li_2O은 공유 결합 물질이다.
ㄷ. 공유 전자쌍 수는 F_2이 O_2보다 크다.
──────────────────

① ㄱ ② ㄴ ③ ㄱ, ㄷ ④ ㄴ, ㄷ ⑤ ㄱ, ㄴ, ㄷ

17

다음은 스타이로폼 공으로 화합물 모형을 만드는 탐구 활동이다.

〈탐구 과정〉

(가) C(탄소), N(질소), O(산소)가 각각 새겨진 스타이로폼 공을 1개씩 준비한다.

(나) (가)의 공에 H(수소)가 새겨진 스타이로폼 공을 이쑤시개로 연결하여 C, N, O가 각각 Ne(네온)과 같은 전자 배치를 갖는 화합물 모형 ㉠~㉢을 만든다.

(다) 각 모형에 사용된 공의 종류와 개수를 확인한다.

〈탐구 결과〉

• 만들어진 화합물 모형

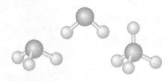

• 각 모형에 사용된 공의 종류 및 개수

화합물 모형	㉠		㉡		㉢	
공의 종류	C	H	N	H	O	H
공의 개수	1	a	1	b	1	c

이에 대한 설명으로 옳은 것만을 [보기]에서 있는 대로 고른 것은? [3점]

[보기]

ㄱ. 이쑤시개는 공유 전자쌍을 의미한다.

ㄴ. ㉠은 메테인(CH_4) 모형이다.

ㄷ. $b < c$이다.

① ㄱ   ② ㄷ   ③ ㄱ, ㄴ   ④ ㄴ, ㄷ   ⑤ ㄱ, ㄴ, ㄷ

18

[2022 실시 9월 학평 4]

그림은 지구시스템에서 기권과 A, B, C와의 상호작용 ㉠, ㉡, ㉢을, 표는 상호작용의 예를 나타낸 것이다. A, B, C는 각각 지권, 수권, 생물권 중 하나이다.

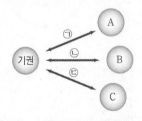

상호작용의 예

㉠ 혼합층의 형성
㉡ 화산 가스의 분출
㉢ 식물의 증산 작용

A, B, C로 옳은 것은? [3점]

	A	B	C		A	B	C
①	수권	지권	생물권	②	수권	생물권	지권
③	지권	수권	생물권	④	지권	생물권	수권
⑤	생물권	수권	지권				

19

[2022 실시 9월 학평 13]

다음은 인도네시아 스메루 화산 폭발에 대한 신문 기사의 일부이다.

2021년 12월 4일 스메루 화산이 폭발하였다. ㉠ 화산재와 뜨거운 ㉡ 가스가 십여 km 높이까지 분출되어, 인근 마을은 온통 시커먼 화산재로 뒤덮였다. 주택과 차량은 물론 마을을 잇는 다리가 파손되고, 뜨거운 열기와 화산재로 가축이 질식사하는 등 피해가 속출하였다.

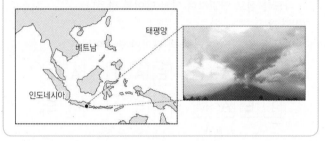

이에 대한 설명으로 옳은 것만을 [보기]에서 있는 대로 고른 것은?

[보기]

ㄱ. 화산 활동으로 지구 내부 에너지가 급격하게 방출된다.

ㄴ. 성층권에 ㉠이 대량으로 유입될 경우 지표에 도달하는 태양 복사 에너지양이 일시적으로 감소한다.

ㄷ. ㉡이 퍼져 나간 지역은 산성비로 인한 피해가 발생할 수 있다.

① ㄱ   ② ㄷ   ③ ㄱ, ㄴ   ④ ㄴ, ㄷ   ⑤ ㄱ, ㄴ, ㄷ

20

[예상 문제]

그림 (가)와 (나)는 판의 경계를 나타낸 것이다.

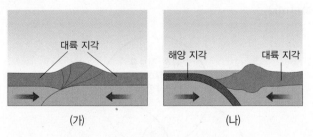

(가)   (나)

이에 대한 설명으로 옳지 않은 것은?

① (가)에서는 습곡 산맥이 형성된다.

② (가)에서 천발 지진과 중발 지진이 발생한다.

③ (나)에서는 해양 지각이 소멸한다.

④ (나)에서는 변환 단층이 발달한다.

⑤ 화산 활동은 (가)보다 (나)에서 활발하다.

9회

전국연합학력평가 [2021년 6월 3일 시행]

☆ 3점 문항에만 점수가 표시되어 있습니다.

· 문항 수 : 20개   · 배점 : 50점

통합과학

· 제한 시간 : 30분

01
[예상 문제]

다음은 기본량과 유도량의 단위에 대한 세 학생의 대화이다.

넓이의 단위는 길이의 단위를 이용해 표현할 수 있어. — 학생 A

시간의 단위만으로 속력의 단위를 표현할 수 있어. — 학생 B

힘의 단위는 kg·m/s로 나타낼 수 있어. — 학생 C

제시한 내용이 옳은 학생만을 있는 대로 고른 것은?

① A   ② B   ③ A, C   ④ B, C   ⑤ A, B, C

02

표는 인체를 구성하는 물질 (가)~(다)에 대한 자료이다. (가)~(다)는 각각 단백질, 탄수화물, 핵산 중 하나이다.

물질	내용
(가)	대표적인 예로 녹말이 있다.
(나)	유전정보를 저장하고 전달한다.
(다)	물질대사를 조절하는 효소의 주성분으로 근육, 항체를 구성한다.

이에 대한 설명으로 옳은 것만을 [보기]에서 있는 대로 고른 것은? [3점]

[보기]
ㄱ. (가)는 단백질이다.
ㄴ. RNA는 (나)에 해당한다.
ㄷ. (다)의 구성 원소에는 수소(H)가 있다.

① ㄱ   ② ㄷ   ③ ㄱ, ㄴ   ④ ㄴ, ㄷ   ⑤ ㄱ, ㄴ, ㄷ

03

그림 (가)와 (나)는 DNA와 RNA 모형을 순서 없이 나타낸 것이다.

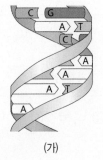
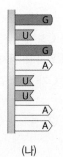

(가)   (나)

이에 대한 설명으로 옳은 것만을 [보기]에서 있는 대로 고른 것은?

[보기]
ㄱ. (가)는 DNA 모형이다.
ㄴ. (나)는 단일 가닥 구조이다.
ㄷ. (가)와 (나)를 구성하는 단위체는 뉴클레오타이드이다.

① ㄱ   ② ㄷ   ③ ㄱ, ㄴ   ④ ㄴ, ㄷ   ⑤ ㄱ, ㄴ, ㄷ

04
[예상 문제]

그림은 어떤 신호의 세기를 (가)와 (나)의 형태로 나타낸 것이다.

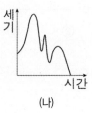

(가)   (나)

(가)와 (나)에 대한 설명으로 옳은 것은?

① 자연에서 발생하는 대부분의 신호는 (가)이다.
② (가)는 저장하는 정보의 양을 압축할 수 있다.
③ (가)는 신호의 미세한 부분까지도 표현이 가능하다.
④ (나)는 신호의 전송과 가공이 쉽다.
⑤ (나)는 장기간 변질 없이 보존이 가능하다.

05

그림은 원자 A~C의 전자 배치를 모형으로 나타낸 것이다.

  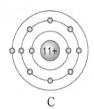

A   B   C

이에 대한 설명으로 옳은 것만을 [보기]에서 있는 대로 고른 것은? (단, A~C는 임의의 원소 기호이다.)

┌─────────── [보기] ───────────┐
ㄱ. A는 C보다 전자를 잃기 쉽다.
ㄴ. B의 원자가 전자 수는 7이다.
ㄷ. B와 C가 화학 결합할 때 B는 전자를 얻는다.
└──────────────────────────┘

① ㄱ   ② ㄷ   ③ ㄱ, ㄴ   ④ ㄴ, ㄷ   ⑤ ㄱ, ㄴ, ㄷ

06

다음은 우주론이 확립되는 과정에서 중요한 역할을 한 과학자 A와 B에 대한 설명이다.

- A: 현재 우주를 이루고 있는 기본적인 입자들은 빅뱅 직후에 만들어졌다고 주장하였다.
- B: 우주가 팽창하면서 생기는 빈 공간에서 새로운 물질이 계속 만들어진다고 주장하였다.

이에 대한 설명으로 옳은 것만을 [보기]에서 있는 대로 고른 것은?

┌─────────── [보기] ───────────┐
ㄱ. A는 우주의 온도가 점점 낮아진다고 설명하였다.
ㄴ. B는 우주의 밀도가 점점 작아진다고 설명하였다.
ㄷ. A는 정상 우주론, B는 빅뱅 우주론을 주장하였다.
└──────────────────────────┘

① ㄱ   ② ㄴ   ③ ㄱ, ㄷ   ④ ㄴ, ㄷ   ⑤ ㄱ, ㄴ, ㄷ

07

그림은 물질 (가)~(다)의 모형을 나타낸 것이다.

 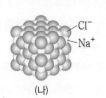

(가)   (나)   (다)

이에 대한 설명으로 옳은 것만을 [보기]에서 있는 대로 고른 것은?

┌─────────── [보기] ───────────┐
ㄱ. (가)는 공유 결합 물질이다.
ㄴ. (나)의 수용액은 전기 전도성이 있다.
ㄷ. (나)에서 나트륨 이온(Na^+)은 (다)와 같은 전자 배치를 갖는다.
└──────────────────────────┘

① ㄱ   ② ㄷ   ③ ㄱ, ㄴ   ④ ㄴ, ㄷ   ⑤ ㄱ, ㄴ, ㄷ

08

다음은 규산염 광물의 결합 방식에 대한 탐구 활동이다.

〈탐구 과정〉

(가) 도면과 끈을 이용하여 규산염 사면체(Si-O 사면체) 모형을 만든다.

도면   Si-O 사면체 모형

(나) Si-O 사면체 모형을 규칙성이 있도록 연결한다.

〈탐구 결과〉

- ⊙ 사슬 모양으로 연결된 구조와 ⓒ 사슬 모양 2개가 연결된 구조가 만들어졌다.

 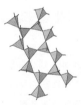

사슬 모양으로   사슬 모양 2개가
연결된 구조   연결된 구조

이에 대한 설명으로 옳은 것만을 [보기]에서 있는 대로 고른 것은? [3점]

┌─────────── [보기] ───────────┐
ㄱ. 흑운모는 ⊙과 같은 결합 구조로 되어 있다.
ㄴ. Si-O 사면체 사이에 공유하는 산소(O)의 수는 ⊙이 ⓒ보다 많다.
ㄷ. Si-O 사면체가 다양한 형태로 결합하여 규산염 광물이 만들어진다.
└──────────────────────────┘

① ㄱ   ② ㄷ   ③ ㄱ, ㄴ   ④ ㄴ, ㄷ   ⑤ ㄱ, ㄴ, ㄷ

09

다음은 학생 A가 알칼리 금속을 석유에 넣어 보관해야 하는 이유를 알아보기 위해 수행한 탐구 활동이다.

〈가설〉

 ⓐ 은 물, 산소와 반응하기 쉬울 것이다.

〈탐구 과정〉

(가) 물기 없는 유리판 위에 ⓐ 을 올려놓고 칼로 자른 후 단면을 관찰한다.

(나) 비커에 물을 $\frac{1}{3}$ 정도 넣고 쌀알 크기의 ⓐ 조각을 넣은 후 물과 반응하는 모습을 관찰한다.

〈탐구 결과〉

• (가)에서 단면의 광택이 사라졌다.

• (나)에서 ⓑ 기체가 발생하였다.

〈탐구 결론〉

가설이 타당하므로, ⓐ 은 석유에 넣어 보관해야 한다.

학생 A의 탐구 결과가 사실과 일치하고 결론이 타당할 때, 이에 대한 설명으로 옳은 것만을 [보기]에서 있는 대로 고른 것은? [3점]

[보기]

ㄱ. 리튬은 ⓐ으로 적절하다.

ㄴ. ⓑ은 산소이다.

ㄷ. 석유는 알칼리 금속이 물, 산소와 접촉하는 것을 막아줄 수 있다.

① ㄱ　　② ㄴ　　③ ㄱ, ㄷ　　④ ㄴ, ㄷ　　⑤ ㄱ, ㄴ, ㄷ

10

그림 (가)와 (나)는 원자가 생성되기 전과 후의 우주의 일부를 각각 나타낸 것이다. 이에 대한 설명으로 옳은 것만을 [보기]에서 있는 대로 고른 것은? [3점]

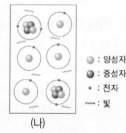

(가)　　(나)

○ : 양성자
● : 중성자
· : 전자
〰 : 빛

[보기]

ㄱ. 우주의 온도는 (가)일 때가 (나)일 때보다 높다.

ㄴ. 수소 원자핵은 양성자 1개로 구성되었다.

ㄷ. 우주에 존재하는 수소 원자핵과 헬륨 원자핵의 질량비가 일정하게 고정된 시기는 (나) 이후이다.

① ㄱ　　② ㄷ　　③ ㄱ, ㄴ　　④ ㄴ, ㄷ　　⑤ ㄱ, ㄴ, ㄷ

11

그림 (가)는 해수의 층상 구조를, (나)는 지구 내부의 층상 구조를 나타낸 것이다.

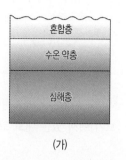

혼합층
수온 약층
심해층

(가)

지각
맨틀
외핵
내핵

(나)

이에 대한 설명으로 옳은 것만을 [보기]에서 있는 대로 고른 것은?

[보기]

ㄱ. (가)에서 온도는 혼합층이 심해층보다 높다.

ㄴ. (나)의 내핵은 액체 상태이다.

ㄷ. (나)에서 밀도는 맨틀이 외핵보다 크다.

① ㄱ　　② ㄷ　　③ ㄱ, ㄴ　　④ ㄴ, ㄷ　　⑤ ㄱ, ㄴ, ㄷ

12

그림은 동아프리카 열곡대, 산안드레아스 단층, 안데스산맥을 특징에 따라 구분하는 과정을 나타낸 것이다. A, B, C는 각각 동아프리카 열곡대, 산안드레아스 단층, 안데스산맥 중 하나이다.

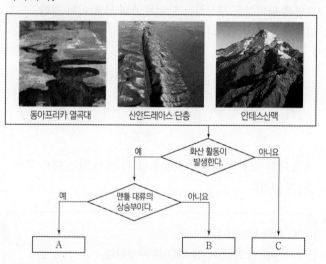

동아프리카 열곡대　　산안드레아스 단층　　안데스산맥

예 ← 화산 활동이 발생한다. → 아니요

예 ← 맨틀 대류의 상승부이다. → 아니요

A　　　　B　　　　C

이에 대한 설명으로 옳은 것만을 [보기]에서 있는 대로 고른 것은? [3점]

[보기]

ㄱ. A는 동아프리카 열곡대이다.

ㄴ. B는 발산형 경계에 해당한다.

ㄷ. C에서는 지진이 자주 발생한다.

① ㄱ　　② ㄷ　　③ ㄱ, ㄴ　　④ ㄱ, ㄷ　　⑤ ㄴ, ㄷ

13

그림은 산소(O_2)와 암모니아(NH_3) 분자를 화학 결합 모형으로 나타낸 것이다.

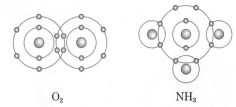

O_2 NH_3

이에 대한 설명으로 옳은 것만을 [보기]에서 있는 대로 고른 것은? [3점]

─[보기]─
ㄱ. NH_3는 이온 결합 물질이다.
ㄴ. 질소(N)와 산소(O)는 같은 주기 원소이다.
ㄷ. 공유하는 전자쌍 수는 NH_3가 O_2보다 적다.

① ㄱ   ② ㄴ   ③ ㄱ, ㄷ   ④ ㄴ, ㄷ   ⑤ ㄱ, ㄴ, ㄷ

14

그림은 단백질을 구성하는 단위체 A와 B 사이의 결합 과정을 모식적으로 나타낸 것이다.

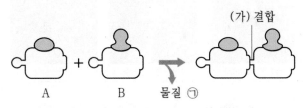

이에 대한 설명으로 옳은 것만을 [보기]에서 있는 대로 고른 것은? [3점]

─[보기]─
ㄱ. A와 B는 포도당이다.
ㄴ. ㉠은 탄소(C)와 산소(O)로 구성된다.
ㄷ. (가) 결합은 펩타이드결합이다.

① ㄱ   ② ㄷ   ③ ㄱ, ㄴ   ④ ㄴ, ㄷ   ⑤ ㄱ, ㄴ, ㄷ

15

그림 (가)~(다)는 서로 다른 탄소 골격의 형태를 나타낸 것이다.

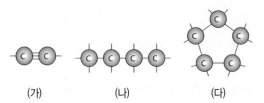

(가)   (나)   (다)

이에 대한 설명으로 옳은 것만을 [보기]에서 있는 대로 고른 것은?

─[보기]─
ㄱ. (가)에는 3중 결합이 존재한다.
ㄴ. (나)는 고리 모양이다.
ㄷ. 탄소 한 개와 결합하는 최대 원자 수는 (나)가 (다)보다 적다.

① ㄱ   ② ㄴ   ③ ㄱ, ㄷ   ④ ㄴ, ㄷ   ⑤ ㄱ, ㄴ, ㄷ

16

그림 (가)는 백열전구, (나)는 수소 기체 방전관, (다)는 헬륨 기체 방전관에서 나온 빛의 스펙트럼이다.

이에 대한 설명으로 옳은 것만을 [보기]에서 있는 대로 고른 것은?

─[보기]─
ㄱ. (가)는 흡수 스펙트럼이다.
ㄴ. (나)와 (다)는 스펙트럼에 나타나는 선의 위치가 다르다.
ㄷ. 선 스펙트럼을 통해 원소의 종류를 확인할 수 있다.

① ㄱ   ② ㄷ   ③ ㄱ, ㄴ   ④ ㄴ, ㄷ   ⑤ ㄱ, ㄴ, ㄷ

17

그림은 중심부의 핵융합 반응이 끝난 두 별 (가)와 (나)의 내부 구조를 나타낸 것이다.

(가)

(나)

이에 대한 설명으로 옳은 것만을 [보기]에서 있는 대로 고른 것은?

[보기]
ㄱ. 질량은 (가)가 (나)보다 크다.
ㄴ. 중심부의 온도는 (가)가 (나)보다 낮다.
ㄷ. (나)가 초신성 폭발을 하면서 철보다 무거운 원소가 생성된다.

① ㄱ ② ㄷ ③ ㄱ, ㄴ ④ ㄴ, ㄷ ⑤ ㄱ, ㄴ, ㄷ

18

다음은 주기율표의 빗금 친 부분에 위치하는 원소 A~E에 대한 자료이다.

족 주기	1	2	16	17	18
1	▨				▨
2				▨	
3		▨	▨		

- A와 D는 같은 족 원소이다.
- B와 D는 전자가 들어 있는 전자 껍질 수가 같다.
- C와 E는 화학적 성질이 비슷하다.
- E는 충치 예방용 치약에 사용된다.

이에 대한 설명으로 옳은 것만을 [보기]에서 있는 대로 고른 것은? (단, A~E는 임의의 원소 기호이다.) [3점]

[보기]
ㄱ. 원자 번호는 A가 B보다 크다.
ㄴ. A와 C는 같은 주기 원소이다.
ㄷ. 원자가 전자 수는 D가 E보다 크다.

① ㄱ ② ㄷ ③ ㄱ, ㄴ ④ ㄴ, ㄷ ⑤ ㄱ, ㄴ, ㄷ

19

다음은 태양계와 지구가 형성되는 과정의 일부를 설명한 것이다.

(가) 태양계 성운 형성: 우리 은하의 나선팔에 위치한 거대한 성운에서 가스와 먼지가 모여 태양계 성운이 형성되었다.
(나) 원시 행성계 형성: 미행성체가 충돌하고 결합하여 원시 지구와 같은 원시 행성들이 형성되었다.
(다) 원시 지구의 진화: 미행성체의 충돌열 때문에 지구의 온도가 상승하여 마그마 바다가 형성되었다. 이후 지구 표면 온도는 점차 낮아졌다.

이에 대한 설명으로 옳은 것만을 [보기]에서 있는 대로 고른 것은? [3점]

[보기]
ㄱ. (가)의 태양계 성운은 주로 수소와 헬륨으로 구성되어 있다.
ㄴ. (나)에서 원시 행성계는 수소와 헬륨이 고르게 분포하였다.
ㄷ. (다)에서 규소, 산소 등 가벼운 물질은 떠올라 맨틀과 지각을 형성한다.

① ㄱ ② ㄴ ③ ㄱ, ㄷ ④ ㄴ, ㄷ ⑤ ㄱ, ㄴ, ㄷ

20

[2021 실시 9월 학평 14]

그림은 지구 전체의 평균적인 물의 순환을 나타낸 것이다.

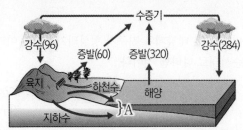

(단위: ×10³ km³/년)

이에 대한 설명으로 옳은 것만을 [보기]에서 있는 대로 고른 것은? [3점]

[보기]
ㄱ. 해양에서는 강수량이 증발량보다 많다.
ㄴ. A에 의해 수권이 지권을 변화시킨다.
ㄷ. 지구 전체에서의 총 증발량과 총 강수량은 같다.

① ㄱ ② ㄴ ③ ㄱ, ㄷ ④ ㄴ, ㄷ ⑤ ㄱ, ㄴ, ㄷ

전국연합학력평가 [2020년 6월 18일 시행]

10회

☆ 3점 문항에만 점수가 표시되어 있습니다.

• 문항 수: 20개   • 배점: 50점

통합과학

• 제한 시간: 30분

01

[예상 문제]

다음은 여러 가지 물리량과 단위를 이용하여 번개가 치는 현상을 설명한 것이다.

> 번개가 칠 때 두꺼운 섬광에 흐르는 ㉠전류는 약 3만 A 정도로 매우 세고, 낙뢰가 지나가는 곳의 ㉡온도는 3만 (㉢)이 넘기도 한다.
>
>

이에 대한 설명으로 옳은 것만을 [보기]에서 있는 대로 고른 것은? (단, ㉢은 온도의 국제 표준 단위(SI)이다.) [3점]

> ─────[보기]─────
> ㄱ. ㉠은 유도량이다.
> ㄴ. ㉡은 기본량이다.
> ㄷ. ㉢은 °C(섭씨도)이다.

① ㄱ ② ㄴ ③ ㄱ, ㄷ ④ ㄴ, ㄷ ⑤ ㄱ, ㄴ, ㄷ

02

그림은 빅뱅 이후 태양계와 지구가 형성되기까지의 여러 사건을 순서대로 나타낸 것이다.

이에 대한 설명으로 옳은 것만을 [보기]에서 있는 대로 고른 것은? [3점]

> ─────[보기]─────
> ㄱ. 빅뱅 이후 전자를 포함한 기본 입자들이 만들어진다.
> ㄴ. 초신성 폭발 과정에서 철보다 무거운 원소들이 만들어진다.
> ㄷ. 초신성 폭발로 방출된 물질들의 일부는 태양계와 지구를 형성한 재료가 되었다.

① ㄱ ② ㄷ ③ ㄱ, ㄴ ④ ㄴ, ㄷ ⑤ ㄱ, ㄴ, ㄷ

03

그림은 고온 고밀도의 광원에 의해 만들어지는 스펙트럼 A와 B를 나타낸 것이다.

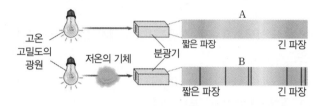

이에 대한 설명으로 옳은 것만을 [보기]에서 있는 대로 고른 것은?

> ─────[보기]─────
> ㄱ. A는 연속 스펙트럼이다.
> ㄴ. B의 검은 선은 특정 파장의 빛이 저온의 기체에 흡수되어 나타난 것이다.
> ㄷ. B를 분석하면 저온의 기체를 구성하고 있는 원소의 종류를 알 수 있다.

① ㄱ ② ㄴ ③ ㄱ, ㄷ ④ ㄴ, ㄷ ⑤ ㄱ, ㄴ, ㄷ

04

그림은 빅뱅 우주론에 대해 세 학생이 대화하는 모습을 나타낸 것이다.

제시한 내용이 옳은 학생만을 있는 대로 고른 것은?

① A ② B ③ C ④ A, C ⑤ B, C

05

표는 우주 초기의 진화 과정 (가)~(다)를 순서 없이 나타낸 것이다. ○, ●, • 는 각각 양성자, 전자, 중성자 중 하나이다.

(가)	(나)	(다)
○ ○ ○ ○ ○	(원자 모형)	(헬륨 원자핵)
수소 원자핵의 생성	수소 원자 및 헬륨 원자의 생성	헬륨 원자핵의 생성

이에 대한 설명으로 옳은 것만을 [보기]에서 있는 대로 고른 것은? [3점]

[보기]
ㄱ. ● 는 양성자이다.
ㄴ. 우주 초기의 진화 과정은 (가) → (다) → (나) 순이다.
ㄷ. 우주의 온도는 (나)일 때가 (다)일 때보다 높다.

① ㄱ ② ㄴ ③ ㄷ ④ ㄱ, ㄴ ⑤ ㄴ, ㄷ

06

그림은 중심부의 핵융합 반응이 끝난 두 별 A와 B의 내부 구조를 모식적으로 나타낸 것이다.

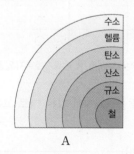
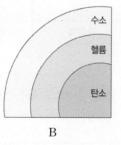

이에 대한 설명으로 옳은 것만을 [보기]에서 있는 대로 고른 것은?

[보기]
ㄱ. A는 초신성 폭발을 할 수 있다.
ㄴ. B는 중심부로 갈수록 가벼운 원소로 이루어져 있다.
ㄷ. 질량은 A가 B보다 작다.

① ㄱ ② ㄴ ③ ㄱ, ㄷ ④ ㄴ, ㄷ ⑤ ㄱ, ㄴ, ㄷ

07

다음은 알칼리 금속의 성질을 알아보기 위한 실험이다.

〈실험 과정〉
(가) 리튬(Li)을 칼로 잘라 단면의 변화를 관찰한다.
(나) 쌀알 크기의 리튬 조각을 물이 들어 있는 비커에 넣은 후 변화를 관찰한다.
(다) (나)의 비커에 페놀프탈레인 용액을 2~3방울 넣은 후 수용액의 색 변화를 관찰한다.
(라) 리튬 대신 나트륨(Na)과 칼륨(K)을 사용하여 과정 (가)~(다)를 반복한다.

〈실험 결과〉
• 칼로 자른 금속의 단면은 모두 광택을 잃었다.
• 금속은 물과 반응하여 모두 수소 기체를 발생시켰다.
• 수용액의 색은 모두 [㉠]으로 변했다.

이에 대한 설명으로 옳은 것만을 [보기]에서 있는 대로 고른 것은?

[보기]
ㄱ. (가)에서 리튬은 산소와 반응한다.
ㄴ. ㉠은 '붉은색'이 적절하다.
ㄷ. 리튬, 나트륨, 칼륨은 공기나 물에 대해 유사한 화학적 성질을 갖는다.

① ㄱ ② ㄷ ③ ㄱ, ㄴ ④ ㄴ, ㄷ ⑤ ㄱ, ㄴ, ㄷ

08

그림은 이온 A^+, B^+, C^{2-}의 전자 배치를 모형으로 나타낸 것이다.

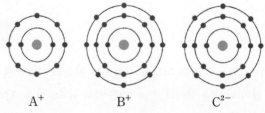

A~C에 대한 설명으로 옳은 것만을 [보기]에서 있는 대로 고른 것은? (단, A~C는 임의의 원소 기호이다.) [3점]

[보기]
ㄱ. A는 금속 원소이다.
ㄴ. B와 C는 같은 주기의 원소이다.
ㄷ. A와 C가 화학 결합할 때 전자는 C에서 A로 이동한다.

① ㄱ ② ㄴ ③ ㄱ, ㄷ ④ ㄴ, ㄷ ⑤ ㄱ, ㄴ, ㄷ

09

다음은 원소 X, Y와 화합물 XY_2에 대한 자료이다.

- X는 $\boxed{\text{㉠}}$ 주기 금속 원소이다.
- 원자 X와 Y의 원자가 전자 수는 각각 $\boxed{\text{㉡}}$ 과 $\boxed{\text{㉢}}$ 이다.
- XY_2는 액체 상태에서 전기 전도성이 있다.
- XY_2를 구성하는 입자는 모두 네온(Ne)과 같은 전자 배치를 갖는다.

㉠＋㉡＋㉢은? (단, X와 Y는 임의의 원소 기호이다.) [3점]

① 11　　② 12　　③ 13　　④ 14　　⑤ 15

10

그림은 3가지 물질을 주어진 기준에 따라 분류한 것이다.

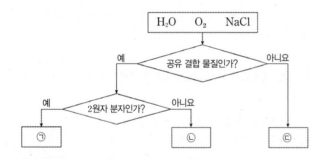

㉠~㉢으로 옳은 것은?

	㉠	㉡	㉢
①	O_2	H_2O	NaCl
②	O_2	NaCl	H_2O
③	NaCl	H_2O	O_2
④	H_2O	NaCl	O_2
⑤	H_2O	O_2	NaCl

11

표 (가), (나)는 사람과 지각을 구성하는 원소의 질량비를 순서 없이 나타낸 것이다. ㉠~㉢은 각각 규소, 산소, 탄소 중 하나이다.

구성 원소	질량비(%)
㉠	46.6
㉡	27.7
알루미늄	8.1
철	5.0
기타	12.6

(가)

구성 원소	질량비(%)
㉠	65.0
㉢	18.5
수소	9.5
질소	3.3
기타	3.7

(나)

이에 대한 설명으로 옳은 것만을 [보기]에서 있는 대로 고른 것은? [3점]

[보기]
ㄱ. (가)는 사람을 구성하는 원소의 질량비이다.
ㄴ. 규산염 광물은 ㉠과 ㉡을 포함한다.
ㄷ. ㉡과 ㉢은 같은 족 원소이다.

① ㄱ　　② ㄷ　　③ ㄱ, ㄴ　　④ ㄴ, ㄷ　　⑤ ㄱ, ㄴ, ㄷ

12

다음은 물질 A~C의 전기 전도성을 알아보는 실험이다. A~C는 각각 염화 나트륨(NaCl), 질산 칼륨(KNO_3), 포도당($C_6H_{12}O_6$) 중 하나이다.

〈실험 과정〉
(가) 고체 상태의 물질 A~C를 홈판의 서로 다른 홈에 넣고, 전기 전도성 측정기로 전류가 흐르는지 확인한다.
(나) 고체 물질이 들어 있는 각 홈에 증류수를 넣어 수용액을 만든 다음, 전기 전도성 측정기로 전류가 흐르는지 확인한다.

〈실험 결과〉

상태 ＼ 물질	A	B	C
고체	×	×	×
수용액	×	○	○

(○: 전류가 흐름, ×: 전류가 흐르지 않음)

이에 대한 설명으로 옳은 것만을 [보기]에서 있는 대로 고른 것은? [3점]

[보기]
ㄱ. A는 질산 칼륨이다.
ㄴ. B는 수용액 상태에서 양이온과 음이온으로 나누어져 있다.
ㄷ. C는 고체 상태에서 정전기적 인력에 의해 결합하고 있다.

① ㄱ　　② ㄴ　　③ ㄱ, ㄷ　　④ ㄴ, ㄷ　　⑤ ㄱ, ㄴ, ㄷ

13

[예상 문제]

신호와 정보에 대한 설명으로 옳은 것만을 [보기]에서 있는 대로 고른 것은?

─── [보기] ───
ㄱ. 지진파는 디지털 신호에 해당한다.
ㄴ. 수집한 신호는 분석 과정을 거쳐 정보로 이용할 수 있다.
ㄷ. 센서를 통해 아날로그 신호가 디지털 신호로 바뀐다.

① ㄱ   ② ㄴ   ③ ㄱ, ㄷ   ④ ㄴ, ㄷ   ⑤ ㄱ, ㄴ, ㄷ

14

다음은 탄소 원자의 결합 방식에 대한 탐구 활동이다.

〈탐구 과정〉
탄소 원자 모형과 결합 막대로 아래의 결합 규칙에 따라 탄소 골격을 만든다.
• 규칙 1: 탄소 원자 모형 1개에는 반드시 결합 막대 4개를 꽂아야 한다.
• 규칙 2: 탄소 원자 모형 1개와 다른 탄소 원자 모형 1개를 연결할 때에는 결합 막대를 최대 3개까지 사용할 수 있다.

〈탐구 결과〉
결합 방식이 다양한 탄소 골격이 만들어졌다.

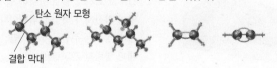

이에 대한 설명으로 옳은 것만을 [보기]에서 있는 대로 고른 것은?

─── [보기] ───
ㄱ. 탄소의 원자가 전자 수는 4이다.
ㄴ. 결합 막대는 공유하는 전자쌍을 의미한다.
ㄷ. 탄소 골격에 수소, 산소, 질소 원자 등이 결합하면 다양한 탄소 화합물이 만들어진다.

① ㄱ   ② ㄷ   ③ ㄱ, ㄴ   ④ ㄴ, ㄷ   ⑤ ㄱ, ㄴ, ㄷ

15

그림 (가)는 DNA의 구조를, (나)는 DNA를 구성하는 4가지 단위체를 모형으로 나타낸 것이다. A는 아데닌, C는 사이토신이고, ㉠과 ㉡은 각각 G(구아닌)와 T(타이민) 중 하나이다.

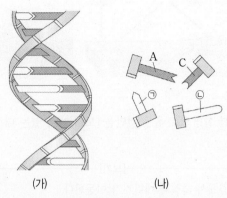

(가)   (나)

이에 대한 설명으로 옳은 것만을 [보기]에서 있는 대로 고른 것은?

─── [보기] ───
ㄱ. DNA의 구조는 이중나선구조이다.
ㄴ. ㉠은 G(구아닌), ㉡은 T(타이민)이다.
ㄷ. DNA는 단위체의 배열 순서에 따라 다양한 유전정보를 저장한다.

① ㄱ   ② ㄴ   ③ ㄱ, ㄷ   ④ ㄴ, ㄷ   ⑤ ㄱ, ㄴ, ㄷ

16

그림은 단백질이 만들어지는 과정을 모형으로 나타낸 것이다. A는 단백질의 단위체이다.

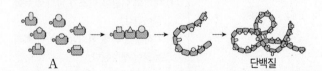

A   단백질

이에 대한 설명으로 옳은 것만을 [보기]에서 있는 대로 고른 것은? [3점]

─── [보기] ───
ㄱ. A는 아미노산이다.
ㄴ. A가 서로 결합할 때 물(H_2O) 분자가 첨가된다.
ㄷ. A의 배열 순서에 따라 단백질의 입체 구조가 결정된다.

① ㄱ   ② ㄴ   ③ ㄱ, ㄷ   ④ ㄴ, ㄷ   ⑤ ㄱ, ㄴ, ㄷ

17

[2020 실시 9월 학평 13]

그림 (가)는 지구시스템에서 물의 순환을, (나)는 강원도 영월의 동강 유역에 위치한 한반도 모양의 지형을 나타낸 것이다.

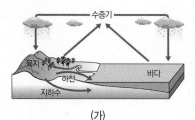

(가)   (나)

이에 대한 설명으로 옳은 것만을 [보기]에서 있는 대로 고른 것은?

[보기]
ㄱ. (가)에서 물질과 에너지가 이동한다.
ㄴ. (가)의 주된 에너지원은 태양 에너지이다.
ㄷ. (나)는 (가) 과정에 의해 지표가 변화되어 형성된 지형이다.

① ㄱ   ② ㄴ   ③ ㄱ, ㄷ   ④ ㄴ, ㄷ   ⑤ ㄱ, ㄴ, ㄷ

18

[2020 실시 9월 학평 11]

표는 지구시스템의 상호작용과 그 예를 나타낸 것이다.

지구시스템의 상호 작용	상호작용의 예
기권 A ↕ B 지권 — 생물권 — 수권 C	(가) 화산 활동에 의해 화산 가스가 대기 중에 방출된다. (나) 대기의 이산화 탄소가 바다로 녹아 들어간다. (다) 지하수에 의해 석회암이 녹아 석회 동굴이 생성된다.

A~C에 해당하는 예로 옳은 것은?

	A	B	C
①	(가)	(나)	(다)
②	(가)	(다)	(나)
③	(나)	(가)	(다)
④	(다)	(가)	(나)
⑤	(다)	(나)	(가)

19

[2020 실시 9월 학평 20]

표 (가)는 사람을 구성하는 물질 A, B에 특성 ㉠, ㉡의 유무를, (나)는 ㉠, ㉡을 순서 없이 나타낸 것이다. A, B는 각각 단백질, 핵산 중 하나이다.

특성 물질	㉠	㉡
A	○	○
B	○	×

(○: 있음, ×: 없음)

특성(㉠, ㉡)
• 구성 원소에 탄소가 있다
• 효소와 호르몬의 주성분이다.

(가)   (나)

이에 대한 설명으로 옳은 것만을 [보기]에서 있는 대로 고른 것은? [3점]

[보기]
ㄱ. ㉠은 '구성 원소에 탄소가 있다.'이다.
ㄴ. B에는 DNA와 RNA가 있다.
ㄷ. A와 B의 단위체는 서로 같다.

① ㄱ   ② ㄷ   ③ ㄱ, ㄴ   ④ ㄱ, ㄷ   ⑤ ㄴ, ㄷ

20

[2020 실시 9월 학평 20]

그림 (가)는 칠레 칼부코 화산 주변 판의 경계(A)와 운동 방향이고, (나)는 2015년에 발생한 칼부코 화산 분출에 대한 신문 기사의 일부이다.

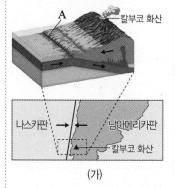

칼부코 화산 분출로 발생한 엄청난 양의 화산재가 하늘을 뒤덮었다. 칠레 정부는 주민들에게 긴급 대피 명령과 휴교령을 내렸다. 칠레의 주변 국가인 아르헨티나와 우루과이에서는 화산재로 인해 항공기 운항이 중단되었고 농작물 피해가 발생했다.

(가)   (나)

이에 대한 설명으로 옳은 것만을 [보기]에서 있는 대로 고른 것은? [3점]

[보기]
ㄱ. A는 보존형 경계이다.
ㄴ. 칼부코 화산은 맨틀 대류가 상승하는 곳에서 발생했다.
ㄷ. 화산 활동은 주변 국가에 사회적, 경제적 영향을 준다.

① ㄱ   ② ㄷ   ③ ㄱ, ㄴ   ④ ㄴ, ㄷ   ⑤ ㄱ, ㄴ, ㄷ

*9월 전국연합학력평가

[회별 20문항, 제한 시간 30분]

11회 **모의고사** — 2024년 시행

12회 **모의고사** — 2023년 시행

13회 **모의고사** — 2022년 시행

14회 **모의고사** — 2021년 시행

15회 **모의고사** — 2020년 시행

출제 범위	[통합과학1] ~ [통합과학2] I. 변화와 다양성 1. 지질 시대의 환경과 생물 변화까지
난이도	**상**: 0~3문항 　　**중**: 13~16문항 　　**하**: 3~7문항

9월 대비 학습 전략

- 별의 진화와 무거운 원소의 생성, 생명중심원리, 중력과 역학 시스템, 운동량과 충격량에 대한 고난도 문제가 출제되는 경향이 있다.
- 해당 단원에 대한 다양한 문제 풀이를 통해 개념을 완벽하게 이해하고 적용해야 한다.

문제 구성

- 단원 위치 변경으로 〈지구시스템〉이 포함되고, 〈역학 시스템〉이 빠졌다.

| 구분 | 고1 학력 평가 기출 | 고1 난이도에 적합한 문제 선별 수록·제작 | |
		고2·3 학력 평가 기출	새교육과정 예상 문제
11회	17	1	2
12회	16	4	—
13회	17	3	—
14회	17	3	—
15회	18	1	1

- **물리학** (5~7문항)　　　　　**화학** (3~5문항)
- **생명과학** (4~5문항)　　　　**지구과학** (4~5문항)

운동량과 충격량은 고난도로 출제되니까 꼼꼼하게 공부하자!

01

그림 A~C는 자연과 일상생활에서 일어나는 현상을 나타낸 것이다.

A. 달의 공전

B. 공의 포물선 운동

C. 물의 낙하

중력의 영향을 받는 현상만을 있는 대로 고른 것은?

① A   ② C   ③ A, B   ④ B, C   ⑤ A, B, C

02

[예상 문제]

그림은 어떤 도체 또는 부도체 중 하나의 모형을 나타낸 것이다. 이에 대한 옳은 설명만을 [보기]에서 있는 대로 고른 것은?

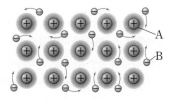

─────[보기]─────
ㄱ. 이 물체는 도체이다.
ㄴ. A는 이동하지 않고 고정되어 있다.
ㄷ. B는 원자핵에 속박된 전자이다.
─────────────

① ㄱ   ② ㄷ   ③ ㄱ, ㄴ   ④ ㄴ, ㄷ   ⑤ ㄱ, ㄴ, ㄷ

03

그림은 효소인 카탈레이스에 의한 과산화 수소 분해 반응을 모식적으로 나타낸 것이다. A와 B는 각각 카탈레이스와 과산화 수소 중 하나이다.

이에 대한 설명으로 옳은 것만을 [보기]에서 있는 대로 고른 것은?

─────[보기]─────
ㄱ. A는 카탈레이스이다.
ㄴ. B의 주성분은 단백질이다.
ㄷ. B는 반응 전과 후에 변하지 않는다.
─────────────

① ㄱ   ② ㄴ   ③ ㄱ, ㄷ   ④ ㄴ, ㄷ   ⑤ ㄱ, ㄴ, ㄷ

04

[2024 실시 3월 학평 5 지구과학 I (고2)]

그림 (가)~(다)는 우주, 지구, 사람을 구성하는 주요 원소의 질량비를 순서 없이 나타낸 것이다.

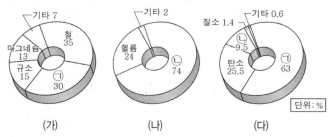
(가)   (나)   (다)

단위 : %

이에 대한 설명으로 옳은 것만을 [보기]에서 있는 대로 고른 것은? [3점]

─────[보기]─────
ㄱ. 지구를 구성하는 주요 원소의 질량비는 (가)이다.
ㄴ. ㉠은 산소이다.
ㄷ. ㉡은 대부분 초기 우주에서 생성되었다.
─────────────

① ㄱ   ② ㄷ   ③ ㄱ, ㄴ   ④ ㄴ, ㄷ   ⑤ ㄱ, ㄴ, ㄷ

05

그림은 DNA 모형에 대해 학생 A~C가 대화하는 모습을 나타낸 것이다.

제시한 내용이 옳은 학생만을 있는 대로 고른 것은?

① A   ② C   ③ A, B   ④ B, C   ⑤ A, B, C

06

표는 2, 3주기 원소 A~C에 대한 자료이다. 원자 번호는 C가 B보다 크다.

원소	A	B	C
원자가 전자 수	1	6	1
원자 번호	3	㉠	11

이에 대한 설명으로 옳은 것만을 [보기]에서 있는 대로 고른 것은? (단, A~C는 임의의 원소 기호이다.)

─────[보기]─────
ㄱ. ㉠은 8이다.
ㄴ. A와 B는 모두 2주기 원소이다.
ㄷ. A와 C는 화학적 성질이 비슷하다.
─────────────

① ㄱ   ② ㄷ   ③ ㄱ, ㄴ   ④ ㄴ, ㄷ   ⑤ ㄱ, ㄴ, ㄷ

07

그림은 정지해 있는 벽에 자동차가 충돌하는 모의 실험을 나타낸 것이다.

자동차가 벽에 충돌하는 동안, 이에 대한 설명으로 옳은 것만을 [보기]에서 있는 대로 고른 것은?

─────[보기]─────
ㄱ. 인체 모형이 앞으로 쏠리는 것은 관성에 의한 현상이다.
ㄴ. 에어백은 인체 모형이 힘을 받는 시간을 길게 해 준다.
ㄷ. 범퍼는 자동차가 벽으로부터 받는 충격량의 크기를 감소시킨다.
─────────────

① ㄱ   ② ㄷ   ③ ㄱ, ㄴ   ④ ㄴ, ㄷ   ⑤ ㄱ, ㄴ, ㄷ

08

그림은 어떤 식물 세포의 구조를 나타낸 것이다. A~C는 각각 핵, 엽록체, 마이토콘드리아 중 하나이다.

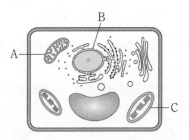

이에 대한 설명으로 옳은 것만을 [보기]에서 있는 대로 고른 것은?

─────[보기]─────
ㄱ. A에서 광합성이 일어난다.
ㄴ. B에는 핵산이 있다.
ㄷ. C는 마이토콘드리아이다.
─────────────

① ㄴ   ② ㄷ   ③ ㄱ, ㄴ   ④ ㄱ, ㄷ   ⑤ ㄱ, ㄴ, ㄷ

09

[예상 문제]

그림 (가)는 전자 현미경을, (나)는 제임스 웹 우주 망원경을 나타낸 것이다.

(가)   (나)

이에 대한 옳은 설명만을 [보기]에서 있는 대로 고른 것은?

─────[보기]─────
ㄱ. 측정 대상의 규모는 (가)보다 (나)가 크다.
ㄴ. (가)는 나노 단위로 물체를 관찰하고 분석할 수 있다.
ㄷ. 별이나 행성을 관측하는 데 사용하는 첨단 장비는 (나)이다.
─────────────

① ㄱ   ② ㄷ   ③ ㄱ, ㄴ   ④ ㄴ, ㄷ   ⑤ ㄱ, ㄴ, ㄷ

10

다음은 염화 나트륨(NaCl)의 전기 전도성을 알아보기 위한 실험이다.

〈실험 과정 및 결과〉
(가) 비커에 고체 NaCl을 넣고 간이 전기 전도계를 대었더니 변화가 없었다.
(나) (가)의 비커에 증류수를 넣어 NaCl을 완전히 녹인 후 간이 전기 전도계를 대었더니, 소리가 나며 불이 켜졌다.

(가)   (나)

이에 대한 설명으로 옳은 것만을 [보기]에서 있는 대로 고른 것은? [3점]

[보기]
ㄱ. NaCl은 공유 결합 물질이다.
ㄴ. NaCl을 구성하는 이온은 수용액 상태에서 이동할 수 있다.
ㄷ. NaCl대신 설탕($C_{12}H_{22}O_{11}$)으로 실험해도 (나)의 실험 결과는 동일하다.

① ㄱ   ② ㄴ   ③ ㄱ, ㄷ   ④ ㄴ, ㄷ   ⑤ ㄱ, ㄴ, ㄷ

11

[2017 실시 11월 학평 2 과학 - 물리]

그림은 메모리 카드에 저장된 디지털 정보가 신호 변환기를 거쳐 스피커를 통해 소리로 발생되는 모습을 나타낸 것이다.

이에 대한 설명으로 옳은 것만을 [보기]에서 있는 대로 고른 것은? [3점]

[보기]
ㄱ. 메모리 카드에는 0과 1로 구성된 2진수의 신호로 정보가 저장되어 있다.
ㄴ. 신호 변환기에서는 디지털 신호가 아날로그 신호로 변환된다.
ㄷ. 스피커에서 발생한 소리는 공기의 진동에 의해 전달된다.

① ㄱ   ② ㄴ   ③ ㄱ, ㄷ   ④ ㄴ, ㄷ   ⑤ ㄱ, ㄴ, ㄷ

12

그림 (가)는 포수가 글러브를 움직이지 않고 야구공을 받는 모습을, (나)는 포수가 글러브를 뒤로 빼면서 야구공을 받는 모습을 나타낸 것이다. 그림 (다)의 그래프 P와 Q는 (가)와 (나)에서 야구공이 글러브에 닿는 순간부터 정지할 때까지 글러브가 야구공으로부터 받는 힘의 크기를 시간에 따라 나타낸 것으로, 각각 (가)와 (나) 중 하나에 해당한다. (다)에서 그래프와 시간 축이 만드는 면적은 P와 Q가 같다.

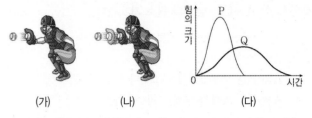

(가)   (나)   (다)

이에 대한 설명으로 옳은 것만을 [보기]에서 있는 대로 고른 것은? [3점]

[보기]
ㄱ. Q는 (가)에 대한 그래프이다.
ㄴ. 충돌하는 동안 글러브에 작용한 충격량의 크기는 (가)에서와 (나)에서가 같다.
ㄷ. 글러브에 닿기 직전 야구공의 운동량의 크기는 (가)에서와 (나)에서가 같다.

① ㄱ   ② ㄷ   ③ ㄱ, ㄴ   ④ ㄴ, ㄷ   ⑤ ㄱ, ㄴ, ㄷ

13

그림 (가)는 높이에 따른 기권의 기온 분포를, (나)는 깊이에 따른 해수의 수온 분포를 나타낸 것이다.

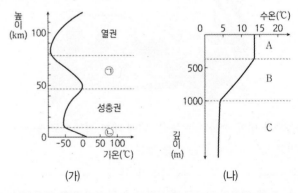

(가)   (나)

이에 대한 설명으로 옳은 것만을 [보기]에서 있는 대로 고른 것은? [3점]

[보기]
ㄱ. ㉠에서는 대류가 일어난다.
ㄴ. ㉡에서 발생하는 바람은 A의 두께에 영향을 준다.
ㄷ. 깊이에 따른 수온의 변화는 B에서가 C에서보다 작다.

① ㄱ   ② ㄴ   ③ ㄷ   ④ ㄱ, ㄴ   ⑤ ㄴ, ㄷ

14

그림은 주기율표의 일부를 나타낸 것이다.

A~D에 대한 설명으로 옳은 것만을 [보기]에서 있는 대로 고른 것은? (단, A~D는 임의의 원소 기호이다.) [3점]

─[보기]─
ㄱ. A는 알칼리 금속이다.
ㄴ. C는 B보다 전자를 얻기 쉽다.
ㄷ. 화합물 BC와 DC에서 음이온의 전자 배치는 같다.

① ㄱ   ② ㄷ   ③ ㄱ, ㄴ   ④ ㄴ, ㄷ   ⑤ ㄱ, ㄴ, ㄷ

15

다음은 질량이 서로 다른 별 A와 B의 진화 과정을 나타낸 것이다.

- A: 주계열성 → 초거성 → ㉠ → 중성자별
- B: 주계열성 → 적색 거성 → 행성상 성운 → 백색 왜성

이에 대한 설명으로 옳은 것만을 [보기]에서 있는 대로 고른 것은?

─[보기]─
ㄱ. '초신성 폭발'은 ㉠으로 적절하다.
ㄴ. 철보다 무거운 원소는 별 B의 진화 과정에서 생성된다.
ㄷ. 주계열성 단계에서의 질량은 별 A가 별 B보다 작다.

① ㄱ   ② ㄷ   ③ ㄱ, ㄴ   ④ ㄴ, ㄷ   ⑤ ㄱ, ㄴ, ㄷ

16

그림은 화합물 H_2X와 YH_3를 화학 결합 모형으로 나타낸 것이다.

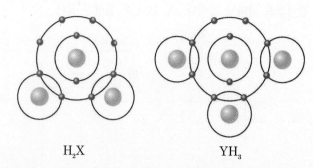

H_2X YH_3

이에 대한 설명으로 옳은 것만을 [보기]에서 있는 대로 고른 것은? [3점]

─[보기]─
ㄱ. H_2X에서 X의 전자 배치는 비활성 기체인 네온(Ne)과 같다.
ㄴ. X와 Y는 모두 비금속 원소이다.
ㄷ. 공유하는 전자쌍의 수는 X_2가 Y_2보다 크다.

① ㄱ   ② ㄷ   ③ ㄱ, ㄴ   ④ ㄴ, ㄷ   ⑤ ㄱ, ㄴ, ㄷ

17

그림은 산안드레아스 단층이 속한 판의 경계와 판의 상대적인 이동 방향을 나타낸 것이다.

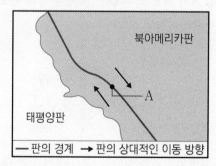

A 지역에 대한 설명으로 옳은 것만을 [보기]에서 있는 대로 고른 것은?

─[보기]─
ㄱ. 지진 활동이 활발하다.
ㄴ. 맨틀 대류의 하강부에 위치한다.
ㄷ. 두 판이 서로 어긋나게 이동한다.

① ㄱ   ② ㄴ   ③ ㄱ, ㄷ   ④ ㄴ, ㄷ   ⑤ ㄱ, ㄴ, ㄷ

18

그림은 같은 높이에서 공 A를 가만히 놓는 동시에 공 B와 C를 수평 방향으로 던졌을 때, 세 공의 위치를 일정한 시간 간격으로 나타낸 것이다. A, B, C의 질량은 같다.

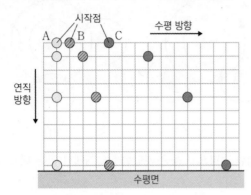

이에 대한 설명으로 옳은 것만을 [보기]에서 있는 대로 고른 것은? (단, 공의 크기와 공기 저항은 무시한다.) [3점]

─[보기]─
ㄱ. A는 B보다 수평면에 먼저 도달한다.
ㄴ. 운동하는 동안 A와 C에 작용하는 힘의 크기는 같다.
ㄷ. 운동하는 동안 수평 방향의 속력은 C가 B의 4배이다.

① ㄱ　② ㄴ　③ ㄱ, ㄷ　④ ㄴ, ㄷ　⑤ ㄱ, ㄴ, ㄷ

19

그림은 물질 A가 세포 외부에서 단백질을 통해 세포 내부로 확산하는 과정을 나타낸 것이다.

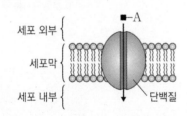

이에 대한 설명으로 옳은 것만을 [보기]에서 있는 대로 고른 것은? [3점]

─[보기]─
ㄱ. 세포막의 인지질은 2중층으로 배열되어 있다.
ㄴ. A의 농도는 세포 외부에서가 세포 내부에서보다 낮다.
ㄷ. 세포막의 단백질을 통해 이동하는 물질에는 포도당이 있다.

① ㄱ　② ㄴ　③ ㄱ, ㄴ　④ ㄱ, ㄷ　⑤ ㄴ, ㄷ

20

다음은 세포 내 유전정보의 흐름에 대한 모의 실험이다.

(가) 3염기조합 모형, 코돈 모형, 아미노산 모형을 준비한다.
(나) 3염기조합 모형을 3개 선택하여 칠판에 순서대로 붙인다.
(다) (나)의 각 3염기조합 모형에 대응하는 코돈 모형을 찾아 그 아래에 붙인다.
(라) 아래 표를 참고하여 (다)의 각 코돈 모형에 대응하는 아미노산 모형을 찾아 그 아래에 붙인다.

코돈 모형	GCU	CAA	CUU	CGG
아미노산 모형	○	△	□	⬡

(마) 각 모형의 배열은 그림과 같다. ㉠은 아미노산 모형이다.

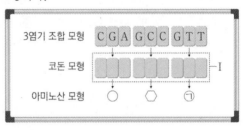

이에 대한 설명으로 옳은 것만을 [보기]에서 있는 대로 고른 것은? [3점]

─[보기]─
ㄱ. (라)는 세포 내 유전정보 흐름 과정에서의 전사에 해당한다.
ㄴ. I 에서 'U'의 개수는 2개이다.
ㄷ. ㉠은 '△'이다.

① ㄱ　② ㄷ　③ ㄱ, ㄴ　④ ㄴ, ㄷ　⑤ ㄱ, ㄴ, ㄷ

01

[2015 대비 9월 모평 3 물리 I (고3) 변형]

그림은 각각 순수한 반도체 X와 X에 붕소(B)를 도핑한 반도체 Y의 원자 주변의 전자 배열을 나타낸 것이다.

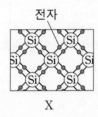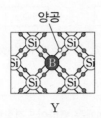

이에 대한 설명으로 옳은 것만을 [보기]에서 있는 대로 고른 것은? [3점]

─────[보기]─────
ㄱ. 붕소의 원자가 전자는 5개이다.
ㄴ. Y는 n형 반도체이다.
ㄷ. Y는 X보다 전기 전도성이 좋다.

① ㄱ   ② ㄴ   ③ ㄷ   ④ ㄱ, ㄷ   ⑤ ㄴ, ㄷ

02

그림은 과산화 수소 분해 반응에서의 에너지 변화를 나타낸 것으로, ㉠과 ㉡은 각각 생체촉매인 카탈레이스가 있을 때와 없을 때 중 하나이다.

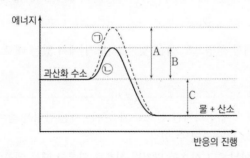

카탈레이스가 있을 때 과산화 수소 분해 반응의 활성화 에너지는?

① A   ② B   ③ C   ④ A+C   ⑤ B+C

03

그림 (가)와 (나)는 우주의 진화 과정에서 원자가 생성되기 전과 후의 우주의 모습을 순서 없이 나타낸 것이다.

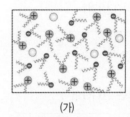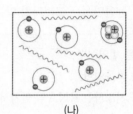

(가)   (나)

이에 대한 설명으로 옳은 것만을 [보기]에서 있는 대로 고른 것은? [3점]

─────[보기]─────
ㄱ. (나)에서 수소 원자와 헬륨 원자가 나타난다.
ㄴ. 우주의 진화 과정은 (가) → (나) 순이다.
ㄷ. 우주의 온도는 (가)일 때가 (나)일 때보다 높다.

① ㄱ   ② ㄴ   ③ ㄱ, ㄷ   ④ ㄴ, ㄷ   ⑤ ㄱ, ㄴ, ㄷ

04

그림은 어떤 식물 세포를 설탕 수용액에 넣기 전과 넣은 후의 세포의 모습을 나타낸 것이다.

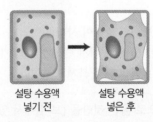

설탕 수용액
넣기 전   설탕 수용액
넣은 후

세포의 모습이 변하는 과정에 대한 설명으로 옳은 것만을 [보기]에서 있는 대로 고른 것은?

─────[보기]─────
ㄱ. 삼투 현상이 일어난다.
ㄴ. 세포막을 통한 물의 이동이 없다.
ㄷ. 세포의 부피는 증가한다.

① ㄱ   ② ㄷ   ③ ㄱ, ㄴ   ④ ㄴ, ㄷ   ⑤ ㄱ, ㄴ, ㄷ

05

그림은 어떤 세포에서 일어나는 유전정보의 흐름을 나타낸 것이다. (가)는 번역과 전사 중 하나이며, ⓐ는 단백질의 단위체이다.

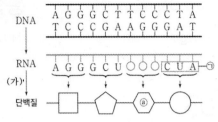

이에 대한 설명으로 옳은 것만을 [보기]에서 있는 대로 고른 것은? (단, 돌연변이는 고려하지 않는다.) [3점]

─────[보기]─────
ㄱ. (가)는 번역이다.
ㄴ. ⊙은 코돈이다.
ㄷ. ⓐ를 지정하는 RNA의 염기서열은 AGG이다.
─────────────

① ㄱ ② ㄷ ③ ㄱ, ㄴ ④ ㄴ, ㄷ ⑤ ㄱ, ㄴ, ㄷ

06

다음은 알칼리 금속의 성질을 알아보는 실험이다.

─────
〈실험 과정〉
(가) 알칼리 금속 A를 유리판 위에 올려놓고 칼로 자른 후 단면을 관찰한다.
(나) 페놀프탈레인 용액을 2~3 방울 넣은 물이 담긴 비커에 쌀알 크기의 A 조각을 넣고 반응하는 모습을 관찰한다.

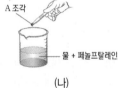

(가)   (나)

〈실험 결과〉
• (가)에서 A 단면의 광택이 사라졌다.
• (나)에서 A는 물 위에 떠서 반응하였고, 기체가 발생하며 수용액의 색이 붉게 변하였다.
─────

이에 대한 설명으로 옳은 것만을 [보기]에서 있는 대로 고른 것은? [3점]

─────[보기]─────
ㄱ. (가)에서 단면의 광택이 사라질 때 A는 공기 중의 산소와 반응한다.
ㄴ. (가)에서 단면의 광택이 사라질 때 A는 전자를 잃는다.
ㄷ. (나)에서 반응 후 수용액의 액성은 산성이다.
─────────────

① ㄱ ② ㄴ ③ ㄷ ④ ㄱ, ㄴ ⑤ ㄴ, ㄷ

07

그림은 생명체를 구성하는 단백질, 핵산, 인지질을 구분하는 과정을 나타낸 것이다.

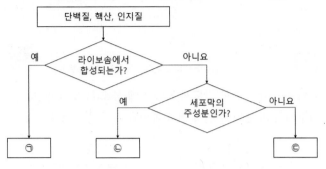

이에 대한 설명으로 옳은 것만을 [보기]에서 있는 대로 고른 것은?

─────[보기]─────
ㄱ. ⊙에는 펩타이드결합이 있다.
ㄴ. ⓒ은 인지질이다.
ㄷ. ⓒ의 단위체는 뉴클레오타이드이다.
─────────────

① ㄱ ② ㄴ ③ ㄱ, ㄷ ④ ㄴ, ㄷ ⑤ ㄱ, ㄴ, ㄷ

08

[2013 실시 3월 학평 9 물리 (고2)]

그림 (가)는 아날로그 신호를 디지털 신호로 기록한 것이고, (나)는 저장된 디지털 신호를 재생하는 것을 나타낸 것이다.

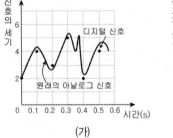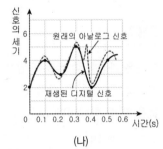

(가)   (나)

이에 대한 설명으로 옳은 것만을 [보기]에서 있는 대로 고른 것은?

─────[보기]─────
ㄱ. (가)에서 디지털 신호로 기록하는 시간 간격을 줄이면 왜곡을 줄일 수 있다.
ㄴ. 아날로그 신호를 디지털 신호로 기록할 때는 왜곡이 생기지 않는다.
ㄷ. 디지털 신호는 아날로그 신호보다 항상 작은 세기로 기록된다.
─────────────

① ㄱ ② ㄷ ③ ㄱ, ㄴ ④ ㄴ, ㄷ ⑤ ㄱ, ㄴ, ㄷ

09

다음은 서로 다른 주기의 원소 X, Y와 물질 XY, Y₂에 대한 자료이다.

- 원자 X와 Y의 전자 수의 차는 2이다.
- XY와 Y₂에서 모든 원자와 이온은 아르곤(Ar)과 같은 전자 배치를 갖는다.

이에 대한 설명으로 옳은 것은? (단, X, Y는 임의의 원소 기호이며, Ar의 원자 번호는 18이다.) [3점]

① X는 3주기 원소이다.
② 원자 번호는 X가 Y보다 작다.
③ X와 Y가 결합할 때 전자는 Y에서 X로 이동한다.
④ XY 수용액은 전기 전도성이 있다.
⑤ Y₂는 이온 결합 물질이다.

10

표는 세포 A와 B에서 세포소기관의 유무를 나타낸 것이다. A와 B는 각각 은행나무의 잎 세포와 사람의 간 세포 중 하나이다.

세포소기관 세포	마이토콘드리아	엽록체
A	㉠	○
B	○	×

(○: 있음, ×: 없음)

이에 대한 설명으로 옳은 것만을 [보기]에서 있는 대로 고른 것은?

[보기]
ㄱ. ㉠은 '○'이다.
ㄴ. A는 은행나무의 잎 세포이다.
ㄷ. B에는 세포벽이 있다.

① ㄱ ② ㄷ ③ ㄱ, ㄴ ④ ㄴ, ㄷ ⑤ ㄱ, ㄴ, ㄷ

11

[2024 실시 3월 학평 8 지구과학 I (고3)]

그림은 어느 지역의 판 경계를 나타낸 것이다.

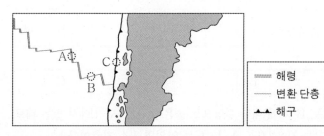

═══	해령
──	변환 단층
▲▲	해구

이에 대한 설명으로 옳은 것만을 [보기]에서 있는 대로 고른 것은?

[보기]
ㄱ. A 지역에서는 인접한 두 판이 서로 멀어진다.
ㄴ. B 지역에서는 지진과 화산 활동이 활발하게 일어난다.
ㄷ. C 지역은 맨틀 대류의 상승부에 해당한다.

① ㄱ ② ㄷ ③ ㄱ, ㄴ ④ ㄴ, ㄷ ⑤ ㄱ, ㄴ, ㄷ

12

다음 A, B, C는 중력에 의해 지구에서 발생하는 다양한 자연 현상의 원리이다.

- A: 어떤 높이에서의 대기압은 그 위로 쌓인 대기에 작용하는 중력에 의해 발생한다.
- B: 물질의 밀도 차이에 따른 상대적 중력의 차이에 의해 대류 현상이 발생한다.
- C: 동일한 온도에서 기체 분자는 질량이 작을수록 속력이 크므로 중력의 영향에서 벗어나 우주로 날아가기 쉽다.

각 원리를 적용하여 옳게 설명한 자연 현상만을 [보기]에서 있는 대로 고른 것은? [3점]

[보기]
ㄱ. A: 해수면으로부터 높이 올라갈수록 대기압이 증가한다.
ㄴ. B: 밀물과 썰물은 주로 바닷물의 밀도 차이에 의해 발생한다.
ㄷ. C: 분자의 질량이 작은 수소와 헬륨은 우주로 날아가 지구 대기에 거의 존재하지 않는다.

① ㄱ ② ㄷ ③ ㄱ, ㄴ ④ ㄴ, ㄷ ⑤ ㄱ, ㄴ, ㄷ

13

그림은 주기율표의 일부를 나타낸 것이다.

주기＼족	1	2	13	14	15	16	17	18
1	A							
2	B						C	

A, B, C에 대한 설명으로 옳은 것만을 [보기]에서 있는 대로 고른 것은? (단, A, B, C는 임의의 원소 기호이다.)

─── [보기] ───
ㄱ. 금속 원소는 2가지이다.
ㄴ. A와 B는 원자가 전자 수가 같다.
ㄷ. B와 C는 전자가 들어 있는 전자 껍질 수가 같다.

① ㄱ ② ㄷ ③ ㄱ, ㄴ ④ ㄴ, ㄷ ⑤ ㄱ, ㄴ, ㄷ

14

[2024 실시 3월 학평 11 지구과학 I (고3)]

다음은 우리나라에서 발견된 두 화석 (가)와 (나)에 대한 답사 보고서이다.

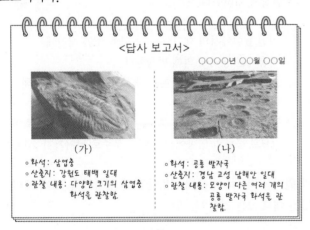

<답사 보고서>
○○○○년 ○○월 ○○일

(가)
○화석: 삼엽충
○산출지: 강원도 태백 일대
○관찰 내용: 다양한 크기의 삼엽충 화석을 관찰함.

(나)
○화석: 공룡 발자국
○산출지: 경남 고성 남해안 일대
○관찰 내용: 모양이 다른 여러 개의 공룡 발자국 화석을 관찰함.

이에 대한 설명으로 옳은 것만을 [보기]에서 있는 대로 고른 것은?

─── [보기] ───
ㄱ. (가)는 (나)보다 먼저 생성되었다.
ㄴ. 삼엽충과 공룡은 모두 해양 환경에서 서식하였다.
ㄷ. 생물이 활동하면서 남긴 흔적도 화석이 될 수 있다.

① ㄱ ② ㄴ ③ ㄱ, ㄷ ④ ㄴ, ㄷ ⑤ ㄱ, ㄴ, ㄷ

15

[2023 실시 6월 학평 7]

그림은 질량이 각각 5 kg, 1 kg인 물체 A와 B를 수평면으로부터 같은 높이에서 동시에 가만히 놓은 것을 나타낸 것이다.

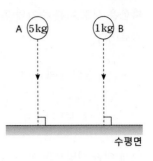

A와 B가 수평면에 도달할 때까지 A가 B보다 큰 물리량만을 [보기]에서 있는 대로 고른 것은? (단, 물체의 크기와 공기 저항은 무시한다.)

─── [보기] ───
ㄱ. 중력의 크기
ㄴ. 수평면에 도달하는 데 걸리는 시간
ㄷ. 단위 시간 동안 속도 변화량의 크기

① ㄱ ② ㄴ ③ ㄱ, ㄷ ④ ㄴ, ㄷ ⑤ ㄱ, ㄴ, ㄷ

16

[2023 실시 6월 학평 10]

그림은 질량이 동일한 물체 A와 B를 수평면으로부터 같은 높이에서 수평 방향으로 각각 속력 v_A, v_B로 동시에 던졌더니, A와 B가 포물선 경로를 따라 운동한 모습을 나타낸 것이다. 물체는 수평 방향으로 각각 d, $3d$만큼 이동하였다.

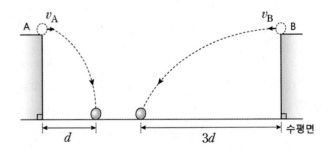

이에 대한 설명으로 옳은 것만을 [보기]에서 있는 대로 고른 것은? (단, 물체의 크기와 공기 저항은 무시한다.) [3점]

─── [보기] ───
ㄱ. 낙하하는 동안 A와 B에 작용하는 힘의 방향은 서로 같다.
ㄴ. 수평면에 도달하는 순간 연직 방향의 속력은 A가 B보다 작다.
ㄷ. v_B는 v_A의 3배이다.

① ㄱ ② ㄴ ③ ㄷ ④ ㄱ, ㄷ ⑤ ㄴ, ㄷ

17

그림은 별 S의 진화 과정을 나타낸 것이다. 물음에 답하시오.

원시별 → 별 S → (가) 적색 초거성 → 초신성 → 중성자별

이에 대한 설명으로 옳은 것만을 [보기]에서 있는 대로 고른 것은? [3점]

[보기]
ㄱ. 별 S의 질량은 태양의 질량과 비슷하다.
ㄴ. 중심부의 온도는 원시별이 별 S보다 낮다.
ㄷ. (가) 과정에서 철보다 무거운 원소가 생성된다.

① ㄴ ② ㄷ ③ ㄱ, ㄴ ④ ㄱ, ㄷ ⑤ ㄴ, ㄷ

18

그림은 높이에 따른 기온 변화를 기준으로 기권의 층상 구조를 나타낸 것이다. 물음에 답하시오.

A, B, C에 대한 설명으로 옳은 것만을 [보기]에서 있는 대로 고른 것은?

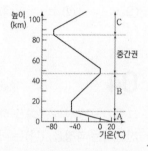

[보기]
ㄱ. A에서는 대류가 일어난다.
ㄴ. B에는 자외선을 차단하는 오존층이 있다.
ㄷ. 기온의 일교차는 C에서 가장 크다.

① ㄱ ② ㄴ ③ ㄱ, ㄷ ④ ㄴ, ㄷ ⑤ ㄱ, ㄴ, ㄷ

19

그림은 X^{2-}의 전자 배치를 모형으로 나타낸 것이다.

이에 대한 설명으로 옳은 것만을 [보기]에서 있는 대로 고른 것은? (단, X는 임의의 원소 기호이다.) [3점]

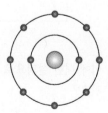

[보기]
ㄱ. X는 비금속 원소이다.
ㄴ. X^{2-}의 양성자수는 10이다.
ㄷ. X_2에서 두 원자 사이의 공유 전자쌍 수는 1이다.

① ㄱ ② ㄴ ③ ㄱ, ㄴ ④ ㄱ, ㄷ ⑤ ㄴ, ㄷ

20

다음은 물체의 충돌 실험이다.

〈실험 과정〉
(가) 그림과 같이 수평면 위에 고정된 속도 센서와 힘 센서 사이에 물체 A를 놓은 후, A가 힘 센서를 향해 등속 직선 운동하게 한다.

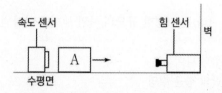

(나) A와 힘 센서의 충돌 직전과 직후에 A의 속력을 측정하고, 힘 센서를 이용하여 충돌하는 동안 A에 작용하는 힘의 크기를 시간에 따라 측정한다.
(다) A를 물체 B로 바꾼 후 (가)와 (나)의 과정을 반복한다.

〈실험 결과〉

물체	속력(m/s)	
	충돌 직전	충돌 직후
A	2	0
B	3	0

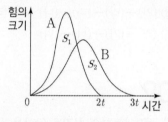

• 그래프에서 각 곡선이 시간 축과 이루는 면적 S_1과 S_2는 같다.

이에 대한 설명으로 옳은 것만을 [보기]에서 있는 대로 고른 것은? (단, 모든 마찰과 공기 저항은 무시한다.) [3점]

[보기]
ㄱ. 충돌하는 동안 물체가 받은 충격량의 크기는 A가 B보다 크다.
ㄴ. 충돌하는 동안 물체가 받은 평균 힘의 크기는 A와 B가 같다.
ㄷ. 물체의 질량은 A가 B보다 크다.

① ㄱ ② ㄷ ③ ㄱ, ㄴ ④ ㄱ, ㄷ ⑤ ㄴ, ㄷ

01

다음 (가)~(라)는 다양한 규모의 자연 세계를 나타낸 것이다.

> (가) 우주의 나이
> (나) 사람의 평균 수명
> (다) 지구의 공전 주기
> (라) 세슘 원자가 한 번 진동하는 데 걸리는 시간

시간 규모가 큰 것부터 순서대로 나열한 것은?

① (가)—(나)—(다)—(라)   ② (가)—(다)—(나)—(라)
③ (가)—(라)—(다)—(나)   ④ (라)—(가)—(다)—(나)
⑤ (라)—(가)—(나)—(다)

02

다음은 나트륨의 성질을 알아보기 위한 실험이다.

> 〈실험 과정〉
> (가) 물이 든 삼각 플라스크에 쌀알 크기의 나트륨 조각을 넣고 발생하는 기체를 모은다.
> (나) 기체를 모은 시험관 입구에 ⓐ을/를 대어 본다.
> (다) 삼각 플라스크의 용액에 ⓑ을 2~3방울 떨어뜨린 후 색 변화를 관찰한다.
>
>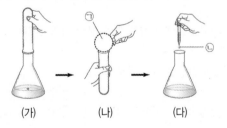
>
> (가)   (나)   (다)
>
> 〈결론〉
> • 나트륨이 물과 반응하면 수소 기체가 발생한다.
> • 나트륨이 물과 반응하여 생성된 용액은 염기성이다.

다음 중 ⓐ과 ⓑ으로 가장 적절한 것은?

	ⓐ	ⓑ
①	성냥불	질산은 수용액
②	성냥불	페놀프탈레인 용액
③	pH 시험지	질산은 수용액
④	pH 시험지	페놀프탈레인 용액
⑤	꺼져 가는 불씨	질산은 수용액

03

그림은 동물 세포의 구조를 나타낸 것이다. A, B, C는 각각 핵, 라이보솜, 소포체 중 하나이다.

이에 대한 설명으로 옳은 것만을 [보기]에서 있는 대로 고른 것은?

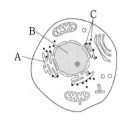

> ──[보기]──
> ㄱ. A는 소포체이다.
> ㄴ. B에는 DNA가 있다.
> ㄷ. C에서 광합성이 일어난다.

① ㄴ   ② ㄷ   ③ ㄱ, ㄴ   ④ ㄱ, ㄷ   ⑤ ㄴ, ㄷ

04

[2014 실시 3월 학평 2 물리 I (고2)]

그림 (가)는 전화 통화를 하는 동안 두 변환기를 통해 정보가 전달되는 과정을, (나)는 이 과정에서 사용되는 신호 A, B를 나타낸 것이다. 변환기는 A를 B로, 또는 B를 A로 변환시키는 장치이다.

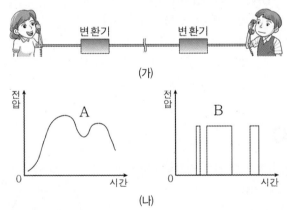

(가)

(나)

이에 대한 설명으로 옳은 것만을 [보기]에서 있는 대로 고른 것은?

> ──[보기]──
> ㄱ. A는 불연속적인 신호이다.
> ㄴ. 두 변환기 사이에서 사용되는 신호는 B이다.
> ㄷ. 정보를 멀리 전송할 때 B는 A에 비해 정보의 왜곡이 적다.

① ㄱ   ② ㄴ   ③ ㄷ   ④ ㄱ, ㄷ   ⑤ ㄴ, ㄷ

05

그림은 세포에서 일어나는
유전정보의 흐름을 나타낸 것이다.
(가)와 (나)는 각각 번역과 전사 중
하나이고, ㉠~㉢은 각각 아데닌(A),
타이민(T), 유라실(U) 중 하나이다.
이에 대한 설명으로 옳은 것만을
[보기]에서 있는 대로 고른 것은?
(단, 돌연변이는 고려하지 않는다.) [3점]

――― [보기] ―――
ㄱ. (가)는 전사이다.
ㄴ. ㉢은 타이민(T)이다.
ㄷ. (나)는 핵에서 일어난다.

① ㄱ ② ㄷ ③ ㄱ, ㄴ ④ ㄱ, ㄷ ⑤ ㄴ, ㄷ

06

[2019 실시 3월 학평 8 물리학Ⅰ (고2)]

그림은 반도체가 일상생활에서 이용되는 예를 나타낸 것이다.

컴퓨터 중앙 처리 장치(CPU)   발광 다이오드(LED)

반도체에 대한 설명으로 옳은 것만을 [보기]에서 있는 대로 고른
것은? [3점]

――― [보기] ―――
ㄱ. 전기적 성질을 이용한다.
ㄴ. 규소(Si)는 대표적인 반도체 물질이다.
ㄷ. 전기 에너지를 빛에너지로 전환하는 데 이용할 수 있다.

① ㄱ ② ㄴ ③ ㄱ, ㄷ ④ ㄴ, ㄷ ⑤ ㄱ, ㄴ, ㄷ

07

다음은 생명체를 구성하는 물질 ㉠과 ㉡에 대한 자료이다. ㉠,
㉡은 각각 단백질, 핵산 중 하나이다.

• ㉠은 유전정보를 저장하고 전달한다.
• ㉡의 단위체는 아미노산이다.

이에 대한 설명으로 옳은 것만을 [보기]에서 있는 대로 고른 것은?

――― [보기] ―――
ㄱ. ㉠은 핵산이다.
ㄴ. ㉡은 효소의 주성분이다.
ㄷ. ㉠과 ㉡은 모두 탄소 화합물에 해당한다.

① ㄱ ② ㄷ ③ ㄱ, ㄴ ④ ㄴ, ㄷ ⑤ ㄱ, ㄴ, ㄷ

08

[2023 실시 3월 학평 11 지구과학Ⅰ (고2)]

그림 (가)는 지질 시대를 24시간으로 가정했을 때 고생대,
중생대, 신생대가 시작된 시각을, (나)는 온라인 수업에서
학생 A, B, C가 (가)에 대해 나눈 대화를 나타낸 것이다.

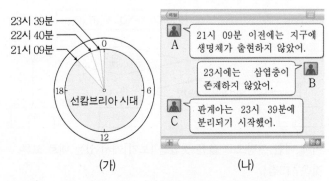

(가)   (나)

제시한 내용이 옳은 학생만을 있는 대로 고른 것은? [3점]

① A ② B ③ A, C ④ B, C ⑤ A, B, C

2022. 9

13회

09

그림은 물질 ㉠과 ㉡이 세포막을 통해 확산하는 방향을
나타낸 것이다.

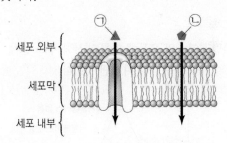

이에 대한 설명으로 옳은 것만을 [보기]에서 있는 대로 고른
것은? [3점]

――― [보기] ―――
ㄱ. ㉠의 농도는 세포 외부에서가 세포 내부에서보다 낮다.
ㄴ. ㉡에 해당하는 물질로는 포도당이 있다.
ㄷ. 세포막은 선택적 투과성이 있다.

① ㄱ ② ㄷ ③ ㄱ, ㄴ ④ ㄴ, ㄷ ⑤ ㄱ, ㄴ, ㄷ

10

그림은 3가지 화합물 염화 나트륨(NaCl), 질산 나트륨 (NaNO₃), 설탕($C_{12}H_{22}O_{11}$)을 주어진 기준에 따라 분류한 것이다.

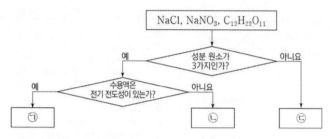

이에 대한 설명으로 옳은 것만을 [보기]에서 있는 대로 고른 것은? [3점]

[보기]
ㄱ. ㉠은 NaNO₃이다.
ㄴ. ㉡을 구성하는 원소들은 모두 비금속 원소이다.
ㄷ. ㉢에서 구성 입자 사이의 결합은 이온 결합이다.

① ㄱ   ② ㄴ   ③ ㄱ, ㄷ   ④ ㄴ, ㄷ   ⑤ ㄱ, ㄴ, ㄷ

11

그림은 카탈레이스의 유무에 따른 과산화 수소 분해 반응에서의 에너지 변화를 나타낸 것이다.

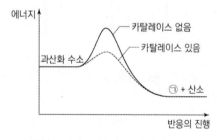

이에 대한 설명으로 옳은 것만을 [보기]에서 있는 대로 고른 것은?

[보기]
ㄱ. ㉠은 물(H_2O)이다.
ㄴ. 카탈레이스는 과산화 수소 분해 반응의 활성화에너지를 낮춘다.
ㄷ. 카탈레이스는 과산화 수소가 분해되는 속도를 감소시킨다.

① ㄱ   ② ㄷ   ③ ㄱ, ㄴ   ④ ㄴ, ㄷ   ⑤ ㄱ, ㄴ, ㄷ

12

그림은 임의의 원소 A, B, C의 방출 스펙트럼과 별 S의 흡수 스펙트럼을 나타낸 것이다.

이에 대한 설명으로 옳은 것만을 [보기]에서 있는 대로 고른 것은? [3점]

[보기]
ㄱ. 고온의 A는 특정 파장의 빛을 방출한다.
ㄴ. 별 S의 대기에는 B와 C가 존재한다.
ㄷ. 별빛의 스펙트럼을 통해 별을 구성하는 원소의 종류를 확인할 수 있다.

① ㄱ   ② ㄷ   ③ ㄱ, ㄴ   ④ ㄱ, ㄷ   ⑤ ㄱ, ㄴ, ㄷ

13

[2022 실시 6월 학평 2]

다음은 물체 A~C의 운동에 대한 설명이다.

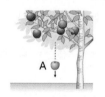 

| 사과 A가 사과나무에서 아래로 떨어진다. | 공 B가 곡선 경로를 따라 운동한다. | 인공위성 C가 지구 주위를 돈다. |

A~C 중에서 중력의 영향을 받아 운동하는 것만을 있는 대로 고른 것은?

① A   ② B   ③ A, C   ④ B, C   ⑤ A, B, C

14

그림은 판의 경계에 위치한 지역 A, B, C와 각 지역에 인접한 판의 상대적인 이동 방향을 나타낸 것이다.

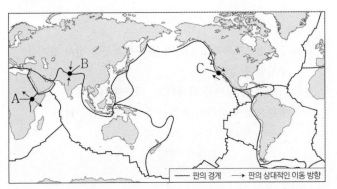

이에 대한 설명으로 옳은 것만을 [보기]에서 있는 대로 고른 것은? [3점]

─[보기]─
ㄱ. A에는 폭이 좁고 긴 V자 모양의 골짜기가 발달한다.
ㄴ. B에는 산맥을 따라 화산이 분포한다.
ㄷ. C에서는 판이 소멸된다.

① ㄱ　　② ㄴ　　③ ㄱ, ㄷ　　④ ㄴ, ㄷ　　⑤ ㄱ, ㄴ, ㄷ

15

그림은 지구시스템의 에너지원을 나타낸 것이다.

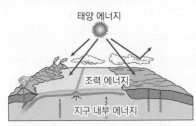

이에 대한 설명으로 옳은 것만을 [보기]에서 있는 대로 고른 것은?

─[보기]─
ㄱ. 태양 에너지는 기상 현상을 일으킨다.
ㄴ. 조력 에너지는 밀물과 썰물을 일으켜 해수면의 높이를 변화시킨다.
ㄷ. 지구시스템에서 가장 많은 양을 차지하는 에너지원은 지구 내부 에너지이다.

① ㄱ　　② ㄷ　　③ ㄱ, ㄴ　　④ ㄴ, ㄷ　　⑤ ㄱ, ㄴ, ㄷ

16

[2022 실시 6월 학평 19]

그림은 자동차의 안전장치를 나타낸 것이다.

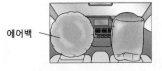 

이에 대한 설명으로 옳은 것만을 [보기]에서 있는 대로 고른 것은?

─[보기]─
ㄱ. 에어백은 충돌 시간을 길게 한다.
ㄴ. 범퍼는 충돌할 때 받는 충격량의 크기를 증가시킨다.
ㄷ. 에어백과 범퍼는 충돌할 때 받는 힘의 크기를 줄여준다.

① ㄱ　　② ㄴ　　③ ㄱ, ㄷ　　④ ㄴ, ㄷ　　⑤ ㄱ, ㄴ, ㄷ

17

그림 (가)와 같이 수평면 위에 놓여 있는 물체 A를 밀어 용수철을 압축시킨 후 잡고 있던 손을 가만히 놓았더니, A는 용수철에서 분리되어 운동하다가 수평면에 고정된 쿠션과 충돌하여 정지하였다. (나)는 A가 쿠션과 충돌하는 순간부터 정지할 때까지 쿠션으로부터 받은 힘의 크기를 시간에 따라 나타낸 것으로, 곡선이 시간 축과 이루는 면적은 S이다.

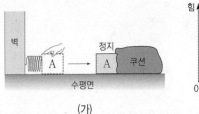 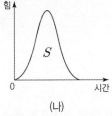

(가)　　　　　　　　(나)

물리량의 크기가 S인 것만을 [보기]에서 있는 대로 고른 것은? (단, 모든 마찰과 공기 저항은 무시하고, A는 용수철과 쿠션으로부터 수평 방향으로만 힘을 받는다.) [3점]

─[보기]─
ㄱ. 쿠션과 충돌하는 순간부터 정지할 때까지 A가 쿠션으로부터 받은 충격량
ㄴ. 쿠션에 충돌하기 직전 A의 운동량
ㄷ. 손을 놓은 순간부터 용수철에서 분리될 때까지 A가 용수철로부터 받은 충격량

① ㄱ　　② ㄴ　　③ ㄱ, ㄷ　　④ ㄴ, ㄷ　　⑤ ㄱ, ㄴ, ㄷ

18

다음은 2, 3주기 원소 A~D에 대한 자료이다.

- A와 B는 금속 원소이며, 원자 번호는 A가 B보다 작다.
- B와 C는 전자 껍질 수가 같다.
- C와 D는 원자가 전자 수가 같다.
- 화합물 BD_2에서 각 이온의 전자 배치는 네온(Ne)의 전자 배치와 같다.

다음 중 A~D를 주기율표에 나타낸 것으로 적절한 것은? (단, A~D는 임의의 원소 기호이다.) [3점]

①

주기 \ 족	1	2	13	14	15	16	17	18
2	A						C	D
3		B						

②

주기 \ 족	1	2	13	14	15	16	17	18
2	A							D
3		B						C

③

주기 \ 족	1	2	13	14	15	16	17	18
2	A						D	
3		B						C

④

주기 \ 족	1	2	13	14	15	16	17	18
2		B					D	
3	A							C

⑤

주기 \ 족	1	2	13	14	15	16	17	18
2							D	
3	A	B					C	

19

그림은 분자 XY_3의 화학 결합을 모형으로 나타낸 것이다.

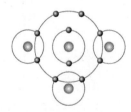

이에 대한 설명으로 옳은 것만을 [보기]에서 있는 대로 고른 것은? (단, X, Y는 임의의 원소 기호이다.)

[보기]
ㄱ. Y의 양성자 수는 2이다.
ㄴ. XY_3 분자 1개에는 공유 전자쌍이 3개 존재한다.
ㄷ. X_2 분자에서 X 원자 사이의 결합은 공유 결합이다.

① ㄱ   ② ㄴ   ③ ㄱ, ㄷ   ④ ㄴ, ㄷ   ⑤ ㄱ, ㄴ, ㄷ

20

다음은 자유 낙하하는 물체와 수평 방향으로 던진 물체의 운동을 비교하는 실험이다.

〈실험 과정〉
(가) 수평면으로부터 0.8 m의 높이에 쇠구슬 발사 장치를 수평하게 설치한다.
(나) 쇠구슬 A는 자유 낙하하고, 쇠구슬 B는 수평 방향으로 발사하여 포물선 운동하도록 A, B를 쇠구슬 발사 장치에 장착한다.

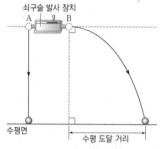

(다) 쇠구슬 발사 장치를 작동하여 A, B가 동시에 운동을 시작한 순간부터 A, B가 각각 수평면에 도달할 때까지의 낙하 시간과 B의 수평 도달 거리를 측정한다.
(라) 수평면으로부터 쇠구슬 발사 장치까지의 높이만을 변경한 후 (나)와 (다)의 과정을 반복한다.

〈실험 결과〉

과정	낙하 시간		B의 수평 도달 거리
	A	B	
(다)	0.5 s		1.2 m
(라)	0.6 s		㉠

이에 대한 설명으로 옳은 것만을 [보기]에서 있는 대로 고른 것은? (단, B가 발사되는 속력은 일정하고, A와 B는 동일한 쇠구슬이다.) [3점]

[보기]
ㄱ. (다)에서 낙하하는 A와 B에 작용하는 중력의 방향은 같다.
ㄴ. ㉠은 1.2 m보다 크다.
ㄷ. 수평면에 도달하기 직전의 A의 속력은 (다)에서와 (라)에서가 같다.

① ㄱ   ② ㄷ   ③ ㄱ, ㄴ
④ ㄴ, ㄷ   ⑤ ㄱ, ㄴ, ㄷ

01

그림은 빅뱅 이후 초기 우주에서 원자가 생성되는 과정을
나타낸 것이다.

빅뱅 → ㉠ 기본 입자 생성 → ㉡ 양성자와 중성자 생성 → 헬륨 원자핵 생성 → ㉢ 원자 생성

이에 대한 설명으로 옳은 것만을 [보기]에서 있는 대로 고른
것은?

[보기]
ㄱ. 전자는 ㉠에 해당한다.
ㄴ. ㉡은 쿼크로 이루어져 있다.
ㄷ. ㉢의 생성으로 빛이 퍼져나가기 시작했다.

① ㄱ   ② ㄴ   ③ ㄱ, ㄷ   ④ ㄴ, ㄷ   ⑤ ㄱ, ㄴ, ㄷ

02

그림은 어떤 별의 진화 과정을 단계별로 나타낸 것이다.

성운 →(A) 별 (주계열성) → 초거성 → 초신성 폭발 → 중성자별

이에 대한 설명으로 옳은 것만을 [보기]에서 있는 대로 고른
것은?

[보기]
ㄱ. 질량이 태양 정도인 별의 진화 과정이다.
ㄴ. A 과정에서 성운이 수축하여 중심부의 온도가
   높아진다.
ㄷ. 철보다 무거운 원소는 초신성 폭발로 만들어진다.

① ㄱ   ② ㄷ   ③ ㄱ, ㄴ   ④ ㄴ, ㄷ   ⑤ ㄱ, ㄴ, ㄷ

03

[2021 실시 6월 학평 1 변형]

다음은 지구로부터 받는 중력에 대한 학생 A~C의
대화이다.

학생 A: 질량이 작을수록 물체가 받는 중력의 크기는 커.
학생 B: 공기 저항을 무시할 때, 중력을 받아 자유 낙하 하는 물체의 속도는 변하지 않아.
학생 C: 달의 공전은 중력에 의해 나타나는 현상이야.

제시한 내용이 옳은 학생만을 있는 대로 고른 것은?

① A   ② C   ③ A, B   ④ B, C   ⑤ A, B, C

04

다음은 물질 A~C가 우리 생활에서 이용되는 예를 나타낸
것이다.

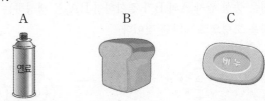

A   B   C

A: 휴대용 가스 버너 연료의 주성분이다.
B: 빵을 만들 때 사용하는 베이킹파우더의 성분이다.
C: 비누를 만드는 주원료로 사용된다.

A~C에 해당하는 것으로 옳은 것은?

	A	B	C
①	뷰테인	탄산수소 나트륨	수산화 나트륨
②	뷰테인	탄산수소 나트륨	탄산 칼슘
③	뷰테인	수산화 나트륨	탄산수소 나트륨
④	이산화 탄소	수산화 나트륨	탄산 칼슘
⑤	이산화 탄소	탄산 칼슘	수산화 나트륨

05

다음은 알칼리 금속의 성질을 알아보기 위한 실험이다.

〈실험 과정〉

(가) 물이 담긴 시험관 A와 B에 서로 다른 알칼리 금속 조각 *a*와 *b*를 각각 넣고 반응을 관찰한다.

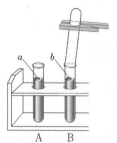

(나) A와 B에서 발생한 기체를 모아 성냥불을 대어본다.

(다) A와 B에 페놀프탈레인 용액을 떨어뜨리고 색 변화를 관찰한다.

〈실험 결과〉

과정	특징
(가)	A와 B에서 모두 격렬하게 반응하며 기체가 발생하였다.
(나)	A와 B에서 모두 '펑'소리가 났다.
(다)	A와 B의 용액 모두 붉은색으로 변하였다.

이에 대한 설명으로 옳은 것만을 [보기]에서 있는 대로 고른 것은? [3점]

─[보기]─
ㄱ. A와 B의 용액은 염기성이다.
ㄴ. (가)에서 발생한 기체는 산소이다.
ㄷ. 알칼리 금속은 물에 닿지 않도록 석유에 넣어 보관한다.

① ㄱ ② ㄴ ③ ㄱ, ㄷ ④ ㄴ, ㄷ ⑤ ㄱ, ㄴ, ㄷ

06

그림은 중성 원자 A와 B가 결합하여 BA_2를 생성하는 과정을 모형으로 나타낸 것이다.

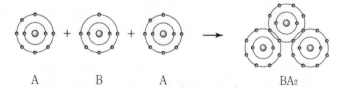

A   B   A BA_2

이에 대한 설명으로 옳은 것만을 [보기]에서 있는 대로 고른 것은? (단, A, B는 임의의 원소 기호이다.) [3점]

─[보기]─
ㄱ. A는 2주기 원소이다.
ㄴ. B는 2족 원소이다.
ㄷ. BA_2에서 원자는 모두 네온(Ne)과 같은 전자 배치를 갖는다.

① ㄱ ② ㄴ ③ ㄱ, ㄷ ④ ㄴ, ㄷ ⑤ ㄱ, ㄴ, ㄷ

07

그림은 동물 세포의 구조를 나타낸 것이다. A~D는 각각 핵, 라이보솜, 소포체, 마이토콘드리아 중 하나이다.

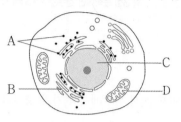

A~D에 대한 설명으로 옳지 않은 것은?

① A에서 포도당이 합성된다.
② B는 소포체이다.
③ C에는 유전물질이 있다.
④ D에서 세포호흡이 일어난다.
⑤ A~D는 모두 식물 세포에도 존재한다.

08

[2021 실시 6월 학평 11]

다음은 충격량에 대한 탐구 활동이다.

〈탐구 과정〉

(가) [그림1]과 같이 빨대 A의 끝 부분에 구슬을 넣고, 수평으로 강하게 불 때와 약하게 불 때 구슬이 날아가는 거리를 측정한다.

(나) [그림2]와 같이 A에 구슬을 입과 가까운 부분에 넣고, 수평으로 불 때 구슬이 날아가는 거리를 측정한다.

(다) A의 길이를 반으로 자른 빨대 B에 구슬을 입과 가까운 부분에 넣고, (나)와 같은 세기로 수평으로 불 때 구슬이 날아가는 거리를 측정한다.

〈탐구 결과〉

• (가)에서 빨대를 강하게 불 때 구슬이 더 멀리 날아간다.
• (나)에서가 (다)에서보다 구슬이 더 멀리 날아간다.

이에 대한 설명으로 옳은 것만을 [보기]에서 있는 대로 고른 것은?

─[보기]─
ㄱ. (가)에서 구슬이 받은 충격량의 크기는 강하게 불 때가 약하게 불 때보다 크다.
ㄴ. (나)와 (다)를 통해 구슬이 힘을 받은 시간에 따른 충격량의 크기를 비교할 수 있다.
ㄷ. 구슬이 받은 충격량의 크기는 (나)에서가 (다)에서보다 크다.

① ㄱ ② ㄷ ③ ㄱ, ㄴ ④ ㄴ, ㄷ ⑤ ㄱ, ㄴ, ㄷ

09

다음은 주기율표의 일부를 나타낸 것이다.

주기＼족	1	2	13	14	15	16	17	18
1	A							B
2				C				
3		D					E	

A~E에 대한 설명으로 옳은 것만을 [보기]에서 있는 대로 고른 것은? (단, A~E는 임의의 원소 기호이다.) [3점]

[보기]
ㄱ. A와 B는 같은 족 원소이다.
ㄴ. CA_4는 공유 결합 물질이다.
ㄷ. DE_2 수용액은 전기 전도성이 있다.

① ㄱ   ② ㄴ   ③ ㄷ   ④ ㄱ, ㄴ   ⑤ ㄴ, ㄷ

10

다음은 물체의 충돌 실험이다.

〈실험 과정〉
(가) 그림과 같이 수평면에서 물체가 운동하여 힘 센서와 충돌하게 한다.
(나) 물체를 일정한 속력 v로 직선 운동하게 하고, 물체가 힘 센서와 충돌한 후 정지할 때까지의 시간과 힘을 측정한다.
(다) (가)의 물체와 질량이 같고 종류가 다른 물체로 바꾼 후 (나)를 반복한다.
※ 물체는 힘 센서와 충돌 후 정지한다.

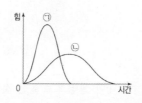

힘 센서   벽

〈실험 결과〉

과정	물체가 힘 센서와 충돌한 후 정지할 때까지의 시간
(나)	t
(다)	$2t$

이에 대한 설명으로 옳은 것만을 [보기]에서 있는 대로 고른 것은? (단, 모든 마찰은 무시한다.) [3점]

[보기]
ㄱ. ⊙은 (다)의 측정 결과이다.
ㄴ. 곡선 ⊙과 ⓒ이 시간 축과 이루는 면적은 서로 같다.
ㄷ. 충돌하는 과정에서 물체가 힘 센서로부터 받은 평균 힘의 크기는 (나)에서가 (다)에서보다 크다.

① ㄱ   ② ㄴ   ③ ㄱ, ㄷ   ④ ㄴ, ㄷ   ⑤ ㄱ, ㄴ, ㄷ

11

그림은 생명체를 구성하는 탄소 화합물을 나타낸 것이다. (가)와 (나)는 각각 헤모글로빈과 DNA 중 하나이다.

(가)   (나)

이에 대한 설명으로 옳은 것만을 [보기]에서 있는 대로 고른 것은? [3점]

[보기]
ㄱ. (가)에는 펩타이드결합이 있다.
ㄴ. (나)는 핵산의 한 종류이다.
ㄷ. (가)와 (나)는 모두 단위체로 이루어져 있다.

① ㄱ   ② ㄷ   ③ ㄱ, ㄴ   ④ ㄴ, ㄷ   ⑤ ㄱ, ㄴ, ㄷ

12

표는 지각과 사람을 구성하는 원소의 질량비를 나타낸 것이다. (가)와 (나)는 각각 지각과 사람 중 하나이다.

구분	(가)				(나)			
구성 원소	산소	규소	알루미늄	기타	산소	탄소	수소	기타
질량비 (%)	46	28	8	18	65	18	10	7

이에 대한 설명으로 옳은 것만을 [보기]에서 있는 대로 고른 것은?

[보기]
ㄱ. (가)는 주로 물과 유기물로 이루어져 있다.
ㄴ. (나)는 지각에 해당한다.
ㄷ. (가)와 (나)를 구성하는 원소 중 가장 큰 질량비를 차지하는 원소는 산소이다.

① ㄱ   ② ㄷ   ③ ㄱ, ㄴ   ④ ㄴ, ㄷ   ⑤ ㄱ, ㄴ, ㄷ

13

그림은 고생대 이후 해양 생물 과의 수와 생물 과의 멸종 비율을 나타낸 것이다. A~E는 다섯 번의 대멸종을 나타낸 것이다.

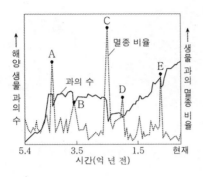

이에 대한 옳은 설명만을 [보기]에서 있는 대로 고른 것은? [3점]

─[보기]─
ㄱ. 고생대가 끝나는 무렵에 발생한 대멸종은 C이다.
ㄴ. 해양 생물 과의 수는 1.5억 년 전이 현재보다 많다.
ㄷ. B에서의 생물 과의 멸종 비율은 E에서의 생물 과의 멸종 비율보다 높다.

① ㄱ   ② ㄷ   ③ ㄱ, ㄴ   ④ ㄴ, ㄷ   ⑤ ㄱ, ㄴ, ㄷ

14

다음은 반도체에 관한 설명이다.

> 불순물 반도체는 ㉠ 순수한 반도체에 ㉡ 미량의 다른 원소(불순물)를 첨가하여 만든 소재로 ㉢ 태양 전지, 스마트폰의 전기 소자 등을 만드는 데 활용된다.

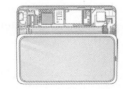

태양 전지   스마트폰의 전기 소자

이에 대한 옳은 설명만을 [보기]에서 있는 대로 고른 것은? [3점]

─[보기]─
ㄱ. 규소(Si)로만 이루어진 물질은 ㉠에 해당한다.
ㄴ. ㉡을 통해 ㉠의 전기적 성질을 변화시킬 수 있다.
ㄷ. ㉢은 빛에너지를 전기 에너지로 전환한다.

① ㄱ   ② ㄴ   ③ ㄱ, ㄷ   ④ ㄴ, ㄷ   ⑤ ㄱ, ㄴ, ㄷ

15

그림은 같은 높이에서 수평 방향으로 던진 두 물체 A와 B의 위치를 일정한 시간 간격으로 나타낸 것이다.

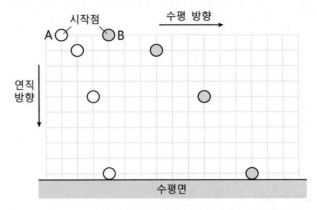

시작점에서 수평면에 도달할 때까지, A와 B의 운동에 대한 설명으로 옳은 것만을 [보기]에서 있는 대로 고른 것은? (단, 물체의 크기와 공기 저항은 무시한다.) [3점]

─[보기]─
ㄱ. A와 B에 작용하는 힘의 방향은 서로 같다.
ㄴ. 수평 방향의 속력은 A가 B보다 크다.
ㄷ. 연직 방향의 가속도 크기는 A가 B보다 크다.

① ㄱ   ② ㄷ   ③ ㄱ, ㄴ   ④ ㄴ, ㄷ   ⑤ ㄱ, ㄴ, ㄷ

16

그림은 세포막을 통한 물질의 이동 방식을 나타낸 것이다.

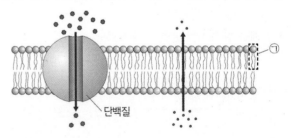

이에 대한 설명으로 옳은 것만을 [보기]에서 있는 대로 고른 것은?

─[보기]─
ㄱ. ㉠은 인지질이다.
ㄴ. 세포막은 선택적 투과성이 있다.
ㄷ. 단백질을 통해 이동하는 물질에는 포도당이 있다.

① ㄱ   ② ㄷ   ③ ㄱ, ㄴ   ④ ㄴ, ㄷ   ⑤ ㄱ, ㄴ, ㄷ

17

다음은 범퍼카의 안전장치에 대한 설명이다.

범퍼카는 고무 범퍼로 둘러싸여 있어 물체와 충돌할 때 충돌 시간이 길어져 범퍼카를 탄 사람이 받는 충격을 작게 한다.

이와 같은 원리가 적용된 예에 해당하는 것만을 [보기]에서 있는 대로 고른 것은?

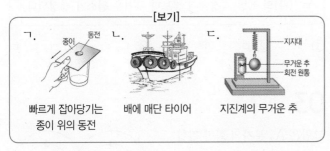

[보기]
ㄱ. 빠르게 잡아당기는 종이 위의 동전
ㄴ. 배에 매단 타이어
ㄷ. 지진계의 무거운 추

① ㄱ ② ㄴ ③ ㄱ, ㄷ ④ ㄴ, ㄷ ⑤ ㄱ, ㄴ, ㄷ

18

[2017 실시 6월 학평 1 물리 I (고2)]

그림은 오늘날 사용되는 시간과 길이의 표준에 대해 수업한 후 세 사람이 나눈 대화이다.

• 시간의 표준 : 1초는 세슘 원자($^{133}_{55}$Cs)에서 방출되는 빛이 9,192,631,770번 진동하는 데 걸리는 시간이다.

• 길이의 표준 : 1m는 빛이 진공에서 $\dfrac{1}{299,792,458}$ 초 동안 진행한 거리이다.

철수: 시간의 표준으로는 원자시계를 이용해.
영희: 길이의 기본 단위는 미터(m)야.
민수: 1 m를 정의하기 위해서는 시간의 표준이 필요해.

옳게 말한 사람만을 있는 대로 고른 것은?

① 철수 ② 영희 ③ 민수
④ 철수, 영희 ⑤ 철수, 영희, 민수

19

그림은 효소가 없을 때 과산화 수소 분해 반응의 에너지 변화를 나타낸 것이다. 표는 3% 과산화 수소수가 든 시험관 A와 B에 각각 ㉠과 ㉡ 중 하나를 넣었을 때 기포 발생 결과를 나타낸 것이다. ㉠과 ㉡은 각각 감자즙과 증류수 중 하나이다.

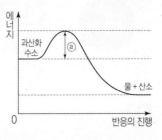

시험관	시험관에 넣은 용액(mL)			기포 발생 결과
	3% 과산화 수소수	㉠	㉡	
A	10	2	0	발생하지 않음
B	10	0	2	발생함

이에 대한 설명으로 옳은 것만을 [보기]에서 있는 대로 고른 것은? (단, 표에서 제시된 조건 이외의 다른 조건은 동일하다.) [3점]

[보기]
ㄱ. ㉠은 감자즙이다.
ㄴ. ㉡에는 ⓐ를 감소시키는 물질이 들어있다.
ㄷ. A와 B에서 과산화 수소가 분해되는 속도는 같다.

① ㄱ ② ㄴ ③ ㄱ, ㄷ ④ ㄴ, ㄷ ⑤ ㄱ, ㄴ, ㄷ

20

그림은 세포에서 일어나는 유전정보의 흐름을 나타낸 것이다.

이에 대한 설명으로 옳은 것만을 [보기]에서 있는 대로 고른 것은? (단, 돌연변이는 고려하지 않는다.) [3점]

DNA
TACAGACCTTAAG
ATGTCTGGATTC ㉠

↓
RNA
AUG ㉡ GGAUUC

↓ 번역
단백질

[보기]
ㄱ. ㉠의 염기조합은 코돈이다.
ㄴ. ㉡의 염기서열은 UCU이다.
ㄷ. 번역은 라이보솜에서 일어난다.

① ㄱ ② ㄴ ③ ㄱ, ㄷ ④ ㄴ, ㄷ ⑤ ㄱ, ㄴ, ㄷ

01

다음은 우주의 생성 과정에 대한 설명의 일부이다.

> • 우주는 온도와 밀도가 매우 높은 한 점에서 대폭발하여 탄생하였다.
> • 대폭발 이후 우주 온도가 내려가면서 기본 입자가 결합하여 양성자와 중성자가 만들어졌다.
> • 원자핵과 ⓤ 전자가 결합하여 원자가 만들어졌다.
> • 수소와 헬륨으로 이루어진 성운은 중력에 의해 수축하여 원시별이 되고, 내부 온도가 충분히 올라가면 별의 중심부에서 ⓛ 수소 원자핵이 헬륨 원자핵으로 바뀌는 반응이 일어나 많은 양의 에너지가 방출된다.

이에 대한 설명으로 옳은 것만을 [보기]에서 있는 대로 고른 것은?

> ─────[보기]─────
> ㄱ. ⓤ은 양(+)전하를 띤다.
> ㄴ. ⓛ은 수소 핵융합 반응이다.
> ㄷ. 빅뱅 우주론에 대한 설명이다.

① ㄱ ② ㄴ ③ ㄱ, ㄷ ④ ㄴ, ㄷ ⑤ ㄱ, ㄴ, ㄷ

02

그림 (가)는 태양보다 질량이 큰 별의 내부 구조를, (나)는 초신성 폭발 모습을 나타낸 것이다. A와 B는 각각 철과 수소 중 하나이다.

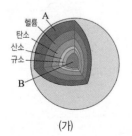

(가) (나)

이에 대한 설명으로 옳은 것만을 [보기]에서 있는 대로 고른 것은? [3점]

> ─────[보기]─────
> ㄱ. 원자 번호는 A가 B보다 크다.
> ㄴ. (가)의 중심으로 갈수록 가벼운 원소로 이루어진 층이 분포한다.
> ㄷ. (나)의 폭발 과정에서 철보다 무거운 원소가 생성된다.

① ㄱ ② ㄷ ③ ㄱ, ㄴ ④ ㄴ, ㄷ ⑤ ㄱ, ㄴ, ㄷ

03

그림은 A_2 분자의 화학 결합 모형이다.

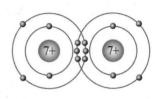

이에 대한 설명으로 옳은 것만을 [보기]에서 있는 대로 고른 것은? (단, A는 임의의 원소 기호이다.) [3점]

> ─────[보기]─────
> ㄱ. A_2는 질소 분자이다.
> ㄴ. A_2의 공유 전자쌍은 3개이다.
> ㄷ. A의 원자가 전자는 7개이다.

① ㄱ ② ㄷ ③ ㄱ, ㄴ ④ ㄴ, ㄷ ⑤ ㄱ, ㄴ, ㄷ

04

그림은 원자 A와 B의 전자 배치 모형이다.

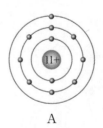
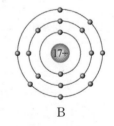

A B

이에 대한 설명으로 옳은 것만을 [보기]에서 있는 대로 고른 것은? (단, A와 B는 임의의 원소 기호이다.)

> ─────[보기]─────
> ㄱ. A는 비금속 원소이다.
> ㄴ. 화합물 AB의 화학식은 NaCl이다.
> ㄷ. 화합물 AB는 이온 결합 물질이다.

① ㄱ ② ㄴ ③ ㄱ, ㄷ ④ ㄴ, ㄷ ⑤ ㄱ, ㄴ, ㄷ

05

그림은 세포막을 통해 물질이 이동하는 과정을 나타낸 것이다.

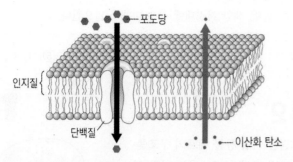

이에 대한 설명으로 옳은 것만을 [보기]에서 있는 대로 고른 것은?

[보기]
ㄱ. 세포막은 세포 안팎의 물질 출입을 조절한다.
ㄴ. 세포막은 주로 인지질과 단백질로 이루어진다.
ㄷ. 포도당과 이산화 탄소의 이동 방식은 확산이다.

① ㄱ　② ㄴ　③ ㄱ, ㄷ　④ ㄴ, ㄷ　⑤ ㄱ, ㄴ, ㄷ

06

다음은 물질 A와 B의 전기 전도성을 비교하는 실험이다. A와 B는 각각 설탕과 염화 칼슘 중 하나이다.

〈실험 과정〉
(가) 고체 상태 물질 A와 B에 각각 전기 전도성 측정 장치를 사용하여 전류가 흐르는지 관찰한다.

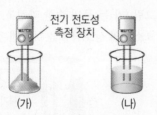

(나) 물질 A와 B를 각각 증류수에 녹인 후 전기 전도성 측정 장치를 사용하여 전류가 흐르는지 관찰한다.

〈실험 결과〉

구분	(가)의 결과	(나)의 결과
A	×	○
B	×	×

(○: 전류가 흐름, ×: 전류가 흐르지 않음)

이에 대한 설명으로 옳은 것만을 [보기]에서 있는 대로 고른 것은? [3점]

[보기]
ㄱ. A는 공유 결합 물질이다.
ㄴ. B는 금속 원소를 포함한다.
ㄷ. A는 염화 칼슘, B는 설탕이다.

① ㄱ　② ㄷ　③ ㄱ, ㄴ　④ ㄴ, ㄷ　⑤ ㄱ, ㄴ, ㄷ

07

그림은 규산염(Si-O) 사면체와 규산염 광물 중 휘석과 각섬석의 결합 구조를 나타낸 것이다.

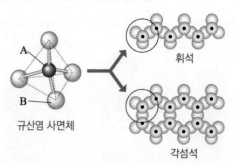

이에 대한 설명으로 옳은 것만을 [보기]에서 있는 대로 고른 것은? [3점]

[보기]
ㄱ. A는 산소이다.
ㄴ. 규산염 사면체는 규산염 광물의 기본 구조이다.
ㄷ. 규산염 사면체는 이웃한 규산염 사면체와 B를 공유하여 다양한 규산염 광물을 만든다.

① ㄱ　② ㄷ　③ ㄱ, ㄴ　④ ㄴ, ㄷ　⑤ ㄱ, ㄴ, ㄷ

2020. 9
15회

08

그림은 서로 다른 단백질 A와 B의 형성 과정 일부를 나타낸 것이다. ⑤은 단백질의 단위체이다.

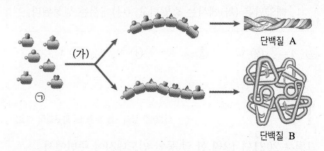

이에 대한 설명으로 옳은 것만을 [보기]에서 있는 대로 고른 것은?

[보기]
ㄱ. ⑤은 아미노산이다.
ㄴ. (가) 과정에서 펩타이드결합이 형성된다.
ㄷ. ⑤의 종류와 수에 따른 다양한 조합의 배열로 단백질의 종류가 달라진다.

① ㄱ　② ㄴ　③ ㄱ, ㄷ　④ ㄴ, ㄷ　⑤ ㄱ, ㄴ, ㄷ

09

다음은 지구 중력이 생명체와 자연 현상에 미치는 영향에 대한 세 학생의 대화이다.

식물의 뿌리는 중력을 받아 땅 속을 향해 자라.

달은 중력을 받아 지구 주위를 공전해.

질소, 산소 등의 기체는 중력에 의해 지표 부근의 대기를 구성해.

학생 A   학생 B   학생 C

제시한 내용이 옳은 학생만을 있는 대로 고른 것은?

① A   ② B   ③ A, C   ④ B, C   ⑤ A, B, C

10

[2018 실시 11월 학평 9]

그림 (가)와 (나)는 판의 경계와 주변 지형의 단면을 나타낸 것이다.

해령

열곡

해양판   해양판

(가)

습곡 산맥   해구

대륙판   해양판

(나)

이에 대한 설명으로 옳은 것만을 [보기]에서 있는 대로 고른 것은?

[보기]
ㄱ. (가)에서 판의 경계는 발산 경계이다.
ㄴ. (나)에서 판의 밀도는 해양판이 대륙판보다 크다.
ㄷ. 해양판은 (가)에서는 소멸되고, (나)에서는 생성된다.

① ㄱ   ② ㄴ   ③ ㄷ   ④ ㄱ, ㄴ   ⑤ ㄴ, ㄷ

11

[2022 실시 3월 학평 19 지구과학 I (고2)]

그림은 2021년 12월 한 달 동안 인도네시아 주변에서 발생한 규모 4.5 이상인 지진의 발생 지점을 나타낸 것이고, 글은 A 지점에서 발생한 지진에 대한 설명이다.

보르네오 섬

A

― 판 경계
○ 지진 발생 지점

12월 14일에 A에서 규모 7.3의 ㉠지진이 발생하였다. 이 지진으로 ㉡지진 해일이 발생하였다.

이에 대한 옳은 설명만을 [보기]에서 있는 대로 고른 것은?

[보기]
ㄱ. ㉠은 지구 내부 에너지에 의해 발생하였다.
ㄴ. 지진은 판의 중앙부보다 경계 부근에서 주로 발생하였다.
ㄷ. ㉡은 해안 저지대에 침수 피해를 일으킨다.

① ㄱ   ② ㄷ   ③ ㄱ, ㄴ   ④ ㄴ, ㄷ   ⑤ ㄱ, ㄴ, ㄷ

12

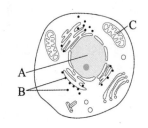

그림은 어떤 동물 세포의 구조를 나타낸 것이다. A~C는 각각 핵, 라이보솜, 마이토콘드리아 중 하나이다.

C

A

B

이에 대한 설명으로 옳은 것만을 [보기]에서 있는 대로 고른 것은?

[보기]
ㄱ. A는 핵이다.
ㄴ. B에서 단백질이 합성된다.
ㄷ. C에서 광합성이 일어난다.

① ㄱ   ② ㄷ   ③ ㄱ, ㄴ   ④ ㄴ, ㄷ   ⑤ ㄱ, ㄴ, ㄷ

13

[2019 실시 9월 학평 16]

그림 (가)는 물의 순환 과정을, (나)는 지구시스템 구성 요소들의 상호작용을 나타낸 것이다.

(가)

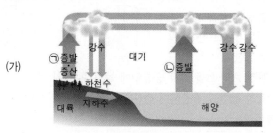

강수   대기   강수 강수

㉠증발   ㉡증발
증산

하천수

대륙   지하수   해양

(나)

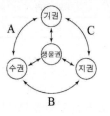

기권

A   C

수권   생물권   지권

B

이에 대한 설명으로 옳은 것만을 [보기]에서 있는 대로 고른 것은?

[보기]
ㄱ. ㉠은 B에 해당한다.
ㄴ. ㉡의 주된 에너지는 지구로부터 얻는다.
ㄷ. 물의 순환 과정을 통해 물질과 에너지가 이동한다.

① ㄱ   ② ㄷ   ③ ㄱ, ㄴ   ④ ㄴ, ㄷ   ⑤ ㄱ, ㄴ, ㄷ

14

다음은 자유 낙하하는 쇠구슬 A와 수평 방향으로 발사한 쇠구슬 B의 운동에 관한 실험이다.

〈실험 과정〉
(가) 쇠구슬 발사 장치를 고정한다.
(나) 쇠구슬 A는 자유 낙하하도록, A와 동일한 쇠구슬 B는 A와 같은 높이에서 수평 방향으로 발사되도록 장착한다.
(다) 쇠구슬 발사 장치를 동시에 작동하여 두 쇠구슬이 운동하는 모습을 일정한 시간 간격으로 촬영한다.

〈실험 결과〉

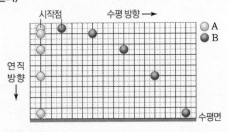

이에 대한 설명으로 옳은 것만을 [보기]에서 있는 대로 고른 것은? (단, 공기 저항은 무시한다.) [3점]

─────[보기]─────
ㄱ. A에 작용하는 힘의 방향은 연직 방향이다.
ㄴ. B의 수평 방향의 속력은 증가한다.
ㄷ. 수평면에 도달하는 데 걸린 시간은 A가 B보다 크다.
───────────────

① ㄱ　　② ㄷ　　③ ㄱ, ㄴ　　④ ㄴ, ㄷ　　⑤ ㄱ, ㄴ, ㄷ

15

그림 (가)는 야구 선수가 운동량이 같은 야구공을 받는 모습을 나타낸 것이다. A는 야구 장갑을 움직이지 않고, B는 야구 장갑을 뒤로 빼면서 받는 모습이다. (나)는 야구공이 야구 장갑에 닿는 순간부터 멈출 때까지 야구 장갑이 받는 힘의 크기를 시간에 따라 나타낸 것으로 P, Q는 각각 A 또는 B의 그래프이다. 그래프에서 시간 축과 이루는 넓이는 P와 Q가 서로 같다.

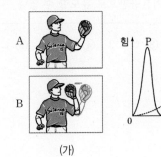

(가)　　　　　　(나)

이에 대한 설명으로 옳은 것만을 [보기]에서 있는 대로 고른 것은? (단, 중력은 무시한다.) [3점]

─────[보기]─────
ㄱ. A의 그래프는 P이다.
ㄴ. 야구 장갑이 야구공으로부터 받는 충격량의 크기는 A에서가 B에서보다 작다.
ㄷ. 야구 장갑이 야구공으로부터 받는 평균 힘의 크기는 A에서가 B에서보다 작다.
───────────────

① ㄱ　　② ㄴ　　③ ㄱ, ㄷ　　④ ㄴ, ㄷ　　⑤ ㄱ, ㄴ, ㄷ

16

그림은 주기율표의 일부를 나타낸 것이다.

	1족	⋯	17족	18족
2주기	A		C	D
3주기	B			

A~D에 대한 설명으로 옳은 것만을 [보기]에서 있는 대로 고른 것은? (단, A~D는 임의의 원소 기호이다.)

─────[보기]─────
ㄱ. A와 B는 화학적 성질이 비슷하다.
ㄴ. A와 C는 전자 껍질의 수가 같다.
ㄷ. C가 전자를 1개 잃으면, D와 같은 전자 배치를 가진다.
───────────────

① ㄱ　　② ㄷ　　③ ㄱ, ㄴ　　④ ㄴ, ㄷ　　⑤ ㄱ, ㄴ, ㄷ

2020.9
15회

17

그림은 화합물 AB의 결합 모형이다.

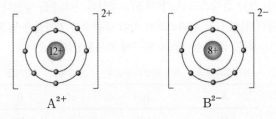

A²⁺　　　　　　　B²⁻

이에 대한 설명으로 옳은 것만을 [보기]에서 있는 대로 고른 것은? (단, A와 B는 임의의 원소 기호이다.) [3점]

─────[보기]─────
ㄱ. A^{2+}의 전자 배치는 네온(Ne)의 전자 배치와 같다.
ㄴ. A와 B는 같은 족 원소이다.
ㄷ. 화합물 AB가 만들어질 때 B가 얻은 전자는 2개이다.
───────────────

① ㄱ　　② ㄴ　　③ ㄱ, ㄷ　　④ ㄴ, ㄷ　　⑤ ㄱ, ㄴ, ㄷ

18

그림은 세포에서 일어나는 유전정보의 흐름을 나타낸 것이다.

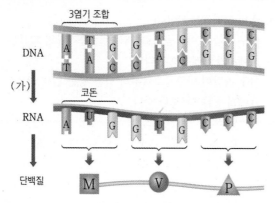

이에 대한 설명으로 옳은 것만을 [보기]에서 있는 대로 고른 것은? (단, 돌연변이는 고려하지 않는다.) [3점]

[보기]
ㄱ. (가) 과정은 번역이다.
ㄴ. DNA는 유전정보를 저장한다.
ㄷ. 코돈 'GUG'는 'Ⓥ'를 지정한다.

① ㄱ   ② ㄷ   ③ ㄱ, ㄴ   ④ ㄴ, ㄷ   ⑤ ㄱ, ㄴ, ㄷ

19

다음은 과산화 수소를 이용한 효소 반응 실험이다.

〈실험 과정〉
(가) 삼각 플라스크 A, B에 5% 과산화 수소수를 넣는다.
(나) (가)의 삼각 플라스크에 각각 증류수와 감자즙을 넣은 직후, 삼각 플라스크 입구에 고무풍선을 끼운다.

삼각 플라스크	5% 과산화 수소수	증류수	감자즙
A	100	10	0
B	100	0	10

(단위: mL)

(다) 일정 시간이 지난 후, 고무풍선의 부피 변화를 관찰한다.

〈실험 결과〉
○ A의 고무풍선은 변화가 거의 없었으며, B의 고무풍선은 부풀어 올랐다.

이에 대한 설명으로 옳은 것만을 [보기]에서 있는 대로 고른 것은? (단, 제시된 조건 이외의 모든 조건은 동일하다.) [3점]

[보기]
ㄱ. 감자즙에는 과산화 수소를 분해를 촉진하는 생체 촉매가 있다.
ㄴ. 과산화 수소의 분해는 B에서가 A에서보다 빠르게 일어난다.
ㄷ. 고무풍선이 부풀어 오른 것은 과산화 수소 분해 결과 산소가 생성되었기 때문이다.

① ㄱ   ② ㄴ   ③ ㄱ, ㄷ   ④ ㄴ, ㄷ   ⑤ ㄱ, ㄴ, ㄷ

20

[예상 문제]

다음은 자연 현상을 이해하기 위해 여러 요인을 측정한 보고서의 일부를 나타낸 것이다.

○ 탐구 주제: 미세 먼지 농도에 영향을 주는 요인은 무엇일까?
○ 측정 날짜: 20○○년 ○○월 ○○일
○ 측정 장소: 과학실

측정 시각	미세 먼지 농도 ($\mu g/m^3$)	기온 (℃)	습도 (%)	풍속 (m/s)
9시	16	19	57	2.3
10시	15	19	52	3.6
11시	12	20	50	6.6
…	…	…	…	…

이에 대한 설명으로 옳은 것만을 [보기]에서 있는 대로 고른 것은? [3점]

[보기]
ㄱ. 보고서에 있는 기본량의 개수는 2개다.
ㄴ. 풍속의 단위는 유도량의 단위이다.
ㄷ. 미세 먼지 농도는 기본량만으로 유도할 수 없다.

① ㄱ   ② ㄴ   ③ ㄷ   ④ ㄱ, ㄷ   ⑤ ㄴ, ㄷ

*11월 전국연합학력평가

[회별 20문항, 제한 시간 30분]

16회 모의고사 — 2024년 시행

17회 모의고사 — 2023년 시행

18회 모의고사 — 2022년 시행

19회 모의고사 — 2021년 시행

20회 모의고사 — 2020년 시행

출제 범위	[통합과학1] ~ [통합과학2] Ⅲ. 과학과 미래 사회 1. 과학 기술의 활용까지		
난이도	상: 1~5문항	중: 9~14문항	하: 5~8문항

11월 대비 학습 전략
- 우주의 구성 원소, 별의 진화, 이온 결합, 중력, 운동량과 충격량, 생명체를 구성하는 물질, 세포막을 통한 물질 이동, 판 경계, 엘니뇨 현상에 대한 고난도 문제가 출제된다. 해당 단원에 대한 다양한 문제 풀이를 통해 개념을 완벽하게 이해하고 적용해야 한다.

문제 구성
- 새교육과정에서 '과학과 미래 사회' 단원이 추가되었다.

구분	고1 학력 평가 기출	고2·3 학력 평가 기출	
16회	20	—	
17회	19	1	고1 난이도에 적합한 문제 선별 수록
18회	20	—	
19회	20	—	
20회	19	1	

- **물리학** (3~5문항)　　　　・**화학** (3~5문항)
- **생명과학** (5문항)　　　　・**지구과학** (6문항)

단원마다 고난도로 출제되는 개념은 기출문제를 통해 대비하자!

01

그림은 할로젠 원소 (가)에 대한 설명이 적힌 카드를 나타낸 것이다.

(가)
· 원자 번호 : 9
· 이용 : 충치 예방용 치약

(가)는?

① 리튬   ② 산소   ③ 염소   ④ 나트륨   ⑤ 플루오린

02

그림은 식물 세포의 구조를 나타낸 것이다. A~C는 각각 세포막, 엽록체, 마이토콘드리아 중 하나이다.

이에 대한 설명으로 옳은 것만을 [보기]에서 있는 대로 고른 것은?

[보기]
ㄱ. A는 마이토콘드리아이다.
ㄴ. B에서 광합성이 일어난다.
ㄷ. C는 선택적 투과성이 있다.

① ㄱ   ② ㄷ   ③ ㄱ, ㄴ   ④ ㄴ, ㄷ   ⑤ ㄱ, ㄴ, ㄷ

03

다음은 헬륨 원자핵이 생성되는 2가지 과정에 대한 설명이다.

· 빅뱅 이후 ㉠초기 우주에서 ⓐ 와/과 중성자가 결합하여 헬륨 원자핵이 생성된다.
· ㉡중심부에서 수소 핵융합 반응이 일어나는 별에서 ⓐ 이/가 서로 결합하여 헬륨 원자핵이 생성된다.

이에 대한 설명으로 옳은 것만을 [보기]에서 있는 대로 고른 것은? [3점]

[보기]
ㄱ. '양성자'는 ⓐ로 적절하다.
ㄴ. ㉠의 온도는 현재 우주의 온도보다 높다.
ㄷ. ㉡은 주로 철보다 무거운 원소로 구성된다.

① ㄱ   ② ㄷ   ③ ㄱ, ㄴ   ④ ㄴ, ㄷ   ⑤ ㄱ, ㄴ, ㄷ

04

그림은 유전적 다양성, 종다양성, 생태계다양성을 나타낸 것이다.

유전적 다양성   종다양성   생태계다양성

이에 대한 설명으로 옳은 것만을 [보기]에서 있는 대로 고른 것은?

[보기]
ㄱ. 환경이 급격하게 변했을 때 유전적 다양성이 높은 종은 낮은 종보다 멸종될 확률이 높다.
ㄴ. 종다양성이 높을수록 생태계가 안정적으로 유지된다.
ㄷ. 사막, 삼림, 습지, 초원 등이 다양하게 나타나는 것은 생태계다양성에 해당한다.

① ㄱ   ② ㄷ   ③ ㄱ, ㄴ   ④ ㄴ, ㄷ   ⑤ ㄱ, ㄴ, ㄷ

05

그림은 열효율이 0.25인 열기관이 고열원에서 100 J의 열을 흡수하여 W의 일을 하고 저열원으로 열을 방출하는 것을 나타낸 것이다. W는?

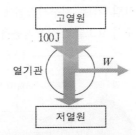

① 25 J ② 30 J ③ 50 J ④ 60 J ⑤ 75 J

06

다음은 안전장치에 대한 설명이다.

야구장에 있는 ㉠ 푹신한 재질로 만들어진 펜스는 공을 잡기 위해 ㉡ 달리던 야구 선수가 곧바로 정지하지 못하고 펜스와 충돌할 때 충돌 시간을 길게 하여 선수를 다치지 않게 보호한다.

이에 대한 설명으로 옳은 것만을 [보기]에서 있는 대로 고른 것은? [3점]

─[보기]─
ㄱ. ㉠은 선수가 충돌하여 정지할 때까지 선수가 받는 충격량의 크기를 줄여 준다.
ㄴ. ㉠은 선수가 충돌할 때 선수가 받는 평균 힘의 크기를 줄여 준다.
ㄷ. ㉡은 관성으로 설명된다.

① ㄱ ② ㄷ ③ ㄱ, ㄴ ④ ㄴ, ㄷ ⑤ ㄱ, ㄴ, ㄷ

07

다음은 튀르키예 부근에서 발생한 지진에 대한 신문 기사의 일부이다.

○월 ○일 튀르키예 남동부 지역에서 규모 7.8의 강진이 발생하고 ㉠ 여러 차례 지진이 이어져 큰 피해가 일어났다. 판과 판이 만나는 이 지역은 과거에도 지진이 발생하였다.

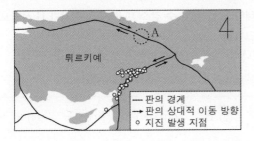

이에 대한 설명으로 옳은 것만을 [보기]에서 있는 대로 고른 것은?

─[보기]─
ㄱ. ㉠은 주로 판의 경계 부근에서 발생하였다.
ㄴ. A 지역에는 두 판이 어긋나는 경계가 있다.
ㄷ. 지진의 주된 에너지원은 지구 내부 에너지이다.

① ㄱ ② ㄷ ③ ㄱ, ㄴ ④ ㄴ, ㄷ ⑤ ㄱ, ㄴ, ㄷ

08

다음은 감자즙을 이용한 효소 반응 실험이다.

- 감자즙에 있는 효소는 다음 반응에서 촉매로 작용한다.

과산화 수소 → 물 + 산소

〈실험 과정 및 결과〉

(가) 시험관 Ⅰ과 Ⅱ에 각각 3 % 과산화 수소수 5 mL를 넣는다.

(나) Ⅰ에는 　ⓐ　 1 mL를, Ⅱ에는 　ⓑ　 1 mL를 넣은 직후 일정한 시간 동안 Ⅰ과 Ⅱ에서 기포가 발생하는지를 관찰한다. ⓐ와 ⓑ는 감자즙과 증류수를 순서 없이 나타낸 것이다.

(다) 관찰 결과는 표와 같다.

시험관	Ⅰ	Ⅱ
결과	기포가 발생하지 않음	㉠ 기포가 발생함

이에 대한 설명으로 옳은 것만을 [보기]에서 있는 대로 고른 것은? (단, 제시된 조건 이외는 고려하지 않는다.) [3점]

─[보기]─
ㄱ. (다)에서 분해된 과산화 수소의 양은 Ⅰ에서가 Ⅱ에서보다 많다.
ㄴ. ㉠에 산소가 있다.
ㄷ. ⓐ는 감자즙이다.

① ㄱ ② ㄴ ③ ㄱ, ㄷ ④ ㄴ, ㄷ ⑤ ㄱ, ㄴ, ㄷ

09

다음은 원소 X와 Y에 대한 자료이다.

- X와 Y는 2주기 원소이다.
- X는 금속 원소이며, Y의 원자가 전자 수는 7이다.
- X와 Y는 결합하여 안정한 화합물 XY를 형성한다.

XY의 화학 결합 모형으로 가장 적절한 것은? (단, X와 Y는 임의의 원소 기호이다.) [3점]

①   ②

③   ④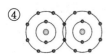

⑤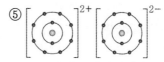

10

다음은 철의 제련 과정에서 일어나는 반응 (가)와 (나)에 대한 자료이다.

(가) 코크스(C)가 연소하여 일산화 탄소(CO)를 생성한다.

$$2C + O_2 \rightarrow 2CO$$

(나) 산화 철(Fe_2O_3)이 CO와 반응하여 철(Fe)과 이산화 탄소(CO_2)를 생성한다.

$$Fe_2O_3 + 3CO \rightarrow 2Fe + 3CO_2$$

이에 대한 설명으로 옳은 것만을 [보기]에서 있는 대로 고른 것은?

─────[보기]─────
ㄱ. (가)에서 C는 산화된다.
ㄴ. (나)에서 Fe_2O_3은 환원된다.
ㄷ. (나)에서 전자의 이동이 일어난다.

① ㄱ   ② ㄷ   ③ ㄱ, ㄴ   ④ ㄴ, ㄷ   ⑤ ㄱ, ㄴ, ㄷ

11

그림 (가)는 지구시스템에서 물의 순환을, (나)는 지구시스템 구성 요소들의 상호작용을 나타낸 것이다.

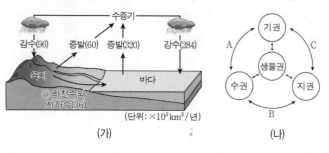

(가)   (나)

이에 대한 설명으로 옳은 것만을 [보기]에서 있는 대로 고른 것은?

─────[보기]─────
ㄱ. (가)의 바다에서 강수량과 증발량은 같다.
ㄴ. A의 예로 바람에 의한 해수 혼합이 있다.
ㄷ. ㉠에 의한 암석의 침식은 B에 해당한다.

① ㄱ   ② ㄷ   ③ ㄱ, ㄴ   ④ ㄴ, ㄷ   ⑤ ㄱ, ㄴ, ㄷ

12

그림 (가)는 고생대 이후 해양 생물 과의 수 변화를, (나)는 암모나이트 화석을 나타낸 것이다. A와 B는 대멸종 시기이다.

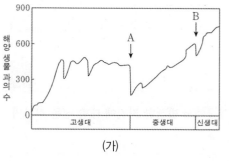   

(가)   (나)

이에 대한 설명으로 옳은 것만을 [보기]에서 있는 대로 고른 것은?

─────[보기]─────
ㄱ. 해양 생물 과의 수 감소 비율은 A 시기가 B 시기보다 크다.
ㄴ. (나)는 A 시기에 멸종한 생물의 화석이다.
ㄷ. 오존층은 B 시기 이후에 형성되었다.

① ㄱ   ② ㄷ   ③ ㄱ, ㄴ   ④ ㄴ, ㄷ   ⑤ ㄱ, ㄴ, ㄷ

13

그림과 같이 동일한 높이에서 가만히 놓은 물체 A와 수평 방향으로 던진 물체 B, C가 각각 경로를 따라 운동한다. 수평 도달 거리는 C가 B보다 크다.

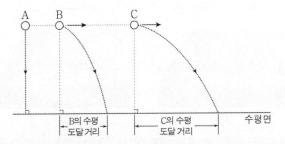

이에 대한 설명으로 옳은 것만을 [보기]에서 있는 대로 고른 것은? (단, 물체의 크기, 공기 저항은 무시한다.) [3점]

┌─────────[보기]─────────┐
ㄱ. A에 작용하는 중력의 방향은 A의 운동 방향과 같다.
ㄴ. 운동을 시작한 순간부터 수평면에 도달할 때까지 걸린 시간은 B가 A보다 크다.
ㄷ. 물체의 수평 방향 속력은 C가 B보다 크다.
└────────────────────────┘

① ㄱ   ② ㄴ   ③ ㄱ, ㄷ   ④ ㄴ, ㄷ   ⑤ ㄱ, ㄴ, ㄷ

14

다음은 자전거에 장착된 발전기에 대한 설명이다.

┌──────────────────────────────────┐
│ 자전거의 바퀴를 회전시키면 발전기의 자석이 회전하여 코일에 유도 전류가 흐르는 ⑤ 현상으로 전구에 불이 켜진다. │
│  │
└──────────────────────────────────┘

이에 대한 설명으로 옳은 것만을 [보기]에서 있는 대로 고른 것은?

┌─────────[보기]─────────┐
ㄱ. '전자기 유도'는 ⑤으로 적절하다.
ㄴ. 자석이 회전하면 코일 내부의 자기장이 변한다.
ㄷ. 발전기에서 운동 에너지가 전기 에너지로 전환된다.
└────────────────────────┘

① ㄱ   ② ㄴ   ③ ㄱ, ㄷ   ④ ㄴ, ㄷ   ⑤ ㄱ, ㄴ, ㄷ

15

표 (가)는 생명체를 구성하는 물질의 2가지 특징을, (나)는 (가)의 특징 중 물질 A와 B가 갖는 특징의 개수를 나타낸 것이다. A와 B는 각각 단백질과 핵산 중 하나이다.

특징		물질	특징의 개수
• 단위체로 구성된다.		A	1
• 펩타이드결합이 있다.		B	2
(가)		(나)	

이에 대한 설명으로 옳은 것만을 [보기]에서 있는 대로 고른 것은? [3점]

┌─────────[보기]─────────┐
ㄱ. A는 핵산이다.
ㄴ. B는 효소의 주성분이다.
ㄷ. A와 B의 구성 원소에는 모두 탄소가 있다.
└────────────────────────┘

① ㄱ   ② ㄷ   ③ ㄱ, ㄴ   ④ ㄴ, ㄷ   ⑤ ㄱ, ㄴ, ㄷ

16

표는 2가지 기준에 대한 물질 (가)와 (나)의 해당 여부를 나타낸 것이다. (가), (나)는 HCl 수용액, NaOH 수용액을 순서 없이 나타낸 것이다.

기준 \ 물질	(가)	(나)
전기 전도성이 있는가?	⑤	○
탄산 칼슘을 넣었을 때 기체가 발생하는가?	○	×

(○: 예, ×: 아니요)

이에 대한 설명으로 옳은 것만을 [보기]에서 있는 대로 고른 것은? [3점]

┌─────────[보기]─────────┐
ㄱ. (가)는 NaOH 수용액이다.
ㄴ. ⑤은 '○'이다.
ㄷ. (나)에 BTB 용액을 넣으면 수용액이 노란색으로 변한다.
└────────────────────────┘

① ㄱ   ② ㄴ   ③ ㄱ, ㄷ   ④ ㄴ, ㄷ   ⑤ ㄱ, ㄴ, ㄷ

17

그림은 사람의 유전정보 흐름을 나타낸 것이다. ㉠~㉢은 각각 아데닌(A), 유라실(U), 타이민(T) 중 하나이다.

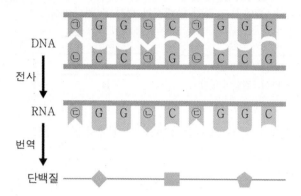

이에 대한 설명으로 옳은 것만을 [보기]에서 있는 대로 고른 것은? (단, 돌연변이는 고려하지 않는다.)

──────[보기]──────
ㄱ. 세포의 핵에는 DNA가 있다.
ㄴ. ㉠은 타이민(T)이다.
ㄷ. RNA의 염기 1개가 아미노산 1개를 지정한다.
──────────────────

① ㄱ ② ㄷ ③ ㄱ, ㄴ ④ ㄴ, ㄷ ⑤ ㄱ, ㄴ, ㄷ

18

표는 농도가 같은 HCl 수용액과 NaOH 수용액의 부피를 달리하여 중화 반응시켰을 때, 실험 (가)와 (나)에서 혼합 용액에 존재하는 양이온을 모형으로 나타낸 것이다. △, ■는 H^+, Na^+을 순서 없이 나타낸 것이다.

실험		(가)	(나)
혼합 전 수용액의 부피(mL)	HCl	30	20
	NaOH	10	20
혼합 용액에 존재하는 양이온 모형		△ ■ ■	△ △

이에 대한 설명으로 옳은 것만을 [보기]에서 있는 대로 고른 것은? [3점]

──────[보기]──────
ㄱ. ■는 Na^+이다.
ㄴ. (가)의 혼합 용액은 산성이다.
ㄷ. 생성된 물 분자의 수는 (가)에서가 (나)에서보다 크다.
──────────────────

① ㄱ ② ㄴ ③ ㄱ, ㄷ ④ ㄴ, ㄷ ⑤ ㄱ, ㄴ, ㄷ

19

그림은 태평양 적도 부근 해역에서 대기 순환 모습을 나타낸 것이다. (가)와 (나)는 각각 평상시와 엘니뇨 시기 중 하나이다.

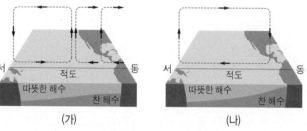

이에 대한 설명으로 옳은 것만을 [보기]에서 있는 대로 고른 것은? [3점]

──────[보기]──────
ㄱ. (가)는 엘니뇨 시기이다.
ㄴ. 동태평양 적도 부근 해역의 표층 수온은 (가)가 (나)보다 높다.
ㄷ. 서태평양 적도 부근 해역의 강수량은 (가)가 (나)보다 많다.
──────────────────

① ㄱ ② ㄷ ③ ㄱ, ㄴ ④ ㄴ, ㄷ ⑤ ㄱ, ㄴ, ㄷ

20

[2019 실시 6월 학평 10]

그림은 지각과 사람을 구성하는 원소 중 질량비가 높은 3가지 원소를 나타낸 것이다. ㉠~㉢은 각각 탄소, 산소, 규소 중 하나이다.

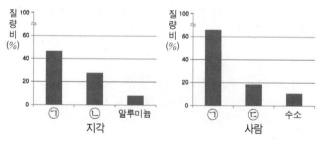

이에 대한 설명으로 옳은 것만을 [보기]에서 있는 대로 고른 것은? [3점]

──────[보기]──────
ㄱ. ㉠은 산소이다.
ㄴ. ㉡은 규산염 광물을 구성하는 원소 중 하나이다.
ㄷ. ㉢은 우주에서 가장 높은 비율을 차지하는 원소이다.
──────────────────

① ㄱ ② ㄷ ③ ㄱ, ㄴ ④ ㄴ, ㄷ ⑤ ㄱ, ㄴ, ㄷ

01

[2016 실시 7월 학평 13 물리 I 변형]

그림 (가), (나), (다)는 p형 반도체와 n형 반도체를 이용해 만든 장치들을 나타낸 것이다.

트랜지스터　　　　태양 전지　　　　발광 다이오드
(가)　　　　　　(나)　　　　　　(다)

이에 대한 설명으로 옳은 것만을 [보기]에서 있는 대로 고른 것은?

──────[보기]──────
ㄱ. (가)는 전기 신호를 증폭시킬 때 이용된다.
ㄴ. (나)는 전기 에너지를 빛에너지로 전환한다.
ㄷ. (다)는 첨가하는 불순물에 따라 방출하는 빛의 색이 다르다.
────────────────

① ㄱ　　② ㄴ　　③ ㄷ　　④ ㄱ, ㄷ　　⑤ ㄴ, ㄷ

02

그림은 이온 A⁻의 전자 배치를 모형으로 나타낸 것이다.

A⁻

A의 원자 번호는? (단, A는 임의의 원소 기호이다.)

① 7　　② 8　　③ 9　　④ 10　　⑤ 11

03

표는 빅뱅 이후 초기 우주에서 A와 B 시기의 입자의 생성에 대한 설명을 나타낸 것이다.

시기	입자의 생성
A	기본 입자인 쿼크가 결합하여 양성자와 중성자가 생성되었다.
B	원자핵과　⑤　이/가 결합하여 원자가 생성되었다.

이에 대한 설명으로 옳은 것만을 [보기]에서 있는 대로 고른 것은? [3점]

──────[보기]──────
ㄱ. '전자'는 ⑤에 해당한다.
ㄴ. 우주의 온도는 A일 때가 B일 때보다 낮다.
ㄷ. B 이후 우주에 존재하는 수소 원자들의 총질량은 헬륨 원자들의 총질량보다 크다.
────────────────

① ㄱ　　② ㄴ　　③ ㄱ, ㄷ　　④ ㄴ, ㄷ　　⑤ ㄱ, ㄴ, ㄷ

04

그림은 과학 신문 기사의 일부를 나타낸 것이다.

과 학 신 문　　　○○○○년 ○○월 ○○일

게성운은 어느 별이 ⑤초신성 폭발을 거친 후 남은 잔해이다. ⑥게성운을 만든 별은 중심부에서 　A　 반응을 통해 철까지 생성하였다.

이에 대한 설명으로 옳은 것만을 [보기]에서 있는 대로 고른 것은? [3점]

──────[보기]──────
ㄱ. ⑤의 과정에서 철보다 무거운 원소가 생성된다.
ㄴ. ⑥의 질량은 태양의 질량보다 크다.
ㄷ. '핵융합'은 A에 해당한다.
────────────────

① ㄱ　　② ㄴ　　③ ㄱ, ㄷ　　④ ㄴ, ㄷ　　⑤ ㄱ, ㄴ, ㄷ

05

다음은 지질 시대 중 어느 시기에 대한 설명이다.

> | A | 말에 판게아가 형성되어 급격한 환경
> 변화가 일어났다. 그 결과 | ㉠ |을/를
> 비롯한 수많은 생명체의 대멸종이 발생했다.
>
> ㉠의 화석

A와 ㉠으로 적절한 것은?

	A	㉠		A	㉠
①	고생대	삼엽충	②	고생대	암모나이트
③	중생대	삼엽충	④	중생대	암모나이트
⑤	신생대	화폐석			

06

그림은 동물 세포의 구조를 나타낸 것이다. A~C는 각각
마이토콘드리아, 라이보솜, 핵 중 하나이다.

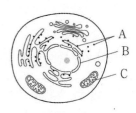

이에 대한 설명으로 옳은 것만을 [보기]에서 있는 대로 고른
것은?

> ──────[보기]──────
> ㄱ. A는 라이보솜이다.
> ㄴ. B에는 핵산이 있다.
> ㄷ. C에서 세포호흡이 일어난다.

① ㄱ ② ㄷ ③ ㄱ, ㄴ ④ ㄴ, ㄷ ⑤ ㄱ, ㄴ, ㄷ

07

그림은 주기율표의 일부를 나타낸 것이다.

이에 대한 설명으로 옳은 것만을 [보기]에서 있는 대로 고른
것은? [3점]

> ──────[보기]──────
> ㄱ. Li과 C는 화학적 성질이 비슷하다.
> ㄴ. Li과 F이 화학 결합할 때 Li은 전자를 얻는다.
> ㄷ. HF의 공유 전자쌍 수는 1이다.

① ㄱ ② ㄷ ③ ㄱ, ㄴ ④ ㄴ, ㄷ ⑤ ㄱ, ㄴ, ㄷ

08

다음은 일상생활에서 사용하는 안전장치에 대한 설명이다.

머리 보호대	안전띠	범퍼
다른 선수와 충돌할 때 발생할 수 있는 부상을 예방한다.	㉠급정거할 때 승객이 앞으로 튀어 나가는 것을 방지한다.	접촉 사고가 일어날 때 찌그러지면서 운전자의 피해를 줄인다.

이에 대한 설명으로 옳은 것만을 [보기]에서 있는 대로 고른
것은?

> ──────[보기]──────
> ㄱ. 머리 보호대는 충돌할 때 머리가 받는 평균 힘을 줄여
>   준다.
> ㄴ. ㉠은 관성으로 설명된다.
> ㄷ. 자동차가 충돌하여 정지할 때까지 받은 충격량은
>   범퍼가 찌그러지면 작아진다.

① ㄱ ② ㄷ ③ ㄱ, ㄴ ④ ㄴ, ㄷ ⑤ ㄱ, ㄴ, ㄷ

09

그림은 생태계를 구성하는 요소 사이의 상호 관계를 나타낸 것이다.

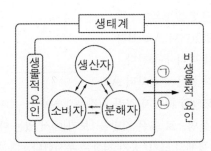

이에 대한 설명으로 옳은 것만을 [보기]에서 있는 대로 고른 것은?

[보기]
ㄱ. 물은 비생물적 요인에 해당한다.
ㄴ. 생산자에서 소비자로 유기물이 이동한다.
ㄷ. '식물의 낙엽으로 인해 토양이 비옥해지는 것'은 ㉠에 해당한다.

① ㄱ ② ㄷ ③ ㄱ, ㄴ ④ ㄴ, ㄷ ⑤ ㄱ, ㄴ, ㄷ

10

다음은 물질 X의 전기 전도성을 알아보기 위한 실험이다. X는 설탕($C_{12}H_{22}O_{11}$)과 염화 나트륨(NaCl) 중 하나이고, 실험 기구 ㉠은 전기 전도계, 전자저울, 온도계 중 하나이다.

〈실험 과정 및 결과〉
(가) 고체 상태의 X에 전류가 흐르는지 [㉠]을/를 이용해 확인했더니 전류가 흐르지 않았다.
(나) 고체 상태의 X를 증류수에 녹인 수용액에 전류가 흐르는지 [㉠]을/를 이용해 확인했더니 전류가 흘렀다.

〈실험 기구〉

전기 전도계   전자저울   온도계

X와 ㉠으로 가장 적절한 것은?

	X	㉠		X	㉠
①	설탕	전기 전도계	②	염화 나트륨	전기 전도계
③	설탕	전자저울	④	염화 나트륨	전자저울
⑤	설탕	온도계			

11

그림 (가)는 어느 지역의 판 경계 A와 판의 상대적인 이동 방향을, (나)는 (가)의 X−X′ 구간에서의 지형 단면을 나타낸 것이다.

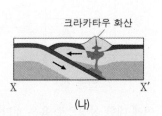

(가)   (나)

이에 대한 설명으로 옳은 것만을 [보기]에서 있는 대로 고른 것은? [3점]

[보기]
ㄱ. A는 발산형 경계이다.
ㄴ. 크라카타우 화산에서 용암이 분출될 때 지구 내부 에너지가 방출된다.
ㄷ. A에 인접한 판의 밀도는 인도−오스트레일리아판이 유라시아판보다 작다.

① ㄱ ② ㄴ ③ ㄱ, ㄷ ④ ㄴ, ㄷ ⑤ ㄱ, ㄴ, ㄷ

2022. 11
17회

12

그림은 지구시스템을 구성하는 권역 간 상호작용의 예를 구분하는 과정을 나타낸 것이다.

㉠ 지진에 의해 해일이 발생한다.
㉡ 육상 식물이 광합성 과정에서 대기 중의 이산화 탄소를 흡수한다.
㉢ 화석 연료의 연소로 인해 대기 중으로 이산화 탄소가 방출된다.

```
        기권과의 상호작용에  ──아니요──▶ [ A ]
        해당하는가?
              │
              예
              ▼
        기권의 탄소량을  ──아니요──▶ [ B ]
        증가시키는가?
              │
              예
              ▼
            [ C ]
```

A ~ C로 옳은 것은?

	A	B	C		A	B	C
①	㉠	㉡	㉢	②	㉠	㉢	㉡
③	㉡	㉠	㉢	④	㉡	㉢	㉠
⑤	㉢	㉠	㉡				

13

그림은 질산 은($AgNO_3$) 수용액에 구리(Cu) 조각을 넣어 반응시켰을 때, 반응 전과 후의 수용액에 들어 있는 금속 양이온을 모형으로 나타낸 것이다. △와 ○는 각각 구리 이온(Cu^{2+}), 은 이온(Ag^+) 중 하나이다.

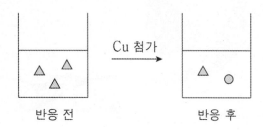

반응 전 　　　　　　　 반응 후

이에 대한 설명으로 옳은 것만을 [보기]에서 있는 대로 고른 것은?

[보기]
ㄱ. ○는 Cu^{2+}이다.
ㄴ. 이 반응이 일어날 때 전자의 이동이 일어난다.
ㄷ. 이 반응에서 △는 산화된다.

① ㄱ 　② ㄷ 　③ ㄱ, ㄴ 　④ ㄴ, ㄷ 　⑤ ㄱ, ㄴ, ㄷ

14

그림은 세포막을 통한 물질 이동 방식 A와 B를, 표는 물질 이동 방식 Ⅰ과 Ⅱ의 예를 나타낸 것이다. Ⅰ과 Ⅱ는 A와 B를 순서 없이 나타낸 것이다.

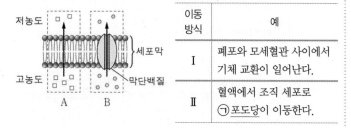

이동 방식	예
Ⅰ	폐포와 모세혈관 사이에서 기체 교환이 일어난다.
Ⅱ	혈액에서 조직 세포로 ㉠포도당이 이동한다.

이에 대한 설명으로 옳은 것만을 [보기]에서 있는 대로 고른 것은? [3점]

[보기]
ㄱ. Ⅰ은 B이다.
ㄴ. ㉠의 구성 원소에는 탄소가 있다.
ㄷ. A와 B는 모두 확산에 해당한다.

① ㄱ 　② ㄴ 　③ ㄱ, ㄷ 　④ ㄴ, ㄷ 　⑤ ㄱ, ㄴ, ㄷ

15

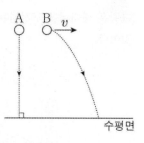

그림과 같이 동일한 높이에서 물체 A를 가만히 놓는 순간 물체 B를 수평 방향으로 v의 속력으로 던졌더니 A와 B가 각각 경로를 따라 운동한다. A를 가만히 놓은 순간부터 A가 수평면에 도달할 때까지 걸린 시간은 1초이다. 이에 대한 설명으로 옳은 것만을 [보기]에서 있는 대로 고른 것은? (단, 물체의 크기, 공기 저항은 무시한다.) [3점]

[보기]
ㄱ. A에 작용하는 중력의 방향은 일정하다.
ㄴ. B가 수평면에 도달하는 순간 B의 수평 방향 속력은 v보다 크다.
ㄷ. B를 던진 순간부터 B가 수평면에 도달할 때까지 걸린 시간은 1초보다 크다.

① ㄱ 　② ㄴ 　③ ㄱ, ㄷ 　④ ㄴ, ㄷ 　⑤ ㄱ, ㄴ, ㄷ

16

그림은 한 종으로 이루어진 세균 집단의 진화 과정을 나타낸 것이다. ㉠과 ㉡은 '항생제 A에 내성이 없는 세균'과 '항생제 A에 내성이 있는 세균'을 순서 없이 나타낸 것이다.

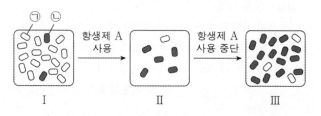

이에 대한 설명으로 옳은 것만을 [보기]에서 있는 대로 고른 것은? (단, 외부와의 개체 출입은 없다.) [3점]

[보기]
ㄱ. ㉠은 '항생제 A에 내성이 있는 세균'이다.
ㄴ. Ⅰ→Ⅱ 과정에서 자연선택이 일어났다.
ㄷ. Ⅱ→Ⅲ 과정에서 ㉠과 ㉡의 수는 모두 감소했다.

① ㄱ 　② ㄴ 　③ ㄱ, ㄷ 　④ ㄴ, ㄷ 　⑤ ㄱ, ㄴ, ㄷ

17

다음은 중화 반응 실험이다.

〈실험 과정〉

(가) 온도와 농도가 같은 NaOH 수용액, HCl 수용액을 준비한다.

(나) NaOH 수용액 10 mL와 HCl 수용액 5 mL를 혼합하여 만든 용액 Ⅰ의 액성을 확인한다.

(다) 용액 Ⅰ에 HCl 수용액 5 mL를 혼합하여 만든 용액 Ⅱ의 액성을 확인한다.

〈실험 결과〉

• 각 과정 후 혼합 용액의 액성

용액	Ⅰ	Ⅱ
액성	㉠	중성

이에 대한 설명으로 옳은 것만을 [보기]에서 있는 대로 고른 것은? [3점]

─[보기]─

ㄱ. ㉠은 염기성이다.

ㄴ. (다)에서 중화열이 발생한다.

ㄷ. (나)에서 생성된 물 분자의 수는 (다)에서 생성된 물 분자의 수보다 크다.

① ㄱ   ② ㄷ   ③ ㄱ, ㄴ   ④ ㄴ, ㄷ   ⑤ ㄱ, ㄴ, ㄷ

18

그림은 세포에서 일어나는 유전정보의 흐름을 나타낸 것이다. ㉠~㉣은 각각 아데닌(A), 유라실(U), 타이민(T), 사이토신(C) 중 하나이고, (가)와 (나)는 각각 번역과 전사 중 하나이다.

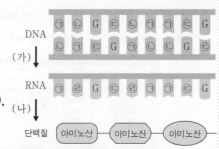

이에 대한 설명으로 옳은 것만을 [보기]에서 있는 대로 고른 것은? (단, 돌연변이는 고려하지 않는다.)

─[보기]─

ㄱ. (가)는 번역이다.

ㄴ. ㉡은 아데닌(A)이다.

ㄷ. DNA의 단위체는 뉴클레오타이드이다.

① ㄱ   ② ㄷ   ③ ㄱ, ㄴ   ④ ㄴ, ㄷ   ⑤ ㄱ, ㄴ, ㄷ

19

그림은 평상시와 엘니뇨 시기의 태평양 적도 부근 해역에서의 일평균 강수량을 각각 나타낸 것이다.

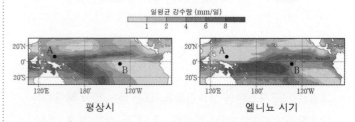

평상시와 비교할 때, 엘니뇨 시기에 대한 설명으로 옳은 것만을 [보기]에서 있는 대로 고른 것은? [3점]

─[보기]─

ㄱ. 무역풍의 세기가 약하다.

ㄴ. A 해역의 일평균 강수량이 적다.

ㄷ. B 해역의 평균 표층 수온이 높다.

① ㄱ   ② ㄷ   ③ ㄱ, ㄴ   ④ ㄴ, ㄷ   ⑤ ㄱ, ㄴ, ㄷ

20

그림 (가)는 수평면에서 $3v$의 속력으로 운동하는 물체 A가 정지해 있는 물체 B와 충돌한 후 A와 B가 v의 속력으로 함께 운동하는 모습을 나타낸 것이다. A와 B의 질량은 각각 m과 $2m$이다. 그림 (나)는 A와 B가 충돌하는 동안 B가 A로부터 받는 힘의 크기를 시간에 따라 나타낸 것이다. A와 B의 충돌 시간은 T이다.

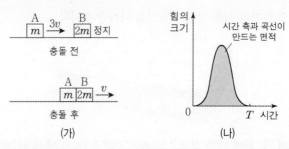

이에 대한 설명으로 옳은 것만을 [보기]에서 있는 대로 고른 것은? [3점]

─[보기]─

ㄱ. A의 운동량 크기는 충돌 전이 충돌 후보다 작다.

ㄴ. (나)에서 시간 축과 곡선이 만드는 면적은 $2mv$이다.

ㄷ. A와 B가 충돌하는 동안 B가 A로부터 받은 평균 힘의 크기는 $\dfrac{2mv}{T}$이다.

① ㄱ   ② ㄴ   ③ ㄱ, ㄷ   ④ ㄴ, ㄷ   ⑤ ㄱ, ㄴ, ㄷ

01

그림은 지구시스템의 상호작용을, 표는 ㉠~㉢에 해당하는 상호작용의 예를 나타낸 것이다. A~C는 각각 지권, 기권, 생물권 중 하나이다.

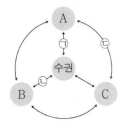

상호작용의 예

㉠ 바람에 의한 해수 혼합
㉡ 하천수에 의한 지표 침식
㉢ 식물의 광합성으로 대기 중에 산소 공급

A~C로 옳은 것은?

	A	B	C
①	지권	기권	생물권
②	지권	생물권	기권
③	기권	지권	생물권
④	기권	생물권	지권
⑤	생물권	지권	기권

02

그림은 판의 이동 방향과 단면을 나타낸 것이다.

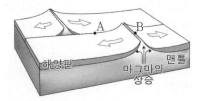

지점 A, B에 대한 설명으로 옳은 것만을 [보기]에서 있는 대로 고른 것은?

─────[보기]─────
ㄱ. A는 보존형 경계에 위치한다.
ㄴ. B에서는 해구가 발달한다.
ㄷ. 화산 활동은 A보다 B에서 활발하다.
──────────────

① ㄱ　② ㄷ　③ ㄱ, ㄴ　④ ㄱ, ㄷ　⑤ ㄴ, ㄷ

03

그림 (가)는 세포막을 통해 포도당이 이동하는 과정을, (나)는 세포막을 통해 산소 기체가 이동하는 과정을 나타낸 것이다.

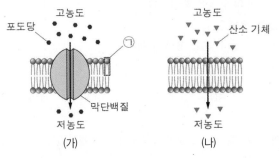

이에 대한 설명으로 옳은 것만을 [보기]에서 있는 대로 고른 것은? [3점]

─────[보기]─────
ㄱ. ㉠은 인지질이다.
ㄴ. (가)에서 포도당의 이동에 막단백질이 이용된다.
ㄷ. (나)에서 산소 기체의 이동 방식은 확산이다.
──────────────

① ㄱ　② ㄷ　③ ㄱ, ㄴ　④ ㄴ, ㄷ　⑤ ㄱ, ㄴ, ㄷ

04

다음은 학생 A~C가 자전거 헬멧 착용과 관련된 뉴스 내용에 대해 대화하는 모습을 나타낸 것이다.

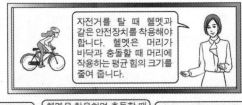

제시한 내용이 옳은 학생만을 있는 대로 고른 것은?

① A　② C　③ A, B　④ B, C　⑤ A, B, C

05

다음은 빅뱅 우주론에서 헬륨 원자핵이 생성되는 과정에 대한 설명이다. A, B는 각각 양성자와 중성자 중 하나이고, ㉠, ㉡은 각각 수소 원자핵과 헬륨 원자핵 중 하나이다.

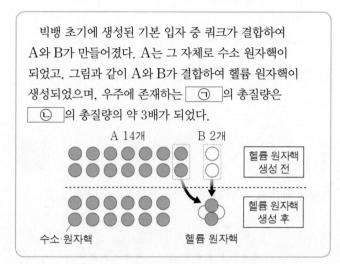

빅뱅 초기에 생성된 기본 입자 중 쿼크가 결합하여 A와 B가 만들어졌다. A는 그 자체로 수소 원자핵이 되었고, 그림과 같이 A와 B가 결합하여 헬륨 원자핵이 생성되었으며, 우주에 존재하는 ㉠ 의 총질량은 ㉡ 의 총질량의 약 3배가 되었다.

A 14개   B 2개

헬륨 원자핵 생성 전

헬륨 원자핵 생성 후

수소 원자핵   헬륨 원자핵

이에 대한 설명으로 옳은 것만을 [보기]에서 있는 대로 고른 것은? [3점]

[보기]
ㄱ. A는 양성자이다.
ㄴ. ㉠은 헬륨 원자핵이다.
ㄷ. ㉡은 전기적으로 중성이다.

① ㄱ   ② ㄴ   ③ ㄱ, ㄷ   ④ ㄴ, ㄷ   ⑤ ㄱ, ㄴ, ㄷ

06

그림은 지질 시대의 지속 기간을 상대적인 비율로 나타낸 것이다. A~C는 각각 고생대, 중생대, 신생대 중 하나이다.
이에 대한 설명으로 옳은 것만을 [보기]에서 있는 대로 고른 것은?

B (4.1%)   C (1.4%)
A (6.3%)

선캄브리아 시대 (88.2%)

[보기]
ㄱ. A는 고생대이다.
ㄴ. B에는 공룡이 번성하였다.
ㄷ. C에는 최초의 육상 생물이 출현하였다.

① ㄱ   ② ㄷ   ③ ㄱ, ㄴ   ④ ㄴ, ㄷ   ⑤ ㄱ, ㄴ, ㄷ

07

표 (가)는 사람을 구성하는 물질 A, B의 특성 ㉠과 ㉡의 유무를, (나)는 ㉠과 ㉡을 순서 없이 나타낸 것이다. A, B는 각각 단백질과 물 중 하나이다.

특성\물질	㉠	㉡
A	×	○
B	○	○

(○: 있음, ×: 없음)

(가)

특성(㉠, ㉡)
• 에너지원으로 이용된다.
• 구성 원소에 산소가 있다.

(나)

이에 대한 설명으로 옳은 것만을 [보기]에서 있는 대로 고른 것은?

[보기]
ㄱ. A는 단백질이다.
ㄴ. B에 펩타이드결합이 있다.
ㄷ. ㉡은 '에너지원으로 이용된다.'이다.

① ㄱ   ② ㄴ   ③ ㄱ, ㄴ   ④ ㄱ, ㄷ   ⑤ ㄴ, ㄷ

08

그림 (가)는 어느 별의 진화 과정에서 중심부의 핵융합 반응이 끝난 직후 별의 내부 구조를, (나)는 (가)의 원자 ㉠, ㉡ 중 하나의 전자 배치 모형을 나타낸 것이다.

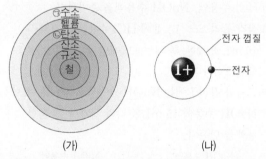

㉠수소
헬륨
㉡탄소
산소
규소
철

전자 껍질

1+   전자

(가)   (나)

이에 대한 설명으로 옳은 것만을 [보기]에서 있는 대로 고른 것은? [3점]

[보기]
ㄱ. (가)에서 별의 내부 온도는 중심에서 표면으로 갈수록 높아진다.
ㄴ. (가)와 같은 구조를 가진 별의 질량은 태양의 질량보다 크다.
ㄷ. (나)는 ㉡의 전자 배치 모형이다.

① ㄱ   ② ㄴ   ③ ㄱ, ㄷ   ④ ㄴ, ㄷ   ⑤ ㄱ, ㄴ, ㄷ

09

다음은 임의의 알칼리 금속 M의 성질을 알아보기 위한 실험과 3가지 실험 기구이다. ㉠, ㉡은 실험 기구 A~C 중 하나이다.

〈자료〉
- M은 원자 번호가 3이고, 휴대 전화의 배터리에 사용된다.

〈실험 과정 및 결과〉
- 쌀알 크기의 M 조각을 ㉠ (으)로 집어서 물이 담긴 ㉡ 에 넣었더니 격렬한 반응이 일어났다.

〈실험 기구〉

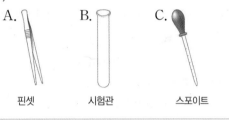

A.   B.   C.

핀셋   시험관   스포이트

다음 중 알칼리 금속 M과 실험 기구 ㉠, ㉡으로 가장 적절한 것은?

	M	㉠	㉡		M	㉠	㉡
①	리튬	A	B	②	나트륨	A	B
③	리튬	B	A	④	나트륨	A	C
⑤	리튬	C	B				

10

다음은 산과 염기의 중화 반응 실험이다.

〈실험 과정〉
(가) HCl 수용액, NaOH 수용액을 준비한다.
(나) 삼각 플라스크 Ⅰ, Ⅱ에 HCl 수용액을 각각 10 mL씩 넣은 후 페놀프탈레인 용액 2~3방울을 떨어뜨린다.
(다) 그림과 같이 Ⅰ에는 NaOH 수용액 5 mL를, Ⅱ에는 NaOH 수용액 15 mL를 각각 첨가한 후 혼합 용액을 만든다.

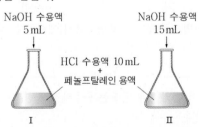

NaOH 수용액 5 mL   NaOH 수용액 15 mL

HCl 수용액 10 mL + 페놀프탈레인 용액

Ⅰ   Ⅱ

(라) Ⅰ, Ⅱ에 들어 있는 혼합 용액의 색을 관찰한다.

〈실험 결과〉
- (라)에서 Ⅰ에 들어 있는 혼합 용액은 무색이고, Ⅱ에 들어 있는 혼합 용액은 붉은색이다.

이에 대한 설명으로 옳은 것만을 [보기]에서 있는 대로 고른 것은? [3점]

[보기]
ㄱ. (다)에서 중화열이 발생한다.
ㄴ. (다)에서 생성된 물의 양은 Ⅱ에서보다 Ⅰ에서가 많다.
ㄷ. (라)에서 Ⅱ에 들어 있는 혼합 용액은 산성이다.

① ㄱ   ② ㄴ   ③ ㄱ, ㄴ   ④ ㄱ, ㄷ   ⑤ ㄴ, ㄷ

11

그림은 원자 A, B의 전자 배치를 모형으로 나타낸 것이다.

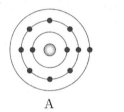

A   B

이에 대한 설명으로 옳은 것만을 [보기]에서 있는 대로 고른 것은? (단, A, B는 임의의 원소 기호이다.)

[보기]
ㄱ. A의 양성자수는 11이다.
ㄴ. B_2는 공유 결합 물질이다.
ㄷ. AB는 수용액 상태에서 전기 전도성이 있다.

① ㄱ   ② ㄷ   ③ ㄱ, ㄴ   ④ ㄴ, ㄷ   ⑤ ㄱ, ㄴ, ㄷ

12

다음은 지구를 구성하는 물질 A에 대한 설명이다.

A는 순수한 상태에서는 자유 전자가 거의 없어 전류가 흐르지 않지만, 특정 조건에서는 전류가 흐르는 특성을 가진다. 지각을 구성하는 원소 중 산소 다음으로 풍부한 ㉠ 는 A를 이용한 전기 소자를 만드는 데 이용된다.

A를 이용한 전기 소자

A와 ㉠으로 가장 적절한 것은?

	A	㉠		A	㉠
①	도체	탄소	②	부도체	규소
③	반도체	탄소	④	반도체	규소
⑤	부도체	탄소			

13

그림은 어떤 생태계의 먹이 관계를 나타낸 것이다.

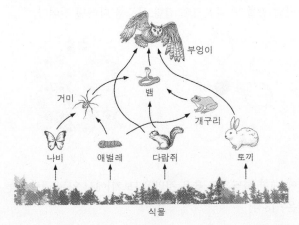

이에 대한 설명으로 옳은 것만을 [보기]에서 있는 대로 고른 것은? (단, 제시된 먹이 관계 이외에는 고려하지 않는다.)

[보기]
ㄱ. 거미는 1차 소비자에 속한다.
ㄴ. 부엉이는 토끼의 포식자이다.
ㄷ. 하위 영양단계 생물이 가진 모든 에너지는 상위 영양단계의 생물로 이동한다.

① ㄱ ② ㄴ ③ ㄱ, ㄷ ④ ㄴ, ㄷ ⑤ ㄱ, ㄴ, ㄷ

14

그림은 세포에서 일어나는 유전정보의 흐름을 나타낸 것이다. (가), (나)는 각각 번역과 전사 중 하나이다.

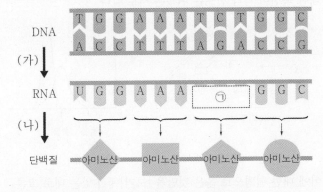

이에 대한 설명으로 옳은 것만을 [보기]에서 있는 대로 고른 것은? (단, 돌연변이는 고려하지 않는다.) [3점]

[보기]
ㄱ. (가)는 전사이다.
ㄴ. (나) 과정에서는 RNA의 염기 3개가 단백질의 아미노산 1개를 지정한다.
ㄷ. ㉠의 염기서열은 AGA이다.

① ㄱ ② ㄷ ③ ㄱ, ㄴ ④ ㄴ, ㄷ ⑤ ㄱ, ㄴ, ㄷ

15

다음은 쇠구슬 A, B의 운동을 비교하는 실험이다.

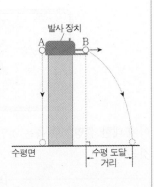

〈실험 과정〉
(가) 그림과 같이 발사 장치를 이용하여 A, B를 같은 높이에 위치시킨 후, A를 가만히 놓는 순간 B를 수평 방향으로 발사시켜 A, B가 각각 수평면에 도달할 때까지의 낙하 시간과 B의 수평 도달 거리를 측정한다.

(나) B의 처음 속력만을 2배로 하여 과정 (가)를 반복한다.

〈실험 결과〉

과정	낙하 시간		B의 수평 도달 거리
	A	B	
(가)	t	t	R
(나)	t	㉠	㉡

이에 대한 설명으로 옳은 것만을 [보기]에서 있는 대로 고른 것은? (단, A, B의 크기 및 공기 저항은 무시한다.) [3점]

[보기]
ㄱ. 운동하는 동안 A와 B에 작용하는 중력의 방향은 같다.
ㄴ. ㉠은 t보다 크다.
ㄷ. ㉡은 R보다 크다.

① ㄱ ② ㄴ ③ ㄱ, ㄷ ④ ㄴ, ㄷ ⑤ ㄱ, ㄴ, ㄷ

16

표는 2, 3주기 원소 X~Z에 대한 자료이다. 원자 번호는 Y보다 X가 크다.

원소	X	Y	Z
원자가 전자 수	2	7	7

이에 대한 설명으로 옳은 것만을 [보기]에서 있는 대로 고른 것은? (단, X~Z는 임의의 원소 기호이다.) [3점]

[보기]
ㄱ. X는 2족 원소이다.
ㄴ. Y는 2주기 원소이다.
ㄷ. Y와 Z는 화학적 성질이 비슷하다.

① ㄱ ② ㄴ ③ ㄱ, ㄷ ④ ㄴ, ㄷ ⑤ ㄱ, ㄴ, ㄷ

17

그림은 식물 세포의 구조를 나타낸 것이다. A~C는 각각 라이보솜, 엽록체, 마이토콘드리아 중 하나이다.

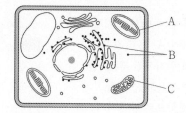

이에 대한 설명으로 옳은 것만을 [보기]에서 있는 대로 고른 것은?

[보기]
ㄱ. A는 마이토콘드리아이다.
ㄴ. B에서 단백질이 합성된다.
ㄷ. C는 동물 세포에도 있다.

① ㄱ   ② ㄷ   ③ ㄱ, ㄴ   ④ ㄴ, ㄷ   ⑤ ㄱ, ㄴ, ㄷ

18

다음은 A 기체와 관련된 반응에 대한 실험이다.

〈실험 Ⅰ〉
• A 기체가 천천히 발생하고 있는 과산화 수소수에 감자즙을 넣었더니 A 기체가 빠르게 발생하였다.

$$2H_2O_2 \rightarrow 2H_2O + \boxed{A}$$

〈실험 Ⅱ〉
• 나트륨을 칼로 잘랐더니 공기 중의 A 기체와 반응하면서 단면의 은백색 광택이 서서히 사라졌다.

$$4Na + \boxed{A} \rightarrow 2Na_2O$$

이에 대한 설명으로 옳은 것만을 [보기]에서 있는 대로 고른 것은? [3점]

[보기]
ㄱ. A는 O_2이다.
ㄴ. Ⅰ에서 감자즙에는 촉매로 작용하는 물질이 있다.
ㄷ. Ⅱ에서 Na은 산화된다.

① ㄱ   ② ㄷ   ③ ㄱ, ㄴ   ④ ㄴ, ㄷ   ⑤ ㄱ, ㄴ, ㄷ

19

그림 (가)는 규소와 산소로 이루어진 규산염 사면체를, (나)는 규산염 광물 중 흑운모의 결합 구조를 나타낸 것이다.

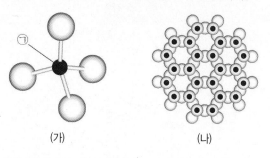

(가)   (나)

이에 대한 설명으로 옳은 것만을 [보기]에서 있는 대로 고른 것은? [3점]

[보기]
ㄱ. ㉠은 규소이다.
ㄴ. (가)는 규산염 광물의 기본 구조이다.
ㄷ. (나)에서 각각의 규산염 사면체는 산소를 공유한다.

① ㄱ   ② ㄷ   ③ ㄱ, ㄴ   ④ ㄴ, ㄷ   ⑤ ㄱ, ㄴ, ㄷ

20

그림 (가)는 각각 일정한 속력으로 운동하는 물체 A, B가 기준선을 동시에 통과한 후 같은 거리를 이동하여 벽에 충돌해 정지한 모습을 나타낸 것이다. 그림 (나)는 A, B가 기준선을 통과한 순간부터 정지할 때까지 벽으로부터 받는 힘의 크기를 시간에 따라 나타낸 것이다. 시간 축과 A, B에 대한 곡선이 각각 만드는 면적은 서로 같다.

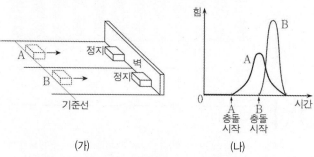

(가)   (나)

이에 대한 설명으로 옳은 것만을 [보기]에서 있는 대로 고른 것은? [3점]

[보기]
ㄱ. 벽과 충돌하기 전 운동량의 크기는 A와 B가 서로 같다.
ㄴ. 질량은 A보다 B가 크다.
ㄷ. 벽과 충돌하는 동안 벽으로부터 받는 평균 힘의 크기는 B보다 A가 크다.

① ㄱ   ② ㄷ   ③ ㄱ, ㄴ   ④ ㄴ, ㄷ   ⑤ ㄱ, ㄴ, ㄷ

01

그림은 사람의 몸을 구성하는 물질의 비율을 나타낸 것이다. ㉠과 ㉡은 각각 단백질과 물 중 하나이다.

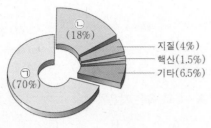

이에 대한 설명으로 옳은 것만을 [보기]에서 있는 대로 고른 것은?

[보기]
- ㄱ. ㉠은 물이다.
- ㄴ. ㉡은 에너지원으로 이용된다.
- ㄷ. ㉠과 ㉡의 구성 원소에 모두 탄소가 있다.

① ㄱ　② ㄷ　③ ㄱ, ㄴ　④ ㄴ, ㄷ　⑤ ㄱ, ㄴ, ㄷ

02

[2017 실시 9월 학평 11 과학 - 물리 변형]

그림은 스캐너를 사용하여 바코드에 기록된 정보를 읽는 과정이다. 스캐너 안에 있는 신호 변환기는 바코드에서 반사된 빛 신호 A를 전기 신호 B로 바꾸어 준다.

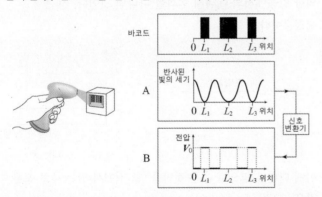

이에 대한 설명으로 옳은 것만을 [보기]에서 있는 대로 고른 것은?

[보기]
- ㄱ. 바코드의 검은색 부분은 B에서 전압이 V_0으로 나타난다.
- ㄴ. 신호 변환기에서는 아날로그 신호가 디지털 신호로 변환된다.
- ㄷ. 컴퓨터는 B를 이진수로 인식하여 정보를 처리한다.

① ㄱ　② ㄴ　③ ㄱ, ㄴ　④ ㄱ, ㄷ　⑤ ㄱ, ㄴ, ㄷ

03

그림 (가)는 발산형 경계를, (나)는 보존형 경계를 나타낸 것이다.

(가)　　　　　(나)

이에 대한 설명으로 옳은 것만을 [보기]에서 있는 대로 고른 것은? [3점]

[보기]
- ㄱ. (가)에서 해령이 발달한다.
- ㄴ. (나)에서 해양판이 소멸한다.
- ㄷ. 화산 활동은 (가)보다 (나)에서 활발하다.

① ㄱ　② ㄷ　③ ㄱ, ㄴ　④ ㄴ, ㄷ　⑤ ㄱ, ㄴ, ㄷ

04

다음은 3가지 반응의 화학 반응식에 대한 학생 A~C의 대화이다.

(가) $CH_4 + 2O_2 \longrightarrow CO_2 + 2H_2O$

(나) $6H_2O + 6CO_2 \longrightarrow C_6H_{12}O_6 + 6O_2$

(다) $Cu + 2Ag^+ \longrightarrow Cu^{2+} + 2Ag$

(가)에서 메테인(CH_4)은 산화되었어. 학생 A

(나)는 산화 환원 반응이야. 학생 B

(다)에서 은 이온(Ag^+)은 환원되었어. 학생 C

제시한 내용이 옳은 학생만을 있는 대로 고른 것은?

① A　　　② B　　　③ A, C
④ B, C　　⑤ A, B, C

05

그림 (가)는 동물 세포를, (나)는 식물 세포를 나타낸 것이다.
A와 B는 각각 세포막과 핵 중 하나이다.

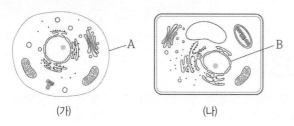

(가)   (나)

이에 대한 설명으로 옳은 것만을 [보기]에서 있는 대로 고른
것은?

[보기]
ㄱ. A는 세포막이다.
ㄴ. B에는 유전물질이 들어 있다.
ㄷ. (가)와 (나)에는 모두 마이토콘드리아가 있다.

① ㄱ   ② ㄷ   ③ ㄱ, ㄴ   ④ ㄴ, ㄷ   ⑤ ㄱ, ㄴ, ㄷ

06

표는 네온(Ne) 원자와 A 이온을 구성하는 입자에 대한
자료이다.

원자 또는 이온	Ne	A 이온
전자 수	10	10
양성자 수	㉠	12

이에 대한 설명으로 옳은 것만을 [보기]에서 있는 대로 고른
것은? (단, A는 임의의 원소 기호이다.) [3점]

[보기]
ㄱ. ㉠은 10이다.
ㄴ. A 이온은 양이온이다.
ㄷ. A는 Ne과 같은 주기 원소이다.

① ㄱ   ② ㄷ   ③ ㄱ, ㄴ   ④ ㄴ, ㄷ   ⑤ ㄱ, ㄴ, ㄷ

07

그림은 지구시스템의 상호작용을, 표는 A~C에 해당하는
탄소순환의 예를 나타낸 것이다. ㉠~㉢은 A~C의 예를
순서 없이 나타낸 것이다.

탄소순환의 예
㉠ 화석 연료가 연소되어 대기
   중으로 이산화 탄소 배출
㉡ 해양 생물이 바닷물의 탄산
   이온을 이용하여 골격 형성
㉢ 육상 식물이 광합성 과정에서
   대기 중의 이산화 탄소 흡수

A~C로 옳은 것은?

	A	B	C
①	㉠	㉡	㉢
②	㉠	㉢	㉡
③	㉡	㉠	㉢
④	㉡	㉢	㉠
⑤	㉢	㉡	㉠

08

그림 (가)는 카탈레이스에 의한 반응을, (나)는 이 효소에
의한 반응에서의 에너지 변화를 나타낸 것이다. ㉠은
생성물이다.

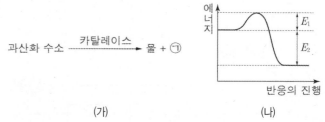

과산화 수소 ──카탈레이스──> 물 + ㉠

(가)   (나)

이에 대한 설명으로 옳은 것만을 [보기]에서 있는 대로 고른
것은? [3점]

[보기]
ㄱ. ㉠은 산소이다.
ㄴ. (나)에서 활성화에너지는 E_2이다.
ㄷ. 카탈레이스의 주성분은 단백질이다.

① ㄱ   ② ㄴ   ③ ㄷ   ④ ㄱ, ㄷ   ⑤ ㄴ, ㄷ

09

그림은 지질 시대 생물의 화석 (가)와 (나)를 나타낸 것이다.

(가) 삼엽충 　　　　 (나) 고사리

이에 대한 설명으로 옳은 것만을 [보기]에서 있는 대로 고른 것은? [3점]

[보기]
ㄱ. (가)는 고생대에 살았던 생물의 화석이다.
ㄴ. (나)는 주로 따뜻하고 습한 환경에서 살았던 생물의 화석이다.
ㄷ. (가)와 (나)는 모두 육지에서 퇴적된 지층에서 발견된다.

① ㄱ　② ㄷ　③ ㄱ, ㄴ　④ ㄴ, ㄷ　⑤ ㄱ, ㄴ, ㄷ

10

다음은 5가지 물질을 분류하는 탐구 활동이다.

〈탐구 과정〉
(가) 물질의 화학식이 적힌 5가지 카드를 준비한다.
(나) (가)의 카드 중 기준 Ⅰ에 해당하는 카드만을 남기고, 나머지 카드는 모두 제외한다.
(다) (나)에서 남은 카드 중 기준 Ⅱ에 해당하는 카드만을 남기고, 나머지 카드는 모두 제외한다.

〈탐구 결과〉

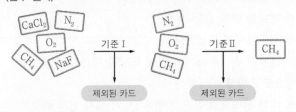

기준 Ⅰ과 Ⅱ에 해당하는 내용으로 가장 적절한 것을 [보기]에서 고른 것은?

[보기]
ㄱ. 탄소 화합물이다.　　ㄴ. 공유 결합 물질이다.
ㄷ. 금속 원소가 포함되어 있다.

	Ⅰ	Ⅱ			Ⅰ	Ⅱ
①	ㄱ	ㄴ		②	ㄱ	ㄷ
③	ㄴ	ㄱ		④	ㄴ	ㄷ
⑤	ㄷ	ㄱ				

11

다음은 빅뱅 이후 입자가 생성된 과정을 나타낸 것이다. A~C는 수소 원자, 중성자, 헬륨 원자핵을 순서 없이 나타낸 것이다.

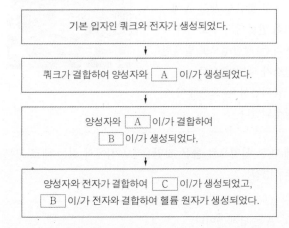

A~C로 옳은 것은?

	A	B	C
①	중성자	수소 원자	헬륨 원자핵
②	중성자	헬륨 원자핵	수소 원자
③	헬륨 원자핵	중성자	수소 원자
④	헬륨 원자핵	수소 원자	중성자
⑤	수소 원자	헬륨 원자핵	중성자

12

그림은 주기율표에서 영역 (가)~(다)와 이에 속하는 3가지 원소를 각각 나타낸 것이다.

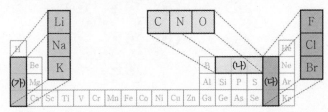

이에 대한 설명으로 옳은 것만을 [보기]에서 있는 대로 고른 것은?

[보기]
ㄱ. (가)에 속하는 원소는 알칼리 금속이다.
ㄴ. (나)에 속하는 원소 중 원자가 전자 수가 가장 큰 원소는 C이다.
ㄷ. (다)에 속하는 원소는 전자가 들어 있는 전자 껍질 수가 모두 7이다.

① ㄱ　② ㄴ　③ ㄱ, ㄷ　④ ㄴ, ㄷ　⑤ ㄱ, ㄴ, ㄷ

2020. 11

19회

13

다음은 스트로마톨라이트에 대한 자료이다.

스트로마톨라이트는 최초의 광합성 생물 A에 의해 만들어진 구조이다. A의 ㉠광합성으로 발생한 산소가 대기 중으로 공급되면서 ㉡오존층이 형성되었다.

이에 대한 설명으로 옳은 것만을 [보기]에서 있는 대로 고른 것은? [3점]

──────[보기]──────
ㄱ. A는 남세균이다.
ㄴ. ㉠ 과정에서 빛에너지를 이용하여 양분을 합성한다.
ㄷ. ㉡이 형성된 이후 바다 속 생물이 육상으로 진출했다.

① ㄱ ② ㄷ ③ ㄱ, ㄴ ④ ㄴ, ㄷ ⑤ ㄱ, ㄴ, ㄷ

14

그림은 광물 (가)와 (나)의 결합 구조를 나타낸 것이다. A와 B는 규소와 산소를 순서 없이 나타낸 것이다.

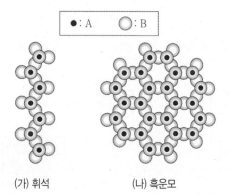

(가) 휘석   (나) 흑운모

이에 대한 설명으로 옳은 것만을 [보기]에서 있는 대로 고른 것은?

──────[보기]──────
ㄱ. A는 산소이다.
ㄴ. (가)와 (나)는 모두 규산염 광물이다.
ㄷ. (나)는 얇은 판 모양으로 쪼개지는 성질이 있다.

① ㄱ ② ㄴ ③ ㄱ, ㄷ ④ ㄴ, ㄷ ⑤ ㄱ, ㄴ, ㄷ

15

그림은 세포에서 일어나는 유전정보의 흐름을 나타낸 것이다. (가)와 (나)는 각각 번역과 전사 중 하나이고, ㉠~㉢은 각각 아데닌(A), 유라실(U), 타이민(T) 중 하나이다.

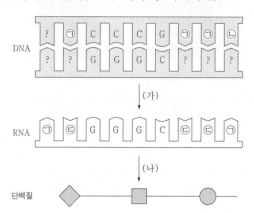

이에 대한 설명으로 옳은 것만을 [보기]에서 있는 대로 고른 것은? (단, 돌연변이는 고려하지 않는다.) [3점]

──────[보기]──────
ㄱ. (가)는 전사이다.
ㄴ. ㉠은 아데닌(A)이다.
ㄷ. RNA의 염기 1개가 아미노산 1개를 지정한다.

① ㄱ ② ㄴ ③ ㄷ ④ ㄱ, ㄴ ⑤ ㄱ, ㄴ, ㄷ

16

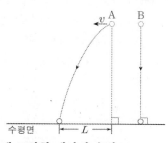

그림과 같이 물체 A를 수평 방향으로 속력 v로 던지는 순간, 물체 B를 가만히 놓았더니 A와 B가 각각 경로를 따라 운동하여 수평면에 동시에 도달한다. A는 던져진 순간부터 수평면에 도달할 때까지 수평 방향으로 L만큼 이동한다.

이에 대한 설명으로 옳은 것만을 [보기]에서 있는 대로 고른 것은? (단, 물체의 크기, 공기 저항은 무시한다.) [3점]

──────[보기]──────
ㄱ. A가 운동하는 동안 A의 수평 방향 속력은 v로 일정하다.
ㄴ. B가 가만히 놓인 순간부터 수평면에 도달할 때까지 걸린 시간은 $\dfrac{L}{v}$이다.
ㄷ. 운동하는 동안 A와 B에 작용하는 중력의 방향은 같다.

① ㄱ ② ㄴ ③ ㄱ, ㄷ ④ ㄴ, ㄷ ⑤ ㄱ, ㄴ, ㄷ

17

그림 (가)와 (나)는 질량이 서로 다른 두 별의 진화 과정에서 중심부의 핵융합 반응이 끝난 직후 별의 내부 구조를 나타낸 것이다.

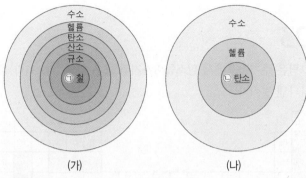

이에 대한 설명으로 옳은 것만을 [보기]에서 있는 대로 고른 것은? (단, 두 별의 크기는 고려하지 않는다.) [3점]

─────[보기]─────
ㄱ. (가)는 질량이 태양 정도인 별의 진화 과정에서 나타난다.
ㄴ. 중심부의 온도는 (나)보다 (가)에서 높다.
ㄷ. 원소의 양성자 수는 ㉠보다 ㉡이 작다.
─────────────

① ㄱ ② ㄷ ③ ㄱ, ㄴ ④ ㄴ, ㄷ ⑤ ㄱ, ㄴ, ㄷ

18

표는 A와 B 수용액의 부피를 달리하여 혼합한 용액 (가)~(다)에 대한 자료이다. A와 B는 각각 HCl와 NaOH 중 하나이다.

혼합 용액	혼합 전 수용액의 부피(mL)		액성
	A 수용액	B 수용액	
(가)	20	40	산성
(나)	40	20	
(다)	40	40	중성

이에 대한 설명으로 옳은 것만을 [보기]에서 있는 대로 고른 것은? (단, 혼합 전 수용액의 농도는 모두 같다.) [3점]

─────[보기]─────
ㄱ. A는 NaOH이다.
ㄴ. (나)에서 이온의 수는 Cl^- > Na^+이다.
ㄷ. 생성된 물 분자의 수는 (나)보다 (다)가 크다.
─────────────

① ㄱ ② ㄴ ③ ㄱ, ㄷ ④ ㄴ, ㄷ ⑤ ㄱ, ㄴ, ㄷ

19

다음은 충돌과 관련된 과학 원리에 대한 설명이다.

┌─────────────────────────────┐
│ 물체가 충돌할 때, 충돌 시간이 길어지면 물체가 받는 평균 힘의 크기는 작아진다. │
└─────────────────────────────┘

이와 같은 원리가 이용되는 안전장치로 옳은 것만을 [보기]에서 있는 대로 고른 것은?

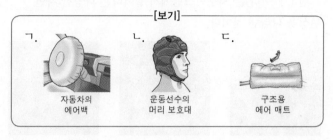

① ㄱ ② ㄷ ③ ㄱ, ㄴ ④ ㄴ, ㄷ ⑤ ㄱ, ㄴ, ㄷ

20

다음은 물체가 받은 평균 힘의 크기를 구하는 과정이다.

┌─────────────────────────────┐
│ • 그림과 같이 수평면에 정지해 있던 질량이 1 kg인 물체에 수평 방향으로 힘을 작용하였더니 물체가 10 m/s의 일정한 속력으로 직선 운동한다. 물체는 스틱으로부터 그래프와 같이 $\frac{1}{20}$초 동안 힘을 받았다. │
│ 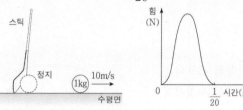 │
│ • 그래프에서 시간 축과 곡선이 만드는 면적은 물체의 운동량 변화량의 크기와 같다. │
│ • 따라서 0초부터 $\frac{1}{20}$초까지 물체가 받은 충격량의 크기는 ┌─㉠─┐ 이므로 물체가 받은 평균 힘의 크기는 ┌─㉡─┐ 이다. │
└─────────────────────────────┘

㉠과 ㉡은? (단, 물체의 크기는 무시한다.) [3점]

	㉠	㉡		㉠	㉡
①	10 N·s	100 N	②	10 N·s	200 N
③	20 N·s	100 N	④	20 N·s	200 N
⑤	20 N·s	400 N			

2020. 11
19회

01

그림 (가)~(다)는 지구시스템에서 일어나는 다양한 자연 현상을 나타낸 것이다.

(가) 밀물과 썰물   (나) 대기 대순환   (다) 화산 폭발

(가)~(다)를 일으키는 근원적인 에너지로 옳은 것은?

	(가)	(나)	(다)
①	태양 에너지	조력 에너지	지구 내부 에너지
②	조력 에너지	태양 에너지	지구 내부 에너지
③	조력 에너지	지구 내부 에너지	태양 에너지
④	지구 내부 에너지	조력 에너지	태양 에너지
⑤	지구 내부 에너지	태양 에너지	조력 에너지

02

그림은 동물 세포의 구조를 나타낸 것이다. A와 B는 각각 소포체와 마이토콘드리아 중 하나이다.
이에 대한 설명으로 옳은 것만을 [보기]에서 있는 대로 고른 것은?

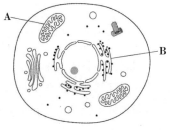

─────[보기]─────
ㄱ. A는 소포체이다.
ㄴ. B에서 세포호흡이 일어난다.
ㄷ. A와 B는 식물 세포에도 있다.

① ㄱ   ② ㄷ   ③ ㄱ, ㄴ   ④ ㄴ, ㄷ   ⑤ ㄱ, ㄴ, ㄷ

03

그림은 주기율표에서 원소를 3가지씩 묶은 영역 (가)~(다)를 나타낸 것이다.

H																	He
(가) Be											B	C	N	O	F	Ne	
(가) Mg											(나)		S		Ar		
Ca	Sc	Ti	V	Cr	Mn	Fe	Co	Ni	Cu	Zn	Ga	Ge	As	Se	(다)	Kr	
Rb	Sr	Y	Zr	Nb	Mo	Tc	Ru	Rh	Pd	Ag	Cd	In	Sn	Sb	Te	Xe	
Cs	Ba		Hf	Ta	W	Re	Os	Ir	Pt	Au	Hg	Tl	Pb	Bi	Po	At	Rn
Fr	Ra		Rf	Db	Sg	Bh	Hs	Mt	Ds	Rg	Cn	Nh	Fl	Mc	Lv	Ts	Og

La	Ce	Pr	Nd	Pm	Sm	Eu	Gd	Tb	Dy	Ho	Er	Tm	Yb	Lu
Ac	Th	Pa	U	Np	Pu	Am	Cm	Bk	Cf	Es	Fm	Md	No	Lr

(가)~(다) 중 화학적 성질이 비슷한 원소끼리 묶여 있는 영역만을 있는 대로 고른 것은?

① (가)   ② (나)   ③ (가), (다)
④ (나), (다)   ⑤ (가), (나), (다)

04

그림은 태평양 주변의 판 경계와 세 지역 A~C에서의 판의 상대적인 이동 방향을 나타낸 것이다.

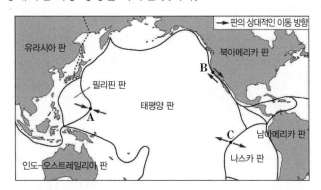

A~C에 대한 설명으로 옳은 것만을 [보기]에서 있는 대로 고른 것은? [3점]

─────[보기]─────
ㄱ. A는 맨틀 대류의 하강부이다.
ㄴ. B에서는 주로 심발 지진이 발생한다.
ㄷ. C에는 해구가 발달한다.

① ㄱ   ② ㄴ   ③ ㄷ   ④ ㄱ, ㄴ   ⑤ ㄱ, ㄷ

05

다음은 영상이 재생되는 휴대 전화에 대한 설명이다.

휴대 전화에 공급된 전기 에너지에 의해 영상이 재생될 때, ㉠화면에서 빛이 방출되고 ㉡스피커에서 소리가 나며 휴대 전화에서 열이 발생한다.

이에 대한 설명으로 옳은 것만을 [보기]에서 있는 대로 고른 것은?

[보기]
ㄱ. ㉠에서 전기 에너지가 빛에너지로 전환된다.
ㄴ. ㉡에서 빛에너지가 소리 에너지로 전환된다.
ㄷ. 휴대 전화에서 발생한 열에너지는 휴대 전화에 공급된 전기 에너지보다 작다.

① ㄱ   ② ㄴ   ③ ㄱ, ㄷ   ④ ㄴ, ㄷ   ⑤ ㄱ, ㄴ, ㄷ

06

그림은 태양 정도의 질량을 가진 별의 진화 과정의 일부를, 표는 (가)~(다) 단계의 특징을 나타낸 것이다.

(가) 주계열성   (나) 적색거성   (다) 행성상 성운

단계	특징
(가)	중심부에서 수소 핵융합 반응으로 에너지를 생성함
(나)	(가)보다 크기가 크고 적색을 띰
(다)	중심부는 수축하고 외곽 물질이 우주 공간으로 방출됨

이에 대한 설명으로 옳은 것만을 [보기]에서 있는 대로 고른 것은? [3점]

[보기]
ㄱ. 태양은 현재 (가)에 해당한다.
ㄴ. 중심부의 온도는 (나)가 (가)보다 높다.
ㄷ. (다)에서는 철보다 무거운 원소가 생성된다.

① ㄱ   ② ㄴ   ③ ㄷ   ④ ㄱ, ㄴ   ⑤ ㄴ, ㄷ

07

다음은 에어백이 탑승자를 보호하는 원리에 대한 설명이다.

에어백은 충돌 시간을 길게 하여 탑승자에게 작용하는 평균 힘의 크기를 작아지게 한다.

이와 같은 원리를 이용하는 안전장치로 옳은 것만을 [보기]에서 있는 대로 고른 것은? [3점]

[보기]
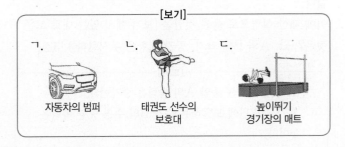

ㄱ. 자동차의 범퍼   ㄴ. 태권도 선수의 보호대   ㄷ. 높이뛰기 경기장의 매트

① ㄱ   ② ㄷ   ③ ㄱ, ㄴ   ④ ㄴ, ㄷ   ⑤ ㄱ, ㄴ, ㄷ

08

그림은 세포막을 통한 물질의 이동 방식 (가)와 (나)를 나타낸 것이다.

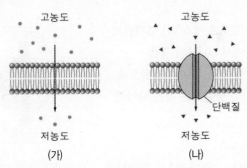

(가)   (나)

이에 대한 설명으로 옳은 것만을 [보기]에서 있는 대로 고른 것은?

[보기]
ㄱ. 폐포와 모세 혈관 사이의 O_2 이동 방식은 (가)이다.
ㄴ. (나)는 확산에 해당한다.
ㄷ. 세포막은 선택적 투과성이 있다.

① ㄱ   ② ㄴ   ③ ㄱ, ㄷ   ④ ㄴ, ㄷ   ⑤ ㄱ, ㄴ, ㄷ

❖ 정답 및 해설 192~195p

09

그림은 같은 높이에서 물체 A를 가만히 놓는 순간 물체 B를 수평 방향으로 속력 v로 던졌더니 A와 B가 각각 경로를 따라 운동하여 수평면에 도달한 모습을 나타낸 것이다. B가 운동하는 경로상의 점 p의 높이는 h이다. 질량은 A와 B가 같다.

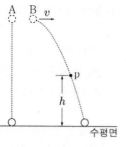

이에 대한 설명으로 옳은 것만을 [보기]에서 있는 대로 고른 것은? (단, A와 B의 크기, 공기 저항은 무시한다.) [3점]

─[보기]─
ㄱ. A가 운동하는 동안 A의 속력은 증가한다.
ㄴ. B가 수평면에 도달하는 순간 B의 수평 방향 속력은 v이다.
ㄷ. B가 p를 지나는 순간 A의 높이는 h이다.

① ㄱ ② ㄷ ③ ㄱ, ㄴ ④ ㄴ, ㄷ ⑤ ㄱ, ㄴ, ㄷ

10

그림은 열효율이 0.3인 열기관이 고열원에서 50 kJ의 열을 흡수하여 일을 하고 저열원으로 Q의 열을 방출하는 것을 나타낸 것이다.

Q는?

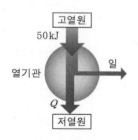

① 15 kJ ② 25 kJ ③ 30 kJ ④ 35 kJ ⑤ 40 kJ

11

그림은 세포에서 일어나는 유전정보의 흐름을 나타낸 것이다. (가)와 (나)는 각각 번역과 전사 중 하나이다.

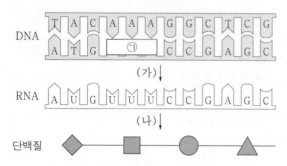

이에 대한 설명으로 옳은 것만을 [보기]에서 있는 대로 고른 것은? (단, 돌연변이는 고려하지 않는다.) [3점]

─[보기]─
ㄱ. ㉠의 염기서열은 UUU이다.
ㄴ. (가)는 번역이다.
ㄷ. 단백질에 펩타이드결합이 있다.

① ㄱ ② ㄴ ③ ㄷ ④ ㄱ, ㄷ ⑤ ㄴ, ㄷ

12

[2019 실시 3월 학평 20 생명과학 I (고2)]

다음은 생태계평형이 회복되는 과정에 대한 자료이다.

- 그림은 어떤 생태계에서 영양 단계별 개체수 변화를 나타낸 것이다.

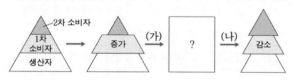

- 1차 소비자의 증가로 인해 과정 (가)에서 생산자의 개체수는 ⓐ 하고, 2차 소비자의 개체수는 ⓑ 했다.
- 과정 (나)에서 1차 소비자의 개체수는 감소했다.

㉠과 ㉡으로 적절한 것은? (단, 개체수 변화에 먹이 관계 이외의 다른 요인은 작용하지 않았다.)

	㉠	㉡		㉠	㉡
①	감소	감소	②	감소	증가
③	일정	감소	④	증가	감소
⑤	증가	증가			

13

그림은 물(H_2O)과 산화 마그네슘(MgO)의 화학 결합 모형과 네온(Ne)의 전자 배치 모형을 나타낸 것이다.

H O H　　　　Mg^{2+}　　　　O^{2-}　　　　Ne

이에 대한 설명으로 옳은 것만을 [보기]에서 있는 대로 고른 것은? [3점]

[보기]

ㄱ. 산소(O) 원자의 원자가 전자 수는 4이다.
ㄴ. H_2O은 비금속 원소 사이의 결합으로 이루어진 물질이다.
ㄷ. MgO에서 O^{2-}은 Ne과 같은 전자 배치를 갖는다.

① ㄱ　② ㄷ　③ ㄱ, ㄴ　④ ㄴ, ㄷ　⑤ ㄱ, ㄴ, ㄷ

14

그림 (가)와 (나)는 서로 다른 지질 시대에 번성하였던 생물의 화석을 나타낸 것이다.

(가) 삼엽충　　　　　(나) 화폐석

이에 대한 설명으로 옳은 것만을 [보기]에서 있는 대로 고른 것은?

[보기]

ㄱ. (가)는 바다에서 번성하였던 생물의 화석이다.
ㄴ. (나)가 생성된 지질 시대에 최초의 육상 생물이 출현하였다.
ㄷ. (나)는 (가)보다 먼저 생존하였던 생물의 화석이다.

① ㄱ　② ㄴ　③ ㄷ　④ ㄱ, ㄴ　⑤ ㄱ, ㄷ

15

표는 25℃ HCl 수용액과 25℃ NaOH 수용액을 여러 부피비로 혼합한 용액 (가)~(다)에 대한 자료이다.

혼합 용액	수용액의 부피(mL)		이온의 종류	최고 온도 (℃)
	HCl	NaOH		
(가)	10	5	H^+, Na^+, Cl^-	t_1
(나)	10	10	Na^+, Cl^-	t_2
(다)	10	20	OH^-, Na^+, Cl^-	t_3

이에 대한 설명으로 옳은 것만을 [보기]에서 있는 대로 고른 것은? (단, 혼합 전 수용액의 농도는 모두 같다.) [3점]

[보기]

ㄱ. t_2는 t_1보다 크다.
ㄴ. (가)에 마그네슘(Mg) 조각을 넣으면 수소 기체가 발생한다.
ㄷ. (다)는 산성이다.

① ㄱ　② ㄷ　③ ㄱ, ㄴ　④ ㄴ, ㄷ　⑤ ㄱ, ㄴ, ㄷ

16

그림은 생태계를 구성하는 요소 사이의 상호 관계를 나타낸 것이다.

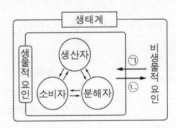

이에 대한 설명으로 옳은 것만을 [보기]에서 있는 대로 고른 것은?

[보기]

ㄱ. 빛은 비생물적 요인에 속한다.
ㄴ. 광합성을 통해 양분을 만드는 생물은 생산자이다.
ㄷ. 지렁이에 의해 토양의 통기성이 높아지는 것은 ㉠에 해당한다.

① ㄱ　② ㄷ　③ ㄱ, ㄴ　④ ㄴ, ㄷ　⑤ ㄱ, ㄴ, ㄷ

17

표는 황산 구리(CuSO₄) 수용액에 고체 아연(Zn) 조각을 넣어 반응시켰을 때, 반응 전과 후의 수용액에 대한 자료이다.

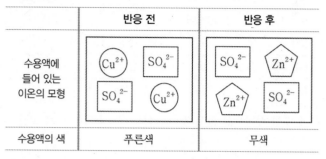

	반응 전	반응 후
수용액에 들어 있는 이온의 모형	Cu^{2+} SO_4^{2-} SO_4^{2-} Cu^{2+}	SO_4^{2-} Zn^{2+} Zn^{2+} SO_4^{2-}
수용액의 색	푸른색	무색

이에 대한 설명으로 옳은 것만을 [보기]에서 있는 대로 고른 것은? [3점]

─[보기]─
ㄱ. 이 반응에서 Zn은 전자를 잃는다.
ㄴ. $CuSO_4$ 수용액의 색이 푸른색을 띠는 이유는 Cu^{2+} 때문이다.
ㄷ. 반응이 일어나는 동안 수용액 속 SO_4^{2-}의 수는 변하지 않는다.

① ㄱ ② ㄷ ③ ㄱ, ㄴ ④ ㄴ, ㄷ ⑤ ㄱ, ㄴ, ㄷ

18

표 (가)는 생명체를 구성하는 물질 A와 B에서 특성 ㉠과 ㉡의 유무를, (나)는 ㉠과 ㉡을 순서 없이 나타낸 것이다. A와 B는 각각 단백질과 DNA 중 하나이다.

특성\물질	㉠	㉡
A	○	○
B	×	○

(○: 있음, ×: 없음)
(가)

특성(㉠, ㉡)
• 유전정보를 저장한다.
• 구성 원소에 탄소가 있다.

(나)

이에 대한 설명으로 옳은 것만을 [보기]에서 있는 대로 고른 것은? [3점]

─[보기]─
ㄱ. ㉡은 '구성 원소에 탄소가 있다.'이다.
ㄴ. A는 효소의 주성분이다.
ㄷ. B의 단위체는 뉴클레오타이드이다.

① ㄱ ② ㄴ ③ ㄱ, ㄷ ④ ㄴ, ㄷ ⑤ ㄱ, ㄴ, ㄷ

19

그림은 엘니뇨가 발생한 어느 시기의 태평양 적도 부근 대기의 순환과 해수의 연직 단면을, 표는 이 시기에 해역 ㉠과 ㉡ 중 한 곳에서 발생한 피해 상황을 나타낸 것이다.

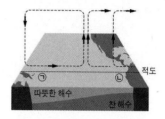

피해 상황
• 폭우가 내림
• 심해의 차가운 물이 표층으로 올라오는 현상이 줄어들어서 어획량이 감소함

이 시기에 대한 설명으로 옳은 것만을 [보기]에서 있는 대로 고른 것은? [3점]

─[보기]─
ㄱ. 표의 피해 상황은 ㉠에서 발생한 것이다.
ㄴ. ㉡의 따뜻한 해수층 두께는 평상시보다 얇아진다.
ㄷ. 무역풍의 세기는 평상시보다 약하다.

① ㄴ ② ㄷ ③ ㄱ, ㄴ ④ ㄱ, ㄷ ⑤ ㄴ, ㄷ

20

그림 (가)는 수평면에서 일정한 속력으로 직선 운동하는 물체가 벽과 충돌하여 정지한 모습을 나타낸 것이고, (나)는 (가)에서 물체가 벽과 충돌하는 동안 물체가 벽으로부터 받는 힘의 크기를 시간에 따라 나타낸 것이다. 물체와 벽의 충돌 시간은 T이고, 시간 축과 곡선이 만드는 면적은 S이다.

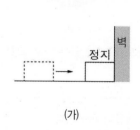
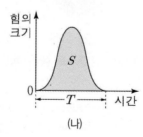

(가)   (나)

충돌 시간 T 동안, 이에 대한 설명으로 옳은 것만을 [보기]에서 있는 대로 고른 것은?

─[보기]─
ㄱ. 물체의 운동량의 크기는 증가한다.
ㄴ. 물체가 벽으로부터 받은 충격량의 크기는 S이다.
ㄷ. 물체가 벽으로부터 받은 평균 힘의 크기는 $\frac{S}{T}$이다.

① ㄱ ② ㄷ ③ ㄱ, ㄴ ④ ㄴ, ㄷ ⑤ ㄱ, ㄴ, ㄷ

★2028학년도 대학수학능력시험 통합과학 예시문항

출제 범위	[통합과학1] ~ [통합과학2] Ⅲ. 과학과 미래 사회 1. 과학 기술의 활용까지

2028학년도 대학수학능력시험 대비 학습 전략

· 2028학년도 수능 예시문항에서는 기존 물리학, 화학, 생명과학, 지구과학의 선택과목 간 벽을 허무는 통합형 문제를 포함하여 전기차, 인공지능, 빅데이터 분석 문제가 나왔다.

· 과학의 물리학, 화학, 생명과학, 지구과학의 내용을 관통하고 통합할 수 있는 역량을 기르는 것이 필요하다.

문제 구성

번호	과목	단원과 내용 요소
01	통합과학1	Ⅰ. 과학의 기초 – 기본량과 단위
02	통합과학1	Ⅱ. 물질과 규칙성 – 원소 형성, 별의 진화
03	통합과학1	Ⅲ. 시스템과 상호작용 – 중력장 내의 운동
04	통합과학1 통합과학2	Ⅲ. 시스템과 상호작용 – 중력장 내의 운동 Ⅱ. 환경과 에너지 – 발전
05	통합과학2	Ⅰ. 변화와 다양성 – 산화와 환원, 물질 변화에서 에너지 출입
06	통합과학2	Ⅰ. 변화와 다양성 – 산성과 염기성, 중화 반응
07	통합과학2	Ⅱ. 환경과 에너지 – 온실기체와 지구온난화
08	통합과학2	Ⅱ. 환경과 에너지 – 에너지 전환과 효율적 이용
09	통합과학1	Ⅱ. 물질과 규칙성 – 공유 결합 Ⅲ. 시스템과 상호작용 – 물질대사
10	통합과학2	Ⅰ. 변화와 다양성 – 자연선택, 생물다양성
11	통합과학1	Ⅱ. 물질과 규칙성 – 생명 시스템의 기본 단위 Ⅲ. 시스템과 상호작용 – 유전자와 단백질
12	통합과학2	Ⅲ. 과학과 미래 사회 – 인공지능과 과학 탐구

· **물리학** (4문항) · **화학** (2문항) · **생명과학** (3문항) · **지구과학** (3문항)

2028 대학수학능력 시험에서는 통합적 역량을 길러야해!

01

다음은 지구, 동물 세포, 리튬(Li) 원자에 대한 자료와 이에 대한 학생들의 대화이다.

구분	지구	동물 세포	리튬(Li)
모형	핵	핵	핵 +3
핵의 지름(m)	x	y	z

학생 A: 핵의 지름은 모두 길이에 해당하는 기본량으로 나타내.

학생 B: $x > y > z$야.

학생 C: 핵의 부피는 핵의 지름과 같은 단위로 표현돼.

제시한 내용이 옳은 학생만을 있는 대로 고른 것은?

① A ② C ③ A, B ④ B, C ⑤ A, B, C

02

그림 (가)는 고온의 기체 방전관에서 관찰한 수소, 헬륨, 탄소의 스펙트럼을, (나)는 별 S의 흡수 스펙트럼을 나타낸 것이다. (가)와 (나)에서 관측한 스펙트럼의 파장 영역은 동일하다.

(가)	수소
	헬륨
	탄소
(나)	별 S

이에 대한 설명으로 옳은 것만을 [보기]에서 있는 대로 고른 것은?

[보기]
ㄱ. (가)의 수소 스펙트럼에서는 방출선이 나타난다.
ㄴ. S에는 탄소가 헬륨보다 풍부하게 포함되어 있다.
ㄷ. S에 포함된 헬륨은 모두 별 내부의 핵융합 반응으로 생성되었다.

① ㄱ ② ㄴ ③ ㄱ, ㄷ ④ ㄴ, ㄷ ⑤ ㄱ, ㄴ, ㄷ

03

다음은 자유 낙하하는 물체와 수평으로 던져진 물체의 운동을 비교하는 실험이다.

〈실험 과정〉
(가) 그림과 같이 쇠구슬 발사 장치와 모눈종이를 설치하고 동일한 쇠구슬 A와 B를 준비한다.

쇠구슬 발사 장치
스마트 기기

(나) 쇠구슬 발사 장치를 이용해 A를 가만히 떨어뜨리는 순간 B를 수평 방향으로 발사하고, A와 B의 운동을 스마트 기기로 촬영한다.
(다) 운동 분석 프로그램을 이용해 A, B의 시간에 따른 연직 방향과 수평 방향의 운동을 그래프로 각각 나타낸다.

〈실험 결과〉
Ⅰ, Ⅱ, Ⅲ은 (다)의 결과 중 일부를 나타낸 것이다.

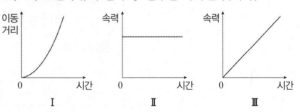
Ⅰ Ⅱ Ⅲ

이에 대한 설명으로 옳은 것만을 [보기]에서 있는 대로 고른 것은?

[보기]
ㄱ. A의 연직 방향 운동의 이동 거리를 나타낸 그래프는 Ⅰ이다.
ㄴ. B의 수평 방향 운동의 속력을 나타낸 그래프는 Ⅱ이다.
ㄷ. B의 연직 방향 운동을 나타낸 그래프는 Ⅰ과 Ⅲ이다.

① ㄱ ② ㄷ ③ ㄱ, ㄴ ④ ㄴ, ㄷ ⑤ ㄱ, ㄴ, ㄷ

04

다음은 자석이 코일을 통과하는 과정에서 유도되는 전류를 알아보는 실험이다.

〈실험 과정〉

(가) 그림과 같이 코일에 검류계를 연결한다.

(나) 자석의 N극을 아래로 하고, 코일로부터 높이 h에서 코일의 중심축을 따라 자석을 가만히 놓는다.

(다) 자석의 N극이 p점을 지나는 순간 검류계 바늘이 움직이는 방향을 관찰한다.

(라) 자석의 S극이 q점을 지나는 순간 검류계 바늘이 움직이는 방향을 관찰한다.

〈실험 결과〉

(다)의 결과

이에 대한 설명으로 옳은 것만을 [보기]에서 있는 대로 고른 것은?

─────[보기]─────

ㄱ. 자석이 코일을 통과하는 과정에서 역학적 에너지 일부가 전기 에너지로 전환된다.

ㄴ. h가 클수록 (다)에서 검류계 바늘이 (＋) 방향으로 더 많이 움직인다.

ㄷ. (라)에서 검류계 바늘은 (＋) 방향으로 움직인다.

① ㄱ　② ㄷ　③ ㄱ, ㄴ　④ ㄴ, ㄷ　⑤ ㄱ, ㄴ, ㄷ

05

다음은 학생 A가 수행한 탐구 활동이다.

〈가설〉

지구 및 생명 현상에서 산화 환원 반응이 일어나면

　　　㉠

〈탐구 과정〉

• 산화 환원과 관련한 지구 및 생명 현상 (가)~(다)에서 일어나는 산화 환원 반응의 화학 반응식과 이 반응이 일어날 때 주위로 열을 흡수 또는 방출하는지 조사한다.

(가) 호상철광층의 형성　(나) 식물의 광합성　(다) 산화 헤모글로빈의 형성

〈탐구 결과〉

현상	화학 반응식	열의 출입
(가)	$4Fe + 3O_2 \rightarrow 2Fe_2O_3$	방출
(나)	$6CO_2 + 6H_2O \rightarrow C_6H_{12}O_6 + 6O_2$	
(다)	$Hb + O_2 \rightarrow HbO_2$	방출

〈결론〉

• 가설은 옳다.

학생 A의 결론이 타당할 때, 이에 대한 설명으로 옳은 것만을 [보기]에서 있는 대로 고른 것은?

─────[보기]─────

ㄱ. '주위로 열을 방출한다.'는 ㉠에 해당한다.

ㄴ. (가)의 반응에서 Fe은 전자를 잃는다.

ㄷ. (다)의 반응에서 Hb은 산화된다.

① ㄱ　② ㄴ　③ ㄷ　④ ㄱ, ㄴ　⑤ ㄴ, ㄷ

06

다음은 중화 반응 실험이다.

〈실험 과정〉
(가) HCl 수용액과 NaOH 수용액을 각각 50 mL 준비한다.
(나) (가)에서 준비한 두 가지 수용액의 부피를 표와 같이 달리하여 혼합한 용액 Ⅰ~Ⅲ을 만들고, 각 혼합 용액의 최고 온도를 측정한다.

혼합 용액	Ⅰ	Ⅱ	Ⅲ
HCl 수용액의 부피(mL)	15	10	5
NaOH 수용액의 부피(mL)	5	10	15

(다) Ⅰ~Ⅲ에 BTB 용액을 각각 2~3방울 넣은 후 혼합 용액의 색을 관찰한다.

〈실험 결과 및 자료〉

혼합 용액	Ⅰ	Ⅱ	Ⅲ
최고 온도(°C)	t_1		t_2
혼합 용액의 색	㉠	파란색	
이온 모형		▲ ● ■ ■ ■ ● ▲ ■ ●	
모든 이온 수	$12N$	x	y

이에 대한 설명으로 옳은 것만을 [보기]에서 있는 대로 고른 것은? (단, 혼합 전 모든 수용액의 온도는 같고, 혼합 용액의 부피는 혼합 전 각 수용액의 부피의 합과 같다.)

[보기]
ㄱ. '파란색'은 ㉠에 해당한다.
ㄴ. $t_1 > t_2$이다.
ㄷ. $x + y = 40N$이다.

① ㄱ　② ㄴ　③ ㄷ　④ ㄱ, ㄴ　⑤ ㄴ, ㄷ

07

다음은 이산화 탄소가 지구 온난화에 미치는 영향을 알아보기 위한 탐구 활동이다.

〈탐구 과정〉
(가) 부피가 500 mL로 동일한 페트병 A와 B를 준비하여 20°C의 물을 각각 250 mL씩 채운다.

(나) 물과 반응하면 이산화 탄소가 발생하는 고체 조각 2개를 B에만 넣은 직후, 근거리 무선 통신 온도계를 끼운 고무마개로 A와 B의 입구를 막는다.
(다) 빛의 세기가 일정한 백열전등을 설치하고, 전등으로부터 20 cm 떨어진 곳에 A와 B를 나란히 놓는다.
(라) 근거리 무선 통신 온도계를 스마트 기기에 연결하고 전등을 켠 후, A와 B에서 나타나는 온도를 1분 간격으로 10분 동안 측정한다.
(마) (라)에서 측정한 각각의 페트병 내의 온도 변화를 ㉠과 ㉡의 그래프로 나타낸다.

〈탐구 결과〉

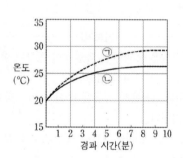

〈결론〉
• 대기 중 이산화 탄소의 양이 많을수록 온실 효과는 (㉮) 된다.

이에 대한 설명으로 옳은 것만을 [보기]에서 있는 대로 고른 것은?

[보기]
ㄱ. 페트병 B의 온도 변화를 나타낸 것은 ㉠이다.
ㄴ. '강화'는 ㉮에 해당한다.
ㄷ. 대기 중 이산화 탄소의 양이 현재보다 많아지면 지구는 더 높은 온도에서 복사 평형에 도달할 것이다.

① ㄱ　② ㄷ　③ ㄱ, ㄴ　④ ㄴ, ㄷ　⑤ ㄱ, ㄴ, ㄷ

08

그림은 에너지 전환을 주제로 한 발표 자료에 대해 학생 A, B, C가 대화하는 모습을 나타낸 것이다.

내연 기관 자동차와 전기 자동차의 에너지 전환

- ㉠ 내연 기관에서 사용하는 화석 연료에는 모두 탄소(C)가 포함됨.
- 내연 기관 자동차에서 공급받은 연료의 에너지가 $100E_0$, 전기 자동차가 공급받은 전기 에너지가 $25E_0$일 때의 에너지 전환

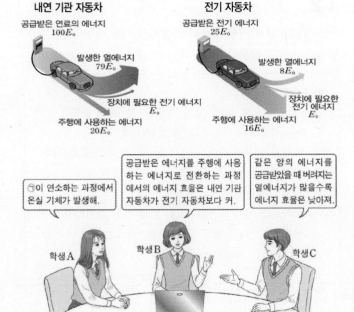

내연 기관 자동차
공급받은 연료의 에너지
$100E_0$
발생한 열에너지
$79E_0$
장치에 필요한 전기 에너지
E_0
주행에 사용하는 에너지
$20E_0$

전기 자동차
공급받은 전기 에너지
$25E_0$
발생한 열에너지
$8E_0$
장치에 필요한 전기 에너지
E_0
주행에 사용하는 에너지
$16E_0$

학생 A: ㉠이 연소하는 과정에서 온실 기체가 발생해.

학생 B: 공급받은 에너지를 주행에 사용하는 에너지로 전환하는 과정에서의 에너지 효율은 내연 기관 자동차가 전기 자동차보다 커.

학생 C: 같은 양의 에너지를 공급받았을 때 버려지는 열에너지가 많을수록 에너지 효율은 낮아져.

제시한 내용이 옳은 학생만을 있는 대로 고른 것은?

① A ② B ③ A, C ④ B, C ⑤ A, B, C

09

다음은 어떤 학생이 작성한 과산화 수소 활용 실험 보고서이다.

〈가설 1〉
- 감자즙에는 ⓐ 과산화 수소 분해 반응을 촉진하는 효소가 있을 것이다.

〈가설 2〉
- 과산화 수소수는 산성을 띨 것이다.

〈준비물〉
- 4홈판, 스포이트, 과산화 수소수, 감자즙, BTB 용액

A: 과산화 수소수 + 증류수
B: 과산화 수소수 + 감자즙
C: 과산화 수소수 + BTB 용액
D: 증류수 + BTB 용액

〈실험 과정〉

(가) 4홈판의 A~C에는 각각 과산화 수소수 3 mL를 넣고, D에는 증류수 3 mL를 넣는다.

(나) A에는 증류수, B에는 감자즙, C와 D에는 각각 BTB 용액을 2~3방울 넣는다.

(다) A~D에서 기포 생성 여부와 용액의 색 변화를 관찰한다.

〈실험 결과〉

구분	A	B	C	D
기포 생성 여부	생성 안 됨	생성됨	생성 안 됨	생성 안 됨
색깔	투명	?	노란색	녹색

이에 대한 설명으로 옳은 것만을 [보기]에서 있는 대로 고른 것은?

[보기]

ㄱ. ⓐ는 과산화 수소 분해 반응의 활성화에너지를 낮춘다.

ㄴ. 과산화 수소 분해로 생성된 산소(O_2)는 공유 결합 물질이다.

ㄷ. C와 D에서의 실험 결과를 비교하여 가설 2를 검증할 수 있다.

---

① ㄱ ② ㄷ ③ ㄱ, ㄴ ④ ㄴ, ㄷ ⑤ ㄱ, ㄴ, ㄷ

10

다음은 어떤 항생제 내성에 관한 자료이다.

- 항생제 내성 세균은 항생제에 노출되었을 때 생존 가능성이 높고, 항생제 감수성 세균은 항생제에 노출되었을 때 죽을 가능성이 높다.
- 항생제 X에 대한 내성은 돌연변이에 의해 생기고, 다음 세대로 유전된다.
- X가 없는 조건에서 X 내성 세균과 X 감수성 세균의 증식 속도는 동일하다.
- 그림은 X 처리 여부에 따라 X 내성 세균과 X 감수성 세균의 비율이 변화하는 과정을 나타낸 것이다.

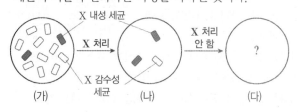

이 자료에 대한 설명으로 옳은 것만을 [보기]에서 있는 대로 고른 것은?

[보기]
ㄱ. X에 노출되지 않은 세균 집단에서 X 내성 세균은 발생할 수 없다.
ㄴ. (가) → (나) 과정에서 세균의 형질에 따른 자연선택의 원리가 적용된다.
ㄷ. X 내성 세균의 비율은 (가)에서보다 (다)에서가 높다.

① ㄱ ② ㄷ ③ ㄱ, ㄴ ④ ㄴ, ㄷ ⑤ ㄱ, ㄴ, ㄷ

11

다음은 생명체의 단백질과 유전정보에 대한 자료이다. ⓐ와 ⓑ는 단백질과 DNA를 순서 없이 나타낸 것이다.

- ⓐ의 합성에 이용되는 아미노산은 약 20 종류이다.
- ⓐ를 구성하는 아미노산의 종류와 결합 순서는 ⓑ에 있는 유전정보에 의해 결정된다. ⓑ에서 연속된 2개의 염기가 1개의 아미노산에 대한 정보를 갖는다면 최대 16종류의 아미노산을 지정할 수 있고, 연속된 3개의 염기가 1개의 아미노산에 대한 정보를 갖는다면 최대 64종류의 아미노산을 지정할 수 있다.

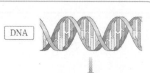
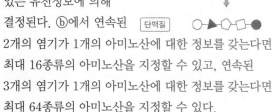

이에 대한 설명으로 옳은 것만을 [보기]에서 있는 대로 고른 것은?

[보기]
ㄱ. ⓐ는 효소의 구성 성분이다.
ㄴ. ⓑ를 구성하는 단위체는 4종류이다.
ㄷ. ⓑ에서 연속된 2개의 염기가 1개의 아미노산을 지정한다.

① ㄱ ② ㄴ ③ ㄱ, ㄴ ④ ㄱ, ㄷ ⑤ ㄴ, ㄷ

12

다음은 디지털 센서를 활용하여 실시간 기상 데이터를 측정하는 탐구 활동이다.

〈탐구 과정 및 결과〉
(가) 어느 날 오후, 교실 내의 기온, 기압, 절대 습도, 이슬점을 측정하는 디지털 센서를 설치한다.
(나) 디지털 센서와 스마트 기기를 근거리 무선 통신으로 연결한 후, 스마트 기기가 기상 데이터를 30초 간격으로 수신하도록 설정한다.
(다) 스마트 기기에 기록된 〈자료 1〉의 기상 데이터를 이용하여 〈자료 2〉와 같이 (㉠)하고, 〈자료 2〉의 경향성을 해석한다.

연번	기온 (°C)	기압 (hPa)	절대 습도 (g/m³)	이슬점 (°C)
1	27.7	997.5	11.2	12.8
⋮	⋮	⋮	⋮	⋮
110	26.9	997.5	12.3	14.2
111	27.1	997.5	12.8	14.8
112	27.2	997.5	13.1	15.1
113	27.2	997.5	13.0	15.0
114	27.2	997.5	12.8	14.8
⋮	⋮	⋮	⋮	⋮
200	27.8	997.3	11.3	12.9

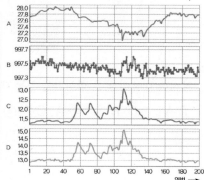

〈자료 1〉   〈자료 2〉

〈결론〉
공기 중 단위 부피당 수증기량(절대 습도)이 많을수록 이슬점은 대체로 (㉡)한다.

이에 대한 설명으로 옳은 것만을 [보기]에서 있는 대로 고른 것은?

[보기]
ㄱ. '그래프로 변환'은 ㉠에 해당한다.
ㄴ. A~D 중 이슬점 그래프는 C이다.
ㄷ. '상승'은 ㉡에 해당한다.

① ㄱ ② ㄴ ③ ㄱ, ㄷ ④ ㄴ, ㄷ ⑤ ㄱ, ㄴ, ㄷ

memo

1회 모의고사

01 ④ 02 ② 03 ③ 04 ① 05 ⑤ 06 ③ 07 ⑤ 08 ④ 09 ① 10 ②
11 ④ 12 ② 13 ⑤ 14 ⑤ 15 ① 16 ④ 17 ⑤ 18 ② 19 ① 20 ⑤

2회 모의고사

01 ② 02 ③ 03 ④ 04 ① 05 ⑤ 06 ⑤ 07 ① 08 ④ 09 ③ 10 ②
11 ③ 12 ⑤ 13 ③ 14 ② 15 ④ 16 ⑤ 17 ③ 18 ① 19 ④ 20 ⑤

3회 모의고사

01 ④ 02 ④ 03 ① 04 ⑤ 05 ③ 06 ⑤ 07 ③ 08 ① 09 ② 10 ②
11 ⑤ 12 ④ 13 ② 14 ⑤ 15 ③ 16 ① 17 ⑤ 18 ② 19 ③ 20 ④

4회 모의고사

01 ③ 02 ① 03 ④ 04 ④ 05 ① 06 ① 07 ⑤ 08 ④ 09 ② 10 ②
11 ④ 12 ⑤ 13 ⑤ 14 ② 15 ③ 16 ⑤ 17 ⑤ 18 ① 19 ⑤ 20 ①

5회 모의고사

01 ② 02 ① 03 ④ 04 ⑤ 05 ③ 06 ③ 07 ② 08 ④ 09 ① 10 ⑤
11 ① 12 ① 13 ④ 14 ⑤ 15 ② 16 ⑤ 17 ③ 18 ② 19 ① 20 ④

6회 모의고사

01 ② 02 ⑤ 03 ③ 04 ③ 05 ⑤ 06 ⑤ 07 ④ 08 ③ 09 ② 10 ⑤
11 ② 12 ① 13 ① 14 ③ 15 ③ 16 ② 17 ⑤ 18 ④ 19 ⑤ 20 ⑤

7회 모의고사

01 ④ 02 ③ 03 ② 04 ③ 05 ④ 06 ⑤ 07 ④ 08 ① 09 ② 10 ②
11 ① 12 ③ 13 ③ 14 ② 15 ① 16 ⑤ 17 ② 18 ② 19 ③ 20 ②

8회 모의고사

01 ⑤ 02 ⑤ 03 ⑤ 04 ④ 05 ① 06 ③ 07 ④ 08 ② 09 ④ 10 ②
11 ④ 12 ② 13 ⑤ 14 ⑤ 15 ③ 16 ① 17 ⑤ 18 ① 19 ⑤ 20 ④

9회 모의고사

01 ① 02 ④ 03 ⑤ 04 ② 05 ④ 06 ① 07 ⑤ 08 ② 09 ③ 10 ③
11 ① 12 ④ 13 ② 14 ② 15 ① 16 ④ 17 ④ 18 ③ 19 ③ 20 ④

10회 모의고사

01 ② 02 ⑤ 03 ⑤ 04 ④ 05 ② 06 ① 07 ⑤ 08 ① 09 ② 10 ①
11 ④ 12 ④ 13 ② 14 ⑤ 15 ③ 16 ② 17 ⑤ 18 ① 19 ④ 20 ②

11회 모의고사

01 ⑤ 02 ③ 03 ④ 04 ⑤ 05 ① 06 ⑤ 07 ③ 08 ① 09 ⑤ 10 ②
11 ⑤ 12 ④ 13 ④ 14 ④ 15 ① 16 ③ 17 ③ 18 ② 19 ④ 20 ②

12회 모의고사

01 ③ 02 ② 03 ⑤ 04 ① 05 ③ 06 ④ 07 ⑤ 08 ① 09 ④ 10 ③
11 ① 12 ② 13 ④ 14 ③ 15 ① 16 ④ 17 ① 18 ⑤ 19 ① 20 ②

13회 모의고사

01 ① 02 ② 03 ③ 04 ⑤ 05 ① 06 ⑤ 07 ⑤ 08 ② 09 ② 10 ⑤
11 ③ 12 ④ 13 ⑤ 14 ① 15 ③ 16 ③ 17 ⑤ 18 ② 19 ④ 20 ③

14회 모의고사

01 ⑤ 02 ④ 03 ② 04 ① 05 ③ 06 ③ 07 ① 08 ⑤ 09 ⑤ 10 ④
11 ⑤ 12 ② 13 ① 14 ⑤ 15 ① 16 ⑦ 17 ② 18 ⑤ 19 ② 20 ④

15회 모의고사

01 ④ 02 ② 03 ③ 04 ④ 05 ⑤ 06 ② 07 ④ 08 ⑤ 09 ⑤ 10 ④
11 ⑤ 12 ③ 13 ② 14 ① 15 ① 16 ③ 17 ③ 18 ④ 19 ⑤ 20 ②

16회 모의고사

01 ⑤ 02 ⑤ 03 ③ 04 ④ 05 ① 06 ④ 07 ⑤ 08 ② 09 ① 10 ⑤
11 ④ 12 ① 13 ⑤ 14 ⑤ 15 ⑤ 16 ② 17 ⑤ 18 ② 19 ③ 20 ③

17회 모의고사

01 ④ 02 ③ 03 ③ 04 ⑤ 05 ① 06 ⑤ 07 ② 08 ③ 09 ③ 10 ②
11 ② 12 ① 13 ③ 14 ④ 15 ① 16 ② 17 ③ 18 ② 19 ⑤ 20 ④

18회 모의고사

01 ③ 02 ④ 03 ⑤ 04 ② 05 ① 06 ③ 07 ② 08 ② 09 ① 10 ①
11 ⑤ 12 ④ 13 ④ 14 ③ 15 ③ 16 ④ 17 ④ 18 ⑤ 19 ⑤ 20 ③

19회 모의고사

01 ③ 02 ⑤ 03 ① 04 ⑤ 05 ⑤ 06 ③ 07 ② 08 ④ 09 ③ 10 ③
11 ② 12 ① 13 ⑤ 14 ④ 15 ④ 16 ⑤ 17 ④ 18 ① 19 ⑤ 20 ②

20회 모의고사

01 ② 02 ② 03 ③ 04 ① 05 ③ 06 ④ 07 ⑤ 08 ⑤ 09 ⑤ 10 ④
11 ③ 12 ② 13 ④ 14 ① 15 ③ 16 ③ 17 ⑤ 18 ① 19 ② 20 ④

수능예시문항

01 ③ 02 ① 03 ⑤ 04 ③ 05 ⑤ 06 ⑤ 07 ⑤ 08 ③ 09 ⑤ 10 ④
11 ③ 12 ③

상위 1% 도전을 위한 최고의 명품 수학 문제집!

일등급 수학

(2022 개정)
공통수학1, 공통수학2
대수, 미적분 I, 확률과 통계

(2015 개정)
수학 I, 수학 II
확률과 통계, 미적분, 기하

수학적 사고력을 단계적으로 상승시켜주는 상위권 필수 훈련서!!

1 내신 1등급, 수능 필수 개념 총정리

2 일등급 핵심 유형과 실전 유형

3 사고력을 키우는 최고의 명품 고난도 도전 문제

고1 내신 핵심 기출 문제만 가볍게 공부한다!

2022 개정 교육과정

자이스토리 수학

내신 핵심 기출 [1000제]

(공통수학 1, 공통수학 2)

＊학교 시험에 반드시 출제되는 기출＋변형 문제를 유형별로 정밀 분석해서 수록했습니다.

Xi ST✚RY
고등 영문법 기본

내신＋수능 대비 영문법 완성 32일

- ○ 자세한 문법 설명과 예문 첨삭을 통한 쉬운 이해
- ○ 개념을 바로 문제에 적용시켜 확인하는 CHECK UP TEST
- ○ 문법 개념을 종합적으로 훈련시키는 내신＋수능 대비 종합문제
- ○ 수능 1등급을 위한 수능 어법 유형 MASTER
- ○ 문법 개념을 쉽게 이해시키는 친절한 해설

 예문으로 직접 확인하며
쉽게 이해하는 문법 개념!

 공부한 문법 개념을
확실히 이해시키는 CHECK UP TEST!

 여러 문법 개념을 종합적으로
적용시키는 실전 훈련 종합문제!

 실제 수능에 출제되는 어법 유형을
그대로 구현한 수능 어법 유형 마스터!

📚 자이스토리 중등 영어 시리즈

영어 독해 기본

Level 1
Level 2
Level 3

포인트 리딩

Level 1
Level 2
Level 3
Level 4

영문법 총정리

중1 / 중2 / 중3

듣기 총정리 모의고사

중1 / 중2

중3 / 고1

Xistory

대한민국 **No.1** 수능 기출 문제집

1 판매량

1 만족도

1 평가도

Xistory stands for eXtra Intensive story for the University Entrance Examination.

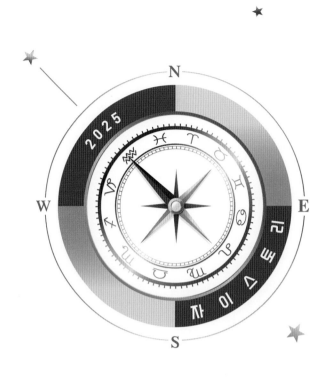

2025

해 설 편

전국연합 모의고사 고1 통합과학

수경출판사

입체 첨삭 해설!

출제 개념
문제의 핵심 주제를 제시합니다.

문제+자료 분석
제시된 자료를 자세하게 분석 줍니다.

정답률
교육청 자료, 기타 기관 공지 자료와 내부 검토 과정을 거쳐 제시됩니다.

출처
출제된 기관과 시기를 알려줍니다.

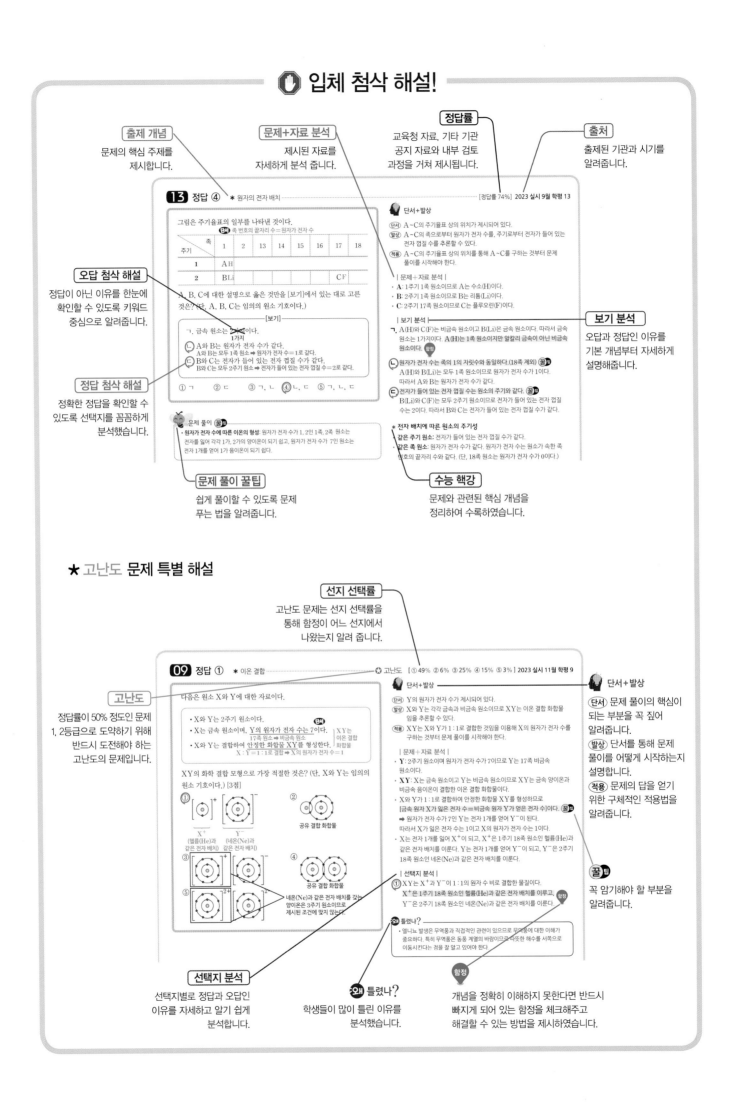

13 정답 ④ * 원자의 전자 배치 ········· [정답률 74%] 2023 실시 9월 학평 13

그림은 주기율표의 일부를 나타낸 것이다.

[분석] 족 번호의 끝자리 수=원자의 전자 수

주기\족	1	2	13	14	15	16	17	18
1	A H							
2	B Li						C F	

A, B, C에 대한 설명으로 옳은 것만을 [보기]에서 있는 대로 고른 것은? (단, A, B, C는 임의의 원소 기호이다.)

[보기]
ㄱ. 금속 원소는 ~~2가지~~이다. → 1가지
ㄴ. A와 B는 원자가 전자 수가 같다. A와 B는 모두 1족 원소 ➡ 원자가 전자 수가 1로 같다.
ㄷ. B와 C는 전자가 들어 있는 전자 껍질 수가 같다. B와 C는 모두 2주기 원소 ➡ 전자가 들어 있는 전자 껍질 수=2로 같다.

① ㄱ ② ㄷ ③ ㄱ, ㄴ ④ ㄴ, ㄷ ⑤ ㄱ, ㄴ, ㄷ

오답 첨삭 해설
정답이 아닌 이유를 한눈에 확인할 수 있도록 키워드 중심으로 알려줍니다.

정답 첨삭 해설
정확한 정답을 확인할 수 있도록 선택지를 꼼꼼하게 분석했습니다.

🍎 **문제 풀이 [꿀팁]**
• 원자가 전자 수에 따른 이온의 형성: 원자가 전자 수가 1, 2인 1족, 2족 원소는 전자를 잃어 각각 1가, 2가의 양이온이 되기 쉽고, 원자가 전자 수가 7인 원소는 전자 1개를 얻어 1가 음이온이 되기 쉽다.

문제 풀이 꿀팁
쉽게 풀이할 수 있도록 문제 푸는 법을 알려줍니다.

🧑 **단서+발상**
[단서] A~C의 주기율표 상의 위치가 제시되어 있다.
[발상] A~C의 족으로부터 원자가 전자 수를, 주기로부터 전자가 들어 있는 전자 껍질 수를 추론할 수 있다.
[적용] A~C의 주기율표 상의 위치를 통해 A~C를 구하는 것부터 문제 풀이를 시작해야 한다.

| 문제+자료 분석 |
• A : 1주기 1족 원소이므로 A는 수소(H)이다.
• B : 2주기 1족 원소이므로 B는 리튬(Li)이다.
• C : 2주기 17족 원소이므로 C는 플루오린(F)이다.

| 보기 분석 |
ㄱ. A(H)와 C(F)는 비금속 원소이고 B(Li)는 금속 원소이다. 따라서 금속 원소는 1가지이다. A(H)는 1족 원소이지만 알칼리 금속이 아닌 비금속 원소이다. **[함정]**
ㄴ. 원자가 전자 수는 족의 1의 자릿수와 동일하다.(18족 제외) **[꿀]** A(H)와 B(Li)는 모두 1족 원소이므로 원자가 전자 수가 1이다. 따라서 A와 B는 원자가 전자 수가 같다.
ㄷ. 전자가 들어 있는 전자 껍질 수는 원소의 주기와 같다. **[꿀]** B(Li)와 C(F)는 모두 2주기 원소이므로 전자가 들어 있는 전자 껍질 수는 2이다. 따라서 B와 C는 전자가 들어 있는 전자 껍질 수가 같다.

* 전자 배치에 따른 원소의 주기성
· 같은 주기 원소: 전자가 들어 있는 전자 껍질 수가 같다.
· 같은 족 원소: 원자가 전자 수가 같다. 원자가 전자 수는 원소가 속한 족 번호의 끝자리 수와 같다. (단, 18족 원소는 원자가 전자 수가 0이다.)

보기 분석
오답과 정답인 이유를 기본 개념부터 자세하게 설명해줍니다.

수능 핵강
문제와 관련된 핵심 개념을 정리하여 수록하였습니다.

★ 고난도 문제 특별 해설

선지 선택률
고난도 문제는 선지 선택률을 통해 함정이 어느 선지에서 나왔는지 알려 줍니다.

고난도
정답률이 50% 정도인 문제 1, 2등급으로 도약하기 위해 반드시 도전해야 하는 고난도의 문제입니다.

09 정답 ① * 이온 결합 ········· ✪ 고난도 [① 49% ② 6% ③ 25% ④ 15% ⑤ 3%] 2023 실시 11월 학평 9

다음은 원소 X와 Y에 대한 자료이다.
• X와 Y는 2주기 원소이다.
• X는 금속 원소이며, Y의 원자가 전자 수는 7이다. **[단서]** 17족 원소 ➡ 비금속 원소
• X와 Y는 결합하여 안정한 화합물 XY를 형성한다. **[단서]** XY는 이온 결합 / 화합물 X : Y = 1 : 1로 결합 ➡ X의 원자가 전자 수=1

XY의 화학 결합 모형으로 가장 적절한 것은? (단, X와 Y는 임의의 원소 기호이다.) [3점]

① X⁺ (헬륨(He)과 같은 전자 배치) Y⁻ (네온(Ne)과 같은 전자 배치)
② 공유 결합 화합물
③
④ 공유 결합 화합물
⑤ 2+ 네온(Ne)과 같은 전자 배치를 갖는 양이온은 3주기 원소이므로 제시된 조건에 맞지 않는다.

🧑 **단서+발상**
[단서] Y의 원자가 전자 수가 제시되어 있다.
[발상] X와 Y는 각각 금속과 비금속 원소이므로 XY는 이온 결합 화합물임을 추론할 수 있다.
[적용] XY는 X와 Y가 1 : 1로 결합한 것임을 이용해 X의 원자가 전자 수를 구하는 것부터 문제 풀이를 시작해야 한다.

| 문제+자료 분석 |
• Y : 2주기 원소이며 원자가 전자 수가 7이므로 Y는 17족 비금속 원소이다.
• XY : X는 금속 원소이고 Y는 비금속 원소이므로 XY는 금속 양이온과 비금속 음이온이 결합한 이온 결합 화합물이다.
• X와 Y가 1 : 1로 결합하여 안정한 화합물 XY를 형성하므로 [금속 원자 X가 잃은 전자 수=비금속 원자 Y가 얻은 전자 수]이다. **[꿀]** ➡ 원자가 전자 수가 7인 Y는 전자 1개를 얻어 Y⁻가 된다. 따라서 X가 잃은 전자 수는 1이고 X의 원자가 전자 수는 1이다.
• X는 전자 1개를 잃어 X⁺이 되고, X⁺은 1주기 18족 원소인 헬륨(He)과 같은 전자 배치를 이룬다. Y는 전자 1개를 얻어 Y⁻이 되고, Y⁻는 2주기 18족 원소인 네온(Ne)과 같은 전자 배치를 이룬다.

| 선택지 분석 |
① XY는 X⁺과 Y⁻이 1 : 1의 원자 수 비로 결합한 물질이다. X⁺은 1주기 18족 원소인 헬륨(He)과 같은 전자 배치를 이루고, Y⁻는 2주기 18족 원소인 네온(Ne)과 같은 전자 배치를 이룬다. **[함정]**

😮 **틀렸나?**
• 엘니뇨 발생은 무역풍과 직접적인 관련이 있으므로 무역풍에 대한 이해가 중요하다. 특히 무역풍은 동풍 계열의 바람이므로 따뜻한 해수를 서쪽으로 이동시킨다는 점을 잘 알고 있어야 한다

단서+발상
[단서] 문제 풀이의 핵심이 되는 부분을 꼭 집어 알려줍니다.
[발상] 단서를 통해 문제 풀이를 어떻게 시작하는지 설명합니다.
[적용] 문제의 답을 얻기 위한 구체적인 적용법을 알려줍니다.

[꿀팁]
꼭 암기해야 할 부분을 알려줍니다.

선택지 분석
선택지별로 정답과 오답인 이유를 자세하고 알기 쉽게 분석합니다.

틀렸나?
학생들이 많이 틀린 이유를 분석했습니다.

함정
개념을 정확히 이해하지 못한다면 반드시 빠지게 되어 있는 함정을 체크해주고 해결할 수 있는 방법을 제시하였습니다.

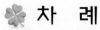 차 례

01 정답 ④ ＊ 열의 이동과 비열 ·········· [정답률 64%] **2024 실시 3월 학평 1**

그림은 프라이팬을 가열하여 달걀 요리를 하면서 세 학생이 대화하는 모습을 나타낸 것이다. **단서**

온도는 프라이팬이 달걀보다 높다.

프라이팬 바닥은 비열이 ~~커서~~ 빨리 뜨거워져. 작아서

프라이팬에서 달걀로 열이 이동해.

손잡이는 전도에 의한 열의 이동이 잘 일어나지 않는 재질이어야 해.

학생 A 학생 B 학생 C

제시한 내용이 옳은 학생만을 있는 대로 고른 것은?

① A ② B ③ A, C ④ B, C ⑤ A, B, C

단서+발상

(단서) 프라이팬에 열을 가하는 상황이 제시되어 있다.

(발상) 프라이팬을 통해 달걀에 열이 전달되는 것을 추론할 수 있다.

(적용) 열의 이동의 개념을 적용해서 문제 풀이를 시작해야 한다.

| 문제+자료 분석 |
· 비열은 1 g의 물질을 1℃ 올리는 데 필요한 열량이다. 비열이 클수록 1 g의 물질을 1℃ 올리는 데 필요한 열량이 크다. **꿀팁**
· 열은 온도가 높은 곳에서 낮은 곳으로 이동한다.
· 전도는 접촉되어 있는 물체를 통해 열이 전달되는 것이다.

| 선택지 분석 |
④ **학생 A**: 비열이 클수록 온도 변화가 잘 일어나지 않는다. 프라이팬 바닥은 비열이 작아 빨리 뜨거워진다. ➡ 옳지 않음
학생 B: 프라이팬을 가열하면 프라이팬의 온도가 달걀의 온도보다 높으므로 열은 프라이팬에서 달걀로 이동한다. ➡ 옳음
학생 C: 손잡이가 뜨거워지면 프라이팬을 잡을 수 없으므로 손잡이는 열의 전도가 잘 일어나지 않는 재질로 만들어야 한다. ➡ 옳음

02 정답 ② ＊ 부력 ·········· ⚙ 고난도 [① 13% ② 46% ③ 3% ④ 34% ⑤ 1%] **2024 실시 3월 학평 2**

다음은 부력과 관련된 실험이다.

〈실험 과정〉
(가) 용수철저울에 질량이 100 g인 추를 매달고 추가 정지한 상태에서 용수철저울의 눈금을 읽는다.
(나) (가)의 추를 물속에 완전히 잠기게 한 후, 추가 정지한 상태에서 용수철저울의 눈금을 읽는다.
(다) 질량이 200 g인 추로 바꾸어 (가), (나) 과정을 반복한다.

(가) **단서** (나) ← 추에 작용하는 부력의 방향은 연직 위 방향

〈실험 결과〉

추의 질량(g)	(가)에서의 측정값(N)	(나)에서의 측정값(N)
100	w	$\bigcirc$ $=w-$부력
200	$\bigcirc$	$\bigcirc$ $=\bigcirc-$부력

이에 대한 옳은 설명만을 [보기]에서 있는 대로 고른 것은?

[보기]
ㄱ. ~~①, ⓒ~~은 각각의 추에 작용하는 부력의 크기이다.
$w-\bigcirc$, $\bigcirc-\bigcirc$
ㄴ. ⓒ은 ~~①이다.~~ w보다 크다.
ㄷ. ⓒ은 ⓒ보다 작다.
ⓒ은 물체의 무게이고, ⓒ은 무게에서 부력의 크기를 뺀 값이다.

① ㄱ ② ㄷ ③ ㄱ, ㄴ ④ ㄱ, ㄷ ⑤ ㄴ, ㄷ

단서+발상

(단서) 용수철저울로 물체의 무게를 측정하는 것이 제시되어 있다.

(발상) 물체를 물속에 완전히 잠기게 하면 용수철저울의 측정값이 달라진다는 것을 추론할 수 있다.

(적용) 부력의 개념을 적용해서 문제 풀이를 시작해야 한다.

| 문제+자료 분석 |
· 추를 물속에 완전히 잠기게 하면, 물체에 작용하는 부력의 방향은 중력의 방향과 반대이다.
· 물체에 작용하는 부력의 크기는 물체의 무게와 추를 물속에 완전히 잠기게 했을 때 용수철저울의 측정값의 차이다. **꿀팁**

| 보기 분석 |
ㄱ. 100 g인 추에 작용하는 부력의 크기는 $w-\bigcirc$이고, 200 g인 추에 작용하는 부력의 크기는 $\bigcirc-\bigcirc$이다.
ㄴ. (가)는 물체의 무게를 측정하는 과정이다. 질량이 클수록 무게는 더 무거우므로 ⓒ은 w보다 크다.
ㄷ. ⓒ은 추의 무게에서 추에 작용하는 부력의 크기를 뺀 값이므로 ⓒ은 ⓒ보다 작다.

＊ 부력

· 부력은 물속에 잠겨 있는 물체가 중력과 반대 방향인 위 방향으로 받는 힘으로 물체를 물 위로 뜨게 하는 힘이다.
좌우 방향으로는 수압의 크기가 같으므로 물체에 작용하는 수평 방향의 합력은 0이다. 물체의 윗부분에서 아래쪽으로 작용하는 수압은 물체의 아랫부분에서 위쪽으로 작용하는 수압보다 작으므로 연직 방향으로 물체에 작용하는 합력의 방향은 위쪽 방향이다. 따라서 물체에 작용하는 부력의 방향은 연직 위 방향이다.

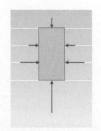

03 정답 ③ ＊ 렌즈 ·· [정답률 55%] **2024 실시 3월 학평 3**

그림은 렌즈 A 가까이에 물체를 놓았을 때,
물체보다 크고 바로 선 상이 생긴 모습을
[단서] 볼록 렌즈에 의한 상의 모습
나타낸 것이다. A는 볼록 렌즈와 오목 렌즈
중 하나이다.
A에 대한 옳은 설명만을 [보기]에서 있는
대로 고른 것은? [3점]

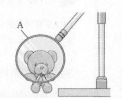

─────────── [보기] ───────────

ㄱ. 볼록 렌즈이다.
오목 렌즈에서는 확대된 바로 선 상이 나타나지 않는다.

ㄴ. 빛을 모으는 데 이용할 수 있다.
볼록 렌즈는 빛을 모으는 데 이용된다.

ㄷ. A를 이용하여 물체보다 작고 바로 선 상도 만들 수 ~~있다~~
없다

① ㄱ   ② ㄷ   ③ ㄱ, ㄴ   ④ ㄴ, ㄷ   ⑤ ㄱ, ㄴ, ㄷ

🧠 **단서+발상**

[단서] 렌즈를 통해 확대된 상이 나타난다.

[발상] 렌즈는 빛의 굴절을 이용한 광학 기구라는 것을 추론할 수 있다.

[적용] 볼록 렌즈와 오목 렌즈를 통해 나타난 상의 종류를 적용하는 것부터 문제 풀이를 시작해야 한다.

| 문제+자료 분석 |

・ A를 통해 만들어진 상은 확대된 바로 선 상이다.

・ 볼록 렌즈에 의해 만들어진 상의 종류는 뒤집힌 축소된 상, 뒤집힌 크기가 동일한 상, 뒤집힌 확대된 상, 바로 선 확대된 상이다.

・ 오목 렌즈에 의해서는 바로 선 축소된 상만 나타난다. **함정**

| 보기 분석 |

ㄱ A에 의해 바로 선 확대된 상이 나타났으므로 A는 볼록 렌즈이다.

ㄴ 볼록 렌즈는 굴절에 의해 빛을 모을 수 있다.

ㄷ 볼록 렌즈에 의해서는 축소된 바로 선 상이 나타나지 않는다.

---

04 정답 ① ＊ 전자기력 ·· [정답률 57%] **2024 실시 3월 학평 4**

그림은 건전지, 자석, 코일을 이용하여 만든 간이 전동기에서 코일이
전기 에너지가 역학적 에너지로 전환된다.
자석으로부터 힘을 받아 회전하고 있는 어느 순간의 모습을 나타낸
것이다. P, Q는 코일의 서로 맞은편에 있는 지점이다.
[단서] 서로 맞은편에 있는 지점에서 전류의 방향은 반대이다.

P에서 전자기력은 수직으로 들어가는 방향
I_P
P ── 코일

Q ── I_Q Q에서 전자기력은 수직으로 나오는 방향
── 자석
── 건전지

이에 대한 설명으로 옳지 않은 것은?

① P와 Q가 자석으로부터 받는 힘의 방향은 ~~같다.~~ 반대이다
P와 Q에서 전류가 흐르고 있으므로, 자석으로부터 받는 힘은 전자기력이다.

② 전동기에서는 전기 에너지가 운동 에너지로 전환된다.

③ 자석의 극을 반대로 바꾸면 코일의 회전 방향이 반대로 바뀐다.

④ 전지의 극을 반대로 바꾸면 코일의 회전 방향이 반대로 바뀐다.

⑤ 자석을 세기가 더 강한 것으로 바꾸면 코일이 더 빠르게 회전한다.

🧠 **단서+발상**

[단서] 전류가 흐르는 코일이 자석 위에서 회전하고 있는 모습이 제시되어 있다.

[발상] 전류가 흐르는 도선과 자석 사이에 자기력이 작용한다는 것을 추론할 수 있다.

[적용] 전자기력의 개념을 적용하는 것부터 문제 풀이를 시작해야 한다.

| 문제+자료 분석 |

・ 전류가 흐르는 도선이 받는 힘의 방향은 전류의 방향, 자기장의 방향에 따라 달라진다.

・ 전류의 세기가 클수록, 자기장의 세기가 클수록 도선이 받는 힘의 세기는 증가한다.

| 선택지 분석 |

① 코일에 흐르는 전류의 방향은 P에서와 Q에서가 반대이다. 자석에 의한 자기장의 방향은 P에서와 Q에서가 같고, 전류의 방향은 P에서와 Q에서가 반대이므로 도선이 받는 힘의 방향은 반대이다. ➡ 옳지 않음

② 전동기는 전류가 흐르는 코일이 자기력을 받아 회전하므로, 전동기에서는 전기 에너지가 운동 에너지로 전환된다. ➡ 옳음

③ **자석의 극**을 반대로 바꾸면 **자기장의 방향**이 반대로 바뀌므로 코일이 받는 자기력의 방향은 반대로 바뀐다. 따라서 코일의 회전 방향이 반대로 바뀐다. ➡ 옳음

④ **전지의 극**을 반대로 바꾸면 **전류의 방향**이 반대로 바뀌므로 코일이 받는 자기력의 방향은 반대로 바뀐다. 따라서 코일의 회전 방향이 반대로 바뀐다. ➡ 옳음

⑤ 자석의 세기가 강할수록 자기력의 크기가 커져서 코일이 더 빠르게 회전한다. ➡ 옳음

＊ **전자기력**

・ **전자기력**: 자기장 속에서 전류가 흐르는 도선이 받는 힘

・ **전자기력의 방향**: 오른손을 펴고 네 손가락을 자기장의 방향, 엄지를 전류의 방향으로 향하면 손바닥이 향하는 방향이 도선에 작용하는 전자기력의 방향이다.

・ **전자기력의 세기**: 자기장의 방향과 전류의 방향이 서로 수직이면, 자기력의 크기(F)는 자기장의 세기(B)와 도선에 흐르는 전류의 세기(I) 및 자기장 내에 포함된 전류가 흐르는 도선의 길이(l)를 곱한 값과 같다.

05 정답 ⑤ ✱ 자유 낙하하는 물체의 운동 [정답률 60%] **2024 실시 3월 학평 5**

그림과 같이 지면으로부터 같은 높이에서 테니스공과 야구공을 손으로 잡고 있다가 가만히 놓았다. 질량은 야구공이 테니스공보다 크다.
중력의 크기는 야구공이 테니스공보다 크다.
이에 대한 옳은 설명만을 [보기]에서 있는 대로 고른 것은? (단, 공기 저항과 공의 크기는 무시한다.) [3점]

테니스공   야구공
단서 두 공에는 중력만 작용함
지면

[보기]
ㄱ. 떨어지는 동안 테니스공의 역학적 에너지는 일정하다.
중력만 작용하는 물체의 역학적 에너지는 보존된다.
ㄴ. 떨어지는 동안 두 공의 단위 시간당 속력의 변화량은 같다.
낙하하는 동안 가속도의 크기는 같다.
ㄷ. 지면에 도달하는 순간, 운동 에너지는 야구공이 테니스공보다 크다. 물체를 놓기 전 위치 에너지는 야구공이 테니스공보다 크다.

① ㄱ   ② ㄴ   ③ ㄱ, ㄷ   ④ ㄴ, ㄷ   ⑤ ㄱ, ㄴ, ㄷ

단서+발상
단서 질량이 다른 공을 같은 높이에서 가만히 놓는 상황이 제시되어 있다.
발상 테니스공과 야구공이 낙하하는 동안 역학적 에너지가 보존됨을 추론할 수 있다.
적용 역학적 에너지 보존법칙을 적용하여 문제 풀이를 시작해야 한다.

| 문제＋자료 분석 |
• 역학적 에너지는 운동 에너지와 퍼텐셜 에너지의 합이다.
• 질량은 야구공이 테니스공보다 크므로 공에 작용하는 중력의 크기는 야구공이 테니스공보다 크다.
• 공이 낙하하는 동안 가속도의 크기는 테니스공과 야구공이 같다. **꿀팁**
• 운동 방향이 바뀌지 않으므로 가속도는 단위 시간당 속력의 변화량과 같다.

| 보기 분석 |
ㄱ. 중력만 받아 자유 낙하하는 물체의 역학적 에너지는 보존된다.
ㄴ. 떨어지는 동안 두 공의 가속도의 크기는 같으므로 단위 시간당 속력의 변화량은 같다.
ㄷ. 질량은 야구공이 테니스공보다 크고, 공을 잡고 있는 높이가 같으므로 공을 놓기 전 위치 에너지는 야구공이 테니스공보다 크다. 공이 낙하하는 동안 역학적 에너지는 보존되므로 지면에 도달하는 순간 운동 에너지는 야구공이 테니스공보다 크다.

✱ **역학적 에너지 보존 법칙**
• **역학적 에너지**: 물체가 가진 위치 에너지와 운동 에너지의 합
• **역학적 에너지 전환**: 물체의 높이가 변할 때 위치 에너지가 운동 에너지로, 또는 운동 에너지가 위치 에너지로 전환된다.
• **역학적 에너지 보존 법칙**: 공기 저항이나 마찰이 없을 때 운동하는 물체의 역학적 에너지는 항상 일정하게 보존된다.

> 역학적 에너지＝위치 에너지＋운동 에너지＝일정

---

06 정답 ③ ✱ 화학 반응에서 열에너지의 출입 [정답률 81%] **2024 실시 3월 학평 6**

그림과 같이 삼각 플라스크에 수산화 바륨과 염화 암모늄을 넣고 유리 막대로 섞었더니 플라스크의 바깥쪽 표면에 얼음이 생겼다. **단서** 공기 중의 수증기가 얼음으로 승화됨 → 열에너지를 빼앗긴 것
수산화 바륨과 염화 암모늄의 반응에 대한 옳은 설명만을 [보기]에서 있는 대로 고른 것은?

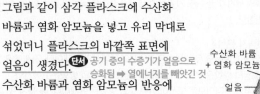
수산화 바륨 + 염화 암모늄
얼음

[보기]
ㄱ. 반응이 일어날 때 주변의 온도가 낮아진다.
주변으로부터 열에너지를 흡수함 ➡ 주변의 온도가 낮아짐
ㄴ. 반응이 일어날 때 열에너지를 흡수한다.
주변으로부터 열에너지를 흡수함 ➡ 수증기가 얼음으로 승화됨
ㄷ. 이 반응을 이용하여 손난로를 만들 수 ~~있다~~
열에너지를 흡수하는 반응 없다

① ㄱ   ② ㄷ   ③ ㄱ, ㄴ   ④ ㄴ, ㄷ   ⑤ ㄱ, ㄴ, ㄷ

단서+발상
단서 반응 결과 주변 물질의 상태 변화가 제시되어 있다.
발상 주변 물질의 상태 변화를 통해 반응이 일어날 때 열에너지의 출입을 추론할 수 있다.
적용 주변 물질인 수증기가 열에너지를 빼앗겨 얼음으로 승화됨을 이해하는 것부터 문제 풀이를 시작해야 한다.

| 문제＋자료 분석 |
• 플라스크의 바깥쪽 표면에 얼음이 생겼다.
➡ 수산화 바륨과 염화 암모늄이 반응하면서 주변으로부터 열에너지를 흡수하기 때문이다.
➡ 수증기가 열에너지를 빼앗겨 얼음으로 승화된다.

| 보기 분석 |
ㄱ. 수산화 바륨과 염화 암모늄이 반응하면서 주변으로부터 열에너지를 흡수한다. 따라서 반응이 일어날 때 주변의 온도가 낮아진다.
ㄴ. 열에너지를 빼앗긴 수증기가 얼음으로 승화된다. 따라서 수산화 바륨과 염화 암모늄의 반응이 일어날 때 주변으로부터 열에너지를 흡수한다.
ㄷ. 이 반응은 주변으로부터 열에너지를 흡수하여 주변의 온도가 낮아진다. 따라서 이 반응을 이용하여 손난로를 만들 수 없다.

✱ **발열 반응과 흡열 반응**
• **발열 반응**: 화학 반응이 일어날 때 열을 방출하는 반응으로, 발열 반응이 일어날 때 주위로 열을 방출하므로 주위의 온도는 높아진다.
• **흡열 반응**: 화학 반응이 일어날 때 열을 흡수하는 반응으로, 흡열 반응이 일어날 때 주위로부터 열을 흡수하므로 주위의 온도는 낮아진다.

그림은 나트륨 원자가 전자를 잃고 나트륨 이온이 되는 과정을
나타낸 것이다.

원자핵의
전하량＝＋11

전자 11개

➡ 원자는
전기적으로 중성

나트륨 원자 (Na)

단서
전자 1개 잃음

원자핵의 전하량
변화 없음

전자 10개

나트륨 이온 (Na⁺)

이에 대한 옳은 설명만을 [보기]에서 있는 대로 고른 것은?

―――――――[보기]―――――――

ㄱ. 전자는 음(－)의 전하를 띤다.
   원자는 전기적으로 중성 ➡ 전자의 전하량 합＝－11
ㄴ. 나트륨 이온은 양이온이다.
   음(－)의 전하를 띠는 전자를 잃음 ➡ 양이온이 됨
ㄷ. 나트륨 원자가 나트륨 이온이 될 때 원자핵의 전하량은 변하지
   않는다. 전자를 잃어 이온이 됨 ➡ 양성자 수는 변화 없음

① ㄱ   ② ㄴ   ③ ㄱ, ㄷ   ④ ㄴ, ㄷ   ⑤ ㄱ, ㄴ, ㄷ

단서＋발상

(단서) 나트륨 원자와 이온의 모형이 제시되어 있다.

(발상) 각 모형에서 양성자 수와 전자 수를 추론할 수 있다.

(적용) 원자는 전기적으로 중성이라는 점을 적용하여 전자의 전하를 구하는
것부터 문제 풀이를 시작해야 한다.

| 문제＋자료 분석 |

· 나트륨 원자에서 원자핵의 전하량은 ＋11이고, 원자는 전기적으로
중성이므로 전자의 전하량 합은 －11이다.
· 따라서 전자는 음(－)의 전하를 띤다.
· 나트륨 원자가 전자 1개를 잃으면 전자 수는 10이고, 원자핵의 전하량은
＋11로 변화가 없다. 따라서 나트륨 이온(Na⁺)은 양이온이다.

| 보기 분석 |

ㄱ. 나트륨 원자에서 원자핵의 전하량은 ＋11이고, 원자는 전기적으로
중성이다. 따라서 전자는 음(－)의 전하를 띤다.
ㄴ. 나트륨 원자가 나트륨 이온이 될 때 원자핵의 전하량은 변하지 않으며
음(－)의 전하를 띠는 전자를 잃는다. 따라서 나트륨 이온은 양이온이다.
ㄷ. 나트륨 원자와 이온의 모형에서 원자핵의 전하량은 각각 ＋11로
동일하다. 따라서 나트륨 원자가 나트륨 이온이 될 때 원자핵의 전하량은
변하지 않는다.

＊ 이온의 형성

· **이온**: 원자가 전자를 잃거나 얻어서 전하를 띠는 입자
· **양이온**: 원자가 전자를 잃어 (＋) 전하를 띠는 입자
  ➡ 원자핵의 (＋) 전하량＞전자의 총 (－) 전하량
· **음이온**: 원자가 전자를 얻어 (－) 전하를 띠는 입자
  ➡ 원자핵의 (＋) 전하량＜전자의 총 (－) 전하량
· **원자가 이온이 되는 경향**: 일반적으로 금속 원소는 전자를 잃어 양이온이
되기 쉬우며, 비금속 원소는 전자를 얻어 음이온이 되기 쉽다. (단, 수소와
18족 원소 제외)

표는 비커 (가)~(다)에 들어 있는 액체에 대한 자료이다. ㉠은 물과
에탄올 중 하나이다. (단서)

비커	(가)	(나)	(다)
액체	물	에탄올	㉠＝물
부피(mL)	100	100	200
질량(g)	100	78.9	200
밀도＝$\frac{질량}{부피}$(g/mL)	$\frac{100}{100}=1$	$\frac{78.9}{100}=0.789$	$\frac{200}{200}=1$

이에 대한 옳은 설명만을 [보기]에서 있는 대로 고른 것은?
(단, 액체의 온도는 모두 같다.)

―――――――[보기]―――――――

ㄱ. ㉠은 물이다.
   물의 밀도＝1, ㉠의 밀도＝1 ➡ ㉠은 물
ㄴ. 질량은 물질의 특성이다.
   (가)와 (다)에 들어 있는 액체는 모두 물이지만 질량이 다르다.
   ➡ 물질의 특성이 아님
ㄷ. 밀도는 물이 에탄올보다 크다.
   1＞0.789

① ㄴ   ② ㄷ   ③ ㄱ, ㄴ   ④ ㄱ, ㄷ   ⑤ ㄱ, ㄴ, ㄷ

단서＋발상

(단서) 비커 (가)~(다)에 들어 있는 액체의 부피와 질량이 제시되어 있다.

(발상) 각 액체의 밀도를 추론할 수 있다.

(적용) 밀도는 물질의 특성이라는 점을 적용해서 ㉠이 어떤 물질인지 구하는
것부터 문제 풀이를 시작해야 한다.

| 문제＋자료 분석 |

· 밀도는 물질의 특성이다. 밀도＝$\frac{질량}{부피}$ 이므로 (가)~(다)에 들어 있는
액체의 밀도(g/mL)는 각각 1, 0.789, 1이다.
· ㉠의 밀도가 1 g/mL로 물의 밀도와 같으므로 ㉠은 물이다.

| 보기 분석 |

ㄱ. 물과 ㉠의 밀도가 1 g/mL로 서로 같다. 따라서 ㉠은 물이다.
ㄴ. (가)와 (다)에 들어 있는 액체는 모두 물이지만 질량은 서로 다르므로
물질의 질량 자료만으로는 어떤 물질인지 구별할 수 없다.
따라서 질량은 물질의 특성이 아니다.
ㄷ. 물의 밀도는 1 g/mL이고 에탄올의 밀도는 0.789 g/mL이다.
따라서 밀도는 물이 에탄올보다 크다.

＊ 밀도

· **밀도**: 물질의 질량을 부피로 나눈 값, 즉 단위 부피당 질량
  ➡ 밀도＝$\frac{질량}{부피}$(단위: g/mL, g/cm³, kg/m³ 등)
· 밀도는 물질의 종류에 따라 다르고, 같은 물질인 경우 양에 관계없이
일정하므로 물질의 특성이다.

그림 (가)는 삼각 플라스크의 입구를 비눗물로 막고 뜨거운 바람으로 가열할 때 비눗물 막이 부푸는 모습을, (나)는 삼각 플라스크에 작은 드라이아이스 조각을 넣고 입구를 비눗물로 막았을 때 비눗물 막이 부푸는 모습을 나타낸 것이다.

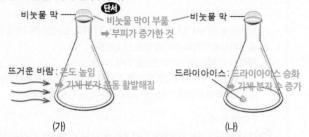

비눗물 막이 부푸는 동안 플라스크 속 기체에 대한 옳은 설명만을 [보기]에서 있는 대로 고른 것은? [3점]

─────[보기]─────

ㄱ. (가)에서 기체 분자의 운동이 활발해진다.
　온도 높임 ➡ 기체 분자 운동 활발해진다.
ㄴ. (나)에서 기체 분자의 크기가 ~~커진다~~ 일정하다
　고체 드라이아이스가 기체로 승화됨 ➡ 기체의 분자의 수가 증가한다.
ㄷ. (가)와 (나)에서 ~~모두~~ 기체 분자의 개수가 많아진다.
　(가)에서 기체 분자의 개수는 일정, (나)에서만 기체 분자의 개수가 많아진다.

① ㄱ　② ㄴ　③ ㄷ　④ ㄱ, ㄴ　⑤ ㄱ, ㄷ

단서+발상

(단서) 각 실험 결과 비눗물의 부피 변화가 제시되어 있다.

(발상) (가)와 (나)에서 각각 온도가 높아졌을 때와 기체 분자 수가 증가했을 때의 기체 부피 변화를 추론할 수 있다.

(적용) (가)와 (나)에서 비눗물 막이 부푼 것은 기체의 부피가 증가한 것임을 적용해서 실험 결과를 해석하는 것부터 문제 풀이를 시작해야 한다.

| 문제＋자료 분석 |

· (가): 뜨거운 바람으로 가열하면 온도가 높아진다.
　➡ 기체 분자의 운동이 활발해진다.
　➡ 기체의 부피가 증가함에 따라 비눗물 막이 부푼다.
· (나): 고체 드라이아이스가 승화한다.
　➡ 기체 분자의 수가 증가한다.
　➡ 기체의 부피가 증가함에 따라 비눗물 막이 부푼다.

| 보기 분석 |

ㄱ 뜨거운 바람으로 가열하면 온도가 높아지므로 기체 분자의 운동이 활발해진다.

ㄴ (나)에서 고체 드라이아이스가 기체로 승화하여 기체 분자의 수가 많아짐에 따라 기체의 부피가 커진다.
따라서 (나)에서 기체 분자의 크기가 커진 것은 아니다.

ㄷ (가)에서 기체 분자의 개수는 일정하고, (나)에서는 드라이아이스가 승화하면서 기체 분자의 개수가 많아진다.

그림은 온도와 압력이 일정할 때 기체 A와 기체 B가 반응하여 기체
기체의 부피비＝분자수비
C가 생성되는 반응의 부피 관계를 나타낸 것이다.

A 1부피　B 3부피　C 2부피
(단서) A＋3B → 2C
(A 1분자와 B 3분자가 반응하여 C 2분자가 생성된다.)

반응 전 용기 속 입자 모형이 오른쪽 그림과 같을 때, A와 B가 반응하여 C가 생성된 후 용기 속 입자 모형으로 가장 적절한 것은? [3점]

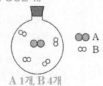
○○ A
∞ B

A 1개, B 4개
➡ A 1개와 B 3개가 반응하여 C 2개가 생성됨

반응 후
B 1개가 남음

B가 없음

B가 없음

④

⑤

단서+발상

(단서) 기체 A와 기체 B가 반응하여 기체 C를 생성하는 반응의 부피 관계가 제시되어 있다.

(발상) 반응의 부피 관계를 통해 분자수비를 추론할 수 있다.

(적용) 기체 반응 법칙을 적용하여 화학 반응식을 구하는 것부터 문제 풀이를 시작해야 한다.

| 문제＋자료 분석 |

· 기체 A와 기체 B가 반응하여 기체 C를 생성하는 반응의 부피 관계
　➡ A : B : C＝1 : 3 : 2
· 기체 반응의 법칙에 따라 기체 사이의 부피비는 분자수의 비, 화학 반응식의 계수비와 같다.
　➡ A 1분자와 B 3분자가 반응하여 C 2분자가 생성된다.
　➡ A의 입자 모형이 ○○, B의 입자 모형이 ∞이므로 생성물 C의 입자 모형은 ♨이다.

| 선택지 분석 |

② 반응 전 용기 속에 A(○○)가 1개, B(∞)가 4개이므로 A 1개와 B 3개가 반응하여 C 2개가 생성된다.
따라서 반응 후 용기 속에는 반응하지 않고 남은 B(∞) 1개와 생성된 C(♨) 2개가 있다. ➡ 옳음

＊ 기체 반응의 법칙

· 일정한 온도와 압력에서 기체가 반응하여 새로운 기체를 생성할 때 각 기체의 부피 사이에는 간단한 정수비가 성립한다.
· 온도와 압력이 일정할 때 기체의 종류와 관계없이 같은 부피 안에 같은 개수의 기체 분자가 들어 있으므로, 기체 사이의 부피비는 분자수의 비, 화학 반응식의 계수비와 같다.

11 정답 ④ * 생물의 분류 ·········· [정답률 80%] 2024 실시 3월 학평 11

표는 생물 ㉠~㉢의 특징을 나타낸 것이다. ㉠~㉢은 고사리, 대장균, 침팬지를 순서 없이 나타낸 것이다. 단서

생물	특징
대장균 ㉠	단세포생물이다.
고사리 ㉡	광합성을 한다.
침팬지 ㉢	세포벽이 없는 세포로 구성된다.

이에 대한 옳은 설명만을 [보기]에서 있는 대로 고른 것은?

[보기]
ㄱ. ㉠은 ~~고사리~~ 대장균 이다.
ㄴ. ㉡의 세포에는 핵이 있다. 고사리
ㄷ. ㉢은 먹이를 섭취하여 영양분을 얻는다. 침팬지

① ㄱ   ② ㄴ   ③ ㄱ, ㄷ   ④ ㄴ, ㄷ   ⑤ ㄱ, ㄴ, ㄷ

* 생물의 5계
• 생물은 원핵생물계, 원생생물계, 균계, 식물계, 동물계의 5가지 계로 분류할 수 있다.
• 생물을 계 수준으로 분류할 때는 핵막이나 세포벽의 유무, 세포 수, 광합성 여부, 기관의 발달 정도 등이 중요한 분류 기준이 된다.

단서+발상
단서 고사리, 대장균, 침팬지와 단세포생물, 광합성, 세포벽이 없는 세포라는 생물의 특징이 제시되어 있다.
발상 단세포생물인 ㉠은 대장균, 광합성을 하는 ㉡은 고사리, 세포벽이 없는 세포로 구성되는 ㉢은 침팬지임을 추론할 수 있다.
적용 대장균이 속하는 원핵생물계, 고사리가 속하는 식물계, 침팬지가 속하는 동물계의 특징을 적용하는 것부터 문제 풀이를 시작해야 한다.

| 문제+자료 분석 |
• **대장균(원핵생물계)**
  −원핵 생물은 몸이 한 개의 세포로 이루어져 있는 단세포생물이고, 세포에 핵막으로 둘러싸인 핵이 없다.
  −대부분 광합성을 하지 않지만, 남세균처럼 광합성을 하여 스스로 양분을 만드는 것도 있다.
• **고사리(식물계)**
  −식물은 세포에 핵과 세포벽이 있는 다세포생물이고 광합성을 할 수 있어 양분을 스스로 만든다.
  −대부분 뿌리, 줄기, 잎과 같은 기관이 발달하였다.
• **침팬지(동물계)**
  −동물은 세포에 핵이 있는 다세포생물이고, 세포에 세포벽이 없다.
  −운동성이 있으며, 다른 생물을 먹이로 삼아 양분을 얻는다.

| 보기 분석 |
ㄱ. 단세포생물인 ㉠은 대장균이다. 고사리는 단세포생물이 아니며, 식물계에 속하며 광합성을 한다.
ㄴ. 식물이며 광합성을 하는 ㉡은 고사리이다. 식물 세포에는 핵이 있다.
ㄷ. 동물이며 세포벽이 없는 세포로 구성되는 ㉢은 침팬지이다. 동물은 먹이를 섭취하여 영양분을 얻는다.

12 정답 ② * 사람의 유전 ·········· [정답률 76%] 2024 실시 3월 학평 12

그림은 어떤 집안의 유전병 (가)에 대한 가계도를 나타낸 것이다. (가)는 우성 대립유전자 A와 열성 대립유전자 a에 의해 결정된다.

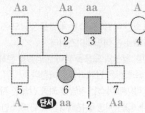

Aa   Aa   aa   A_
1   2   3   4

정상 부모(1,2)에서 유전병 자녀(6)가 태어남
➡ (가)는 열성
□ 정상 남자
○ 정상 여자
■ 유전병 (가) 남자
● 유전병 (가) 여자

5   6   7
A_ 단서 aa ? Aa

이에 대한 옳은 설명만을 [보기]에서 있는 대로 고른 것은? (단, 돌연변이는 고려하지 않는다.) [3점]

[보기]
ㄱ. (가)는 ~~우성~~ 형질이다. 열성형질
ㄴ. 2와 7은 (가)에 대한 유전자형이 같다.
   2와 7은 (가)에 대한 유전자형이 모두 Aa이다.
ㄷ. 6과 7 사이에서 아이가 태어날 때, 이 아이에게서 (가)가 발현될 확률은 ~~$\frac{1}{4}$~~이다. $\frac{1}{2}$

① ㄱ   ② ㄴ   ③ ㄱ, ㄷ   ④ ㄴ, ㄷ   ⑤ ㄱ, ㄴ, ㄷ

* 상염색체에 있는 한 쌍의 대립유전자에 의해 결정되는 형질의 특징
• 멘델의 분리의 법칙에 따라 유전되며, 대립형질이 비교적 명확하게 구분되고, 남녀에 따라 형질이 나타나는 빈도에 차이가 없다.

단서+발상
단서 정상 부모에서 유전병 자녀가 태어난 가족, 유전병 아버지에서 정상 아들이 태어난 가족의 가계도가 제시되어 있다.
발상 정상 부모인 1과 2 사이에서 유전병 (가) 자녀인 6이 태어났으므로 유전병 (가)는 열성형질임을 추론할 수 있다.
적용 우성과 열성의 개념을 적용하여 유전병이 우성인지 열성인지를 구분하는 것부터 문제 풀이를 시작해야 한다.

| 문제+자료 분석 |
• 부모와 다른 형질을 지닌 자녀가 태어나면 부모의 형질이 우성이고, 자녀의 형질이 열성이다. 정상 부모인 1과 2 사이에서 유전병 (가) 자녀인 6이 태어났으므로 유전병 (가)는 열성형질이다. 정상 아버지 1에서 열성 유전병 6인 딸이 태어났으므로 유전병 (가)는 상염색체 열성형질이다.
• 유전병 (가)를 나타내는 3과 6의 유전자형은 aa이다. 6은 부모에게서 열성 대립유전자 a를 하나씩 물려받았다. 1과 2는 Aa이다. 7은 3에게 열성 대립유전자 a를 받았으므로 유전자형이 Aa이다.

| 보기 분석 |
ㄱ. 정상 부모인 1과 2 사이에서 유전병 (가) 자녀인 6이 태어났으므로 유전병 (가)는 열성형질이다.
ㄴ. 6은 부모에게서 열성 대립유전자 a를 하나씩 물려받았으므로 2는 Aa이다.
   7은 3에게 열성 대립유전자 a를 받았으므로 유전자형이 Aa이다.
ㄷ. 6의 유전자형은 aa이고, 7의 유전자형은 Aa이다. 6과 7 사이에서 아이가 태어날 때, 이 아이에게서 (가)가 발현될(유전자형이 aa) 확률은 $\frac{1}{2}$이다.

13 정답 ⑤　＊ 혈당량 조절 과정 ·········· ★ 고난도　[① 9% ② 3% ③ 29% ④ 10% ⑤ 47%] **2024 실시 3월 학평 13**

그림은 정상인에서 혈당량이 증가했을 때 일어나는 혈당량 조절 과정의 일부를 나타낸 것이다. ㉠은 글루카곤과 인슐린 중 하나이다.

㉠에 대한 옳은 설명만을 [보기]에서 있는 대로 고른 것은?

─────── [보기] ───────
ㄱ. 인슐린이다.
　높은 혈당량일 때 이자에서 분비된 ㉠은 인슐린이다.
ㄴ. 간에서 글리코젠의 합성을 촉진한다.
　인슐린은 간에서 포도당을 글리코젠으로 합성되도록 촉진한다.
ㄷ. 조직 세포로의 포도당 흡수를 촉진한다.
　인슐린은 조직 세포로의 포도당 흡수를 촉진하여 혈당량을 낮춘다.

① ㄱ　② ㄷ　③ ㄱ, ㄴ　④ ㄴ, ㄷ　⑤ ㄱ, ㄴ, ㄷ

＊ 이자의 기능
- 혈당량을 조절하는 호르몬인 인슐린과 글루카곤을 분비한다.
- 녹말, 단백질, 지방의 소화 효소를 모두 포함한 소화액인 이자액을 만들어 분비한다.

단서+발상

(단서) 정상인에서 혈당량이 증가했을 때 간과 조직 세포에서 일어나는 혈당량 조절 과정이 제시되어 있다.

(발상) 혈당량이 증가할 때 이자에서 분비되는 ㉠은 인슐린임을 추론할 수 있다.

(적용) 혈당량이 증가할 때 이자에서 분비되는 호르몬을 구하는 것부터 문제 풀이를 시작해야 한다.

| 문제＋자료 분석 |
- 이자에서 분비되는 인슐린과 글루카곤의 작용으로 혈당량을 유지한다.
- **혈당량 증가 시**: 이자에서 인슐린이 분비되어 간에서 포도당을 글리코젠으로 합성하여 저장하고, 조직 세포에서의 포도당 흡수를 촉진하여 혈당량이 낮아진다. 높은 혈당량일 때 이자에서 분비된 ㉠은 인슐린이다.
- **혈당량 감소 시**: 이자에서 글루카곤이 분비되어 간에서 글리코젠을 포도당으로 분해하여 혈액으로 내보내 혈당량이 높아진다.

| 보기 분석 |
ㄱ. 높은 혈당량일 때 이자에서 분비되어 혈당량을 낮추는 작용을 하는 ㉠은 인슐린이다.
ㄴ. 인슐린은 간에서 포도당을 글리코젠으로 합성되도록 촉진하여 혈당량을 낮춘다.
ㄷ. 인슐린은 조직 세포로의 포도당 흡수를 촉진하여 혈당량을 낮춘다.

---

14 정답 ③　＊ 영양소의 소화 ·········· ★ 고난도　[① 20% ② 2% ③ 32% ④ 1% ⑤ 42%] **2024 실시 3월 학평 14**

그림은 소화계에서 일어나는 영양소의 소화 과정을 나타낸 것이다. ㉠과 ㉡은 각각 라이페이스와 아밀레이스 중 하나이다. (단서)

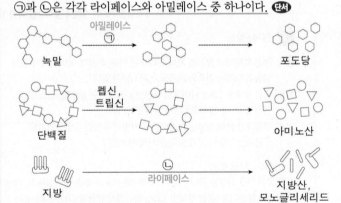

이에 대한 옳은 설명만을 [보기]에서 있는 대로 고른 것은? [3점]

─────── [보기] ───────
ㄱ. 침에는 ㉠이 있다.
　침 속에 녹말을 분해하는 아밀레이스(㉠)가 존재한다.
ㄴ. 이자에서 ㉡이 분비된다.
　이자에서 분비되는 이자액에는 지방을 분해하는 라이페이스(㉡)가 있다.
ㄷ. 소장에서 아미노산은 융털의 ~~암죽관~~으로 흡수된다.
　　　　　　　　　　　　　　모세 혈관

① ㄱ　② ㄷ　③ ㄱ, ㄴ　④ ㄴ, ㄷ　⑤ ㄱ, ㄴ, ㄷ

단서+발상

(단서) 녹말, 단백질, 지방의 소화 과정과 최종 소화 산물, 녹말 소화 효소 ㉠과 지방 소화 효소 ㉡이 제시되어 있다.

(발상) 녹말을 분해하는 소화 효소 ㉠은 아밀레이스, 지방을 분해하는 소화 효소 ㉡은 라이페이스임을 추론할 수 있다.

(적용) 아밀레이스와 라이페이스의 특징을 적용해서 ㉠, ㉡을 구하는 것부터 문제 풀이를 시작해야 한다.

| 문제＋자료 분석 |
- 침과 이자액에 있는 소화 효소인 아밀레이스는 녹말을 엿당으로 분해한다. ㉠은 녹말을 분해하는 소화 효소인 아밀레이스이다.
- **위액 속의 소화 효소인 펩신이 염산의 도움을 받아 단백질을 분해한다.** (꿀팁) 이자액에 있는 소화 효소인 트립신은 단백질을 분해한다.
- 이자액에 있는 소화 효소인 라이페이스는 지방을 최종 산물인 지방산과 모노글리세리드로 분해한다. ㉡은 지방을 분해하는 소화 효소인 라이페이스이다.
- 소화 과정을 통해 녹말은 포도당으로, 단백질은 아미노산으로, 지방은 지방산과 모노글리세리드로 분해된다. 수용성 영양소인 포도당, 아미노산, 무기염류는 소장 융털의 모세 혈관으로 흡수되어 간을 거쳐 심장으로 이동한다. 지용성 영양소인 지방산, 모노글리세리드는 소장 융털의 암죽관으로 흡수되어 간을 거치지 않고 심장으로 이동한다.

| 보기 분석 |
ㄱ. 침에 있는 소화 효소인 아밀레이스는 녹말을 엿당으로 분해한다. ㉠은 녹말을 분해하는 소화 효소인 아밀레이스이다.
ㄴ. 이자액에 있는 소화 효소인 라이페이스는 지방을 최종 산물인 지방산과 모노글리세리드로 분해한다. ㉡은 지방을 분해하는 소화 효소인 라이페이스이다.
ㄷ. 수용성 영양소인 아미노산은 소장 융털의 모세 혈관으로 흡수된다. 암죽관은 지용성 영양소인 지방산과 모노글리세리드를 흡수한다.

(벌) 문제 풀이 (꿀팁)

염산의 작용
- 위액에는 펩신과 함께 염산이 들어 있다. 강한 산성을 띠는 염산은 펩신의 작용을 돕고, 음식물에 섞여 있는 세균을 제거하는(살균) 작용을 한다.

15 정답 ① ＊세포분열 ·································· ⭐고난도 【① 39% ② 6% ③ 32% ④ 8% ⑤ 12%】 2024 실시 3월 학평 15

표는 사람에서 일어나는 세포분열 Ⅰ과 Ⅱ의 특징을, 그림은 사람의 염색체 1쌍을 나타낸 것이다. Ⅰ과 Ⅱ 중 하나는 감수분열이고, 나머지 하나는 체세포분열이다. 단서

염색분체
ⓐ ⓑ

세포분열	특징
Ⅰ ~~체세포분열~~	㉠
Ⅱ ~~감수분열~~	2가 염색체가 관찰되는 시기가 있다.

이에 대한 옳은 설명만을 [보기]에서 있는 대로 고른 것은? (단, 돌연변이는 고려하지 않는다.) [3점]

[보기]
㉠ Ⅱ는 감수분열이다.
   감수 1분열 전기 때 2가 염색체가 나타나므로 Ⅱ는 감수분열이다.
ㄴ. '딸세포의 염색체 수가 모세포 염색체 수의 ~~절반이다~~'는 ㉠으로 적절하다.   와 같다
ㄷ. ⓐ는 ⓑ의 ~~상동염색체~~이다.
        염색분체

① ㄱ　　② ㄴ　　③ ㄱ, ㄷ　　④ ㄴ, ㄷ　　⑤ ㄱ, ㄴ, ㄷ

😊 문제 풀이 꿀팁

염색체 수 변화
· **감수 1분열**: 상동염색체가 분리되어 염색체 수가 절반으로 줄어든다.
· **감수 2분열**: 염색분체가 분리되어 염색체 수가 변하지 않는다. 단, DNA양은 절반으로 줄어든다.

🧠 단서+발상

단서 표에서 '2가 염색체가 관찰되는 시기가 있다'라는 세포분열의 특징과 그림에서 크기와 모양이 같은 염색체 1쌍이 제시되어 있다.

발상 2가 염색체가 관찰되는 시기가 있는 세포분열은 감수분열이고, 하나의 염색체를 이루는 각각의 가닥은 염색분체임을 추론할 수 있다.

적용 감수분열의 개념을 적용해서 세포분열 Ⅰ, Ⅱ를 구하는 것부터 문제 풀이를 시작해야 한다.

| 문제+자료 분석 |

· 상동염색체는 체세포에서 쌍을 이루고 있는 크기와 모양이 같은 2개의 염색체이다. 하나는 어머니에게서, 다른 하나는 아버지에게서 물려받았다.
· 염색분체는 하나의 염색체를 이루는 각각의 가닥으로 유전정보가 서로 같다. 그림의 ⓐ와 ⓑ는 염색분체에 해당한다.
· 체세포분열은 간기를 거친 후 1회 분열이 일어나 염색체 수가 모세포와 같은 2개의 딸세포가 만들어진다. 체세포분열 과정에서는 2가 염색체가 나타나지 않는다.
· 감수분열은 간기를 거친 후 상동염색체가 분리되는 감수 1분열과 염색분체가 분리되는 감수 2분열이 연속해서 일어나 염색체 수가 모세포에 비해 절반으로 줄어든 4개의 딸세포가 만들어진다. 감수 1분열 전기 때 2가 염색체가 나타난다. 꿀팁

| 보기 분석 |

㉠ 감수 1분열 전기에 2가 염색체가 나타나므로 Ⅱ는 감수분열에 해당한다.
ㄴ. Ⅰ는 체세포분열이며, 체세포분열은 염색분체가 분리되는 분열만 일어나 딸세포와 모세포의 염색체 수가 같다.
ㄷ. 염색분체는 하나의 염색체를 이루는 각각의 가닥으로 ⓐ와 ⓑ는 염색분체에 해당한다.

---

16 정답 ④ ＊암석의 분류 ·································· ⭐고난도 【① 18% ② 15% ③ 12% ④ 41% ⑤ 11%】 2024 실시 3월 학평 16

그림은 암석을 분류하는 과정을 나타낸 것이다.

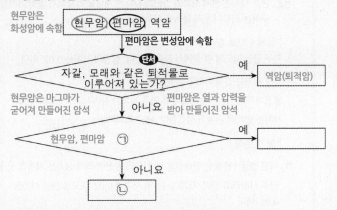

현무암은 화성암에 속함
[현무암] [편마암] 역암
편마암은 변성암에 속함 단서

현무암은 마그마가 굳어져 만들어진 암석
편마암은 열과 압력을 받아 만들어진 암석

자갈, 모래와 같은 퇴적물로 이루어져 있는가? → 예 → 역암(퇴적암)
아니요 ↓
현무암, 편마암 ㉠ → 예 → [   ]
아니요 ↓
㉡

㉠과 ㉡에 들어갈 내용으로 가장 적절한 것은?

	㉠	㉡
①	마그마가 식어 굳어진 것인가?	~~역암~~ 편마암
②	마그마가 식어 굳어진 것인가?	~~현무암~~ 편마암
③	어둡고 밝은 줄무늬가 관찰되는가?	~~역암~~ 현무암
④	어둡고 밝은 줄무늬가 관찰되는가?	현무암
⑤	어둡고 밝은 줄무늬가 관찰되는가?	~~편마암~~ 현무암

🧠 단서+발상

단서 화성암, 변성암, 퇴적암이 하나씩 제시되어 있다.

발상 퇴적물로 이루어진 암석은 역암임을 추론할 수 있다.

적용 암석의 분류 기준을 적용해서 현무암, 편마암, 역암이 각각 어떤 암석에 속하는지 알아내는 것부터 문제 풀이를 시작해야 한다.

| 문제+자료 분석 |

· 현무암은 화성암에 속하고, 편마암은 변성암, 역암은 퇴적암에 속한다.
· 자갈, 모래 등의 퇴적물로 이루어져 있는 암석은 퇴적암(역암)이다.
· ㉠에는 화성암과 변성암을 구분할 수 있는 질문이 들어가야 한다.
· ㉠에 화성암을 구분하는 질문이 들어간다면 ㉡에는 변성암인 편마암이 들어가야 한다.
· ㉠에 변성암을 구분하는 질문이 들어간다면 ㉡에는 화성암인 현무암이 들어가야 한다. ➡ 어둡고 밝은 줄무늬는 엽리 구조이며, 엽리 구조는 편마암에 잘 나타난다.

| 선택지 분석 |

①, ② 마그마가 식어 굳어진 것은 화성암이므로 ㉡은 편마암 ➡ 옳지 않음
③, ⑤ 어둡고 밝은 줄무늬가 관찰되는 것은 편마암이므로 ㉡은 현무암 ➡ 옳지 않음
④ 어둡고 밝은 줄무늬가 관찰되는 것은 편마암이므로 ㉡은 현무암 ➡ 옳음

＊암석의 분류

· **화성암**: 마그마가 굳어져 만들어진 암석으로 크게 지표 부근에서 굳어져 생성된 화산암(현무암, 유문암 등)과 지하 깊은 곳에서 생성된 심성암(반려암, 화강암 등)으로 구분
· **퇴적암**: 퇴적물이 쌓여 만들어진 암석으로 퇴적물의 종류에 따라 이암 또는 세일(점토), 사암(모래), 역암(자갈), 응회암(화산재), 석회암(석회질 물질) 등
· **변성암**: 원래 암석이 열과 압력 등의 변성 작용을 받아 생성된 암석으로 규암, 대리암, 편암, 편마암 등

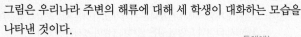

그림은 우리나라 주변의 해류에 대해 세 학생이 대화하는 모습을 나타낸 것이다.

단서 동해에서 흐르는 해류 황해에서 흐르는 해류

동해에는 조경 수역이 형성됨

학생 A: 동한 난류와 황해 난류는 우리나라 주변을 흐르는 해류야.

학생 B: 북한 한류는 고위도에서 저위도에서 저위도로 고위도로 흘러.

학생 C: 동해에는 난류와 한류가 만나는 해역이 있어.

제시한 내용이 옳은 학생만을 있는 대로 고른 것은?

① A ② B ③ A, C ④ B, C ⑤ A, B, C

＊ 우리나라 주변의 난류와 한류

· **난류**: 우리나라 주변 난류의 근원은 쿠로시오 해류이다. 쿠로시오 해류의 지류가 동중국해에서 갈라져 나와 북상하는데 이를 대마 난류라고 하며, 대마 난류의 일부가 황해 난류와 동한 난류로 갈라지고 나머지는 일본 연안을 따라 흐른다.

· **한류**: 우리나라 주변 한류의 근원은 연해주를 따라 남하하는 연해주 한류이고, 연해주 한류의 일부가 갈라져 북한 한류를 형성한다.

단서+발상

단서 우리나라 주변 해역에서 흐르는 해류의 이름이 제시되어 있다.

발상 우리나라 주변 해역에 분포하는 한류와 난류의 종류를 추론할 수 있다.

적용 우리나라 주변 해류의 대략적인 분포를 파악하는 것부터 문제 풀이를 시작해야 한다.

| 문제+자료 분석 |

· **동한 난류**: 대마 난류의 일부가 갈라져 동해안을 따라 북상하는 해류이다.

· **황해 난류**: 대마 난류의 일부가 제주도 남쪽에서 갈라져 황해로 북상하는 해류이다.

· **북한 한류**: 동해에서 북쪽 해안선을 따라 남하하는 해류이다.

· **조경 수역**: 한류와 난류가 만나는 해역을 말하며, 영양 염류, 플랑크톤, 용존 산소량이 풍부하여 좋은 어장이 형성된다.

| 선택지 분석 |

③ **학생 A**: 동한 난류는 우리나라의 동쪽 연안을 따라 북쪽으로 흐르는 해류이고, 황해 난류는 우리나라의 서쪽 연안을 따라 북쪽으로 흐르는 해류이다. ➡ 옳음

학생 B: 북한 한류는 연해주 한류에서 갈라져 나온 해류로, 우리나라의 동쪽 연안을 따라 고위도에서 저위도로 흐른다. ➡ 옳지 않음

학생 C: 동해에서 동한 난류와 북한 한류가 만나 조경 수역을 형성한다. ➡ 옳음

그림은 지구에서 6개월 간격으로 측정한 별 S의 시차를 나타낸 것이다.

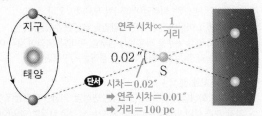

지구 연주 시차 ∝ $\frac{1}{거리}$

태양 0.02″

S

단서 시차=0.02″
➡ 연주 시차=0.01″
➡ 거리=100 pc

이에 대한 옳은 설명만을 [보기]에서 있는 대로 고른 것은? [3점]

[보기]

ㄱ. S의 연주 시차는 ~~0.02″~~이다.
0.01″

ㄴ. S까지의 거리는 100 pc(파섹)이다.
거리는 $\frac{1}{0.01″}$ = 100 pc이다.

ㄷ. S보다 가까운 별의 연주 시차는 S의 연주 시차보다 ~~작다~~ 크다.
별의 연주 시차와 거리는 서로 반비례 관계이므로, S보다 가까운 별의 연주 시차는 S의 연주 시차보다 크다.

① ㄱ ② ㄴ ③ ㄱ, ㄷ ④ ㄴ, ㄷ ⑤ ㄱ, ㄴ, ㄷ

단서+발상

단서 별 S의 시차가 제시되어 있다.

발상 별 S의 시차는 별 S까지의 거리와 반비례한다는 것을 추론할 수 있다.

적용 연주 시차는 전체 시차의 절반과 같다는 개념을 적용해서 별의 거리를 구하는 것부터 문제 풀이를 시작해야 한다.

| 문제+자료 분석 |

· 지구 공전 궤도의 양 끝에서 관측했을 때, 별 S의 시차는 0.02″이다.

· 연주 시차는 전체 시차의 $\frac{1}{2}$이다.

· 별 S까지의 거리가 멀어질수록 연주 시차가 작아지므로 거리와 연주 시차는 반비례 관계가 성립한다. ➡ 거리(파섹)= $\frac{1}{연주 시차(″)}$

| 보기 분석 |

ㄱ. 어떤 별을 1년 동안 관측했을 때 지구의 공전에 의해 생기는 시차의 $\frac{1}{2}$을 연주 시차라고 한다. 자료에서 S의 시차가 0.02″이므로 연주 시차는 0.01″이다.

ㄴ. 별의 거리와 연주 시차는 거리(파섹)= $\frac{1}{연주시차(″)}$의 관계가 성립한다. S의 연주 시차가 0.01″이므로 거리는 100 pc이다.

ㄷ. 별까지의 거리와 연주 시차는 반비례 관계이므로 S보다 가까운 별은 연주 시차가 S보다 크게 나타난다.

＊ 연주 시차를 이용한 별의 거리 측정

· 별의 거리를 측정할 때, 연주 시차를 이용할 수 있는 별은 태양으로부터의 거리가 매우 가까운 별들이다. ➡ 연주 시차로 거리 측정이 가능한 별은 우리은하에 속한 별들의 1 % 미만이다.

· 지상 망원경은 연주 시차를 0.01″까지 측정할 수 있고, 우주 망원경은 0.001″까지 측정할 수 있다. 따라서 연주 시차는 주로 1,000 pc 이내의 가까운 별의 거리를 측정하는 데 이용된다.

다음은 닮음비를 이용하여 사진 속 달의 크기를 측정하는 탐구이다.

〈탐구 과정〉

(가) 벽면에 달 사진을 붙이고 3 m 떨어진 곳에 선다.

(나) 종이에 원형의 구멍을 뚫고 구멍의 지름(d)을 측정한다.

(다) 아래 그림과 같이 종이를 달 사진에 평행하게 두고, 종이의 구멍을 통해 달 사진을 본다.

(라) 종이를 앞뒤로 움직여 구멍이 사진 속 달의 크기와 일치할 때, 눈과 종이 사이의 거리(l)를 측정한다.

(마) 비례식 [㉠] 을/를 이용하여 사진 속 달의 지름(D)을 구한다. **단서** 삼각형의 닮음비로부터 $l : L = d : D$

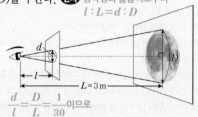

$\dfrac{d}{l} = \dfrac{D}{L} = \dfrac{1}{30}$ 이므로

〈탐구 결과〉 d가 커지면 l도 커져야 함

구분	값(cm)
구멍의 지름 (d)	1
눈과 종이 사이의 거리 (l)	30
사진 속 달의 지름 (D)	㉡ 10

이에 대한 옳은 설명만을 [보기]에서 있는 대로 고른 것은? [3점]

[보기]

ㄱ. '$l : L = d : D$'는 ㉠으로 적절하다.
삼각형의 닮음비로부터 '$l : L = d : D$'가 성립한다.

ㄴ. ㉡은 ~~20~~이다. 10

ㄷ. d를 크게 하면 l은 ~~작아진다~~ 커진다

① ㄱ ② ㄴ ③ ㄱ, ㄷ ④ ㄴ, ㄷ ⑤ ㄱ, ㄴ, ㄷ

단서+발상

단서 구멍의 크기와 사진 속 달의 크기를 포함한 닮은꼴 삼각형이 그림으로 제시되어 있다.

발상 닮음비를 이용하여 구멍의 크기와 사진 속 달의 크기 사이에 비례 관계가 성립함을 추론할 수 있다.

적용 닮음비의 원리를 구멍의 크기와 사진 속 달의 크기에 적용해서 사진 속 달의 지름을 구하는 것부터 문제 풀이를 시작해야 한다.

| 문제+자료 분석 |

· 관측자의 위치를 꼭짓점으로 할 때, 구멍의 지름을 밑변으로 하는 삼각형과 사진 속 달의 지름을 밑변으로 하는 삼각형은 닮은꼴 삼각형이다.

· 관측자로부터 실제 달까지의 거리 L을 알면, 실제 달의 지름 D를 구할 수 있다.

| 보기 분석 |

ㄱ. 닮은꼴 삼각형의 원리를 이용하면, $l : L = d : D$라는 비례식이 성립한다.

ㄴ. $l : L = d : D$로부터 $D = \dfrac{d \times L}{l} = \dfrac{1\,\text{cm} \times 3\,\text{m}}{30\,\text{cm}} = 10\,\text{cm}$이다. 따라서 사진 속 달의 지름 ㉡은 10이다.

ㄷ. $\dfrac{d}{l} = \dfrac{D}{L} = \dfrac{1}{30}$이 성립하므로 d가 커지면 l도 커져야 한다.

* 닮음비를 이용한 크기 측정

· 개기 일식 때 달의 겉보기 크기와 태양의 겉보기 크기가 같다는 점을 이용하여 달과 태양의 크기 비를 구할 수 있다.

· 지구에서 태양까지의 거리는 지구에서 달까지의 거리의 약 400배이다. 이로부터 태양 지름은 달 지름보다 약 400배 크다는 것을 알 수 있다.

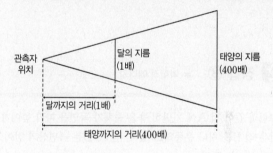

그림은 우리나라 주변의 전선 배치와 강수 구역을 나타낸 것이다. 우리나라는 전반을 동반한 온대 저기압의 영향을 받고 있음 이에 대한 옳은 설명만을 [보기]에서 있는 대로 고른 것은? [3점]

강수 구역

층운형 구름 → 약한 비가 내림

적운형 구름 → 소나기가 내림

B.

A

온난 전선

단서 한랭 전선

[보기]

ㄱ. 우리나라는 온대 저기압의 영향을 받는다.
우리나라는 전선을 동반한 온대 저기압의 영향을 받는다.

ㄴ. A에서는 소나기성 비가 내린다.
한랭 전선 뒤쪽에 있는 A에서는 소나기가 내린다.

ㄷ. B에서는 층운형 구름이 발달한다.
온난 전선 앞쪽에 있는 B에서는 층운형 구름이 발달한다.

① ㄱ ② ㄷ ③ ㄱ, ㄴ ④ ㄴ, ㄷ ⑤ ㄱ, ㄴ, ㄷ

단서+발상

단서 우리나라 주변 일기도에 전선을 동반한 저기압이 제시되어 있다.

발상 전선의 종류로부터 날씨의 특징을 추론할 수 있다.

적용 온대 저기압에 동반된 전선의 특징을 파악하는 것부터 문제 풀이를 시작해야 한다.

| 문제+자료 분석 |

· 그림은 중위도 지역에서 발달하는 온대 저기압으로 남서쪽으로 한랭 전선을, 남동쪽으로 온난 전선을 동반하고 있다.

| 보기 분석 |

ㄱ. 전선을 동반한 저기압의 중심이 우리나라의 중부 지방에 위치하므로 이날 우리나라는 온대 저기압의 영향을 받는다.

ㄴ. 한랭 전선 뒤쪽에는 적운형 구름이 발달하고, 좁은 구역에 소나기가 내린다. 따라서 A에서는 소나기성 비가 내릴 것이다.

ㄷ. 온난 전선 앞쪽에는 층운형 구름이 발달하고, 넓은 구역에 약한 비가 내린다. 따라서 B에서는 층운형 구름이 발달할 것이다.

01 정답 ② ✱ 직렬연결과 병렬연결 ·· [정답률 74%] **2023 실시 3월 학평 1**

그림은 전구 A, B가 연결되어 빛이 나고 있는 모습을 나타낸 것이다. C는 A에 연결된 전선 위의 점이다. ~~전구가 켜졌으므로 전원이 연결되었다.~~

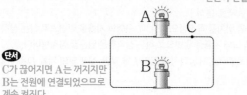

단서
C가 끊어지면 A는 꺼지지만 B는 전원에 연결되었으므로 계속 켜진다.

이에 대한 옳은 설명만을 [보기]에서 있는 대로 고른 것은?

─────[보기]─────

ㄱ. A와 B의 연결 방법은 ~~직렬연결~~이다.
　　병렬연결

ㄴ. C에서 전선이 끊어지면 A와 ~~B가 함께~~ 꺼진다.
　C에서 전선이 끊어지더라도 B는 전원에 연결되어 있으므로 B는 계속 켜진다.

ⓒ. A와 B의 연결 방법은 멀티탭에 꽂혀 작동하는 전기 기구들 사이의 연결 방법과 같다.
　멀티탭은 전기 기구들을 개별적으로 켜고 끌 수 있도록 병렬연결한다.

① ㄴ　②ⓒ　③ ㄱ, ㄴ　④ ㄱ, ㄷ　⑤ ㄴ, ㄷ

🧠 단서+발상

(단서) 두 전구가 병렬연결되어 켜진 모습이 제시되어 있다.
(발상) C가 끊어지더라도 B가 켜진다는 것을 추론할 수 있다.
(적용) 병렬연결의 특징을 이해하는 것부터 문제 풀이를 시작해야 한다.

| 문제＋자료 분석 |
· 그림의 전선 좌우에 전압이 걸려 전구 A, B에 모두 불이 켜져 있다.
· C가 끊어지더라도 전류는 왼쪽에서 B를 거쳐 오른쪽으로(혹은 그 반대로) 흐를 수 있다.

| 보기 분석 |
ㄱ. A와 B의 연결 방법은 병렬연결이다.
ㄴ. A와 B는 병렬연결이므로 C 지점이 끊어져서 A가 꺼지더라도 다른 한쪽은 켜져 있다.
ⓒ 멀티탭에서는 꽂혀 있는 전기 기구들에 걸리는 전압을 일정하게 하고, 어떤 전기 기구가 꺼지더라도 다른 전기 기구들은 켜질 수 있도록 병렬로 연결한다. A와 B의 연결 방법은 병렬연결이므로 같은 연결 방법이다.

✱ 직렬연결과 병렬연결

전구의 직렬연결	전구의 병렬연결
전구에 흐르는 전류가 동일	전구에 걸리는 전압이 동일
전구 하나가 망가지면 모두 꺼짐	전구 하나가 망가지더라도 다른 전구는 영향 없음
연결한 전구가 많을수록 전구 각각의 밝기가 줄어듦	연결한 전구가 많더라도 전구 각각의 밝기는 일정함
건전지가 오래감	건전지가 빨리 소모됨

02 정답 ③ ✱ 역학적 에너지 ·· [정답률 82%] **2023 실시 3월 학평 2**

그림과 같이 점 A에 가만히 놓은 물체가 곡면을 따라 높이가 가장 낮은 점 B를 지나 운동하고 있다. 점 C, D는 곡면상의 점이고, A와 D의 높이는 같다. **단서**

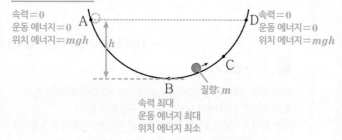

속력＝0
운동 에너지＝0
위치 에너지＝mgh

속력＝0
운동 에너지＝0
위치 에너지＝mgh

질량: m

속력 최대
운동 에너지 최대
위치 에너지 최소

이에 대한 옳은 설명만을 [보기]에서 있는 대로 고른 것은? (단, 물체의 크기, 모든 마찰과 공기 저항은 무시한다.)

─────[보기]─────

ⓒ. D에서 물체의 속력은 0이다. D에서 운동 에너지는 0이다.

ㄴ. 물체의 역학적 에너지는 B에서가 ~~C에서보다 크다.~~
　　　　　　　　　　　C에서와 같다

ⓒ. 물체가 A에서 B로 운동하는 동안, 물체의 위치 에너지가 운동 에너지로 전환된다.
　역학적 에너지는 보존되므로 물체의 높이가 낮아지면서 위치 에너지는 감소하고, 감소한 위치 에너지만큼 운동 에너지로 전환되어 운동 에너지는 증가한다.

① ㄱ　② ㄷ　③ ㄱ, ㄷ　④ ㄴ, ㄷ　⑤ ㄱ, ㄴ, ㄷ

🧠 단서+발상

(단서) A에서 속력이 0이라는 것과 A와 D가 동일한 높이라고 제시되어 있다.
(발상) 각 위치에서 운동 에너지, 위치 에너지, 역학적 에너지의 크기 관계를 추론할 수 있다.
(적용) 위치 에너지가 운동 에너지로 서로 전환될 수 있음을 적용해서 문제 풀이를 시작해야 한다.

| 문제＋자료 분석 |
· 모든 마찰과 공기 저항은 무시하므로 역학적 에너지는 보존된다.
· A에서는 정지해 있으므로 운동 에너지는 0이다.
· A와 D는 같은 높이이므로 D에서의 위치 에너지는 A에서와 같고, D에서의 운동 에너지는 0이다.

| 보기 분석 |
ㄱ. A와 D는 같은 높이이므로 D에서의 위치 에너지와 운동 에너지는 A에서와 같고, A에서의 속력이 0이므로 D에서의 속력도 0이다.
ㄴ. 물체의 역학적 에너지는 A~D 어느 곳에서나 같으므로 B와 C에서의 역학적 에너지는 같다.
ⓒ 운동 에너지와 위치 에너지의 합은 일정하므로(역학적 에너지 보존) 물체가 A에서 B로 운동하는 동안 위치 에너지가 운동 에너지로 전환되어 위치 에너지는 감소하고 운동 에너지는 커진다.

✱ 역학적 에너지

· 역학적 에너지 ＝ 운동 에너지 ＋ 위치 에너지

· 운동 에너지: $E_k = \frac{1}{2}mv^2$

· 위치 에너지(중력 퍼텐셜 에너지): $E_p = mgh$
· 마찰, 공기 저항 등에 의해 역학적 에너지는 손실된다.
· 마찰, 공기 저항 등을 무시하면 역학적 에너지는 보존된다.

그림은 질량이 같은 물체 A, B를 접촉시킨 순간부터 A와 B의 온도를 시간에 따라 나타낸 것이다.
이에 대한 옳은 설명만을 [보기]에서 있는 대로 고른 것은? (단, 열은 A와 B 사이에서만 이동한다.) [3점]

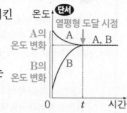

온도 **단서**
열평형 도달 시점
A의
온도 온도 변화 ↓ A, B
변화
B의 B
온도 변화
0   t 시간

[보기]

ㄱ. 0부터 t까지 A가 잃은 열량은 B가 얻은 열량보다 ~~작다~~
   A가 잃은 열량은 B가 얻은 열량과 같다.
ㄴ. t 이후 A와 B는 열평형 상태에 있다. t 이후 A와 B의 온도가 같다.
ㄷ. A의 비열이 B의 비열보다 크다.
   $C = \dfrac{Q}{m(T_2 - T_1)}$ 에서 질량과 열량이 같으므로 A와 B의 비열은 온도 변화에 반비례한다.

① ㄱ　② ㄴ　③ ㄱ, ㄷ　④ ㄴ, ㄷ　⑤ ㄱ, ㄴ, ㄷ

왜 틀렸나?

• 온도 변화만 보고 B가 더 큰 열량을 받았다고 잘못 생각하면 안 된다.
• 비열은 어떠한 물질 1 kg을 1 ℃ 변화시키기 위해서 몇 kcal의 열이 필요한지 나타내는 물리량이다. 따라서 접촉시킨 물체의 질량이 같을 때, 온도 변화가 작은 물체의 비열이 더 크다.
• $Q = C \times m \times \varDelta T$
  (Q: 열량, C: 비열, m: 질량, $\varDelta T$: 온도 변화)

단서+발상

단서 질량이 같은 두 물체의 시간에 따른 온도 변화 그래프가 제시되어 있다.
발상 그래프로부터 열의 이동 방향, 열평형 시점 및 비열의 대소 관계를 추론할 수 있다.
적용 열평형의 개념을 알고 비열의 크기를 비교하는 것부터 문제 풀이를 시작해야 한다.

| 문제+자료 분석 |

• A는 온도가 낮아지고 B는 온도가 높아졌으므로 열은 A에서 B로 이동하였다.
• t 이후로는 두 물체의 온도가 같아졌으며 열평형 상태에 도달하였다.
• 열량과 비열, 물체의 질량은 $Q = C \times m(T_2 - T_1)$의 관계를 갖는다.
  (Q: 열량, C: 비열, m: 질량, $(T_2 - T_1)$: 온도 변화)

| 보기 분석 |

ㄱ. A와 B 사이에서만 열이 이동하므로 A가 잃은 열량은 B가 얻은 열량과 같다.
ㄴ. t 시점 이후 A와 B의 온도가 같아지므로 열평형 상태에 있다.
ㄷ. A와 B는 각각 같은 크기의 열량이 출입하였으며 온도 변화는 A가 B보다 작다. 온도 변화가 작은 A의 비열이 더 크다.

＊ 열평형

온도
A   A, B
B
0   t 시간

• 열은 고온 A에서 저온 B로 이동한다.
• 고온의 물체 A는 열을 잃어 온도가 낮아진다.
• 저온의 물체 B는 열을 얻어 온도가 높아진다.
• 두 물체의 온도가 같아지면 열평형 상태이다.
• 같은 질량이라면 온도가 더 많이 변한 물체 A의 비열이 더 작다.
• 같은 질량이라면 온도가 더 적게 변한 물체 B의 비열이 더 크다.

그림 (가)는 용수철저울에 매달린 추가 물에 절반 정도 잠긴 채 정지해 있는 모습을, (나)는 (가)의 추가 물에 완전히 잠긴 채 정지해 있는 모습을 나타낸 것이다.

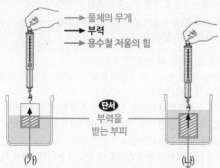

→ 물체의 무게
→ **부력**
→ 용수철 저울의 힘

단서
부력을 받는 부피

(가)　　(나)

(나)에서가 (가)에서보다 크기가 큰 힘만을 [보기]에서 있는 대로 고른 것은? [3점]

[보기]

ㄱ. 추에 작용하는 ~~중력~~
   추에 작용하는 중력을 무게라고도 하며 mg로 (가)와 (나)에서 모두 동일하다.
ㄴ. 추에 작용하는 부력
   부력은 물체가 잠긴 부피에 비례하므로 (가)보다 (나)에서 더 크다.
ㄷ. 용수철저울로 측정한 ~~힘~~
   용수철저울에는 (추의 무게 − 부력)이 표시되므로 부력이 더 적은 (가)에서 용수철저울로 측정한 힘이 더 크다.

① ㄴ　② ㄷ　③ ㄱ, ㄴ　④ ㄱ, ㄷ　⑤ ㄱ, ㄴ, ㄷ

단서+발상

단서 용수철 저울에 매달린 물체의 물에 잠긴 정도가 다르게 제시되어 있다.
발상 물에 잠긴 정도에 따라 부력이 달라진다는 것을 추론할 수 있다.
적용 작용하는 여러 가지 힘의 관계에 대해 파악하는 것부터 문제 풀이를 시작해야 한다.

| 문제+자료 분석 |

• (가), (나) 모두 힘의 평형을 이루고 있다.
• 물체에 작용하는 중력은 물체의 무게라고도 하며 (질량×중력 가속도)이다.
• 물에 많이 잠길수록 부력의 크기는 커진다.
• 물에 잠긴 물체에서 부력의 방향은 중력과 반대 방향이다.

| 보기 분석 |

ㄱ. 추에 작용하는 중력(무게)은 (질량×중력 가속도)이고, 질량과 중력 가속도 모두 동일하므로 (가)와 (나)에서 추에 작용하는 중력은 동일하다.
ㄴ. 추에 작용하는 부력은 물에 많이 잠길수록 커지므로 (나)에서 추에 작용하는 부력이 (가)에서보다 크다.
ㄷ. 용수철저울로 측정한 힘은 (추의 무게 − 부력)으로 나타나므로 (가)에서가 (나)에서보다 크게 나타난다.

＊ 부력

• 물체에 작용하는 부력은 잠긴 부피에 비례한다.
  부력=(물체 주변 액체나 기체의 밀도)×(중력 가속도)×(잠긴 부피)
• 연직 위 방향으로 작용한다.

그림은 빛의 삼원색에 해당하는 빛 A, B, C를 흰색 종이에 비추는 모습을 나타낸 것이다. P, Q는 빛이 겹쳐진 영역의 색이다.

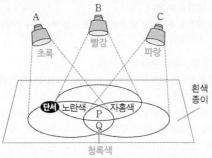

이에 대한 옳은 설명만을 [보기]에서 있는 대로 고른 것은? (단, 종이에 도달하는 A, B, C의 세기는 동일하다.) [3점]

[보기]

ㄱ. B는 빨간색 빛이다.
　빛의 삼원색 중 노란색과 자홍색을 만들 수 있는 색은 빨강이다.
ㄴ. Q는 청록색이다.
　초록＋파랑＝청록
ㄷ. C의 조명만 끄면 P는 노란색으로 바뀐다.
　C를 끄면 A와 B만 남으므로 P는 A와 B가 섞인 영역이 되며 노란색이 된다.

① ㄱ　　② ㄴ　　③ ㄱ, ㄷ　　④ ㄴ, ㄷ　　⑤ ㄱ, ㄴ, ㄷ

단서＋발상

(단서) 빛의 삼원색에 해당하는 빛이 일부 겹쳐진 영역의 색이 제시되어 있다.

(발상) A, B, C의 색상을 추론할 수 있다.

(적용) "빨＋초＝노, 파＋초＝청, 빨＋파＝자"로부터 문제 풀이를 시작해야 한다.

| 문제＋자료 분석 |
- B는 노란색과 자홍색을 만드는 색이므로 "빨＋초＝노, 빨＋파＝자"에 공통으로 들어가는 빨간색 빛이다.
- 빨간색과 섞여 노란색을 만드는 A는 초록색 빛이다.
- 빨간색과 섞여 자홍색을 만드는 C는 파란색 빛이다.

| 보기 분석 |

ㄱ. 노란색 빛과 자홍색 빛을 만들 때 공통으로 필요한 B는 빨간색 빛이다.

ㄴ. A는 초록색, C는 파란색 빛이므로 초록색과 파란색이 섞인 Q는 청록색이다.

ㄷ. A, B, C 모두 켜진 상태에서는 P가 흰색이지만 C의 조명만 끄면 A＋B 영역과 동일한 노란색으로 바뀐다.

＊ 빛의 합성
- **빛의 합성**: 두 가지 색 이상의 빛이 합쳐져서 또 다른 색의 빛으로 보이는 현상 ➡ 빛은 합성할수록 반사하는 빛의 양이 증가하므로 더 밝아진다.
- **빛의 삼원색**: 빨간색, 초록색, 파란색

합성하는 색	보이는 색
빨간색＋초록색	노란색
빨간색＋파란색	자홍색
초록색＋파란색	청록색
빨간색＋초록색＋파란색	흰색(백색광)

다음은 2가지 화학 반응이 일어날 때의 열에너지 출입에 대한 설명이다.

(가) 수산화 바륨과 염화 암모늄이 반응할 때 열에너지를 흡수한다.　주변의 온도가 내려감

(나) 산화 칼슘과 물이 반응할 때 열에너지를 ⓐ 방출 하므로 온도가 높아진다.
(단서)

이에 대한 옳은 설명만을 [보기]에서 있는 대로 고른 것은?

[보기]

ㄱ. (가)에서 반응이 일어날 때 온도가 낮아진다.
　열에너지를 흡수하면 주변의 온도가 낮아진다.
ㄴ. '방출'은 ⓐ으로 적절하다.
　열에너지를 방출하면 온도가 높아진다.
ㄷ. (나)의 반응을 이용하여 즉석 발열 도시락을 만들 수 있다.
　(나)의 반응은 열을 방출한다.

① ㄱ　　② ㄴ　　③ ㄱ, ㄷ　　④ ㄴ, ㄷ　　⑤ ㄱ, ㄴ, ㄷ

단서＋발상

(단서) 2가지 화학 반응이 일어날 때의 열에너지 출입이 제시되어 있다.

(발상) 열에너지를 흡수하면 주변의 온도가 내려가고, 열에너지를 방출하면 주변의 온도가 올라감을 추론할 수 있다.

(적용) 화학 반응이 일어날 때 열에너지의 출입을 구하는 것부터 문제 풀이를 시작해야 한다.

| 문제＋자료 분석 |
- 열에너지를 흡수하면 주변의 온도가 내려가고, 열에너지를 방출하면 온도가 올라간다.
- (가) 수산화 바륨과 염화 암모늄은 흡열 반응의 대표적인 예로, 염화 바륨과 암모니아가 발생한다. 반응물의 에너지가 생성물의 에너지보다 작으므로 열에너지를 흡수하여 온도가 낮아진다.
- (나) 산화 칼슘과 물이 반응할 때 온도가 높아지므로 산화 칼슘과 물의 반응은 열에너지를 방출하는 반응이다.

| 보기 분석 |

ㄱ. (가)에서 반응이 일어날 때 열에너지를 흡수하므로 온도가 낮아진다.

ㄴ. (나)에서 반응할 때 온도가 높아졌으므로 산화 칼슘과 물의 반응은 열에너지를 방출하는 반응이다. 따라서 '방출'은 ⓐ으로 적절하다.

ㄷ. (나)의 반응에서 방출하는 열에너지를 이용하여 즉석 발열 도시락을 만들 수 있다.

＊ 화학 반응에서의 에너지 출입
- **발열 반응**: 화학 반응이 일어날 때 에너지를 방출하는 반응
- **흡열 반응**: 화학 반응이 일어날 때 에너지를 흡수하는 반응
- 화학 반응에서 반응물과 생성물은 고유의 에너지를 가지고 있는데, 반응이 일어날 때 이 에너지의 차이만큼 에너지를 방출하거나 흡수한다.

다음은 물질의 특성을 이용한 사례 (가)와 (나)에 대한 설명이다.

(가)	(나)
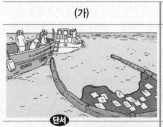	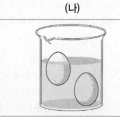
단서 유출된 기름은 바닷물에 뜨므로 기름막이와 흡착포로 기름을 제거할 수 있다.	소금물에서 신선한 달걀은 가라앉고 오래된 달걀은 뜨므로 구별할 수 있다.
기름과 물은 서로 섞이지 않는 액체로 기름이 물보다 밀도가 작기 때문에 물 위에 뜬다. 흡착포는 흡착포의 표면에 존재하는 미세한 구멍들이 주변의 오염 물질을 물리적으로 붙잡아두기 때문에 기름을 제거할 수 있다.	신선한 달걀은 소금물보다 밀도가 크고, 오래된 달걀은 소금물보다 밀도가 작다.

(가)와 (나)에서 공통으로 이용된 물질의 특성으로 가장 적절한 것은?

① 밀도 ② 비열 ③ 용해도 ④ 녹는점 ⑤ 끓는점

🧠 단서+발상

단서 물질의 특성을 이용한 사례 2가지가 제시되어 있다.

발상 밀도가 큰 것은 아래로 내려가고, 밀도가 작은 것은 위로 뜨는 것을 추론할 수 있다.

적용 물질의 특성을 구별하는 것부터 문제 풀이를 시작해야 한다.

| 문제+자료 분석 |

- **(가)**: 기름과 물은 서로 섞이지 않는 액체로 기름이 물보다 밀도가 작기 때문에 유출된 기름은 바닷물에 뜬다. 유출된 기름은 기름막이를 설치하여 유출된 기름을 모으고 흡착포를 이용하여 제거할 수 있다. 흡착포는 흡착포의 표면에 존재하는 미세한 구멍들이 주변의 오염 물질을 물리적으로 붙잡아두기 때문에 기름을 제거할 수 있다.
- **(나)**: 소금물에서 신선한 달걀은 가라앉고 오래된 달걀은 뜨므로 신선한 달걀은 소금물보다 밀도가 크고, 오래된 달걀은 소금물보다 밀도가 작다.
- **오래된 달걀이 밀도가 작은 이유**: 오래된 달걀은 수분(주로 흰자의 수분)이 밖으로 빠져나가고, 물이 빠져나가면서 공기층이 점차 커지기 때문이다.

| 선택지 분석 |

①(가)와 (나)에서 공통으로 이용된 물질의 특성으로 가장 적절한 것은 밀도이다.

② 비열은 어떤 물질 1 g의 온도를 1℃ 만큼 올리는 데 필요한 열량이며, (가)와 (나)에서는 비열의 개념이 적용되지 않았다.

③ 용해도는 어떤 온도에서 용매 100 g에 최대로 녹을 수 있는 용질의 g수를 나타낸 것으로 (가)와 (나)에서는 용해도의 개념이 적용되지 않았다.

④ 녹는점은 물질이 고체에서 액체로 상태 변화가 일어나는 온도이다. (가)와 (나)에서는 녹는점의 개념이 적용되지 않았다.

⑤ 끓는점은 액체가 표면과 내부에서 기포가 발생하면서 끓기 시작하는 온도이다. (가)와 (나)에서는 끓는점의 개념이 적용되지 않았다.

그림은 리튬 이온(Li^+)과 산화 이온(O^{2-})을 각각 모형으로 나타낸 것이다.

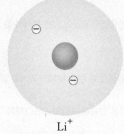
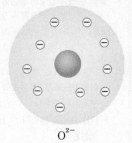

단서 $Li \rightarrow Li^+ + e^-$ $O + 2e^- \rightarrow O^{2-}$

Li 원자의 전자 수(㉠)와 O 원자에서 원자핵의 전하량(㉡)으로 옳은 것은? [3점]

	㉠	㉡			㉠	㉡
①	1	+8		②	1	+12
③	2	+10		④	3	+8
⑤	3	+12				

전자 1개를 잃은 양이온의 전자 수 =2
➡ Li 원자의 전자 수 = 3

전자 2개를 얻은 음이온의 전자 수 =10
➡ O 원자의 전자 수 = 8

🧠 단서+발상

단서 2가지 이온의 모형이 제시되어 있다.

발상 원자가 전자를 잃으면 양이온, 전자를 얻으면 음이온이 됨을 추론할 수 있다.

적용 원자는 양성자수와 전자 수가 같음을 적용해서 양성자를 구하는 것부터 문제 풀이를 시작해야 한다.

| 문제+자료 분석 |

- 원자가 전자를 잃으면 양이온이 된다.
  $$A \rightarrow A^{m+} + me^- (전자)$$
- 원자가 전자를 얻으면 음이온이 된다.
  $$B + ne^- (전자) \rightarrow B^{n-}$$
- Li^+은 Li 원자가 전자 1개를 잃어 생성되었는데 전자 수가 2이므로 Li 원자의 전자 수는 3이다.
- O^{2-}은 O 원자가 전자 2개를 얻어 생성되었는데 전자 수가 10이므로 O 원자의 전자 수는 8이다.

| 선택지 분석 |

④Li^+은 Li 원자가 전자 1개를 잃어 생성되었는데 전자 수가 2이므로 Li 원자의 전자 수(㉠)는 3이다. O^{2-}은 O 원자가 전자 2개를 얻어 생성되었는데 전자 수가 10이므로 O 원자의 전자 수는 8이다. 원자는 전기적으로 중성으로 원자의 양성자수와 전자 수가 같다.
따라서 O 원자의 양성자수는 8이고, O 원자에서 원자핵의 전하량(㉡)은 +8이다.

✳ 이온의 형성

- **양이온**: 원자가 전자를 잃어 (+) 전하를 띠는 입자
- **음이온**: 원자가 전자를 얻어 (−) 전하를 띠는 입자
- **원자가 이온이 되는 경향**: 일반적으로 금속 원소는 전자를 잃어 양이온이 되기 쉬우며, 비금속 원소는 전자를 얻어 음이온이 되기 쉽다. (단, 수소와 18족 원소 제외)

그림 (가)는 물이 들어 있는 가는 유리관의 한쪽 끝을 손으로 막은 것을, (나)는 유리관을 손으로 감쌌을 때 물이 빠져나가는 것을 나타낸 것이다. **단서**

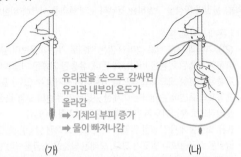

유리관을 손으로 감싸면 유리관 내부의 온도가 올라감
➡ 기체의 부피 증가
➡ 물이 빠져나감

(가)   (나)

(가)에서 (나)로 될 때, 유리관 속 기체에 대한 옳은 설명만을 [보기]에서 있는 대로 고른 것은? (단, 물의 증발은 무시한다.)

─[보기]─
ㄱ. 부피가 증가한다.
　유리관을 손으로 감싸면 온도가 올라가 부피가 증가한다.
ㄴ. 분자 수가 ~~증가한다~~
　　　　　일정하다
ㄷ. 분자의 운동이 활발해진다.
　온도가 높아져서 분자 운동이 활발해진다.

① ㄱ   ② ㄴ   ③ ㄱ, ㄷ   ④ ㄴ, ㄷ   ⑤ ㄱ, ㄴ, ㄷ

🧠 단서+발상

단서 온도 변화에 따른 유리관 속 기체의 부피 변화가 제시되어 있다.

발상 온도를 높였을 때 유리관 속 기체의 부피가 증가함을 추론할 수 있다.

적용 기체의 온도와 부피의 관계를 구하는 것부터 문제 풀이를 시작해야 한다.

| 문제＋자료 분석 |
· 그림 (가)에서 물이 들어 있는 가는 유리관의 한쪽 끝을 손으로 막으면 유리관의 양쪽이 막혀 유리관 내부는 밀폐된다.
· (나)에서 유리관을 손으로 감싸면 유리관 내부의 온도가 올라가고, 온도가 올라가면 기체의 부피가 증가하여 물이 빠져나간다.

| 보기 분석 |
ㄱ. (가)에서 (나)로 될 때, 기체의 압력은 일정하고 온도만 변하므로 샤를의 법칙을 적용한다. (나)에서 유리관을 손으로 감싸면 유리관 내부의 온도가 올라가고, 온도가 올라가면 기체의 부피가 증가한다.
ㄴ. 유리관의 양쪽이 막혀 있고, 물의 증발은 무시하므로 유리관 속 기체의 분자 수는 일정하다.
ㄷ. 유리관 속 기체의 온도가 높아지므로 기체 분자의 운동이 활발해진다.

✱ 샤를 법칙
· 압력이 일정할 때 일정량의 기체의 부피는 온도가 높아지면 일정한 비율로 증가한다.
· 샤를 법칙은 기체의 종류에 상관없이 모든 기체에 적용된다.

그림은 기체 반응 (가)와 (나)에서 부피 관계를 각각 모형으로 나타낸 것이다.
단서 온도와 압력이 일정 ➡ 같은 부피의 기체는 같은 수의 분자가 존재

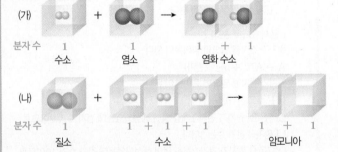

(가) 분자 수   1 + 1 → 1 + 1
　　　　수소   염소   염화 수소

(나) 분자 수   1 + 1 + 1 + 1 → 1 + 1
　　　　질소   수소   암모니아

이에 대한 옳은 설명만을 [보기]에서 있는 대로 고른 것은? (단, 기체의 온도와 압력은 일정하다.) [3점]

─[보기]─
ㄱ. (가)에서 수소와 염소는 1 : 1의 ~~질량비~~로 반응한다.
　　　　　　　　　　　　　부피비
ㄴ. 질소와 수소가 반응하여 암모니아를 생성할 때 기체의 부피는 감소한다. 질소 1부피와 수소 3부피가 반응해서 암모니아 2부피를 생성한다.
ㄷ. 암모니아의 분자 모형은 ✖ 이다. 🔵
　　암모니아 1분자는 질소 원자 1개와 수소 원자 3개로 이루어져 있다.

① ㄱ   ② ㄴ   ③ ㄷ   ④ ㄱ, ㄴ   ⑤ ㄴ, ㄷ

🧠 단서+발상

단서 기체 반응에서 부피 관계를 나타내는 모형이 제시되어 있다.

발상 온도와 압력이 일정할 때 같은 부피의 기체는 같은 수의 분자가 존재함을 추론할 수 있다.

적용 아보가드로 법칙을 적용해서 정육면체에 들어 있는 분자 수를 구하는 것부터 문제 풀이를 시작해야 한다.

| 문제＋자료 분석 |
· **아보가드로 법칙**: 온도와 압력이 일정할 때 같은 부피의 기체는 같은 수의 분자가 존재한다.
· (가): 수소와 염소가 1 : 1의 부피비로 반응하여 염화 수소 2부피가 생성된다.
· (나): 질소와 수소가 1 : 3의 부피비로 반응하여 암모니아 2부피가 생성된다.
　– 질소 분자에 있는 질소 원자 2개가 암모니아 분자 2개에 나눠 들어가야 하므로 암모니아에는 질소 원자 1개씩 들어간다.
　– 수소 분자에 있는 수소 원자 6개가 암모니아 분자 2개에 나눠 들어가야 하므로 암모니아에는 수소 원자 3개씩 들어간다.
　– 따라서 암모니아 한 분자는 질소 원자 1개와 수소 원자 3개로 이루어져 있다.

| 보기 분석 |
ㄱ. 수소와 염소의 질량비는 1 : 35.5 이다. (가)에서 같은 부피 속 수소와 염소는 각각 1분자씩 들어있으므로, 1 : 1의 부피비로 반응한다.
ㄴ. 질소와 수소가 반응하여 암모니아를 생성할 때 질소 1부피와 수소 3부피가 반응해서 암모니아 2부피를 생성하므로 기체의 부피는 감소한다.
ㄷ. 암모니아 한 분자는 질소 원자 1개와 수소 원자 3개로 이루어져 있다. 따라서 암모니아의 분자 모형은 🔵 이다.

11 정답 ③ ＊ 광합성 ·· [정답률 65%] 2023 실시 3월 학평 11

그림은 식물의 잎에서 일어나는 광합성을 나타낸 것이다. A와 B는 각각 산소와 이산화 탄소 중 하나이다. 단서
이에 대한 옳은 설명만을 [보기]에서 있는 대로 고른 것은?

[보기]
ㄱ. A는 이산화 탄소이다.
  광합성은 이산화 탄소와 물을 원료로 하므로 A는 이산화 탄소이다.
ㄴ. 기공을 통해 A와 B가 출입한다.
  공기 중의 이산화 탄소(A)와 산소(B)는 기공을 통해 출입한다.
ㄷ. 광합성에서 포도당이 분해된다.
  광합성은 포도당(양분)이 생성되는 과정이다.

① ㄱ   ② ㄷ   ③ ㄱ, ㄴ   ④ ㄴ, ㄷ   ⑤ ㄱ, ㄴ, ㄷ

단서＋발상
단서 식물의 잎의 구조와 광합성 반응식이 제시되어 있다.
발상 광합성의 반응식인 '이산화 탄소＋물＋(빛에너지) → 포도당＋산소'를 통해 A는 이산화 탄소이고, B는 산소임을 추론할 수 있다.
적용 광합성의 반응식을 적용하여 A와 B를 구하는 것부터 문제 풀이를 시작해야 한다.

| 문제＋자료 분석 |
• 광합성 반응식은 '이산화 탄소＋ 물＋(빛에너지) → 포도당＋산소'이다. 따라서 A는 이산화 탄소, B는 산소이다.

| 보기 분석 |
ㄱ. 광합성은 식물이 빛에너지를 이용하여 이산화 탄소와 물을 원료로 포도당(양분)을 만드는 과정이다. 따라서 A는 이산화 탄소이다.
ㄴ. 이산화 탄소(A)는 잎의 기공을 통해 흡수하고, 산소(B)는 식물에서 사용하거나 기공을 통해 공기 중으로 방출된다. A와 B는 모두 기공을 통해 출입한다.
ㄷ. 광합성은 포도당(양분)이 생성되는 과정으로 포도당이 분해되지 않는다.

＊ 기공
• 잎의 표피에 있는 작은 구멍으로, 공변세포 2개가 둘러싸고 있다.
• 산소와 이산화 탄소, 수증기 등과 같은 기체가 드나드는 통로 역할을 한다.

---

12 정답 ⑤ ＊ 중추신경계 ·· [정답률 55%] 2023 실시 3월 학평 12

그림은 사람의 뇌 구조를 나타낸 것이다. A~C는 각각 대뇌, 연수, 중간뇌 중 하나이다. 단서
이에 대한 설명으로 옳지 않은 것은?
① A는 대뇌이다.
  A는 뇌에서 가장 큰 부분을 차지하는 대뇌이다.
② A에 연합뉴런이 있다.
  대뇌를 포함한 중추신경계를 이루는 뉴런은 연합뉴런이다.
③ B는 동공 크기를 조절한다.
  중간뇌(B)는 눈의 움직임, 동공과 홍채의 변화 조절을 담당한다.
④ C는 심장박동을 조절한다.
  연수(C)는 심장박동, 호흡운동, 소화 운동 등 생명 유지 활동을 조절한다.
⑤ 뇌는 말초신경계에 속한다.
  뇌는 중추신경계에 속한다.

＊ 중추신경계

대뇌	기억, 추리, 학습, 감정 등 정신 활동 담당
중간뇌	눈의 움직임, 동공 반사
연수	심장박동, 호흡운동, 소화 운동 등 조절 담당
간뇌	체온, 체액의 농도 등 일정하게 유지
소뇌	근육 운동 조절, 몸의 자세와 균형 유지
척수	뇌와 말초 신경 사이에서 신호를 전달하는 통로

단서＋발상
단서 대뇌, 연수, 중간뇌의 그림이 제시되어 있다.
발상 가장 큰 부분인 A는 대뇌, 간뇌의 아래, 연수의 위에 있는 B는 중간뇌, 뇌에서 가장 아래에 있고 척수와 연결된 C는 연수임을 추론할 수 있다.
적용 뇌 구조를 이해하고 A~C를 구하는 것부터 문제 풀이를 시작해야 한다.

| 문제＋자료 분석 |
• 신경계는 중추신경계와 말초신경계로 구분된다. 중추신경계는 뇌와 척수로 이루어져 있으며, 자극을 느끼고 판단하여 적절한 명령을 내린다. 중추신경계를 이루는 뉴런은 연합뉴런이다.
• 대뇌는 뇌에서 가장 큰 부분을 차지하며 좌우 2개의 반구로 나뉘어 있고 자극을 느끼고 판단하여 적절한 신호를 보낸다. 몸의 감각과 운동 조절 및 기억, 추리, 학습, 감정 등 정신 활동을 담당한다.
• 중간뇌는 눈의 움직임, 동공과 홍채의 변화 조절을 담당한다. 연수는 심장박동, 호흡운동, 소화 운동 등 생명 유지 활동을 조절하고 기침, 재채기, 눈물 분비 등의 중추이다.

| 선택지 분석 |
① A는 뇌에서 가장 큰 부분을 차지하는 대뇌이다.
② A는 중추신경계에 속하는 대뇌이다. 중추신경계를 이루는 뉴런은 연합뉴런이다.
③ B는 간뇌의 아래, 연수의 위에 있는 중간뇌이다. 중간뇌는 눈의 움직임, 동공과 홍채의 변화 조절을 담당한다.
④ C는 뇌에서 가장 아래에 있고, 척수와 연결된 연수이다. 연수는 심장박동, 호흡운동, 소화 운동 등 생명 유지 활동을 조절한다.
⑤ 뇌와 척수는 중추신경계에 속한다.

그림은 어떤 동물에서 체세포분열이 일어나고 있는 여러 세포를 나타낸 것이다. A와 B는 각각 전기 세포와 중기 세포 중 하나이다.

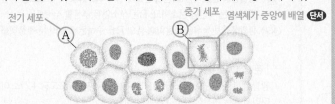

이에 대한 옳은 설명만을 [보기]에서 있는 대로 고른 것은? (단, 돌연변이는 고려하지 않는다.) [3점]

[보기]

ㄱ. A는 전기 세포이다.
　A는 막대 모양의 염색체가 나타나기 시작하는 전기 세포이다.
ㄴ. B에서 염색체가 관찰된다.
　B는 중기 세포로, 중기에 염색체가 관찰된다.
ㄷ. 체세포분열 결과 만들어진 딸세포는 모세포~~보다~~ 염색체 수가
　~~적다~~ 와 같다
　체세포분열 결과 모세포와 염색체의 수와 모양이 같은 2개의 딸세포가
　만들어진다.

① ㄱ　② ㄷ　③ ㄱ, ㄴ　④ ㄴ, ㄷ　⑤ ㄱ, ㄴ, ㄷ

단서+발상

단서 동물의 체세포분열 과정 중 전기와 중기의 세포가 제시되어 있다.
발상 염색체가 나타나기 시작하는 체세포분열 전기 세포는 A이고, 염색체가 세포 중앙에 배열되는 체세포분열 중기 세포는 B임을 추론할 수 있다.
적용 체세포분열 과정의 각 특징을 적용하여 A, B를 구하는 것부터 문제 풀이를 시작해야 한다.

| 문제+자료 분석 |
• 체세포분열이 시작되면 핵분열과 세포질 분열을 한다.
　– 핵분열은 염색체의 모양과 행동에 따라 전기, 중기, 후기, 말기로 구분한다.
　– 전기에는 핵막이 사라지면서 두 가닥의 염색분체로 이루어진 막대 모양의 염색체가 나타나고(A) 방추사가 형성된다. ➡ 중기에는 방추사가 부착된 염색체가 세포 중앙에 배열(B)된다. 중기는 염색체의 수와 모양을 가장 잘 관찰할 수 있는 시기이다. ➡ 후기에는 방추사에 의해 각 염색체의 염색분체가 분리되어 세포 양쪽 끝으로 이동한다.
　　➡ 말기에는 핵막이 나타나면서 2개의 핵이 만들어지고 염색체가 풀어진다.
　– 체세포분열 결과 모세포와 유전정보, 염색체의 수와 모양이 같은 2개의 딸세포가 만들어진다.
• 따라서 A는 염색체가 나타나기 시작하는 체세포분열 전기 세포이고, B는 염색체가 세포 중앙에 배열되는 체세포분열 중기 세포이다.

| 보기 분석 |
ㄱ. A는 막대 모양의 염색체가 나타나기 시작하는 전기 세포이다.
ㄴ. B는 염색체가 세포 중앙에 배열된 중기 세포이다. 중기(B)에 염색체가 관찰된다.
ㄷ. 체세포분열 결과 모세포와 유전정보, 염색체의 수와 모양이 같은 2개의 딸세포가 만들어진다. 딸세포는 모세포와 염색체 수가 같다.

그림은 사람의 심장 구조를 나타낸 것이다. A와 B는 각각 우심실과 좌심방 중 하나이다.

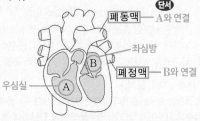

폐동맥 — A와 연결
좌심방
폐정맥 — B와 연결
우심실

이에 대한 옳은 설명만을 [보기]에서 있는 대로 고른 것은? [3점]

[보기]

ㄱ. B는 ~~우심실~~이다. 좌심방
ㄴ. A가 수축할 때 A와 폐동맥 사이의 판막이 ~~닫힌다~~. 열린다
ㄷ. 혈액의 산소 농도는 폐정맥에서가 폐동맥에서보다 높다.
　혈액의 산소 농도는 동맥혈이 있는 폐정맥이 정맥혈이 있는 폐동맥에서보다 높다.

① ㄱ　② ㄷ　③ ㄱ, ㄴ　④ ㄴ, ㄷ　⑤ ㄱ, ㄴ, ㄷ

단서+발상

단서 폐동맥, 폐정맥, 우심실, 좌심방의 구조가 제시되어 있다.
발상 폐동맥과 연결되어 폐로 혈액을 내보내는 A는 우심실이고, 폐정맥과 연결되어 폐를 지나온 혈액을 받아들이는 B는 좌심방임을 추론할 수 있다.
적용 동맥혈과 정맥혈이 흐르는 기관을 적용하여 A, B를 구하는 것부터 문제 풀이를 시작해야 한다.

| 문제+자료 분석 |
• 심장은 규칙적인 수축과 이완을 반복하는 심장박동을 하면서 혈액을 받아들이고 내보내어 혈액이 온몸으로 흐르게 한다.
• 우심방은 대정맥과 연결되어 있어 온몸을 지나온 혈액을 받아들인다. 우심실은 폐동맥과 연결되어 있어 폐로 혈액을 내보낸다. 좌심방은 폐정맥과 연결되어 있어 폐를 지나온 혈액을 받아들인다. 좌심실은 대동맥과 연결되어 있어 온몸으로 혈액을 내보낸다.
• 동맥혈은 산소를 많이 포함한 혈액으로 폐정맥, 좌심방, 좌심실, 대동맥에 흐른다. 반대로 정맥혈은 산소를 적게 포함한 혈액으로 대정맥, 우심방, 우심실, 폐동맥에 흐른다.

| 보기 분석 |
ㄱ. B는 폐정맥과 연결되어 있어 폐를 지나온 혈액을 받아들이는 좌심방이다.
ㄴ. 우심실(A)이 수축할 때 혈액이 우심실(A)에서 폐동맥으로 이동하므로 우심실(A)과 폐동맥 사이의 판막이 열린다.
ㄷ. 심장에서 폐동맥으로 빠져나간 산소 농도가 낮은 혈액(정맥혈)은 폐의 모세 혈관을 지나는 동안 폐포로부터 산소를 받는다. 산소 농도가 높아진 혈액(동맥혈)이 폐정맥을 통해 심장으로 들어오므로 혈액의 산소 농도는 폐정맥에서가 폐동맥에서보다 높다. 함정

왜 틀렸나?
• 동맥에는 동맥혈이 흐르고, 정맥에는 정맥혈이 흐른다고 생각하면 안 된다. 폐정맥은 정맥이지만 산소 농도가 높은 동맥혈이 흐르고, 폐동맥은 동맥이지만 산소 농도가 낮은 정맥혈이 흐른다.

15 정답 ④ * 영양소 검출 ················· ☆ 고난도 [① 4% ② 5% ③ 14% ④ 47% ⑤ 27%] 2023 실시 3월 학평 15

다음은 영양소 검출 반응 실험이다.

〈실험 과정 및 결과〉 단백질 포함

(가) 시험관 A~C에 달걀 흰자액을 각각 10 mL씩 넣는다.
(나) A에 증류수, B에 수단Ⅲ 용액, C에 뷰렛 용액(5% 수산화
나트륨 수용액+1% 황산 구리 수용액)을 0.5 mL씩 넣는다.

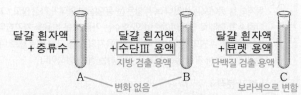

달걀 흰자액
+증류수
A

달걀 흰자액
+수단Ⅲ 용액
지방 검출 용액
B

달걀 흰자액
+뷰렛 용액
단백질 검출 용액
C

변화 없음   보라색으로 변함

(다) 반응 후 각 시험관의 색깔 변화는 표와 같다.

시험관	A	B	C
색깔 변화	변화 없음	⊙ 변화 없음	보라색으로 변함 단서

이에 대한 옳은 설명만을 [보기]에서 있는 대로 고른 것은? [3점]

[보기]
ㄱ. ⊙은 '청람색으로 변함'이다. 변화 없음
  수단Ⅲ 용액은 지방 검출 시약이다.
ㄴ. C의 색깔 변화로 달걀 흰자액에 단백질이 있음을
알 수 있다. 뷰렛 용액은 단백질 검출 시약으로 보라색 변화를 통해 달걀
  흰자액에 단백질 있음을 확인한다.
ㄷ. 수단Ⅲ 용액은 지방 검출에 이용한다.
  수단Ⅲ 용액과 지방이 만나면 선홍색으로 변하므로 지방 검출에 이용된다.

① ㄱ ② ㄷ ③ ㄱ, ㄴ ④ ㄴ, ㄷ ⑤ ㄱ, ㄴ, ㄷ

👤 단서+발상

(단서) 달걀 흰자액에 증류수를 넣은 시험관 A, 달걀 흰자액에 수단Ⅲ 용액을 넣은 시험관 B, 달걀 흰자액에 뷰렛 용액을 넣은 시험관 C와 시험관의 색깔 변화표가 제시되어 있다.

(발상) 달걀 흰자액에 뷰렛 용액을 넣은 시험관 C가 보라색으로 변한 점을 통해 달걀 흰자액에 단백질이 있음을 추론할 수 있다.

(적용) 단백질과 지방을 검출할 때 사용하는 용액 개념을 적용해서 ⊙이 '변화 없음'인 것을 구하는 것부터 문제 풀이를 시작해야 한다.

| 문제+자료 분석 |
- **녹말 검출**(아이오딘 반응): 녹말 용액에 아이오딘-아이오딘화 칼륨 용액을 넣으면 청람색으로 변한다.
- **포도당 검출**(베네딕트 반응): 포도당 용액에 베네딕트 용액을 넣고 가열하면 황적색으로 변한다.
- **단백질 검출**(뷰렛 반응): 단백질 용액에 뷰렛 용액(5% 수산화 나트륨 수용액+1% 황산 구리 수용액)을 넣으면 보라색으로 변한다.
- **지방 검출**(수단 Ⅲ 반응): 지방에 수단Ⅲ 용액을 넣으면 선홍색으로 변한다.

| 보기 분석 |
ㄱ. 수단Ⅲ 용액은 지방 검출 시약이다. 달걀 흰자에는 단백질이 포함되어 있으므로 ⊙은 '변화 없음'이다.

ㄴ. 뷰렛 용액은 단백질 검출 시약이다. 뷰렛 용액과 달걀 흰자액을 넣은 시험관이 보라색으로 변한 것을 통해 달걀 흰자액에 단백질이 있음을 확인할 수 있다.

ㄷ. 지방에 수단Ⅲ 용액을 넣으면 선홍색으로 변한다. 이를 활용하여 수단Ⅲ 용액을 지방 검출에 이용한다.

* 녹말을 분해하는 침의 작용
- 침 속에 들어 있는 소화 효소인 아밀레이스는 녹말을 분해한다.

구분	아이오딘 반응	베네딕트 반응
녹말 용액 + 증류수	청람색	변화 없음
녹말 용액 + 침 용액	변화 없음	황적색

16 정답 ⑤ * 대륙 이동설 ················· ☆ 고난도 [① 4% ② 2% ③ 37% ④ 7% ⑤ 48%] 2023 실시 3월 학평 16

다음은 베게너가 주장한 대륙 이동설의 증거에 대한 세 학생의 대화이다. 단서 해안선 모양 일치, 화석 분포, 빙하의 흔적과 이동 방향, 지질 구조의 연속성

학생 A: 남아메리카 대륙의 동쪽 해안선 모양과 아프리카 대륙의 서쪽 해안선 모양이 대체로 유사해. ➡ 해안선 모양 일치

학생 B: 멀리 떨어진 대륙에서 같은 종류의 화석이 발견되었어. ➡ 화석의 분포

학생 C: 서로 떨어진 대륙을 하나로 모으면 빙하의 흔적이 남극을 중심으로 분포해. ➡ 빙하의 흔적과 이동 방향

제시한 의견이 옳은 학생만을 있는 대로 고른 것은?
① A ② C ③ A, B ④ B, C ⑤ A, B, C

👤 단서+발상

(단서) 대륙 이동설의 근거에 대한 학생들의 대화가 제시되어 있다.

(발상) 베게너가 주장한 대륙 이동설의 근거를 추론할 수 있다.

(적용) 대륙 이동설의 대표적인 근거 4가지를 파악하는 것부터 문제 풀이를 시작해야 한다.

| 문제+자료 분석 |
- **베게너가 주장한 대륙 이동설의 근거**
  1. **해안선 모양의 일치** ➡ 남아메리카 동쪽 해안, 아프리카 서쪽 해안
  2. **지질 구조의 연속성** ➡ 애팔레치아 산맥, 스칸디나비아 산맥, 피레네 산맥
  3. **고생물 화석의 분포** ➡ 메소사우르스, 글로소프테리스 등
  4. **빙하의 흔적과 이동 방향** ➡ 남극을 중심으로 인도, 오스트레일리아 등

| 선택지 분석 |
⑤ **학생 A**: 대서양을 중심으로 남아메리카 동쪽 해안과 아프리카 서쪽 해안의 해안선이 서로 일치한다는 것을 통해 과거에 두 대륙이 서로 붙어있었다고 추정하였다. ➡ 옳음

학생 B: 남아메리카 대륙과 아프리카 대륙에서 바다를 건널 수 없는 육상 생물들의 화석이 발견되면서 과거 두 대륙이 하나였다고 생각했다. ➡ 옳음

학생 C: 남극을 중심으로 남아 있는 인도 남부, 오스트레일리아 남부, 아프리카 남부 등에 빙하의 흔적들을 통해 과거 남극을 중심으로 대륙들이 모여있었다고 추정하였다. ➡ 옳음

그림 (가)는 지구의 수권 분포를, (나)는 육지의 물 분포를 나타낸 것이다.

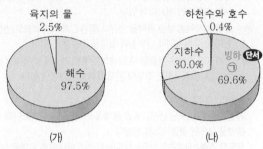

(가)　　　　　　　　(나)

이에 대한 옳은 설명만을 [보기]에서 있는 대로 고른 것은?

[보기]
ㄱ. 지구의 물은 대부분 해수이다.
　지구 물의 대부분인 97.5%가 해수이다.
ㄴ. ㉠은 빙하이다. 육지의 물에서 가장 많은 분포를 차지하는 것은 빙하이다.
ㄷ. 생활용수로 바로 활용할 수 있는 물이 수권 전체에서 차지하는
　지하수＋하천수와 호수
　비율은 2%보다 ~~크다~~
　　　　　　작다

① ㄱ　　② ㄷ　　③ ㄱ, ㄴ　　④ ㄴ, ㄷ　　⑤ ㄱ, ㄴ, ㄷ

🧠 단서＋발상

(단서) 지구의 수권 분포와 육지의 물 분포가 제시되어 있다.

(발상) 지구의 물이 어디에 어떤 형태로 존재하는지 추론할 수 있다.

(적용) ㉠이 무엇인지 구하는 것부터 문제 풀이를 시작해야 한다.

| 문제＋자료 분석 |
· 지구의 수권은 해수가 97.5%로 대부분을 차지하며 나머지는 대부분이 육지의 물이다.
· 육지의 물 중에서는 빙하나 녹지 않은 눈 등 얼음의 형태가 가장 많고, 그다음은 지하수의 형태로 있으며 하천수와 호수는 가장 적은 비율을 차지한다.
· (나)는 전체 수권의 2.5%에 해당하는 육지의 물을 다시 백분율로 나타낸 것이다. 따라서 가장 높은 비율을 차지하는 ㉠은 빙하이다.

| 보기 분석 |
ㄱ. (가)에서 지구 물의 97.5%는 해수라고 제시되었으므로 지구의 물은 대부분 해수이다.
ㄴ. 육지의 물 중에서 가장 많은 분포를 차지하는 ㉠은 빙하이다.
ㄷ. 생활용수로 바로 활용할 수 있는 물을 지하수 및 하천수와 호수라고 볼 때, 육지의 물은 수권 전체의 2.5%이고 그중에서 지하수＋하천수와 호수는 30.4%이므로 수권 전체에서 차지하는 비율은 2.5%×30.4%=0.76%이다.

🐝 문제 풀이 꿀팁
· 생활용수로 바로 활용할 수 있는 물에 지하수를 포함할 것인가 제외할 것인가에 있어서는 의견이 다를 수 있다. 출제 기관의 해설에서는 지하수를 생활용수에 포함했다. 하지만 지하수를 포함하거나 제외하는 모든 경우에 생활용수로 바로 활용할 수 있는 물은 수권 전체 비율의 2%보다 작으므로 정답을 맞히는 데에는 문제가 없다.

그림은 어느 날 우리나라에서 관측한 별의 일주 운동 모습을 나타낸 것이다. (단서) 천구의 북극(북극성)을 중심으로 1일 1회전

이에 대한 옳은 설명만을 [보기]에서 있는 대로 고른 것은? [3점]

[보기]
ㄱ. 북쪽 하늘을 관측한 것이다.
ㄴ. 별 A의 일주 운동은 ~~시계 방향으로~~ 일어난다.
　　　　　　　　　시계 반대 방향으로
ㄷ. 별의 일주 운동은 지구의 ~~공전~~ 때문에 나타나는 현상이다.
　별의 일주 운동은 1일 1회전 하는 운동으로 지구의 자전 때문에 나타난다.

① ㄱ　　② ㄴ　　③ ㄱ, ㄷ　　④ ㄴ, ㄷ　　⑤ ㄱ, ㄴ, ㄷ

🧠 단서＋발상

(단서) 별의 일주 운동을 관측한 모습이 제시되어 있다.

(발상) 관측한 하늘의 방향을 추론할 수 있다.

(적용) 별의 일주 운동을 통해 나타나는 현상에서부터 문제 풀이를 시작해야 한다.

| 문제＋자료 분석 |
· 일주 운동이란 하루 동안 지구의 자전에 의해 별들이 약 하루 정도의 주기를 가지고 이동하는 것을 말한다.
· 북쪽 하늘의 일주 운동은 천구의 북극을 중심으로 반시계 방향으로 회전하며, 남쪽 하늘의 일주 운동은 동 → 남 → 서 방향으로 왼쪽에서 오른쪽으로 이동한다.
· 제시된 자료는 동심원을 이루므로 북쪽 하늘을 관측한 것이다.
· 동심원의 중심을 천구의 북극이라고 하며 천구의 북극 가까이에 북극성을 발견할 수 있다.

| 보기 분석 |
ㄱ. 별들이 동심원을 그리고 있으므로 북쪽 하늘을 관측한 것이다. 남쪽 하늘은 왼쪽에서 오른쪽으로 이동하는 형태를 나타낸다.
ㄴ. 별의 일주 운동은 천구의 북극을 중심으로 시계 반대 방향으로 회전하며, 이는 지구의 자전 방향이 북극성에서 볼 때 시계 반대 방향이기 때문이다.
ㄷ. 별의 일주 운동은 지구의 자전 때문에 나타나는 현상이며, 공전 때문에 나타나는 현상은 별의 연주 운동이다.

＊ 일주 운동과 연주 운동

일주 운동	연주 운동
지구의 자전	지구의 공전
1일 1회전(1시간 약 15°)	1년 1회전(1일 약 1°)
북쪽 하늘: 반시계 방향 동심원 회전 남쪽 하늘: 동 → 남 → 서	매일 같은 시각 별자리 위치: 동 → 서 태양의 위치: 서 → 동

19 정답 ④ ✱ 지구 온난화, 기후 변화

그림 (가)는 1955년부터 2020년까지 지구의 평균 기온 변화를, (나)는 이 기간 동안 대기 중 이산화 탄소 농도 변화를 나타낸 것이다. **단서** 지구의 평균 기온 변화와 대기 중 이산화 탄소 농도 변화와의 관계를 파악해야 한다.

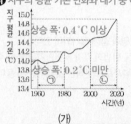
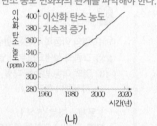

(가)　　　　　(나)

이에 대한 옳은 설명만을 [보기]에서 있는 대로 고른 것은?

―――――――――[보기]―――――――――

ㄱ. 지구의 평균 기온 변화 폭은 ㉠ 기간이 ㉡ 기간보다 ~~크다~~ 작다

ㄴ. 이 기간 동안 이산화 탄소 농도 증가는 지구의 평균 기온 상승에 영향을 주었을 것이다.
지구의 평균 기온과 이산화 탄소 농도는 양(+)의 상관 관계가 있다.

ㄷ. 이 기간 동안 해수면의 평균 높이는 높아졌을 것이다.
지구의 평균 기온이 상승하면 해수가 열팽창을 하고 해수면이 상승한다.

① ㄱ　　② ㄷ　　③ ㄱ, ㄴ　　④ ㄴ, ㄷ　　⑤ ㄱ, ㄴ, ㄷ

🧠 단서+발상

단서 지구의 평균 기온 변화와 대기 중 이산화 탄소 농도 변화가 각각 그래프로 제시되어 있다.

발상 기온과 이산화 탄소 농도와의 관계를 추론할 수 있다.

| 문제+자료 분석 |
- (가)에서 1955년부터 2020년까지 지구의 평균 기온은 대체로 상승하였다.
- (나)에서 같은 기간 동안 이산화 탄소의 농도는 지속적으로 증가하였다.
- ㉠의 20년 동안의 기온 상승 폭은 약 $0.2\,°C$ 미만이고, ㉡의 20년 동안의 기온 상승 폭은 약 $0.4\,°C$ 이상이다.
- 이산화 탄소는 지구 복사 에너지를 흡수하여 온실 효과를 일으키며 지구의 평균 기온을 높이는 역할을 한다.

| 보기 분석 |

ㄱ. ㉠ 기간에는 약 $0.2\,°C$, ㉡ 기간에는 약 $0.4\,°C$의 기온 상승 폭을 나타내므로 기온 변화 폭은 ㉠ 기간이 ㉡ 기간보다 작다.

ㄴ. 대기 중 이산화 탄소 농도가 지속적으로 증가하여 온실 효과를 통해 지구의 기온을 전체적으로 상승시켰다고 추론할 수 있다.

ㄷ. 이 기간 동안 지구의 평균 기온은 상승하였으므로 빙하나 눈이 녹아 바다로 흘러 들어가면서 해수면이 상승했을 것이다. 기온이 상승하면서 해수의 온도가 상승하고, 이는 해수의 열 팽창으로 이어져서 해수면이 상승할 수 있다고도 알려져 있다.

---

20 정답 ⑤ ✱ 우주의 팽창, 빅뱅 우주론

다음은 우주 팽창에 따른 은하 사이의 거리 변화를 알아보기 위한 모형 실험이다. **단서** 우주가 팽창하면서 은하 사이의 거리는 서로 멀어진다.

〈실험 과정〉
(가) 풍선을 작게 분 다음 ㉠스티커 A∼D를 붙인다. 은하
(나) A와 B, A와 C, A와 D 사이의 거리를 각각 줄자로 잰다.
(다) 풍선을 크게 분 다음 (나)의 과정을 반복한다.

우주의 팽창 ⟶ 우주의 팽창 　 은하 사이의 거리가 모두 멀어짐

(나)　　　　　(다)

〈실험 결과〉

과정	A와 B 사이의 거리(cm)	A와 C 사이의 거리(cm)	A와 D 사이의 거리(cm)
(나)	4	8	10 거리가 모두 2배 멀어짐
(다)	$8+4\,cm$	$16+8\,cm$	$20+10\,cm$

이에 대한 옳은 설명만을 [보기]에서 있는 대로 고른 것은? [3점]

―――――――――[보기]―――――――――

ㄱ. ㉠은 은하에 해당한다. 스티커는 은하에 해당한다.

ㄴ. B와 C 사이의 거리는 (나)보다 (다)에서 멀다.
우주가 팽창하면서 은하 사이의 거리가 멀어진다.

ㄷ. 스티커 사이의 거리가 멀수록 풍선의 팽창에 따른 거리 변화값이 크다. 스티커 사이의 거리가 멀수록 거리의 변화량이 크다.

① ㄱ　　② ㄴ　　③ ㄱ, ㄷ　　④ ㄴ, ㄷ　　⑤ ㄱ, ㄴ, ㄷ

🧠 단서+발상

단서 우주 팽창에 따른 은하 사이의 거리를 알아보기 위한 모형 실험의 과정과 결과가 제시되어 있다.

발상 풍선의 크기와 스티커 사이의 거리가 의미하는 것을 추론할 수 있다.

적용 우주가 팽창하면서 은하 사이의 거리가 대체로 멀어진다는 사실로부터 문제 풀이를 시작해야 한다.

| 문제+자료 분석 |
- 풍선은 우주 공간을, 스티커는 은하를 의미한다.
- 풍선이 팽창하면서 스티커 사이의 거리가 모두 멀어지는 것을 확인할 수 있다.
- 은하 사이의 거리가 멀어지는 것을 관측함으로써 우주가 팽창하고 있다는 결론을 내릴 수 있다.
- 우주가 팽창하면서 은하 사이의 거리가 멀어지는 것은 (나)와 (다)를 비교함으로써 알 수 있다. 4 cm로 비교적 가까이 있었던 A와 B는 4 cm 더 멀어졌다. 8 cm 거리에 있었던 A와 C는 8 cm 더 멀어졌고, 10 cm 거리에 있었던 A와 D는 10 cm 더 멀어졌다. 거리가 모두 2배씩 멀어지고 있으므로 스티커 사이의 거리가 멀수록 풍선 팽창에 따른 거리 변화값이 크다는 것을 알 수 있다.

| 보기 분석 |

ㄱ. 풍선이 우주 공간이라고 할 때 ㉠스티커는 은하에 해당한다.

ㄴ. B와 C 사이의 거리는 풍선이 커짐에 따라 멀어진다. 따라서 (나)보다 (다)에서 더 멀다.

ㄷ. 스티커 사이의 거리가 멀수록 거리의 변화량이 크다.

✱ 허블 법칙
- 허블은 발견하는 은하마다 거리와 멀어지는 속도(후퇴 속도)를 관측했다. 이 관측을 통해 대체로 멀리 있는 은하일수록 빠르게 멀어진다는 것을 알아냈으며, 우주가 팽창하고 있다는 결론을 얻었다.

01 정답 ④ ＊ 열의 이동

[정답률 72%] 2022 실시 3월 학평 1

그림은 열의 이동과 관련된 현상 A~C를 나타낸 것이다.

A: 촛불 위에서
바람개비가 돌아간다.

B: 에어컨의 찬 공기가
아래로 내려온다.

C: 난로를 쬐는 손바닥이
손등보다 따뜻하다.

단서 액체나 기체 물질을 구성하는 입자가 열을 받아 직접 이동하면서 열이 이동하는 방식

대류에 의한 현상만을 있는 대로 고른 것은?

① A　　② B　　③ C　　④ A, B　　⑤ B, C

＊ 열의 이동 방법

대류	전도	복사
흐르는 물질(액체나 기체)이 움직이면서 열을 전달하는 방식	물질이 이동하지 않고 열을 전달하는 방식	물질 없이 전자기파(빛)의 형태로 열을 전달하는 방식

단서+발상

단서 열의 이동과 관련된 현상이 설명과 함께 제시되어 있다.

발상 그림과 설명으로부터 열의 이동 방법이 각각 무엇인지 추론할 수 있다.

적용 열의 이동 방법을 대류, 전도, 복사로 구분하는 것부터 문제 풀이를 시작해야 한다.

| 문제+자료 분석 |
- **대류**: 공기나 물처럼 물질이 흘러 움직이면서 열을 이동시키는 방식이다.
- **전도**: 물질이 직접 접촉하여 열을 이동시키는 방식이다.
- **복사**: 물질 없이 적외선 등 전자기파의 형태로 열을 이동시키는 방식이다.

| 선택지 분석 |
④ **A**: 촛불의 열이 주변의 공기를 데워 공기가 상승하면서 바람개비를 돌리므로 대류에 의한 현상이다. ➡ 옳음

B: 에어컨에서 열을 빼앗긴 찬 공기가 아래로 내려오고, 원래 아래에 있던 공기는 주변으로 밀려나거나 위로 상승하게 되는 대류 현상이다. ➡ 옳음

C: 난로를 쬐는 손바닥은 난로로부터 직접 열을 받는 복사 현상 때문에 따뜻하지만, 반대편에 있는 손등은 직접 열을 받지 않기 때문에 따뜻하지 않다. ➡ 옳지 않음

02 정답 ④ ＊ 전기력

[정답률 52%] 2022 실시 3월 학평 2

금속구 A가 양(＋)전하로 대전되었다고 착각하지 않아야 한다.

그림은 대전되지 않은 금속구 A와 대전된 금속구 B가 음(－)전하로 대전된 막대 P에 의해 각각 끌려오거나 밀려나는 모습을 나타낸 것이다. A와 B는 절연된 실에 매달려 있다.

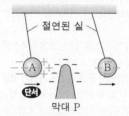

절연된 실

A　막대 P　B

단서

이에 대한 옳은 설명만을 [보기]에서 있는 대로 고른 것은? (단, A, B, P는 서로 접촉하지 않는다.) [3점]

[보기]
ㄱ. A에서 전자는 P에 가까운 쪽으로 이동한다. 먼 쪽
　P는 음(－)전하로 대전되었으므로
　음(－)전하인 전자는 척력을 받아 P에서 먼 쪽으로 이동한다.
ㄴ. B는 음(－)전하로 대전되어 있다.
　B는 P로부터 척력을 받아 멀어졌으므로
　B에 대전된 전하의 종류는 P와 동일한 음(－)전하이다.
ㄷ. P를 제거하면, A와 B에는 서로 당기는 전기력이 작용한다.
　A와 P가 서로 당기는 전기력이 작용하는 것처럼
　A와 B도 동일하게 서로 당기는 전기력이 작용한다.

① ㄱ　　② ㄴ　　③ ㄱ, ㄷ　　④ ㄴ, ㄷ　　⑤ ㄱ, ㄴ, ㄷ

단서+발상

단서 음(－)전하로 대전된 막대와 물체가 이동한 방향이 제시되어 있다.

발상 움직인 방향을 통해 물체가 대전된 전하의 종류를 추론할 수 있다.

적용 같은 전하는 서로 밀어내고, 다른 전하는 서로 당기는 사실을 이용하는 것부터 문제 풀이를 시작해야 한다.

| 문제+자료 분석 |
- 같은 전하의 물체는 서로 밀어내고, 다른 전하의 물체는 서로 당긴다.
- 막대 P는 음(－)전하로 대전되었으므로 막대 P에 의해 밀려나는 금속구 B는 음(－)전하로 대전된 물체이다.
- 주위의 다른 대전된 물체에 의해 물체 내에서도 전자가 이동한다. 막대 P는 음(－)전하로 대전되었으므로 금속구 A에서는 전자들이 P에서 먼 쪽으로 이동한다.
- 금속구 A는 대전되지 않았더라도 막대 P와 가까운 쪽은 양(＋)전하를 띠기 때문에 막대 P로 끌려간 모습이다.

| 보기 분석 |
ㄱ. A 내부의 전자가 P에서 먼 쪽으로 이동했기 때문에 P와 가까운 쪽은 상대적으로 양(＋)전하를 띠므로 막대 P에 끌려갔다.

ㄴ. B는 막대 P로부터 멀어졌기 때문에 음(－)전하로 대전되어 있다는 것을 알 수 있다.

ㄷ. A는 대전되지 않았고, B는 음(－)전하로 대전되었다. P를 제거하면 A의 전자는 B에서 먼 곳으로 이동한다. A 내부에서 B와 가까운 쪽은 상대적으로 양(＋)전하를 띠게 되므로 음(－)전하를 띠는 B와 서로 당기는 전기력이 작용한다.

 왜 틀렸나?
- A는 대전되지 않았지만 대전된 물체와 가까이 있으면 전자가 이동하면서 서로 당길 수 있다는 점에 주의해야 한다.
- 대전되지 않은 A와 P가 서로 당기는 것처럼 P를 제거한 후 A와 B도 동일하게 서로 당기는 전기력이 작용한다.

역학적 에너지 보존, 위치 에너지, 운동 에너지, 자유 낙하

그림은 두 공 A와 B를 각각 <u>지면으로부터 높이가 $2h$와 h인 지점</u>에서 가만히 놓았을 때, A와 B가 자유 낙하하는 모습을 나타낸 것이다. A와 B의 질량은 각각 m과 $2m$이다. **단서**

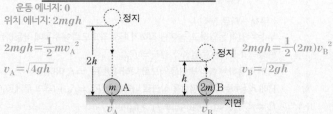

운동 에너지: 0
위치 에너지: $2mgh$ ⋯ 정지

$2mgh = \frac{1}{2}mv_A^2$

$v_A = \sqrt{4gh}$

$2h$

정지 $2mgh = \frac{1}{2}(2m)v_B^2$

$v_B = \sqrt{2gh}$

h

(m) A $\quad (2m)$ B

$v_A \qquad v_B$ 지면

지면에 도달하는 순간, A가 B보다 큰 물리량만을 [보기]에서 있는 대로 고른 것은? (단, 지면에서 공의 위치 에너지는 0이고, 공의 크기와 공기 저항은 무시한다.)

[보기]
ㄱ. 속력 　　 ㄴ. 운동 에너지 동일하다. 　　 ㄷ. 역학적 에너지 동일하다.

① ㄱ 　② ㄷ 　③ ㄱ, ㄴ 　④ ㄴ, ㄷ 　⑤ ㄱ, ㄴ, ㄷ

구분		위치 에너지 $E_p = mgh$	운동 에너지 $E_k = \frac{1}{2}mv^2$	역학적 에너지 $E_p + E_k$
가만히 놓을 때	A	$m \times g \times 2h$	0	$2mgh$
	B	$2m \times g \times 2h$	0	$2mgh$
지면에 도달하는 순간	A	0	$2mgh$	$2mgh$
	B	0	$2mgh$	$2mgh$

단서+발상

단서 물체의 질량과 낙하한 높이가 제시되어 있다.

발상 물체의 역학적 에너지, 운동 에너지, 속력을 추론할 수 있다.

적용 운동 에너지 $E_k = \frac{1}{2}mv^2$과 위치 에너지 $E_p = mgh$를 적용해서 물체의 역학적 에너지를 구하는 것부터 문제 풀이를 시작해야 한다.

| 문제+자료 분석 |

• 정지 상태에서 A의 위치 에너지는 $E_{p,A} = m \times g \times 2h$이고, B의 위치 에너지는 $E_{p,B} = 2m \times g \times h$이며, 운동 에너지는 모두 0이므로 두 물체의 역학적 에너지는 $2mgh$로 같다.

• 지면에 도달하는 순간 두 물체의 위치 에너지는 모두 0이고 역학적 에너지가 모두 운동 에너지로 전환되므로 두 물체의 운동 에너지는 같다.

• A와 B가 지면에 도달하는 순간, A와 B의 속력을 각각 v_A, v_B라고 하면,

A의 운동 에너지는 $2mgh = \frac{1}{2}(m)(v_A)^2$이고, ⋯⋯⋯ 식 (1)

B의 운동 에너지는 $2mgh = \frac{1}{2}(2m)(v_B)^2$이다. ⋯⋯식 (2)

• 식 (1), (2)로부터 $v_A = \sqrt{4gh}$, $v_B = \sqrt{2gh}$를 구할 수 있고 $v_A > v_B$임을 알 수 있다.

| 보기 분석 |

ㄱ. 지면에 도달하는 순간 A의 속력이 B의 속력보다 크다.

ㄴ. 두 물체가 지면에 도달하는 순간 운동 에너지는 서로 동일하다.

ㄷ. 두 물체의 역학적 에너지는 서로 동일하다.

문제 풀이 꿀팁

• 처음 정지한 위치의 위치 에너지로부터 두 물체의 운동 에너지와 역학적 에너지가 동일하다는 것은 쉽게 알 수 있다.

• A는 B보다 더 높은 높이에서 낙하하므로 지면에 도달하기까지 더 많은 시간이 걸린다. 더 많은 시간 동안 중력 가속도를 받아 등가속도 운동하므로 A의 속력이 B의 속력보다 크다.

---

04 정답 ⑤ ✱ 소리 ⋯⋯⋯⋯⋯⋯⋯⋯⋯⋯⋯⋯⋯⋯⋯⋯⋯⋯⋯⋯⋯⋯⋯⋯⋯⋯ [정답률 78%] **2022 실시 3월 학평 4**

다음은 소리를 분석하는 실험이다.

〈실험 과정〉
(가) 서로 다른 두 소리굽쇠에서 발생하는 소리를 각각 녹음한다.
(나) 소리 분석 프로그램을 이용하여 녹음된 소리 A, B를 분석한다.

〈실험 결과〉

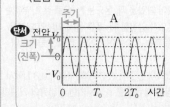 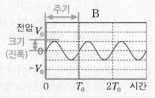

단서 전압 V_0 크기(진폭) A

0

$-V_0$

$0 \quad T_0 \quad 2T_0$ 시간

전압 V_0 크기(진폭) B

0

$-V_0$

$0 \quad T_0 \quad 2T_0$ 시간

이에 대한 옳은 설명만을 [보기]에서 있는 대로 고른 것은?

[보기]
ㄱ. 소리의 주기는 A가 B보다 짧다. 주기는 B가 A의 2배이다.
ㄴ. 소리의 높이는 A가 B보다 높다.
　　주기가 짧은(진동수가 큰) A가 높은 소리이다.
ㄷ. 소리의 크기는 A가 B보다 크다.
　　진폭이 큰 A의 소리 크기가 B보다 더 크다.

① ㄱ 　② ㄴ 　③ ㄱ, ㄷ 　④ ㄴ, ㄷ 　⑤ ㄱ, ㄴ, ㄷ

단서+발상

단서 녹음된 소리의 분석 자료가 제시되어 있다.

발상 소리의 주기, 크기, 높이를 추론할 수 있다.

적용 분석 그래프로부터 주기, 크기, 높이를 찾는 것부터 문제 풀이를 시작해야 한다.

| 문제+자료 분석 |

• 소리의 주기는 같은 시간 동안 반복되는 횟수이다.

• 소리의 높이는 주기가 짧을수록(진동수가 클수록) 높은 소리이다.

• 그래프에서 최대 전압과 최소 전압의 차이는 소리의 크기(음량)를 나타낸다.

| 보기 분석 |

ㄱ. A의 그래프는 T_0동안 2회 반복되므로 소리 A의 주기는 $\frac{T_0}{2}$이고, B의 그래프는 T_0동안 1회 반복되므로 소리 B의 주기는 T_0이다. 따라서 소리의 주기는 A가 B보다 짧다.

ㄴ. 소리의 높이는 주기가 짧을수록 높은 소리가 나므로 A가 B보다 높다.

ㄷ. 최대 전압과 최소 전압의 차이는 A가 $2V_0$, B가 V_0이다. 따라서 소리의 크기는 A가 B보다 크다.

왜 틀렸나?

• 소리의 크기와 소리의 높이 개념을 혼동하지 않도록 주의해야 한다.

그림과 같이 동일한 용수철 A와 B가 연직 아래로 같은 길이만큼 늘어난 채 정지해 있다. A와 B의 탄성력의 크기는 각각 F_A와 F_B이고, 왼손이 A를 직접 당기는 힘과 오른손이 B에 매달린 추를 당기는 힘의 크기는 각각 f_A와 f_B이다.

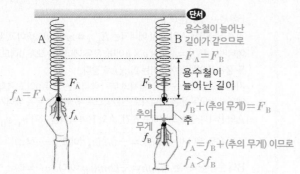

단서
용수철이 늘어난 길이가 같으므로
$F_A = F_B$
용수철이 늘어난 길이

$f_A = F_A$

$f_B +$ (추의 무게) $= F_B$
추의 무게
추

$f_A = f_B +$ (추의 무게) 이므로
$f_A > f_B$

힘의 크기를 옳게 비교한 것은? [3점]

	탄성력의 크기	손이 당기는 힘의 크기
①	$F_A > F_B$	$f_A > f_B$
②	$F_A > F_B$	$f_A < f_B$
③	$F_A = F_B$	$f_A > f_B$
④	$F_A = F_B$	$f_A = f_B$
⑤	$F_A < F_B$	$f_A < f_B$

단서+발상

단서 동일한 용수철의 늘어난 길이가 같다고 제시되어 있다.

발상 용수철에 작용하는 탄성력이 같다는 것을 추론할 수 있다.

적용 $f_A = F_A$와 $f_B +$ 추의 무게 $= F_B$에서 탄력력의 크기를 비교하는 것부터 문제 풀이를 시작해야 한다.

| 문제+자료 분석 |

· 두 용수철이 동일하고, 늘어난 길이가 서로 같으므로 용수철에 작용하는 탄성력의 크기는 동일하다. $(F_A = F_B)$
· A에 작용하는 힘의 평형을 식으로 나타내면 $F_A = f_A$이다.
· B에 작용하는 힘의 평형을 식으로 나타내면 $F_B = f_B +$ (추의 무게)이다.
· $f_A = f_B +$ (추의 무게)이므로 $f_A > f_B$이다.

| 선택지 분석 |

③ A, B 용수철에 작용하는 두 탄성력의 크기는 동일하다. $(F_A = F_B)$ 용수철 A를 당기는 힘은 용수철 B를 당기는 힘과 추의 무게를 합한 것과 동일하므로, 용수철 A를 당기는 힘의 크기가 B를 당기는 힘의 크기보다 크다.

🐝 문제 풀이 꿀팁

· 같은 길이만큼 용수철을 늘리는 상황에서 추의 무게만큼 힘을 덜어주고 있으므로 오른손(f_B)은 왼손(f_A)보다 힘을 적게 들여 당기게 된다.

그림 (가)는 $t_1\,°C$에서 실린더에 헬륨(He) 기체가 들어 있는 모습을, (나)는 피스톤 위에 추를 올려놓았을 때의 모습을, (다)는 온도를 $t_2\,°C$로 변화시켰을 때의 모습을 나타낸 것이다.

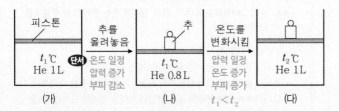

피스톤
추를 올려놓음
온도 일정 단서
압력 증가
부피 감소
$t_1\,°C$
He 1 L
(가)

추
$t_1\,°C$
He 0.8 L
(나)

온도를 변화시킴
압력 일정
온도 증가
부피 증가
$t_1 < t_2$

$t_2\,°C$
He 1 L
(다)

이에 대한 옳은 설명만을 [보기]에서 있는 대로 고른 것은? (단, 대기압은 일정하고, 피스톤의 질량과 마찰은 무시한다.)

[보기]
ㄱ. 실린더 속 기체의 압력은 (나) > (가)이다.
외부 압력 증가 ➡ 기체의 부피가 감소하면서 기체의 압력이 증가한다.
ㄴ. $t_2 > t_1$이다.
온도 증가 ➡ 기체의 부피가 증가한다.
ㄷ. 실린더 속 기체 분자의 운동은 (다)에서가 (나)에서보다 활발하다. 온도가 높을수록 기체의 분자 운동은 활발하다.

① ㄱ   ② ㄷ   ③ ㄱ, ㄴ   ④ ㄴ, ㄷ   ⑤ ㄱ, ㄴ, ㄷ

단서+발상

단서 압력과 온도 변화에 따른 실린더의 부피 변화가 제시되어 있다.

발상 온도가 일정할 때, 압력을 높이면 실린더의 부피가 감소하고, 압력이 일정할 때, 온도를 높이면 실린더의 부피가 증가함을 추론할 수 있다.

적용 기체의 압력과 부피의 관계, 기체의 온도와 부피의 관계를 구하는 것부터 문제 풀이를 시작해야 한다.

| 문제+자료 분석 |

· (가)-(나) 비교: 온도 일정
(가)에 추를 올려놓아 (나)와 같이 되었을 때, 온도는 $t_1\,°C$로 같고, 부피는 1 L에서 0.8 L로 감소했다. 온도가 일정할 때, 추를 올려 외부의 압력을 증가시키면 실린더 속 기체의 부피는 감소하여 기체의 압력은 증가한다.

· (나)-(다) 비교: 압력 일정
(나)에 온도를 $t_2\,°C$로 변화시켰더니 실린더 속 기체의 부피가 0.8 L에서 1 L로 증가하였다. 압력이 일정할 때 온도를 증가시키면 일정량의 기체의 부피는 증가하므로 $t_2 > t_1$이다.

| 보기 분석 |

ㄱ. 온도가 일정할 때, 추를 올려 외부의 압력을 증가시키면 실린더 속 기체의 부피는 감소하여 기체의 압력은 증가한다. 따라서 실린더 속 기체의 압력은 (나) > (가)이다.

ㄴ. 일정한 압력에서 기체의 온도를 증가시키면 일정량의 기체의 부피는 증가한다. (나) → (다)에서 기체의 온도를 변화시켰을 때 기체의 부피가 증가하므로 $t_2 > t_1$이다.

ㄷ. 기체의 온도가 높을수록 기체의 분자 운동은 활발하다. 기체의 온도는 (다)에서가 (나)에서보다 높으므로 실린더 속 기체 분자의 운동은 (다)에서가 (나)에서보다 활발하다.

그림은 고체 물질 X를 일정한 열원으로 가열할 때 시간에 따른 온도를 나타낸 것이다.

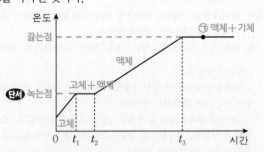

이에 대한 옳은 설명만을 [보기]에서 있는 대로 고른 것은?

─────[보기]─────

ㄱ. t_1부터 t_2까지 X는 ~~액화~~된다.
      융해

ㄴ. t_2부터 t_3까지 X가 흡수한 열은 상태 ~~변화~~에만 이용된다.
          액체 상태의 온도를 높이는 데 이용된다.

ↄ ㉠에서 X는 2가지 상태로 존재한다.
   액체와 기체 상태로 존재한다.

① ㄱ   ② ㄴ   ③ ㄷ   ④ ㄱ, ㄴ   ⑤ ㄱ, ㄷ

🧠 단서+발상

단서 고체 물질의 가열 곡선이 제시되어 있다.

발상 가열할 때 상태 변화 시 온도 변화가 없음을 추론할 수 있다.

적용 상태 변화할 때 온도 변화가 없는 것을 적용하여 녹는점과 끓는점을 구하는 것부터 문제 풀이를 시작해야 한다.

| 문제+자료 분석 |

· $0 \sim t_1$: 고체 상태. 열을 가하면 고체 상태의 온도가 올라간다.
· $t_1 \sim t_2$: 녹는점. 가해진 열은 고체를 융해시키는 데에만 사용되므로 온도 변화는 없다. 고체와 액체가 공존한다.
· $t_2 \sim t_3$: 액체 상태. 열을 가하면 액체 상태의 온도가 올라간다.
· $t_3 \sim$: 끓는점. 가해진 열은 액체를 기화시키는 데에만 사용되므로 온도 변화는 없다. 액체와 기체가 공존한다.

| 보기 분석 |

ㄱ. $t_1 \sim t_2$는 고체 물질 X를 가열했을 때 온도가 처음으로 일정해진 구간으로 고체가 융해된다.

ㄴ. t_2부터 t_3까지 액체 X가 흡수한 열은 액체 X의 온도를 높이는 데 이용된다.

ↄ t_3 이후 X의 온도는 일정하므로 t_3에서의 온도가 끓는점이고, 액체와 기체 상태가 공존하므로 ㉠에서 X는 2가지 상태로 존재한다.

✱ 열에너지를 흡수하는 상태 변화

· **열에너지를 흡수하는 상태 변화**: 융해, 기화, 승화(고체 → 기체)
· 물질을 가열하면 물질이 열에너지를 흡수하여 온도가 높아지는데, 상태 변화가 일어날 때는 온도가 일정하게 유지된다.
  ➡ 가해 준 열에너지가 물질의 상태를 변화시키는 데 모두 사용되기 때문이다.

표는 원자 X~Z의 이온에 대한 자료이다.

이온	X^{2+}	Y^-	Z^{2-}
전자 수	10	10	10
단서 양성자수 = 원자의 전자 수	12	9	8

이에 대한 옳은 설명만을 [보기]에서 있는 대로 고른 것은? (단, X~Z는 임의의 원소 기호이다.) [3점]

─────[보기]─────

㉠ 원자 X가 전자 2개를 잃어 X^{2+}이 된다.
   원자가 전자를 잃으면 양이온이 된다.

ㄴ. 원자의 전자 수는 ~~Y>X~~이다.
      X(=12) > Y(=9)

ㄷ. 원자핵의 전하량은 ~~Z²⁻>Y⁻~~이다.
      $Z^{2-}(=8) < Y^-(=9)$

① ㄱ   ② ㄴ   ③ ㄱ, ㄷ   ④ ㄴ, ㄷ   ⑤ ㄱ, ㄴ, ㄷ

🧠 단서+발상

단서 이온의 화학식과 이온의 전자 수가 제시되어 있다.

발상 원자가 전자를 잃으면 양이온, 전자를 얻으면 음이온이 되므로 이온의 전자 수를 통해 원자의 전자 수를 추론할 수 있다.

적용 원자는 양성자수와 전자 수가 같다는 사실을 적용해서 양성자를 구하는 것부터 문제 풀이를 시작해야 한다.

| 문제+자료 분석 |

· 원자가 전자를 잃으면 양이온이 된다.
   $A \rightarrow A^{m+} + me^-$(전자)
· 원자가 전자를 얻으면 음이온이 된다.
   $B + ne^-$(전자) $\rightarrow B^{n-}$
· X^{2+}은 원자 X가 전자 2개를 잃어 생성되므로 X의 전자 수는 $10+2=12$이고, Y^-은 원자 Y가 전자 1개를 얻어 생성되므로 Y의 전자 수는 $10-1=9$이며, Z^{2-}은 원자 Z가 전자 2개를 얻어 생성되므로 Z의 전자 수는 $10-2=8$이다.
· 원자는 전기적으로 중성이며, 원자의 양성자수와 전자 수가 같다.
· 따라서 X~Z의 양성자수는 각각 12, 9, 8이다.

| 보기 분석 |

㉠ 원자가 전자를 잃으면 양이온이 된다. X^{2+}은 원자 X가 전자 2개를 잃어 생성된다.

ㄴ. X^{2+}은 원자 X가 전자 2개를 잃어 생성되므로 X의 전자 수는 $10+2=12$이고, Y^-은 원자 Y가 전자 1개를 얻어 생성되므로 Y의 전자 수는 $10-1=9$이다. 따라서 원자의 전자 수는 X > Y이다.

ㄷ. 원자핵의 전하량은 원자의 양성자수로 비교할 수 있다. Z^{2-}의 양성자수는 8, Y^-의 양성자수는 9이므로, Y^-의 원자핵의 전하량이 Z^{2-}보다 더 크다.

그림은 스타이로폼 공과 쇠공이 함께 들어 있는 비커에 물을 넣었을 때 공이 분리되는 것을 나타낸 것이다.

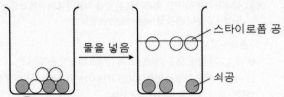

단서 물보다 밀도가 작은 것은 물 위로 뜨고,
물보다 밀도가 큰 것은 물 아래로 가라앉는다.
밀도의 크기: 쇠공＞물＞스타이로폼 공

이와 같이 공이 분리된 이유를 설명할 수 있는 물질의 특성으로 가장 적절한 것은?

① 굳기 ② 밀도 ③ 끓는점 ④ 녹는점 ⑤ 용해도

단서＋발상

단서 스타이로폼 공과 쇠공이 함께 들어 있는 비커에 물을 넣었을 때 공이 분리되는 것이 제시되어 있다.

발상 물체가 물보다 밀도가 작으면 물 위에 뜨고, 물보다 밀도가 크면 물 아래로 가라앉는다는 것을 추론할 수 있다.

적용 물에 뜨고, 가라앉은 물질을 구하는 것부터 문제 풀이를 시작해야 한다.

| 문제＋자료 분석 |

· 고체를 물에 넣었을 때, 물보다 밀도가 작은 것은 물 위로 뜨고, 물보다 밀도가 큰 것은 물 아래로 가라앉는다.
· 스타이로폼 공과 쇠공이 함께 들어 있는 비커에 물을 넣었더니 스타이로폼 공은 물 위에 뜨고, 쇠공은 물 아래로 가라앉은 것을 보면 밀도의 크기는 쇠공＞물＞스타이로폼 공이다.

| 선택지 분석 |

① 굳기는 일반적으로 물질의 단단한 정도를 말하며, 경도라고도 한다. 스타이로폼 공과 쇠공이 물이 담긴 비커에서 분리되는 이유는 굳기와 관련이 없다.

② 스타이로폼 공과 쇠공이 함께 들어 있는 비커에 물을 넣었더니 스타이로폼 공은 물 위에 뜨고, 쇠공은 물 아래로 가라앉은 것은 물질의 밀도 차이로 설명할 수 있다.

③, ④ 끓는점과 녹는점은 물질의 상태변화에 적용되는 개념이다. 그림에서는 물질의 상태변화가 나타나지 않았으므로 공이 분리된 이유를 설명할 수 없다.

⑤ 스타이로폼 공과 쇠공이 물이 담긴 비커에서 분리되는 이유는 용해도와 관련이 없다.

표는 용기에 X와 Y를 넣고 한 가지 물질이 모두 소모될 때까지 반응시킨 실험 I과 II에 대한 자료이다. X와 Y가 반응하여 Z가 생성되고, I에서 반응 후 남은 반응물의 질량은 2 g이다.

단서 I에서 모두 소모될 때까지 반응한 물질은 X이다.
반응하는 X와 Y의 질량비는 X : Y＝1 : 4이다.

실험	반응 전		반응 후 Z의 질량(g)
	X의 질량(g)	Y의 질량(g)	
I	1	6	5
반응 후	0	2	
II	3	x 8	10
반응 후	1	0	

x는? [3점]

① 7 ② 8 ③ 11 ④ 12 ⑤ 15

[실험 I] 질량비 X : Y : Z＝1 : 4 : 5
[실험 II] 질량비 X : Y : Z＝2 : 8 : 10

단서＋발상

단서 용기에 X와 Y를 넣고 한 가지 물질이 모두 소모될 때까지 반응시킨 실험 I과 II에 대한 자료가 제시되어 있다.

발상 화학 반응 전후 질량이 보존됨을 추론할 수 있다.

적용 질량 보존 법칙을 적용해서 반응에 참여한 반응물의 질량을 구하는 것부터 문제 풀이를 시작해야 한다.

| 문제＋자료 분석 |

· 실험 I에서 남은 반응물의 질량이 2 g이고 반응 전 X의 질량이 1 g이므로 모두 소모된 반응물은 X이고, 남은 반응물은 Y이다. 반응물의 총질량과 생성물의 총질량이 같다는 질량 보존 법칙에 따라 X 1 g과 Y 4 g이 반응하면 Z 5 g이 생성되고, Y 2 g이 남는다.

· 반응물과 생성물 X~Z의 질량비는 X : Y : Z＝1 : 4 : 5인데, 실험 II에서 반응 후 Z의 질량이 10 g이므로 반응한 X와 Y의 질량은 각각 2 g, 8 g이고, X 1 g이 남는다. 따라서 x＝8이다.

실험	반응 전 질량		반응 후 질량	
	X	Y	남은 반응물	Y
I	1 g	6 g	Y 2 g	5 g
II	3 g	8 g	X 1 g	10 g

| 선택지 분석 |

② 실험 I을 통해 X~Z의 질량비를 구하고, 질량비 X : Y : Z＝1 : 4 : 5를 실험 II에 대입하여 반응한 Y의 질량을 구하면 x＝8이다.

✱ 질량 보존 법칙

· 화학 반응이 일어날 때 반응물의 총질량과 생성물의 총질량은 같다.
 ➡ 화학 반응이 일어날 때, 물질을 이루는 원자의 종류와 개수가 변하지 않기 때문이다.
· 질량 보존 법칙은 물리 변화와 화학 변화에서 모두 성립한다.

표는 생물 (가)와 (나)에서 핵막과 세포벽의 유무를 나타낸 것이다. (가)와 (나)는 각각 대장균과 아메바 중 하나이다.

단서 아메바는 원생생물계에 속하며, 핵막이 있고, 세포벽은 없다.
대장균은 원핵생물계에 속하며, 핵막이 없고, 세포벽은 있다.

구분	핵막	세포벽
(가) 아메바	있음	없음
(나) 대장균	없음	있음

이에 대한 옳은 설명만을 [보기]에서 있는 대로 고른 것은? [3점]

─────[보기]─────
ㄱ. (가)는 아메바이다.
　(가)는 핵막이 없고, 세포벽이 있는 아메바이다.
ㄴ. (나)는 단세포생물이다.
　(나)는 핵막이 있고, 세포벽은 없는 대장균으로, 단세포생물에 속한다.
ㄷ. (나)는 원핵생물계에 속한다.
　(나)는 대장균으로, 대장균은 원핵생물계에 속한다.
───────────────

① ㄱ　　② ㄴ　　③ ㄱ, ㄷ　④ ㄴ, ㄷ　⑤ ㄱ, ㄴ, ㄷ

＊ 5계의 특징 정리

구분	원핵생물	원생생물	균계	동물계	식물계
세포 수	단세포	단세포, 다세포	대부분 다세포	다세포	다세포
핵(핵막)	없다.	있다.	있다.	있다.	있다.
세포벽	있다.	있는 것도 있고, 없는 것도 있다.	있다.	없다.	있다.

단서＋발상

단서 생물 (가)와 (나)의 핵막과 세포벽 존재 여부가 제시되어 있다.

발상 아메바는 핵막이 있고, 세포벽은 없으므로 (가)는 아메바이며, 대장균은 핵막이 없고, 세포벽은 있으므로 (나)는 대장균임을 추론할 수 있다.

적용 핵막과 세포벽의 유무로 아메바와 대장균을 구분하는 것부터 문제 풀이를 시작해야 한다.

| 문제＋자료 분석 |

· 핵이 있는 세포로 이루어진 생물 중 균계, 식물계, 동물계에 속하지 않는 나머지 생물을 모아 놓은 무리를 원생생물계라 한다. 원생생물계에는 아메바와 짚신벌레와 같이 대부분 단세포생물이 있지만, 다시마, 미역, 김과 같은 다세포생물도 있다. 따라서 (가)는 핵막이 있고, 세포벽은 없는 아메바이다.

· 원핵생물계에 속하는 생물은 세포에 세포벽이 있고 핵막으로 둘러싸인 핵은 없다. 원핵생물계에 속하는 생물은 모두 한 개의 세포로 이루어져 있는 단세포생물이며, 여러 개의 세포가 모여 하나의 덩어리를 이루어 살기도 한다. 대장균, 젖산균, 포도상 구균 등의 세균이 원핵생물계에 속한다.
따라서 (나)는 핵막이 없고, 세포벽이 있는 대장균이다.

| 보기 분석 |

ㄱ. 아메바는 원생생물계에 속하며, 핵막이 있고, 세포벽은 없다.
　(가)는 원생생물에 속하는 아메바이다.
ㄴ. 대장균은 원핵생물계에 속하며, 핵막이 없고, 세포벽은 있다.
　(나)는 대장균이며, 대장균은 한 개의 세포로 이루어진 단세포생물이다.
ㄷ. (나)는 대장균으로, 대장균은 원핵생물계에 속한다.

그림은 뉴런 A~C가 연결된 모습을 나타낸 것이다. A~C는 각각 연합뉴런, 운동뉴런, 감각뉴런 중 하나이다. **단서**

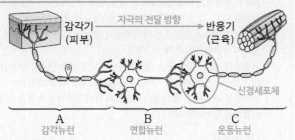

A 감각뉴런　　B 연합뉴런　　C 운동뉴런

이에 대한 옳은 설명만을 [보기]에서 있는 대로 고른 것은?

─────[보기]─────
ㄱ. A는 ~~운동뉴런~~이다. 감각뉴런
ㄴ. B는 중추신경계를 구성한다.
　B는 연합뉴런으로 중추신경계를 구성한다.
ㄷ. C에 신경세포체가 있다.
　C(운동 신경)에는 핵과 세포질이 있어 여러 가지 생명활동이 일어나는 신경세포체가 존재한다.
───────────────

① ㄱ　　② ㄷ　　③ ㄱ, ㄴ　④ ㄴ, ㄷ　⑤ ㄱ, ㄴ, ㄷ

＊ 자극의 전달 경로
· 자극 ➡ 감각기관(피부 등) ➡ 감각뉴런 ➡ 연합뉴런 ➡ 운동뉴런 ➡ 반응 기관(근육) ➡ 반응

단서＋발상

단서 감각기(피부), 감각뉴런, 연합뉴런, 운동뉴런, 반응기(근육)가 연결되어 자극이 전달되는 경로가 제시되어 있다.

발상 감각기에서 자극을 받아들이는 A는 감각뉴런, 감각뉴런과 운동뉴런 사이에서 자극을 느끼고 판단하여 명령을 내리는 B는 연합뉴런, 명령을 반응기로 전달하는 C는 운동뉴런임을 추론할 수 있다.

적용 기능에 따른 뉴런의 개념을 적용하여 A~C를 구하는 것부터 문제 풀이를 시작해야 한다.

| 문제＋자료 분석 |

· A는 피부 감각기에서 자극을 받아들여 연합뉴런으로 전달하는 감각뉴런이다. B는 감각뉴런으로부터 받은 정보를 판단하여 운동뉴런으로 명령을 내리는 연합뉴런이다. C는 연합뉴런의 명령을 반응 기관으로 전달하는 운동뉴런이다.

· 뉴런의 신경세포체에는 핵과 세포질이 있어 여러 가지 생명활동이 일어난다. 가지돌기는 다른 뉴런이나 감각기관에서 전달된 자극을 받아들인다. 축삭돌기는 다른 뉴런이나 기관으로 자극을 전달한다.

| 보기 분석 |

ㄱ. A는 피부 감각기에서 자극을 받아들여 연합뉴런으로 전달하는 감각뉴런이다. 운동뉴런은 C이다.
ㄴ. B는 감각뉴런으로부터 받은 정보를 판단하여 운동뉴런으로 명령을 내리는 연합뉴런이다. 연합뉴런은 중추신경계를 구성한다.
ㄷ. C는 연합뉴런의 명령을 반응 기관으로 전달하는 운동뉴런이다. 운동뉴런에는 핵과 세포질이 있어 여러 가지 생명활동이 일어나는 신경세포체가 존재한다.

13 정답 ② ＊ 혈액의 기능

[정답률 72%] 2022 실시 3월 학평 13

그림은 혈액의 구성 성분 A~C를 나타낸 것이다. A~C는 각각 혈소판, 적혈구, 백혈구 중 하나이다. (단서)

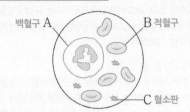

백혈구 A
B 적혈구
C 혈소판

이에 대한 설명으로 옳지 <u>않은</u> 것은?

① A는 백혈구이다.
　혈구의 크기가 가장 크고 핵이 존재하는 A는 백혈구이다.
②B는 식균작용을 한다.
　A
③ B에 헤모글로빈이 있다.
　B(적혈구)는 헤모글로빈의 작용으로 온몸의 조직 세포에 산소를 전달한다.
④ C는 혈액응고에 관여한다.
　C(혈소판)는 상처 부위의 혈액을 응고시키는 혈액응고에 관여한다.
⑤ A~C는 모두 혈구에 해당한다.
　적혈구, 백혈구, 혈소판은 모두 혈구에 해당한다.

단서＋발상

(단서) 혈액의 구성 성분 혈소판, 적혈구, 백혈구의 그림이 제시되어 있다.
(발상) 혈구의 크기와 모양으로 A~C를 추론할 수 있다.
(적용) A~C를 구하는 것부터 문제 풀이를 시작해야 한다.

| 문제＋자료 분석 |
- **적혈구**: 헤모글로빈의 작용으로 온몸의 조직 세포에 산소를 전달한다.
- **백혈구**: 식균작용을 통해 몸속에 침입한 세균 등을 잡아먹는다.
- **혈소판**: 혈액응고 작용을 통해 상처 부위의 혈액을 응고시켜 딱지를 만들고 출혈을 막는다.
- 혈구의 크기는 백혈구＞적혈구＞혈소판 순서이다. 백혈구가 가장 크고, 혈소판이 가장 작다. 백혈구는 핵이 있고, 적혈구와 혈소판은 핵이 없다. 따라서 A는 백혈구, B는 적혈구, C는 혈소판이다.

| 선택지 분석 |
① 혈구의 크기가 가장 크고 핵이 존재하는 A는 백혈구이다.
② 핵이 없고 원반 모양인 B는 적혈구이다. 식균작용을 하는 혈구는 백혈구(A)이다.
③ B(적혈구)는 헤모글로빈의 작용으로 온몸의 조직 세포에 산소를 전달한다.
④ C(혈소판)는 혈액응고 작용을 통해 상처 부위의 혈액을 응고시켜 딱지를 만들고 출혈을 막는다.
⑤ 적혈구, 백혈구, 혈소판은 모두 혈구에 해당한다.

---

14 정답 ⑤ ＊ 광합성

[정답률 76%] 2022 실시 3월 학평 14

다음은 검정말을 이용한 광합성 실험이다.

〈실험 과정 및 결과〉
(가) ㉠날숨을 불어넣어 노란색으로 변화시킨 BTB 용액을 시험관 A~C에 넣는다. (단서) 날숨에 이산화 탄소 존재
　➡ BTB 용액 노란색으로 변함
(나) 그림과 같이 B와 C에만 검정말을 넣고, C는 빛이 통하지 않도록 은박지로 감싼다.

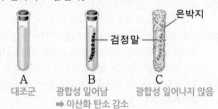

은박지
검정말

A
대조군
B
광합성 일어남
➡ 이산화 탄소 감소
C
광합성 일어나지 않음

(다) 일정 시간 동안 빛을 비춘 후 A~C의 BTB 용액 색깔을 관찰한 결과는 표와 같다. ⓐ는 노란색과 파란색 중 하나이다.

시험관	A 산성	B 염기성	C 산성
색깔	노란색	파란색	ⓐ 노란색

이에 대한 옳은 설명만을 [보기]에서 있는 대로 고른 것은? (단, 제시된 조건 이외의 조건은 같다.) [3점]

[보기]
ㄱ. ㉠에 이산화 탄소가 있다. 날숨(㉠)에는 이산화 탄소가 포함되어 있다.
ㄴ. (다)의 B에서 광합성이 일어났다.
　B에서 광합성이 일어나 이산화 탄소의 양이 감소하여 파란색으로 나타난다.
ㄷ. ⓐ는 노란색이다.
　광합성이 일어나지 않아 C의 색이 변하지 않았다. 따라서 ⓐ는 노란색이다.

① ㄱ　② ㄷ　③ ㄱ, ㄴ　④ ㄴ, ㄷ　⑤ ㄱ, ㄴ, ㄷ

단서＋발상

(단서) 검정말을 이용한 광합성 실험 과정과 결과가 제시되어 있다.
(발상) 검정말을 넣은 시험관에서 광합성이 일어나 발생하는 이산화 탄소가 BTB 용액의 색을 변화시킴을 추론할 수 있다.

| 문제＋자료 분석 |
- BTB 용액

액성	산성	중성	염기성
색깔	노란색	초록색	파란색

- BTB 용액에 날숨을 불어넣으면 날숨 속의 이산화 탄소가 물에 녹아 산성을 띠고, 그 결과 BTB 용액의 색깔이 노란색으로 변한다.
- 검정말이 없는 시험관 A는 색이 변하지 않는다. 이는 정확한 실험 결과를 비교하기 위해 장치한 대조군이다.
- 검정말을 넣은 시험관 B는 광합성이 일어나 이산화 탄소의 양이 감소하여 염기성으로 변화한다. 따라서 BTB 용액의 색은 파란색이다.
- 검정말을 넣었지만, 빛이 통하지 않도록 은박지로 감싼 시험관 C에서는 광합성이 일어나지 않는다.

| 보기 분석 |
ㄱ. 호흡을 통해 배출된 날숨(㉠)에는 이산화 탄소가 포함되어 있다.
ㄴ. 검정말을 넣은 시험관 B는 파란색을 나타낸다. 이는 광합성이 일어나 이산화 탄소의 양이 감소하여 염기성으로 변화한 것이다.
ㄷ. 빛이 통하지 않는 시험관 C에서는 광합성이 일어나지 않는다. 따라서 시험관 C는 산성이고, BTB 용액의 색(ⓐ)은 노란색이다.

＊ 광합성에 영향을 미치는 요인
- 광합성량은 빛의 세기가 셀수록 증가하며, 빛이 일정 세기 이상이 되면 더 이상 증가하지 않는다.
- 광합성량은 이산화 탄소의 농도가 높을수록 증가하며, 이산화 탄소가 일정 농도 이상이 되면 더 이상 증가하지 않는다.
- 광합성량은 온도가 높을수록 증가하며, 일정 온도 이상에서는 급격하게 감소한다.

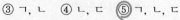

15 정답 ③ ＊ 사람의 유전 ·· [정답률 71%] **2022 실시 3월 학평 15**

그림은 아버지, 어머니, 딸, 아들로 구성된 어떤 가족의 유전병 (가)에 대한 가계도이다. (가)는 우성 대립유전자 A와 열성 대립유전자 a에 의해 결정된다.

□ 정상 남자
○ 정상 여자
■ 유전병 (가) 남자
● 유전병 (가) 여자

부모와 다른 형질을 지닌 자녀가 태어남 ➡ (가)는 열성형질 **단서**
딸이 유전병인데 아버지가 정상 ➡ (가)는 상염색체 유전

이에 대한 옳은 설명만을 [보기]에서 있는 대로 고른 것은? (단, 돌연변이는 고려하지 않는다.) [3점]

─────────[보기]─────────
ㄱ. 아버지는 A와 a를 모두 가진다.
　유전병 (가)는 상염색체 열성유전이므로 아버지의 유전자형은 Aa이다.
ㄴ. 딸과 아들은 (가)의 유전자형이 같다.
　(가)가 발현된 딸과 아들의 유전자형은 aa로 (가)의 유전자형이 같다.
ㄷ. 셋째 아이가 태어날 때, 이 아이에게서 (가)가 나타날 확률은 ~~1/2~~이다. Aa인 부모에서 모두 a를 물려받을 확률은 $\frac{1}{4}$이다.
──────────────────────

① ㄱ　② ㄷ　③ ㄱ, ㄴ　④ ㄴ, ㄷ　⑤ ㄱ, ㄴ, ㄷ

＊ 우성과 열성의 판단
· 부모와 다른 형질을 지닌 자녀가 태어나면 부모의 형질이 우성, 자녀의 형질이 열성이다.

단서＋발상

단서 정상인 부모 사이에서 유전병이 발현된 딸과 아들이 있는 유전병 (가)에 대한 가계도가 제시되어 있다.

발상 부모와 다른 형질을 지닌 자녀가 태어남을 통해 (가)는 열성형질이고, 딸이 유전병인데 아버지가 정상임을 통해 (가)는 상염색체 유전임을 추론할 수 있다.

적용 부모의 유전자형은 Aa이고, 자녀의 유전자형은 aa임을 구하는 것부터 문제 풀이를 시작해야 한다.

| 문제＋자료 분석 |

· 가계도 조사는 특정 형질을 가진 집안에서 여러 세대에 걸쳐 이 형질이 어떻게 유전되는지 알아보는 방법으로 형질의 우열 관계, 유전자의 전달 경로, 가족 구성원의 유전자형 등을 알 수 있고, 앞으로 태어날 자손의 형질을 예측할 수 있다.
· 부모와 다른 형질을 지닌 자녀가 태어나면 부모의 형질이 우성이고, 자녀의 형질이 열성이다. 따라서 유전병 (가)는 열성형질이다.
· 형질을 결정하는 유전자가 성염색체인 X 염색체에 있는 경우를 X 염색체 유전이라 한다. X 염색체 열성 유전병의 경우, 딸이 유전병이면 아버지도 유전병이다. 이 가계도에서 딸은 유전병이 있지만, 아버지는 유전병 (가)가 발현되지 않은 정상 남자이다. 따라서 유전병 (가)는 상염색체 열성유전이다.
· (가)가 상염색체 열성 유전병이므로 부모 모두 유전자형이 Aa이고, 두 자녀의 유전자형은 aa이다.

| 보기 분석 |

ㄱ. 유전병 (가)는 상염색체 열성유전이고, 정상 부모에서 유전병 자녀가 태어났으므로 아버지의 유전자형은 Aa이다. 아버지는 A와 a를 모두 가진다.
ㄴ. 유전병 (가)는 상염색체 열성유전이고 (가)가 발현된 딸과 아들의 유전자형은 aa로 (가)의 유전자형이 같다.
ㄷ. Aa인 부모 사이에서 유전병 (가)가 나타나려면 아버지와 어머니로부터 모두 a를 물려받아야 하므로 $\frac{1}{2} \times \frac{1}{2} = \frac{1}{4}$이다.

─────────────────────────────

16 정답 ① ＊ 지권의 층상 구조 ······································ [정답률 65%] **2022 실시 3월 학평 16**

그림은 지구 내부의 층상 구조를 나타낸 것이다.

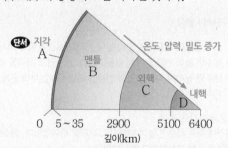

단서 지각
온도, 압력, 밀도 증가
A
맨틀 B
외핵 C
내핵 D
0　5~35　2900　5100　6400
깊이(km)

A~D 층에 대한 옳은 설명만을 [보기]에서 있는 대로 고른 것은?

─────────[보기]─────────
ㄱ. B는 맨틀이다.
　지구 내부에서 가장 큰 부피를 차지한다.
ㄴ. C는 ~~고체~~ 상태이다.
　　액체
ㄷ. 밀도는 A가 D보다 .
　　　　　　　작다
──────────────────────

① ㄱ　② ㄴ　③ ㄱ, ㄷ　④ ㄴ, ㄷ　⑤ ㄱ, ㄴ, ㄷ

단서＋발상

단서 지구 내부의 층상 구조가 제시되어 있다.
발상 지구 내부 층상 구조의 각 명칭과 특징을 추론할 수 있다.
적용 각 부분의 명칭과 특징을 파악하는 것부터 문제 풀이를 시작해야 한다.

| 문제＋자료 분석 |

· 지구 내부의 층상 구조는 지진파 연구를 통해 밝혀졌으며 물질의 구성과 상태에 의해 구분된다.
· 지구 내부로 들어갈수록 온도, 압력, 밀도가 높아진다.
· 지각과 맨틀은 주로 암석으로 이루어져 있으며, 외핵과 내핵은 철과 소량의 니켈 등으로 이루어져 있다.
· A는 지구의 가장 겉 부분인 지각, B는 맨틀, C는 외핵, D는 내핵이다.

| 보기 분석 |

ㄱ. 맨틀은 지각 아래에서부터 깊이 약 2,900 km까지 분포해 있으며 지구 내부에서 가장 큰 부피를 차지하는 영역이다.
ㄴ. C는 외핵으로 액체 상태이다.
ㄷ. 밀도는 지구 내부로 들어갈수록 증가한다. 따라서 밀도는 A가 D보다 작다.

＊ 지구 내부의 층상 구조
· **지각**: 고체 상태, 지구의 겉 부분, 암석
· **맨틀**: 고체 상태, 가장 큰 부피 차지, 암석, 부분 용융
· **외핵**: 액체 상태, 철과 니켈, 대류로 인해 자기장 형성
· **내핵**: 고체 상태, 철과 니켈, 가장 높은 온도와 압력

그림은 별 S에서 나온 빛이 거리가 멀어짐에 따라 퍼져 나가는 모습을 나타낸 것이다.

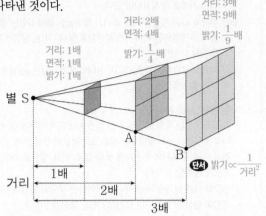

이에 대한 옳은 설명만을 [보기]에서 있는 대로 고른 것은? [3점]

[보기]

ㄱ. 거리가 멀어질수록 별빛이 비추는 면적은 넓어진다.
　　거리가 멀어질수록 거리의 제곱에 비례하여 면적이 넓어진다.

ㄴ. 거리가 2배 멀어지면 관측되는 별의 밝기는 $\frac{1}{4}$배가 된다.

　　거리 2배 = 면적 4배 = 별의 밝기 $\frac{1}{4}$배

ㄷ. 별 S의 절대 등급은 A 지점과 B 지점에서 같다.
　　절대 등급은 거리와 관계없이 동일하다.

① ㄱ　　② ㄴ　　③ ㄱ, ㄷ　　④ ㄴ, ㄷ　　⑤ ㄱ, ㄴ, ㄷ

단서+발상

(단서) 거리가 멀어짐에 따라 별빛이 비추는 넓이가 넓어지는 것이 제시되어 있다.

(발상) 거리에 따라 별빛이 비추는 넓이는 거리의 제곱에 비례하여 커지는 것을 추론할 수 있다.

(적용) 단위 면적당 별빛의 밝기는 거리가 멀어짐에 따라 거리의 제곱에 반비례하여 어두워진다는 것을 이해하며 문제 풀이를 시작해야 한다.

| 문제+자료 분석 |
· 별 S에서 방출된 빛이 비추는 면적은 거리가 1, 2, 3배 늘어남에 따라 1, 2^2, 3^2배로 거리의 제곱에 비례하여 늘어난다.
· 별 S에서 방출된 빛이 비추는 면적에 골고루 퍼지기 때문에 별의 밝기는 면적에 반비례한다.
· 따라서 관측되는 별 S의 밝기는 거리의 제곱에 반비례한다.
· 절대 등급이란 별이 10 pc 거리에 있다고 가정했을 때 별의 밝기이며 별까지 거리와 관계없이 일정한 별의 고유한 값이다.

| 보기 분석 |
ㄱ. 거리가 멀어질수록 별빛이 비추는 넓이는 거리의 제곱에 비례하여 넓어진다.
ㄴ. 거리가 2배 멀어지면 별빛이 4배 더 넓은 면적을 비추므로 관측되는 별의 밝기는 $\frac{1}{4}$배가 된다.
ㄷ. 절대 등급은 별이 10 pc 거리에 있다고 가정할 때의 밝기이다. 관측하는 거리와 관계없이 밝기를 같은 값으로 나타내고자 하는 개념이므로 어느 거리에서 관측하더라도 동일하다.

✱ 별의 밝기와 등급

· 별의 밝기는 거리의 제곱에 반비례한다. ($l \propto \frac{1}{r^2}$, l: 겉보기 밝기, r: 거리)
· 절대 등급은 별과 10 pc 거리에 있는 곳에서 측정되는 별의 등급이다.

10 pc보다 먼 별	절대 등급 < 겉보기 등급
10 pc인 별	절대 등급 = 겉보기 등급
10 pc보다 가까운 별	절대 등급 > 겉보기 등급

그림은 서해안에서 관측한, 조석 현상에 의한 해수면의 높이 변화를 나타낸 것이다.

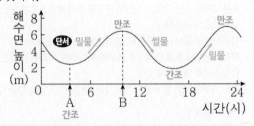

이에 대한 옳은 설명만을 [보기]에서 있는 대로 고른 것은?

[보기]

ㄱ. A일 때 ~~만조~~이다. 간조

ㄴ. 6시에는 밀물이 나타난다.
　　해수면이 높아지고 있으므로 바닷물이 육지 쪽으로 들어오는 밀물이다.

ㄷ. 이날 갯벌이 가장 넓게 드러나는 때는 ~~B~~ A이다.
　　갯벌이 가장 넓게 드러나려면 해수면이 가장 낮아야 한다.

① ㄱ　　② ㄴ　　③ ㄱ, ㄷ　　④ ㄴ, ㄷ　　⑤ ㄱ, ㄴ, ㄷ

단서+발상

(단서) 조석 현상에 의한 해수면의 높이 변화가 시간에 따라 제시되어 있다.

(발상) 해수면 높이 변화를 통해 밀물, 썰물, 간조, 만조 시각을 추론할 수 있다.

(적용) 해수면 높이에 따라 밀물과 썰물을 확인하는 것부터 문제 풀이를 시작해야 한다.

| 문제+자료 분석 |
· 시간에 따른 해수면 높이 변화가 그래프로 주어졌으며, 해수면 높이 변화의 원인은 조석 현상이라고 제시되었다.
· 해수면 높이 변화의 주기는 약 12시간이다.
· 해수면의 높이가 최소일 때를 간조, 최대일 때를 만조라고 하며, 간조에서 만조로 해수면 높이가 높아지면 밀물, 만조에서 간조로 해수면 높이가 낮아지면 썰물이라고 한다.

| 보기 분석 |
ㄱ. A는 해수면의 높이가 낮은 간조, B는 해수면의 높이가 높은 만조이다.
ㄴ. 6시는 간조에서 만조로 진행되면서 해수면의 높이가 상승하는 중이므로 물이 육지 쪽으로 밀려 들어오는 밀물이 나타난다.
ㄷ. 갯벌이 가장 넓게 드러나려면 해수면의 높이가 가장 낮은 간조여야 하며, 그래프에서 찾아보면 A나 16시경에 갯벌이 가장 넓게 드러날 수 있다.

19 정답 ③ ＊ 지구의 복사 평형 ·· [정답률 82%] 2022 실시 3월 학평 19

다음은 지구의 복사 평형의 원리를 알아보기 위한 실험이다.

단서 태양 복사 에너지＝지구 복사 에너지

〈실험 과정〉

(가) 검은색 알루미늄 컵에 온도계를
온도계를 꽂은 뚜껑을 덮고,
적외선 가열 장치에서 30 cm
정도 떨어진 곳에 컵을 놓는다.

(나) 적외선 가열 장치를 켜고 2분
간격으로 컵 안의 온도를 측정하여 그래프를 그린다.

태양
적외선 가열 장치
온도계
알루미늄 컵
지구

〈실험 결과〉

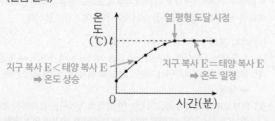

온도(℃)t
열 평형 도달 시점
지구 복사 E＜태양 복사 E ➡ 온도 상승
지구 복사 E＝태양 복사 E ➡ 온도 일정
0
시간(분)

이에 대한 옳은 설명만을 [보기]에서 있는 대로 고른 것은? [3점]

[보기]

ㄱ. 적외선 가열 장치는 태양에 해당한다.
적외선 가열 장치에서 나오는 열에너지로 컵을 가열시킨다.

ㄴ. 컵 안의 온도가 t℃에 도달했을 때 컵이 흡수하는 에너지와
방출하는 에너지의 양은 같다. 열평형 상태에서는 컵의 흡수 에너지와
방출 에너지의 양이 같다.

ㄷ. 컵과 적외선 가열 장치의 거리를 40 cm로 하면 컵 안의
온도는 t℃보다 <del>높은</del> 온도에서 일정해진다. 30 cm에서 40 cm로
낮은 거리를 늘렸다.

① ㄱ   ② ㄷ   ③ ㄱ, ㄴ   ④ ㄴ, ㄷ   ⑤ ㄱ, ㄴ, ㄷ

단서＋발상

단서 지구 복사 평형에 관한 모형 실험이 제시되어 있다.

발상 지구의 온도가 평균적으로 일정하게 유지되는 원리를 추론할 수 있다.

적용 열평형에 관한 개념을 확인하는 것부터 문제 풀이를 시작해야 한다.

| 문제＋자료 분석 |

· 적외선 가열 장치는 태양을, 알루미늄 컵은 지구를 의미한다.

· 알루미늄 컵은 적외선 가열 장치로부터 복사 에너지를 받아 온도가
상승하다가 어느 시점부터는 온도가 일정하게 유지된다.

· 온도가 상승하는 이유는 입사하는 복사 에너지가 방출되는 에너지보다
크기 때문이며, 온도가 일정하게 유지되는 이유는 입사하는 복사 에너지와
방출되는 에너지의 크기가 같기 때문이다.

· 알루미늄 컵은 온도가 일정하게 되는 시점부터 열 평형 상태에 도달하였다.

| 보기 분석 |

ㄱ. 적외선 가열 장치는 태양, 알루미늄 컵은 지구에 해당한다.

ㄴ. 컵 안의 온도가 t℃일 때 열 평형에 도달하며, 열 평형 상태에서는 컵이
흡수하는 에너지와 방출하는 에너지가 서로 같다.

ㄷ. 적외선 가열 장치의 거리가 멀어지면 컵이 흡수하는 에너지의 양이
감소한다. 따라서 더 낮은 온도에서 열 평형이 일어나게 된다.

＊ 지구의 복사 평형

· **들어오는 열＞나가는 열**: 온도 상승

· **들어오는 열＜나가는 열**: 온도 하강

· **들어오는 열＝나가는 열**: 온도 유지 (열 평형 상태)

20 정답 ④ ＊ 지구의 복사 평형 ·· [정답률 63%] 2022 실시 3월 학평 20

그림은 어느 날 일식이 일어났을 때 태양, 달, 지구의 상대적인
위치를 나타낸 것이다.

반그림자 내부 ➡ 부분 일식
반그림자
태양
달
B
A
지구
본그림자
단서 본그림자 내부 ➡ 개기 일식

이에 대한 옳은 설명만을 [보기]에서 있는 대로 고른 것은? [3점]

[보기]

ㄱ. 이날 보름달이 <del>관측된다.</del>
달의 위상은 삭이며, 달은 육안으로 보이지 않는다.

ㄴ. 이때 A 지역에서는 개기 일식이 관측된다.
본그림자 영역에서는 개기 일식이 관측된다.

ㄷ. 이때 B 지역에서는 일식이 관측되지 않는다.
반그림자 바깥 영역에서는 일식이 관측되지 않는다.

① ㄱ   ② ㄷ   ③ ㄱ, ㄴ   ④ ㄴ, ㄷ   ⑤ ㄱ, ㄴ, ㄷ

단서＋발상

단서 일식이 일어날 때 태양－달－지구의 위치 관계와 그림자 영역이
제시되어 있다.

발상 일식을 관측할 수 있는 영역을 추론할 수 있다.

적용 반그림자와 본그림자 지역에서 관측할 수 있는 현상을 파악하는 것부터
문제 풀이를 시작해야 한다.

| 문제＋자료 분석 |

· 달의 본그림자 안에 있는 A 지역에서는 달이 태양을 완전히 가리는 개기
일식을 관측할 수 있다.

· 달의 반그림자 안, 본그림자 바깥 영역에 있는 지역에서는 달이 태양의
일부를 가리는 부분 일식을 관측할 수 있다.

· 달의 반그림자 바깥 영역에 있는 B 지역에서는 이 시각 일식을 관측할 수
없다.

| 보기 분석 |

ㄱ. 일식이 일어나는 날에는 태양－달－지구 순서로 나란하게 위치하게 된다.
일식이 일어날 때의 달의 위상은 삭이다. 월식의 경우는 보름달이
관측되는 날 월식이 진행된다.

ㄴ. A 지역에서는 달의 본그림자 안에 있어서 달이 태양을 완전히 가리는
개기 일식을 관측할 수 있다.

ㄷ. B 지역에서는 달의 반그림자보다 바깥 영역에 있어서 태양이 달에
가려지지 않는다. 따라서 일식이 관측되지 않는다.

01 정답 ③   ＊ 역학적 에너지 보존, 에너지 전환 ··· [정답률 79%] **2021 실시 3월 학평 1**

다음은 선생님이 제시한 과제와 학생 A, B, C의 답변이다.

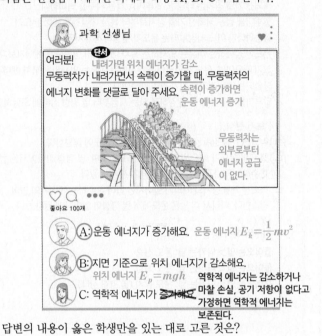

과학 선생님

단서

여러분! 내려가면 위치 에너지가 감소
무동력차가 내려가면서 속력이 증가할 때, 무동력차의
에너지 변화를 댓글로 달아 주세요. 속력이 증가하면
운동 에너지 증가

무동력차는
외부로부터
에너지 공급
이 없다.

좋아요 100개

A: 운동 에너지가 증가해요. 운동 에너지 $E_k = \frac{1}{2}mv^2$

B: 지면 기준으로 위치 에너지가 감소해요.
위치 에너지 $E_p = mgh$

C: 역학적 에너지가 증가해요. 역학적 에너지는 감소하거나
마찰 손실, 공기 저항이 없다고
가정하면 역학적 에너지는
보존된다.

답변의 내용이 옳은 학생만을 있는 대로 고른 것은?

① A ② C ③ A, B ④ B, C ⑤ A, B, C

단서+발상

단서 무동력차의 위치 변화와 속력 변화가 제시되어 있다.

발상 위치 에너지와 운동 에너지의 변화를 추론할 수 있다.

적용 역학적 에너지의 보존과 에너지 전환의 개념으로부터 문제 풀이를
시작해야 한다.

| 문제+자료 분석 |
· 무동력차는 외부로부터 에너지(동력) 공급이 없이 작동한다는 의미이다.
· 무동력차가 내려가면서 위치 에너지는 감소하고 운동 에너지는 증가한다.
· 역학적 에너지는 물체의 운동 에너지와 위치 에너지의 합이다.

| 선택지 분석 |
③ A: 무동력차의 속력이 증가하므로 운동 에너지는 증가한다. ➡ 옳음
   B: 무동력차가 내려가면서 지면 기준으로 위치 에너지는 감소한다.
      ➡ 옳음
   C: 외부로부터 에너지 공급이 없으면 역학적 에너지는 증가하지 않는다.
      마찰이 없는 경우, 역학적 에너지는 보존되며, 마찰이 있는 경우
      역학적 에너지는 감소한다. ➡ 옳지 않음

＊ 역학적 에너지 보존

위치 에너지	운동 에너지	역학적 에너지
$E_p = mgh$ (m: 물체의 질량, h: 지면으로부터의 높이)	$E_k = \frac{1}{2}mv^2$ (m: 물체의 질량, v: 물체의 속력)	$E = E_p + E_k$

02 정답 ①   ＊ 옴의 법칙, 전압과 전류 ··· [정답률 57%] **2021 실시 3월 학평 2**

다음은 전압과 전류의 관계를 알아보는 실험 과정이다.

단서

$I = \frac{V}{R}$: 저항이 일정할 때,
전류는 전압에 비례한다.

〈실험 과정〉 A 저항은 100 Ω으로 일정

(가) 저항값이 100 Ω인 니크롬선 A를
전원 장치에 연결한 회로를 구성한다.

(나) 스위치를 닫고 전원 장치의 전압을 전압이 조작 변인
증가시키며 니크롬선에 걸리는
전압과 니크롬선에 흐르는 전류의 세기를 측정한다.

(다) (가)에서 A를 저항값이 200 Ω인 니크롬선 B로 바꾼 후
(나)를 수행한다. B 저항은 200 Ω으로 일정

전압계
전원 장치
니크롬선
전류계

A, B에 흐르는 전류의 세기를 전압에 따라 나타낸 그래프로 가장
적절한 것은? [3점]

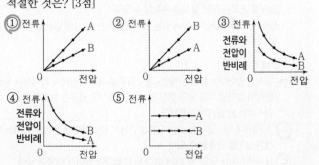

① 전류 … A / B
② 전류 … B / A
③ 전류 전류와 전압이 반비례 … A / B
④ 전류 전류와 전압이 반비례 … B / A
⑤ 전류 … A / B

단서+발상

단서 전압에 따른 전류의 세기를 알아보는 실험이 제시되어 있다.

발상 전압과 전류와의 관계, 저항과 전류와의 관계를 추론할 수 있다.

적용 옴의 법칙 $I = \frac{V}{R}$ 을 적용해서 저항, 전압, 전류의 관계를 파악하여
문제 풀이를 시작해야 한다.

| 문제+자료 분석 |
· 니크롬선 A는 저항이 100 Ω으로 일정하고, B는 200 Ω으로 일정하다.
· A, B 모두 전압이 높아짐에 따라 전류가 비례하여 높아진다.
· 같은 전압일 때 저항이 크면 전류는 작다는 것을 이용하여 적절한 그래프를
찾아낸다. **꿀팁**

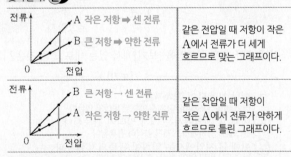

전류 A 작은 저항 ➡ 센 전류 / B 큰 저항 ➡ 약한 전류	같은 전압일 때 저항이 작은 A에서 전류가 더 세게 흐르므로 맞는 그래프이다.
전류 B 큰 저항 → 센 전류 / 작은 저항 → 약한 전류	같은 전압일 때 저항이 작은 A에서 전류가 약하게 흐르므로 틀린 그래프이다.

| 선택지 분석 |
① 전압에 따라 전류가 비례하는 관계이며, 같은 전압일 때 A에 흐르는
   전류가 B에 흐르는 전류보다 세기 때문에 적절한 그래프이다.
② 전압에 따라 전류가 비례하지만, 같은 전압일 때 A에 흐르는 전류가 B에
   흐르는 전류보다 약하기 때문에 적절하지 않다.
③~⑤ 전류와 전압이 비례하는 관계가 아니기 때문에 적절하지 않다.

03 정답 ④ ＊ 빛의 삼원색, 빛의 합성

그림은 빛의 삼원색에 해당하는 빨강, 초록, 파랑 빛이 나오는 화소로 구성된 화면에서 색을 표현할 때, 화면의 각 지점 A와 B를 확대한 모습을 나타낸 것이다. A에서는 초록빛이, B에서는 빨강 빛이 나오는 화소가 꺼져 있다. 단서

초록, 파랑 켜짐

빨강, 파랑 켜짐

◻ : 켜진 화소
◼ : 꺼진 화소

A와 B에서 표현한 색으로 가장 적절한 것은? (단, 켜진 화소의 밝기는 모두 같다.)

	A	B		A	B
①	노란색	자홍색	②	노란색	청록색
③	자홍색	노란색	④	자홍색	청록색
⑤	청록색	자홍색			

④ 빨강＋파랑 ➡ 자홍   초록＋파랑 ➡ 청록

단서＋발상

단서 특정 색상의 화소가 켜지고 꺼진 모습이 제시되어 있다.

발상 켜진 빛의 합성을 통해 표현되는 색상을 추론할 수 있다.

적용 빛의 합성에 따른 색상을 파악하는 것부터 문제 풀이를 시작해야 한다.

| 문제＋자료 분석 |
- A는 빛의 삼원색 중에서 빨강, 파랑 빛이 켜져 있다.
- B는 빛의 삼원색 중에서 초록, 파랑 빛이 켜져 있다.
- 켜진 화소의 밝기가 같으며 빛의 합성에 따른 색상을 이용하여 색을 추정한다.
- 빨강＋초록 ➡ 노랑, 초록＋파랑 ➡ 청록, 빨강＋파랑 ➡ 자홍, 빨강＋초록＋파랑 ➡ 흰색 꿀팁

| 선택지 분석 |
① 노란색 빛은 빨강＋초록빛의 합성이므로 A에서 나타날 수 없다. 자홍색 빛은 빨강＋파랑 빛의 합성1이므로 B에서 나타날 수 없다.
② B에서는 초록＋파랑 빛의 합성으로 청록색 빛이 나타나지만, 노란색 빛은 빨강＋초록빛의 합성이므로 A에서 나타날 수 없다.
③ A에서는 빨강＋파랑 빛의 합성으로 자홍색 빛이 나타나지만, 노란색 빛은 빨강＋초록빛의 합성이므로 B에서 나타날 수 없다.
④ A에서는 빨강＋파랑 빛의 합성으로 자홍색 빛이 나타난다. B에서는 초록＋파랑 빛의 합성으로 청록색 빛이 나타난다.
⑤ 청록색 빛은 초록＋파랑 빛의 합성으로 A에서 나타날 수 없다. 자홍색 빛은 빨강＋파랑 빛의 합성으로 B에서 나타날 수 없다.

---

04 정답 ④ ＊ 열평형

그림은 물체 A를 액체 B에 넣은 후, A와 B의 온도를 시간에 따라 나타낸 것이다. t일 때 A와 B의 온도가 같아졌다. 이에 대한 옳은 설명만을 [보기]에서 있는 대로 고른 것은? (단, 열은 A와 B 사이에서만 이동한다.)

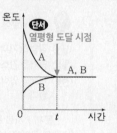

온도

단서
열평형 도달 시점

A
A, B
B

0   t 시간

[보기]
ㄱ. 0부터 t까지 열은 ~~B에서 A로~~ 이동한다.
    A에서 B로
ㄴ. 0부터 t까지 B의 입자 운동은 점점 활발해진다.
    액체와 기체는 온도가 높아질수록 입자 운동이 활발해진다.
ㄷ. t 이후 A와 B는 서로 열평형 상태에 있다.
    온도가 같아진 상태를 열평형 상태라고 한다.

① ㄱ ② ㄴ ③ ㄱ, ㄷ ④ ㄴ, ㄷ ⑤ ㄱ, ㄴ, ㄷ

단서＋발상

단서 물체 A, B의 시간에 따른 온도 그래프가 제시되어 있다.

발상 열평형 시점을 추론할 수 있다.

적용 열평형 시점이 t라는 것과 열평형의 개념으로부터 문제 풀이를 시작해야 한다.

| 문제＋자료 분석 |
- 물체 A는 액체 B보다 고온이었다.
- A는 열을 빼앗겨 온도가 낮아졌으며, B는 열을 얻어 온도가 상승하였다.
- 열은 A에서 B로 이동하였다.
- t 이후에는 온도가 같아지므로 열평형 상태이다.

| 보기 분석 |
ㄱ. 0부터 t까지 A의 온도가 B의 온도보다 높으므로 열은 A에서 B로 이동한다.
ㄴ. 액체 B의 온도가 상승하면서 입자의 운동이 점점 활발해진다.
ㄷ. 온도가 서로 같으면 열평형 상태라고 한다. t 이후 A, B의 온도가 같아지므로 열평형 상태에 있다.

＊ 열평형

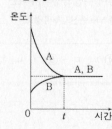

온도

A
A, B
B

0   t 시간

- 열은 고온 A에서 저온 B로 이동한다.
- 고온의 물체 A는 열을 잃어 온도가 낮아진다.
- 저온의 물체 B는 열을 얻어 온도가 높아진다.
- 두 물체의 온도가 같아지면 열평형 상태이다.
- 같은 질량이라면 온도가 더 많이 변한 물체 A의 비열이 더 작다.
- 같은 질량이라면 온도가 더 적게 변한 물체 B의 비열이 더 크다.

그림 (가)는 물체 A가 용수철저울에 매달려 정지해 있는 모습을, (나)는 (가)의 A를 물에 넣었을 때 A가 물속에서 정지해 있는 모습을 나타낸 것이다. (가)와 (나)에서 용수철저울로 측정한 힘의 크기는 각각 40 N, 30 N이다.

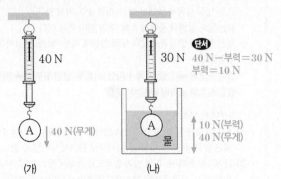

 40 N−부력=30 N
부력＝10 N

40 N(무게)

10 N(부력)
40 N(무게)
물

(가)   (나)

(나)에서 A에 작용하는 부력의 크기는? [3점]

① 10 N ② 30 N ③ 40 N ④ 50 N ⑤ 70 N

부력 ＝ 40 N(무게)−30 N(용수철저울로 측정한 힘) ＝ 10 N

🧠 단서+발상

단서 물체 A를 들어 올리는 힘이 제시되어 있다.

발상 용수철저울의 측정값을 통해 물체 A의 무게와 부력을 추론할 수 있다.

적용 물체 A의 무게를 구하는 것부터 문제 풀이를 시작해야 한다.

| 문제＋자료 분석 |

· (가)를 통해 A의 무게는 40 N이라는 것을 알 수 있다.
· (나)에서는 부력 때문에 용수철저울의 측정값이 30 N으로 감소하였다.
· 40 N에서 30 N으로 감소하였으므로 부력은 10 N으로 구할 수 있다.

| 선택지 분석 |

① A에 작용하는 부력의 크기는 식 40 N−부력＝30 N을 적용하여 구한다.
따라서 부력의 크기는 10 N이다.

＊ 부력

· 부력은 물속에 잠겨 있는 물체가 중력과 반대 방향인 위 방향으로 받는 힘으로 물체를 물 위로 뜨게 하는 힘이다.
좌우 방향으로는 수압의 크기가 같으므로 물체에 작용하는 수평 방향의 합력은 0이다. 물체의 윗부분에서 아래쪽으로 작용하는 수압은 물체의 아랫부분에서 위쪽으로 작용하는 수압보다 작으므로 연직 방향으로 물체에 작용하는 합력의 방향은 위쪽 방향이다. 따라서 물체에 작용하는 부력의 방향은 연직 위 방향이다.

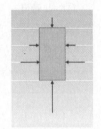

그림 (가)는 감압 용기에 풍선을 넣은 모습을, (나)는 (가)의 감압 용기에서 공기를 빼낸 후의 모습을 나타낸 것이다.

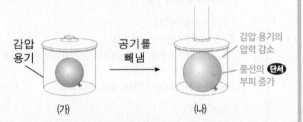

감압
용기

공기를
빼냄

감압 용기의
압력 감소

풍선의 **단서**
부피 증가

(가)   (나)

이에 대한 옳은 설명만을 [보기]에서 있는 대로 고른 것은? [3점]

━━━━━[보기]━━━━━

ㄱ. 감압 용기 속 기체의 분자 수는 (가) > (나)이다.
감압 용기에서 공기를 빼냈으므로 감압 용기 속 기체 분자 수 감소

ㄴ. 풍선 속 기체의 압력은 (가)에서와 (나)에서가 ~~같다~~ (가)에서 더 큼
풍선의 부피 증가 ➡ 풍선 속 기체의 압력: (가) > (나) 같지 않다.

ㄷ. (나)의 감압 용기에 공기를 다시 넣어 주면 풍선의 부피는
 ~~증가~~ 한다. 풍선에 가해지는 외부 압력 증가 ➡ 풍선의 부피 감소
감소

① ㄱ ② ㄷ ③ ㄱ, ㄴ ④ ㄴ, ㄷ ⑤ ㄱ, ㄴ, ㄷ

🧠 단서+발상

단서 감압 용기의 압력 변화에 따른 풍선의 부피 변화가 제시되어 있다.

발상 압력을 감소시켰을 때 풍선의 부피가 증가함을 추론할 수 있다.

적용 기체의 압력과 부피의 관계를 구하는 것부터 문제 풀이를 시작해야 한다.

| 문제＋자료 분석 |

· 감압 용기에서 공기를 빼내면 감압 용기 내부의 압력이 감소하여 풍선에 작용하는 압력이 낮아지므로 풍선의 부피가 증가한다.

| 보기 분석 |

ㄱ. 감압 용기에서 공기를 빼냈으므로 감압 용기 속 기체의 분자 수는 감소한다. 따라서 감압 용기 속 기체의 분자 수는 (가) > (나)이다.

ㄴ. 감압 용기의 공기를 빼내면 감압 용기 내부의 압력이 감소하여 풍선에 작용하는 압력이 낮아지므로 풍선의 부피가 증가한다. 풍선의 부피가 증가하면 풍선 속 기체의 압력은 낮아지므로 풍선 속 기체의 압력은 (가) > (나)이다.

ㄷ. (나)의 감압 용기에 공기를 다시 넣어 주면 감압 용기의 내부 압력이 증가하여 풍선에 작용하는 압력이 커지므로 풍선의 부피는 감소한다.

＊ 기체의 압력과 부피 관계

· 온도가 일정할 때 압력이 증가하면 기체의 부피는 감소하고, 압력이 감소하면 기체의 부피는 증가한다.

· **보일 법칙**: 온도가 일정할 때 일정량의 기체의 부피(V)는 압력(P)에 반비례한다.

$$P(압력) \times V(부피) = 일정 \implies P_{처음} \times V_{처음} = P_{나중} \times V_{나중}$$

그림은 이온 (가)~(다)를 모형으로 나타낸 것이다.
단서 원자 번호＝양성자수＝원자의 전자 수
이온의 전하＝양성자수－전자 수
이온의 전하가 (＋)이면 양이온, (－)이면 음이온

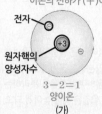
전자
원자핵의
양성자수
3－2＝1
양이온
(가)

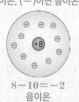
8－10＝－2
음이온
(나)

11－10＝1
양이온
(다)

이에 대한 설명으로 옳은 것은?
① ~~음은 원자핵~~이다.
　전자
② (가)는 ~~음이온~~이다.
　양이온(∵ 양성자수가 전자 수보다 많기 때문에)
③ (나)는 ~~양이온~~이다.
　음이온(∵ 양성자수가 전자 수보다 적기 때문에)
④ 원자핵의 전하량은 (가)✕(나)이다.
　(가)＜(나) (∵ 원자핵의 전하량은 (가)는 ＋3, (나)는 ＋8)
⑤ 원자일 때 전자 수는 (다)＞(나)이다.
　원자일 때 전자 수는 원자의 양성자수와 같다.

단서＋발상
단서 원자핵의 양성자수와 전자가 이온 모형으로 제시되어 있다.
발상 이온 모형에서 양성자수와 전자 수의 차이로 이온의 전하를 추론할 수 있다.
적용 양성자수와 전자 수를 구하는 것부터 문제 풀이를 시작해야 한다.

| 문제＋자료 분석 |
・원자 번호 ＝ 양성자수 ＝ 원자의 전자 수
・이온의 전하 ＝ 양성자수－전자 수
・이온의 전하가 (＋)이면 양이온, (－)이면 음이온
・(가)는 양성자수 3, 전자 수 2이므로 (＋)1가의 양이온이다.
・(나)는 양성자수 8, 전자 수 10이므로 (－)2가의 음이온이다.
・(다)는 양성자수 11, 전자 수 10이므로 (＋)1가의 양이온이다.

| 선택지 분석 |
① ~~음~~은 전자이다.
② (가)는 양성자수 3, 전자 수 2이므로 (＋)1가의 양이온이다.
③ (나)는 양성자수 8, 전자 수 10이므로 (－)2가의 음이온이다.
④ 원자핵의 전하량은 (가)는 ＋3, (나)는 ＋8이므로 (가)＜(나)이다.
⑤ 원자는 전기적 중성으로 양성자수와 전자 수가 같다. (나)와 (다)의 양성자수가 각각 8, 11이므로 (나)와 (다)의 전자 수도 각각 8, 11이다. 따라서 원자일 때 전자 수는 (다)＞(나)이다.

＊ 원자의 정의
・양성자수＝전자 수(원자 상태＝전기적 중성)

그림은 염화 나트륨($NaCl$) 수용액 (가)와 질산 은($AgNO_3$) 수용액 (나)를 혼합하였을 때, (나)와 혼합 용액에 들어 있는 이온을 모형으로 나타낸 것이다.
단서 $Na^+ + Cl^- + Ag^+ + NO_3^- \rightarrow AgCl\downarrow + Na^+ + NO_3^-$

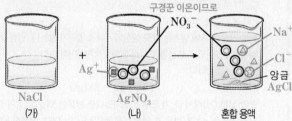

구경꾼 이온이므로
NO_3^-
Ag^+
$NaCl$
(가)
$AgNO_3$
(나)
혼합 용액
Na^+
Cl^-
앙금
$AgCl$

(가)에 들어 있는 이온을 모형으로 옳게 나타낸 것은? [3점]

①　②　③
④　⑤

단서＋발상
단서 앙금 생성 반응이 모형으로 제시되어 있다.
발상 구경꾼 이온은 반응하지 않음을 추론할 수 있다.
적용 구경꾼 이온과 반응에 참여하는 이온을 구하는 것부터 문제 풀이를 시작해야 한다.

| 문제＋자료 분석 |
・(가)에 들어 있는 이온은 Na^+, Cl^-이고, (나)에 들어 있는 이온은 Ag^+, NO_3^-이다.
・두 수용액을 혼합하면 Ag^+과 Cl^-은 반응하여 염화 은($AgCl$) 앙금을 생성한다.
　　$Na^+ + Cl^- + Ag^+ + NO_3^- \rightarrow AgCl\downarrow + Na^+ + NO_3^-$
・혼합 용액 속에 ○은 그대로 남았으므로 ○은 구경꾼 이온인 NO_3^-이고, ■은 존재하지 않으므로 ■은 반응에 참여하는 이온인 Ag^+이다.
・혼합 용액에서 새로 보이는 △와 ☆는 각각 Na^+와 Cl^- 중 하나인데, 혼합 용액에서 이온 수는 △＞☆이므로 ☆은 반응에 참여하는 Cl^-이고, △은 Na^+이다.

| 선택지 분석 |
④ 혼합 용액에서 구경꾼 이온인 △(Na^+)이 4개 들어 있으므로 (가)에는 △(Na^+)과 ☆(Cl^-)이 각각 4개씩 들어 있다.
따라서 (가)에 들어 있는 이온을 모형으로 나타내면 다음과 같다.

＊ 앙금 생성 반응
・이온이 녹아 있는 수용액을 섞었을 때, 양이온과 음이온이 반응하여 물에 녹지 않는 앙금을 생성하는 반응이다.

2021.3
4회

그림 (가)는 액체 X와 Y의 혼합물을 가열하여 분리하는 장치를, (나)는 액체 Y와 Z의 혼합물을 분리하는 장치를 나타낸 것이다. (가)에서는 X가, (나)에서는 Y가 먼저 분리된다.

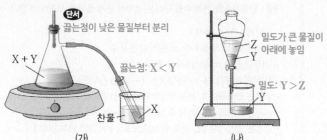

단서
끓는점이 낮은 물질부터 분리
X + Y
끓는점: X < Y
찬물
X

밀도가 큰 물질이 아래에 놓임
Z
Y
밀도: Y > Z
Y

(가)
끓는점 차를 이용한 증류 장치

(나)
서로 섞이지 않는 액체의 밀도 차를 이용하여 혼합물을 분리하는 장치

이에 대한 옳은 설명만을 [보기]에서 있는 대로 고른 것은?

─────[보기]─────
ㄱ. 끓는점은 X가 Y보다 ~~높다~~
   낮다
ㄴ. (나)에서 액체의 밀도는 Y > Z이다.
ㄷ. ~~(나)~~에서 혼합물이 분리되는 원리를 이용하여 원유에서
   (가)
   휘발유를 분리할 수 있다.

① ㄱ ② ㄴ ③ ㄷ ④ ㄱ, ㄷ ⑤ ㄴ, ㄷ

 단서+발상

(단서) 혼합물을 분리하는 장치가 제시되어 있다.
(발상) 혼합물을 분리하는 장치의 원리를 추론할 수 있다.
(적용) 혼합물을 분리하는 장치의 원리를 적용해서 먼저 분리되어 나온 물질을 구하는 것부터 문제 풀이를 시작해야 한다.

| 문제+자료 분석 |
· (가)는 끓는점 차를 이용한 증류 장치로 끓는점이 낮은 물질부터 끓어서 분리된다. X가 Y보다 먼저 분리되었으므로 끓는점은 X가 Y보다 낮다.
· (나)는 서로 섞이지 않는 액체의 밀도 차를 이용하여 혼합물을 분리하는 장치로 밀도가 큰 물질은 아래로, 밀도가 작은 물질은 위에 놓이게 되고, 콕을 열면 밀도가 큰 물질부터 빠져나온다. 따라서 밀도는 Y가 Z보다 크다.

| 보기 분석 |
ㄱ. 끓는점이 낮은 물질부터 끓어서 분리된다. (가)에서 X가 Y보다 먼저 분리되었으므로 끓는점은 X가 Y보다 낮다.
ㄴ. 밀도가 큰 물질부터 빠져나오므로 (나)에서 액체의 밀도는 Y가 Z보다 크다.
ㄷ. 휘발유는 원유를 가열하여 끓는점 차로 분리되어 생성되므로, (가)에서 혼합물이 분리되는 원리를 이용하여 원유에서 휘발유를 분리할 수 있다.

왜 틀렸나?
· 그림에서 혼합물이 어떤 원리로 분리되는지 이해하지 못했다면, 이 문항을 해결할 수 없었다.
· 원유에서 휘발유가 분리되는 원리를 알지 못했다면, [보기] ㄷ을 해결할 수 없었다.

---

10 정답 ② ∗ 화학 반응의 양적 관계 ⋯⋯⋯⋯⋯⋯⋯⋯⋯⋯⋯⋯⋯⋯⋯⋯⋯⋯⋯⋯ [정답률 54%] **2021 실시 3월 학평 10**

다음은 마그네슘(Mg)과 산소(O_2)가 반응하여 산화 마그네슘(MgO)이 생성되는 반응의 화학 반응식이다.

단서 $a\text{Mg} + O_2 \rightarrow a\text{MgO}$ (a는 반응 계수)
(위 Mg 2, MgO 2)

표는 반응 용기에 Mg과 O_2의 질량을 달리하여 넣고, 반응물 중 하나가 모두 소모될 때까지 반응시킨 실험 (가)와 (나)에 대한 자료이다.

실험	반응 전 반응물의 질량(g)		반응 후 남은 반응물의 질량(g)
	Mg	O_2	
(가) 반응	3 3	3 2	1 O_2
(나) 반응	7 6	4 4	1 Mg

이에 대한 옳은 설명만을 [보기]에서 있는 대로 고른 것은? [3점]

─────[보기]─────
ㄱ. ~~2~~이다. $a = 2$
ㄴ. MgO에서 성분 원소의 질량비는 Mg : O = 3 : 2이다.
   Mg 2개와 O_2 1개가 3 : 2의 질량비로 반응한다.
ㄷ. 남은 반응물의 종류는 (가)에서와 (나)에서가 ~~같다~~
   (가)에서는 O_2, (나)에서는 Mg이 남는다.

① ㄱ ② ㄴ ③ ㄷ ④ ㄱ, ㄷ ⑤ ㄴ, ㄷ

 단서+발상

(단서) 화학 반응식과 실험에 대한 자료가 제시되어 있다.
(발상) 화학 반응식의 계수비만큼 반응하고 생성됨을 추론할 수 있다.
(적용) 미정계수법을 적용해서 화학 반응식의 계수를 구하는 것부터 문제 풀이를 시작해야 한다.

| 문제+자료 분석 |
· 화학 반응 전후에 원자는 새로 생성되거나 소멸되지 않는다. 반응물에 산소 원자가 2개이므로 생성물에 산소 원자도 2개이어야 한다. 따라서 $a = 2$이다.

$$2\text{Mg} + O_2 \rightarrow 2\text{MgO}$$

· 만약 실험 (가)에서 O_2가 모두 소모되었다면 반응한 Mg과 O_2의 질량은 각각 2 g, 3 g이고, 반응 후 남은 반응물은 Mg 1 g이다. 반응한 Mg과 O_2의 질량비가 2 : 3이므로 (나)에서는 Mg과 O_2가 각각 $\frac{8}{3}$ g, 4 g 반응 후, Mg이 $\frac{13}{3}$ g 남는다. 이는 문제에서 제시된 조건과 일치하지 않는다.
· 만약 실험 (가)에서 Mg이 모두 소모되었다면 반응한 Mg과 O_2의 질량은 각각 3 g, 2 g이고, 반응 후 남은 반응물은 O_2 1 g이다. 반응한 Mg과 O_2의 질량비가 3 : 2이므로 (나)에서는 Mg과 O_2가 각각 6 g, 4 g 반응 후, Mg이 1 g 남는다. 이는 문제에서 제시된 조건과 일치한다.

| 보기 분석 |
ㄱ. 반응물에 산소 원자가 2개이므로 생성물에 산소 원자도 2개이어야 한다. 따라서 $a = 2$이다.
ㄴ. 생성물을 이루는 원소의 질량비는 반응하는 원소의 질량비와 같다. 반응물에서 Mg 2개와 O_2 1개가 3 : 2의 질량비로 반응하므로 Mg와 O 원소의 질량비는 3 : 2이다.
ㄷ. Mg과 O_2가 3 : 2의 질량비로 반응하여 (가)에서는 O_2가 1 g 남고, (나)에서는 Mg이 1 g 남는다.

11 정답 ④ ＊ 광합성과 호흡 ·· [정답률 83%] 2021 실시 3월 학평 11

그림은 식물에서 일어나는 반응의 일부를 나타낸 것이다. (가)와 (나)는 각각 광합성과 호흡 중 하나이다. 【단서】

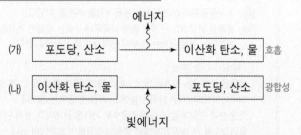

이에 대한 옳은 설명만을 [보기]에서 있는 대로 고른 것은? [3점]

【보기】

ㄱ. (가)는 호흡이다.
(가)는 포도당과 산소가 반응하여 이산화 탄소와 물이 생성되는 호흡이다.

ㄴ. (가)는 빛이 없을 때만 일어난다.
(가)는 호흡으로 호흡은 낮과 밤과 관계없이 항상 일어난다.

ㄷ. 엽록체에서 (나)가 일어난다.
(나)는 광합성으로 광합성이 일어나는 장소는 식물 세포의 엽록체이다.

① ㄱ   ② ㄴ   ③ ㄷ   ④ ㄱ, ㄷ   ⑤ ㄴ, ㄷ

단서 + 발상

단서 광합성과 호흡의 반응식이 제시되어 있다.

발상 광합성과 호흡의 반응식을 통해 (가), (나)를 추론할 수 있다.

적용 광합성과 호흡의 반응식을 적용하여 '(가)는 호흡, (나)는 광합성'임을 구하는 것부터 문제 풀이를 시작해야 한다.

| 문제 + 자료 분석 |
• 식물의 호흡은 세포에서 양분을 분해하여 생명활동에 필요한 에너지를 얻는 과정이다. 따라서 (가)는 호흡이다. 호흡은 낮과 밤에 관계없이 항상 일어난다.
• 광합성은 식물이 빛에너지를 이용하여 이산화 탄소와 물을 원료로 양분을 만드는 과정으로, 광합성이 일어나면 포도당(양분)과 산소가 발생한다. 따라서 (나)는 식물의 광합성이다. 광합성이 일어나는 장소는 식물 세포에 들어 있는 초록색의 작은 알갱이 모양의 엽록체이다.

| 보기 분석 |
ㄱ (가)는 포도당과 산소가 반응하여 이산화 탄소와 물이 생성되고 에너지가 방출되는 호흡이다.

ㄴ 호흡은 세포에서 양분을 분해하여 생명활동에 필요한 에너지를 얻는 과정으로 빛이 있는 낮, 빛이 없는 밤과 관계없이 항상 일어난다.

ㄷ (나)는 식물이 빛에너지를 이용하여 포도당과 산소를 만드는 광합성 과정이다. 광합성이 일어나는 장소는 식물 세포의 엽록체이다.

＊ 광합성과 호흡의 비교

구분	광합성	호흡
일어나는 장소	엽록체가 있는 세포	모든 살아 있는 세포
일어나는 시기	빛이 있을 때	항상
기체의 출입	이산화 탄소 흡수, 산소 방출	산소 흡수, 이산화 탄소 방출
양분과 에너지	양분(포도당) 합성 → 에너지 저장	양분(포도당) 분해 → 에너지 방출

12 정답 ③ ＊ 감각기관 ·· [정답률 80%] 2021 실시 3월 학평 12

표는 사람의 감각기관 A~C의 특징을 나타낸 것이다. A~C는 각각 귀, 눈, 코 중 하나이다. 【단서】

감각기관	특징
A 코	후각세포가 있어 냄새를 맡을 수 있다. 후각의 특징
B 눈	주변의 밝기에 따라 ㉠ 동공의 크기가 조절된다. 시각의 특징 주변 밝기에 따라 동공의 크기가 변함
C 귀	공기의 진동을 자극으로 받아들여 소리를 감지한다. 청각의 특징

이에 대한 옳은 설명만을 [보기]에서 있는 대로 고른 것은? [3점]

【보기】

ㄱ. A는 코이다.
A는 기체 상태의 화학 물질을 자극으로 받아들여 냄새를 느끼는 코이다.

ㄴ. 어두운 곳에서 밝은 곳으로 이동하면 ㉠은 커진다 감소한다.

ㄷ. C에는 달팽이관이 있다.
귀(C)에는 청각세포가 존재하는 달팽이관이 있다.

① ㄱ   ② ㄴ   ③ ㄱ, ㄷ   ④ ㄴ, ㄷ   ⑤ ㄱ, ㄴ, ㄷ

단서 + 발상

단서 후각, 시각, 청각 3가지 특징이 제시되어 있다.

발상 후각세포가 존재하는 A는 코, 동공의 크기로 빛의 양을 조절하는 B는 눈, 공기의 진동을 자극으로 받아들여 소리를 감지하는 C는 귀임을 추론할 수 있다.

적용 후각, 시각, 청각의 감각 원리 개념을 적용해서 A는 귀, B는 눈, C는 귀임을 구하는 것부터 문제 풀이를 시작해야 한다.

| 문제 + 자료 분석 |
• 후각은 코에서 기체 상태의 화학 물질을 자극으로 받아들여 냄새를 느끼는 감각이다. 따라서 A는 후각세포가 있는 코이다.
• 시각은 눈에서 빛을 자극으로 받아들여 사물의 모양이나 색깔, 사물과의 거리 등을 느끼는 감각이다. 동공은 눈 안쪽으로 빛이 들어가는 구멍으로 주변 밝기에 따라 동공의 크기가 변하여 눈으로 들어오는 빛의 양이 조절된다. 따라서 B는 눈이다.
• 청각은 귀에서 공기 등을 통해 전달된 소리를 자극으로 받아들여 느끼는 감각이다. 따라서 C는 청각 기관인 귀이다. 귀의 달팽이관은 진동(소리)을 자극으로 받아들이는 청각세포가 있다.

| 보기 분석 |
ㄱ 후각은 코에서 기체 상태의 화학 물질을 자극으로 받아들여 냄새를 느끼는 감각으로 A는 후각세포가 있는 코이다.

ㄴ 주변 밝기에 따라 동공의 크기가 변하여 눈으로 들어오는 빛의 양이 조절된다. 어두운 곳에서 밝은 곳으로 이동하면 동공(㉠)이 축소되어 눈으로 들어오는 빛의 양이 감소한다.

ㄷ 귀(C)에는 청각세포가 존재하는 달팽이관이 있다.

그림은 고양이의 분류 단계를 나타낸 것이다.

단서 종 ⊂ 속 ⊂ 과 ⊂ 목 ⊂ 강 ⊂ 문 ⊂ 계

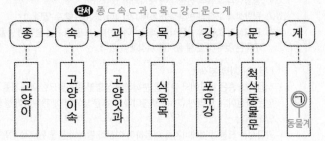

| 종 → 속 → 과 → 목 → 강 → 문 → 계 |

고양이 / 고양이속 / 고양잇과 / 식육목 / 포유강 / 척삭동물문 / ㉠ 동물계

이에 대한 옳은 설명만을 [보기]에서 있는 대로 고른 것은?

─────[보기]─────

ㄱ. ㉠은 동물계이다. 척삭동물은 동물계(㉠)에 속한다.

ㄴ. 식육목에 속하는 생물은 척삭동물문에 속한다.
식육목은 척삭동물문보다 하위 분류 단계로 식육목에 속하는 생물은 모두 척삭동물문에 속한다.

ㄷ. 종은 자연 상태에서 서로 교배하여 생식 능력을 가진 자손을 낳을 수 있는 무리이다.
종의 개념은 자연 상태에서 짝짓기하여 번식이 가능한 자손을 낳을 수 있는 생물 무리이다.

① ㄱ ② ㄴ ③ ㄱ, ㄷ ④ ㄴ, ㄷ ⑤ ㄱ, ㄴ, ㄷ

단서＋발상

단서 척삭동물문, 포유강, 식육목, 고양잇과, 고양이속에 속하는 고양이의 분류 단계가 제시되어 있다.

발상 척삭동물문의 상위 단계는 동물계임을 추론할 수 있다.

적용 생물을 분류하는 단계를 통해 식육목에 속하는 생물은 척삭동물문에 속한다는 것을 구하는 것부터 문제 풀이를 시작해야 한다.

| 문제＋자료 분석 |
· 생물을 분류하는 단계는 '종 ⊂ 속 ⊂ 과 ⊂ 목 ⊂ 강 ⊂ 문 ⊂ 계' 순서로 이루어져 있다. 기본 단위는 종이고, 가장 큰 단위는 계이다.
· 작은 분류 단위에 같이 속해 있을수록 가까운 관계이고, 상위 단계로 올라갈수록 큰 범위이며 많은 종류의 생물들이 포함되어 있다.
· 생물의 계는 원핵생물계, 원생생물계, 균계, 식물계, 동물계의 5가지 계로 분류할 수 있다.
· 종은 자연 상태에서 짝짓기하여 번식이 가능한 자손을 낳을 수 있는 생물 무리이다.

| 보기 분석 |
ㄱ. 생물의 계는 원핵생물계, 원생생물계, 균계, 식물계, 동물계의 5가지 계로 분류할 수 있다. 척삭동물문은 동물계(㉠)에 속한다.
ㄴ. 상위 단계로 올라갈수록 큰 범위이며 많은 종류의 생물들이 포함되어 있다. 식육목은 척삭동물문보다 하위 분류 단계로 식육목에 속하는 생물은 모두 척삭동물에 속한다.
ㄷ. 종의 개념은 자연 상태에서 짝짓기하여 번식이 가능한 자손을 낳을 수 있는 생물 무리이다.

＊ 생물을 분류하는 목적
· 생물 사이의 멀고 가까운 관계를 알 수 있다.
· 같은 무리에 속하는 생물의 특징을 미루어 짐작할 수 있다.
· 새롭게 발견되는 생물이 어떤 생물 무리에 속하는지 결정하는 데 도움을 준다.

그림은 사람의 기관 A~D를 나타낸 것이다. A~D는 각각 간, 위, 쓸개, 이자 중 하나이다. **단서**

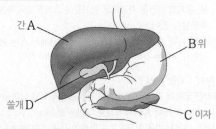

간 A / B 위 / 쓸개 D / C 이자

이에 대한 설명으로 옳은 것은?

① A는 ~~위~~ 간 이다.

② B에서 단백질이 소화된다.
위 소화 효소인 펩신이 단백질을 소화한다.

③ ~~C~~ 에서 펩신이 분비된다.
B(위) 펩신이 분비되는 곳은 위이다. C는 이자이다.

④ ~~D~~ 에서 쓸개즙이 생성된다.
A(간)

⑤ A ~ D는 모두 ~~소화계~~ 에 속한다.
소화계

＊ 최종 소화 산물
· 녹말은 포도당으로, 단백질은 아미노산으로, 지방은 지방산과 모노글리세리드로 분해된다.

단서＋발상

단서 사람의 소화 기관인 간, 위, 쓸개, 이자가 제시되어 있다.

발상 소화 기관의 모양을 보고 A는 간, B는 위, C는 이자, D는 쓸개임을 추론할 수 있다.

| 문제＋자료 분석 |
· 소화는 음식물 속의 크기가 큰 영양소를 크기가 작은 영양소로 분해하는 과정으로 소화계는 음식물이 직접 지나가는 입, 식도, 위, 소장, 대장, 항문과 같은 소화관과 간, 쓸개, 이자 등으로 이루어져 있다.
  따라서 A~D는 모두 소화계에 속한다.
· 위에서 소화 효소인 펩신이 염산의 도움을 받아 단백질을 분해한다.
· 쓸개즙은 간에서 만들어져 쓸개에 저장되었다가 십이지장으로 분비된다. 쓸개즙은 소화 효소는 없지만, 지방 덩어리를 작은 알갱이로 만들어 지방이 잘 소화되도록 돕는다.
· 이자에서 분비되는 이자액에는 아밀레이스, 트립신, 라이페이스가 포함되어 있다. 아밀레이스는 녹말을, 트립신은 단백질을, 라이페이스는 지방을 분해하는 소화 효소이다.

| 선택지 분석 |
① A는 쓸개즙이 생성되는 간이다.
② B(위)에서 소화 효소인 펩신이 염산의 도움을 받아 단백질을 분해하는 소화 과정이 일어난다.
③ C는 이자이다. 이자에서 아밀레이스, 트립신, 라이페이스가 분비된다. 펩신이 분비되는 곳은 B(위)이다.
④ D는 쓸개이다. 쓸개즙은 간(A)에서 만들어져 쓸개에 저장된다.
⑤ A~D는 모두 소화계에 속하는 소화 기관이다.

15 정답 ③ * 사람의 유전 ·· [정답률 68%] **2021 실시 3월 학평 15**

그림은 어떤 가족의 유전병 (가)에 대한 가계도를 나타낸 것이다.
(가)는 1쌍의 대립유전자에 의해 결정되며, 대립유전자에는 우성
대립유전자 A와 열성 대립유전자 a가 있다.

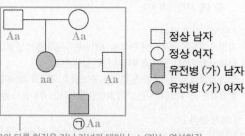

☐ 정상 남자
◯ 정상 여자
■ 유전병 (가) 남자
● 유전병 (가) 여자

단서 부모와 다른 형질을 지닌 자녀가 태어남 ➡ (가)는 열성형질
딸이 유전병인데 아버지가 정상 ➡ (가)는 상염색체 유전

㉠의 동생이 태어날 때, 이 아이에게서 (가)가 발현될 확률은? (단,
돌연변이는 고려하지 않는다.) [3점]

① 0   ② $\frac{1}{4}$ ③ $\frac{1}{2}$ ④ $\frac{3}{4}$ ⑤ 1

㉠의 동생의 가능한 유전자형은 AA, Aa, aa, aa이고,
유전병 (가)가 발현되는 유전자형은 aa이다.

따라서 유전병(가)가 발현될 확률은 $\frac{2}{4} = \frac{1}{2}$이다.

🧠 **단서＋발상**

단서 유전병 (가)에 대한 가계도가 제시되어 있다.
발상 부모와 다른 형질을 지닌 자녀가 태어남을 통해 (가)는 열성형질이고,
딸이 유전병인데 아버지가 정상임을 통해 (가)는 상염색체 유전임을
추론할 수 있다.
적용 유전병 (가)의 우열 관계를 구하는 것부터 문제 풀이를 시작해야 한다.

| 문제＋자료 분석 |
• 가계도 조사는 특정 형질을 가진 집안에서 여러 세대에 걸쳐 이 형질이
어떻게 유전되는지 알아보는 방법으로 형질의 우열 관계, 유전자의 전달
경로, 가족 구성원의 유전자형 등을 알 수 있고, 앞으로 태어날 자손의
형질을 예측할 수 있다.
• 부모와 다른 형질을 지닌 자녀가 태어나면 부모의 형질이 우성이고, 자녀의
형질이 열성이다. 따라서 유전병 (가)는 열성형질이다.
• 형질을 결정하는 유전자가 성염색체인 X 염색체에 있는 경우를 X 염색체
유전이라 한다. X 염색체 열성 유전병의 경우, 딸이 유전병이면 아버지도
유전병이다. 이 가계도에서 유전병인 딸의 아버지가 유전병 (가)가 발현되지
않은 정상 남자이다. 따라서 유전병 (가)는 상염색체 열성유전이다. 💡함정
• 유전병 (가)가 발현된 ㉠과 ㉠의 어머니의 유전자형은 aa이고,
나머지는 모두 Aa이다.

| 선택지 분석 |
③ ㉠의 어머니 aa와 ㉠의 아버지 Aa 사이에서 ㉠의 동생이 태어날 때
유전병 (가)가 발현될 확률은 $\frac{1}{2}$이다.

왜 틀렸나?
• 딸이 유전병인데 아버지가 유전병이 아닌 정상이므로 유전병 (가)는
X 염색체 유전이 아닌 상염색체 유전병이다.

---

16 정답 ⑤ * 암석의 생성, 변성암, 퇴적암, 화성암 ································ [정답률 75%] **2021 실시 3월 학평 16**

단서 암석의 종류: 화성암, 변성암, 퇴적암
다음은 암석의 생성 과정에 대한 학생 A, B, C의 대화이다.
변성 작용: 높은 열과 압력을 받아 성질이   마그마의 냉각 속도에 따라 화성암의
변하여 다른 암석이 되는 작용   광물 결정 크기가 달라짐

제시한 내용이 옳은 학생만을 있는 대로 고른 것은?
① A   ② C   ③ A, B   ④ B, C   ⑤ A, B, C

🧠 **단서＋발상**

단서 암석의 생성 과정이 제시되어 있다.
발상 암석의 종류별로 생성 과정을 추론할 수 있다.
적용 암석의 생성 과정에 따른 분류를 이해하는 것부터 문제 풀이를
시작해야 한다.

| 문제＋자료 분석 |
• 변성암은 기존 암석이 변성되어 생성된 것으로 열 변성과 광역 변성이
있다. 열 변성은 암석이 마그마와 같은 고온에 접촉되어 발생하며, 광역
변성은 높은 압력을 받아 일어난다.
• 화성암은 마그마가 굳어진 암석이다. 지표에 분출되어 굳으면 화산암,
지하 깊은 곳에서 천천히 식어서 굳으면 심성암이다.
• 퇴적암은 퇴적물이 쌓이는 퇴적 작용, 다져지는 다짐 작용, 굳어지는 속성
작용으로 생성된다. 퇴적암이 생성되는 이 모든 작용을 속성 작용이라고 한다.

| 선택지 분석 |
⑤ **학생 A**: 변성암은 기존 암석이 열(접촉 변성)이나 압력(광역 변성)을 받아
변성된 암석이다. ➡ 옳음
학생 B: 화성암은 마그마가 지표나 지하에서 냉각되어 생성된 암석이다.
➡ 옳음
학생 C: 퇴적암은 퇴적물이 쌓인 후 다져지고 굳어져 만들어진 암석이다.
➡ 옳음

* 화성암, 퇴적암, 변성암

화성암	마그마가 식어서 생성	현무암, 안산암, 유문암, 반려암, 섬록암, 화강암
퇴적암	퇴적물이 쌓여서 생성	역암, 사암, 이암, 셰일, 점토암, 석회암
변성암	열이나 압력을 받아 생성	편마암, 편암, 점판암, 규암, 대리암

그림은 전 세계의 지진 및 화산 분포와 판의 경계를 나타낸 것이다.

태평양은 중앙부보다 가장자리에서 지진과 화산이 활발하다.

히말라야 산맥 / 산 안드레아스 단층 / 태평양 / ▲ 화산 / · 지진 / — 판의 경계

단서 대체로 판의 경계에서 지진과 화산 활동이 많이 발생한다.

화산 활동 없이 지진만 발생하는 곳

이에 대한 옳은 설명만을 [보기]에서 있는 대로 고른 것은?

─────[보기]─────

ㄱ. 태평양에서 지진은 중앙부보다 가장자리에서 활발하다.
　그림에서 태평양의 중앙부보다 가장자리에서 지진이 많이 발생한다.
ㄴ. 지진이 발생하는 곳에서는 ~~항상~~ 화산이 분출한다.
　화산 활동 없이 지진만 발생하는 장소들도 있다.
ㄷ. 지진대는 대체로 판의 경계와 일치한다.
　판의 경계에서 지진이 많이 발생한다.

① ㄱ　② ㄴ　③ ㄱ, ㄷ　④ ㄴ, ㄷ　⑤ ㄱ, ㄴ, ㄷ

단서+발상

단서 전 세계의 지진 및 화산 분포와 판의 경계가 제시되어 있다.

발상 판의 경계와 지진 및 화산 분포 지역과의 연관성을 추론할 수 있다.

적용 자료를 통해 판의 경계와 지각 변동과의 관계를 파악하는 것부터 문제 풀이를 시작해야 한다.

| 문제＋자료 분석 |
· 지진과 화산은 서로 다른 판이 상대적으로 이동하면서 발생하는 것으로 판의 중앙부보다 판의 경계에서 많이 발생한다.
· 판의 경계에 따라 지진만 발생하는 곳이 있고, 지진과 화산이 모두 발생하는 곳이 있다. 지진 없이 화산만 발생하는 경우는 드물다.

| 보기 분석 |
ㄱ 태평양 가장자리는 판의 경계에 해당하며 판의 중앙부보다 지진이 활발하게 발생하는 것으로, 제시된 자료에 나타나 있다.
ㄴ 화산 활동 없이 지진만 발생하는 장소들이 자료에서 많이 나타난다.
ㄷ 판의 경계에서 지진 발생이 많으므로 지진대와 판의 경계는 대체로 일치한다고 판단할 수 있다.

＊ 판의 경계

구분	지진	화산
수렴형 경계	천발 지진~심발 지진	화산 활동 활발
발산형 경계	천발 지진	화산 활동 활발
보존형 경계	천발 지진	화산 활동 거의 없음

그림 (가)와 (나)는 온난 전선과 한랭 전선 부근의 모습을 순서 없이 나타낸 것이다.

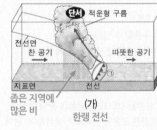
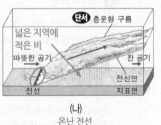

단서 적운형 구름 / 전선면 / 찬 공기 / 따뜻한 공기 / 지표면 / 전선 / 좁은 지역에 많은 비 / (가) 한랭 전선

단서 층운형 구름 / 넓은 지역에 적은 비 / 따뜻한 공기 / 찬 공기 / 전선 / 전선면 / 지표면 / (나) 온난 전선

이에 대한 옳은 설명만을 [보기]에서 있는 대로 고른 것은? [3점]

─────[보기]─────

ㄱ. ㉠은 한랭 전선이다.
　찬 공기가 따뜻한 공기 아래를 파고든다.
ㄴ. (나)에서는 ~~소나기~~가 내린다.
　지속적인 비
ㄷ. 전선의 이동 속도는 ㉠이 ㉡보다 ~~느리다~~.
　빠르다

① ㄱ　② ㄷ　③ ㄱ, ㄴ　④ ㄴ, ㄷ　⑤ ㄱ, ㄴ, ㄷ

단서+발상

단서 한랭 전선과 온난 전선의 그림이 제시되어 있다.

발상 제시된 그림을 보고 한랭 전선과 온난 전선을 구분할 수 있다.

적용 한랭 전선과 온난 전선의 특징을 파악하는 것부터 문제 풀이를 시작해야 한다.

| 문제＋자료 분석 |
· (가)에는 적운형 구름, 찬 공기가 따뜻한 공기 아래를 파고드는 모습이 나타나 있다. 이 지역은 시간이 지나면서 찬 공기가 차지하게 되므로 한랭 전선이다.
· (나)에는 층운형 구름, 따뜻한 공기가 찬 공기를 타고 올라가는 모습이 나타나 있다. 이 지역은 시간이 지나면서 따뜻한 공기가 차지하게 되므로 온난 전선이다.
· (가)와 (나)에는 각각 한랭 전선과 온난 전선을 나타내는 기호가 있다.

| 보기 분석 |
ㄱ ㉠은 찬 공기가 따뜻한 공기 아래를 파고들면서 형성되는 밀어내는 한랭 전선이다.
ㄴ (나)는 온난 전선이므로 층운형 구름으로부터 넓은 지역에 지속적인 비가 내린다.
ㄷ 전선의 이동 속도는 한랭 전선이 온난 전선보다 더 빠르다.

＊ 한랭 전선과 온난 전선의 특징

특징	한랭 전선	온난 전선
기온 변화	전선이 통과한 후 기온이 낮아진다.	전선이 통과한 후 기온이 높아진다.
전선 면의 기울기	크다. (경사가 급하다.)	작다. (경사가 완만하다.)
강수량	좁은 지역, 소나기	넓은 지역, 지속적인 비
구름	적운형 구름	층운형 구름
이동 속도	빠르다.	느리다.

19 정답 ⑤　★ 역학적 에너지 보존, 에너지 전환 ·· [정답률 64%] 2021 실시 3월 학평 19

다음은 해양에서 혼합층이 형성되는 원리를 알아보기 위한 실험이다.
단서 혼합층은 해수의 온도가 일정한 층으로 바람에 의해 형성된다.

〈실험 과정〉

(가) 그림과 같이 온도계의 깊이를
서로 다르게 설치하고 가열
장치로 10분 동안 **가열한 후,**
깊이에 따른 수온을
측정한다.
태양에 의해
표층 수온 상승

가열 장치 태양
바람
온도계

(나) 가열 장치를 켜둔 상태에서 3분
동안 선풍기로 **수면 위에** 바람을 일으킨 후, 깊이에 따른
수온을 측정한다. 조작 변인인 바람에 의해 혼합층의 유무가 결정됨

〈실험 결과〉

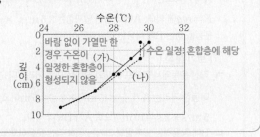

수온(℃)
바람 없이 가열만 한
경우 수온이
일정한 혼합층이
형성되지 않음
수온 일정: 혼합층에 해당
(가)
(나)
깊이(cm)

이에 대한 옳은 설명만을 [보기]에서 있는 대로 고른 것은?

[보기]

ㄱ. 가열 장치는 태양에 해당한다.
　태양 복사 에너지에 의해 표층 수온이 상승하는 현상을 실험하기 위해
　태양을 가열 장치로 대신하였다.
ㄴ. 혼합층은 (가)보다 (나)에서 잘 나타난다.
　(가)에서 혼합층이 형성되지 않았다.
ㄷ. (나)에서 선풍기의 바람을 더 강하게 하면 수온이 일정한
　구간의 두께는 증가한다. 바람의 세기가 강하면 혼합층의 두께가 증가한다.
　두꺼워지므로 수온이 일정한 구간이 증가한다.

① ㄱ　　② ㄴ　　③ ㄱ, ㄷ　　④ ㄴ, ㄷ　　⑤ ㄱ, ㄴ, ㄷ

단서+발상

단서 혼합층이 형성되는 원리를 알아보기 위한 실험 과정과 결과가 제시되어 있다.

발상 수온이 일정한 혼합층의 형성 요인이 바람이라는 것을 추론할 수 있다.

적용 실험의 목적과 그에 따른 조작 변인, 통제 변인, 종속 변인을 파악하는 것부터 문제 풀이를 시작해야 한다.

| 문제+자료 분석 |

· 실험의 목적이 "해양에서 혼합층이 형성되는 원리를 알아보기 위한 실험"으로 제시되었다. 혼합층은 해수의 가장 윗부분으로 수온이 일정한 층이며 바람에 의한 혼합 작용으로 형성된다.

· 태양 복사 에너지에 의해 표층 수온이 상승하는 현상은 가열 장치로 (가), (나)에서 모두 구현하였고, 바람은 선풍기를 이용하여 (나)에서만 발생시켰다.

· 바람을 발생시킨 (나)에서만 수온이 일정한 층이 형성되었으며, 이는 혼합층에 해당한다고 볼 수 있다.

| 보기 분석 |

ㄱ. 태양 복사 에너지에 의해 표층 수온이 상승하는 것을 실험에서 모사하기 위해 복사 에너지를 낼 수 있는 가열 장치를 사용하였다.

ㄴ. 〈실험 결과〉에서 (가)는 수온이 일정한 혼합층이 나타나지 않으며 바람을 일으킨 (나)에서만 나타난다.

ㄷ. 바람의 세기가 강하면 혼합층의 두께가 두꺼워진다. 선풍기의 바람을 강하게 하면 수온이 일정한 구간(혼합층)의 두께는 두꺼워진다.

★ 해수의 층상 구조

· **혼합층**: 바람에 의해 깊이에 따른 수온이 일정
· **수온 약층**: 온도가 급격하게 변함, 안정한 층, 상하 물질과 에너지 차단,
· **심해층**: 낮은 온도로 일정한 수온의 깊은 층

---

20 정답 ①　★ 달의 위상 ·· ☆ 고난도 【① 33% ② 4% ③ 44% ④ 9% ⑤ 8%】 2021 실시 3월 학평 20

그림 (가), (나), (다)는 우리나라에서 7일 간격으로 관측한 달의 모습을 나타낸 것이다.

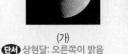
(가)
단서 상현달: 오른쪽이 밝음

(나)
보름달: 전체가 밝음

(다)
하현달: 왼쪽이 밝음

이에 대한 옳은 설명만을 [보기]에서 있는 대로 고른 것은? [3점]

[보기]

ㄱ. (가)는 상현달이다. 상현달은 달의 오른쪽이 밝다.
ㄴ. (나)를 관측한 날에 일식이 일어날 수 있다. 월식
ㄷ. 태양과 달 사이의 거리는 (다)일 때 가장 멀다.
　　　　　　　　　　　　　　　　　(나)

① ㄱ　　② ㄷ　　③ ㄱ, ㄴ　　④ ㄴ, ㄷ　　⑤ ㄱ, ㄴ, ㄷ

단서+발상

단서 7일 간격으로 관측한 달의 모습이 제시되어 있다.

발상 달의 모습을 통해 달-지구-태양의 위치 관계를 추론할 수 있다.

적용 달의 모양을 구분하는 것부터 문제 풀이를 시작해야 한다.

| 문제+자료 분석 |

· (가)는 달의 오른쪽이 밝으므로 상현달이다. (나)는 달의 전체가 밝으므로 보름달이다. (다)는 달의 왼쪽이 밝으므로 하현달이다.

· 달의 위상은 초승달-상현달-보름달-하현달-그믐달 순서로 바뀌며, 상현달에서 보름달까지 약 7일, 보름달에서 하현달까지 약 7일 걸린다.

| 보기 분석 |

ㄱ. (가)는 달의 오른쪽 절반이 보이는 상현달이다.

ㄴ. 일식은 달이 태양과 지구 사이를 지나면서 태양을 가리는 현상이다. 따라서 태양-달-지구 순서대로 일직선을 이룰 때 나타난다. 보름달은 태양-지구-달 순서대로 배치될 때 나타나며, 월식은 보름달이 뜨는 날에만 일어날 수 있다. 따라서 (나)를 관측한 날에는 월식이 일어날 수는 있어도 일식이 일어날 수 없다.

ㄷ. (다)일 때는 태양-지구-달이 90°를 이룬다. 태양과 달 사이의 거리가 가장 멀 때는 태양-지구-달 순서대로 일직선을 이루는 (나)일 때이다.

01 정답 ② ✱ 물체의 운동, 알짜힘 ·········· ⚙ 고난도 【 ① 22% ② 48% ③ 8% ④ 4% ⑤ 16% 】 **2020 실시 3월 학평 1**

그림은 직선 운동을 하는 물체 A와 B의 속력을 시간에 따라 나타낸 것이다.

단서

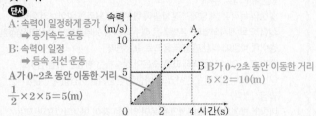

A: 속력이 일정하게 증가
➡ 등가속도 운동
B: 속력이 일정
➡ 등속 직선 운동
A가 0~2초 동안 이동한 거리
$\frac{1}{2} \times 2 \times 5 = 5$(m)

B가 0~2초 동안 이동한 거리
$5 \times 2 = 10$(m)

A, B의 운동에 대한 옳은 설명만을 [보기]에서 있는 대로 고른 것은?

─────────[보기]─────────
ㄱ. 0초부터 2초까지 이동 거리는 ~~A가 B보다 크다.~~
   A가 B보다 작다.

ㄴ. 2초일 때 A와 B에 작용한 알짜힘의 크기는 ~~같다.~~
   A에 작용한 알짜힘은 B에 작용한 알짜힘(=0)보다 크다.

ⓒ 2초부터 4초까지 A에 작용한 알짜힘의 크기는 일정하다.
   그래프의 기울기가 일정하므로 가속도가 일정하며 알짜힘의 크기도 일정하다.

① ㄴ   ② ㄷ   ③ ㄱ, ㄴ   ④ ㄱ, ㄷ   ⑤ ㄴ, ㄷ

🧠 단서＋발상

(단서) A, B의 속력－시간 그래프가 제시되어 있다.

(발상) A, B 각각의 가속도, 알짜힘, 이동 거리를 추론할 수 있다.

(적용) 그래프의 기울기를 이용하여 가속도를 구하는 것부터 문제 풀이를 시작해야 한다.

| 문제＋자료 분석 |

• 직선 운동의 속력－시간 그래프에서 그래프의 기울기는 가속도를, 그래프 아래의 넓이는 이동 거리를 나타낸다.

• A의 가속도는 $\frac{10 \text{ m/s}}{4 \text{ s}} = 2.5 \text{ m/s}^2$이며 B의 가속도는 0 m/s²이다.

• $F = ma$에 의해, A에 작용한 알짜힘은 $2.5 \text{ m/s}^2 \times m$ kg이며, 등속 운동을 하는 B에 작용한 알짜힘은 0이다.

| 보기 분석 |

ㄱ. 직선 운동에서 그래프 아래의 넓이는 이동 거리이다. 0초부터 2초까지 이동한 거리는 A가 $\frac{1}{2} \times (5 \text{ m/s} \times 2 \text{ s}) = 5$ m이고, B가 $5 \text{ m/s} \times 2 \text{ s} = 10$ m이므로 A가 B보다 작다.

ㄴ. B에 작용하는 알짜힘의 크기는 등속 직선 운동하므로 0이고, A는 등가속도 운동을 하므로 0이 아니다.

ⓒ 2초에서 4초까지 속력이 일정하게 증가하여 그래프의 기울기가 일정하므로 가속도가 일정하며, A에 작용한 알짜힘의 크기도 일정하다.

✱ **등가속도 직선 운동**

$v_2 = v_1 + at$	$s = v_1 t + \frac{1}{2} at^2$	$2as = v_2{}^2 - v_1{}^2$
v_1: 처음 속도 v_2: 나중 속도 t: 시간 a: 가속도 s: 이동 거리		

02 정답 ① ✱ 역학적 에너지 보존, 에너지 전환 ·········· [정답률 53%] **2020 실시 3월 학평 2**

그림과 같이 점 A에 가만히 놓은 물체가 점 D까지 올라갔다. A~D는 운동 궤도 상의 점이다. A~B 구간과 C~D 구간은 마찰이 없고, B~C 구간은 마찰이 있다. **단서**

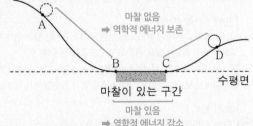

마찰 없음
➡ 역학적 에너지 보존

수평면

마찰이 있는 구간

마찰 있음
➡ 역학적 에너지 감소

B, C, D에서의 물체의 역학적 에너지를 각각 E_B, E_C, E_D라고 할 때, E_B, E_C, E_D를 옳게 비교한 것은? (단, 물체의 크기와 공기 저항은 무시한다.)

① $E_B > E_C = E_D$
② $E_B > E_C > E_D$
③ $E_B > E_D > E_C$
④ $E_C = E_D > E_B$
⑤ $E_D > E_B > E_C$

🧠 단서＋발상

(단서) 구간별로 마찰의 유무가 제시되어 있다.

(발상) 마찰이 있는 구간에서만 역학적 에너지 손실이 발생한다고 추론할 수 있다.

(적용) 역학적 에너지의 크기를 비교하면서 문제 풀이를 시작해야 한다.

| 문제＋자료 분석 |

• 마찰이 없는 A에서 B까지는 역학적 에너지가 보존된다.
• 마찰이 있는 B에서 C까지는 역학적 에너지가 감소한다.
• 마찰이 없는 C에서 D까지는 역학적 에너지가 보존된다.

| 선택지 분석 |

① 역학적 에너지는 B에서가 C에서보다 크고($E_B > E_C$), C와 D에서는 같다($E_C = E_D$). 따라서 $E_B > E_C = E_D$이다.

✱ **역학적 에너지**

• 역학적 에너지＝운동 에너지＋위치 에너지

• **운동 에너지**: $\frac{1}{2}mv^2$

• **위치 에너지**(중력 퍼텐셜 에너지): mgh

• 마찰, 공기 저항 등에 의해 역학적 에너지는 손실된다.

• 마찰, 공기 저항 등을 무시하면 역학적 에너지는 보존된다.

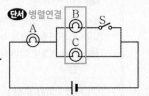

그림은 동일한 3개의 전구 A, B, C와 **단서** 병렬연결
스위치 S, 전압이 일정한 전원 장치를
이용하여 구성한 회로를 나타낸 것이다.
이에 대한 설명으로 옳지 않은 것은?

[3점]

① S를 닫기 전, A와 C에 흐르는 전류의 세기는 같다. **A와 C의 직렬연결**
② S를 닫기 전, A와 C의 밝기는 같다. **A와 C의 저항과 전압이 같으므로, 밝기도 같다.**
③ S를 닫으면 B와 C에 걸리는 전압은 같다. **B와 C의 병렬연결**
④ S를 닫으면 A는 닫기 전보다 어두워진다. **밝아진다**
⑤ S를 닫으면 C에 걸리는 전압은 닫기 전보다 작아진다.

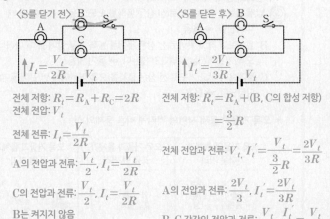

⟨S를 닫기 전⟩

전체 저항: $R_t = R_A + R_C = 2R$
전체 전압: V_t
전체 전류: $I_t = \dfrac{V_t}{2R}$

A의 전압과 전류: $\dfrac{V_t}{2}, I_t = \dfrac{V_t}{2R}$

C의 전압과 전류: $\dfrac{V_t}{2}, I_t = \dfrac{V_t}{2R}$

B는 켜지지 않음

⟨S를 닫은 후⟩

전체 저항: $R_t = R_A + (B, C의 \ 합성 \ 저항)$
$= \dfrac{3}{2}R$

전체 전압과 전류: $V_t, I_t' = \dfrac{V_t}{\frac{3}{2}R} = \dfrac{2V_t}{3R}$

A의 전압과 전류: $\dfrac{2V_t}{3}, I_t' = \dfrac{2V_t}{3R}$

B, C 각각의 전압과 전류: $\dfrac{V_t}{3}, \dfrac{I_t'}{2} = \dfrac{V_t}{3R}$

단서＋발상

단서 3개의 동일한 전구 중 B와 C는 병렬로 연결되어 있으며 B와 연결된
전선에 스위치가 있는 회로도가 제시되어 있다.

발상 스위치를 닫기 전과 닫은 후 각 전구에 흐르는 전류와 전압을 이용하여
밝기 변화를 추론할 수 있다.

적용 옴의 법칙($V = IR$)과 직렬/병렬연결 시 전류 전압의 관계를 이용하여
문제 풀이를 시작해야 한다.

| 문제＋자료 분석 |

· 동일한 전구 A, B, C의 저항을 R, 전체 전압을 V_t라고 하면 스위치를
닫기 전과 후의 각 전구의 전압과 전류의 세기를 구할 수 있다.

· **S를 닫기 전**: A와 C가 직렬연결이다. ➡ 전류가 I_t로 동일하다.

A와 C에 걸리는 전압은 옴의 법칙을 통해 각각 $V = I_t R = \dfrac{V_t}{2}$이다.

A와 C의 밝기는 $\dfrac{V_t^2}{4R}$에 비례한다.

· **S를 닫은 후**: B와 C는 병렬연결이다. ➡ B와 C의 합성 저항은 동일한
저항이 병렬로 연결된 것이므로 반으로 줄어든다.

B와 C에 각각 흐르는 전류는 전체 전류의 절반씩 흘러가게 되므로 $\dfrac{V_t}{3R}$이다.

A에 걸리는 전압은 $\dfrac{2V_t}{3}$, B와 C에 걸리는 전압은 $\dfrac{V_t}{3}$이다.

A의 밝기는 $\dfrac{4V_t^2}{9R}$, B와 C 각각의 밝기는 $\dfrac{V_t^2}{9R}$에 비례한다.

| 선택지 분석 |

① S를 닫기 전 A와 C는 직렬연결이므로 전류의 세기가 같다.
② A와 C는 저항이 동일하므로 전압이 같다. 전류의 세기와 전압이
같으므로 밝기가 같다.
③ S를 닫으면 B와 C는 병렬연결이므로 같은 전압이 걸린다.
④ S를 닫으면 B와 C의 합성 저항이 C의 저항보다 작아진다. 전체 저항이
감소하므로 A에 흐르는 전류는 증가한다. B와 C의 합성 저항이 A보다
작으므로 A에 걸리는 전압은 커진다. 따라서 전구 A는 저항은 일정하고,
전압이 커졌으므로 S를 닫기 전보다 밝아진다.
⑤ S를 닫으면 B와 C의 합성 저항이 작아지면서 C에 걸리는 전압이 작아진다.

그림 (가)는 열팽창 정도가 서로 다른 금속 A, B를 접합시켜 만든
바이메탈을 전원 장치에 연결한 모습을, (나)는 (가)에서 스위치를
닫고 난 얼마 후 A, B가 팽창하여 접점에서 떨어진 모습을 나타낸
단서 전기 에너지가 열에너지로 전환되어 온도가 상승
것이다. (가)에서 A, B의 길이는 같고, (가)와 (나)에서 A, B는 서로
열평형 상태에 있다.

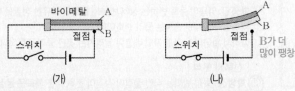

(가)   (나)

이에 대한 옳은 설명만을 [보기]에서 있는 대로 고른 것은?

[보기]

ㄱ. B의 온도는 (나)에서가 (가)에서보다 높다.
　　전기 에너지가 열에너지로 전환되어 B의 온도가 상승한다.
ㄴ. 열팽창 정도는 B가 A보다 크다.
　　B가 A보다 더 많이 팽창하여 A쪽으로 휘어졌다.
ㄷ. 바이메탈은 전열기의 과열 방지에 이용될 수 있다.
　　온도가 상승하면 회로의 접점에서 떨어지게 하는 스위치 역할을 한다.

① ㄱ　　② ㄴ　　③ ㄱ, ㄷ　　④ ㄴ, ㄷ　　⑤ ㄱ, ㄴ, ㄷ

단서＋발상

단서 바이메탈이 전기 에너지를 받기 전과 후의 그림이 제시되어 있다.

발상 전기 에너지가 열에너지로 전환되면서 두 금속의 온도가 상승하여 서로
다른 길이로 팽창한다는 것을 추론할 수 있다.

적용 바이메탈이 휘어진 방향을 통해 열팽창 정도가 어떤 것이 더 큰지
파악하는 것부터 문제 풀이를 시작해야 한다.

| 문제＋자료 분석 |

· **바이메탈**: 열팽창 정도가 서로 다른 금속을 붙여 놓아 온도가 높아졌을 때
한 방향으로 휘는 현상을 이용한 것이다.

· 온도가 상승하면 바이메탈은 팽창이 적은 금속 방향으로 휜다.
➡ 금속 A 방향으로 휘었으므로 B가 팽창하는 정도가 A보다 크다.

| 보기 분석 |

ㄱ. 전기 에너지가 열에너지로 전환되어 (나)의 온도가 상승한다.
　　A와 B는 (나)에서가 (가)에서보다 모두 팽창한 상태이다.
ㄴ. 바이메탈이 위로 휘어져 있으므로 B가 A보다 더 많이 팽창하였다.
　　따라서 열팽창 정도는 B가 A보다 크다.
ㄷ. 다리미, 전기난로 등의 전열기에서 열이 많이 발생하여 온도가 올라가면
　　바이메탈이 팽창하여 전류를 차단하므로 과열을 방지할 수 있다.

문제 풀이

· 운동장의 원형 트랙에서 바깥쪽 트랙이 안쪽 트랙보다 긴 것처럼 바이메탈도
　휘어진 바깥쪽이 더 많이 팽창한 것이다.

2020.3

5회

05 정답 ③ ✳ 거울의 상, 오목 거울, 볼록 거울

다음은 거울에 의한 상을 관찰하는 실험이다.

〈실험 과정〉

(가) 그림과 같이 오목 거울 앞에 물체를 놓는다.

(나) 물체와 거울 사이의 거리를 달리하면서 거울에 의한 상을 관찰한다. 단서 오목 거울은 물체와의 거리에 따라 상이 달라진다.

(다) (가)에서 오목 거울 대신 볼록 거울을 놓고 과정 (나)를 반복한다.

〈실험 결과〉

볼록 거울에서만 나타난다.

오목 거울과 가까운 거리에 Ⓐ 두면 물체보다 크고 나타난다. 똑바로 선 상

물체보다 작고 똑바로 선 상

Ⓒ 오목 거울과 먼 거리에 두면 물체보다 작고 나타난다. 거꾸로 선 상

A, B, C 중 오목 거울에 의한 상만을 있는 대로 고른 것은? [3점]

① A　② B　③ A, C　④ B, C　⑤ A, B, C

단서+발상

단서 오목 거울 앞의 물체를 놓아 상을 관찰하는 실험 과정이 제시되어 있다.

발상 오목 거울과 물체 사이의 거리에 따른 물체의 상을 추론할 수 있다.

적용 오목 거울에 의한 상의 종류를 파악하는 것부터 문제 풀이를 시작해야 한다.

| 문제+자료 분석 |

· 오목 거울 가까이에 물체를 두면 물체보다 크고 똑바로 선 상이 생긴다.
· 오목 거울 앞의 물체는 거울에서 멀어짐에 따라 물체보다 크고 거꾸로 선 상, 물체보다 작고 거꾸로 선 상이 생긴다.
· 오목 거울에 의해서는 물체보다 작고 똑바로 선 상이 생기지 않는다.
· 볼록 거울은 거리와 관계없이 항상 물체보다 작고 똑바로 선 상이 생긴다.

| 선택지 분석 |

③ A: 물체보다 크고 똑바로 선 상은 물체를 오목 거울과 가까이 둘 때 나타난다. ➡ 옳음

B: 물체보다 작고 똑바로 선 상은 물체를 볼록 거울 앞에 둘 때 나타나며 오목 거울에서는 나타나지 않는다. ➡ 옳지 않음

C: 물체보다 작고 거꾸로 선 상은 물체를 오목 거울에서 먼 곳에 둘 때 나타난다. ➡ 옳음

✳ 오목 거울과 물체 사이의 거리에 따른 물체의 상

오목 거울과 물체가 가까운 거리	오목 거울과 물체가 조금 먼 거리	오목 거울과 물체가 더 먼 거리
크고 똑바로 선 상	크고 거꾸로 선 상	작고 거꾸로 선 상

06 정답 ③ ✳ 화학 변화

다음은 화학 변화에 대한 세 학생의 대화이다.

단서 화학 변화가 일어나면 성질이 전혀 다른 새로운 물질로 변해.

김치가 발효되어 익는 것은 화학 변화야. 발효 반응을 통해 새로운 물질 생성

얼음이 녹아 분자의 배열이 달라지는 것도 화학 변화야. 상태 변화(얼음 → 물) ➡ 물리 변화

학생 A　학생 B　학생 C

제시한 의견이 옳은 학생만을 있는 대로 고른 것은?

① A　② C　③ A, B　④ B, C　⑤ A, B, C

단서+발상

단서 화학 변화의 정의와 물질의 변화에 대한 현상이 제시되어 있다.

발상 제시된 현상이 물리 변화 또는 화학 변화임을 추론할 수 있다.

적용 화학 변화와 물리 변화의 정의를 통해 제시된 현상을 구분하는 것부터 문제 풀이를 시작해야 한다.

| 문제+자료 분석 |

· 학생 A: 화학 변화는 어떤 물질이 성질이 전혀 다른 새로운 물질로 변하는 현상이다.
· 학생 B: 발효는 화학 반응을 통해 새로운 물질이 생성되는 화학 변화이다. 따라서 김치가 발효되어 익는 것은 화학 변화이다.
· 학생 C: 얼음이 물로 변하는 상태 변화는 물질의 고유한 성질을 변하지 않으면서 상태만 변하는 물리 변화이다. 따라서 얼음이 녹아 분자의 배열이 달라지는 것은 물리 변화이다.

| 선택지 분석 |

③ 학생 A: 화학 변화는 어떤 물질이 성질이 전혀 다른 새로운 물질로 변하는 현상이다. ➡ 옳음

학생 B: 김치가 발효 과정은 화학 반응을 통해 새로운 물질이 생성된다. ➡ 옳음

학생 C: 얼음이 녹아 분자의 배열이 달라지는 것은 물의 상태 변화이다. ➡ 옳지 않음

✳ 물리 변화와 화학 변화

· 물리 변화: 물질의 고유한 성질은 변하지 않으면서 상태나 모양만 변하는 현상 예 상태 변화
· 화학 변화: 어떤 물질이 성질이 전혀 다른 새로운 물질로 변하는 현상 예 앙금 생성

그림은 찌그러진 탁구공을 뜨거운 물에 넣기 전과 후의 모습을 나타낸 것이다.
(가) (나)

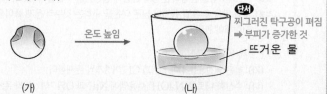

 단서
찌그러진 탁구공이 펴짐
➡ 부피가 증가한 것
뜨거운 물

(가)   (나)

탁구공 속 기체에 대한 옳은 설명만을 [보기]에서 있는 대로 고른 것은?

───── [보기] ─────
ㄱ. 분자 수는 (나)에서가 (가)에서보다 ~~크다~~ 같다.
ㄴ. 분자의 운동은 ~~(가)에서가 (나)에서보다~~ 활발하다.
        (나)에서 (가)에서보다
ㄷ. 분자 사이의 평균 거리는 (나)에서가 (가)에서보다 크다.
   탁구공의 부피: (가)<(나) ➡ 분자 사이의 평균 거리: (가)<(나)

① ㄱ   ② ㄷ   ③ ㄱ, ㄴ   ④ ㄱ, ㄷ   ⑤ ㄴ, ㄷ

단서＋발상

단서 온도 변화에 따른 탁구공의 부피 변화가 제시되어 있다.
발상 온도를 높였을 때 탁구공의 부피가 증가함을 추론할 수 있다.
적용 기체의 온도와 부피의 관계를 구하는 것부터 문제 풀이를 시작해야 한다.

2020.3
5회

| 문제＋자료 분석 |
· 찌그러진 탁구공을 뜨거운 물에 넣으면
   ➡ 온도가 높아짐에 따라 탁구공 속 기체의 분자 운동이 활발해진다.
   ➡ 탁구공의 부피가 증가한다.

| 보기 분석 |
ㄱ. 온도를 높여도 탁구공 속 기체 분자 수는 변하지 않는다.
   따라서 분자 수는 (나)에서와 (가)에서가 같다.
ㄴ. 온도를 높이면 기체의 분자 운동이 활발해진다.
   따라서 분자의 운동은 (나)에서가 (가)에서보다 활발하다.
ㄷ. 기체 분자가 들어 있는 탁구공의 부피가 클수록 분자 사이의 평균 거리가 크다. 탁구공의 부피가 (나)에서가 (가)에서보다 크므로, 분자 사이의 평균 거리는 (나)에서가 (가)에서보다 크다.

＊ **기체의 온도와 부피 관계**
· 압력이 일정할 때 온도가 높아지면 기체의 부피는 증가하고, 온도가 낮아지면 기체의 부피가 감소한다.
· **온도가 높아질 때:** 기체의 운동 속도 증가 ➡ 기체 입자의 충돌 횟수 증가 ➡ 기체 부피 증가
· **온도가 낮아질 때:** 기체의 운동 속도 감소 ➡ 기체 입자의 충돌 횟수 감소 ➡ 기체 부피 감소

표는 원자 또는 이온 (가)~(라)에 대한 자료이다.

원자 또는 이온	화학식	원자핵의 전하	전자 수	
(가)	O	$+8$	8	**단서** 원자이므로 원자핵의 전하와 전자수가 같음
(나)	O^{2-}	$x=8$	$a=10$	
(다)	Na	$+11$	11	
(라)	Na^+	$+11$	$b=10$	

이에 대한 옳은 설명만을 [보기]에서 있는 대로 고른 것은? [3점]

───── [보기] ─────
ㄱ. x는 $+8$이다.
   O의 원자 번호＝양성자수＝8 ➡ 원자핵의 전하＝+8
ㄴ. ~~$b>a$이다.~~
   $a=10, b=10$ ➡ $a=b$
ㄷ. (나)와 (라)로 이루어진 화합물의 화학식은 Na_2O이다.
   이온의 총 전하량의 합이 0이 되는 개수 비＝$Na^+ : O^{2-} = 2 : 1$ ➡ Na_2O

① ㄱ   ② ㄴ   ③ ㄷ   ④ ㄱ, ㄷ   ⑤ ㄴ, ㄷ

단서＋발상

단서 원자 또는 이온의 화학식이 제시되어 있다.
발상 (가)~(라)의 양성자수와 전자 수를 추론할 수 있다.
적용 중성 원자에서 양성자수와 전자 수가 같음을 이용하여 미지수를 구하는 것부터 문제 풀이를 시작해야 한다.

| 문제＋자료 분석 |
· x: (가)와 (나)는 각각 O의 원자와 이온이다. 이온이 되어도 양성자수는 변하지 않으므로 O^{2-}의 양성자수도 8이다.
   따라서 (나)의 원자핵의 전하 $x=+8$이다.
· a: O 원자의 전자 수는 8이고, O 원자가 전자 2개를 얻어 O^{2-}이 된다. 따라서 (나)의 전자 수 $a=8+2=10$이다.
· b: Na 원자의 전자 수는 11이고, Na 원자가 전자 1개를 잃어 Na^+이 된다. 따라서 (라)의 전자 수 $b=11-1=10$이다.

| 보기 분석 |
ㄱ. O^{2-}의 양성자수는 8이다. $x=+8$이다.
ㄴ. $a=8+2=10$이고 $b=11-1=10$이다. 따라서 $a=b$이다.
ㄷ. Na^+과 O^{2-}이 이온 결합 화합물을 형성할 때, 이온의 총 전하량의 합이 0이 되는 개수비로 결합하므로 $Na^+ : O^{2-} = 2 : 1$의 개수비로 결합한다.
   따라서 (나)와 (라)로 이루어진 화합물의 화학식은 Na_2O이다.

＊ **이온 결합의 개수비**
· 이온의 총 전하량의 합이 0이 되는 개수비로 결합한다. (＋) 전하의 전체 양과 (－) 전하의 전체 양이 같아지도록 양이온과 음이온이 결합한 이온 결합 화합물은 전기적으로 중성이다.

양이온의 총 전하량＋음이온의 총 전하량＝0

예 $Ca^{2+} : Cl^- = 1 : 2$의 개수비로 결합하여 $CaCl_2$을 형성한다.

그림은 묽은 염산(HCl), 수산화 나트륨(NaOH) 수용액을 각각
이온 모형으로 나타낸 것이다.

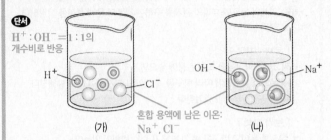

(단서) $H^+ : OH^- = 1:1$의
개수비로 반응

H^+ Cl^-

OH^- Na^+

혼합 용액에 남은 이온:
Na^+, Cl^-

(가)   (나)

이에 대한 옳은 설명만을 [보기]에서 있는 대로 고른 것은? (단, 두
수용액의 온도는 같다.) [3점]

─────[보기]─────
ㄱ. (가)에 페놀프탈레인 용액을 넣으면 ~~붉은색으로 변한다.~~
                             색 변화가 없다
Ⓛ. (가)와 (나)를 혼합하면 수용액의 온도가 높아진다.
    중화 반응 일어남 ➡ 중화열 발생 ➡ 수용액의 온도가 높아진다.
ㄷ. (가)와 (나)의 혼합 용액은 전기 전도성이 ~~없~~ 있다

① ㄴ   ② ㄷ   ③ ㄱ, ㄴ   ④ ㄱ, ㄷ   ⑤ ㄴ, ㄷ

🧠 단서+발상

(단서) HCl과 NaOH 수용액의 모형이 제시되어 있다.

(발상) (가)와 (나)를 혼합하면 중화 반응이 일어남을 추론할 수 있다.

(적용) 중화 반응 후 혼합 용액에 남은 이온을 구하는 것부터 문제 풀이를
    시작해야 한다.

| 문제+자료 분석 |

· (가): 묽은 염산(HCl)에 H^+과 Cl^-이 3개씩 존재한다.
· (나): 수산화 나트륨(NaOH) 수용액에 Na^+과 OH^-이 3개씩 존재한다.
➡ (가)와 (나)를 혼합하면 중화 반응이 일어난다. $H^+ : OH^- = 1:1$의
개수비로 반응하므로 3개의 H^+과 3개의 OH^-이 모두 반응하여 3개의
H_2O을 생성한다. 따라서 혼합 용액에 남은 이온은 Na^+과 Cl^-이다.

| 보기 분석 |

ㄱ. (가)는 묽은 염산(HCl)이므로 산성 용액이다. 페놀프탈레인 용액은 산성
    용액에서 무색이고 염기성 용액에서 붉은색이다.
    따라서 (가)에 페놀프탈레인 용액을 넣으면 색 변화가 없다.

Ⓛ. (가)와 (나)를 혼합하면 중화 반응이 일어나므로 중화열이 발생한다.
    따라서 (가)와 (나)를 혼합하면 수용액의 온도가 높아진다.

ㄷ. (가)와 (나)의 혼합 용액에는 Na^+과 Cl^-이 존재한다.
    따라서 (가)와 (나)의 혼합 용액은 전기 전도성이 있다.

표는 용질 A~D를 각각 물에 녹인 포화 용액 (가)~(라)에 대한
자료이다. (가)~(라)의 온도는 모두 $t°C$이다.

포화 용액	(가)	(나)	(다)	(라)
용질	A	B	C	D
(단서) 물의 질량(g)	50 100	50 100	100	100
용질의 질량(g)	18 36	20 40	5	20
용해도	36	40	5	20

이에 대한 설명으로 옳은 것은? [3점]

① $t°C$에서 A의 용해도는 ~~18~~이다. 36
② $t°C$에서 용해도는 B가 C의 ~~2배~~이다.
    40   5   8배
③ B와 D는 ~~같은~~ 물질이다.
    같은 온도($t°C$)에서 용해도 다름 ➡ 서로 다른 물질
④ 퍼센트 농도는 (라)가 (다)의 ~~2배~~이다.
    $\frac{50}{3}$ $\frac{100}{21}$ $\frac{7}{2}$ 배
⑤ (라)에 $t°C$의 물 50 g을 넣으면 D 10 g이 더 녹을 수 있다.
    D의 용해도=20 ➡ 물 50 g을 넣으면 D $20 \times \frac{1}{4}$=10 g 더 녹을 수 있다.

🧠 단서+발상

(단서) 포화 용액 (가)~(라)에서 물과 용질의 질량이 제시되어 있다.

(발상) (가)~(라)의 용해도를 추론할 수 있다.

(적용) 용해도의 정의를 이용하여 (가)~(라)의 용해도를 구하는 것부터 문제
    풀이를 시작해야 한다.

| 문제+자료 분석 |

· (가): 물 50 g에 최대로 녹을 수 있는 용질의 질량이 18 g이므로 물
    100 g에 최대로 녹을 수 있는 용질의 질량은 36 g이다.
    ➡ A의 용해도=36
· (나): 물 50 g에 최대로 녹을 수 있는 용질의 질량이 20 g이므로 물
    100 g에 최대로 녹을 수 있는 용질의 질량은 40 g이다.
    ➡ B의 용해도=40
· (다): 물 100 g에 최대로 녹을 수 있는 용질의 질량이 5 g이므로
    ➡ C의 용해도=5
· (라): 물 100 g에 최대로 녹을 수 있는 용질의 질량이 20 g이므로
    ➡ D의 용해도=20

| 선택지 분석 |

① $t°C$에서 A의 용해도는 36이다.
② $t°C$에서 B와 C의 용해도는 각각 40과 5이다. 따라서 $t°C$에서 용해도는
    B가 C의 8배이다.
③ 같은 온도($t°C$)에서 B와 D의 용해도가 서로 다르다.
    따라서 B와 D는 서로 다른 물질이다.
④ (다)의 퍼센트 농도(%)=$\frac{5}{105} \times 100 = \frac{100}{21}$이고,
    (라)의 퍼센트 농도(%)=$\frac{20}{120} \times 100 = \frac{50}{3}$이다. $\frac{5}{105} \times 100 = \frac{100}{21}$
    따라서 퍼센트 농도는 (라)가 (다)의 $\frac{7}{2}$배이다.
⑤ $t°C$에서 D의 용해도는 20이다.
    따라서 물 50 g을 넣으면 D는 $20 \times \frac{1}{2}$=10 g 더 녹을 수 있다.

11 정답 ① ★ 식물의 조직 ······

그림은 잎의 구조 일부를 나타낸 것이다. A~C는 각각 표피조직,
해면조직, 울타리조직 중 하나이다. **단서**

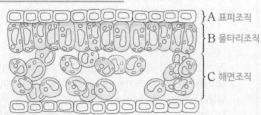

이에 대한 설명으로 옳지 <u>않은</u> 것은?

① A는 해면조직이다.
　A는 표피조직이다.
② A는 잎을 보호하는 역할을 한다.
　A는 표피조직으로 잎을 보호하는 역할을 한다.
③ B는 기본 조직계에 속한다.
　B는 울타리조직으로 기본 조직계에 속한다.
④ B에는 핵을 갖는 세포가 있다.
　B는 울타리조직으로 핵을 갖는 세포가 있다.
⑤ C에는 광합성을 하는 세포가 있다.
　C는 해면조직으로 광합성을 하는 세포가 있다.

 단서+발상

단서 잎의 구조의 일부가 그림으로 제시되어 있다.
발상 그림 속 조직의 위치와 배열을 통해 B가 울타리조직임을 추론할 수 있다.
적용 A~C를 구하는 것부터 문제 풀이를 시작해야 한다.

| 문제+자료 분석 |
· **A**: 식물체의 표면을 싸고 있는 표피조직으로, 표피조직계를 구성한다.
· **B**: 광합성, 호흡, 물질의 저장 작용을 하는 유조직 중 울타리조직에
　해당하며, 기본 조직계에 속한다.
· **C**: 유조직 중 해면조직에 해당하며, 기본 조직계에 속한다.

| 선택지 분석 |
① A는 식물체의 표면을 싸고 있는 표피조직이다.
② A(표피조직)는 잎을 보호하는 역할을 한다.
③ B(울타리조직)는 기본 조직계에 속한다.
④ B(울타리조직)에는 핵을 갖는 엽육 세포가 있다.
⑤ C(해면조직)에는 광합성을 하는 엽육 세포가 존재한다.

★ **식물의 조직**

구분		기능 및 예
분열 조직		세포분열을 계속하여 새로운 세포를 만들어낸다. 예 생장점, 형성층
영구 조직	유조직	광합성, 호흡, 물질의 저장 작용을 한다. 예 울타리조직, 해면조직 등
	통도조직	물과 양분의 이동 통로를 이룬다. 예 물관, 헛물관, 체관 등
	표피조직	식물체의 표면을 싸고 있다. 예 표피, 뿌리털 등
	기계 조직	식물체를 유지하는 작용을 한다. 예 섬유 조직 등

12 정답 ① ★ 동물의 발생 ······ ☆ 고난도

그림은 어떤 동물에서 일어나는 수정과 난할의 일부를 나타낸
것이다. A~C는 각각 1개의 세포이다.

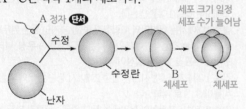

이에 대한 옳은 설명만을 [보기]에서 있는 대로 고른 것은?

　　　　　　　　　　[보기]
ㄱ. A는 생식세포이다.
　A는 정자이므로 생식세포이다.
ㄴ. A와 B의 염색체 수는 ~~같다~~ 다르다
ㄷ. B와 C의 부피는 ~~같다~~ 다르다
　B의 부피가 C의 부피보다 크다.

① ㄱ　② ㄴ　③ ㄱ, ㄴ　④ ㄱ, ㄷ　⑤ ㄴ, ㄷ

 단서+발상

단서 어떤 동물에서 일어나는 수정과 난할의 일부가 그림으로 제시되어
　있다.
발상 제시된 그림을 통해 수정에 필요한 정자가 A임을 알 수 있고, 수정
　이후에 B, C는 체세포임을 추론할 수 있다.
적용 A~C를 구하는 것부터 문제 풀이를 시작해야 한다.

| 문제+자료 분석 |
· 생식세포인 정자와 난자가 수정하여 수정란이 된다. ➡ 정자와 난자는
　각각 염색체 수가 체세포의 절반이므로, 수정란은 체세포와 염색체 수가
　동일하다.
· 난할은 수정란에서 초기에 빠르게 일어나는 세포분열이다.
· **A**: 난자와 수정되어 수정란이 되므로, 정자에 해당한다.
· **B**: 수정란으로부터 한 번의 난할을 통해 형성된 2개의 체세포 중
　하나이다.
· **C**: 수정란으로부터 두 번의 난할을 통해 형성된 4개의 체세포 중
　하나이다.

| 보기 분석 |
ㄱ. A는 난자와 수정하여 수정란을 형성하므로, 동물의 정자이다.
ㄴ. A는 생식세포이고, B는 체세포이므로, A(생식세포)의 염색체 수는
　B(체세포)의 염색체 수의 절반이므로 A와 B의 염색체 수는 다르다.
ㄷ. 난할은 체세포분열이지만 세포의 크기가 커지지 않고 세포분열을 빠르게
　반복하므로, B의 부피가 C의 부피보다 크다. **꿀팁**

문제 풀이 🐝 **꿀팁**
· 난할은 수정란에서 초기에 빠르게 일어나는 세포분열이다. 난할은 체세포분열이지만
　세포의 크기가 커지지 않고 세포분열을 빠르게 반복하므로, 난할이 진행되면 세포 수가
　늘어나고 세포의 크기는 점점 작아진다.

그림은 귀의 구조 일부를 나타낸 것이다. A~C는 각각 달팽이관,
반고리관, 전정기관 중 하나이다. _{단서}

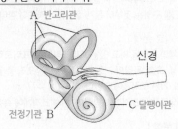

이에 대한 옳은 설명만을 [보기]에서 있는 대로 고른 것은? [3점]

[보기]
- ㄱ. A는 반고리관이다.
  반고리관은 3개의 고리 모양의 관으로 구성되어 있으므로 A에 해당한다.
- ㄴ. B는 ~~소리 자극~~을 받아들인다. **B는 몸의 균형을 담당하는 평형기관이다.**
- ㄷ. C에는 청각세포가 있다. C는 달팽이관으로 청각세포가 존재한다.

① ㄱ   ② ㄷ   ③ ㄱ, ㄴ   ④ ㄱ, ㄷ   ⑤ ㄴ, ㄷ

단서＋발상

- (단서) 청각 기관인 귀의 구조의 일부가 그림으로 제시되어 있다.
- (발상) 제시된 그림 속 귀의 기관 모양을 통해 귀의 구조를 추론할 수 있다.
- (적용) 그림의 A~C가 각각 달팽이관, 반고리관, 전정기관 중 무엇에 해당하는지를 파악하는 것부터 문제 풀이를 시작해야 한다.

| 문제＋자료 분석 |
- **A**: 반고리관으로, 몸이 회전하는 것을 자극으로 받아들이는 부분이다.
- **B**: 전정기관으로, 귀의 가장 안쪽에 있는 내이에 위치하며 몸의 균형을 담당하는 평형기관이다.
- **C**: 달팽이관으로, 청각세포가 있어 자극을 받아들이는 부분이다.

| 보기 분석 |
- ㄱ. A는 반고리관으로, 회전하는 놀이 기구를 탔을 때와 같이 몸이 회전하면 자극을 받아들이는 부분이다.
- ㄴ. B(전정기관)는 승강기를 탔을 때나 돌부리에 걸려 넘어질 때와 같이 몸이 움직이거나 기울어지면 자극을 받아들이는 부분이다.
- ㄷ. C(달팽이관)에는 청각세포가 존재하여 진동 자극을 받아들이고, 이 자극이 청각신경을 통해 뇌로 전달되어 소리를 듣게 된다.

＊ 소리의 전달 과정

자극 ➡ 귓바퀴 ➡ 외이도 ➡ 고막 ➡ 귓속뼈 ➡ 달팽이관 ➡ 청각세포 ➡ 청각신경 ➡ 뇌

그림은 순종의 둥근 완두와 주름진 완두를 교배하여 잡종 1대를
얻고, 이 잡종 1대를 자가수분하여 잡종 2대를 얻는 과정을 나타낸
것이다. R는 r와 대립유전자이며, 잡종 2대는 800개이다.

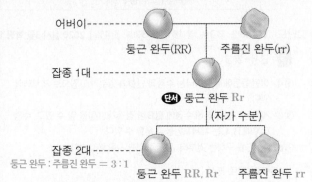

어버이 ────── 둥근 완두(RR)   주름진 완두(rr)

잡종 1대 ────── _{단서} 둥근 완두 Rr

(자가 수분)

잡종 2대 ────── 둥근 완두 RR, Rr   주름진 완두 rr
둥근 완두 : 주름진 완두 = 3 : 1

이에 대한 옳은 설명만을 [보기]에서 있는 대로 고른 것은? (단,
돌연변이는 고려하지 않는다.) [3점]

[보기]
- ㄱ. 완두의 모양은 주름진 것이 열성형질이다.
  잡종 1대에서 둥근 완두만 나왔으므로 우열의 원리에 의해 주름진 완두는 열성형질이다.
- ㄴ. 잡종 1대에서 둥근 완두는 r를 갖는다.
  잡종 1대에서 둥근 완두의 유전자형은 Rr이다.
- ㄷ. 잡종 2대에서 둥근 완두의 유전자형은 모두 ~~RR~~이다.
  RR 또는 Rr

① ㄱ   ② ㄷ   ③ ㄱ, ㄴ   ④ ㄴ, ㄷ   ⑤ ㄱ, ㄴ, ㄷ

단서＋발상

- (단서) 순종의 둥근 완두(RR)와 주름진 완두(rr)를 교배하여 잡종 1대를 얻고, 잡종 1대의 둥근 완두끼리 자가수분하여 잡종 2대를 얻는 과정이 그림으로 제시되어 있다.
- (발상) 잡종 1대에서 둥근 완두만 나오는 것으로 보아 완두의 모양은 둥근 것이 주름진 것에 대해 우성임을 추론할 수 있다.
- (적용) 잡종 1대의 둥근 완두, 잡종 2개의 둥근 완두의 유전자형을 파악하는 것부터 문제 풀이를 시작해야 한다.

| 문제＋자료 분석 |
- 어버이 세대에서 순종의 둥근 완두(RR)와 순종의 주름진 완두(rr)를 교배하여 잡종 1대를 얻는다.
- 잡종 1대에서는 어버이의 대립형질 중 한 가지인 둥근 완두(Rr)만 나타난다. ➡ 잡종 1대에서 나타나는 둥근 형질이 **우성**, 나타나지 않는 형질인 주름진 형질이 **열성**이다.
- 잡종 1대를 자가수분시키면 잡종 2대에서 둥근 완두와 주름진 완두의 비율이 3 : 1로 나타난다.
- 잡종 2대에서 표현형의 분리비는 둥근 완두 : 주름진 완두 = 3 : 1이지만, 유전자형의 비는 RR : Rr : rr = 1 : 2 : 1이다.

| 보기 분석 |
- ㄱ. 잡종 1대에서 유전자형이 Rr인 개체의 표현형이 둥근 완두이므로, 완두의 모양은 주름진 것이 둥근 것에 대해 열성이다.
- ㄴ. 잡종 1대에서 둥근 완두의 유전자형은 Rr이므로 잡종 1대의 둥근 완두는 r을 갖는다.
- ㄷ. 잡종 2대에서 둥근 완두의 유전자형은 RR 또는 Rr이다.

＊ 멘델의 유전 법칙

우열의 원리	대립형질을 가진 순종의 두 개체를 교배했을 때 잡종 1대에서는 어버이의 대립형질 중 한 가지만 나타난다. 이때 잡종 1대에서 나타나는 형질을 우성, 나타나지 않는 형질을 열성이라고 한다.
분리의 법칙	감수분열이 일어날 때 쌍을 이루고 있던 대립유전자가 서로 다른 생식세포로 들어가게 된다. 따라서 잡종 1대의 둥근 완두(Rr)를 자가수분시키면 잡종 2대에서는 둥근 완두와 주름진 완두가 3 : 1의 비로 나타난다.

그림은 사람의 기관 A~C를 나타낸 것이다. A~C는 각각 위, 입, 소장 중 하나이다. (단서)

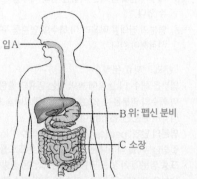

입 A

B 위: 펩신 분비

C 소장

이에 대한 설명으로 옳은 것은?
① ~~A~~에서 펩신이 분비된다.
  B
②A에서 기계적 소화가 일어난다.
  A는 입으로, 음식물을 씹을 때 이의 저작 운동을 통한 기계적 소화가 일어난다.
③ B는 ~~소장~~이다.
       위
④ ~~C~~의 내부는 산성 환경이다.
  B
⑤ A ~ C는 모두 ~~순환계~~에 속한다.
              소화계

🧠 단서+발상

(단서) 소화 기관 중 A~C의 구조가 그림으로 제시되어 있다.

(발상) 제시된 그림을 통해 각 기관의 모양과 위치를 통해 A~C가 무엇인지 추론할 수 있다.

(적용) 그림의 A~C가 각각 위, 입, 소장 중 무엇에 해당하는지를 파악하는 것부터 문제 풀이를 시작해야 한다.

| 문제+자료 분석 |
· **A**: 침을 분비하는 입으로, 침에 들어 있는 아밀레이스는 탄수화물 소화에 관여하는 효소이다.
· **B**: 위액을 분비하는 위이며, 위액에 들어 있는 염산은 펩신의 작용을 돕고, 음식물에 섞여 있는 세균을 제거한다.
· **C**: 소장이며, 각종 소화 효소들이 작용하여 소화가 일어난다. 소장의 융털을 통해 최종 소화 산물들이 흡수된다.

| 선택지 분석 |
① 펩신은 B(위)에서 분비된다.
② A에서 이의 저작 운동을 통한 기계적 소화가 일어난다.
③ B는 위이다.
④ B에서 분비되는 위액에는 염산이 포함되어 있어 B의 내부가 산성을 띠게 된다.
⑤ A~C는 모두 소화계에 속하는 소화 기관이다.

* 3대 영양소와 소화 효소

3대 영양소	대표 소화효소
탄수화물	아밀레이스(침, 이자액)
단백질	펩신(위액), 트립신(이자액)
지방	라이페이스(이자액)

그림은 암석의 순환 과정을 나타낸 것이다. A와 B는 각각 변성암과 퇴적암 중 하나이다. (단서)

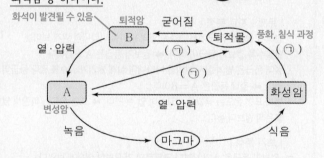

화석이 발견될 수 있음

퇴적암 B — 굳어짐 — 퇴적물 — 풍화, 침식 과정 (㉠)
열·압력
A 변성암 — 열·압력 — 화성암
(㉠)
녹음 — 마그마 — 식음

이에 대한 옳은 설명만을 [보기]에서 있는 대로 고른 것은?

[보기]
ㄱ. A는 변성암이다.
  A는 열과 압력을 받아 생성된 변성암이다.
ㄴ. B에서는 화석이 발견될 수 있다.
  B는 퇴적암이므로 화석이 발견될 수 있다.
ㄷ. ㉠에는 풍화·침식 과정이 포함된다.
  ㉠은 풍화, 침식 등에 의해 퇴적물이 생성되는 과정이다.

① ㄱ ② ㄷ ③ ㄱ, ㄴ ④ ㄴ, ㄷ ⑤ ㄱ, ㄴ, ㄷ

🧠 단서+발상

(단서) 암석의 순환 과정에서 암석에 작용하는 여러 현상이 제시되어 있다.

(발상) 화살표의 방향과 암석에 작용하는 현상으로부터 암석의 종류를 추론할 수 있다.

(적용) 퇴적암, 화성암, 변성암을 구분하는 기준을 생각해 보는 것부터 문제 풀이를 시작해야 한다.

| 문제+자료 분석 |
· **A**: 화성암 또는 B가 열과 압력을 받아 생성된다. ➡ 변성암은 기존의 암석이 열과 압력에 의한 변성 작용을 받아 생성된다.
· **B**: 퇴적물이 굳어져 만들어진 암석이다. ➡ 퇴적물이 쌓여 굳어지고 다져지면 퇴적암이 된다. 퇴적암의 대표적인 특징으로 층리가 발달하며 화석이 산출될 수 있다.
· **㉠**: 화성암과 암석 A, B가 퇴적물이 되는 과정에서 나타난다. ➡ 퇴적물은 기존의 암석이 풍화, 침식을 받아 잘게 부서지면서 만들어질 수 있다.

| 보기 분석 |
ㄱ. A는 기존의 암석이 열과 압력을 받아 만들어지는 암석이므로 변성암이다.
ㄴ. B는 퇴적물이 굳어져 만들어지는 퇴적암이다. 퇴적암에서는 퇴적물과 함께 매몰된 생물의 사체 등이 화석으로 산출될 수 있다.
ㄷ. ㉠은 기존의 암석이 퇴적물이 되는 과정을 나타낸다. 퇴적물은 기존의 암석이 풍화, 침식 작용을 받아 생성될 수 있다.

* 암석의 순환과 지구시스템의 에너지원
· 암석의 순환에서 풍화·침식 작용과 퇴적물의 운반 작용을 일으키는 주요 에너지원은 태양 에너지이다.
· 암석의 변성 작용과 마그마 생성 과정의 주요 에너지원은 지구 내부 에너지이다.

2020.3
5회

17 정답 ③ ＊ 해수의 구성 성분 ....

그림은 어느 해역의 해수 1 kg에 녹아 있는 염류의 양을 나타낸 것이다.

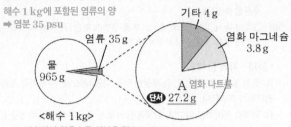

해수 1 kg에 포함된 염류의 양
➡ 염분 35 psu

기타 4 g
염화 마그네슘 3.8 g
염류 35 g
물 965 g
A 염화 나트륨
[단서] 27.2 g

<해수 1 kg>
강수량이 많을수록 염분은 감소

이에 대한 옳은 설명만을 [보기]에서 있는 대로 고른 것은? [3점]

[보기]

ㄱ. A는 염화 나트륨이다.
　　염류에서 가장 많이 차지하는 성분은 염화 나트륨이다.
ㄴ. 이 해수의 염분은 35 ‰(psu)이다.
　　해수 1 kg에 염류 35 g이 포함되어 있으므로 염분은 35 psu이다.
ㄷ. 이 해역에 비가 많이 내릴수록 표층 염분은 ~~증가한다~~
　　　　　　　　　　　　　　　　　　　　　감소한다

① ㄱ　② ㄴ　③ ㄱ, ㄴ　④ ㄱ, ㄷ　⑤ ㄴ, ㄷ

단서+발상

단서 해수에 포함된 물의 양과 염류의 종류별 양이 제시되어 있다.

발상 해수가 짠맛이 나는 까닭은 염화 나트륨이 풍부하기 때문임을 추론할 수 있다.

적용 염분의 정의를 떠올려 이 해수의 염분을 구하는 것부터 문제 풀이를 시작해야 한다.

| 문제+자료 분석 |

• 염분은 해수 1 kg 속에 녹아 있는 염류의 총량을 g 수로 나타낸 값이다. 이 해수의 염분은 A 27.2 g＋염화 마그네슘 3.8 g＋기타 4 g＝35 g이다. 따라서 염분은 35 psu이다.
• **염분의 단위**: psu(실용염분단위)는 해수 1 kg에 들어 있는 총 염류의 질량(g 수)을 나타내는 단위로, 전기 전도도를 측정하여 나타낸다.
• 표층 염분에 가장 큰 영향을 주는 요인은 증발량과 강수량이다. 표층 염분은 대체로 (증발량−강수량) 값이 클수록 높다.

| 보기 분석 |

ㄱ. 염류는 주로 염화 나트륨, 염화 마그네슘, 황산 마그네슘 등으로 이루어져 있으며, 이중 가장 높은 비율을 차지하는 것은 염화 나트륨이다.
ㄴ. 이 해역의 해수 1 kg 속에 녹아 있는 염류의 총량은 35 g이다. 따라서 염분은 35 psu(또는 ‰)이다.
ㄷ. 강수로 내리는 비는 염류를 거의 포함하지 않은 담수이다. 따라서 이 해역에 비가 많이 내릴수록 표층 염분은 감소한다.

왜 틀렸나?

• 해수에 포함된 염류에 대한 이해가 부족한 학생은 [보기] ㄱ과 ㄴ의 진위를 판단하는 데 어려움을 겪었을 것이다.

---

18 정답 ② ＊ 별의 물리량 ....

표는 별 A와 B의 특징을 나타낸 것이다.

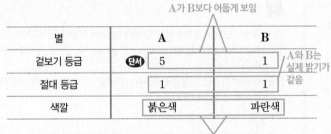

A가 B보다 어둡게 보임

별	A	B
겉보기 등급	**[단서]** 5	1
절대 등급	1	1
색깔	붉은색	파란색

A와 B는 실제 밝기가 같음

A가 B보다 표면 온도가 낮음

이에 대한 옳은 설명만을 [보기]에서 있는 대로 고른 것은? [3점]

[보기]

ㄱ. A는 B보다 ~~밝게~~ 보인다.
　　　　　　　어둡게
ㄴ. 실제 밝기는 A가 B보다 ~~밝다~~
　　　　　　　　　　　　　　　같다
ㄷ. 표면 온도는 A가 B보다 낮다.
　　표면 온도는 파란색 별이 붉은색 별보다 높다.

① ㄱ　② ㄷ　③ ㄱ, ㄴ　④ ㄴ, ㄷ　⑤ ㄱ, ㄴ, ㄷ

단서+발상

단서 별의 특징을 비교할 수 있는 물리량이 제시되어 있다.

발상 별의 등급과 색깔로부터 밝기와 표면 온도를 추론할 수 있다.

적용 별의 등급이 작을수록 밝게 보인다는 사실에서부터 문제 풀이를 시작해야 한다.

| 문제+자료 분석 |

• 겉보기 등급은 지구에서 관측된 별의 밝기를 나타내며 밝게 보이는 별일수록 겉보기 등급이 작다. ➡ 겉보기 등급은 A＞B이다.
• 절대 등급은 별의 실제 밝기를 나타내며 실제 밝기가 클수록 절대 등급이 작다. ➡ 절대 등급은 A＝B이다.
• 별의 표면 온도는 색깔을 비교하여 알 수 있다. ➡ 표면 온도는 파란색 별이 붉은색 별보다 높다.

| 보기 분석 |

ㄱ. 겉보기 등급은 A가 B보다 크므로 A가 B보다 어둡게 보인다.
ㄴ. 별의 실제 밝기는 절대 등급으로 나타낼 수 있다. A와 B는 절대 등급이 같으므로 실제 밝기가 같다.
ㄷ. 표면 온도가 높은 별일수록 파랗게 보인다. A는 붉은색, B는 파란색이므로 별의 표면 온도는 A가 B보다 낮다.

＊ 별의 물리량

• **밝기와 거리 관계**: 별의 밝기가 일정할 경우 거리의 제곱에 반비례하여 별의 밝기가 감소한다. ➡ 거리가 2배, 3배로 멀어지면 밝기는 1/4배, 1/9배가 된다.
• **밝기와 등급 관계**: 5등급 차이에 해당하는 밝기 비는 100이다. 따라서 밝기가 1등급 차이가 나면 밝기 비는 $100^{1/5} ≒ 2.5$이다.
• **색과 표면 온도 관계**: 별의 표면 온도가 높을수록 파장이 짧은 파란색 빛을 많이 방출하기 때문에 파랗게 보이고, 표면 온도가 낮을수록 붉은색 빛을 많이 방출하기 때문에 붉게 보인다. ➡ 별의 표면 온도는 파란색 별＞흰색 별＞노란색 별＞주황색 별＞붉은색 별이다.

다음은 지구 주위를 공전하는 달의 위상 변화를 알아보기 위한 활동이다.

그림과 같이 한쪽 방향에서 빛이 비치게 하고 관찰자는 가운데에, 다른 학생들은 공을 들고 주변에 앉는다. 관찰자는 각 위치에 있는 공의 밝은 부분을 관찰한다. **[단서]**

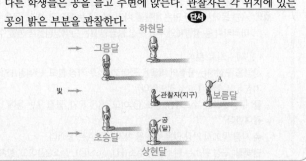

관찰자가 A 위치에 있는 공을 관찰할 때, 이 공의 밝은 부분에 해당하는 달의 위상으로 가장 적절한 것은?

① 보름달 ② 초승달 ③ 그믐달
④ 하현달 ⑤ 상현달

🧠 **단서＋발상**

[단서] 빛을 받아 공이 밝게 보이는 부분과 관찰자 위치가 제시되어 있다.

[발상] A 위치일 때 공의 밝게 보이는 모양이 둥글다는 것을 추론할 수 있다.

[적용] 빛의 방향과 공의 상대적 위치에 따라 관측자에게 보이는 공의 밝은 부분이 다르다는 것을 파악하는 것부터 문제 풀이를 시작해야 한다.

| 문제＋자료 분석 |
· 이 실험에서 빛이 비추는 방향은 태양이 위치한 방향에 해당한다. 관찰자는 지구에 해당하며, 관찰자 주변에 있는 공은 달에 해당한다.
· 관찰자에게 보이는 공의 밝은 부분의 모양이 상대적 위치에 따라 달라진다.
➡ 지구에서 볼 때 달의 위치에 따라 밝게 보이는 부분이 달라진다.
· A에 위치할 때 공은 둥근 모양으로 보인다. ➡ 보름달 모양에 해당한다.
· 공의 오른쪽 절반이 밝게 보이면 상현달, 공의 왼쪽 절반이 밝게 보이면 하현달에 해당한다. 공의 오른쪽 끝부분이 밝게 보이면 초승달, 공의 왼쪽 끝부분이 밝게 보이면 그믐달에 해당한다.

| 선택지 분석 |
① 관찰자가 A 위치에 있는 공을 관찰할 때, 빛이 비추는 방향과 공의 방향은 서로 반대 방향이다. 그러므로 공의 밝은 부분 전체가 관찰자에서 원 모양으로 나타난다. 따라서 A의 위치에 해당하는 달의 위상은 망(보름달)이다.

＊ **달의 위상 변화**
· 달의 밝게 보이는 부분이 지구에서 보이는 달의 모양이며, 이를 달의 위상이라고 한다. 달의 위상 변화 주기를 삭망월이라고 하며 약 29.5일이다.
· 달이 지구와 태양 사이에 있을 때를 삭, 달이 지구를 중심으로 태양의 반대편에 있을 때를 망이라 한다. 또한 지구에서 볼 때 달과 태양이 직각을 이루어 달의 오른쪽 반원이 보일 때를 상현, 왼쪽 반원이 보일 때를 하현이라고 한다. 삭과 상현 사이에 있을 때를 초승, 삭과 하현 사이에 있을 때를 그믐이라고 한다.

다음은 해풍이 부는 원리를 알아보기 위한 실험 과정이다.

〈실험 과정〉
(가) 두 수조에 같은 높이로 모래와 물을 각각 채우고 그림과 같이 설치한 후 수조 사이에 향을 피운다.

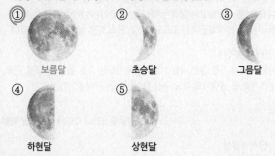

(나) 전등을 켠 후 20분 동안 2분 간격으로 모래와 물의 온도를 각각 측정하면서 향 연기의 흐름을 관찰한다.

이 실험에 대한 옳은 설명만을 [보기]에서 있는 대로 고른 것은? [3점]

[보기]
ㄱ. (가)에서 모래는 육지, 물은 바다에 해당한다.
　해풍은 바다에서 육지로 부는 바람이므로, 모래는 육지, 물은 바다에 해당한다.
ㄴ. (나)에서 향 연기는 ~~물~~ 쪽으로 치우쳐 흐른다.
　　　　　　　　　모래 쪽
ㄷ. (나)에서 물의 온도는 모래의 온도보다 천천히 올라간다.
　물은 모래보다 비열이 커서 온도가 천천히 올라간다.

① ㄱ　② ㄴ　③ ㄱ, ㄴ　④ ㄱ, ㄷ　⑤ ㄴ, ㄷ

🧠 **단서＋발상**

[단서] 육지와 바다에 해당하는 모래와 물이 제시되어 있다.

[발상] 전등을 이용하여 가열할 때 모래와 물의 온도 변화를 추론할 수 있다.

[적용] 물의 비열이 매우 크다는 사실을 적용해서 모래와 물의 온도를 비교하는 것부터 문제 풀이를 시작해야 한다.

| 문제＋자료 분석 |
· 이 실험은 해안가에서 낮에 해풍이 부는 원리를 알아보기 위한 실험이다.
· **해풍**: 태양에 의해 지표면이 가열되면 바다보다 육지가 더 쉽게 가열되어 바다에서 육지로 해풍이 분다.
· 공기는 물에서 모래 쪽으로 이동하여 향 연기가 모래 쪽으로 치우쳐 흐른다. 한낮에 바다에서 육지 쪽으로 해풍이 부는 현상을 확인할 수 있다.

| 보기 분석 |
ㄱ. 전등은 태양에 해당하고, 모래는 육지, 물은 바다에 해당한다.
ㄴ. 전등을 켜고 시간이 지나면 모래가 물보다 빠르게 가열된다. 모래 위의 공기는 상대적으로 상승이 우세해지고 주변에서 공기가 모래 쪽으로 모여든다. 따라서 물 위의 공기가 모래 쪽으로 이동하여 향 연기는 모래 쪽으로 치우쳐 흐른다.
ㄷ. 물은 모래보다 비열이 크다. 비열이 클수록 온도 변화가 작게 나타나므로 전등을 켠 후 시간이 지남에 따라 물의 온도는 모래의 온도보다 천천히 올라간다.

＊ **해륙풍의 원리**
· 맑은 날 해안 지역의 고도 약 1km 이하에서 육지와 바다의 온도 차에 의해 발생하는 바람을 해륙풍이라고 한다.
· 하루를 주기로 낮에는 해풍(바다 ➡ 육지), 밤에는 육풍(육지 ➡ 바다)이 분다.

01 정답 ② ＊ 사람의 구성 물질 ･･ [정답률 94%] **2024 실시 6월 학평 1**

다음은 사람을 구성하는 물질 A와 B에 대한 설명이다.

> 【단서】
> • A는 사람 몸에서 가장 많은 비율을 차지한다.
> 　물
> • B는 항체, 근육, 머리카락의 주요 구성 물질이다.
> 　단백질

A와 B로 가장 적절한 것은?

	A	B		A	B
①	물	핵산	②	물	단백질
③	물	탄수화물	④	탄수화물	핵산
⑤	탄수화물	단백질			

＊ 단백질의 기능

• 근육, 뼈, 머리카락 등을 구성하며, 세포막의 주요 성분이다.
• 효소와 호르몬의 성분으로 각종 화학 반응과 생리 작용을 조절한다.
• 항체의 성분으로, 병원체에 대항하는 방어 작용을 한다.
• 생명활동에 필요한 에너지를 발생한다.

🧠 단서+발상

【단서】 사람을 구성하는 물질 A와 B의 구성 비율, 특징이 제시되어 있다.

【발상】 사람 몸에서 가장 많은 비율을 차지하는 A는 물이고, 항체, 근육, 머리카락 등 생명체의 주요 구성 물질인 B는 단백질임을 추론할 수 있다.

| 문제+자료 분석 |

• 사람을 구성하는 물질의 비율은 물이 70%로 가장 많고, 단백질 18%, 지질 4%, 핵산 1.5% 정도이다.
• **물**: 구성 원소는 수소(H), 산소(O)이고, 체온 유지, 물질 운반 등에 관여한다.
　➡ 사람 몸에서 가장 많은 비율을 차지하는 A는 물이다.
• **단백질**: 구성 원소는 탄소(C), 수소(H), 산소(O), 질소(N)이고, 항체, 근육, 머리카락, 호르몬 등 생명체의 주요 구성 물질이며, 에너지원이다. 생리 작용 조절, 방어 작용, 운반 작용 등에 관여한다.
　➡ 항체, 근육, 머리카락의 주요 구성 물질인 B는 단백질이다.
• 유전정보를 저장하고 전달하는 핵산에는 DNA와 RNA가 있으며, 주 에너지원인 탄수화물에는 포도당, 녹말, 글리코젠, 셀룰로스 등이 있다.

| 선택지 분석 |

② 사람 몸에서 가장 많은 비율(70%)을 차지하는 A는 물이고, 항체, 근육, 머리카락 등 생명체의 주요 구성 물질인 B는 단백질이다.

02 정답 ⑤ ＊ 별빛의 스펙트럼 ･･ [정답률 83%] **2024 실시 6월 학평 2**

그림은 과학 도서를 읽고 세 학생이 대화하는 모습을 나타낸 것이다.

> …별에 직접 가볼 수 없고 시료를 채취할 수도 없으니 별의 구성 성분을 영원히 알 수 없을 것이라고 생각했던 것이다. 그러나 콩트가 죽은 지 겨우 3년 후에 스펙트럼으로부터 화학 성분을 결정할 수 있다는 사실이 밝혀졌다. … 【단서】
> ─ 칼 세이건, 『코스모스』 ─
> 빛을 분광기에 통과시킬 때 파장에 따라 나누어져 나타나는 여러 가지 색의 띠

방출 또는 흡수된 빛의
스펙트럼을 측정하는 장치

원소의 종류에 따라 전자의
에너지 준위가 달라서 나타남

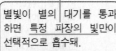

별빛이 **분광기**를 통과하면 파장에 따라 나뉘어.　학생 A

원소마다 고유의 스펙트럼이 나타나.　학생 B

별빛이 별의 대기를 통과하면 **특정 파장의 빛**만이 선택적으로 흡수돼.　학생 C

제시한 내용이 옳은 학생만을 있는 대로 고른 것은?

① A　② B　③ A, C　④ B, C　⑤ A, B, C

🧠 단서+발상

【단서】 스펙트럼을 통해 물질을 구성하는 성분을 알 수 있다고 제시되어 있다.

【발상】 별빛을 분광기로 관측하면 다양한 영역에서 원소마다 고유한 선 스펙트럼을 관찰할 수 있다는 것을 추론할 수 있다.

【적용】 스펙트럼의 종류와 특징을 이용하면 별을 구성하는 원소의 종류나 별빛이 통과한 기체의 성분을 알 수 있다는 것으로부터 문제 풀이를 시작해야 한다.

| 문제+자료 분석 |

• **학생 A**: 별빛을 분광기에 통과시킬 때 구성 성분에 따라 파장에 의해 분해된 다양한 색이 나타난다.
• **학생 B**: 선 스펙트럼 상에서 원소들마다 방출선이나 흡수선의 위치가 차이가 나타난다.
• **학생 C**: 고온 고밀도의 별에서 방출된 빛이 상대적으로 온도가 낮은 별의 대기를 통과하여 나올 때 구성하는 기체 성분에 따라 흡수 스펙트럼이 나타난다.

| 선택지 분석 |

⑤ **학생 A**: 별빛에는 별을 구성하는 원소의 종류나 별빛이 통과한 기체의 성분에 따라 다양한 파장의 빛이 포함되어 있다. 따라서 별빛이 분광기를 통과하면 파장에 따라 여러 가지 색으로 나누어져 나타난다. ➡ 옳음
학생 B: 원소는 종류에 따라 전자의 에너지 준위가 각각 다르고, 원소의 종류에 따라 특정한 파장의 에너지만을 흡수하거나 방출한다. 따라서 원소마다 고유의 스펙트럼이 나타난다. ➡ 옳음 【함정】
학생 C: 별에서 방출된 별빛이 그 별의 대기를 통과하는 동안 별의 대기를 구성하는 기체의 성분에 따라 특정한 파장의 빛만이 흡수된다. ➡ 옳음

＊ 스펙트럼을 이용한 물질 분석

• 원소의 종류마다 스펙트럼에서 나타나는 선의 위치와 선의 개수는 다르다.
　➡ 원소에 따라 고유한 스펙트럼을 가진다.
• 원소의 종류에 따라 항상 특정한 파장의 에너지만을 흡수하거나 방출하기 때문에 한 종류의 원소에서 관찰되는 흡수선과 방출선의 위치는 항상 같다.
• 별빛의 스펙트럼을 분석하면 흡수하는 선의 위치로 별을 구성하는 성분 원소를 알 수 있다.

그림 (가)~(다)는 우주, 지각, 생명체를 구성하는 주요 원소의 질량비를 순서 없이 나타낸 것이다.

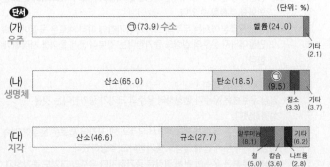

(단위: %)

(가) 우주 — ⊙(73.9) 수소 ｜ 헬륨(24.0) ｜ 기타(2.1)

(나) 생명체 — 산소(65.0) ｜ 탄소(18.5) ｜ ⊙(9.5) ｜ 질소(3.3) 기타(3.7)

(다) 지각 — 산소(46.6) ｜ 규소(27.7) ｜ 알루미늄(8.1) ｜ 철(5.0) 칼슘(3.6) 나트륨(2.8) 기타(6.2)

이에 대한 설명으로 옳은 것만을 [보기]에서 있는 대로 고른 것은?

― [보기] ―
ㄱ. ⊙은 수소이다.
　우주를 구성하는 원소 중 가장 풍부한 것은 수소이다.
ㄴ. 지각은 주로 규산염 광물로 이루어져 있다.
　규소와 산소가 기본 단위체를 이룸 ➡ 규산염 광물
ㄷ. 생명체를 구성하는 주요 원소의 질량비는 (다)이다.
　탄소 화합물을 형성할 수 있는 (나)이다.

① ㄱ　② ㄷ　③ ㄱ, ㄴ　④ ㄴ, ㄷ　⑤ ㄱ, ㄴ, ㄷ

단서+발상

(단서) (가)~(다)에 주요 원소의 질량비가 제시되어 있다.

(발상) (가)에서는 헬륨을 통해 우주를, (나)에서는 탄소와 산소를 통해 생명체를, (다)에서는 탄소와 규소를 통해 지각이라는 것을 추론할 수 있다.

(적용) (가)에서 우주를 구성하는 가장 풍부한 원소를 찾는 것부터 문제 풀이를 시작해야 한다.

| 문제+자료 분석 |
- (가): 가장 풍부한 원소는 ⊙이고, 두 번째로 풍부한 원소는 헬륨이다.
　➡ 우주를 구성하는 원소의 대부분은 수소와 헬륨이므로 (가)는 우주를 구성하는 주요 원소의 질량비이다.
- (나): 가장 풍부한 원소는 산소이고, 두 번째로 풍부한 원소는 탄소이다.
　➡ 생명체를 이루는 주요 물질은 대부분 탄소 화합물이므로 탄소가 풍부한 (나)는 생명체를 구성하는 주요 원소의 질량비이다.
- (다): 가장 풍부한 원소는 산소이고, 두 번째로 풍부한 원소는 규소이다.
　➡ 지각을 이루는 주요 물질은 대부분 규산염 광물이며, 규산염 광물은 규산염 사면체를 기본 단위로 한다.

| 보기 분석 |
ㄱ. (가)는 주로 수소와 헬륨으로 이루어진 우주에 해당한다.
　따라서 우주에서 가장 풍부한 원소인 ⊙은 수소이다.
ㄴ. 지각에 풍부한 원소는 산소＞규소＞알루미늄＞철＞칼슘＞나트륨 순이다. 지각을 구성하는 광물 중 가장 많은 비율을 차지하는 광물은 규소와 산소가 기본 단위체를 이루고 있는 규산염 광물이다.
ㄷ. 생명체를 구성하는 주요 원소의 질량비는 산소와 탄소가 가장 높은 비율을 차지하는 (나)이다.

＊ 지구와 생명체를 구성하는 원소의 질량비 비교

	지구	생명체(사람)
구성 원소 질량비	니켈 2.4 % / 기타 4.6 % / 마그네슘 13 % / 규소 15 % / 산소 30 % / 철 35 %	질소 3.3 % / 수소 9.5 % / 기타 3.7 % / 탄소 18.5 % / 산소 65.0 %

다음은 물질 A에 대한 설명이다.

- A는 약간의 불순물을 첨가하거나 에너지를 가하는 등 특정 조건에 따라 전류가 흐르는 물질로서 규소(Si)와 저마늄(Ge) 등이 있다. (단서) 반도체
- A는 집적회로, 발광 다이오드(LED), 태양 전지를 만드는 기본 소재가 된다.

집적회로　　발광 다이오드(LED)　　태양 전지

A로 가장 적절한 것은?
① 부도체　② 도체　③ 반도체
④ 구리　⑤ 플라스틱

단서+발상

(단서) 물질 A의 전기적 성질과 활용되는 예시가 제시되어 있다.

(발상) 불순물이 첨가되어 전류가 흐르는 성질로 A는 반도체라는 것을 알 수 있다.

| 문제+자료 분석 |
- 도체, 부도체, 반도체는 물질이 갖는 전기적 성질에 의해 구분되므로 불순물을 첨가하거나 에너지를 가하여 전류가 흐르는 물질이라는 점에서 물질 A는 반도체이다.
- 반도체의 전기 전도성은 도체와 부도체의 중간 정도로, 불순물 없이 원자가 전자 4쌍을 공유 결합하여 안정된 구조인 순수 반도체(Si, Ge)는 양공이나 자유 전자의 수가 매우 적어 전류가 잘 흐르지 않는다.
- 순수 반도체(Si, Ge)에 약간의 불순물을 첨가하여 전류를 흐르게 하며, 불순물의 종류에 따라 n형 반도체, p형 반도체 등으로 구분한다.
- 집적 회로, 발광 다이오드(LED), 태양 전지는 대표적인 반도체 소자이다.

| 선택지 분석 |
③ 규소(Si)와 저마늄(Ge)은 원자가 전자가 4개인 순수 반도체이다.

2024.6
6회

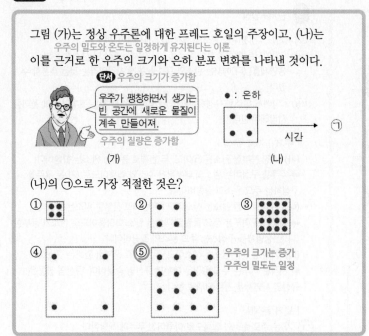

그림 (가)는 정상 우주론에 대한 프레드 호일의 주장이고, (나)는
_{우주의 밀도와 온도는 일정하게 유지된다는 이론}
이를 근거로 한 우주의 크기와 은하 분포 변화를 나타낸 것이다.

단서 우주의 크기가 증가함

우주가 팽창하면서 생기는 빈 공간에 새로운 물질이 계속 만들어져.
_{우주의 질량은 증가함}

● : 은하

시간 → ㉠

(가)   (나)

(나)의 ㉠으로 가장 적절한 것은?

① ② ③ ④ ⑤

우주의 크기는 증가
우주의 밀도는 일정

단서+발상

단서 프레드 호일이 주장한 정상 우주론의 내용이 제시되어 있다.

발상 정상 우주론에서 제시되는 특징들을 이용하여 우주의 크기와 은하 분포 변화를 추론할 수 있다.

적용 정상 우주론에서는 우주의 크기가 증가함에 따라 새로운 물질이 계속 만들어져서 우주의 질량도 증가한다는 것부터 문제 풀이를 시작해야 한다.

| 문제+자료 분석 |
• 정상 우주론은 우주가 팽창하여 우주의 크기가 증가한다는 것을 설명하였다.
• 정상 우주론은 우주가 팽창하면서 우주의 빈 공간에 새로운 물질이 계속 생성되어 우주의 전체 질량도 증가한다고 주장하였다.
• 정상 우주론은 우주의 전체 질량은 증가하지만 우주의 크기도 증가하기 때문에 우주의 평균 밀도와 온도는 일정하다고 주장하였다.

| 선택지 분석 |
⑤ 가모프가 주장한 빅뱅 우주론과 비교하면 프레드 호일이 주장한 정상 우주론에서는 우주가 팽창함에 따라 새로운 물질이 계속 만들어진다. 따라서 정상 우주론에서는 우주의 크기는 계속 증가하고, 우주의 전체 밀도와 온도는 항상 일정하게 유지된다.

＊ 정상 우주론

주장한 과학자	프레드 호일
정의	우주가 팽창하면서 그 사이의 공간에서 새로운 물질이 생성되어 시간이 지나도 우주의 상태가 유지된다는 이론
물리량 비교	우주의 질량 증가, 우주의 밀도 일정, 우주의 온도 일정

그림은 단백질 X가 만들어질 때 단위체 A와 B가 결합하는 과정을 나타낸 것이다. **단서**
_{아미노산 (단백질의 단위체)}

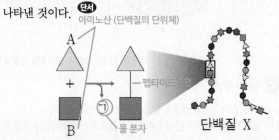

A
+   ㅡ펩타이드결합
B   ㉠
     물 분자

단백질 X

이에 대한 설명으로 옳은 것만을 [보기]에서 있는 대로 고른 것은?

─────[보기]─────
ㄱ. ㉠은 ~~산소(O₂)~~이다.
   펩타이드결합이 형성될 때 물 분자(H_2O)가 나온다.
ㄴ. A와 B는 모두 아미노산이다.
   _{A와 B는 모두 단백질의 단위체인 아미노산이다.}
ㄷ. 단위체의 배열 순서에 따라 단백질의 종류가 달라진다.
   _{아미노산의 종류와 수, 배열 순서에 따라 단백질의 종류가 달라진다.}

① ㄱ   ② ㄴ   ③ ㄷ   ④ ㄱ, ㄴ   ⑤ ㄴ, ㄷ

단서+발상

단서 A와 B 같은 단위체가 일정한 규칙에 따라 결합하여 형성된 단백질 X가 제시되어 있다.

발상 단백질의 단위체인 A와 B는 아미노산임을 추론할 수 있다.

적용 두 아미노산 사이에서 물 분자 1개가 빠져나오면서 펩타이드결합이 형성된다는 개념을 통해 A와 B는 아미노산이고, ㉠은 물 분자임을 구하는 것부터 문제 풀이를 시작해야 한다.

| 문제+자료 분석 |
• 아미노산은 단백질을 구성하는 단위체로, 20종류가 있다. 두 아미노산 사이에서 물 분자 1개가 빠져나오면서 펩타이드결합이 형성된다. A와 B는 단백질의 단위체인 아미노산이고, A와 B사이에 물 분자(㉠)이 빠져나오면서 펩타이드결합이 형성된다. 많은 수의 아미노산이 펩타이드결합으로 연결되어 긴 사슬 모양의 폴리펩타이드를 형성한다.
• 폴리펩타이드가 아미노산의 배열 순서에 따라 구부러지고 접혀 독특한 입체 구조를 가지게 된 것이 단백질이며, 단백질의 기능은 이 입체 구조에 의해 결정된다. 아미노산의 종류와 수 및 배열 순서에 따라 다양한 종류의 단백질을 형성하여 생명활동을 수행한다.

| 보기 분석 |
ㄱ. 두 아미노산 사이에서 펩타이드결합이 형성될 때 물 분자(H_2O)가 나온다.
ㄴ. 아미노산은 단백질을 구성하는 단위체로, 20종류가 있다. A와 B는 모두 단백질의 단위체인 아미노산이다.
ㄷ. 많은 수의 아미노산이 펩타이드결합으로 연결되어 긴 사슬 모양의 폴리펩타이드를 형성하고, 아미노산의 종류와 수 및 배열 순서에 따라 단백질의 종류가 달라진다.

＊ 아미노산의 구조

• 아미노산은 탄소를 중심으로 아미노기, 카복실기, 수소 원자, 곁사슬(R)이 결합되어 있다. 곁사슬의 종류에 따라 아미노산의 종류가 달라진다.

그림은 빅뱅 이후 약 38만 년을 기준으로 원자 형성 이전과 이후를 각각 A와 B 시기로 나타낸 것이다.

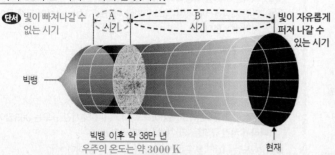

이에 대한 설명으로 옳은 것만을 [보기]에서 있는 대로 고른 것은?

[보기]
ㄱ. A 시기에 빛은 우주 공간을 자유롭게 이동할 수 ~~있다.~~
우주에 원자가 형성되기 전에는 빛이 전자의 방해를 지속적으로 받는다.
ㄴ. 빅뱅 이후 B 시기에 우주의 온도가 계속 낮아진다.
빅뱅 우주론에서 우주의 온도는 지속적으로 낮아진다.
ㄷ. 우주의 평균 밀도는 A 시기보다 B 시기가 낮다.
빅뱅 우주론에서 우주의 단위 부피당 질량은 지속적으로 작아진다.

① ㄱ ② ㄴ ③ ㄱ, ㄷ ④ ㄴ, ㄷ ⑤ ㄱ, ㄴ, ㄷ

* 빅뱅 우주론

주장한 과학자	조지 가모프
정의	우주는 초고온, 초고압, 초고밀도 상태에서 폭발한 후 팽창하여 현재 상태가 유지된다는 이론
물리량 비교	우주의 질량 일정, 우주의 밀도 감소, 우주의 온도 감소
관측 증거	우주 배경 복사, 수소와 헬륨의 질량비 약 3 : 1로 일정

단서+발상

(단서) 우주에 원자가 형성되기 이전과 이후로 구분하여 제시되어 있다.

(발상) 빅뱅 이후 약 38만 년에 우주에 원자가 형성되어 우주에 존재하는 입자의 개수가 줄어들면서 빛이 자유롭게 움직일수 있다는 것을 추론할 수 있다.

(적용) 빅뱅 이후 우주가 팽창하면서 우주의 온도가 지속적으로 감소하여 우주에 존재하는 입자들이 서로 결합된다는 것을 이해하는 것부터 문제 풀이를 시작해야 한다.

| 문제+자료 분석 |
· 빅뱅 우주론에서는 우주가 팽창하면서 우주의 빈 공간에 새로운 물질이 생성되지 않아서 우주의 온도는 지속적으로 감소한다.
· 빅뱅 우주론에서는 우주의 전체 질량은 일정하지만 우주의 크기가 증가하기 때문에 우주의 평균 밀도가 감소한다.
· A 시기보다 B 시기에는 빛이 입자들의 방해를 받지 않고 움직일 수 있게 되어서 우주는 투명한 상태가 된다.

| 보기 분석 |
ㄱ. A 시기는 원자가 형성되기 전 시기이므로 우주에서 빛은 원자핵과 전자의 방해를 받아서 퍼져 나가지 못한다. 따라서 빛은 우주 공간에서 자유롭게 이동할 수 없다.
ㄴ. 빅뱅 우주론에서는 시간의 흐름에 따라 우주가 지속적으로 팽창한다. 따라서 우주의 온도는 낮아지므로 우주의 온도도 계속 낮아진다.
ㄷ. 빅뱅 우주론에서는 시간의 흐름에 따라 팽창하는 우주에서 새로운 물질이 생성되지 못하므로 단위 부피당 질량인 밀도는 지속적으로 감소하게 된다. 따라서 원자가 생성되기 이전인 A 시기보다 원자가 생성된 B 시기에 우주의 평균 밀도는 더 낮(작)다.

다음은 세 학생이 수업 시간에 수행한 원소 빙고 게임이다.

〈게임 방법 설명하기〉
· 그림과 같이 가로와 세로 각각 3칸인 (3×3) 빙고 판을 준비한다.
· 원자 번호 1번부터 20번까지의 원소 중 1가지씩을 칸에 적는다.
· 학생 X, Y, Z 순으로 원소의 성질을 말한다.
· 학생이 말한 성질에 해당하는 원소가 있으면 그 원소가 적힌 칸을 색칠한다.
· 색칠한 칸이 가로, 세로, 대각선 어느 방향으로든 1줄로 되면 교사의 확인 후 '빙고!'를 외친다.

〈원소의 성질 말하기〉 (단서)
· 학생 X: 비활성 기체로 풍선이나 비행선을 띄우는 데 이용된다. He
· 학생 Y: 금속 원소로 원자가 전자가 1개이다. 알칼리 금속(Li, Na, K)
· 학생 Z: 원자가 전자가 7개로 실온에서 2원자 분자로 존재한다.
17족 원소(F, Cl)

Z가 원소의 성질을 말한 후 X가 '빙고!'를 외쳤을 때, X가 적은 빙고 판으로 가장 적절한 것은? [3점]

①
S	C	Be
Mg	He	F
H	N	O

②
K	S	Si
H	Ar	Be
N	O	Mg

③
K	C	S
H	He	Al
Ar	N	Cl

④
C	S	Li
Al	He	P
Si	F	N

⑤
Si	N	P
H	Ar	B
K	S	C

단서+발상

(단서) 원소의 성질이 제시되어 있다.

(발상) 제시된 성질에 맞는 원소를 추론할 수 있다.

(적용) 제시된 성질에 맞는 원소를 구하는 것부터 문제 풀이를 시작해야 한다.

| 문제+자료 분석 |
· **학생 X**: 비활성 기체로 풍선이나 비행선을 띄우는 데 사용되는 원소는 헬륨(He)이다.
· **학생 Y**: 금속 원소로 원자가 전자가 1개인 원소는 1족 금속 원소인 알칼리 금속으로 Li, Na, K 등이다.
· **학생 Z**: 원자가 전자가 7개로 실온에서 2원자 분자로 존재하는 것은 17족 원소로 F, Cl 등이다.

| 선택지 분석 |
① He, F이 있으나 알칼리 금속 원소가 없다.
② 알칼리 금속인 K만 있다.
③ He, K, Cl가 대각선으로 위치하고 있다.
④ He, Li, F이 있으나 직선으로 위치하지 않아 빙고를 외칠 수 없다.
⑤ 알칼리 금속인 K만 있다.

* 주기율표와 원자의 전자 배치
· **같은 주기의 원소**: 바닥상태에서 전자가 들어 있는 전자 껍질 수가 같다.
  (예) **2주기 원소**: 전자가 들어 있는 전자 껍질 수=2
· **같은 족의 원소**: 원자가 전자 수가 같으므로 화학적 성질이 비슷하다.

09 정답 ② ＊ 미시 세계와 거시 세계

그림 (가)는 수소 원자를, (나)는 태양계 일부를 설명한 것이다.

○ 수소 원자의 지름: ㉠ 1 nm 단서
○ 전자가 원자핵 주위를 도는 데 걸리는
시간: 약 150 as

(가) 미시 세계

○ 지구와 태양 사이의 거리: 1 AU
○ 지구가 공전하는 데 걸리는 시간: 365일

(나) 거시 세계

이에 대한 설명으로 옳은 것만을 [보기]에서 있는 대로 고른 것은?
(단, 1 as는 10^{-18} s이다.) [3점]

─────[보기]─────
ㄱ. 시간 규모는 (가)가 (나)보다 ~~크다~~ 작다.
ㄴ. ㉠의 단위를 미터(m)로 바꾸면 ~~10^{-6}~~ m이다. 10^{-9} m
ㄷ. (가)는 미시 세계, (나)는 거시 세계에 해당한다.
(가)는 나노미터 이하 단위이므로 미시 세계, (나)는 천문 단위를 사용하므로
거시 세계에 해당한다.

① ㄱ ② ㄷ ③ ㄱ, ㄴ ④ ㄴ, ㄷ ⑤ ㄱ, ㄴ, ㄷ

단서＋발상

단서 (가)에는 수소 원자, (나)에는 태양계 일부가 제시되어 있다.
발상 제시된 자료를 이용해 거리와 시간 규모를 추론할 수 있다.
적용 단위 개념을 적용해서 ㉠의 단위를 미터로 구하는 것부터 문제 풀이를 시작해야 한다.

│ 문제＋자료 분석 │
· (가): 미시 세계에 속하는 수소 원자이다.
· (나): 거시 세계에 속하는 태양계 일부이다.

│ 보기 분석 │
ㄱ. (가)의 시간 규모는 150 as(아토초)이고, (나)의 시간 규모는 365일이다. 따라서 시간 규모는 (가)가 (나)보다 작다.
ㄴ. n(나노)는 10^{-9}을 뜻하므로 1 nm=10^{-9} m이다.
ㄷ. (가)의 공간 규모는 nm(=10^{-9} m) 단위이므로 미시 세계에 해당하고, (나)의 공간 규모는 AU(천문단위) 단위이므로 거시 세계에 해당한다.

＊ 미시 세계와 거시 세계

미시 세계	원자, 분자, 이온과 같이 아주 작은 물체나 현상을 다루는 세계 · 시간 규모: 나노초(10^{-9} s) 이하 단위 · 공간 규모: 나노미터(10^{-9} m) 이하 단위
거시 세계	사과나무, 태풍, 지진과 같이 큰 물체나 현상을 다루는 세계 · 시간 규모: 초, 분 등의 단위 · 공간 규모: 미터, 천문단위 등의 단위

10 정답 ⑤ ＊ 이온 결합 물질과 공유 결합 물질의 전기적 성질 [정답률 79%] **2024 실시 6월 학평 10**

다음은 화학 결합의 종류에 따른 물질의 성질을 알아보기 위한 가설과 이를 검증하기 위한 탐구 활동이다.

〈가설〉
· 이온 결합 물질인 염화 나트륨, 염화 칼슘은 고체 상태에서는 전기 전도성이 없으나 수용액 상태에서는 전기 전도성이 있고, 공유 결합 물질인 포도당은
┌─────────────────┐
│   ㉠   │
└─────────────────┘

〈탐구 과정〉 고체 상태와 수용액 상태 모두 전기 전도성이 없다.
(가) 포도당($C_6H_{12}O_6$), 염화 나트륨(NaCl), 염화 칼슘($CaCl_2$)을 준비한다.
(나) 각각의 고체 물질에 전기 전도성 측정기를 이용하여 전구가 켜지는지를 확인한다.
(다) 각각의 고체 물질을 증류수에 녹인 후 전기 전도성 측정기를 이용하여 전구가 켜지는지를 확인한다.

〈탐구 결과〉 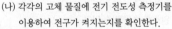 고체 상태와 수용액 상태 모두 전기 전도성이 없다.

구분	포도당	염화 나트륨	염화 칼슘
(나)	×	×	×
(다)	×	○	○

(○: 전구가 켜짐, ×: 전구가 켜지지 않음)

〈결론〉 · 가설이 옳다.

결론이 타당할 때 옳은 것만을 [보기]에서 있는 대로 고른 것은? [3점]
─────[보기]─────
ㄱ. '고체 상태와 수용액 상태에서 모두 전기 전도성이 없다'는 ㉠으로 적절하다. 포도당은 고체, 수용액 모두 전구가 켜지지 않음
ㄴ. 포도당 대신 설탕($C_{12}H_{22}O_{11}$)으로 실험해도 탐구 결과는 동일하다. 포도당과 설탕은 모두 공유 결합 물질로 전기적 성질이 같다.
ㄷ. 염화 나트륨, 염화 칼슘에 대한 (다)의 결과는 이온의 이동 때문이다. 이온 결합 물질의 수용액에서는 이온이 이동하여 전기가 통한다.

① ㄱ ② ㄴ ③ ㄱ, ㄷ ④ ㄴ, ㄷ ⑤ ㄱ, ㄴ, ㄷ

단서＋발상

단서 포도당, 염화 나트륨, 염화 칼슘 고체와 수용액의 전기 전도성 탐구 결과가 제시되어 있다.
발상 탐구 결과로부터 공유 결합 물질과 이온 결합 물질의 전기적 성질을 추론할 수 있다.
적용 탐구 결과를 적용해서 가설을 구하는 것부터 문제 풀이를 시작해야 한다.

│ 문제＋자료 분석 │
· 탐구 결과 공유 결합 물질인 포도당 고체와 수용액은 모두 전구에 불이 켜지지 않고, 이온 결합 물질인 염화 나트륨과 염화 칼슘은 수용액에서 전구에 불이 켜지므로 전기 전도성이 있다.

│ 보기 분석 │
ㄱ. 포도당은 고체, 수용액 모두 전구가 켜지지 않으므로 '고체 상태와 수용액 상태에서 모두 전기 전도성이 없다'는 ㉠으로 적절하다.
ㄴ. 포도당($C_6H_{12}O_6$)과 설탕($C_{12}H_{22}O_{11}$)은 모두 공유 결합 물질로 전기적 성질이 같다.
ㄷ. 염화 나트륨, 염화 칼슘 수용액이 전기 전도성이 있는 이유는 수용액에 전기가 통하면 녹아있는 양이온은 (−)극으로, 음이온은 (＋)극으로 이동하기 때문이다.

＊ 이온 결합 물질과 공유 결합 물질의 전기 전도성

상태	이온 결합 물질	공유 결합 물질
고체	전기 전도성 없음	전기 전도성 없음
수용액	전기 전도성 있음	전기 전도성 없음

그림은 초기 우주에서 양성자와 중성자가 결합하여 A 원자핵이 만들어지는 과정을 나타낸 것이다. ㉠과 ㉡은 각각 양성자와 중성자 중 하나이다.

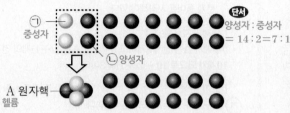

㉠ 중성자
㉡ 양성자
A 원자핵 헬륨

양성자 : 중성자 = 14 : 2 = 7 : 1

수소 원자핵 : 헬륨 원자핵 = 12 : 4 = 3 : 1

이에 대한 설명으로 옳은 것만을 [보기]에서 있는 대로 고른 것은? [3점]

[보기]

ㄱ. ㉠은 ~~양성자~~이다.
㉠은 전기적으로 중성인 중성자이다.

ㄴ. ㉡의 전하량은 ~~0~~이다.
㉡은 수소 원자핵인 양성자로 전하량은 0이 아니다.

ㄷ. 이 과정 이후 우주에 존재하는 수소 원자핵 총질량은 A 원자핵 총질량의 약 3배가 되었다.
빅뱅 후 3분이 지나서 양성자 2개와 중성자 2개가 결합하여 헬륨 원자핵이 형성됨

① ㄱ   ② ㄷ   ③ ㄱ, ㄴ   ④ ㄴ, ㄷ   ⑤ ㄱ, ㄴ, ㄷ

단서＋발상

(단서) A 원자핵이 형성되기 전에 ㉠과 ㉡의 개수비가 2 : 14로 제시되어 있다.

(발상) A 원자핵이 형성된 이후에 A 원자핵과 ㉡이 차지하는 질량비가 4 : 12 이라는 것을 추론할 수 있다.

(적용) A 원자핵은 양성자 2개와 중성자 2개가 결합된 헬륨 원자핵이라는 것을 구하는 것부터 문제 풀이를 시작해야 한다.

| 문제＋자료 분석 |

- 초기 우주에서 양성자와 중성자의 비율은 거의 같았지만, 중성자에서 양성자로 변하는 과정이 더 많아서 양성자의 수가 중성자의 수보다 증가하였다.
- 중성자의 전하량은 0이고, 양성자 1개의 전하량은 ＋1이 된다.
- 양성자 2개와 중성자 2개가 결합하여 헬륨 원자핵을 형성하고, 양성자 1개는 수소의 원자핵이 된다.

| 보기 분석 |

ㄱ. 우주에서 헬륨 원자핵이 생성되기 전에 양성자와 중성자의 비는 약 7 : 1이었다. 따라서 ㉠은 중성자이다.

ㄴ. ㉡은 그 자체로 수소 원자핵이 되는 양성자이다. 양성자는 전기적으로 양(＋1)전하를 띤다. 전하량이 0인 것은 중성자(㉠)이다.

ㄷ. A는 양성자 2개와 중성자 2개가 결합되어 형성되므로 전기적으로 양(＋2)전하를 띠는 헬륨 원자핵이다. 우주에서 헬륨 원자핵이 생성된 후에 수소 원자핵과 헬륨 원자핵의 질량비는 약 3 : 1이었다.

＊ 수소 원자핵과 헬륨 원자핵의 질량비 구성

- 양성자와 중성자의 개수비가 7 : 1(양성자 14개 : 중성자 2개)일 때 빅뱅 핵합성이 발생한다.
- 수소 원자핵과 헬륨 원자핵의 개수비가 12 : 1이고, 헬륨 원자핵의 질량이 수소 원자핵 질량의 약 4배이므로 수소와 헬륨의 질량비는 약 3 : 1이다.

다음은 태양계가 형성되는 과정을 나타낸 것이다.

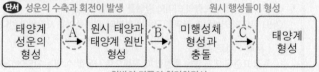

(단서) 성운의 수축과 회전이 발생   원시 행성들이 형성

태양계 성운의 형성 →A→ 원시 태양과 태양계 원반 형성 →B→ 미행성체 형성과 충돌 →C→ 태양계 형성

원반의 티끌이 회전하면서 뭉쳐지거나 충돌

이에 대한 설명으로 옳은 것만을 [보기]에서 있는 대로 고른 것은? [3점]

[보기]

ㄱ. A 과정에서 성운 중심부의 온도는 높아진다.
성운이 중력 수축하면 중심부의 온도는 높아짐

ㄴ. B 과정에서 원시 태양으로부터의 거리에 따른 물질의 평균 밀도는 ~~일정~~하다.
원시 태양으로부터의 거리가 가까울수록 원시 태양의 중력을 크게 받는다.

ㄷ. C 과정에서 태양계의 미행성체 수는 계속 ~~증가~~한다.
미행성체들이 지속적으로 서로 충돌하게 되면 미행성체 수가 감소한다.

① ㄱ   ② ㄴ   ③ ㄷ   ④ ㄱ, ㄴ   ⑤ ㄴ, ㄷ

단서＋발상

(단서) 태양계가 형성되는 과정이 단계적으로 제시되어 있다.

(발상) C 과정을 통해 원시 행성들이 형성되어 태양계가 형성된다는 것을 추론할 수 있다.

(적용) 태양계 성운에 분포하던 가스와 먼지가 결합하여 태양계를 구성하는 천체들이 형성된다는 것으로부터 문제 풀이를 시작해야 한다.

| 문제＋자료 분석 |

- **A 과정**: 태양계 성운이 회전하면서 수축하여 중심부의 질량이 증가하고 원반 모양을 형성하였다.
- **B 과정**: 태양계의 원반을 구성하던 티끌들이 회전하면서 뭉쳐지거나 충돌하여 미행성체를 형성하였다..
- **C 과정**: 미행성체들의 충돌로 인해 원시 행성을 비롯한 태양계를 구성하는 여러 천체가 형성되었다.

| 보기 분석 |

ㄱ. 성운은 회전하면서 밀도가 큰 곳을 중심으로 중력에 의해 수축하여 중심부의 온도는 높아진다.

ㄴ. 원시 태양과 가까울수록 원시 태양의 중력에 의해 물질들이 더욱 밀집된다. 이로 인해 원시 태양으로부터 거리가 가까운 곳에서는 평균 밀도가 높은 지구형 행성이 형성되고, 원시 태양으로부터 거리가 먼 곳에서는 평균 밀도가 낮은 목성형 행성이 형성된다.

ㄷ. 원시 태양계에서 형성된 미행성체들이 서로 충돌하면 합쳐지면서 그 수가 감소하게 되고, 충돌 횟수도 줄어들게 된다.

왜 틀렸나?

- [보기] ㄱ을 제대로 판단하지 못한 학생은 성운이 중력 수축하면서 중심부의 온도와 압력이 증가한다는 것을 제대로 이해하고 있지 못한 경우이다.
- [보기] ㄴ을 제대로 판단하기 위해서는 중력은 거리의 제곱에 반비례하여 나타나므로 원시 태양으로부터 거리가 멀수록 물질의 평균 밀도가 대체로 감소하여 나타난다는 것을 이해하고 있어야 한다.
- [보기] ㄷ의 진위 판단을 옳게 하려면 미행성체들이 충돌로 인해 미행성체의 수와 충돌 횟수가 감소한다는 것을 파악하고 있어야 한다.

2024.6
6회

그림 (가)는 원자 A와 B가 이온이 되었을 때의 전자 배치를, (나)는
화합물 C_2A의 결합 모형을 나타낸 것이다.

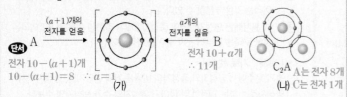

단서
전자 $10-(a+1)$개
$10-(a+1)=8$ ∴ $a=1$
(가)

C_2A
C_2A A는 전자 8개
(나) C는 전자 1개

이에 대한 설명으로 옳은 것만을 [보기]에서 있는 대로 고른 것은?
(단, A~C는 임의의 원소 기호이다.) [3점]

[보기]

ㄱ. $a=1$이다.
$10-(a+1)=8$이므로 $a=1$이다.

ㄴ. A와 B는 ~~같은~~ 주기 원소이다.
A는 2주기, B는 3주기 원소

ㄷ. A와 B로 이루어진 안정한 화합물의 화학식은 ~~BA_2~~이다.
A는 전자 8개, B는 전자 11개로 안정한 화합물의 화학식은 B_2A이다.

① ㄱ   ② ㄷ   ③ ㄱ, ㄴ   ④ ㄴ, ㄷ   ⑤ ㄱ, ㄴ, ㄷ

단서+발상

단서 A~C의 전자 배치가 제시되어 있다.
발상 A~C의 전자 수를 추론할 수 있다.
적용 전자 수에 대한 단서를 이용해서 A~C의 전자 수를 구하는 것부터
문제 풀이를 시작해야 한다.

| 문제+자료 분석 |
· (나)에서 A는 전자 8개이고 (가)에서 A는 $(a+1)$개의 전자를 얻어 전자
10개가 되므로 $10-(a+1)=8$이다.

| 보기 분석 |
ㄱ $10-(a+1)=8$이므로 $a=1$이다.
ㄴ. A는 전자 8개로 전자껍질 2개인 2주기 원소이고, B는 전자 11개로
전자껍질 3개인 3주기 원소이다.
ㄷ. A는 원자가 전자 6개로 A^{2-}을, B는 원자가 전자 1개로 B^+을
형성하므로 안정한 화합물의 화학식은 B_2A이다.

왜 틀렸나?
· 전자 8개인 A는 원자가 전자가 6개이므로 전자 2개를 얻어 A^{2-}을
형성하고, 전자 11개인 B는 원자가 전자가 1개이므로 전자 1개를 잃어
B^+을 형성하므로 안정한 화합물의 화학식은 B_2A이다.

---

14 정답 ③ ✱ 측정 표준 .... **예상 문제**

<u>측정 표준</u>에 대한 설명으로 옳은 것만을 [보기]에서 있는 대로 고른
단서 것은? [3점]

[보기]

ㄱ 어떤 양을 측정할 때 공통으로 사용할 수 있는 단위에 대한
기준이다.
측정 표준은 어떤 양을 측정할 때 공통으로 사용할 수 있는 단위에 대한 기준
이다.

ㄴ 측정 표준을 이용하여 제공되는 정보는 신뢰할 수 있다.
측정 표준은 변하지 않는 하나의 기준으로 정확하게 측정하고, 정해진 단위를
일관되게 사용해 표현하므로 신뢰할 수 있다.

ㄷ. 우리나라는 온도를 측정할 때 ~~℉(화씨)~~ 단위로 측정한다.
℃(섭씨도)

① ㄱ   ② ㄷ   ③ ㄱ, ㄴ   ④ ㄴ, ㄷ   ⑤ ㄱ, ㄴ, ㄷ

단서+발상

단서 측정 표준에 대한 설명이 제시되어 있다.
발상 기본량과 유도량의 의미와 단위를 추론할 수 있다.
적용 온도의 기본량과 단위를 구하는 것부터 문제 풀이를 시작해야 한다.

| 문제+자료 분석 |
· 측정 표준은 어떤 양을 측정할 때 공통으로 사용할 수 있는 단위에 대한
기준이다.

| 보기 분석 |
ㄱ 측정 표준은 어떤 양을 측정할 때 공통으로 사용할 수 있는 단위에 대한
기준이다. 국제단위계(SI)의 정의가 국제 공통의 표준으로 사용된다.
ㄴ 측정 표준을 이용하여 제공되는 정보는 변하지 않는 하나의 기준으로
정확하게 측정하고, 정해진 단위를 일관되게 사용해 표현한 것이므로
신뢰할 수 있다.

ㄷ. 우리나라는 온도를 측정할 때 ℃(섭씨도) 단위로 측정한다. (함정)

✱ **기본량**
· **정의**: 다른 물리량을 활용하여 표현할 수 없는 가장 기본이 되는 물리량
예 길이, 질량, 시간, 전류, 온도, 물질량, 광도
· **기본량의 단위**: 국제단위계(SI)에서 기본량의 단위로 7개의 기본 단위를
정하여 사용한다. ➡ 길이(m), 질량(kg), 시간(s), 전류(A), 온도(K),
물질량(mol), 광도(cd)

✱ **유도량**
· **정의**: 두 가지 이상의 기본량을 조합해 유도하는 물리량으로, 기본량
이외의 모든 물리량이 이에 해당한다.
예 넓이, 부피, 속력, 농도 등
· **유도량의 단위**: 7개의 기본 단위를 곱하거나 나누어서 나타낼 수 있다.
예 넓이(m^2), 부피(m^3), 속력(m/s), 농도(mol/m^3) 등

15 정답 ③　＊ 원소의 주기적 성질

다음은 같은 족 원소들의 성질에 대한 탐구 활동이다.

〈탐구 과정〉
(가) 알칼리 금속(1족)과 할로젠 원소(17족)의 전자 배치 모형과 성질을 조사한다.
(나) 조사한 내용을 표로 정리한다. <u>알칼리 금속이 물과 반응하면 수소 기체가
발생하고 수용액은 염기성(알칼리성)으로 됨</u>

〈탐구 결과〉 (단서)

구분	알칼리 금속		할로젠 원소	
전자 배치 모형	⊙	⊙	⊙	?
원소 기호	Li	Na	F	X
성질	• 칼로 자를 수 있을 정도로 무르다. • ㉠ 물과 격렬하게 반응한다.		• 고유의 색깔을 띠고, 수소와 반응한다. • 실온에서 2원자 분자로 존재한다.	

이에 대한 설명으로 옳은 것만을 [보기]에서 있는 대로 고른 것은? (단, X는 임의의 원소 기호이다.) [3점]

[보기]
ㄱ. X의 원자가 전자 수는 7이다.
　X는 17족 원소이므로 원자가 전자 수는 7이다. ⭕
ㄴ. 플루오린(F)의 2원자 분자의 결합 모형은 ⊗⊗이다. ❌
　플루오린(F)은 원자가 전자가 7개이므로 각각 전자 1개씩을 공유하는 결합을 한다.
ㄷ. ㉠ 반응 후 수용액에 페놀프탈레인 용액을 떨어뜨리면 붉은색으로 변한다. 수용액이 염기성이므로 페놀프탈레인 용액은 붉게 변한다. ⭕

① ㄱ　② ㄴ　③ ㄱ, ㄷ　④ ㄴ, ㄷ　⑤ ㄱ, ㄴ, ㄷ

단서＋발상

(단서) 알칼리 금속과 할로젠 원소의 성질이 제시되어 있다.
(발상) X의 성질을 추론할 수 있다.
(적용) 같은 족 원소는 원자가 전자 수가 같음을 적용해서 X의 원자가 전자 수를 구하는 것부터 문제 풀이를 시작해야 한다.

| 문제＋자료 분석 |
• X는 할로젠 원소이고 화학적 성질이 F와 같은 원소이다.
• 알칼리 금속이 물과 반응하면 수소 기체가 발생하고 수용액은 염기성(알칼리성)이 된다.

| 보기 분석 |
ㄱ. X는 17족 할로젠 원소로 성질이 플루오린(F)과 같으므로 원자가 전자 수는 7이다.
ㄴ. 플루오린(F)은 원자가 전자 수가 7이므로 2원자 분자의 결합은 각각 전자 1개씩을 공유하는 결합을 한다.
ㄷ. 알칼리 금속이 물과 반응할 때는 매우 격렬하게 반응하면서 수소 기체가 발생하고, 반응 후 수용액은 염기성(알칼리성)을 나타내므로 페놀프탈레인 용액을 떨어뜨리면 붉은 색으로 변한다.

＊ 용액의 액성과 지시약

지시약	산성	중성	염기성
리트머스 종이	붉은색	—	푸른색
페놀프탈레인 용액	무색	무색	붉은색
BTB 용액	노란색	녹색	파란색

16 정답 ②　＊ DNA와 단위체

그림 (가)는 DNA 모형의 일부를, (나)는 DNA를 구성하는 단위체를 모형으로 나타낸 것이다. G는 구아닌, C는 사이토신, A는 아데닌이며, ㉠은 U(유라실)와 T(타이민) 중 하나이다. (단서)

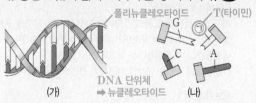

폴리뉴클레오타이드　T(타이민)
DNA 단위체 ➡ 뉴클레오타이드
(가)　(나)

이에 대한 설명으로 옳은 것만을 [보기]에서 있는 대로 고른 것은? [3점]

[보기]
ㄱ. ㉠은 U(유라실)이다. ❌
　㉠은 DNA의 염기인 T(타이민)이다.
ㄴ. (가)의 단위체는 뉴클레오타이드이다. ⭕
　DNA를 구성하는 단위체는 뉴클레오타이드이다.
ㄷ. (가)에서 A(아데닌)는 G(구아닌)와 짝을 이루어 결합한다. ❌
　아데닌(A)은 항상 타이민(T)과 짝을 이루어 결합한다.

① ㄱ　② ㄴ　③ ㄷ　④ ㄱ, ㄴ　⑤ ㄴ, ㄷ

단서＋발상

(단서) (가)에서 DNA 이중나선구조의 일부가 (나)에서 DNA의 단위체인 뉴클레오타이드의 종류가 제시되어 있다.
(발상) (나)가 DNA의 단위체임을 통해 ㉠이 T(타이민)임을 추론할 수 있다.
(적용) DNA와 RNA는 일부 염기가 다르다는 점을 적용해서 ㉠을 구하는 것부터 문제 풀이를 시작해야 한다.

| 문제＋자료 분석 |
• DNA의 당은 디옥시라이보스이고, 염기는 아데닌(A), 구아닌(G), 사이토신(C), 타이민(T)이 있다. RNA의 당은 라이보스이고, 염기는 아데닌(A), 구아닌(G), 사이토신(C), 유라실(U)이 있다.
➡ ㉠은 DNA의 염기이므로 U(유라실)가 아닌 T(타이민)이다.
• DNA의 단위체인 뉴클레오타이드가 여러 개 연결되어 폴리뉴클레오타이드를 형성하고 DNA는 두 가닥의 폴리뉴클레오타이드가 나선형으로 꼬여 있는 이중나선구조이다. 두 가닥의 폴리뉴클레오타이드는 나선 안쪽을 향한 염기 사이의 결합으로 연결된다. 이때 아데닌(A)은 항상 타이민(T)과, 사이토신(C)은 항상 구아닌(G)과 결합하는 규칙성을 나타낸다. (꿀팁)

| 보기 분석 |
ㄱ. DNA의 염기는 아데닌(A), 구아닌(G), 사이토신(C), 타이민(T)이 있다. (나)는 DNA를 구성하는 단위체이므로 ㉠은 DNA의 염기인 T(타이민)이다.
ㄴ. (가)는 핵산인 DNA이다. DNA를 구성하는 단위체는 뉴클레오타이드이다.
ㄷ. DNA의 폴리뉴클레오타이드가 나선형으로 꼬여 있는 이중나선구조에서 아데닌(A)은 항상 타이민(T)과, 사이토신(C)은 항상 구아닌(G)과 결합하는 규칙성을 나타낸다.

17 정답 ⑤ ★ 별의 진화 과정 ──────────────────────────────── [정답률 82%] 2024 실시 6월 학평 17

그림은 과학 신문 기사의 일부를 나타낸 것이다.

> **㉠ 초신성 폭발의 비밀을 풀어줄 관측 이미지 공개**
> **[단서]** 철보다 무거운 원소의 생성이 가능
> 미국항공우주국(NASA)이 제임스
> 웹 우주 망원경(JWST)의 근적외선 카메라로
> 관측한 초신성 폭발 잔해의 이미지를 공개했다.
>
> 초거성 단계를 거쳐 ㉡ 초신성 폭발이 일어난
> 별은 우리 은하의 중심부에 위치하며 … (후략)
> 초신성 폭발 후에 중심부는 질량에 따라서 중성자별이나 블랙홀이 됨

이에 대한 설명으로 옳은 것만을 [보기]에서 있는 대로 고른 것은?

[3점]

[보기]

ㄱ. ㉠ 과정에서 철보다 무거운 원소가 생성된다.
　질량이 매우 큰 별의 중심부에는 철로 이루어진 핵까지 형성된다.
ㄴ. ㉡이 주계열성이었을 때의 질량은 태양의 질량보다 크다.
　초신성 폭발은 태양보다 질량이 매우 큰 별의 진화 과정에서 나타난다.
ㄷ. 초신성 폭발로 생성된 원소 중 일부는 새로운 별을 만드는 재료가 된다.
　초신성 폭발로 우주로 방출된 원소의 일부는 다시 새로운 성운을 형성한다.

① ㄱ　② ㄷ　③ ㄱ, ㄴ　④ ㄴ, ㄷ　⑤ ㄱ, ㄴ, ㄷ

단서+발상

[단서] 초신성 폭발의 잔해인 성운 등이 사진 자료로 제시되어 있다.

[발상] 별 내부의 핵융합 반응에서 만들어 질 수 없는 무거운 원소들이 초신성 폭발로 인해 생성될 수 있다는 것을 추론할 수 있다.

[적용] 초신성 폭발이 일어난 별의 질량은 태양의 질량보다 매우 큰 별이라는 것으로부터 문제 풀이를 시작해야 한다.

| 문제+자료 분석 |

· ㉠을 일으키는 별의 질량은 태양의 질량보다 매우 큰 별이다.
· 초신성이 폭발할 때 방출되는 에너지에 의해 철보다 무거운 원소를 생성하는 핵융합 반응이 일어난다.
· 초신성 폭발 과정에서 만들어진 무거운 원소들과 별의 진화 과정에서 만들어진 다양한 원소들이 우주 공간으로 공급되어 새로운 별의 재료가 될 수 있다.

| 보기 분석 |

ㄱ. 질량이 태양보다 훨씬 큰 별은 중심부에 철로 이루어진 핵까지 만들어지면, 중심부에서 더 이상 핵융합 반응이 일어나지 않는다. 이후 별이 중력 수축을 버티지 못하면 별은 대규모로 폭발하여 초신성이 된다. 초신성이 폭발할 때 매우 큰 양의 에너지가 발생하여 철보다 무거운 원소가 생성된다. **[함정]**

ㄴ. 별은 질량에 따라 다양한 진화 과정이 나타난다. 초신성 폭발이 일어날 수 있는 별의 질량은 태양 질량보다 매우 큰 경우에 해당한다.

ㄷ. 초신성 폭발로 방출된 물질들은 성운과 같은 초신성 잔해를 이루고, 이후 별의 진화 과정에서 만들어진 다양한 원소들과 함께 새로운 별을 만드는 데 다시 사용된다.

---

18 정답 ④ ★ 규산염 광물의 결합 구조 ──────────────────── [정답률 63%] 2024 실시 6월 학평 18

그림 (가)는 규산염 사면체의 구조를, (나)는 어느 규산염 광물의 결합 구조를 나타낸 것이다.

규산염 사면체(Si-O 사면체)

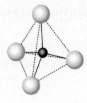

[단서] ㉠ 규소(Si)　㉡ 산소(O)
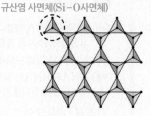

(가)　　　(나) 판상 구조

이에 대한 설명으로 옳은 것만을 [보기]에서 있는 대로 고른 것은?

[보기]

ㄱ. 지각을 구성하는 원소의 질량비는 ㉠이 ㉡보다 ~~크다~~.
　지각을 구성하는 원소의 질량비는 ㉠(규소)이 ㉡(산소)보다 작다.
ㄴ. 흑운모는 (나)와 같은 결합 구조를 가진다.
　흑운모는 한 방향의 쪼개짐이 나타는 규산염 광물이다.
ㄷ. 규산염 사면체의 결합 구조에 따라 다양한 규산염 광물이 만들어진다.
　규산염 광물은 규산염 사면체(Si-O 사면체)의 결합 구조에 따라 다양하게 형성된다.

① ㄱ　② ㄷ　③ ㄱ, ㄴ　④ ㄴ, ㄷ　⑤ ㄱ, ㄴ, ㄷ

단서+발상

[단서] 규산염 사면체의 구조와 규산염 사면체의 판상 구조가 제시되어 있다.

[발상] 규산염 광물의 종류에 따라 특정한 규산염 사면체의 결합 구조를 가질 수 있다는 것을 추론할 수 있다.

[적용] 규소(Si) 1개와 산소(O) 4개가 결합되어 규산염 사면체의 기본 구조가 형성된다는 것으로부터 문제 풀이를 시작해야 한다.

| 문제+자료 분석 |

· 지구 전체로는 철(Fe)의 질량비가 가장 크지만, 지각을 구성하는 원소의 질량비는 산소(O) > 규소(Si) > 알루미늄(Al) > 철(Fe) > 칼슘(Ca) > 나트륨(Na) > 칼륨(K) > 마그네슘(Mg)이다.
· (나)의 결합 구조는 규산염 사면체가 평면으로 펼쳐진 판상 구조이다.

| 보기 분석 |

ㄱ. ㉠은 규소(Si)이고, ㉡은 산소(O)이다. 지구 전체적으로 가장 큰 비율을 차지하는 원소는 철(Fe)이지만, 지각에서 가장 큰 비율을 차지하는 원소는 산소(O)이다. 따라서 지각을 구성하는 원소의 질량비는 ㉠(규소)이 ㉡(산소)보다 작다.

ㄴ. 규산염 광물인 흑운모의 결합 구조는 한 방향의 얇은 판 모양인 판상 구조이다. 이로 인해 흑운모는 한 방향의 쪼개짐이 나타난다. **[함정]**

ㄷ. 규산염 광물은 규소(Si)와 산소(O)로 이루어진 규산염 사면체(Si-O 사면체)가 독립적으로 한 개, 사슬 모양이 한 줄 또는 사슬 모양이 두 줄로 이어진 구조, 평면으로 펼쳐진 판상 구조, 복잡한 망상 구조 등의 형태로 결합하여 형성된다.

왜? 틀렸나?

· [보기] ㄱ을 제대로 판단하지 못한 학생은 지각을 구성하는 원소 중 가장 큰 질량비를 가지는 원소가 산소(O)라는 것을 제대로 이해하고 있지 못한 경우이다.

19 정답 ⑤　★ 화산 활동이 지구시스템에 미치는 영향 ································· [정답률 94%] 2024 실시 9월 학평 2

그림 (가)와 (나)는 화산 활동이 일어나는 지역에서 관찰되는 모습을 나타낸 것이다.

(가) 대기 중으로 분출되는 화산재
단서 지권과 기권의 상호작용

(나) 관광 자원으로 활용되는 온천
화산 활동을 이용하는 예

이에 대한 설명으로 옳은 것만을 [보기]에서 있는 대로 고른 것은?

[보기]
ㄱ. (가)는 지권과 기권이 상호작용하는 예이다.
　화산 활동에 의해 화산재가 지권에서 기권으로 분출한다.
ㄴ. 지구 내부 에너지는 화산 활동의 에너지원이다.
　지각 변동을 일으키는 에너지원은 지구 내부 에너지이다.
ㄷ. (나)는 화산 활동을 인간이 긍정적으로 활용하는 예이다.
　관광 자원 활용은 화산 활동을 이용하는 사례에 해당한다.

① ㄱ　② ㄷ　③ ㄱ, ㄴ　④ ㄴ, ㄷ　⑤ ㄱ, ㄴ, ㄷ

 단서+발상

단서 화산 활동으로 분출된 물질의 종류와 화산 이용 사례가 제시되어 있다.
발상 화산재가 지구시스템에 미치는 영향을 추론할 수 있다.
적용 화산 활동을 일으키는 에너지원과 화산 분출물이 지구시스템에 미치는 영향을 파악하는 것부터 문제 풀이를 시작해야 한다.

| 문제+자료 분석 |
· (가): 화산재가 대기 상공으로 분출되면 햇빛을 차단시키는 역할을 하므로 기후 변화를 일으킬 수 있다.
· (나): 화산 지대에서는 지하의 열에 의해 온천수가 형성된다.

| 보기 분석 |
ㄱ. 화산재가 지권에서 기권으로 분출하여 지구 환경 변화를 일으키는 것은 지권과 기권의 상호작용에 해당한다.
ㄴ. 화산 활동은 지구 내부 에너지에 의해 일어나는 여러 가지 지각 변동 중 하나이다.
ㄷ. 화산 활동이 활발한 지역에서 온천을 관광 자원으로 활용하는 것은 화산을 긍정적으로 이용하는 예가 된다.

★ 화산 활동이 지구시스템에 미치는 영향

지권	· 용암: 새로운 지각 형성 · 화산재: 식물에 필요한 양분이 포함된 토양 형성
기권	· 화산 가스: 기권의 조성과 대기의 온실 효과에 영향을 줌 · 화산재: 햇빛 차단, 지구의 평균 기온 감소
수권	· 해수에 염류(염화 이온 등) 제공
생물권	· 화산 가스: 광합성에 영향을 줌 · 해저 화산 활동으로 다양한 광물질을 해양 생태계에 공급

6회

---

20 정답 ⑤　★ 지구시스템의 에너지원 ································· [정답률 70%] 2024 실시 9월 학평 11

표는 지구시스템의 에너지원 (가)~(다)에 대한 자료이다. (가)~(다)는 각각 조력 에너지, 태양 에너지, 지구 내부 에너지 중 하나이다.　**단서** 에너지양의 크기: (가) > (나) > (다)

구분	에너지양의 상대적 비율(%)	에너지가 일으키는 현상의 예
태양 에너지 (가)	99.985	날씨 변화
(나)	0.013	㉠지진 해일(쓰나미)
조력 에너지 (다)	0.002	밀물과 썰물 태양과 달의 인력으로 발생

이에 대한 설명으로 옳은 것만을 [보기]에서 있는 대로 고른 것은? [3점]

[보기]
ㄱ. (가)는 태양 에너지이다.
　태양 에너지가 차지하는 비율이 가장 크다.
ㄴ. '지진 해일(쓰나미)'은 ㉠에 해당한다.
　지진 해일은 지구 내부 에너지에 의해 일어난 현상이다.
ㄷ. (다)는 지구에 대한 달과 태양의 인력으로 생긴다.
　조력 에너지는 달과 태양의 인력으로 발생한다.

① ㄱ　② ㄷ　③ ㄱ, ㄴ　④ ㄱ, ㄷ　⑤ ㄱ, ㄴ, ㄷ

 단서+발상

단서 에너지원의 종류에 따른 에너지양의 상대적 비율이 제시되어 있다.
발상 에너지원의 종류로부터 관련 현상의 예를 추론할 수 있다.
적용 지구시스템의 에너지원의 상대적 비율을 비교하여 에너지원의 종류를 파악하는 것부터 문제 풀이를 시작해야 한다.

| 문제+자료 분석 |
· 에너지양의 상대적 비율은 (가) > (나) > (다)이다. ➡ 지구시스템의 에너지원의 크기는 태양 에너지 > 지구 내부 에너지 > 조력 에너지이다.
· (가)에 의해 날씨 변화가 나타난다. ➡ (가)는 태양 에너지이다.
· (다)에 의해 밀물과 썰물이 나타난다. ➡ (다)는 조력 에너지이다.

| 보기 분석 |
ㄱ. 세 에너지원 중 (가)가 가장 많은 비율을 차지하므로 (가)는 태양 에너지이다.
ㄴ. 지진 해일(쓰나미)은 지진에 의해 발생하고, 지진은 지구 내부 에너지가 일으키는 현상이다. 따라서 지진 해일은 ㉠에 해당한다.
ㄷ. (다)는 밀물과 썰물을 일으키는 조력 에너지이다. 조력 에너지는 지구에 미치는 달과 태양의 인력으로 생긴다.

★ 지구시스템의 에너지원

구분	태양 에너지	지구 내부 에너지	조력 에너지
발생	수소 핵융합 반응	미행성체 충돌열, 방사성 원소의 붕괴열	달과 태양의 인력
관련 현상	· 날씨 변화 · 대기와 해수의 순환	· 지진, 화산 활동 · 맨틀 대류와 판의 이동	· 밀물과 썰물 · 해안 지형 변화

01 정답 ④ ✽ DNA 이중나선구조 ·· [정답률 60%] **2023 실시 6월 학평 1**

그림은 이중나선구조인 DNA의 일부를 나타낸 것이다.

단서
디옥시라이보스 → ㉠
염기쌍
뉴클레오타이드
(가)
(나)

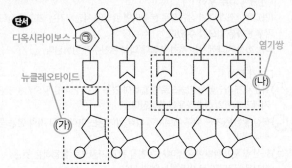

이에 대한 설명으로 옳은 것만을 [보기]에서 있는 대로 고른 것은?

[보기]
ㄱ. ㉠은 ~~인산~~이다.
  ㉠은 당인 디옥시라이보스이다.
ㄴ. (가)는 뉴클레오타이드이다.
  (가)는 인산, 당, 염기가 1 : 1 : 1로 결합한 뉴클레오타이드이다.
ㄷ. (나)에서 아데닌(A)의 수와 타이민(T)의 수는 같다.
  아데닌(A)은 타이민(T)과 상보적으로 결합한다.

① ㄱ ② ㄴ ③ ㄱ, ㄷ ④ ㄴ, ㄷ ⑤ ㄱ, ㄴ, ㄷ

단서+발상

단서 이중나선구조인 DNA의 일부가 제시되어 있다.

발상 (가)는 뉴클레오타이드, (나)는 염기쌍, ㉠은 당(디옥시라이보스)임을 추론할 수 있다.

적용 염기의 상보결합을 고려하여 문제를 풀어야 한다.

| 문제+자료 분석 |
· (가)는 인산, 당(디옥시라이보스), 염기가 1 : 1 : 1로 결합한 DNA의 뉴클레오타이드이고, ㉠은 디옥시라이보스이다.
· (나)는 염기쌍이다. 두 가닥의 폴리뉴클레오타이드에서 각 가닥의 염기들은 나선의 안쪽에서 상보적으로 결합한다. 아데닌(A)은 항상 타이민(T)과, 사이토신(C)은 항상 구아닌(G)과 결합한다.
· 서로 다른 염기를 가진 4종류의 뉴클레오타이드가 다양한 순서로 결합하여 염기서열이 다양한 DNA가 만들어지고, DNA에 저장된 유전정보에 따라 다양한 단백질이 합성된다.

| 보기 분석 |
ㄱ. DNA의 단위체인 뉴클레오타이드는 인산, 당, 염기가 1 : 1 : 1로 결합되어 있다. ㉠은 DNA의 당인 디옥시라이보스이다.
ㄴ. (가)는 DNA의 단위체인 뉴클레오타이드이다.
ㄷ. DNA 이중나선구조에서 염기쌍 아데닌(A)은 항상 타이민(T)과 상보적으로 결합하므로 (나)에서 아데닌(A)의 수와 타이민(T)의 수는 같다. 꿀팁

02 정답 ③ ✽ 태양계와 지구의 형성 과정 ·························· [정답률 71%] **2023 실시 6월 학평 2**

다음은 태양계와 지구가 형성되는 과정의 일부를 나타낸 것이다.

(가)	태양계 성운과 원시 태양 형성	우리은하의 나선팔에 위치한 거대한 성운에서 ㉠ 가스와 먼지가 모여 태양계 성운이 형성되었고, 태양계 성운의 중심부에 원시 태양이 탄생하였다.

성간 물질

↓

(나)	원시 지구 형성	**단서** 미행성체 수가 줄어듦 미행성체들이 충돌하고 결합하여 원시 지구가 형성되었다.

↓

(다)	마그마 바다 형성	미행성체의 충돌열 때문에 지구의 온도가 상승하여 마그마 바다가 형성되었고, 지구 내부는 핵과 맨틀로 분리되었다.

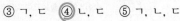
마그마 바다에서 철, 니켈 등의 무거운 물질은 중심부로 가라앉아 핵이 되었고, 상대적으로 가벼운 규산염 물질은 떠올라 맨틀이 되었다.

↓

(라)	원시 지각과 원시 바다 형성	지표가 식어 원시 지각이 만들어졌고, 빗물이 낮은 곳으로 모여 원시 바다가 만들어졌다.

↓

(마)	최초의 생물체 출현	바다에서 최초의 ㉡ 생명체가 출현하였다. 선캄브리아 시대의 시생누대에 출현

이에 대한 설명으로 옳은 것만을 [보기]에서 있는 대로 고른 것은? [3점]

[보기]
ㄱ. ㉠을 이루는 원소 중 일부는 결합하여 ㉡의 구성 성분이 된다.
  성간 물질을 구성하는 원소 중 일부는 생명체의 구성 성분이 된다.
ㄴ. (나)에서 원시 태양계의 미행성체 수는 줄어든다.
  미행성체들이 서로 충돌하면 전체 미행성체 수는 줄어들게 된다.
ㄷ. (다)에서 지구 중심의 밀도는 ~~작아진다~~.
  핵과 맨틀 형성   커진다.

① ㄱ ② ㄷ ③ ㄱ, ㄴ ④ ㄱ, ㄷ ⑤ ㄴ, ㄷ

단서+발상

단서 태양계와 지구의 형성 과정이 제시되어 있다.

발상 지구와 생명체를 구성하는 원소의 유래를 별의 진화 과정과 관련하여 추론할 수 있다.

| 문제+자료 분석 |
· 미행성체들이 서로 충돌하고 뭉치면서 원시 행성이 형성되었고, 원시 행성이 주변 물질을 끌어들여 행성으로 성장하였다.

| 보기 분석 |
ㄱ. ㉠은 성간 물질이다. ㉠을 구성하는 원소들의 결합으로 생성된 다양한 물질 중 일부는 생명체의 구성 성분이 된다.
ㄴ. 원시 태양계에서 미행성체들이 서로 충돌하고 뭉치면서 원시 행성이 형성되므로 원시 태양계에서 전체 미행성체의 수는 점차 줄어든다.
ㄷ. 마그마 바다 상태에서 밀도가 큰 물질(주로 금속)이 지구 중심부로 가라앉아 핵을 형성하고, 밀도가 작은 규산염 물질은 맨틀을 형성한다. 따라서 마그마 바다 상태 이후에 지구 중심의 밀도는 커진다. 함정

그림은 프레드 호일이 주장한 우주의 모형을 모식적으로 나타낸 것이다. <u>정상 우주론을 주장함</u>

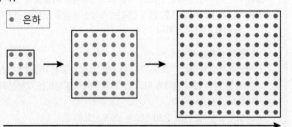

● 은하

단서 우주의 크기 증가, 질량 증가, 밀도 일정   시간

이 모형에서 시간의 흐름에 따라 일정하게 유지되는 값만을 [보기]에서 있는 대로 고른 것은?

─────────[보기]─────────

ㄱ. 우주의 ~~질량~~
우주에서 새로운 물질이 계속 만들어 지므로 질량은 증가 한다.

ㄴ. 우주의 밀도
우주의 질량이 증가 하는 만큼 우주의 크기도 증가하므로 일정하게 유지된다.

ㄷ. 우주의 ~~크기~~
우주가 팽창하므로 우주의 크기는 증가한다.

① ㄱ　　② ㄴ　　③ ㄱ, ㄷ　　④ ㄴ, ㄷ　　⑤ ㄱ, ㄴ, ㄷ

단서＋발상

단서 프레드 호일이 주장한 정상 우주론의 우주 모형이 제시되어 있다.

발상 빅뱅 우주론과 비교하여 정상 우주론에서의 특징을 추론할 수 있다.

적용 정상 우주론에서는 우주가 팽창함에 따라 우주의 질량은 증가하고, 우주의 온도와 우주의 밀도는 일정하다는 것을 알고 문제 풀이를 시작해야 한다.

| 문제＋자료 분석 |

• 정상 우주론은 우주가 팽창하는 동안 빈 공간에서 새로운 물질이 계속 생성되어 우주는 항상 같은 밀도를 유지한다는 우주론이다.
• 정상 우주론에서는 우주의 질량은 증가하지만 온도와 밀도는 일정하다.

| 보기 분석 |

ㄱ. 우주에서 새로운 물질이 계속 생성되므로 우주의 질량은 증가한다.
ㄴ. 우주가 팽창함에 따라 빈 공간에서 새로운 물질이 계속 생성되어 우주의 밀도는 일정하다.
ㄷ. 정상 우주론에서 우주는 팽창하므로 우주의 크기는 증가한다.

* 정상 우주론과 빅뱅 우주론 비교

구분	정상 우주론	빅뱅 우주론
내용	• 우주가 팽창하면 사이의 공간에서 새로운 물질이 생성되어 우주의 질량은 증가한다. • 우주는 팽창하고 진화하지만, 전체적인 밀도와 온도는 일정하게 유지된다.	• 우주는 초고온, 초고압, 초고밀도의 상태에서 폭발한 후 팽창하여 현재 상태로 진행하였다. • 빅뱅 초기에 기본 입자의 생성 후 질량을 가지는 물질을 구성하는 입자의 생성이 끝났다.

2023.6
7회

다음은 여러 가지 물리량과 단위를 이용하여 우리 주변의 자연 현상을 설명한 것이다.

이번 태풍은 제주도 남동쪽
㉠ 260 km 부근 해상에서
단서 ㉠ : 길이(기본량)
㉡ 16 km/h의 속도로 북서진하고
㉡ : 속력(유도량)
있다. 중심 기압은 ㉢ 960 hPa이며,
㉢ : 기압(유도량)
최대 풍속 ㉣ 39 m/s의 강한 바람이 분다.
㉣ : 속력(유도량)

이에 대한 설명으로 옳은 것만을 [보기]에서 있는 대로 고른 것은? [3점]

─────────[보기]─────────

㉠ ㉠의 물리량은 길이이다.
km는 길이의 단위이다.

ㄴ. ㉢은 ~~기본량~~이다. 유도량
기압 ➡ Pa＝kg/m·s²

㉢ ㉡과 ㉣ 중 국제단위계(SI)에서 제시하는 기본 단위로 나타낸 것은 ㉣이다.
국제단위계에서 정한 기본 단위는 m/s이다.

① ㄱ　　② ㄴ　　③ ㄱ, ㄷ　　④ ㄴ, ㄷ　　⑤ ㄱ, ㄴ, ㄷ

단서＋발상

단서 태풍을 기술하는 여러 가지 물리량과 단위가 제시되어 있다.

발상 제시된 단위를 통해 물리량을 추론할 수 있다.

적용 ㉠~㉣에 해당하는 물리량을 구분하는 것부터 문제 풀이를 시작해야 한다.

| 문제＋자료 분석 |

• ㉠은 길이, ㉡은 속력, ㉢은 기압, ㉣은 속력이다.
• ㉠은 기본량, ㉡~㉣은 유도량에 해당한다.

| 보기 분석 |

ㄱ. km(킬로미터)는 길이의 단위이다.
ㄴ. ㉢은 기압으로, Pa은 kg/m·s²으로 나타낼 수 있다. 기본량인 질량, 길이, 시간으로 표현되므로 ㉢은 유도량에 해당한다.
ㄷ. 속력은 길이를 시간으로 나누어 나타낼 수 있다. 국제단위계(SI)에서 정한 길이의 기본 단위는 m(미터), 시간의 기본 단위는 s(초)이다. 따라서 국제단위계(SI)로 나타낸 속력의 단위는 ㉣(m/s)이다.

* 기본량과 유도량

• **기본량** : 다른 물리량을 활용하여 표현할 수 없는 가장 기본이 되는 물리량으로, 길이, 질량, 시간, 전류, 온도, 물질량, 광도가 이에 해당한다.
• **유도량** : 두 가지 이상의 기본량을 조합해 유도하는 물리량으로, 기본량 이외의 모든 물리량이 이에 해당한다.

그림 (가)는 신호등의 불빛(A)을 나타낸 것이고, (나)는 의사가 일반 청진기로 환자의 심장 소리(B)를 듣는 모습이다.

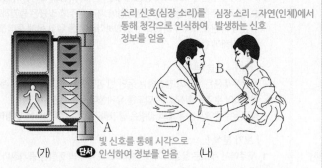

소리 신호(심장 소리)를 통해 청각으로 인식하여 정보를 얻음

심장 소리 – 자연(인체)에서 발생하는 신호

빛 신호를 통해 시각으로 인식하여 정보를 얻음

(가) 단서 (나)

이에 대한 설명으로 옳은 것만을 [보기]에서 있는 대로 고른 것은?

[보기]
ㄱ. A의 신호는 횡단보도를 건널 수 있는 시간의 정보를 알려준다.
빛 신호가 줄어들수록 초록불이 끝나는 시간이 가까워진다.
ㄴ. B의 신호는 ~~디지털~~ 신호이다. 아날로그
자연(인체)에서 발생
ㄷ. A의 신호는 시각을, B의 신호는 청각을 활용하여 인식한다.
빛 신호 소리 신호

① ㄱ ② ㄷ ③ ㄱ, ㄴ ④ ㄱ, ㄷ ⑤ ㄴ, ㄷ

 단서+발상

단서 신호의 사례 두 가지가 제시되어 있다.

발상 자연에서 발생하는 신호는 아날로그 신호임을 떠올릴 수 있다.

적용 A의 신호는 빛 신호, B의 신호는 소리 신호임을 구하는 것부터 문제 풀이를 시작해야 한다.

| 문제+자료 분석 |
• 자연에서 발생하는 신호는 지진파나 빛, 소리와 같은 파동부터 힘, 압력, 온도 등 여러 가지 형태를 띠고 있다. 자연에서 발생하는 대부분의 신호는 아날로그 신호이다.
• A의 신호는 빛 신호, B의 신호는 소리 신호이다.

| 보기 분석 |
ㄱ. 신호등의 불빛 신호는 시간 정보를 알려준다.
ㄴ. 자연(인체)에서 발생하는 신호는 아날로그 신호이다. 꿀팁
ㄷ. A는 빛, B는 소리 신호이므로 각각 시각과 청각으로 인식한다.

＊ 신호와 정보
• 신호는 인간을 둘러싼 자연의 변화가 전달된 것으로, 자연에서 발생하는 신호는 지진파나 빛, 소리와 같은 파동부터 힘, 압력, 온도 등 여러 가지 형태를 띠고 있다.
• 정보는 자연의 신호를 측정하고 분석하여 의미 있는 형태로 만든 것으로, 수집한 신호는 분석 과정을 거쳐 정보로 이용할 수 있다.

다음은 공기를 이루는 물질에 관한 원격 수업의 일부이다.

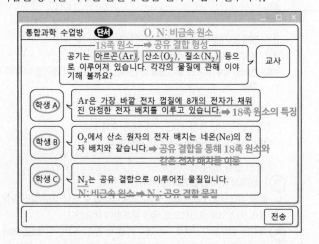

통합과학 수업방 단서 O, N: 비금속 원소
18족 원소 → 공유 결합 형성
공기는 아르곤(Ar), 산소(O₂), 질소(N₂) 등으로 이루어져 있습니다. 각각의 물질에 관해 이야기해 볼까요? 교사

학생 A Ar은 가장 바깥 전자 껍질에 8개의 전자가 채워진 안정한 전자 배치를 이루고 있습니다. → 18족 원소의 특징

학생 B O₂에서 산소 원자의 전자 배치는 네온(Ne)의 전자 배치와 같습니다. → 공유 결합을 통해 18족 원소와 같은 전자 배치를 이룸

학생 C N₂는 공유 결합으로 이루어진 물질입니다.
N: 비금속 원소 → N₂: 공유 결합 물질

전송

교사의 질문에 답변한 내용이 옳은 학생만을 있는 대로 고른 것은? [3점]
① A ② C ③ A, B
④ B, C ⑤ A, B, C

＊ 화학 결합의 원리
• 18족 원소는 가장 바깥 전자 껍질의 전자가 8개(단, He은 2개)로 모두 채워져 있으므로 매우 안정하다. 따라서 다른 원자와 거의 반응하지 않는다.
• 화학 결합의 형성: 18족 이외의 원소들은 이온 결합이나 공유 결합 등의 화학 결합을 하여 18족 원소와 같은 전자 배치를 이루며 안정해진다.

 단서+발상

단서 18족 원소인 아르곤(Ar), 비금속 원소로 구성된 산소(O₂)와 질소(N₂)가 제시되어 있다.

발상 비금속 원소 사이에는 공유 결합이 형성됨을 추론할 수 있다.

적용 화학 결합의 원리를 적용하여 O₂에서 산소 원자의 전자 배치를 구하는 것부터 문제 풀이를 시작해야 한다.

| 문제+자료 분석 |
• 18족 이외의 원소들은 이온 결합이나 공유 결합 등의 화학 결합을 하여 비활성 기체와 같은 안정한 전자 배치를 이루려고 한다.
• Ar: 18족 원소로, 가장 바깥 전자 껍질에 전자 8개가 모두 채워져 매우 안정하며 다른 원자와 거의 반응하지 않는다.
• O₂: 산소 원자(O) 2개는 각각의 산소 원자(O)가 전자 2개씩을 내어 공유 결합하여 산소 분자(O₂)를 형성한다.
➡ 각 산소 원자(O)는 네온(Ne)의 전자 배치를 갖는다.
• N₂: 질소 원자(N) 2개는 각각의 질소 원자(N)가 전자 3개씩을 내어 공유 결합하여 질소 분자(N₂)를 형성한다.
➡ 각 질소 원자(N)는 네온(Ne)의 전자 배치를 갖는다.

| 선택지 분석 |
⑤ 학생 A: 아르곤(Ar)은 18족 원소이므로 가장 바깥 전자 껍질에 8개의 전자가 채워진 안정한 전자 배치를 이루고 있다. ➡ 옳음
학생 B: 산소(O)는 2주기 16족 원소이다. 따라서 산소 분자(O₂)에서 산소 원자(O) 2개는 각각 전자 2개씩을 내어 공유 결합함으로써 2주기 18족 원소인 네온(Ne)의 전자 배치를 갖는다. ➡ 옳음
학생 C: 질소(N)는 비금속 원소이다. 전자를 얻어 안정해지려는 경향이 있는 비금속 원소는 공유 결합을 형성한다. 따라서 N₂는 공유 결합으로 이루어진 물질이다. ➡ 옳음

07 정답 ④ ＊판 경계의 특징 ·· [정답률 67%] **2023 실시 9월 학평 14**

그림 (가)는 판의 경계에 위치한 지역 A, B와 주변 판들의 상대적 이동 방향을 나타낸 것이다. (나)는 (가)의 A, B에서 발달하는 지형 또는 지각 변동 ㉠, ㉡, ㉢을 벤 다이어그램으로 나타낸 것이다.

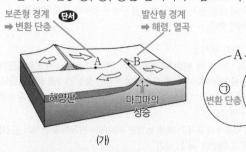

(가)   (나)

이에 대한 설명으로 옳은 것은? [3점]

① A에서는 ~~해구~~가 발달한다. 변환 단층
　보존형 경계
② B에서는 해양판이 ~~소멸~~한다. 생성
　발산형 경계
③ 화산 활동은 ~~㉡~~에 속한다. ㉢
　발산형 경계
④ 지진은 ㉡에 속한다.
　지진은 A와 B에서 모두 일어난다.
⑤ 습곡 산맥은 ㉢에 ~~속한다~~ 속하지 않는다.
　수렴형 경계

 단서＋발상

(단서) 판의 경계와 판의 상대적 이동 방향이 제시되어 있다.
(발상) (가)에서 판 경계의 종류를 추론할 수 있다.
(적용) 판 경계의 종류에 따른 지각 변동의 특징을 비교해 보는 것부터 문제 풀이를 시작해야 한다.

| 문제＋자료 분석 |

· **A**: 두 판이 서로 어긋나는 보존형 경계에 위치한다.
· **B**: 두 판이 서로 멀어지는 발산형 경계에 위치한다.
· **㉠**: 보존형 경계에만 해당하는 지형은 변환 단층이다.
· **㉡**: 보존형 경계와 발산형 경계 모두 해당하는 지각 변동은 천발 지진이다.
· **㉢**: 발산형 경계에만 해당하는 지형은 해령과 열곡이고, 지각 변동은 화산 활동이다.

| 선택지 분석 |

① A는 보존형 경계에 위치하며, 변환 단층이 발달한다.
② B는 발산형 경계에 위치하며, 마그마가 상승하여 새로운 해양 지각이 만들어진다.
③ 화산 활동은 보존형 경계에서는 거의 일어나지 않지만, 발산형 경계에서는 활발하다. 따라서 화산 활동은 ㉢에 속한다.
④ 판의 경계에서는 모두 지진이 활발하다. 꿀🐝
　따라서 지진은 ㉡에 속한다.
⑤ 습곡 산맥은 수렴형 경계에서 형성된다. 따라서 습곡 산맥은 ㉠, ㉡, ㉢에 모두 속하지 않는다.

---

08 정답 ① ＊우리 주변의 화학 결합 물질 ·· [정답률 61%] **2023 실시 6월 학평 8**

다음은 일상생활에서 사용하는 제품과 이와 관련된 물질에 대한 자료이다.

(단서) 이온 결합 물질
　<u>수산화 나트륨</u>(NaOH)은 비누를 만드는 재료이다.

손 소독제의 주성분은 에탄올(C_2H_5OH)이다.
공유 결합 물질

습기 제거제의 주성분은 염화 칼슘($CaCl_2$)이다.
이온 결합 물질

이에 대한 설명으로 옳은 것만을 [보기]에서 있는 대로 고른 것은?

─────[보기]─────
㉠ NaOH에는 금속 이온이 포함되어 있다.
　금속 이온인 나트륨 이온(Na^+)이 포함되어 있다.
ㄴ. C_2H_5OH과 $CaCl_2$은 ~~같은~~ 종류의 화학 결합으로 이루어져 있다.
　공유 결합 　　　　이온 결합 다른
ㄷ. $CaCl_2$ 수용액은 전기 전도성이 ~~없다~~ 있다.
　이온 결합 물질 ➡ 수용액 상태에서 전기 전도성이 있다.
──────────────

① ㄱ　② ㄴ　③ ㄱ, ㄷ　④ ㄴ, ㄷ　⑤ ㄱ, ㄴ, ㄷ

 단서＋발상

(단서) 3가지 물질의 이름과 화학식이 제시되어 있다.
(발상) 각 물질을 구성하고 있는 원소를 통해 각 물질을 이루는 화학 결합을 추론할 수 있다.
(적용) 이온 결합과 공유 결합의 정의를 이용하여 각 물질을 이루는 화학 결합을 구하는 것부터 문제 풀이를 시작해야 한다.

| 문제＋자료 분석 |

· **수산화 나트륨(NaOH)**: 양이온인 나트륨 이온(Na^+)과 음이온인 수산화 이온(OH^-) 사이의 정전기적 인력에 의해 생성된 이온 결합 물질이다.
· **에탄올(C_2H_5OH)**: 비금속 원소인 수소(H), 탄소(C), 산소(O)로 구성되어 있으며, 각 원자가 다른 원자와 전자쌍을 공유함으로써 만들어진 공유 결합 물질이다.
· **염화 칼슘($CaCl_2$)**: 양이온인 칼슘 이온(Ca^{2+})과 음이온인 염화 이온(Cl^-) 사이의 정전기적 인력에 의해 생성된 이온 결합 물질이다.

| 보기 분석 |

㉠ NaOH에는 금속 이온인 나트륨 이온(Na^+)이 포함되어 있다.
ㄴ. C_2H_5OH은 공유 결합 물질이고 $CaCl_2$은 이온 결합 물질이다. 💡활정
　따라서 C_2H_5OH과 $CaCl_2$은 서로 다른 종류의 화학 결합으로 이루어져 있다.
ㄷ. $CaCl_2$은 이온 결합 물질이다. 이온 결합 물질은 수용액 상태에서 전기 전도성이 있다. 따라서 $CaCl_2$ 수용액은 전기 전도성이 있다.

＊ **이온 결합과 공유 결합**

· **이온 결합**: 금속 양이온과 비금속 음이온 사이의 정전기적 인력에 의한 결합이다.
· **공유 결합**: 전자를 얻기 쉬운 비금속 원소가 서로 전자를 내어 전자쌍을 공유함으로써 형성되는 결합이다.

09 정답 ② ★ 우주의 탄생과 진화 과정 ························· [정답률 58%] **2023 실시 6월 학평 9 변형**

그림 (가)는 우주의 탄생과 진화의 과정을, (나)의 ㉠과 ㉡은 각각 A와 B 시기에 해당하는 우주의 일부를 순서 없이 나타낸 것이다.

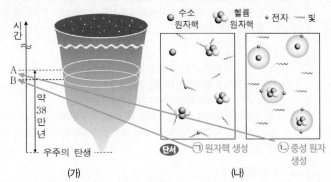

(가)   (나)

이에 대한 설명으로 옳은 것만을 [보기]에서 있는 대로 고른 것은? [3점]

[보기]

ㄱ. ㉠은 A 시기에 해당한다. B 시기
   원자핵의 생성
ㄴ. 우주의 온도는 A 시기가 B 시기보다 낮다.
   우주가 팽창하는 동안 온도가 낮아졌다.
ㄷ. 우주의 밀도는 A 시기가 B 시기보다 크다. 작다.
   우주의 크기: A>B ➡ 우주의 밀도: A<B

① ㄱ ② ㄴ ③ ㄱ, ㄷ ④ ㄴ, ㄷ ⑤ ㄱ, ㄴ, ㄷ

 단서+발상

단서 우주의 탄생과 진화 과정이 시간 순서로 제시되어 있다.

발상 우주에서는 수소 원자핵과 헬륨 원자핵이 형성된 이후에 원자핵이 전자와 결합하여 중성 원자가 형성되었다는 것을 추론할 수 있다.

적용 원자핵과 중성 원자의 생성 순서를 구하는 것부터 문제 풀이를 시작해야 한다.

| 문제＋자료 분석 |
- A: 우주의 나이가 약 38만 년이고, 우주의 온도가 약 3,000 K인 무렵에 수소와 헬륨 원자핵이 전자를 포획하여 안정한 중성 원자를 생성하였다.
- B: 우주의 나이가 약 3분이고, 우주의 온도가 약 10억 K인 무렵에 헬륨 원자핵이 생성되었다.
- ㉠: 초기 우주에서 온도가 매우 높았던 시기에는 원자핵과 전자가 공간을 가득 채우고 있었다. ➡ B 시기
- ㉡: 우주의 온도가 낮아지면서 원자핵과 전자가 결합하여 원자가 형성되었다. ➡ A 시기

| 보기 분석 |
ㄱ. ㉠은 원자핵의 생성 시기이다. 따라서 ㉠은 B 시기에 해당한다. ㉡은 중성 원자가 생성된 시기이므로 A 시기에 해당한다.
ㄴ. 빅뱅 우주론에서는 현재 우주를 이루고 있는 기본적인 입자들은 빅뱅 직후에 만들어졌기 때문에 우주가 팽창하면서 우주의 온도는 감소한다고 설명하였다.
B 시기에서 A 시기로 갈수록 우주가 팽창한다. B 시기에는 우주의 온도가 약 10억 K이고, 우주가 팽창하는 동안 온도가 낮아져 A 시기에는 약 3,000 K이다. 꿀팁
따라서 우주의 온도는 A 시기가 B 시기보다 낮다.
ㄷ. 우주가 팽창하면서 우주의 밀도는 점점 감소하므로 우주의 밀도는 우주의 크기가 작은 B 시기가 A 시기보다 크다.

---

10 정답 ② ★ 지구시스템의 상호작용 ························· [정답률 89%] **2023 실시 9월 학평 15**

그림은 지구시스템에서 일어나는 자연 현상 A, B, C를 나타낸 것이다.

단서 기권
A. 대기 중으로 화산 가스 방출 지권
기권 ↔ 지권

수권
B. 해수의 증발로 인한 태풍 발생 기권
수권 ↔ 기권

생물권
C. 식물체로부터 석탄 생성 지권
생물권 ↔ 지권

A, B, C를 지구시스템 구성 요소들의 상호작용으로 표현할 때 가장 적절한 것은?

 단서+발상

단서 지구시스템에서 일어나는 상호작용의 예가 제시되어 있다.

발상 A, B, C가 지구시스템의 어느 구성 요소 간의 상호작용인지 추론할 수 있다.

적용 A, B, C의 근원이 되는 권역과 영향을 받는 권역을 구하는 것부터 문제 풀이를 시작해야 한다.

| 문제＋자료 분석 |
- A: 대기 중으로 화산 가스 방출 ➡ 지권과 기권의 상호작용
- B: 해수의 증발로 인한 태풍 발생 ➡ 수권과 기권의 상호작용
- C: 식물체로부터 석탄 생성 ➡ 생물권과 지권의 상호작용

| 선택지 분석 |
② 화산 가스 방출은 지권과 기권의 상호작용에 해당하고, 해수의 증발로 인한 태풍 발생은 수권과 기권의 상호작용에 해당한다. 식물체가 땅속에 묻혀 석탄이 생성되는 과정은 생물권과 지권의 상호작용에 해당한다.

★ **상호작용의 특성**

- 2가지 이상의 대상이 서로 영향을 주고받는 현상을 상호작용이라고 한다. 상호작용은 항상 양방향으로 영향이 나타나므로 한 방향으로 영향이 나타나는 '인과관계'와는 다르다.
- 어떤 현상이 어느 한 권역에서 발생하면, 그 변화는 해당 권역과 상호작용하던 다른 모든 권역에 영향을 미친다. 동시에 해당 권역도 다른 권역으로부터 영향을 받는다.
- 지구시스템을 구성하는 기권, 수권, 지권, 생물권은 끊임없이 상호작용하고 있으며, 이 과정에서 물질 교환과 에너지의 흐름이 함께 나타난다.

11 정답 ① ✱ 화학 결합의 종류 ·· [정답률 70%] **2023 실시 6월 학평 11**

그림은 원자 A~C의 전자 배치를 모형으로 나타낸 것이다.

 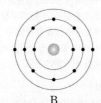 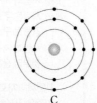

A	B	C
(단서) 전자 껍질 수＝2 ➡ 2주기	전자 껍질 수＝3 ➡ 3주기	전자 껍질 수＝3 ➡ 3주기
원자가 전자 수＝6 ➡ 16족	원자가 전자 수＝2 ➡ 2족	원자가 전자 수＝7 ➡ 17족
∴ A: 2주기 16족 O	∴ B: 3주기 2족 Mg	∴ C: 3주기 17족 Cl

이에 대한 설명으로 옳은 것만을 [보기]에서 있는 대로 고른 것은?
(단, A~C는 임의의 원소 기호이다.) [3점]

[보기]
ㄱ. BA는 이온 결합 물질이다.
　금속 원소인 B(Mg)와 비금속 원소인 A(O)로 구성 ➡ 이온 결합 물질
ㄴ. 공유하는 전자쌍의 수는 C₂가 A₂의 2배이다. ½배
　　　　　　　　　　　　　　　 Cl₂(1)　O₂(2)
ㄷ. B와 C가 화학 결합할 때 전자는 C에서 B로 이동한다.
　B는 금속 원소이고 C는 비금속 원소 ➡ B(Mg)에서 C(Cl)로

① ㄱ　② ㄷ　③ ㄱ, ㄴ　④ ㄱ, ㄷ　⑤ ㄴ, ㄷ

2023.6

7회

단서+발상

(단서) 원자 A~C의 모형이 제시되어 있다.

(발상) 각각의 원자에서 전자가 들어 있는 전자 껍질 수로부터 주기를, 원자가 전자 수로부터 족을 추론할 수 있다.

(적용) 제시된 원자 모형으로부터 A~C의 주기와 족을 구하는 것부터 문제 풀이를 시작해야 한다.

| 문제+자료 분석 |
- A: 전자가 들어 있는 전자 껍질 수가 2이고 원자가 전자 수가 6이므로 A는 2주기 16족 원소인 산소(O)이며 비금속 원소이다.
- B: 전자가 들어 있는 전자 껍질 수가 3이고 원자가 전자 수가 2이므로 B는 3주기 2족 원소인 마그네슘(Mg)이며 금속 원소이다.
- C: 전자가 들어 있는 전자 껍질 수가 3이고 원자가 전자 수가 7이므로 A는 3주기 17족 원소인 염소(Cl)이며 비금속 원소이다.

| 보기 분석 |
ㄱ. BA는 산화 마그네슘(MgO)으로, 금속 원소(Mg)와 비금속 원소(O)로 이루어진 이온 결합 물질이다.

ㄴ. C₂는 Cl₂이므로 공유하는 전자쌍의 수가 1이고, A₂는 O₂이므로 공유하는 전자쌍의 수가 2이다.
　따라서 공유하는 전자쌍의 수는 C₂(Cl₂)가 A₂(O₂)의 ½배이다.

ㄷ. 금속 원소인 B(Mg)는 전자를 잃어 양이온이 되고 비금속 원소인 C(Cl)는 전자를 얻어 음이온이 된다.
　따라서 B(Mg)와 C(Cl)가 화학 결합할 때 전자는 B(Mg)에서 C(Cl)로 이동한다.

---

12 정답 ③ ✱ 원자의 전자 배치 ·· [정답률 74%] **2023 실시 6월 학평 12**

표는 18족 원소를 제외한 원자 A~C에 대한 자료이다.

원자	A	B	C
(단서) 원자가 전자 수 ➡ 족의 1의 자리수		1 ➡ 1족	
전자가 들어 있는 전자 껍질 수 ➡ 주기	1 ➡ 1주기	3 ➡ 3주기	
전자 수 ➡ 원자 번호	㉠ ＝1	11	7 ➡ 7번
	1주기 1족 ➡ A는 H	3주기 1족 ➡ B는 Na	원자 번호 7번 ➡ C는 N

이에 대한 설명으로 옳은 것만을 [보기]에서 있는 대로 고른 것은?
(단, A~C는 임의의 원소 기호이다.) [3점]

[보기]
ㄱ. ㉠은 1이다.
　A는 수소(H) ➡ 수소 원자의 전자 수는 1
ㄴ. A와 B는 같은 족 원소이다.
　A는 수소(H), B는 나트륨(Na) ➡ A와 B는 모두 1족 원소
ㄷ. B와 C는 전자가 들어 있는 전자 껍질 수가 같다.
　B는 3주기 원소이고 C는 2주기 원소이다.　다르다.

① ㄱ　② ㄷ　③ ㄱ, ㄴ　④ ㄴ, ㄷ　⑤ ㄱ, ㄴ, ㄷ

단서+발상

(단서) 원자 A~C의 원자가 전자 수, 전자가 들어 있는 전자 껍질 수, 전자 수가 제시되어 있다.

(발상) 각각의 원자에서 원자가 전자 수로부터 족을, 전자가 들어 있는 전자 껍질 수로부터 주기를, 전자 수로부터 원자 번호를 추론할 수 있다.

(적용) A~C를 구하는 것부터 문제 풀이를 시작해야 한다.

| 문제+자료 분석 |
- A: 전자가 들어 있는 전자 껍질 수가 1이므로 1주기 원소이고, 18족 원소가 아니므로 A는 수소(H)이다.
- B: 원자가 전자 수가 1이므로 1족, 전자가 들어 있는 전자 껍질 수가 3이므로 3주기 원소이다. 따라서 B는 3주기 1족 원소인 나트륨(Na)이다.
- C: 원자에서 [전자 수 ＝ 양성자수 ＝ 원자 번호]이므로 C는 원자 번호가 7번인 질소(N)이고 2주기 15족 원소이다.

| 보기 분석 |
ㄱ. A는 수소(H)이고 수소 원자의 전자 수는 1이다. 따라서 ㉠은 1이다.

ㄴ. A는 수소(H), B는 나트륨(Na)이므로 A와 B는 모두 1족 원소이다.
　따라서 A와 B는 같은 족 원소이다.

ㄷ. 전자가 들어 있는 전자 껍질 수가 B는 3이고, C는 2주기 14족 원소인 질소(N)이므로 2이다. 따라서 B와 C는 전자가 들어 있는 전자 껍질 수가 다르다.

 문제 풀이 (꿀팁)

바닥 상태의 원자 모형 해석
(1) 원자 번호를 통해 원소 구하기
　중성 원자에서 [전자 수＝양성자수＝원자 번호]이다.
(2) 주기와 족을 통해 원소 구하기
　• 전자가 들어 있는 전자 껍질 수는 원소의 주기와 같다.
　　같은 주기의 원소는 바닥 상태에서 전자가 들어 있는 전자 껍질 수가 같다.
　• 원자가 전자 수는 족의 1의 자리수와 동일하다.(18족 제외)
　　같은 족의 원소는 원자가 전자 수가 같다.

13 정답 ③ ✱ 생명체와 지각을 구성하는 원소 ·· [정답률 73%] **2023 실시 6월 학평 13**

그림 (가)와 (나)는 사람과 지각을 구성하는 원소의 질량비를 순서
없이 나타낸 것이다. ㉠~㉢은 각각 규소, 산소, 수소 중 하나이다.

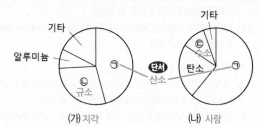

(가) 지각 　　　 (나) 사람

이에 대한 설명으로 옳은 것만을 [보기]에서 있는 대로 고른 것은?

[보기]

ㄱ. 사람을 구성하는 원소의 질량비를 나타낸 것은 (나)이다.
　　사람에게서 2번째로 질량비가 큰 원소는 탄소이다.
ㄴ. 규산염 사면체의 구성 원소는 ㉠과 ㉡이다.
　　규산염 사면체는 규소(Si)와 산소(O)가 결합한 사면체이다.
ㄷ. ㉢은 <s>질소</s>이다.
　　사람에게서 3번째로 질량비가 큰 원소는 수소이다.

① ㄱ　　② ㄷ　　③ ㄱ, ㄴ　　④ ㄴ, ㄷ　　⑤ ㄱ, ㄴ, ㄷ

---

14 정답 ② ✱ 스펙트럼 ·· ✪ 고난도 [① 4% ② 42% ③ 5% ④ 20% ⑤ 27%] **2023 실시 6월 학평 14**

그림은 고온 고밀도의 광원에서 나온 빛을 분광기로 관찰하는 과정을
모식적으로 나타낸 것이다. 스펙트럼 ㉠은 방출 스펙트럼과 흡수
스펙트럼 중 하나이다.

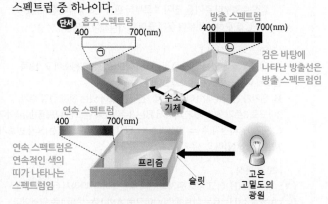

이에 대한 설명으로 옳은 것만을 [보기]에서 있는 대로 고른 것은?
(단, 수소 기체 이외에 다른 기체는 없으며, 빛은 슬릿을 통해서만
분광기 내부로 들어간다.) [3점]

[보기]

ㄱ. ㉠은 수소 기체 방전관에서 나온 빛의 스펙트럼과 <s>같다.</s>
　　방출 스펙트럼 　　　다르다.
ㄴ. ㉠과 ㉡에 나타나는 선의 위치는 같다.
　　같은 원소는 같은 위치에 선 스펙트럼이 나타난다.
ㄷ. 태양에서 나온 빛이 태양의 대기를 통과하여 나타나는 스펙트럼의
　　종류는 <s>㉡</s>과 같다.
　　흡수 스펙트럼
　　㉠

① ㄱ　　② ㄴ　　③ ㄱ, ㄷ　　④ ㄴ, ㄷ　　⑤ ㄱ, ㄴ, ㄷ

15 정답 ① * 도체, 부도체, 반도체

다음은 휴대용 라디오의 안테나와 트랜지스터에 대한 설명이다.

○ 안테나: 전자기파를 잘
수신하기 위해 전기
전도성이 높은 (가) 로
제작한다. 전기 전도성이 높고
전기 부품으로
단서 사용되는 것은 도체이다.

안테나

트랜지스터
트랜지스터는
대표적인
반도체
소자이다.

○ 트랜지스터: 전기 신호를 증폭하기 위해 소량의 불순물을
첨가하여 전기 전도성을 증가시킨 (나) 로 제작한다.
불순물을 첨가하여 전기 전도성을 증가시키는 것은 반도체이다.

(가), (나)로 가장 적절한 것은?

	(가)	(나)		(가)	(나)
①	도체	반도체	②	도체	부도체
③	반도체	도체	④	반도체	부도체
⑤	부도체	반도체			

🧠 단서 + 발상

단서 안테나는 전기 전도성이 높은 물질로, 트랜지스터는 불순물을 첨가하여
전기 전도성을 증가시킨 물질로 제작한다는 설명이 제시되어 있다.

발상 물질은 전기 전도성에 따라 도체, 부도체, 반도체로 구분함을 떠올린다.

적용 도체, 부도체, 반도체의 정의를 적용하여 문제 풀이를 시작해야 한다.

| 문제 + 자료 분석 |

• 전기 전도성이 높은 것은 도체, 불순물을 첨가하여 전기 전도성을 증가시킨
것은 불순물 반도체이다.

| 선택지 분석 |

① 안테나는 전기 전도성이 높은 도체로 제작하고, 트랜지스터는 소량의
불순물을 첨가하여 전기 전도성을 증가시킨 반도체로 제작한다.

* 도체, 부도체, 반도체

• **도체**: 자유 전자가 많아 전류가 잘 흐르는 물질로 전기 전도도가 커 전기
부품이나 전기 장치를 연결하는 소재로 사용된다.
• **부도체**: 자유 전자가 거의 없어 전류가 거의 흐르지 않는 물질로 전기
전도도가 매우 작아 전기 절연 소재로 사용된다.
• **반도체**: 약간의 불순물을 첨가하거나 에너지를 가하는 등의 특정 조건에
따라 자유 전자가 생겨 전류가 흐르는 물질로 전기 회로나 부품,
트랜지스터 등에 사용된다.

2023.6
7회

---

16 정답 ⑤ * 단백질의 형성

그림은 단위체의 결합으로 단백질이 형성되는 과정을 나타낸
것이다.

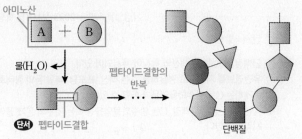

이에 대한 설명으로 옳은 것만을 [보기]에서 있는 대로 고른 것은?

─[보기]─

ㄱ. A는 아미노산이다.
A는 단백질의 단위체인 아미노산이다.
ㄴ. A와 B는 펩타이드결합으로 연결된다.
아미노산인 A와 B는 펩타이드결합으로 연결되어 폴리펩타이드를 형성한다.
ㄷ. 단위체의 배열 순서에 따라 단백질의 종류가 달라진다.
아미노산의 종류와 수 및 배열 순서에 따라 다양한 종류의 단백질을 형성한다.

① ㄱ　　② ㄷ　　③ ㄱ, ㄴ　　④ ㄴ, ㄷ　　⑤ ㄱ, ㄴ, ㄷ

🧠 단서 + 발상

단서 단위체의 결합으로 단백질이 형성되는 과정이 제시되어 있다.

발상 아미노산 A와 B에서 물 분자가 빠져나오면서 형성되는 결합은
펩타이드결합이며, 여러 아미노산이 펩타이드결합으로 연결되어
단백질이 형성됨을 추론할 수 있다.

적용 단위체인 아미노산의 종류, 수, 배열 순서에 따라 다양한 종류의
단백질이 형성됨을 이해하고 문제를 풀어야 한다.

| 문제 + 자료 분석 |

• 단백질의 단위체는 아미노산이다. ➡ A와 B는 아미노산이다.
• 펩타이드결합은 두 아미노산 사이에서 물 분자 1개가 빠져나오면서
형성되는 결합이다. 많은 수의 아미노산이 펩타이드결합으로 연결되어 긴
사슬 모양의 폴리펩타이드를 형성한다.
• 폴리펩타이드가 접히고 구부러져 독특한 입체 구조를 가진 단백질이
형성된다. ➡ A와 B는 펩타이드결합으로 연결된다.
• 아미노산의 종류, 수, 배열 순서에 따라 다양한 종류의 단백질을 형성한다.

| 보기 분석 |

ㄱ. A와 B는 단백질의 단위체인 아미노산이다. 단백질은 단위체인
아미노산이 반복적으로 결합하여 형성된 탄소 화합물이다.

ㄴ. 펩타이드결합은 두 아미노산 사이에서 물 분자 1개가 빠져나오면서
형성되는 결합이다. 아미노산인 A와 B는 펩타이드결합으로 연결되어
폴리펩타이드를 형성한다.

ㄷ. 아미노산의 종류와 수 및 배열 순서에 따라 다양한 종류의 단백질이
형성되므로 단위체의 배열 순서에 따라 단백질의 종류가 달라진다.

* 단백질의 종류와 기능

• 아미노산의 종류, 수, 배열 순서가 단백질의 3차원적 입체 구조를 결정하고
단백질의 입체 구조가 단백질의 기능을 결정한다. 이에 따라 다양한 종류의
단백질을 형성하여 생명활동을 수행한다.

17 정답 ② ✱ 별의 진화 과정 ·· [정답률 64%] **2023 실시 6월 학평 17**

그림은 어느 주계열성의 탄생과 진화 과정을 나타낸 것이다.
이에 대한 설명으로 옳은 것만을 [보기]에서 있는 대로 고른 것은?

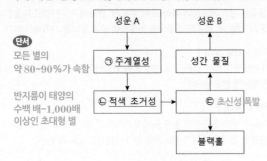

단서 모든 별의 약 80~90%가 속함
반지름이 태양의 수백 배~1,000배 이상인 초대형 별

[보기]
ㄱ. ⊙과 태양은 질량이 ~~같다.~~ 같지 않다.
　질량이 태양의 10배 이상인 별 ➡ 적색 초거성으로 진화
ㄴ. ⓒ에서 ~~철보다 무거운 원소가 생성된다.~~ 생성될 수 없다.
　초신성 폭발(ⓒ)에서 생성됨
ㄷ. 초신성 폭발은 ⓒ에 해당한다.
　초신성이 폭발하면 껍질 부분은 방출되고, 중심부는 수축하여 블랙홀 등이 형성됨

① ㄱ ② ㄷ ③ ㄱ, ㄴ ④ ㄴ, ㄷ ⑤ ㄱ, ㄴ, ㄷ

단서+발상

(단서) 주계열성의 탄생과 진화 과정이 제시되어 있다.
(발상) 주계열성이 진화하여 블랙홀이 형성된다는 것을 통해 주계열성의 질량을 추론할 수 있다.
(적용) 적색 초거성 이후에 블랙홀과 성운이 형성된다는 것을 통해 ⓒ이 초신성 폭발이라는 것을 알고 문제 풀이를 시작해야 한다.

| 문제+자료 분석 |
• ⓒ 이후에 중심부에는 블랙홀이 형성되고, 바깥층은 다시 성운을 형성한다.
• 적색 초거성으로 진화하는 주계열성의 질량은 태양보다 질량이 큰 주계열성이다.

| 보기 분석 |
ㄱ. 질량이 태양과 비슷한 별은 적색 거성으로 진화하지만, 질량이 태양의 10배 이상인 별은 적색 거성보다 더 큰 적색 초거성으로 진화한다. 따라서 ⊙과 태양은 질량이 서로 다르다. **함정**
ㄴ. 적색 초거성의 중심부에서 핵융합 반응으로 철까지 생성된다. 철 핵융합 반응이 일어나려면 에너지를 방출하는 대신 흡수해야 하기 때문에 별의 내부에서는 폭발이 일어나지 않는다. 철보다 무거운 원소는 초신성 폭발(ⓒ) 과정에서 생성된다.
ㄷ. ⓒ은 초신성 폭발이다. 초신성 폭발 과정에서 우주 공간으로 방출된 물질들은 성운의 일부가 되어 새로운 별의 재료가 되고, 초신성 폭발 후 남은 중심부는 중성자별이나 블랙홀이 된다.

✱ **질량이 매우 큰 별의 진화 과정**
• 초거성 단계에서 중심핵에 철까지 만들어지면 핵융합 반응의 중단으로 중력은 수축하여 임계점을 넘어서면 별은 대규모 폭발을 한다.(초신성 폭발)
• 초신성 폭발 과정에서 막대한 에너지를 흡수하여 짧은 시간에 금, 납, 우라늄 등과 같은 무거운 원소를 생성한다.
• 초신성 폭발 과정에 별에 있던 수소, 헬륨, 탄소, 질소, 산소, 금, 우라늄 등의 모든 원소를 우주 공간으로 방출하고, 중심부는 수축하여 중성자별이나 블랙홀을 형성한다.

18 정답 ② ✱ 생명체를 구성하는 물질 ·························· [정답률 62%] **2023 실시 6월 학평 18**

표는 생명체를 구성하는 물질 A~C의 특징을 나타낸 것이다.
A~C는 각각 단백질, 탄수화물, 핵산 중 하나이다.

특징　　　　　　　　物질	A 핵산	B 단백질	C 탄수화물
탄소 화합물이다. 단백질, 탄수화물, 핵산 모두 해당	○	⊙○	○
유전정보를 저장하고 전달한다. 핵산	○	×	×
포도당, 녹말 등의 형태로 존재한다. 탄수화물	×	×	○

(○: 있음, ×: 없음)

이에 대한 설명으로 옳은 것만을 [보기]에서 있는 대로 고른 것은? [3점]

[보기]
ㄱ. ⊙은 ~~×~~이다. ○
　단백질은 탄소 화합물이다.
ㄴ. A는 핵산이다.
　탄소 화합물이며 유전정보를 저장하고 전달하는 물질은 핵산이다.
ㄷ. 효소와 호르몬의 주성분은 ~~C~~이다.
　단백질 　　　　　　　　　　　 B

① ㄱ ② ㄴ ③ ㄱ, ㄷ ④ ㄴ, ㄷ ⑤ ㄱ, ㄴ, ㄷ

단서+발상

(단서) 단백질, 탄수화물, 핵산의 특징이 제시되어 있다.
(발상) 유전정보를 저장하고 전달하는 A는 핵산, 포도당, 녹말 등의 형태로 존재하는 C는 탄수화물임을 추론할 수 있다.
(적용) A는 핵산, B는 단백질, C는 탄수화물임을 구하는 것부터 문제 풀이를 시작해야 한다.

| 문제+자료 분석 |
• 생명체를 구성하는 탄소 화합물에는 탄수화물, 단백질, 지질, 핵산 등이 있다.
• 핵산에는 DNA와 RNA가 있다. DNA는 유전정보 저장, RNA는 유전정보의 전달과 단백질 합성에 관여한다. 따라서 A는 핵산이다.
• 단백질은 효소, 근육, 항체, 호르몬 등의 주요 구성 물질이며, 에너지원이다. 생리 작용 조절, 방어 작용, 운반 작용 등에 관여한다.
• 탄수화물은 단당류, 이당류, 다당류로 구분한다. 단당류에는 포도당, 과당, 이당류에는 설탕, 엿당, 다당류에는 녹말, 글리코젠, 셀룰로스 등이 있다. 따라서 C는 탄수화물이다.

| 보기 분석 |
ㄱ. A는 핵산, C는 탄수화물이므로 B는 단백질이다. 단백질은 탄소 화합물이므로 ⊙은 '○'이다.
ㄴ. 탄소 화합물이며 유전정보를 저장하고 전달하는 A는 핵산이다.
ㄷ. 효소와 호르몬의 주성분은 단백질인 B로, 물질대사와 생리 기능 조절에 관여한다. 이외에 단백질은 뼈, 근육, 머리카락 등을 구성하는 생명체 주요 구성 성분이다.

19 정답 ③ ＊ 알칼리 금속의 성질 ·· [정답률 68%] **2023 실시 6월 학평 19**

다음은 나트륨(Na)의 성질을 알아보기 위한 실험이다.

〈실험 과정 및 결과〉
(가) 물기가 없는 유리판에 Na을 올려놓고 칼로 자른 후 단면을 살펴보았더니, 은백색 광택이 곧 사라졌다.
　단서 ➡ Na이 공기 중의 산소와 반응한 것
(나) 물이 들어 있는 비커에 쌀알 크기의 Na을 넣었더니, 격렬하게 반응하였다. ➡ Na은 알칼리 금속으로, 물과의 반응성이 큼
(다) (나)의 비커에 들어 있는 ㉠수용액에 페놀프탈레인 용액 2~3 방울을 떨어뜨렸더니, 붉은색으로 변하였다. ➡ 염기성

이에 대한 설명으로 옳은 것만을 [보기]에서 있는 대로 고른 것은? [3점]

[보기]
ㄱ. Na은 공기 중의 산소와 반응한다.
　(가)에서 은백색 광택이 사라짐 ➡ Na이 공기 중의 산소와 반응한다.
ㄴ. Na은 물에 닿지 않도록 보관해야 한다.
　(나)에서 물과 격렬히 반응함 ➡ 물에 닿지 않도록 보관한다.
ㄷ. ㉠은 ~~산성~~이다.
　염기성

① ㄱ　② ㄷ　③ ㄱ, ㄴ　④ ㄴ, ㄷ　⑤ ㄱ, ㄴ, ㄷ

단서+발상
단서 나트륨(Na)에 대한 실험 과정 및 결과가 제시되어 있다.
발상 (가)~(다)의 실험 결과로부터 나트륨(Na)의 성질을 추론할 수 있다.
적용 (가)~(다)의 실험 결과를 해석하여 나트륨(Na)의 성질을 구하는 것부터 문제 풀이를 시작해야 한다.

| 문제+자료 분석 |
· (가): 은백색 광택이 사라진 것으로 보아 ➡ 나트륨(Na)이 공기 중의 산소와 쉽게 반응하여 산화 나트륨을 생성함을 알 수 있다.
· (나): 물이 들어 있는 비커에 Na을 넣었을 때 격렬하게 반응하는 것으로 보아 ➡ 나트륨(Na)은 반응성이 큰 금속이므로 물과 쉽게 반응함을 알 수 있다.
· (다): 물과 Na의 반응이 끝난 비커에 페놀프탈레인 용액을 떨어뜨렸을 때 붉은색으로 변하는 것으로 보아 ➡ 용액의 액성이 염기성임을 알 수 있다.

| 보기 분석 |
ㄱ. (가)에서 은백색 광택이 사라진 것은 Na이 공기 중의 산소와 반응하여 산화 나트륨을 생성하기 때문이다. 따라서 Na은 공기 중의 산소와 반응한다.
ㄴ. (나)에서 Na은 물과 격렬히 반응한다. 따라서 Na은 물에 닿지 않도록 보관해야 한다.
ㄷ. (다)에서 페놀프탈레인 용액을 떨어뜨렸을 때 붉은색으로 변하였다. 따라서 ㉠은 염기성이다.

2023.6
7회

---

20 정답 ② ＊ 불순물 반도체 ·· **예상 문제**

그림은 저마늄(Ge) 결정에 비소(As) 원자를 도핑하여 만든 불순물 반도체의 결정 구조를 나타낸 것이다.

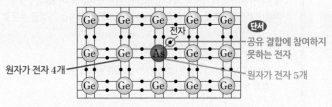

이에 대한 설명으로 옳은 것만을 [보기]에서 있는 대로 고른 것은? [3점]

[보기]
ㄱ. ~~p형~~ 반도체이다. n형
　원자가 전자가 5개인 비소(As) 첨가
ㄴ. 비소 원자의 원자가 전자 1개가 공유 결합에 참여하지 못한다.
　원자가 전자가 5개 중 4개는 저마늄과 공유 결합을 한다. ➡ 전자가 1개 남는다.
ㄷ. 비소 원자의 원자가 전자는 ~~9개~~이다. 5개
　15족 원소

① ㄱ　② ㄴ　③ ㄱ, ㄷ　④ ㄴ, ㄷ　⑤ ㄱ, ㄴ, ㄷ

단서+발상
단서 저마늄(Ge) 결정에 비소(As) 원자를 도핑하여 만든 불순물 반도체의 결정 구조가 제시되어 있다.
발상 그림에서 비소(As)의 원자가 전자가 1개 남는 것을 통해 비소는 원자가 전자가 5개인 n형 반도체임을 추론할 수 있다.

| 문제+자료 분석 |
· 원자가 전자가 4개인 저마늄(Ge) 결정에 원자가 전자가 5개인 비소(As)를 첨가하여 공유 결합에 참여하지 못하는 전자가 존재하므로 n형 반도체이다.

| 보기 분석 |
ㄱ. 불순물에 의해 남는 전자가 생겼으므로 n형 반도체이다.
ㄴ. 비소(As) 원자는 원자가 전자가 5개여서 공유 결합에 참여하지 못하는 전자가 1개 있다.
ㄷ. 비소 원자의 원자가 전자는 5개이다.

＊ n형 반도체와 p형 반도체

구분	n형 반도체	p형 반도체
불순물 종류	원자가 전자가 5개인 원소 ⑩ 인(P), 비소(As), 안티모니(Sb) 등	원자가 전자가 3개인 원소 ⑩ 붕소(B), 알루미늄(Al), 갈륨(Ga), 인듐(In) 등
구조	규소(Si)에 인(P)을 첨가하면 인의 5개의 원자가 전자 중 4개는 규소와 공유 결합을 한다. ➡ 전자가 1개 남는다.	규소(Si)에 붕소(B)를 첨가하면 붕소의 3개의 원자가 전자는 규소와 공유 결합을 한다. ➡ 전자가 비어있는 자리(양공)가 생긴다.

01 정답 ⑤ ＊ 유도량 .... 예상 문제

단서

유도량에 대한 설명으로 옳지 <u>않은</u> 것은?

① 두 가지 이상의 기본량을 가지고 유도된 물리량이다. — 유도량의 정의

② 유도량의 단위는 기본량 단위의 조합으로 나타낼 수 있다.
　기본량 단위: 길이(m), 질량(kg), 시간(s), 전류(A), 온도(K), 물질량(mol), 광도(cd)

③ 넓이, 부피, 밀도, 힘 등이 있다.
　넓이(m^2), 부피(m^3), 밀도(kg/m^3), 힘($kg \cdot m/s^2$)

④ 가속도의 단위는 길이와 시간의 단위를 조합하여 나타낼 수

　있다. $m/s^2 = \dfrac{속도\ 변화량}{시간}$

⑤ 온도의 단위를 이용해서 농도의 단위를 나타낼 수 있다.
　K(켈빈), ℃(섭씨도), °F(화씨도)　　　　　　　　　　　없다.

＊ 기본량과 유도량

· **기본량**: 다른 물리량을 활용하여 표현할 수 없는 가장 기본이 되는 물리량으로, 길이, 질량, 시간, 전류, 온도, 물질량, 광도가 이에 해당한다.

· **유도량**: 두 가지 이상의 기본량을 조합해 유도하는 물리량으로, 기본량 이외의 모든 물리량이 이에 해당한다.

 단서+발상

단서 유도량에 대한 설명이 제시되어 있다.

발상 물리량을 표현할 때 기본량과 유도량으로 구분하는 것을 적용하여 유도량의 정의와 단위를 추론할 수 있다.

| 문제＋자료 분석 |

· 유도량은 두 가지 이상의 기본량을 조합해 유도하는 물리량으로, 기본량 이외의 모든 물리량이 이에 해당한다.

| 선택지 분석 |

①, ② 속력은 단위 시간당 이동한 거리를 나타내는 대표적인 유도량으로, 기본량인 길이와 시간을 조합하여 유도된 m/s 의 단위를 갖는다. ➡ 옳음

③ 넓이(m^2), 부피(m^3), 밀도(kg/m^3), 힘($kg \cdot m/s^2$) 등은 모두 기본량을 조합하여 유도된 유도량이다. ➡ 옳음

④ 가속도는 물체의 속도가 시간에 따라 변하는 정도를 나타내는 물리량으로 단위 시간(1초) 동안의 속도 변화량이다. 따라서 가속도는 길이, 시간의 기본량을 조합하여 유도된 m/s^2의 단위를 갖는다. ➡ 옳음

⑤ 기본량인 온도의 단위는 K(켈빈), ℃(섭씨도), °F(화씨도) 등이 있다. 유도량인 농도의 단위는 kg/m^3, g/L, mol/m^3 등으로, 부피, 질량, 물질량 등의 단위를 이용해서 나타낼 수 있다.
따라서 온도의 단위를 이용해서 농도의 단위를 나타낼 수 없다. ➡ 옳지 않음

02 정답 ⑤ ＊ 센서 .... 예상 문제

단서

사람의 감각기관과 역할이 비슷한 센서를 옳게 짝지은 것은?
감각기관을 통해 자연의 신호를 수집한다. ← 센서는 자연의 다양한 신호를 전기 신호로 변환하는 소자

	감각기관	센서
①	코	광센서 – 눈
②	귀	화학 센서 – 코
③	혀	온도 센서 – 피부
④	눈	가속도 센서 – 귀
⑤	피부	압력 센서

 단서+발상

단서 사람의 감각기관과 역할이 비슷한 센서가 제시되어 있다.

발상 자연의 신호를 측정하고 분석하여 정보로 인식하는 과정을 추론할 수 있다.

| 문제＋자료 분석 |

· 센서는 자연의 다양한 신호를 전기 신호로 변환하는 소자로, 인간의 감각기관과 같은 역할을 한다.

| 선택지 분석 |

① 광센서는 인간의 감각기관 중 눈에 대응된다. ➡ 옳지 않음

② 화학 센서는 인간의 감각기관 중 코에 대응된다. ➡ 옳지 않음

③ 온도 센서는 인간의 감각기관 중 피부에 대응된다. ➡ 옳지 않음

④ 가속도 센서는 인간의 감각기관 중 귀에 대응된다. ➡ 옳지 않음

⑤ 압력 센서는 인간의 감각기관 중 피부에 대응된다. ➡ 옳음

＊ 인간의 감각기관과 센서의 대응 관계

기관	감각	대상의 신호	센서
눈	시각	눈으로 들어오는 빛	광센서
코	후각	코로 들어오는 기체 상태의 화학 물질	화학 센서
귀	청각	귀로 들어온 공기의 진동	음향 센서
	평형 감각	귀 내부 액체의 움직임	가속도 센서
피부	촉각	압력 또는 온도 변화	압력 센서, 온도 센서

그림은 빅뱅 이후 초기 우주에서부터 태양계가 형성되기까지의 과정 중 일부를 나타낸 것이다.

단서

| 쿼크, 전자 등 ① 기본 입자의 생성 | → | 원자의 생성 | → | 중심부에서 수소 핵융합 반응이 일어나는 별 ⓒ 별(주계열성)의 탄생 | → | 태양계 성운의 형성 | → A | 태양계의 형성 |

빅뱅 직후 우주가 급격히 팽창하면서 온도가 낮아지고 기본 입자가 생성되었다.

태양계 성운이 중력에 의해 회전, 수축하여 물질들이 중심으로 모이면서 회전 속도가 점점 빨라져 납작한 원반이 만들어짐

이에 대한 설명으로 옳은 것만을 [보기]에서 있는 대로 고른 것은? [3점]

[보기]

ㄱ 쿼크는 ①에 속한다.
기본 입자에는 쿼크와 전자 등이 있다.

ㄴ ⓒ에서 수소 핵융합 반응이 일어난다.
주계열성의 중심부에서 수소 핵융합 반응이 일어난다.

ㄷ A 과정에서 태양계 성운은 수축하면서 회전한다.
성운이 회전, 수축하면서 원반이 형성되었다.

① ㄱ　② ㄷ　③ ㄱ, ㄴ　④ ㄴ, ㄷ　⑤ ㄱ, ㄴ, ㄷ

✴ 태양계 형성 과정

(1) 기체와 티끌로 이루어진 성운이 수축하여 태양계 성운이 형성되었다.

(2) 태양계 성운은 회전하면서 계속 수축하여 중심부에 원시 태양(원시별)이 형성되었고, 원시 태양 주변에 납작한 원반이 형성되었다.

(3) 원반에서는 티끌 성분들이 모여 미행성체를 형성하였다. 미행성체는 충돌하면서 성장하여 원시 행성이 되었다.

(4) 태양 가까운 곳에서는 원시 행성이 지구형 행성이 되었고, 먼 곳에서는 원시 행성이 가스를 끌어모아 목성형 행성이 되었다.

단서+발상

단서 초기 우주에서 기본 입자, 원자, 별, 태양계가 형성되기까지의 과정이 제시되어 있다.

발상 별이 탄생과 진화 과정을 거쳐 태양계를 형성했음을 추론할 수 있다.

적용 태양계의 형성되는 과정을 적용하여 A를 구하는 것부터 문제 풀이를 시작해야 한다.

| 문제+자료 분석 |

• **원자의 생성**: 우주의 온도가 약 3000 K로 낮아졌을 때, 원자핵과 전자가 결합하여 원자가 생성되었다. 이때 생성된 원자는 거의 대부분 수소와 헬륨이었다.

• **태양계 성운의 형성**: 별의 탄생과 진화가 반복되면서 다양한 원소가 포함된 태양계 성운이 형성되었다. 이 성운에는 현재 지구를 이루는 다양한 원소가 모두 포함되어 있었다.

| 보기 분석 |

ㄱ 빅뱅 이후 우주의 팽창으로 온도가 낮아지면서 최초로 물질이 형성되는데, 이를 기본 입자라고 한다. 기본 입자에는 쿼크와 전자 등이 있다.

ㄴ 원시별이 중력 수축하면 중심부 온도가 높아진다. 이때 중심부 온도가 1000만 K 이상이 되어 수소 핵융합 반응이 시작되면 주계열성이라고 한다.

ㄷ 태양계 성운이 A 과정에서 서서히 수축하면서 회전하였고, 이 과정에서 중심부에 원시 태양이, 주변에 납작한 원시 원반이 형성되었다.

그림은 태양의 스펙트럼과 원소 ①, ⓒ의 방출 스펙트럼을 나타낸 것이다. 태양의 대기에서 형성됨

단서

태양 — 헬륨 흡수선 / 수소 흡수선

수소 ①

헬륨 ⓒ

흡수선과 방출선의 파장은 원소마다 고유함 ➡ 원소의 종류를 알 수 있음

400　　　　　　　700 파장(nm)

이에 대한 설명으로 옳은 것만을 [보기]에서 있는 대로 고른 것은? [3점]

[보기]

ㄱ. ①은 ~~헬륨~~이다. 수소
수소 흡수선의 위치와 방출선 ①의 위치가 일치한다.

ㄴ 태양의 대기에는 ⓒ이 있다.
수소(①)와 헬륨(ⓒ)의 흡수선이 관측된다.

ㄷ 우주를 구성하고 있는 천체의 스펙트럼을 분석하면 우주를 구성하고 있는 원소의 종류를 알 수 있다.
원소의 고유한 선 스펙트럼을 관측하여 우주 구성 원소를 알 수 있다.

① ㄱ　② ㄴ　③ ㄱ, ㄷ　④ ㄴ, ㄷ　⑤ ㄱ, ㄴ, ㄷ

단서+발상

단서 태양 스펙트럼에서 수소와 헬륨의 흡수선이 제시되어 있다.

발상 원소마다 고유한 선 스펙트럼을 갖고 있다는 것을 추론할 수 있다.

적용 태양 스펙트럼과 원소의 스펙트럼을 비교하여 태양 대기를 구성하는 원소의 종류를 알아내는 것부터 문제 풀이를 시작해야 한다.

| 문제+자료 분석 |

• **태양 스펙트럼**: 연속 스펙트럼에 수소 흡수선과 헬륨 흡수선이 나타난다.
➡ 별의 흡수선은 별의 대기층에 존재하는 원소가 특정 파장의 빛을 흡수할 때 만들어진다.

• 고온의 수소 기체와 헬륨 기체는 각각 특정한 파장의 빛을 방출하는 방출 스펙트럼이 나타난다. ➡ 동일한 원소에서 관찰되는 흡수선과 방출선은 같은 파장에서 나타난다. 태양 스펙트럼에서 관측된 수소와 헬륨의 흡수선은 수소와 헬륨의 방출선과 같은 파장을 갖는다.

| 보기 분석 |

ㄱ. 태양의 스펙트럼에 나타난 수소 흡수선의 위치와 ①의 방출선의 위치가 같으므로 ①은 수소이다.
태양의 스펙트럼에 나타난 헬륨 흡수선의 위치와 ⓒ의 방출선의 위치가 같으므로 ⓒ은 헬륨이다.

ㄴ 태양의 스펙트럼에서 수소와 헬륨에 의해 형성된 선 스펙트럼이 관측되므로 태양의 대기에는 수소와 헬륨이 존재하고 있다.

ㄷ 원소마다 방출선의 파장 분포가 다르므로, 우주에서 오는 여러 별빛의 흡수 스펙트럼과 비교하면 우주를 구성하고 있는 원소의 종류를 알 수 있다.

다음은 우주론에 대한 두 과학자의 서로 다른 주장이다.

우주는 팽창하면서 온도와 밀도가 계속 감소합니다.
단서

우주는 팽창하면서 생기는 빈 공간에 물질이 계속 만들어집니다.

조지 가모프
빅뱅 우주론
➡ 크기 증가,
온도와 밀도 감소

정상 우주론
➡ 크기 증가,
온도와 밀도 일정

프레드 호일

두 과학자가 주장하는 우주론을 모형으로 나타낼 때 가장 적절한 것을 [보기]에서 고른 것은?

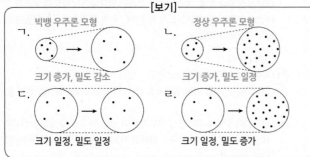

[보기]

빅뱅 우주론 모형
ㄱ. 크기 증가, 밀도 감소

정상 우주론 모형
ㄴ. 크기 증가, 밀도 일정

ㄷ. 크기 일정, 밀도 일정

ㄹ. 크기 일정, 밀도 증가

	조지 가모프	프레드 호일
①	ㄱ	ㄴ
②	ㄱ	ㄷ
③	ㄴ	ㄱ
④	ㄷ	ㄹ
⑤	ㄹ	ㄴ

🧠 **단서+발상**

단서 두 과학자가 주장한 우주론의 핵심 내용이 제시되어 있다.

발상 두 우주론에서 주장하는 우주의 크기와 밀도 변화를 추론할 수 있다.

적용 우주론 모형에서 우주의 크기와 밀도가 어떻게 달라지는지 파악하는 것부터 문제 풀이를 시작해야 한다.

| 문제+자료 분석 |

• **조지 가모프**: 우주가 팽창함에 따라 우주의 온도와 밀도가 감소한다고 주장하였다. ➡ 빅뱅 우주론
• **프레드 호일**: 우주는 팽창하고 있지만, 빈 공간에 새로운 물질이 만들어지면서 우주의 온도와 밀도가 일정하게 유지된다고 주장하였다. ➡ 정상 우주론

| 선택지 분석 |

① ㄱ은 우주의 크기는 증가하지만 은하의 수는 일정하다. 이는 우주는 팽창하면서 밀도가 감소하는 조지 가모프의 주장에 부합하는 모형이다.
ㄴ은 우주의 크기가 커지면서 은하의 수도 증가한다. 이는 우주가 팽창하더라도 우주의 밀도는 일정하게 유지되는 프레드 호일의 주장에 부합하는 모형이다.
ㄷ은 우주의 크기와 은하의 수가 일정하므로 정적 우주론에 해당한다. 정적 우주론에서 우주는 크기와 밀도가 모두 일정하게 유지된다고 설명한다.
ㄹ은 우주의 크기는 고정되어 있고, 은하의 수가 증가하는 우주론에 해당한다.

✱ **정상 우주론과 빅뱅 우주론**

• **정상 우주론**: 허블의 관측 결과인 우주의 팽창을 수용하면서도 우주가 항상 동일한 상태를 유지한다는 주장이다. 정상 우주론에서 우주는 시작과 끝이 없고, 크기는 무한하다. 또한 팽창하더라도 새로운 물질이 생성되면서 우주의 밀도와 온도는 일정하다.
• **빅뱅 우주론**: 우주는 과거 어느 시점에 시작되었으며, 크기와 나이가 유한하다고 주장한다. 이 우주론에 따르면 과거에 우주는 매우 뜨거웠으며 우주 팽창과 함께 온도와 밀도가 낮아진다.

그림은 별의 탄생과 진화의 순환 과정 일부를 단계별로 나타낸 것이다.

별 내부에서 수소가 소비됨
➡ 진화가 거듭될수록 수소의 양이 감소함

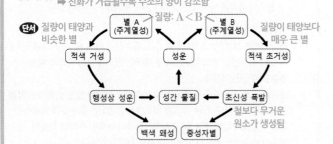

단서 질량이 태양과 비슷한 별

질량: A<B

질량이 태양보다 매우 큰 별

별 A (주계열성) — 적색 거성 — 행성상 성운 — 백색 왜성
성운 — 성간 물질
별 B (주계열성) — 적색 초거성 — 초신성 폭발 — 중성자별

철보다 무거운 원소가 생성됨

이에 대한 설명으로 옳은 것만을 [보기]에서 있는 대로 고른 것은? [3점]

[보기]

ㄱ. 별의 질량은 B가 A보다 크다.
별의 질량은 초신성 폭발을 일으키는 B가 더 크다.
ㄴ. 초신성 폭발 과정에서 철보다 무거운 원소가 생성된다.
금, 은, 우라늄 등은 초신성 폭발 과정에서 생성된다.
ㄷ. 별의 탄생과 진화의 순환 과정이 거듭될수록 우주 전체의 수소의 양은 ~~증가~~한다. 감소 수소가 수소보다 무거운 원소로 바뀐다.

① ㄱ ② ㄷ ③ ㄱ, ㄴ ④ ㄴ, ㄷ ⑤ ㄱ, ㄴ, ㄷ

🧠 **단서+발상**

단서 질량이 다른 두 별 A, B의 진화 경로가 제시되어 있다.

발상 별 B의 진화 과정에서 초신성 폭발이 일어난다는 것으로부터 별의 질량이 태양보다 매우 크다는 것을 추론할 수 있다.

적용 별의 진화 과정 중 어떤 단계에서 어떤 원소가 생성되는지 고려하여 문제 풀이를 시작해야 한다.

| 문제+자료 분석 |

• 별 A는 백색 왜성으로, 별 B는 중성자별로 진화한다. ➡ A는 질량이 태양과 비슷한 별이고, B는 질량이 태양보다 매우 큰 별이다.
• 별 A와 B는 주계열성으로, 중심부에서 수소 핵융합 반응이 일어난다.

| 보기 분석 |

ㄱ. 별 A는 적색 거성을 거쳐 행성상 성운과 백색 왜성으로 진화하고, 별 B는 적색 초거성과 초신성 폭발을 거쳐 중성자별로 진화한다.
별 A는 질량이 태양과 비슷한 별이고, 별 B는 질량이 태양보다 매우 큰 별이다. 따라서 별의 질량은 B가 A보다 크다.
ㄴ. 금, 은, 우라늄 등과 같은 철보다 무거운 원소는 별의 내부에서 생성되지 않고, 초신성 폭발 과정에서 생성된다.
ㄷ. 별을 구성하는 수소 중 일부는 별의 진화 과정에서 수소보다 무거운 원소로 바뀐다. 따라서 별의 탄생과 진화의 순환 과정이 거듭될수록 우주 전체의 수소의 양은 감소한다.

그림 (가)는 어느 별의 진화 과정에서 중심부의 핵융합 반응이 끝난 직후 별의 내부 구조를, (나)는 지구를 구성하는 원소의 질량비를 나타낸 것이다. ㉠~㉢은 각각 규소, 산소, 철 중 하나이다.

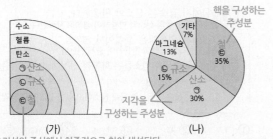

(가) 초거성의 중심에서 최종적으로 철이 생성된다.

이에 대한 설명으로 옳은 것만을 [보기]에서 있는 대로 고른 것은?

[보기]

ㄱ. ㉠은 ~~규소~~이다. 산소
별의 중심부로 갈수록 무거운 원소 분포 ➡ 철(㉢) > 규소(㉡) > 산소(㉠)

ㄴ. 별의 진화 과정에서 ㉡은 ㉢보다 먼저 만들어졌다.
규소(㉡)가 핵융합하여 철(㉢)을 생성 → ㉡이 먼저 만들어진다.

ㄷ. 별의 진화 과정에서 생성된 물질들의 일부는 지구를 형성하는 재료가 되었다.
별의 진화 과정에서 생성된 다양한 원소가 지구를 구성하는 물질이 되었다.

① ㄱ   ② ㄴ   ③ ㄱ, ㄷ   ④ ㄴ, ㄷ   ⑤ ㄱ, ㄴ, ㄷ

🧠 **단서+발상**

단서 중심부의 핵융합 반응이 끝난 별의 내부 구조와 지구를 구성하는 원소의 질량비가 제시되어 있다.

발상 (가)에서 별의 중심부에 탄소보다 무거운 원소가 분포하는 것으로 보아 (가)의 별은 초거성임을 추론할 수 있다.

적용 별의 중심부로 갈수록 무거운 원소가 분포한다는 것을 고려하여 ㉠, ㉡, ㉢을 파악하는 것부터 문제 풀이를 시작해야 한다.

| 문제＋자료 분석 |
· 질량이 태양보다 매우 큰 별은 초거성 단계에서 중심부에 철까지 생성될 수 있다.
· (가): 별의 중심부로 갈수록 무거운 원소가 분포한다.
➡ ㉠은 산소, ㉡은 규소, ㉢은 철이다.
· (나): 지구를 구성하는 원소의 질량비는 철 > 산소 > 규소 > 마그네슘 순이다.

| 보기 분석 |
ㄱ. 별의 중심부로 갈수록 무거운 원소가 분포하므로 ㉠은 산소, ㉡은 규소, ㉢은 철이다. ㉠은 지구에서 두 번째로 풍부한 산소이다.

ㄴ. 질량이 태양보다 매우 큰 별의 중심부에서는 헬륨이 모두 탄소로 바뀐 후에도 온도가 계속 높아져 탄소, 산소, 규소 핵융합 반응이 차례로 일어나 마지막으로 철까지 생성된다.
따라서 ㉡(규소)은 ㉢(철)보다 먼저 만들어진다.

ㄷ. 별의 진화 과정에서 생성된 원소들의 일부는 행성상 성운이나 초신성 폭발에 의해 우주로 방출되어 성간 물질로 되돌아가 지구를 형성하는 재료가 되었다.

＊ **질량이 큰 별의 내부에서 생성되는 원소**
· 질량이 매우 큰 별은 초거성 단계에서 중심부로 갈수록 헬륨, 탄소, 산소, 질소, 네온, 마그네슘, 규소, 황 등이 차례로 핵융합하여 최종적으로 중심부에 철이 생성된다. 마치 양파처럼 층상 구조를 이룬다.
· 철은 자연계에서 가장 안정한 원자핵을 갖고 있기 때문에 온도가 매우 높아지더라도 별 내부에서 철 원자핵은 더 무거운 원자핵으로 핵융합 반응이 진행되지 않는다.

2022. 6
8회

그림은 주기율표의 일부를 나타낸 것이다.

단서 원자가 전자 수

전자 껍질 수	1족	2족	13족	14족	15족	16족	17족
2주기 2	A			B			C
3주기 3		D		E			

이에 대한 설명으로 옳은 것만을 [보기]에서 있는 대로 고른 것은? (단, A~E는 임의의 원소 기호이다.) [3점]

[보기]

ㄱ. 원자가 전자 수는 A와 C가 ~~같다~~ 다르다.
1   7

ㄴ. 전자가 들어 있는 전자 껍질 수는 B와 C가 같다.
전자 껍질 수는 B와 C 모두 2개로 같다.

ㄷ. D와 E가 화학 결합할 때 전자는 ~~E에서 D로~~ 이동한다.
D에서 E로

① ㄱ   ② ㄴ   ③ ㄷ   ④ ㄱ, ㄴ   ⑤ ㄴ, ㄷ

🧠 **단서+발상**

단서 주기율표에 원소 A~E의 위치가 제시되어 있다.

발상 A~E의 위치를 보고 주기와 족을 추론할 수 있다.

적용 같은 족 원소는 원자가 전자 수가 같고, 같은 주기 원소는 전자 껍질 수가 같다는 것을 이용하여 A~E의 원자가 전자 수, 전자 껍질 수를 구하는 것부터 문제 풀이를 시작해야 한다.

| 문제＋자료 분석 |
· A, B, C는 2주기 원소로 전자 껍질 수가 2이고, D, E는 3주기 원소로 전자 껍질 수가 3이다.
· A~E가 속한 족은 각각 1, 2, 14, 16, 17족이므로 원자가 전자 수는 1, 2, 4, 6, 7이다.

| 보기 분석 |
ㄱ. 1족 원소는 원자가 전자 수가 1이므로 A의 원자가 전자 수는 1이다. 17족 원소는 원자가 전자 수가 7이므로 C의 원자가 전자 수는 7이다. 따라서 원자가 전자 수는 A와 C가 서로 다르다.

ㄴ. 전자가 들어 있는 전자 껍질 수는 주기와 일치한다. 🍯팁
B와 C는 모두 2주기 원소이므로 전자 껍질 수는 2개로 서로 같다.

ㄷ. D는 2족 원소로 원자가 전자가 2개이고 E는 16족 원소로 원자가 전자가 6개이다. 따라서 D와 E가 화학 결합할 때 전자는 D에서 E로 2개 이동하여 D는 ＋2가 양이온, E는 －2가 음이온으로 되면서 결합한다.

＊ **족과 주기**
· 족: 주기율표의 세로줄. 같은 족 원소는 원자가 전자 수가 같다.
· 주기: 주기율표의 가로줄. 같은 주기 원소는 전자가 채워진 전자 껍질 수가 같다.

다음은 학생 A가 같은 족의 세 금속 리튬(Li), 나트륨(Na), 칼륨(K)의 성질을 알아보기 위해 수행한 실험이다.   *1족 금속 원소*

〈가설〉

　⑤ 같은 족의 금속 원소들은 화학적 성질이 비슷하다.

〈실험 과정〉

(가) Li, Na, K을 각각 칼로 자른 후 단면의 변화를 관찰한다.

(나) Li, Na, K을 쌀알 크기로 잘라 물이 든 3개의 비커에 각각 넣고 변화를 관찰한다.

(다) (나)의 비커에 페놀프탈레인 용액을 각각 2~3방울 떨어뜨리고 변화를 관찰한다. *염기성 수용액에서 붉은색을 나타내는 지시약*

〈실험 결과〉 **단서** *금속이 공기 중의 산소와 반응하면서 금속 광택이 사라진다.*

• (가)에서 모든 금속에서 단면의 광택이 사라졌다.

• (나)에서 모든 금속은 물과 잘 반응했다.

• (다)에서 모든 수용액은 붉은색으로 변했다. *Li, Na, K이 물과 반응하면 수용액이 염기성으로 된다.*

〈결론〉

• 가설은 옳다.

단서+발상

단서 같은 족 원소인 리튬(Li), 나트륨(Na), 칼륨(K)의 성질을 알아보기 위해 수행한 실험과 결과가 제시되어 있다.

발상 리튬(Li), 나트륨(Na), 칼륨(K)에 대한 실험 과정이 같은 것으로 보아 세 가지 금속의 화학적 성질을 비교하는 실험임을 추론할 수 있다.

학생 A의 결론이 타당할 때, 이에 대한 설명으로 옳은 것만을 [보기]에서 있는 대로 고른 것은?

[보기]

　㉠ (가)에서 금속은 산소와 반응한다. *금속이 공기 중의 산소와 반응하여 광택이 사라진다.*

　ㄴ. (다)에서 수용액은 ~~산성~~이다. 염기성 *페놀프탈레인 용액과 반응하여 붉게 변했다.*

　㉢ '같은 족의 금속 원소들은 화학적 성질이 비슷하다.'는 ㉠으로 적절하다. *Li, Na, K은 모두 1족 금속 원소이고 실험 결과가 모두 같다.*

① ㄱ   ② ㄷ   ③ ㄱ, ㄴ   ④ ㄱ, ㄷ   ⑤ ㄴ, ㄷ

| 문제+자료 분석 |

• **알칼리 금속**: 주기율표의 1족에서 수소를 제외한 금속 원소이다. ⑩ 리튬(Li), 나트륨(Na), 칼륨(K), 루비듐(Rb) 등

• 1족 금속 원소는 반응성이 매우 커서 공기 중의 산소와 반응하면서 금속 특유의 광택을 잃는다.

• 1족 금속 원소가 물과 반응하면 수용액의 액성이 염기성으로 된다.

| 보기 분석 |

㉠ 금속을 칼로 잘라 단면이 공기와 접촉하면 금속이 공기 중의 산소와 반응하면서 금속 특유의 광택이 사라진다.

ㄴ. 페놀프탈레인 용액은 염기성에 붉은색을 나타내므로 (다)에서 모든 수용액의 액성은 염기성이다.

㉢ Li, Na, K은 모두 같은 1족 금속 원소이고 실험 결과가 모두 같으므로 '같은 족의 금속 원소들은 화학적 성질이 비슷하다.'는 ㉠으로 적절하다.

그림 (가)와 (나)는 사람과 지각을 구성하는 원소의 질량비를 순서 없이 나타낸 것이다. ㉠~㉢은 각각 규소, 산소, 탄소 중 하나이다.

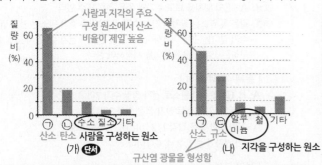

사람과 지각의 주요 구성 원소에서 산소 비율이 제일 높음

(가) **단서** 사람을 구성하는 원소 — 산소 탄소 수소 질소 기타

(나) 지각을 구성하는 원소 — 산소 규소 알루미늄 철 기타 *규산염 광물을 형성함*

이에 대한 설명으로 옳은 것만을 [보기]에서 있는 대로 고른 것은? [3점]

[보기]

ㄱ. (가)는 ~~지각~~을 구성하는 원소의 질량비이다. 사람 *주요 구성 원소 중 수소와 질소가 있다.*

ㄴ. ㉠은 ~~산소~~이다. 탄소 *사람을 구성하는 원소 중 두 번째에 해당한다.*

ㄷ. 규산염 광물은 ㉠과 ㉢을 포함한다. *규산염 광물을 이루는 주요 원소는 산소(㉠)와 규소(㉢)이다.*

① ㄱ   ② ㄷ   ③ ㄱ, ㄴ   ④ ㄴ, ㄷ   ⑤ ㄱ, ㄴ, ㄷ

단서+발상

단서 지구 구성 원소의 종류가 질량비 순으로 제시되어 있다.

발상 사람과 지각에 가장 풍부한 원소는 산소임을 추론할 수 있다.

적용 사람은 탄소 화합물이, 지각에는 규산염 물질이 풍부하다는 것부터 문제 풀이를 시작해야 한다.

| 문제+자료 분석 |

• 사람(생명체)을 구성하는 원소의 질량비는 산소 > 탄소 > 수소 > 질소이고, 지각을 구성하는 원소의 질량비는 산소 > 규소 > 알루미늄 > 철이다.

• (가): 사람 몸에서는 물이 가장 많은 비율을 차지하며, 물을 제외하면 가장 많은 원소는 탄소이며, 사람을 구성하는 주요 구성 물질은 탄소 화합물이다.

• (나): 지각에는 산소와 규소가 결합한 규산염 광물이 가장 풍부하다.

| 보기 분석 |

ㄱ. (가)는 사람을, (나)는 지각을 구성하는 주요 원소의 질량비이다.

ㄴ. 사람과 지각을 구성하는 원소의 질량비 중 공통적으로 가장 큰 ㉠은 산소이다.

　또한 사람을 구성하는 물질은 주로 탄소 화합물이므로 ㉡은 탄소이고, 지각에 가장 풍부한 광물은 규산염 광물이므로 ㉢은 규소이다.

ㄷ. 지각에서 가장 풍부한 광물은 규산염 광물이며, 규산염 광물은 산소와 규소로 이루어진 규산염 사면체로 이루어져 있다.

11 정답 ④ ✱ 이온 결합 물질과 공유 결합 물질의 전기 전도성 ····································· [정답률 74%] **2022 실시 6월 학평 11**

표는 물질 (가)~(다)에 대한 자료이다. (가)~(다)는 각각 염화 나트륨(NaCl), 염화 칼슘($CaCl_2$), 포도당($C_6H_{12}O_6$) 중 하나이다.

이온 결합 물질　　　　공유 결합 물질

단서 물질	(가) 포도당($C_6H_{12}O_6$)	(나)	(다)
고체 상태에서의 전기 전도성	없음	없음	없음
수용액 상태에서의 전기 전도성	없음	있음	⊙ 있음

　　　　　　공유 결합 물질　이온 결합 물질

이에 대한 설명으로 옳은 것만을 [보기]에서 있는 대로 고른 것은?

[보기]
ㄱ. (가)는 포도당이다.
　고체 상태와 수용액 상태에서 모두 전기 전도성이 없다. ➡ 공유 결합 물질
ㄴ. (나)는 이온 결합 물질이다.
　고체 상태에서는 전기 전도성이 없으나 수용액 상태에서는 전기 전도성이 있다.
ㄷ. ⊙은 ~~없음~~이다. '있음'
　(다)는 이온 결합 물질이다.

① ㄱ　② ㄴ　③ ㄷ　④ ㄱ, ㄴ　⑤ ㄴ, ㄷ

✱ **공유 결합 물질과 이온 결합 물질의 상태에 따른 전기 전도성**

구분	공유 결합 물질	이온 결합 물질
고체 상태	없음	없음
수용액 상태	없음	있음

단서+발상

(단서) 물질 (가)~(다)의 화학식과 고체 상태, 수용액 상태에서의 전기 전도성 자료가 제시되어 있다.

(발상) 전기 전도성 자료로부터 (가)~(다)가 각각 공유 결합 물질인지 이온 결합 물질인지를 추론할 수 있다.

(적용) 화학 결합 물질의 종류와 상태에 따른 전기 전도성을 적용해서 (가)~(다)가 각각 어떤 물질인지 찾는 것부터 문제 풀이를 시작해야 한다.

| 문제+자료 분석 |

· 염화 나트륨(NaCl)과 염화 칼슘($CaCl_2$)은 이온 결합 물질, 포도당($C_6H_{12}O_6$)은 공유 결합 물질이다.

· (가)는 고체와 수용액 상태 모두 전기 전도성이 없으므로 공유 결합 물질이다. ➡ 포도당($C_6H_{12}O_6$)

· (나)와 (다)는 각각 염화 나트륨(NaCl)과 염화 칼슘($CaCl_2$) 중 하나이므로 이온 결합 물질이다.

| 보기 분석 |

ㄱ. (가)는 고체와 수용액 상태 모두 전기 전도성이 없으므로 공유 결합 물질이다. 제시된 3가지 물질 중 공유 결합 물질은 포도당($C_6H_{12}O_6$)이므로 (가)는 포도당이다.

ㄴ. (나)는 고체 상태에서는 전기 전도성이 없으나 수용액 상태에서는 전기 전도성이 있으므로 이온 결합 물질이다.

ㄷ. 제시된 3가지 물질 중 이온 결합 물질은 2가지이고 (가)는 공유 결합 물질, (나)는 이온 결합 물질이므로 (다)도 이온 결합 물질이다.
따라서 ⊙은 '있음'이다.

---

12 정답 ② ✱ 반도체의 분류 ·· [정답률 76%] **2011 실시 11월 학평 16 과학-물리**

그림은 반도체의 종류를 그 특성에 따라 분류한 것이다.

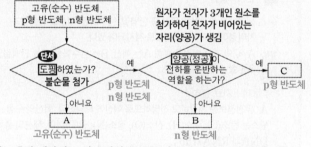

A~C에 해당하는 반도체의 종류를 바르게 짝지은 것은? [3점]

	A	B	C
①	고유(순수) 반도체	p형 반도체	~~p형~~ 반도체 전하 운반자: 전자
②	고유(순수) 반도체	n형 반도체	p형 반도체
③	p형 반도체	n형 반도체	~~고유(순수)~~ 반도체 C는 불순물이 첨가된 반도체
④	n형 반도체	p형 반도체	~~고유(순수)~~ 반도체
⑤	n형 반도체	고유(순수) 반도체	p형 반도체

단서+발상

(단서) 반도체의 종류를 특성에 따라 분류한 그림이 제시되어 있다.

(발상) 반도체를 분류한 발문을 통해 고유(순수) 반도체, p형 반도체, n형 반도체의 정의와 특성을 추론할 수 있다.

(적용) 고유(순수) 반도체의 특성을 적용하여 A를 먼저 구하는 것부터 문제 풀이를 시작해야 한다.

| 문제+자료 분석 |

· 순수 반도체는 규소(Si)와 저마늄(Ge) 등과 같이 어떤 불순물도 섞이지 않은 순수한 반도체로 원자가 전자가 4개이다.

· 불순물 반도체는 순수 반도체에 특정한 불순물을 섞어서 전류를 흐르게 하는 입자의 수를 증가시켜 전기 전도도를 증가시킨 반도체이다. 불순물의 종류에 따라 n형 반도체와 p형 반도체로 나뉜다.

· n형 반도체는 전자가, p형 반도체는 양공이 주요 전하 운반자이다.

| 선택지 분석 |

② 고유(순수) 반도체에 불순물을 첨가하는 일을 도핑이라고 한다. p형 반도체는 전하의 운반을 양공이 한다.

✱ **n형 반도체와 p형 반도체**

구분	n형 반도체	p형 반도체
불순물 종류	원자가 전자가 5개인 원소 예 인(P), 비소(As), 안티모니(Sb) 등	원자가 전자가 3개인 원소 예 붕소(B), 알루미늄(Al), 갈륨(Ga), 인듐(In) 등
구조	규소(Si)에 인(P)을 첨가하면 인의 5개의 원자가 전자 중 4개는 규소와 공유 결합을 한다. ➡ 전자가 1개 남는다.	규소(Si)에 붕소(B)를 첨가하면 붕소의 3개의 원자가 전자는 규소와 공유 결합을 한다. ➡ 전자가 비어있는 자리(양공)가 생긴다.

다음은 다양한 단백질이 만들어지는 원리를 알아보는 탐구 활동이다.

〈준비물〉
• ㉠ 단백질의 단위체를 알파벳으로 나타낸 카드 4종류 각 10장, 실
단서 아미노산

아미노산의 종류

〈탐구 과정〉
• 카드를 실로 연결하여 영어 단어를 만든다.

〈탐구 결과〉
                    단백질의 종류
• 다른 뜻을 가진 여러 개의 단어가 만들어졌다.

이에 대한 설명으로 옳은 것만을 [보기]에서 있는 대로 고른 것은?

[보기]

ㄱ. ㉠은 아미노산이다.
  단백질의 기본 단위
ㄴ. 카드와 카드를 연결한 실은 펩타이드결합을 의미한다.
  카드(아미노산) 사이를 연결 ➡ 펩타이드결합
ㄷ. 단위체의 종류와 수, 결합 순서에 따라 다양한 단백질이
  만들어진다.
  다른 뜻을 가진 여러 개의 단어가 만들어졌다. ➡ 다양한 종류의 단백질 형성

① ㄱ   ② ㄷ   ③ ㄱ, ㄴ   ④ ㄴ, ㄷ   ⑤ ㄱ, ㄴ, ㄷ

단서+발상

단서 단백질이 만들어지는 원리가 카드를 실로 연결하여 영어 단어를 만드는 탐구 활동에 빗대어 제시되어 있다.

적용 탐구 활동에서 카드, 실, 다른 뜻을 가진 여러 개의 단어가 의미하는 바를 파악하는 것부터 문제 풀이를 시작해야 한다.

| 문제＋자료 분석 |
• 이 탐구 활동에서 카드는 단백질의 단위체인 아미노산을 의미한다.
• 카드를 실로 연결하는 것은 2개의 아미노산이 결합할 때 두 아미노산 사이에 펩타이드결합이 형성되는 것을 의미한다.
• 다른 뜻을 가진 여러 개의 단어가 만들어지는 것은 아미노산의 종류와 수, 배열 순서에 따라 다양한 종류의 단백질이 형성되는 것을 의미한다.

| 보기 분석 |
ㄱ. ㉠은 단백질의 기본 단위인 아미노산이다.
ㄴ. 카드와 카드 사이를 연결한 실은 2개의 아미노산이 결합할 때 두 아미노산 사이에서 물 분자 1개가 빠져나오면서 형성되는 펩타이드결합을 의미한다.
ㄷ. 아미노산(단위체)의 종류와 수, 결합 순서에 따라 단백질의 입체 구조가 달라지며, 단백질의 입체 구조에 따라 단백질의 기능이 결정되어 다양한 종류의 단백질이 형성된다.

＊ 단백질의 형성

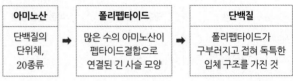

아미노산	폴리펩타이드	단백질
단백질의 단위체, 20종류	많은 수의 아미노산이 펩타이드결합으로 연결된 긴 사슬 모양	폴리펩타이드가 구부러지고 접혀 독특한 입체 구조를 가진 것

그림은 생명체를 구성하는 물질 A~C의 공통점과 차이점을 나타낸 것이다. A~C는 각각 단백질, 탄수화물, 핵산 중 하나이다.

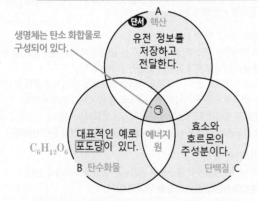

생명체는 탄소 화합물로 구성되어 있다.

$C_6H_{12}O_6$

이에 대한 설명으로 옳은 것만을 [보기]에서 있는 대로 고른 것은?

[보기]

ㄱ. A는 핵산이다.
  핵산은 유전정보를 저장하고 전달한다.
ㄴ. B와 C는 에너지원으로 이용된다.
  B(탄수화물)와 C(단백질)는 생체 내에서 에너지원으로 이용된다.
ㄷ. '탄소 화합물이다.'는 ㉠에 해당한다.
  A~C는 모두 탄소 화합물이므로 ㉠에 해당한다.

① ㄱ   ② ㄷ   ③ ㄱ, ㄴ   ④ ㄴ, ㄷ   ⑤ ㄱ, ㄴ, ㄷ

단서+발상

단서 생명체를 구성하는 물질 중 단백질, 탄수화물, 핵산의 공통점과 차이점이 벤다이어그램으로 제시되어 있다.

발상 A~C의 각 차이점을 통해 A는 핵산, B는 탄수화물, C는 단백질임을 추론할 수 있다.

| 문제＋자료 분석 |
• A: 유전정보를 저장하고 전달하므로 핵산에 해당한다. 핵산의 구성 원소는 탄소(C), 수소(H), 산소(O), 질소(N), 인(P)이며, 핵산의 종류에는 DNA과 RNA가 있다.
• B: 단당류인 포도당이 대표적인 예이므로 탄수화물에 해당한다. 탄수화물의 구성 원소는 탄소(C), 수소(H), 산소(O)이며, 탄수화물의 종류에는 포도당, 녹말, 글리코젠, 셀룰로스 등이 있다.
• C: 효소와 호르몬의 주성분이므로 단백질에 해당한다. 단백질의 구성 원소는 탄소(C), 수소(H) 산소(O), 질소(N)이며, 단백질은 생물체 내 각종 화학 반응과 생리 작용을 조절하는 역할을 한다.
• ㉠: A~C의 공통점이므로 '탄소 화합물이다.'는 ㉠에 해당한다.

| 보기 분석 |
ㄱ. A는 유전정보를 저장하고 전달하는 물질이므로 핵산이다.
ㄴ. B(탄수화물)와 C(단백질)는 모두 1 g당 4 kcal의 열량을 내는 에너지원으로 이용된다.
ㄷ. A~C는 모두 탄소(C)가 수소(H), 산소(O) 등과 공유 결합하여 이루어진 탄소 화합물이므로 '탄소 화합물이다.'는 A~C의 공통점인 ㉠에 해당한다.

＊ 생명체를 구성하는 물질

생명체를 구성하는 물질은 크게 탄소 화합물과 비탄소 화합물로 나뉜다.
탄소 화합물은 탄소(C)가 수소(H), 산소(O), 질소(N) 등과 공유 결합하여 이루어진 화합물로 탄수화물, 단백질, 지질, 핵산 등이 이에 해당한다.
비탄소 화합물에는 물, 무기염류 등이 있다.

15 정답 ③ ＊ 핵산

그림은 생명체를 구성하는 핵산의 일부를 모형으로 나타낸 것이다.
유전정보를 저장하거나 전달하고, 단백질 합성에 관여하는 물질
G는 구아닌, T는 타이민이고, ㉠과 ㉡은 각각 A(아데닌)와
C(사이토신) 중 하나이며, (가)는 핵산의 단위체이다.

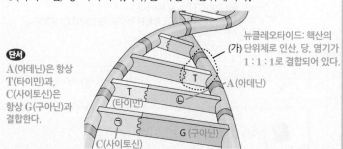

단서
A(아데닌)은 항상
T(타이민)과,
C(사이토신)은
항상 G(구아닌)과
결합한다.

뉴클레오타이드: 핵산의
(가) 단위체로 인산, 당, 염기가
1 : 1 : 1로 결합되어 있다.

T ─ A(아데닌)
T
(타이민) ─ ㉡
㉠
C(사이토신) ─ G (구아닌)

이에 대한 설명으로 옳은 것만을 [보기]에서 있는 대로 고른 것은? [3점]

─────[보기]─────
㉠ 이 핵산은 DNA이다.
　이중나선구조 ➡ DNA
㉡ (가)는 뉴클레오타이드이다.
　핵산의 기본 단위체
ㄷ. ㉠은 A̶(̶아̶데̶닌̶)̶, ㉡은 C̶(̶사̶이̶토̶신̶)̶이다.
　　C(사이토신)　　A(아데닌)
─────────────

① ㄱ　② ㄷ　③ ㄱ, ㄴ　④ ㄴ, ㄷ　⑤ ㄱ, ㄴ, ㄷ

단서+발상

(단서) 핵산의 단위체 (가)와, G(구아닌), T(타이민)와 각각 상보적 결합을
하는 염기 ㉠, ㉡이 제시되어 있다.

(적용) 염기에 T(타이민)가 존재하는 것으로 보아 이 핵산이 DNA라는 것을
알아내는 것부터 문제 풀이를 시작해야 한다.

| 문제＋자료 분석 |
· (가): 핵산의 기본 단위체인 뉴클레오타이드이며, 인산, 당, 염기가
1 : 1 : 1로 결합되어 있다.
· ㉠: G(구아닌)와 상보적인 결합을 하는 염기이므로 C(사이토신)이다.
· ㉡: T(타이민)와 상보적인 결합을 하는 염기이므로 A(아데닌)이다.
· 염기에 T(타이민)가 존재하므로 이 핵산은 DNA이다.

| 보기 분석 |
㉠ 염기에 T(타이민)가 존재하므로 이 핵산은 DNA이다. DNA의
염기에는 A(아데닌), G(구아닌), C(사이토신), T(타이민)가 있다.
RNA의 염기에는 A(아데닌), G(구아닌), C(사이토신), U(유라실)가
있다.

㉡ (가)는 핵산의 기본 단위체이므로 뉴클레오타이드이다.
뉴클레오타이드는 인산, 당, 염기가 1 : 1 : 1로 결합된 것이다.

ㄷ. ㉠은 G(구아닌)와 상보적인 결합을 하는 염기이므로 C(사이토신)이고,
㉡은 T(타이민)와 상보적인 결합을 하는 염기이므로 A(아데닌)이다.

＊ 핵산의 종류

구분	DNA	RNA
단위체	뉴클레오타이드(인산 : 당 : 염기 = 1 : 1 : 1)	
당	디옥시라이보스	라이보스
염기	아데닌(A), 구아닌(G), 사이토신(C), 타이민(T)	아데닌(A), 구아닌(G), 사이토신(C), 유라실(U)

16 정답 ① ＊ 화학 결합의 종류

그림은 3가지 이온의 전자 배치 모형을 나타낸 것이다.

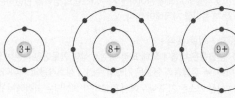

단서
Li⁺
전자 1개 잃은 상태에서
전자 2개
∴ Li은 전자 3개

O²⁻
전자 2개 얻은 상태에서
전자 10개
∴ O는 전자 8개

F⁻
전자 1개 얻은 상태에서
전자 10개
∴ F은 전자 9개

이에 대한 설명으로 옳은 것만을 [보기]에서 있는 대로 고른 것은? [3점]

─────[보기]─────
㉠ Li과 F은 같은 주기의 원소이다.
　전자 껍질 수가 2이므로 모두 2주기 원소이다.
ㄴ. Li₂O은 공̶유̶ 결̶합̶ 물질이다. 이온 결합
　금속 양이온과 비금속 음이온의 결합으로 형성된 물질이다.
ㄷ. 공유 전자쌍 수는 $\frac{F_2}{1}$이 $\frac{O_2}{2}$보다 크̶다̶. 작다.
─────────────

① ㄱ　② ㄴ　③ ㄱ, ㄷ　④ ㄴ, ㄷ　⑤ ㄱ, ㄴ, ㄷ

단서+발상

(단서) 3가지 이온의 전자 배치 모형이 제시되어 있다.

(발상) 이온의 전자 배치 모형으로부터 원자 전자 수를 추론할 수 있다.

(적용) 원자의 전자 배치로부터 원자 간 결합의 종류와 공유 전자쌍 수를
구하는 것부터 문제 풀이를 시작해야 한다.

| 문제＋자료 분석 |
· Li⁺은 전자 1개 잃은 상태에서 전자 2개이므로 Li은 전자 3개이다.
· O²⁻은 전자 2개 얻은 상태에서 전자 10개이므로 O는 전자 8개이다.
· F⁻은 전자 1개 얻은 상태에서 전자 10개이므로 F은 전자 9개이다.

| 보기 분석 |
㉠ Li은 전자 3개로 전자 껍질 2개, F은 전자 9개로 전자 껍질 2개이므로
전자 껍질 수가 같아서 같은 주기 원소이다.

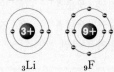

₃Li　　₉F

ㄴ. Li₂O은 금속 양이온인 Li⁺과 비금속 음이온인 O²⁻의 결합으로 형성된
이온 결합 물질이다.

ㄷ. 공유 전자쌍 수는 F₂이 1개, O₂가 2개이므로 O₂가 F₂보다 크다.

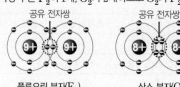

공유 전자쌍　　　　　공유 전자쌍
플루오린 분자(F₂)　　산소 분자(O₂)

＊ 화학 결합의 종류
· **이온 결합**: 금속 양이온과 비금속 음이온 사이의 정전기적 인력에 의한 결합
· **공유 결합**: 비금속 원소 사이에 전자쌍을 공유하여 형성되는 결합

다음은 스타이로폼 공으로 화합물 모형을 만드는 탐구 활동이다.

〈탐구 과정〉

(가) C(탄소), N(질소), O(산소)가 각각 새겨진 스타이로폼 공을 1개씩 준비한다.

(나) (가)의 공에 H(수소)가 새겨진 스타이로폼 공을 이쑤시개로 연결하여 C, N, O가 각각 Ne(네온)과 같은 전자 배치를 갖는 화합물 모형 ㉠~㉢을 만든다.

(다) 각 모형에 사용된 공의 종류와 개수를 확인한다.

〈탐구 결과〉

• 만들어진 화합물 모형

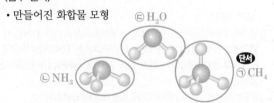

㉢ H_2O ㉠ CH_4 **단서**   ㉡ NH_3

• 각 모형에 사용된 공의 종류 및 개수

화합물 모형	㉠ CH_4		㉡ $N\dot{H}_3$		㉢ H_2O	
공의 종류	C	H	N	H	O	H
공의 개수	1	$a(=4)$	1	$b(=3)$	1	$c(=2)$

이에 대한 설명으로 옳은 것만을 [보기]에서 있는 대로 고른 것은? [3점]

┌─────[보기]─────┐
㉠ 이쑤시개는 공유 전자쌍을 의미한다.
　스타이로폼 공(비금속 원자)을 이어주는 이쑤시개는 공유 전자쌍을 의미한다.
㉡ ㉠은 메테인(CH_4) 모형이다.
　C 원자 1개에 H 원자 4개가 결합된 것으로 메테인(CH_4) 모형이다.
㉢ $b \cancel{<} c$이다. >
　$b=3, c=2$이다.
└──────────────┘

① ㄱ   ② ㄷ   ③ ㄱ, ㄴ   ④ ㄴ, ㄷ   ⑤ ㄱ, ㄴ, ㄷ

🧠 **단서 + 발상**

단서 C, N, O와 H로 만들어진 화합물 모형이 제시되어 있다.

발상 각 모형으로부터 중심 원자가 C, N, O 중 무엇인지 추론할 수 있다.

| **문제 + 자료 분석** |

• C, N, O의 원자가 전자 수는 각각 4, 5, 6이므로 비활성 기체와 같은 전자 배치로 되기 위해 공유 결합할 수 있는 수소 원자 수는 각각 4, 3, 2개이다. 따라서 $a=4, b=3, c=2$이고, ㉠은 CH_4, ㉡은 NH_3, ㉢은 H_2O이다.

| **보기 분석** |

㉠ 스타이로폼 공은 각각 C, N, O, H로 모두 비금속 원자이므로 이들을 연결하는 이쑤시개는 공유 결합의 공유 전자쌍을 의미한다.

㉡ ㉠은 C와 H가 결합된 분자로 C는 원자가 전자 4개이다. 따라서 H 원자 4개가 결합하여 메테인(CH_4)이 된다.

ㄷ. $b=3, c=2$ 이므로 $b>c$이다.

그림은 지구시스템에서 기권과 A, B, C와의 상호작용 ㉠, ㉡, ㉢을, 표는 상호작용의 예를 나타낸 것이다. A, B, C는 각각 지권, 수권, 생물권 중 하나이다.

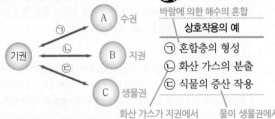

단서
바람에 의한 해수의 혼합

상호작용의 예
㉠ 혼합층의 형성
㉡ 화산 가스의 분출
㉢ 식물의 증산 작용

화산 가스가 지권에서 기권으로 이동   물이 생물권에서 기권으로 이동

A, B, C로 옳은 것은? [3점]

	A	B	C		A	B	C
①	수권	지권	생물권	②	수권	생물권	지권
③	지권	수권	생물권	④	지권	생물권	수권
⑤	생물권	수권	지권				

🧠 **단서 + 발상**

단서 기권과 다른 권역이 상호작용하는 예가 제시되어 있다.

발상 해양에서 혼합층이 형성되는 과정을 추론할 수 있다.

적용 상호작용의 사례에 관여하는 지구시스템의 영역을 판단하는 것부터 문제 풀이를 시작해야 한다.

| **문제 + 자료 분석** |

• ㉠: 혼합층은 바람에 의해 표층 해수가 섞여 만들어진 수온이 일정한 층이다. ➡ 혼합층의 형성은 기권과 수권의 상호작용의 예이다.

• ㉡: 화산 가스는 지구 내부에서 마그마가 생성되는 과정에서 만들어진 기체이다. ➡ 화산 가스의 분출을 통해 지권에서 기권으로 물질이 이동한다.

• ㉢: 증산 작용은 식물이 뿌리를 통해 흡수한 물을 식물 잎의 기공을 통해 대기로 내보내는 과정을 말한다. ➡ 식물의 증산 작용을 통해 생물권에서 기권으로 물질이 이동한다.

| **선택지 분석** |

① A: 해양에서 혼합층은 바람(기권)에 의해 형성되므로 A는 수권이다.

　B: 화산 가스 분출은 지권에서 기권으로 물질이 이동하는 예에 해당하므로 B는 지권이다.

　C: 식물의 증산 작용은 기권과 생물권의 상호작용에 해당하므로 C는 생물권이다.

✱ **지구시스템의 상호작용 예**

근원 ＼ 영향	기권	수권	지권	생물권
기권	—	해류의 발생	풍화, 침식 작용	호흡
수권	태풍의 발생	—	물의 침식 작용	생물에 물 제공
지권	화산 가스 방출	지진 해일	—	생물에 양분 제공
생물권	광합성	부패	화석 연료 생성	—

19 정답 ⑤ ＊ 화산 활동의 영향 ··· [정답률 75%] **2022 실시 9월 학평 13**

다음은 인도네시아 스메루 화산 폭발에 대한 신문 기사의 일부이다.

 산성비의 원인 물질이 포함되어 있음

 **단서** 지구 내부 에너지에 의해 발생함

태양 복사 에너지를 차단하는 역할을 함

2021년 12월 4일 스메루 화산이 폭발하였다. ㉠ 화산재와 뜨거운 ㉡ 가스가 십여 km 높이까지 분출되어, 인근 마을은 온통 시커먼 화산재로 뒤덮였다.

주택과 차량은 물론 마을을 잇는 다리가 파손되고, 뜨거운 열기와 화산재로 가축이 질식사하는 등 피해가 속출하였다.

화산은 지구 내부 에너지가 급격히 방출하여 지각 변동이 빠르게 일어나는 현상이다.

이에 대한 설명으로 옳은 것만을 [보기]에서 있는 대로 고른 것은?

[보기]

㉠. 화산 활동으로 지구 내부 에너지가 급격히 방출된다.
화산 활동을 일으키는 에너지원은 지구 내부 에너지이다.

㉡. 성층권에 ㉠이 대량으로 유입될 경우 지표에 도달하는 태양 복사 에너지양이 일시적으로 감소한다.
성층권에 화산재가 유입되면 태양 복사 에너지를 차단할 수 있다.

㉢. ㉡이 퍼져 나간 지역은 산성비로 인한 피해가 발생할 수 있다.
화산 가스가 빗물에 녹아들면 산성비가 내릴 수 있다.

① ㄱ   ② ㄷ   ③ ㄱ, ㄴ   ④ ㄴ, ㄷ   ⑤ ㄱ, ㄴ, ㄷ

단서＋발상

단서 화산 활동으로 인한 피해 사례가 제시되어 있다.

발상 화산재와 화산 가스에 의해 예상되는 피해를 추론할 수 있다.

| 문제＋자료 분석 |

- **화산 활동**: 지하 깊은 곳에서 생성된 마그마가 지각의 약한 틈을 뚫고 지표로 분출하는 현상으로, 에너지원은 지구 내부 에너지이다.
- **화산재**: 입자의 크기가 0.06~2 mm인 화산 쇄설물로, 성층권까지 올라간 화산재는 햇빛을 차단하고, 항공기 운항을 방해한다.
- **화산 가스**: 대부분이 수증기이며, 이산화 탄소, 이산화 황 등을 포함하는 기체이다.

| 보기 분석 |

㉠ 지진, 화산 활동과 같은 지각 변동을 일으키는 에너지원은 지구 내부 에너지이다.
따라서 화산 활동으로 지구 내부 에너지가 급격하게 방출된다.

㉡ 화산재가 햇빛을 차단하여 지표에 도달하는 태양 복사 에너지양이 일시적으로 감소한다.

㉢ 화산 가스에 포함된 이산화 황, 이산화 탄소 등이 빗물에 녹아 산성비가 내린다.

＊ **화산 활동이 지구시스템에 미치는 영향**

- **지권**: 지표로 분출된 용암이 굳어져 새로운 지각이 형성되며, 화산재가 토양에 쌓이면 식물에 필요한 영양분을 제공해 주기도 한다.
- **기권**: 화산 가스는 기권의 성분 변화와 대기의 온실 효과에 영향을 줄 수 있다. 또한 화산재는 햇빛을 차단하여 한동안 지구의 평균 기온을 감소시킬 수 있다.
- **수권**: 해저 화산 활동을 통해 해수의 염분을 구성하는 주요 성분(염화 이온 등)을 제공하며, 화산섬 주변에 해양 생태계가 형성된다.
- **생물권**: 생물이 살아갈 수 있는 서식처를 제공해 주고, 화산 가스와 화산재 등은 광합성 활동에 직접적인 영향을 주기도 한다.

2022.6
8회

---

20 정답 ④ ＊ 판 경계의 종류 ·· **예상 문제**

그림 (가)와 (나)는 판의 경계를 나타낸 것이다.

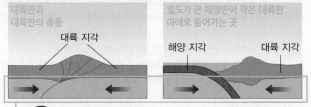

대륙판과 대륙판의 충돌   밀도가 큰 해양판이 작은 대륙판 아래로 들어가는 곳

대륙 지각   해양 지각   대륙 지각

단서 (가) 수렴형(충돌형) 경계   (나) 수렴형(섭입형) 경계
└ 두 판이 서로 가까워지므로 (가), (나) 모두 수렴형 경계

이에 대한 설명으로 옳지 않은 것은?

① (가)에서는 습곡 산맥이 형성된다.
습곡 산맥은 양쪽에서 미는 힘에 의해 지층이 융기하여 형성된 산맥으로 (가), (나)에서 모두 형성된다.

② (가)에서 천발 지진과 중발 지진이 발생한다.
충돌형 경계에서는 천발~중발 지진이 발생한다.

③ (나)에서는 해양 지각이 소멸한다.
밀도가 큰 해양 지각이 밀도가 작은 대륙 지각 아래로 섭입하면서 소멸한다.

④ (나)에서는 **변환 단층**이 발달한다. 해구, 호상 열도, 습곡 산맥 등
변환 단층은 보존형 경계에서 발달한다.

⑤ 화산 활동은 (가)보다 (나)에서 활발하다.
화산 활동은 섭입형 경계에서는 활발하지만 충돌형 경계에서는 거의 일어나지 않는다.

단서＋발상

단서 대륙 지각과 대륙 지각, 해양 지각과 대륙 지각의 판 경계가 제시되어 있다.

발상 제시된 그림의 화살표 방향과 지각의 종류를 통해 (가), (나)를 추론할 수 있다.

적용 (가), (나)를 구하고 각 특징을 적용하는 것부터 문제 풀이를 시작해야 한다.

| 문제＋자료 분석 |

- **(가)**: 밀도가 비슷한 두 대륙판이 충돌하는 수렴형(충돌형) 경계로, 거대한 습곡 산맥이 발달한다.
- **(나)**: 밀도가 큰 해양판이 밀도가 작은 대륙판 아래로 섭입하는 수렴형(섭입형) 경계로, 해구, 호상열도, 습곡 산맥이 발달한다.

| 선택지 분석 |

① (가)는 두 대륙판이 충돌하는 수렴형 경계로, 양쪽에서 미는 힘에 의해 두 대륙 사이에 있던 해저 퇴적물이 융기하면서 거대한 습곡 산맥이 형성된다. ➡ 옳음

② 대륙 지각은 밀도가 작아서 맨틀 속으로 섭입하지 못하므로, 천발~중발 지진이 발생한다. ➡ 옳음

③ (나)는 밀도가 큰 해양판이 밀도가 작은 대륙판 아래로 섭입하는 수렴형 경계로, 판이 섭입하면서 소멸한다. ➡ 옳음

④ 변환 단층은 보존형 경계에서 발달한다. ➡ 옳지 않음

⑤ 화산 활동은 (가)에서는 거의 일어나지 않고, (나)에서 활발하다. ➡ 옳음

01 정답 ① ★ 기본량과 유도량의 단위 .... 예상 문제

다음은 기본량과 유도량의 단위에 대한 세 학생의 대화이다.

단서 유도량 기본량 길이와 시간의 단위 유도량

넓이의 단위는 길이의 단위를 이용해 표현할 수 있어. (학생 A)

시간의 단위만으로 속력의 단위를 표현할 수 있어.유도량 (학생 B)

힘의 단위는 kg·m/s로 나타낼 수 있어. kg·m/s² (학생 C)

제시한 내용이 옳은 학생만을 있는 대로 고른 것은?

① A ② B ③ A, C ④ B, C ⑤ A, B, C

단서+발상

단서 기본량과 유도량의 단위에 대한 대화가 제시되어 있다.

발상 유도량의 정의에서 기본량을 추론할 수 있다.

| 문제+자료 분석 |

· 기본량을 조합해 유도하는 물리량을 유도량이라고 하며, 기본량 이외의 모든 물리량이 이에 해당한다.

· 유도량의 단위는 모두 7개의 기본 단위 중 두 개 이상을 곱하거나 나누어서 나타낼 수 있다.

| 선택지 분석 |

① A: 넓이의 단위는 길이의 단위의 제곱으로 표현할 수 있다. ➡ 옳음

B: 속력의 단위는 길이의 단위를 시간의 단위로 나누어 나타낼 수 있다. ➡ 옳지 않음

C: 힘의 단위는 kg·m/s²로 나타낼 수 있다. ➡ 옳지 않음

★ 기본량과 유도량

· **기본량**: 다른 물리량을 활용하여 표현할 수 없는 가장 기본이 되는 물리량으로, 길이, 질량, 시간, 전류, 온도, 물질량, 광도가 이에 해당한다.

· **유도량**: 두 가지 이상의 기본량을 조합해 유도하는 물리량으로, 기본량 이외의 모든 물리량이 이에 해당한다.

02 정답 ④ ★ 생명체 구성 물질 .... [정답률 75%] 2021 실시 6월 학평 2

표는 인체를 구성하는 물질 (가)~(다)에 대한 자료이다. (가)~(다)는 각각 단백질, 탄수화물, 핵산 중 하나이다.

물질	단서 내용
(가) 탄수화물	대표적인 예로 녹말이 있다. 녹말은 탄수화물
(나) 핵산	유전정보를 저장하고 전달한다. 핵산(DNA, RNA)은 유전정보를 저장하고 전달
(다) 단백질	물질대사를 조절하는 효소의 주성분으로 근육, 항체를 구성한다. 효소, 근육, 항체의 주성분은 단백질

이에 대한 설명으로 옳은 것만을 [보기]에서 있는 대로 고른 것은? [3점]

[보기]

ㄱ. (가)는 단백질이다. 탄수화물
녹말은 탄수화물에 속한다.

ㄴ. RNA는 (나)에 해당한다.
유전정보를 저장하고 전달하는 것은 핵산이다.

ㄷ. (다)의 구성 원소에는 수소(H)가 있다.
(다)는 단백질이고 구성 원소에는 수소(H)가 있다.

① ㄱ ② ㄷ ③ ㄱ, ㄴ ④ ㄴ, ㄷ ⑤ ㄱ, ㄴ, ㄷ

단서+발상

단서 표에 단백질, 탄수화물, 핵산의 각 특징이 제시되어 있다.

발상 표에 제시된 특징을 통해 (가)는 탄수화물, (나)는 핵산, (다)는 단백질임을 추론할 수 있다.

| 문제+자료 분석 |

· 탄수화물은 단당류, 이당류, 다당류로 구분한다. 단당류에는 포도당, 과당, 이당류에는 설탕, 엿당, 다당류에는 녹말, 글리코겐, 셀룰로스 등이 있다.

· 핵산에는 DNA와 RNA가 있다. DNA는 유전정보 저장, RNA는 유전정보의 전달과 단백질 합성에 관여한다.

· 단백질은 효소, 근육, 항체 호르몬 등의 주요 구성 물질이며, 에너지원이다. 생리 작용 조절, 방어 작용, 운반 작용 등에 관여한다.

| 보기 분석 |

ㄱ. 녹말은 탄수화물에 속하므로 (가)는 탄수화물이다.

ㄴ. 유전정보를 저장하고 전달하는 (나)는 핵산이다. 따라서 RNA는 (나)에 해당한다.

ㄷ. 효소, 근육, 항체를 구성하는 (다)는 단백질이다. 단백질의 구성 원소에는 C, H, O, N이 있다.

★ 생명체를 구성하는 탄소 화합물

· **탄수화물**: 대표적인 예시로 포도당, 녹말, 글리코겐, 셀룰로스 등이 있다.

· **단백질**: 생명체의 주요 구성 물질이며 효소, 근육, 항체, 호르몬의 주성분이다.

· **지질**: 중성 지방(저장 에너지원), 인지질(세포막의 주성분), 스테로이드(성호르몬의 성분)가 있다.

· **핵산**: DNA(유전정보 저장), RNA(유전정보의 전달과 단백질 합성에 관여)가 있다.

그림 (가)와 (나)는 DNA와 RNA 모형을 순서 없이 나타낸 것이다.

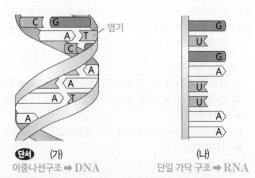

단서 (가)
이중나선구조 ➡ DNA

(나)
단일 가닥 구조 ➡ RNA

이에 대한 설명으로 옳은 것만을 [보기]에서 있는 대로 고른 것은?

─────[보기]─────

ㄱ. (가)는 DNA 모형이다.
  (가)는 폴리뉴클레오타이드 두 가닥이 꼬여 있는 이중나선구조인 DNA이다.
ㄴ. (나)는 단일 가닥 구조이다.
  (나)는 폴리뉴클레오타이드 한 가닥으로 된 단일 가닥 구조인 RNA이다.
ㄷ. (가)와 (나)를 구성하는 단위체는 뉴클레오타이드이다.
  (가), (나)는 모두 핵산이며 구성하는 단위체는 뉴클레오타이드이다.

① ㄱ   ② ㄷ   ③ ㄱ, ㄴ   ④ ㄴ, ㄷ   ⑤ ㄱ, ㄴ, ㄷ

단서+발상

단서 (가)는 이중나선구조, (나)는 단일 가닥 구조가 제시되어 있다.

발상 (가)는 DNA, (나)는 RNA임을 추론할 수 있다.

적용 구조를 통해 (가)와 (나)를 DNA와 RNA로 구분하는 것부터 문제 풀이를 시작해야 한다.

| 문제+자료 분석 |

• 핵산은 유전정보를 저장하고 전달하는 물질로, DNA와 RNA가 있다.
• 뉴클레오타이드는 핵산을 구성하는 단위체이며, 인산, 당, 염기가 1 : 1 : 1로 결합되어 있다.
• (가)는 폴리뉴클레오타이드 두 가닥이 꼬여 있는 이중나선구조인 DNA이고, (나)는 폴리뉴클레오타이드 한 가닥으로 된 단일 가닥 구조인 RNA이다.

| 보기 분석 |

ㄱ. (가)는 폴리뉴클레오타이드 두 가닥이 꼬여 있는 이중나선구조인 DNA 모형에 해당한다.

ㄴ. (나)는 RNA이다. RNA는 폴리뉴클레오타이드 한 가닥으로 된 단일 가닥 구조이다.

ㄷ. (가), (나)는 모두 핵산이다. 핵산을 구성하는 단위체는 뉴클레오타이드이다.

＊ 핵산의 종류

구분	DNA	RNA
구조	이중나선	단일 가닥
기능	유전정보 저장	유전정보 전달 및 단백질 합성
당	디옥시라이보스	라이보스
염기	아데닌(A), 구아닌(G), 사이토신(C), 타이민(T)	아데닌(A), 구아닌(G), 사이토신(C), 유라실(U)

그림은 어떤 신호의 세기를 (가)와 (나)의 형태로 나타낸 것이다.

단서 불연속인 형태

연속적인 형태

세기   시간   세기   시간

(가) 디지털 신호   (나) 아날로그 신호

(가)와 (나)에 대한 설명으로 옳은 것은?

① 자연에서 발생하는 대부분의 신호는 ~~(가)~~이다.
  아날로그 신호 (나)
② (가)는 저장하는 정보의 양을 압축할 수 있다.
  디지털 신호는 정보를 압축할 수 있다.
③ ~~(가)~~는 신호의 미세한 부분까지도 표현이 가능하다.
  (나)
④ ~~(나)~~는 신호의 전송과 가공이 쉽다.
  (가)
⑤ ~~(나)~~는 장기간 변질 없이 보존이 가능하다.
  (가)

단서+발상

단서 디지털 신호와 아날로그 신호의 세기의 형태가 제시되어 있다.

발상 신호의 형태를 보고 (가)는 디지털 신호, (나)는 아날로그 신호임을 추론할 수 있다.

| 문제+자료 분석 |

• **아날로그 신호**: 시간에 따라 세기가 연속적으로 변하는 신호
• **디지털 신호**: 시간에 따라 세기가 불연속적으로 변하는 신호
• (가)는 디지털 신호, (나)는 아날로그 신호이다.

| 선택지 분석 |

① 자연에서 발생하는 대부분의 신호는 (나)이다.
② (가)는 정보를 압축하여 효율적으로 전송할 수 있다.
③ 신호의 미세한 부분까지도 표현이 가능한 것은 (나)이다.
④ 신호의 전송과 가공이 쉬운 것은 (가)이다.
⑤ 장기간 변질 없이 보존이 가능한 것은 (가)이다.

＊ 아날로그 신호와 디지털 신호의 장점과 단점

구분	아날로그 신호	디지털 신호
장점	• 발생한 모든 신호를 나타낼 수 있다. • 신호의 미세한 부분까지도 표현이 가능하다.	• 신호의 가공이 쉽다. • 정보를 압축하여 효율적으로 전송할 수 있다. • 장기간 변질 없이 보존이 가능하다.
단점	• 신호의 편집이나 가공이 어렵다. • 신호가 변질되기 쉽다.	• 정보의 고유함이 일부 상실된다. • 출력 시 다시 아날로그 신호로 변환해야 하는 번거로움이 있다.

그림은 원자 A∼C의 전자 배치를 모형으로 나타낸 것이다.

단서
첫 번째 전자 껍질에
전자가 모두 채워짐
➡ 안정한 전자 배치
A

두 번째 전자 껍질에
전자가 7개 채워짐
B

세 번째 전자 껍질에
전자가 1개 채워짐
C

이에 대한 설명으로 옳은 것만을 [보기]에서 있는 대로 고른 것은?
(단, A∼C는 임의의 원소 기호이다.)

[보기]

ㄱ. A̶는̶ C̶보̶다̶ 전자를 잃기 쉽다.
C가 A보다
ㄴ. B의 원자가 전자 수는 7이다.
B는 마지막 껍질에 전자 7개이므로 원자가 전자 수는 7이다.
ㄷ. B와 C가 화학 결합할 때 B는 전자를 얻는다.
B와 C가 화학 결합할 때 C는 전자 1개를 잃고 B는 전자 1개를 얻는다.

① ㄱ   ② ㄷ   ③ ㄱ, ㄴ   ④ ㄴ, ㄷ   ⑤ ㄱ, ㄴ, ㄷ

단서+발상

단서 원자 A∼C의 전자 배치 모형이 제시되어 있다.
발상 원자의 전자 배치로부터 원자가 전자 수를 추론할 수 있다.
적용 원자가 전자 수를 보고 전자를 잃거나 얻기 쉬운지 어려운지를
판단하는 것부터 문제 풀이를 시작해야 한다.

| 문제+자료 분석 |
· A: 전자 껍질이 1개이고 전자 2개가 모두 채워져 있다. ➡ 헬륨(He)
· B: 전자 껍질이 2개이고 두 번째 전자 껍질에 전자가 7개이다.
  ➡ 플루오린(F)
· C: 전자 껍질이 3개이고 세 번째 전자 껍질에 전자가 1개이다.
  ➡ 나트륨(Na)

| 보기 분석 |
ㄱ. A는 전자 껍질이 1개이고 전자 2개가 모두 채워졌으므로 안정한 전자
배치를 이루고 있어 전자를 잃거나 얻기 어렵다. 반면에 C는 마지막 전자
껍질에 전자 1개가 있어 전자 1개를 잃고 비활성 기체와 같은 전자 배치를
이루려는 경향이 있다. 따라서 C가 A보다 전자를 잃기 쉽다.
ㄴ. B는 마지막 껍질에 전자가 7개이므로 원자가 전자 수는 7이다.
ㄷ. B는 마지막 껍질에 전자 1개를 얻으면 안정한 전자 배치가 되고
C는 마지막 전자 껍질의 전자 1개를 잃으면 안정한 전자 배치가 된다.
따라서 B와 C가 화학 결합할 때 B는 전자를 잃는다.

* **원자가 전자**
· 마지막 전자 껍질이 모두 채워지지 않은 상태일 때 마지막 껍질의 전자는
화학 결합에 참여하므로 이 전자들을 원자가 전자라 한다.
· 비활성 기체(18족 원소)는 마지막 전자 껍질이 모두 채워져 안정한 상태로
마지막 전자 껍질의 전자들이 화학 결합에 참여하지 않으므로 원자가 전자
수는 0이다.

다음은 우주론이 확립되는 과정에서 중요한 역할을 한 과학자 A와
B에 대한 설명이다.

· A: 현재 우주를 이루고 있는 기본적인 입자들은 빅뱅 직후에
만들어졌다고 주장하였다. **단서** ➡ 조지 가모프의 빅뱅 우주론
· B: 우주가 팽창하면서 생기는 빈 공간에서 새로운 물질이 계속
만들어진다고 주장하였다. ➡ 프레드 호일의 정상 우주론
우주의 밀도는 일정하게 유지

이에 대한 설명으로 옳은 것만을 [보기]에서 있는 대로 고른 것은?

[보기]

ㄱ. A는 우주의 온도가 점점 낮아진다고 설명하였다.
빅뱅 우주론에서는 우주가 팽창하면서 우주의 온도는 점점 낮아진다.
ㄴ. B는 우주의 밀도가 점̶점̶ 작̶아̶진̶다̶고 설명하였다.
정상 우주론   일정하다고
ㄷ. A는 정̶상̶ 우주론, B는 빅̶뱅̶ 우주론을 주장하였다.
      빅뱅   정상

① ㄱ   ② ㄴ   ③ ㄱ, ㄷ   ④ ㄴ, ㄷ   ⑤ ㄱ, ㄴ, ㄷ

단서+발상

단서 A와 B가 주장한 내용은 서로 다른 우주론에 대한 내용이다.
발상 A가 빅뱅 우주론을 주장한 조지 가모프이고, B가 정상 우주론을
주장한 프레드 호일이라는 것을 추론할 수 있다.
적용 빅뱅 우주론과 정상 우주론의 공통점과 차이점을 파악하고 문제 풀이를
시작해야 한다.

| 문제+자료 분석 |
· 현재 우주를 이루고 있는 기본적인 입자들이 빅뱅 직후에 만들어졌다고
주장한 과학자(A)는 조지 가모프이고, 조지 가모프는 빅뱅 우주론을
주장하였다.
· 우주가 팽창하면서 생기는 빈 공간에서 새로운 물질이 계속 만들어진다고
주장한 과학자(B)는 프레드 호일이고, 프레드 호일은 정상 우주론을
주장하였다.

| 보기 분석 |
ㄱ. 빅뱅 우주론에서는 현재 우주를 이루고 있는 기본적인 원소들은 빅뱅
직후에 만들어졌기 때문에 우주가 팽창하면서 우주의 온도는 감소한다고
설명하였다.
ㄴ. 정상 우주론에서는 우주가 팽창하면서 생기는 빈 공간에서 새로운 물질이
지속적으로 생성되므로 우주의 밀도는 일정하게 유지된다고 설명하였다.
ㄷ. A는 빅뱅 우주론, B는 정상 우주론을 주장하였다.

* **빅뱅 우주론과 정상 우주론의 물리량 비교**

구분	빅뱅 우주론	정상 우주론
우주의 온도	감소	일정
우주의 질량	일정	증가
우주의 밀도	감소	일정

그림은 물질 (가)~(다)의 모형을 나타낸 것이다.

단서
비금속 원소인 수소(H)와 산소(O)로 이루어진 물 분자

금속 양이온(Na$^+$)과 비금속 음이온(Cl$^-$)으로 이루어진 염화 나트륨

비활성 기체

(가)　　　　　(나)　　　　　(다)

이에 대한 설명으로 옳은 것만을 [보기]에서 있는 대로 고른 것은?

[보기]
ㄱ. (가)는 공유 결합 물질이다.
(가)는 산소 원자(O)와 수소 원자(H)가 각각 1개씩의 전자를 내놓아 공유 전자쌍을 만들면서 결합한 물질이다.
ㄴ. (나)의 수용액은 전기 전도성이 있다.
(나)의 수용액에는 양이온과 음이온이 존재하므로 수용액은 전기 전도성이 있다.
ㄷ. (나)에서 나트륨 이온(Na$^+$)은 (다)와 같은 전자 배치를 갖는다.
(나)에서 Na$^+$과 (다)의 Ne은 모두 전자 10개로 같은 전자 배치를 갖는다.

① ㄱ　　② ㄷ　　③ ㄱ, ㄴ　　④ ㄴ, ㄷ　　⑤ ㄱ, ㄴ, ㄷ

🧠 단서+발상

단서 물질 (가)~(다)의 구성 입자가 제시되어 있다.

발상 (가), (나)의 화학 결합의 종류를 추론할 수 있다.

적용 화학 결합의 종류와 각 물질의 성질을 생각하는 것부터 문제 풀이를 시작해야 한다.

│문제+자료 분석│
· (가): 비금속 원소인 수소(H)와 산소(O)의 공유 결합으로 이루어진 물 분자
· (나): 금속 양이온(Na$^+$)과 비금속 음이온(Cl$^-$)의 이온 결합으로 이루어진 염화 나트륨(NaCl)
· (다): 비활성 기체는 안정한 전자 배치를 가지기 때문에 일원자 분자로 존재한다.

│보기 분석│
ㄱ. 산소 원자(O)의 원자가 전자는 6개, 수소 원자(H)는 원자가 전자 1개인 비금속 원소로 각각 1개씩의 전자를 내놓아 공유 전자쌍 2개를 만들면서 결합한다.

ㄴ. (나)는 이온 결합 물질이다. 수용액에서 양이온(Na$^+$)과 음이온(Cl$^-$)으로 이온화되어 존재하므로 전기 전도성이 있다.
ㄷ. (나)에서 나트륨 이온(Na$^+$)은 전자 10개로 (다)의 네온 원자(Ne)와 전자 배치가 같다.

다음은 규산염 광물의 결합 방식에 대한 탐구 활동이다.

〈탐구 과정〉
(가) 도면과 끈을 이용하여 규산염 사면체(Si-O 사면체) 모형을 만든다.

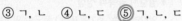

끈
도면　　　⇒　　　단서 Si-O 사면체 모형　→ 규산염 광물의 기본 골격

(나) Si-O 사면체 모형을 규칙성이 있도록 연결한다.

〈탐구 결과〉
· ㉠ 사슬 모양으로 연결된 구조와 ㉡ 사슬 모양 2개가 연결된 구조가 만들어졌다.

사슬 모양으로 연결된 구조　　사슬 모양 2개가 연결된 구조
→ 단사슬 구조　　　　　　　→ 복사슬 구조

이에 대한 설명으로 옳은 것만을 [보기]에서 있는 대로 고른 것은? [3점]

[보기]
ㄱ. 흑운모는 ㉠과 같은 결합 구조로 되어 있다. 판상 구조
ㄴ. Si-O 사면체 사이에 공유하는 산소(O)의 수는 ㉠이 ㉡보다 많다. 적다.　2　2~3
ㄷ. Si-O 사면체가 다양한 형태로 결합하여 규산염 광물이 만들어진다. 규산염 광물은 Si-O 사면체가 다양한 형태로 결합하여 형성된다.

① ㄱ　　② ㄷ　　③ ㄱ, ㄴ　　④ ㄴ, ㄷ　　⑤ ㄱ, ㄴ, ㄷ

🧠 단서+발상

단서 규산염 광물의 기본 골격인 규산염 사면체가 제시되어 있다.

발상 규산염 사면체의 각 꼭짓점에 위치한 산소를 공유하여 다른 규산염 사면체와 연결된다는 것을 추론할 수 있다.

적용 규산염 사면체끼리 산소를 공유하여 결합할 때 공유하는 산소의 수에 따라 규산염 광물의 골격이 달라짐을 알 수 있다.

│문제+자료 분석│
· 규산염 사면체 모형에서 끈은 산소(O)가 위치하는 곳으로, 인접한 규산염 사면체와 연결할 수 있다.
· 규산염 사면체가 사슬 모양 1개로 연결된 구조는 단사슬 구조이고, 사슬 모양 2개로 연결된 구조는 복사슬 구조이다.
· 규산염 사면체끼리 공유하는 산소의 수가 많을수록 결합 구조는 복잡해진다.

│보기 분석│
ㄱ. 흑운모는 Si-O 사면체가 산소 3개를 공유하여 얇은 판 모양으로 결합한 판상 구조로 되어 있다.
ㄴ. Si-O 사면체끼리 산소를 공유하여 결합할 때 공유하는 산소의 수가 많을수록 결합 구조가 복잡해진다. 따라서 Si-O 사면체 사이에 공유하는 산소(O)의 수는 ㉠이 ㉡보다 적다.
ㄷ. 규산염 광물은 Si-O 사면체가 단사슬, 복사슬, 판상, 망상 구조 등 다양한 형태로 결합하여 규산염 광물이 만들어진다.

＊ 규산염 광물
· 규소(Si)와 산소(O)로 이루어진 규산염 사면체를 기본 골격으로 하여 다른 원소들이 결합된 광물이다.

2021. 6
9회

다음은 학생 A가 알칼리 금속을 석유에 넣어 보관해야 하는 이유를 알아보기 위해 수행한 탐구 활동이다. **단서** ㉠은 알칼리 금속이다.

〈가설〉 ㉠ 은 물, 산소와 반응하기 쉬울 것이다.

〈탐구 과정〉

(가) 물기 없는 유리판 위에 ㉠ 을 올려놓고 칼로 자른 후 단면을 관찰한다.

(나) 비커에 물을 $\frac{1}{3}$ 정도 넣고 쌀알 크기의 ㉠ 조각을 넣은 후 물과 반응하는 모습을 관찰한다.

〈탐구 결과〉

• (가)에서 단면의 광택이 사라졌다.
  공기 중의 산소와 반응하여 다른 물질로 변해 금속의 광택이 사라짐

• (나)에서 ㉡ 기체가 발생하였다.
  알칼리 금속이 물과 반응하면 수소(H_2) 기체 발생함

〈탐구 결론〉

가설이 타당하므로, ㉠ 은 석유에 넣어 보관해야 한다.

학생 A의 탐구 결과가 사실과 일치하고 결론이 타당할 때, 이에 대한 설명으로 옳은 것만을 [보기]에서 있는 대로 고른 것은? [3점]

[보기]

ㄱ. 리튬은 ㉠으로 적절하다.
  리튬(Li)은 알칼리 금속의 하나이므로 ㉠으로 적절하다.

ㄴ. ㉡은 ~~산소~~이다. 수소

ㄷ. 석유는 알칼리 금속이 물, 산소와 접촉하는 것을 막아줄 수 있다.
  석유는 공기 중의 수증기, 산소와의 접촉을 막아줄 수 있다.

① ㄱ ② ㄴ ③ ㄱ, ㄷ ④ ㄴ, ㄷ ⑤ ㄱ, ㄴ, ㄷ

단서 + 발상

(단서) 이 탐구 활동이 알칼리 금속에 대한 탐구임이 제시되어 있다.

(발상) 가설과 탐구 결과로부터 알칼리 금속을 물, 공기와 차단하여 보관해야 한다는 것을 추론할 수 있다.

| 문제 + 자료 분석 |

• 주기율표의 1족에 속하는 금속 원소를 알칼리 금속이라 한다.

• (가): 알칼리 금속은 공기 중에 노출되면 산소와 쉽게 반응하여 광택이 없어진다.

• (나): 알칼리 금속(Li, Na, K 등)이 물과 반응하면 수소(H_2) 기체가 발생한다.
  예) $2Na + 2H_2O \rightarrow 2NaOH + H_2$

| 보기 분석 |

ㄱ. 리튬은 주기율표의 1족에 속하는 금속 원소인 알칼리 금속의 하나이므로 탐구 과정과 같은 결과를 나타낸다. 따라서 ㉠으로 적절하다.

ㄴ. ㉡은 알칼리 금속과 물이 반응하여 발생하는 기체로 수소(H_2)이다.

ㄷ. 알칼리 금속을 석유에 넣어두면 공기 중의 수증기나 산소 기체와 접촉하지 못하므로 쉽게 반응하여 다른 물질로 변할 수 없어 오래 보관할 수 있다.

* **알칼리 금속의 성질**

• **알칼리 금속**: 주기율표의 1족 금속 원소는 물과 반응하여 염기성을 나타내므로 알칼리 금속이라 한다. 예) Li, Na, K 등

• 알칼리 금속은 반응성이 매우 커서 공기 중의 산소 기체와 쉽게 반응한다.
  예) $4Na + O_2 \rightarrow 2Na_2O$

• 알칼리 금속은 물과 반응하면 수소 기체가 발생하고 수용액은 염기성이 된다.
  예) $2Na + 2H_2O \rightarrow 2NaOH + H_2$

그림 (가)와 (나)는 원자가 생성되기 전과 후의 우주의 일부를 각각 나타낸 것이다.

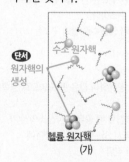
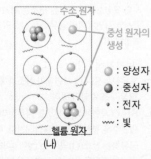

○ : 양성자
● : 중성자
· : 전자
∿ : 빛

이에 대한 설명으로 옳은 것만을 [보기]에서 있는 대로 고른 것은? [3점]

[보기]

ㄱ. 우주의 온도는 (가)일 때가 (나)일 때보다 높다.
  빅뱅 우주론에서 우주의 온도는 (가)일 때가 (나)일 때보다 높다.

ㄴ. 수소 원자핵은 양성자 1개로 구성되었다.
  양성자는 그 자체로 수소 원자핵이 되었다.

ㄷ. 우주에 존재하는 수소 원자핵과 헬륨 원자핵의 질량비가 일정하게 고정된 시기는 (나) ~~이후~~이다. 이전 3 : 1

① ㄱ ② ㄷ ③ ㄱ, ㄴ ④ ㄴ, ㄷ ⑤ ㄱ, ㄴ, ㄷ

단서 + 발상

(단서) 원자핵의 생성과 중성 원자의 생성 모습이 제시되어 있다.

(발상) 그림에서 양성자, 중성자, 전자의 결합을 통해 (나)에서 중성 원자가 생성된 것을 추론할 수 있다.

(적용) 빅뱅 이후 우주의 온도가 지속적으로 낮아지면서 우주의 입자들이 서로 결합된다는 것을 적용하는 것부터 문제 풀이를 시작해야 한다.

| 문제 + 자료 분석 |

• (가): 양성자와 중성자의 결합으로 인해서 양전하를 띠는 수소 원자핵과 헬륨 원자핵이 형성되었다.

• (나): 수소 원자핵과 헬륨 원자핵이 주위의 전자와 결합하여 전기적으로 중성인 원자가 형성되었다.

| 보기 분석 |

ㄱ. 빅뱅 우주론에 따르면 우주가 팽창하면서 우주의 온도는 지속적으로 감소하므로 원자가 생성되기 전의 우주(가)의 온도가 원자가 생성된 후의 우주(나)의 온도보다 더 높다.

ㄴ. 수소 원자핵은 중성자가 없이 양성자 1개로 구성되었다.

ㄷ. 빅뱅 이후 약 3분이 되었을 때 헬륨 원자핵이 생성되었고, 이 시기에 수소 원자핵과 헬륨 원자핵의 질량비가 3 : 1로 일정하게 고정되었다.
  따라서 (나) 시기 이전에 수소 원자핵과 헬륨 원자핵의 질량비가 일정하게 고정되었다. (함정)

왜 틀렸나?

• [보기] ㄱ을 제대로 판단하지 못한 학생은 빅뱅 우주론에서 우주가 팽창하면서 우주의 온도는 낮아진다는 것을 이해하고 있지 못한 경우이다.

• [보기] ㄷ의 진위 판단을 옳게 하려면, 우주에 존재하는 수소 원자핵과 헬륨 원자핵의 질량비는 중성 원자의 생성과 무관하다는 것을 파악하고 있어야 한다.

11 정답 ① ＊ 수권과 지권의 층상 구조 ·················· [정답률 57%] **2021 실시 9월 학평 8**

그림 (가)는 해수의 층상 구조를, (나)는 지구 내부의 층상 구조를 나타낸 것이다.

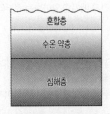

수온: 혼합층 > 수온 약층 > 심해층   밀도: 내핵 > 외핵 > 맨틀 > 지각
단서 (가)수권   (나)지권

이에 대한 설명으로 옳은 것만을 [보기]에서 있는 대로 고른 것은?

[보기]
ㄱ. (가)에서 온도는 혼합층이 심해층보다 높다.
태양 복사 에너지를 직접 흡수하는 혼합층이 수심이 깊은 심해층보다 온도가 높다.
ㄴ. (나)의 내핵은 ~~액체~~ 상태이다. 고체
ㄷ. (나)에서 밀도는 맨틀이 외핵보다 ~~크다~~.
주로 규산염 광물로 구성된 맨틀이 주로 금속성 광물로 구성된 외핵보다 밀도가 작다.

① ㄱ ② ㄷ ③ ㄱ, ㄴ ④ ㄴ, ㄷ ⑤ ㄱ, ㄴ, ㄷ

단서+발상

단서 깊이에 따른 수온 변화를 통해 해수의 층상 구조가 제시되어 있다.

발상 지구 내부의 층상 구조가 나타나는 주된 물리량은 밀도라는 것을 추론할 수 있다.

적용 해수와 지구 내부의 층상 구조가 나타나는 원인을 구하는 것부터 문제 풀이를 시작해야 한다.

| 문제+자료 분석 |
· (가): 해수는 깊이에 따른 수온 분포를 기준으로 혼합층, 수온 약층, 심해층으로 구분한다.
· (나): 지권은 물질의 구성 성분과 상태를 기준으로 지각, 맨틀, 외핵, 내핵으로 구분할 수 있다.

| 보기 분석 |
ㄱ. 해수의 온도를 결정하는 주된 요인은 태양 복사 에너지의 흡수량이다. 따라서 태양 복사 에너지를 직접 흡수하는 혼합층이 수심이 깊은 심해층보다 온도가 높다.
ㄴ. 지구의 중심부에 위치하는 핵은 주로 철과 니켈 등으로 구성되며, 지구 내부의 압력 등에 의해서 외핵은 액체 상태이고, 내핵은 고체 상태이다.
ㄷ. 원시 지구의 진화에서 마그마 바다 이후 밀도차에 의해 맨틀과 핵으로 분리되었다.
맨틀은 고체 상태로 존재하며 주로 주로 규산염 광물로 구성되어 있고 외핵은 액체 상태로 존재하며 금속성 광물로 구성되어 있다. 함정
따라서 밀도는 맨틀이 외핵보다 작다.

---

12 정답 ④ ＊ 판 경계 ·················· ☆ 고난도 [① 12% ② 13% ③ 21% ④ 35% ⑤ 17%] **2021 실시 9월 학평 18**

그림은 동아프리카 열곡대, 산안드레아스 단층, 안데스산맥을 특징에 따라 구분하는 과정을 나타낸 것이다. A, B, C는 각각 동아프리카 열곡대, 산안드레아스 단층, 안데스산맥 중 하나이다.

동아프리카 열곡대   산안드레아스 단층   안데스산맥
단서 발산형 경계(대륙) 보존형 경계(대륙) 수렴형 경계(섭입형)

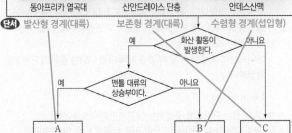

이에 대한 설명으로 옳은 것만을 [보기]에서 있는 대로 고른 것은? [3점]

[보기]
ㄱ. A는 동아프리카 열곡대이다.
A는 화산 활동이 일어나고, 맨틀 대류의 상승부에 있으므로 발산형 경계에 해당한다.
ㄴ. B는 ~~발산형~~ 경계에 해당한다. 수렴형
안데스산맥 ➡ 습곡 산맥
ㄷ. C에서는 지진이 자주 발생한다.
산안드레아스 단층 ➡ 보존형 경계이므로 주로 지진이 자주 발생한다.

① ㄱ ② ㄷ ③ ㄱ, ㄴ ④ ㄱ, ㄷ ⑤ ㄴ, ㄷ

단서+발상

단서 동아프리카 열곡대, 산안드레아스 단층, 안데스산맥이 제시되어 있다.
발상 판의 경계에 따라 형성되는 지형이 다르다는 것을 추론할 수 있다.

| 문제+자료 분석 |
· **동아프리카 열곡대**: 맨틀 대류의 상승부에 위치하며 발산형 경계에 해당한다.
· 동아프리카 열곡대와 안데스산맥에서는 화산 활동과 지진이 모두 발생할 수 있으나, 보존형 경계인 산안드레아스 단층에서는 화산 활동이 거의 발생하지 않고 주로 지진이 발생한다.

| 보기 분석 |
ㄱ. A는 화산 활동이 발생하고, 맨틀 대류의 상승부에 위치하므로 발산형 경계에서 발달하는 지형인 동아프리카 열곡대이다.
열곡대는 대륙판과 대륙판의 경계인 발산형 경계에서 주로 발달한다. 꿀팁
ㄴ. B는 안데스산맥이다. 안데스산맥은 해양판이 대륙판 아래로 섭입하는 수렴형 경계에서 발달하는 습곡 산맥이다.
ㄷ. C는 산안드레아스 단층이다. 산안드레아스 단층은 판이 수평으로 미끄러지면서 어긋나는 보존형 경계에서 나타난다. 보존형 경계에서는 화산 활동은 거의 일어나지 않고 주로 지진이 자주 발생한다.

왜 틀렸나?
· [보기] ㄱ을 제대로 판단하지 못한 학생은 동아프리카 열곡대가 대륙에 위치하는 발산형 경계라는 것을 제대로 이해하고 있지 못한 경우이다.
· [보기] ㄴ을 제대로 판단하기 위해서는 안데스 산맥이 해양판과 대륙판에 의해 형성된 수렴형(섭입형) 경계라는 것을 이해하고 있어야 한다.
· [보기] ㄷ의 진위 판단을 옳게 하려면, 보존형 경계에서는 화산 활동은 거의 일어나지 않고 대부분 지진이 자주 발생한다는 것을 파악하고 있어야 한다.

2021. 6
9회

그림은 산소(O_2)와 암모니아(NH_3) 분자를 화학 결합 모형으로 나타낸 것이다.

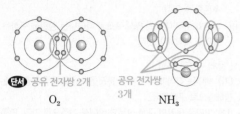

단서 공유 전자쌍 2개
O_2

공유 전자쌍 3개
NH_3

이에 대한 설명으로 옳은 것만을 [보기]에서 있는 대로 고른 것은? [3점]

[보기]

ㄱ. NH_3는 ~~이온 결합~~ 물질이다.
　　　　　공유 결합

ㄴ. 질소(N)와 산소(O)는 같은 주기 원소이다.
　질소(N)와 산소(O)는 전자 껍질 수가 같으므로 같은 주기 원소이다.

ㄷ. 공유하는 전자쌍 수는 $\dfrac{NH_3}{3}$가 $\dfrac{O_2}{2}$보다 ~~적다~~ 많다.

① ㄱ　② ㄴ　③ ㄱ, ㄷ　④ ㄴ, ㄷ　⑤ ㄱ, ㄴ, ㄷ

단서+발상

단서 산소(O_2)와 암모니아(NH_3) 분자의 화학 결합 모형이 제시되어 있다.

발상 모형으로부터 두 분자 모두 공유 결합 물질임을 추론할 수 있다.

적용 산소(O), 질소(N), 수소(H)의 전자 배치를 알아보는 것부터 문제 풀이를 시작해야 한다.

| 문제+자료 분석 |
• 산소(O), 질소(N), 수소(H)는 비금속 원소로 전자를 잃기 어려우므로 전자를 내놓아 공유하는 결합인 공유 결합을 형성한다.
• 두 원자에서 전자를 내놓아 공유하는 전자쌍을 공유 전자쌍이라 한다.

| 보기 분석 |
ㄱ. 암모니아(NH_3) 분자는 질소 원자(N) 1개와 수소 원자(H) 3개가 각각 전자를 내놓아 공유 전자쌍 3개를 형성한 공유 결합 물질이다.
ㄴ. 질소(N)는 전자 7개, 산소(O)는 전자 8개로 모두 전자 껍질이 2개이다. 따라서 같은 2주기 원소이다.
ㄷ. 두 원자가 공유하는 2개의 전자를 공유 전자쌍이라 하므로, 공유 전자쌍 수는 NH_3가 3개, O_2가 2개로 NH_3가 O_2보다 많다.

✽ **공유 전자쌍**
• 2개의 원자가 각각 전자 1개씩을 내놓아 형성하는 전자쌍

그림은 단백질을 구성하는 단위체 A와 B 사이의 결합 과정을 모식적으로 나타낸 것이다. 아미노산

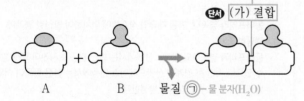

펩타이드결합
단서 (가) 결합

A　+　B　→　물질 ⑤ - 물 분자(H_2O)

이에 대한 설명으로 옳은 것만을 [보기]에서 있는 대로 고른 것은? [3점]

[보기]

ㄱ. A와 B는 ~~포도당~~이다.
　단백질을 구성하는 단위체 ➡ 아미노산

ㄴ. ⑤은 ~~탄소(C)~~와 산소(O)로 구성된다.
　물　수소(H)

ㄷ. (가) 결합은 펩타이드결합이다.
　두 아미노산 사이에서 물 분자 1개가 빠져나오면서 형성되는 결합

① ㄱ　② ㄷ　③ ㄱ, ㄴ　④ ㄴ, ㄷ　⑤ ㄱ, ㄴ, ㄷ

단서+발상

단서 단백질을 구성하는 단위체 A와 B가 제시되어 있다.

발상 단백질을 구성하는 단위체 A와 B는 아미노산이며, 두 아미노산 사이의 결합인 (가)는 펩타이드결합이고 물질 ⑤은 물 분자임을 추론할 수 있다.

| 문제+자료 분석 |
• **단백질의 단위체**: 아미노산으로 20가지 종류가 있다.
　➡ A와 B는 단백질의 단위체인 아미노산이다.
• **펩타이드결합**: 두 아미노산 사이에서 물 분자 1개가 빠져나오면서 형성되는 결합이다. ➡ (가)는 펩타이드결합이고, ⑤은 물 분자이다.
• 많은 수의 아미노산이 펩타이드결합으로 연결되어 긴 사슬 모양의 폴리펩타이드를 형성한다.
• 아미노산의 종류와 수 및 배열 순서에 따라 다양한 종류의 단백질을 형성한다.

| 보기 분석 |
ㄱ. A와 B는 단백질을 구성하는 단위체인 아미노산이다. 포도당은 탄수화물(녹말, 글리코젠, 셀룰로스)의 단위체이다.
ㄴ. ⑤은 물 분자(H_2O)이다. 물 분자는 수소(H)와 산소(O)로 구성된다.
ㄷ. (가) 결합은 두 아미노산 사이에서 물 분자 1개가 빠져나오면서 형성되는 펩타이드결합이다.

✽ **아미노산과 단백질의 형성**
• 아미노산은 탄소를 중심으로 아미노기, 카복실기, 수소 원자, 곁사슬(R)이 결합되어 있고, 곁사슬의 종류에 따라 20가지 아미노산의 종류가 달라진다. 아미노산이 펩타이드결합으로 연결되어 긴 사슬 모양의 폴리펩타이드를 형성한다.
• 폴리펩타이드가 아미노산의 배열 순서에 따라 구부러지고 접혀 독특한 입체 구조를 가지게 된 것이 단백질이며, 단백질의 기능은 이 입체 구조에 의해 결정된다.

그림 (가)~(다)는 서로 다른 탄소 골격의 형태를 나타낸 것이다.

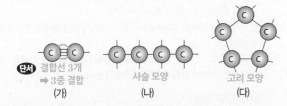

단서 결합선 3개 ➡ 3중 결합
(가)   사슬 모양 (나)   고리 모양 (다)

이에 대한 설명으로 옳은 것만을 [보기]에서 있는 대로 고른 것은?

[보기]
ㄱ. (가)에는 3중 결합이 존재한다.
결합선(—)이 3개인 부분이 있으므로 (가)에는 3중 결합이 존재한다.
ㄴ. (나)는 ~~고리~~ 모양이다.
사슬
ㄷ. 탄소 한 개와 결합하는 최대 원자 수는 (나)가 (다)~~보다 적다.~~
    4   4   같다.

① ㄱ   ② ㄴ   ③ ㄱ, ㄷ   ④ ㄴ, ㄷ   ⑤ ㄱ, ㄴ, ㄷ

🧠 **단서＋발상**

단서 3가지 탄소 골격 형태가 제시되어 있다.

발상 탄소 원자 간 결합선의 개수와 모양으로부터 결합 방식을 추론할 수 있다.

적용 탄소 원자 간 결합선의 개수에 따른 결합의 종류를 구하는 것부터 문제 풀이를 시작해야 한다.

| 문제＋자료 분석 |
• 그림에서 탄소 사이의 결합선(—) 1개는 공유 전자쌍 1개를 표현한다.
• 탄소는 주기율표의 14족 원소이므로 원자가 전자가 4개이다. 따라서 최대 4개의 원소와 공유 결합을 할 수 있다.
• 탄소 골격의 길이와 모양에 따라 다양한 탄소 화합물이 형성된다.
• 탄소는 다른 탄소와 단일 결합하여 사슬 모양, 가지 달린 사슬 모양, 고리 모양 등의 다양한 구조를 만들 수 있다.
• 탄소와 탄소 사이에 2중 결합이나 3중 결합을 할 수 있다.

| 보기 분석 |
ㄱ. (가)에는 탄소 2개 사이에 결합선(—)이 3개 존재한다. 결합선 1개는 공유 전자쌍 1개를 표현한 것이므로 이 결합은 공유 전자쌍이 3개인 3중 결합이다.
ㄴ. (나)는 탄소가 일렬로 연결된 것이므로 사슬 모양이다.
ㄷ. 탄소는 14족 원소이므로 원자가 전자가 4개이다. 따라서 최대 4개의 원자와 공유 결합을 할 수 있다. (나)와 (다)에서 탄소 한 개와 결합하는 최대 원자 수는 4개로 같다.

그림 (가)는 백열전구, (나)는 수소 기체 방전관, (다)는 헬륨 기체 방전관에서 나온 빛의 스펙트럼이다.

(가)
(나)
(다)
400   700 파장(nm)

단서 연속 스펙트럼 / 방출 스펙트럼

이에 대한 설명으로 옳은 것만을 [보기]에서 있는 대로 고른 것은?

[보기]
ㄱ. (가)는 ~~흡수~~ 스펙트럼이다. 연속
연속적인 색의 띠가 나타난다.
ㄴ. (나)와 (다)는 스펙트럼에 나타나는 선의 위치가 다르다.
원소의 종류에 따라 나타나는 선의 위치가 다르다.
ㄷ. 선 스펙트럼을 통해 원소의 종류를 확인할 수 있다.
같은 원소가 만드는 스펙트럼 선의 위치는 서로 같다.

① ㄱ   ② ㄷ   ③ ㄱ, ㄴ   ④ ㄴ, ㄷ   ⑤ ㄱ, ㄴ, ㄷ

🧠 **단서＋발상**

단서 연속 스펙트럼과 선 스펙트럼의 방출선이 제시되어 있다.

발상 기체 방전관에서 나온 빛은 스펙트럼상에서 방출선이 검출된다는 것을 추론할 수 있다.

적용 동일한 원소에서 관찰되는 흡수선과 방출선은 같은 위치(파장)에서 나타난다는 것을 고려하여 문제 풀이를 시작해야 한다.

| 문제＋자료 분석 |
• 스펙트럼은 빛을 분광기에 통과시킬 때 파장에 따라 나누어져 나타나는 색의 띠이다.
• (가): 백열전구에서 나온 빛은 스펙트럼상에서 선이 나타나지 않으므로 연속 스펙트럼이 나타난다.
• (나), (다): 수소 기체 방전관과 헬륨 기체 방전관에서 나온 빛은 스펙트럼상에서 검은 바탕에 밝은 선(방출선)이 나타나며, 원소의 종류에 따라 선의 위치는 다르다.

| 보기 분석 |
ㄱ. (가)는 모든 파장에서 연속적인 색의 띠가 나타나는 스펙트럼이므로 연속 스펙트럼이다.
ㄴ. (나)는 수소 기체에 의한 선 스펙트럼이고, (다)는 헬륨 기체에 의한 선 스펙트럼으로, 원소의 종류에 따라서 스펙트럼에 나타나는 선의 위치가 다르다.
ㄷ. 같은 원소가 만드는 스펙트럼상 선의 위치는 서로 같다. 따라서 선 스펙트럼을 통해 원소의 종류를 확인할 수 있다. 🍯

✱ **선 스펙트럼에서 원소의 위치**
• 원소들마다 선 스펙트럼상에서 방출선이나 흡수선의 위치 차이가 나는 이유는 원자핵 주위에 있는 전자가 에너지 준위가 다른 곳으로 이동할 때, 에너지 준위의 차이만큼 에너지를 방출하거나 흡수하기 때문이다.

✱ **스펙트럼의 종류와 특징**

구분	특징
연속 스펙트럼	• 넓은 파장에 걸쳐 연속적인 색의 변화로 나타나는 스펙트럼 • 백열전구 또는 고온의 별에서 방출되는 빛에서 관찰 가능
흡수 스펙트럼	• 연속 스펙트럼 배경에 검은 선으로 나타나는 스펙트럼 • 백열전구 또는 고온의 별에서 방출되는 빛이 온도가 낮은 기체나 성운을 통과하여 나올 때 관찰 가능
방출 스펙트럼	• 검은 배경에 여러 개의 밝은 선으로 나타나는 스펙트럼 • 고온의 기체 또는 성운에서 방출되는 빛에서 관찰 가능

17 정답 ④   ＊ 별의 질량에 따른 핵융합 반응 ·· [정답률 83%] **2021 실시 6월 학평 17**

그림은 중심부의 핵융합 반응이 끝난 두 별 (가)와 (나)의 내부 구조를 나타낸 것이다.

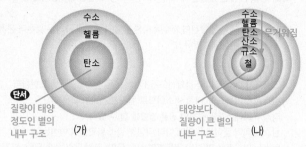

질량이 태양 정도인 별의 내부 구조 (가)

태양보다 질량이 큰 별의 내부 구조 (나)

이에 대한 설명으로 옳은 것만을 [보기]에서 있는 대로 고른 것은?

[보기]
ㄱ. 질량은 (가)가 (나)보다 ~~크다~~ 작다.
　　중심부의 핵 비교 ➡ 질량: (가) < (나)
ㄴ. 중심부의 온도는 (가)가 (나)보다 낮다.
　　철은 탄소보다 무거우므로 중심부의 온도는 (가)가 (나)보다 낮다.
ㄷ. (나)가 초신성 폭발을 하면서 철보다 무거운 원소가 생성된다.
　　초신성 폭발 과정에서 철보다 무거운 원소가 생성될 수 있다.

① ㄱ   ② ㄷ   ③ ㄱ, ㄴ   ④ ㄴ, ㄷ   ⑤ ㄱ, ㄴ, ㄷ

단서＋발상

(단서) 핵융합 반응이 끝난 별의 내부 구조에서 (가)의 중심부에는 탄소가, (나)의 중심부에는 철이 제시되어 있다.

(발상) 별의 질량에 따라서 별의 내부 구조가 다르게 형성된다는 것을 추론할 수 있다.

(적용) 별의 중심부에 생성된 원소의 종류를 통해 (가)와 (나)의 질량을 비교하는 것부터 문제 풀이를 시작해야 한다.

| 문제＋자료 분석 |
· **(가)**: 핵융합 반응이 끝난 후 중심부에 탄소핵이 형성되어 있으므로 별의 질량은 태양과 비슷하다.
· **(나)**: 핵융합 반응이 끝난 후 중심부에 철 핵이 형성되어 있으므로 별의 질량은 태양보다 매우 크다. ➡ 철은 별의 내부에서 핵융합 반응으로 생성될 수 있는 가장 무거운 원소이다.

| 보기 분석 |
ㄱ. (가)는 질량이 태양과 비슷한 별의 내부 구조이고, (나)는 태양보다 질량이 매우 큰 별의 내부 구조이다. 따라서 질량은 (가)가 (나)보다 작다.

ㄴ. 무거운 원소일수록 원자핵 사이에 작용하는 전기적 반발력이 더 커지므로 핵융합 반응에 필요한 온도가 높아진다. (꿀팁)
따라서 중심부의 온도는 탄소까지 생성된 (가)가 철까지 생성된 (나)보다 낮다.

ㄷ. 태양보다 질량이 매우 큰 별은 모든 핵융합 반응이 끝난 후 초신성 폭발이 일어나는데, 이 과정에서 철보다 무거운 원소가 생성된다.

---

18 정답 ③   ＊ 주기율표, 족, 전자 껍질, 원자가 전자 ····························· [정답률 59%] **2021 실시 6월 학평 18**

다음은 주기율표의 빗금 친 부분에 위치하는 원소 A~E에 대한 자료이다.

주기 \ 족	1	2	16	17	18
1	D				B
2				E	
3	A			C	

· A와 D는 같은 족 원소이다.
　(단서) ➡ A와 D는 1족 또는 17족 원소
· B와 D는 전자가 들어 있는 전자 껍질 수가 같다.
　➡ B와 D는 같은 주기 원소이므로 1주기 또는 3주기 원소
· C와 E는 화학적 성질이 비슷하다.
　➡ C와 E는 같은 족 원소이므로 1족 또는 17족 원소
· E는 충치 예방용 치약에 사용된다.
　➡ E는 플루오린(불소)이므로 2주기 17족, C는 3주기 17족 원소

이에 대한 설명으로 옳은 것만을 [보기]에서 있는 대로 고른 것은? (단, A~E는 임의의 원소 기호이다.) [3점]

[보기]
ㄱ. 원자 번호는 A가 B보다 크다.
　　원자 번호는 A가 11번, B는 2번으로 A가 B보다 크다.
ㄴ. A와 C는 같은 주기 원소이다.
　　A와 C는 모두 3주기 원소로 같은 주기 원소이다.
ㄷ. 원자가 전자 수는 D가 E보다 ~~크다~~ 작다.
　　　　　　　　　　　　1 < 7

① ㄱ   ② ㄷ   ③ ㄱ, ㄴ   ④ ㄴ, ㄷ   ⑤ ㄱ, ㄴ, ㄷ

단서＋발상

(단서) 주기율표에서 원소 A~E의 자리가 제시되어 있다.

(발상) 원소 A~E에 대한 자료로부터 주기율표의 위치를 추론할 수 있다.

(적용) 원소 A~E에 대한 자료 중 가장 명확한 설명이 주어진 원소인 E를 밝히는 것부터 문제 풀이를 시작해야 한다.

| 문제＋자료 분석 |
· **E**: 충치 예방용 치약에 사용된다고 했으므로 2주기 17족 원소이다.
　➡ 플루오린(F, 불소)
· **C**: E와 화학적 성질이 비슷하다고 했으므로 3주기 17족 원소이다.
　➡ 염소(Cl)
· **B**: D와 같은 주기 원소이므로 1주기 18족 원소이다. ➡ 헬륨(He)
· **D**: A와는 같은 족 원소이고 B와 같은 주기 원소이므로 1주기 1족 원소이다. ➡ 수소(H)
· **A**: D와 같은 족 원소이므로 3주기 1족 원소이다. ➡ 나트륨(Na)

| 보기 분석 |
ㄱ. A는 3주기 1족 원소로 11번 나트륨(Na)이고 B는 1주기 18족 원소인 헬륨(He)이다. 따라서 원자 번호는 A(Na)가 B(He)보다 크다.

ㄴ. A와 C는 모두 3주기 원소로 같은 주기 원소이다.

ㄷ. D는 1족 원소로 원자가 전자 수가 1이고 E는 17족 원소로 원자가 전자 수가 7이므로 원자가 전자 수는 D가 E보다 작다.

＊ 족과 주기
· **족**: 주기율표의 세로줄. 같은 족 원소는 원자가 전자 수가 같아 화학적 성질이 비슷하다.
· **주기**: 주기율표의 가로줄. 같은 주기 원소는 전자가 채워진 전자 껍질 수가 같다.

다음은 태양계와 지구가 형성되는 과정의 일부를 설명한 것이다.

> (가) 태양계 성운 형성: 우리 은하의 나선팔에 위치한 거대한
> 성운에서 가스와 먼지가 모여 태양계 성운이 형성되었다.
> (나) 원시 행성계 형성: 미행성체가 충돌하고 결합하여 원시 지구와
> 같은 원시 행성들이 형성되었다.
> [단서] ➡ 태양에서 가까운 위치에는 지구형 행성이 형성되고,
> 태양에서 먼 위치에는 목성형 행성이 형성됨
> (다) 원시 지구의 진화: 미행성체의 충돌열 때문에 지구의 온도가
> 상승하여 마그마 바다가 형성되었다. 이후 지구 표면 온도는
> 점차 낮아졌다. 지구 형성 초기에 지구 전체가 거의 녹아 있는 상태

이에 대한 설명으로 옳은 것만을 [보기]에서 있는 대로 고른 것은?
[3점]

> ─────[보기]─────
> ㄱ. (가)의 태양계 성운은 주로 수소와 헬륨으로 구성되어 있다.
> 　태양계 성운도 우주에서 가장 많이 존재하는 원소인 수소와 헬륨으로 구성된다.
> ㄴ. (나)에서 원시 행성계는 수소와 헬륨이 고르게 ~~분포하였다.~~
> 　강력한 태양풍 발생 ➡ 가벼운 원소들은 목성 근처로 밀려났다.
> ㄷ. (다)에서 규소, 산소 등 가벼운 물질은 떠올라 맨틀과 지각을
> 형성한다.
> 　마그마 바다 이후에 구성 물질의 밀도차에 의해 핵, 맨틀, 지각이 형성된다.

① ㄱ　　② ㄴ　　③ ㄱ, ㄷ　　④ ㄴ, ㄷ　　⑤ ㄱ, ㄴ, ㄷ

단서+발상

[단서] 태양계와 지구가 형성되는 과정의 일부가 제시되어 있다.

[발상] 지구형 행성과 목성형 행성의 구성 성분을 고려하여 태양계 내 원소의 분포를 추론할 수 있다.

[적용] 태양과 가까운 곳과 먼 곳에 위치한 물질들의 녹는점, 질량 등의 특징을 파악하는 것부터 문제 풀이를 시작해야 한다.

| 문제+자료 분석 |
- (가): 태양계는 우리은하의 나선팔에 위치한 거대한 성운이 밀도가 큰 부분을 중심으로 수축하여 형성되었다.
- (나): 회전 원반의 고리에 있던 여러 물질이 뭉쳐 수많은 미행성체들이 형성되었고, 이 미행성체들이 서로 충돌하여 원시 행성을 형성하였다.
- (다): 뜨거운 마그마 바다 상태에서 마그마 속에 포함된 철과 니켈 등의 무거운 물질들은 지구 중심으로 가라앉아 핵을 이루었고, 상대적으로 가벼운 규소와 산소 등의 물질은 위로 떠올라 맨틀과 지각을 형성하였다. 이후 지구의 표면 온도가 낮아지며 지각과 대기의 상호작용으로 바다가 형성되었고, 이후 바다에서 최초의 생명체가 탄생하였다.

| 보기 분석 |
ㄱ. 태양계 성운은 주로 우주에서 가장 풍부한 원소인 수소와 헬륨으로 구성되었다.

ㄴ. 태양계 성운의 중심부에서는 원시 태양이 형성되었고, 수소 핵융합 반응이 일어나기 시작하면서 강력한 태양풍으로 인해 가벼운 원소들은 목성 근처로 밀려났다. 따라서 원시 행성계에서는 수소와 헬륨이 고르게 분포하지 않았다. (함정)

ㄷ. 마그마 바다 상태에서 밀도차에 의해 맨틀과 핵으로 분리되고, 지표가 식으면서 원시 지각이 형성되었다.

그림은 지구 전체의 평균적인 물의 순환을 나타낸 것이다.
[단서] 지구에서 해양, 대기, 육지는 물 수지 평형을 이루고 있음

지표 유출(36) (단위: ×10³ km³/년)

이에 대한 설명으로 옳은 것만을 [보기]에서 있는 대로 고른 것은?
[3점]

> ─────[보기]─────
> ㄱ. 해양에서는 강수량이 증발량보다 ~~많다.~~
> 　284 < 320 적다.
> ㄴ. A에 의해 수권이 지권을 변화시킨다.
> 　지표에서 유출되는 A에 의해 지권이 변화될 수 있다.
> ㄷ. 지구 전체에서의 총 증발량과 총 강수량은 같다.
> 　지구시스템에서 지구의 총 증발량과 총 강수량은 서로 같다.

① ㄱ　　② ㄴ　　③ ㄱ, ㄷ　　④ ㄴ, ㄷ　　⑤ ㄱ, ㄴ, ㄷ

단서+발상

[단서] 육지에서는 강수량이 증발량보다 많고, 해양에서는 증발량이 강수량보다 많이 제시되어 있다.

[발상] A를 통해서 육지에서 해양으로 물이 이동하여 전 지구에서 물 수지가 평형을 유지한다는 것을 추론할 수 있다.

[적용] 해양, 대기, 육지에서 물의 유입량과 유출량을 각각 구하는 것부터 문제 풀이를 시작해야 한다.

| 문제+자료 분석 |
- 물의 순환을 일으키는 주요 에너지원은 태양 복사 에너지이다.
- 해양, 대기, 육지 각각에서 유출량과 유입량의 합은 0이다.
- A를 통해 지표가 풍화와 침식을 받으면 지형이 변화될 수도 있으므로 이는 수권과 지권의 상호작용에 해당한다.

| 보기 분석 |
ㄱ. 해양에서의 증발량은 320단위이고, 강수량은 284단위이다. 따라서 해양에서는 강수량이 증발량보다 36 단위만큼 적다. (함정)

ㄴ. A는 강수량이 증발량보다 많은 지표에서 해양으로 유출되는 양으로 36 단위이다. 지표에서 해양으로 물이 순환하는 과정에서 풍화와 침식으로 인해 지권이 변화될 수 있다.

ㄷ. 지구시스템에서 물은 각 권역 사이를 순환하며, 각 권역에서 유출되는 물의 양과 유입되는 물의 양은 서로 같아서 유출량과 유입량의 합은 0이다.

✱ 지구시스템에서 물의 순환이 가지는 역할

- 물의 증발과 응결 과정에서 태양 복사 에너지가 함께 이동하기 때문에 지구의 에너지 이동과 기후 변화에 중요하다.
- 날씨 변화는 물의 순환 과정에서 일어나는 대표적인 현상이며, 이때 지표의 풍화와 침식 작용을 일으켜 지형을 변화시킬 수도 있다.

01 정답 ② ★ 우리 주변의 자연 현상과 단위 .... 예상 문제

다음은 여러 가지 물리량과 단위를 이용하여 번개가 치는 현상을 설명한 것이다.

> 번개가 칠 때 두꺼운 섬광에 흐르는
> ㉠ **전류**는 약 3만 A 정도로 매우
> **[단서]** 기본량   암페어(기본 단위)
> 세고, 낙뢰가 지나가는 곳의 ㉡**온도**는
>   기본량
> 3만(㉢)이 넘기도 한다.
> 단위: K(켈빈)

이에 대한 설명으로 옳은 것만을 [보기]에서 있는 대로 고른 것은?
(단, ㉢은 온도의 국제 표준 단위(SI)이다.) [3점]

> ──────[보기]──────
> ㄱ. ㉠은 ~~유도량~~이다.
>   전류(A)는 기본량이다.
> ㄴ. ㉡은 기본량이다.
>   온도(K)는 기본량이다.
> ㄷ. ㉢은 ~~C(섭씨도)~~이다.
>   K(절대 온도)

① ㄱ   ② ㄴ   ③ ㄱ, ㄷ   ④ ㄴ, ㄷ   ⑤ ㄱ, ㄴ, ㄷ

🧠 단서+발상

[단서] 번개가 치는 현상을 나타내는 여러 가지 물리량과 단위가 제시되어 있다.

[발상] 물리량의 단위에서 기본량과 유도량을 추론할 수 있다.

| 문제+자료 분석 |
- 기본량은 다른 물리량으로 바꿔서 사용할 수 없는 고유한 양으로, 국제단위계(SI)에서는 기본량의 단위로 7개의 기본 단위를 정하여 사용한다.
- 기본량에는 길이(m), 시간(s), 온도(K), 질량(kg), 전류(A), 물질량(mol), 광도가(cd) 있다.

| 보기 분석 |
ㄱ. 전류는 기본량에 해당한다.
ㄴ. 온도는 기본량에 해당한다.
ㄷ. 국제단위계에서의 온도의 단위는 K(켈빈)이다.

★ 기본량과 유도량
- **기본량**: 다른 물리량을 활용하여 표현할 수 없는 가장 기본이 되는 물리량으로, 길이, 질량, 시간, 전류, 온도, 물질량, 광도가 이에 해당한다.
- **유도량**: 두 가지 이상의 기본량을 조합해 유도하는 물리량으로, 기본량 이외의 모든 물리량이 이에 해당한다.

---

02 정답 ⑤ ★ 별의 진화와 원소의 생성 .... [정답률 84%] 2020 실시 6월 학평 2

그림은 빅뱅 이후 태양계와 지구가 형성되기까지의 여러 사건을 순서대로 나타낸 것이다.

원시별이 중력 수축으로 중심부 온도가
1000만 K 이상이 되면 수소 핵융합
반응이 일어나는 주계열성이 된다.

| 빅뱅 | ⇒ | 최초의 별 탄생 | ⇒ | 별의 진화 | ⇒ | 초신성 폭발 | ⇒ | 태양계와 지구의 형성 |

[단서] 주계열성 ➡ 초거성 ➡ 초신성

이에 대한 설명으로 옳은 것만을 [보기]에서 있는 대로 고른 것은?
[3점]

> ──────[보기]──────
> ㄱ. 빅뱅 이후 전자를 포함한 기본 입자들이 만들어진다.
>   빅뱅 이후 쿼크와 전자를 포함한 기본 입자가 가장 먼저 생겨났다.
> ㄴ. 초신성 폭발 과정에서 철보다 무거운 원소들이 만들어진다.
>   초신성이 폭발할 때 발생하는 엄청난 에너지에 의해 철보다 무거운 원소가 생성된다.
> ㄷ. 초신성 폭발로 방출된 물질들의 일부는 태양계와 지구를 형성한 재료가 되었다.
>   초신성 폭발로 수소, 헬륨~철, 철보다 무거운 원소들이 방출된다.

① ㄱ   ② ㄷ   ③ ㄱ, ㄴ   ④ ㄴ, ㄷ   ⑤ ㄱ, ㄴ, ㄷ

🧠 단서+발상

[단서] 빅뱅 이후 태양계와 지구가 형성되기까지의 과정이 제시되어 있다.

[적용] 각 시기에 생성된 입자를 생각해보는 것부터 문제 풀이를 시작해야 한다.

| 문제+자료 분석 |
- 빅뱅 이후 기본 입자, 양성자와 중성자, 헬륨 원자핵, 수소 원자와 헬륨 원자가 순서대로 만들어졌다.
- 별 내부의 핵융합 반응으로 철까지 생성되고, 초신성 폭발이 일어날 때 철보다 무거운 원소가 생성된다.

| 보기 분석 |
ㄱ. 빅뱅 이후 우주가 급격히 팽창하면서 온도가 낮아졌고, 쿼크, 전자 등의 기본 입자가 생성되었다.
ㄴ. 철보다 무거운 원소들은 태양보다 질량이 큰 별의 초신성 폭발 과정에서 만들어진다.
ㄷ. 별의 진화 과정에서 생성된 원소들은 초신성 폭발에 의해 우주로 방출되어 태양계와 지구를 형성하는 재료가 되었다.

★ 별의 진화와 원소의 생성

구분	질량이 태양 정도의 별	질량이 태양보다 매우 큰 별
생성 원소	철보다 가벼운 원소(헬륨, 탄소, 산소 등)	헬륨~철, 철보다 무거운 원소 (금, 우라늄) 등

그림은 고온 고밀도의 광원에 의해 만들어지는 스펙트럼 A와 B를
나타낸 것이다.

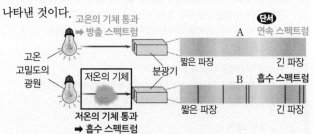

이에 대한 설명으로 옳은 것만을 [보기]에서 있는 대로 고른 것은?

─[보기]─
ㄱ. A는 연속 스펙트럼이다.
　A는 연속적인 색의 띠가 나타나므로 연속 스펙트럼이다.
ㄴ. B의 검은 선은 특정 파장의 빛이 저온의 기체에 흡수되어
　나타난 것이다. 연속 스펙트럼의 빛을 저온의 기체에 통과시키면 분광기를
　통해 검은 선이 나타난다.
ㄷ. B를 분석하면 저온의 기체를 구성하고 있는 원소의 종류를 알
　수 있다.
　스펙트럼을 분석하여 빛을 흡수한 원소의 종류를 알 수 있다.

① ㄱ　　② ㄴ　　③ ㄱ, ㄷ　　④ ㄴ, ㄷ　　⑤ ㄱ, ㄴ, ㄷ

단서+발상

(단서) 고온 고밀도의 광원에 의해 만들어지는 스펙트럼 A, B가 제시되어
있다.
(적용) A, B의 스펙트럼의 종류를 알아내는 것부터 문제 풀이를 시작해야
한다.

| 문제+자료 분석 |
· **A**: 고온 고밀도의 광원에서 빛이 방출될 때 모든 파장에서 연속적인 색의
　띠가 나타나는 연속 스펙트럼이다.
· **B**: 고온 고밀도의 물체에서 방출된 빛이 저온의 기체를 통과하면서 특정
　파장의 빛이 흡수되어 나타나는 흡수 스펙트럼이다.

| 보기 분석 |
ㄱ. 고온 고밀도의 광원에서 방출되는 빛의 파장이 연속적으로 분포하므로
　A는 연속 스펙트럼이다.
ㄴ. B는 흡수 스펙트럼으로 고온 고밀도의 광원에서 방출된 빛 중에서 특정
　파장의 빛이 저온의 기체에 흡수되어 검은 선이 나타난다.
ㄷ. 원소마다 특정 파장의 빛만을 흡수하므로 B와 같은 흡수 스펙트럼을
　분석하면 빛을 흡수한 원소의 종류를 알 수 있다.

＊ 스펙트럼의 종류와 특징

구분	특징
연속 스펙트럼	· 넓은 파장에 걸쳐 연속적인 색의 변화로 나타나는 스펙트럼 · 백열전구 또는 고온의 별에서 방출되는 빛에서 관찰 가능
흡수 스펙트럼	· 연속 스펙트럼 배경에 검은 선으로 나타나는 스펙트럼 · 백열전구 또는 고온의 별에서 방출되는 빛이 온도가 낮은 기체나 성운을 통과하여 나올 때 관찰 가능
방출 스펙트럼	· 검은 배경에 여러 개의 밝은 선으로 나타나는 스펙트럼 · 고온의 기체 또는 성운에서 방출되는 빛에서 관찰 가능

2020. 6
10회

그림은 빅뱅 우주론에 대해 세 학생이 대화하는 모습을 나타낸
것이다.

제시한 내용이 옳은 학생만을 있는 대로 고른 것은?
① A　　② B　　③ C　　④ A, C　　⑤ B, C

단서+발상

(단서) 빅뱅 우주론의 특징과 그 근거에 대한 대화 내용이 제시되어 있다.
(발상) 우주 팽창으로부터 우주의 밀도 변화를 추론할 수 있다.
(적용) 빅뱅 우주론을 이해하는 것에서부터 문제 풀이를 시작해야 한다.

| 문제+자료 분석 |
· **빅뱅 우주론**: 가모프가 주장한 이론으로 우주의 모든 물질과 에너지가 매우
　작고 뜨거운 한 점에 모여 있다가 대폭발이 일어난 후 팽창하면서 냉각되어
　현재와 같은 우주가 생성되었다는 이론이다.
· 빅뱅 우주론에 따르면 우주가 팽창함에 따라 우주의 크기와 나이는 계속
　증가하고 우주의 온도와 밀도는 계속 감소한다.

| 선택지 분석 |
④ **A**: 빅뱅 우주론은 우주의 모든 물질이 한 점에 모여 있다가 대폭발로
　시작되어 현재의 우주가 되었다는 이론이다. ➡ 옳음
B: 빅뱅 우주론에서는 우주가 팽창함에 따라 우주의 밀도가 점점
　감소한다고 설명한다. ➡ 옳지 않음
C: 빅뱅 우주론에서 빅뱅 후 생성된 수소 원자핵과 헬륨 원자핵의
　질량비는 약 3 : 1이 될 것으로 예측하였다. 여러 별빛의 스펙트럼을
　분석한 결과 수소와 헬륨의 질량비는 약 3 : 1이었다.
　빅뱅 우주론의 예측값과 스펙트럼의 관측값이 일치하므로 수소와
　헬륨의 질량비는 빅뱅 우주론의 증거가 된다. (꿀팁) ➡ 옳음

05 정답 ② ★ 우주의 진화와 원소의 생성 ·· [정답률 67%] 2020 실시 6월 학평 5

표는 우주 초기의 진화 과정 (가)~(다)를 순서 없이 나타낸 것이다. ○,
●, • 는 각각 양성자, 전자, 중성자 중 하나이다.
(가) → (다) → (나)

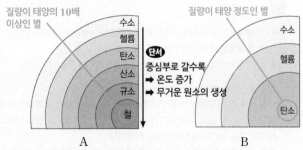

(가) 양성자 생성	(나) 원자 생성	(다) 원자핵 생성
단서 수소 원자핵의 생성 = 양성자	수소 원자 및 헬륨 원자의 생성	헬륨 원자핵의 생성

이에 대한 설명으로 옳은 것만을 [보기]에서 있는 대로 고른 것은? [3점]

---[보기]---

ㄱ. ● 는 ~~양성자~~이다. 중성자
　　수소 원자핵은 ○이다.
ㄴ. 우주 초기의 진화 과정은 (가) → (다) → (나) 순이다.
　　(가) 양성자 생성 ➡ (다) 원자핵 생성 ➡ (나) 원자 생성
ㄷ. 우주의 온도는 (나)일 때가 (다)일 때보다 ~~높다~~ 낮다.

① ㄱ　② ㄴ　③ ㄷ　④ ㄱ, ㄴ　⑤ ㄴ, ㄷ

단서+발상

(단서) 우주 초기의 진화 과정이 생성된 입자와 함께 제시되어 있다.
(적용) 우주가 팽창함에 따라 점차 무거운 입자가 생성된다는 개념을 적용하여
　　　(가)~(다)의 순서를 정하는 것부터 문제 풀이를 시작해야 한다.

| 문제+자료 분석 |
- 수소 원자핵은 양성자 1개와 같다.
- 헬륨 원자핵은 양성자 2개와 중성자 2개가 결합하여 생성되었다.
- 중성 원자는 전자가 원자핵과 결합하여 생성되었다.

| 보기 분석 |
ㄱ. 수소 원자핵은 양성자이므로 ○는 양성자이고, ●는 중성자이다.
ㄴ. 빅뱅 이후 전자가 먼저 생성되고, 양성자와 중성자가 생성되었다.
　　양성자와 중성자가 결합하여 헬륨 원자핵이 생성되었으며, 약 38만 년
　　후에 원자핵과 전자가 결합하여 원자가 생성되었다.
　　따라서 우주 초기의 진화 과정은 (가) → (다) → (나) 순이다.
ㄷ. 우주가 팽창하면서 우주의 온도는 계속 낮아지므로 우주의 온도는 (나)일
　　때가 (다)일 때보다 낮다.

★ 초기 우주에서 입자의 생성 과정
- **기본 입자의 생성**: 빅뱅 직후 물질을 구성하는 기본 입자가 가장 먼저
　생성되었다. 기본 입자에는 쿼크, 전자 등이 있다.
- **양성자와 중성자 생성**: 쿼크가 결합하여 양성자와 중성자를 생성하였다.
　전자는 우주 공간에 계속 남아 있었다.
- **원자핵의 생성**: 양성자와 중성자가 결합하여 헬륨 원자핵을 형성하였고,
　결합에 참여하지 못한 양성자는 수소 원자핵으로 남았다.
- **원자의 생성**: 빅뱅 후 약 38만 년이 지났을 때, 우주의 온도가 약
　3,000 K까지 낮아지면서 전자가 원자핵과 결합하여 원자가 형성되었다.

---

06 정답 ① ★ 별의 진화와 원소의 생성 ·· [정답률 87%] 2020 실시 6월 학평 6

그림은 중심부의 핵융합 반응이 끝난 두 별 A와 B의 내부 구조를
모식적으로 나타낸 것이다.

이에 대한 설명으로 옳은 것만을 [보기]에서 있는 대로 고른 것은?

---[보기]---

ㄱ. A는 초신성 폭발을 할 수 있다.
　　A의 질량은 태양의 10배 이상이므로, 초신성 폭발을 할 수 있다.
ㄴ. B는 중심부로 갈수록 ~~가벼운~~ 원소로 이루어져 있다. 무거운
　　원자량: 수소 < 헬륨 < 탄소
ㄷ. 질량은 A가 B보다 ~~작다~~ 크다.
　　B는 질량이 태양 정도이다.

① ㄱ　② ㄴ　③ ㄱ, ㄷ　④ ㄴ, ㄷ　⑤ ㄱ, ㄴ, ㄷ

단서+발상

(단서) 별의 내부 구조가 제시되어 있다.
(발상) 별의 생성 원소를 통해 별의 질량을 추론할 수 있다.
(적용) 질량이 태양의 10배 이상인 별은 철까지 생성됨을 적용하는 것부터
　　　문제 풀이를 시작해야 한다.
- **질량이 태양의 10배 이상인 별**: 별의 내부에서 핵융합 반응으로 철까지
　생성된다. ➡ A
- **질량이 태양 정도인 별**: 별의 내부에서 핵융합 반응으로 탄소, 산소까지
　생성된다. ➡ B

| 보기 분석 |
ㄱ. A는 중심부의 핵융합을 통해 철까지 만들어졌으므로 질량이 태양의
　　10배 이상인 별이며, 초신성 폭발을 할 수 있다.
ㄴ. B는 중심부로 갈수록 무거운 원소로 이루어져 있다(수소-헬륨-탄소).
ㄷ. B의 중심부에는 탄소까지 만들어졌으므로 질량이 태양 정도인 별이다.
　　따라서 질량은 A가 B보다 크다.

★ 별의 질량에 따른 진화 경로
- **태양과 질량이 비슷한 별**: 원시별 ➡ 주계열성 ➡ 거성 ➡ 백색 왜성으로
　진화한다. 진화 과정에서 핵융합 반응을 통해 탄소(일부 산소)까지
　생성된다.
- **태양보다 질량이 훨씬 큰 별**: 원시별 ➡ 주계열성 ➡ 초거성 ➡
　중성자별(또는 블랙홀)로 진화한다. 진화 과정에서 핵융합 반응을 통해 별
　내부에서 철까지 생성되며, 초신성 폭발 과정에서 철보다 무거운 원소가
　생성된다.

다음은 알칼리 금속의 성질을 알아보기 위한 실험이다.

〈실험 과정〉
(가) 리튬(Li)을 칼로 잘라 단면의 변화를 관찰한다.
(나) 쌀알 크기의 리튬 조각을 물이 들어 있는 비커에 넣은 후 변화를 관찰한다.
(다) (나)의 비커에 페놀프탈레인 용액을 2~3방울 넣은 후 수용액의 색 변화를 관찰한다.
(라) 리튬 대신 나트륨(Na)과 칼륨(K)을 사용하여 과정 (가)~(다)를 반복한다.

리튬 (가) 리튬 조각 (나) 물 페놀프탈레인 용액 (다) 수용액

〈실험 결과〉 **단서**
· 칼로 자른 금속의 단면은 모두 광택을 잃었다.
  ➡ (가): 알칼리 금속은 공기 중의 산소와 반응함
· 금속은 물과 반응하여 모두 수소 기체를 발생시켰다.
  ➡ (나): 알칼리 금속은 물과 반응함
· 수용액의 색은 모두 ___ ㉠ ___ 으로 변했다. ➡ (다): 염기성
  붉은색

이에 대한 설명으로 옳은 것만을 [보기]에서 있는 대로 고른 것은?

[보기]
ㄱ. (가)에서 리튬은 산소와 반응한다. 나트륨(Na)
  칼로 자른 금속의 단면은 모두 광택을 잃음 ➡ 리튬이 산소와 반응한 것이다.
ㄴ. ㉠은 '붉은색'이 적절하다.
  알칼리 금속이 물과 반응한 후 수용액은 염기성을 나타낸다.
ㄷ. 리튬, 나트륨, 칼륨은 공기나 물에 대해 유사한 화학적 성질을 갖는다. 세 금속 모두 동일한 실험 결과를 나타냈다.

① ㄱ ② ㄷ ③ ㄱ, ㄴ ④ ㄴ, ㄷ ⑤ ㄱ, ㄴ, ㄷ

🧠 단서+발상
(단서) 알칼리 금속에 대한 실험 과정 및 결과가 제시되어 있다.
(발상) 실험 결과로부터 알칼리 금속의 성질을 추론할 수 있다.
(적용) 실험 결과를 해석하여 알칼리 금속의 성질을 구하는 것부터 문제 풀이를 시작해야 한다.

| 문제+자료 분석 |
· **(가)**: 칼로 자른 금속의 단면이 모두 광택을 잃은 것으로 보아 알칼리 금속은 공기 중의 산소와 쉽게 반응하여 금속 산화물을 생성함을 알 수 있다.
· **(나)**: 물과 반응하여 모두 수소 기체를 발생시킨 것으로 보아 알칼리 금속은 물과의 반응성이 큼을 알 수 있다.
· **(다)**: 알칼리 금속은 물과 반응하여 수소 기체를 발생시킨 후 수용액은 염기성을 나타낸다. 따라서 ㉠은 붉은색이다.

| 보기 분석 |
ㄱ 칼로 자른 금속의 단면은 모두 광택을 잃었으므로, 세 금속 모두 공기 중의 산소와 쉽게 반응하여 금속 산화물을 생성함을 알 수 있다.
  따라서 (가)에서 리튬은 산소와 반응한다.
ㄴ 알칼리 금속이 물과 반응한 후 수용액은 염기성을 나타낸다.
  따라서 페놀프탈레인 용액을 넣은 수용액의 색은 붉은색으로 변한다.
ㄷ 세 금속 모두 동일한 실험 결과를 나타낸다. 따라서 리튬, 나트륨, 칼륨은 공기나 물에 대해 유사한 화학적 성질을 갖는다.

✱ **알칼리 금속의 공통적인 성질**
· 실온에서 모두 고체 상태이고, 은백색의 광택을 띤다.
· 다른 금속에 비해 밀도가 작고, 칼로 쉽게 잘릴 정도로 무르다.
· 원자가 전자 수가 1로 전자를 잃고 +1가 양이온이 되기 쉽다.
· 공기 중 산소 기체(O_2)와 쉽게 반응하여 광택을 잃고 산화 리튬(Li_2O), 산화 나트륨(Na_2O) 등의 화합물로 변한다.
· 물과 잘 반응하여 수소 기체(H_2)를 발생시키며 반응 후 염기성을 나타낸다.
· 알칼리 금속은 물이나 산소와의 반응성이 크므로 석유나 액체 파라핀에 보관한다.

2020.6
10회

그림은 이온 A^+, B^+, C^{2-}의 전자 배치를 모형으로 나타낸 것이다.
단서 전자 1개 잃음 ➡ Ne의 전자 배치 전자 1개 잃음 ➡ Ar의 전자 배치 ← 전자 2개 얻음

  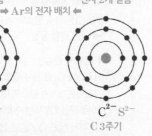
A^+ Na^+ B^+ K^+ C^{2-} S^{2-}
Na 3주기   K 4주기   C 3주기

A~C에 대한 설명으로 옳은 것만을 [보기]에서 있는 대로 고른 것은? (단, A~C는 임의의 원소 기호이다.) [3점]

[보기]
ㄱ. A는 금속 원소이다. 나트륨(Na)
ㄴ. B와 C는 같은 주기의 원소이다. 다른
  4주기 3주기
ㄷ. A와 C가 화학 결합할 때 전자는 C에서 A로 이동한다.
  금속 비금속   A에서 C로

① ㄱ ② ㄴ ③ ㄱ, ㄷ ④ ㄴ, ㄷ ⑤ ㄱ, ㄴ, ㄷ

🧠 단서+발상
(단서) 이온의 전자 배치가 제시되어 있다.
(발상) 이온의 전자 배치에서 원소의 종류를 추론할 수 있다.
(적용) A~C의 원소를 구하는 것부터 문제 풀이를 시작해야 한다.

| 문제+자료 분석 |
· 18족 이외의 원소들은 이온 결합이나 공유 결합 등의 화학 결합을 하여 비활성 기체와 같은 안정한 전자 배치를 이루려고 한다.
· A^+은 네온(Ne)의 전자 배치를 하고, B^+과 C^{2-}은 아르곤(Ar)과 같은 전자 배치를 이루므로 A는 나트륨(Na), B는 칼륨(K), C는 황(S)이다.

| 보기 분석 |
ㄱ A는 나트륨(Na)으로 금속 원소이다.
ㄴ B는 칼륨(K)으로 4주기 원소이고, C는 황(S)으로 3주기 원소이다.
  칼륨(K)이 전자 하나를 잃고 칼륨 이온(K^+)이 되면서 3주기 원소인 아르곤(Ar)과 같은 전자 배치를 이룬다. (함정)
ㄷ 금속 원소인 A와 비금속 원소인 C가 화학 결합할 때 A는 전자를 잃어 A^+이 되고, C는 전자를 얻어 C^{2-}이 되므로 전자는 A에서 C로 이동한다.

09 정답 ② ✱ 화학 결합과 물질의 성질 ·· ☆ 고난도 【① 21% ② 49% ③ 12% ④ 11% ⑤ 5% 】 **2020 실시 6월 학평 9**

다음은 원소 X, Y와 화합물 XY_2에 대한 자료이다.

단서 ~~이온의 총 전하량의 합은 0~~
➡ X의 전하량 +2, Y의 전하량 −1

- X는 ⓐ3 주기 금속 원소이다.
- 원자 X와 Y의 원자가 전자 수는 각각 ⓑ2 과 ⓒ7 이다.
- XY_2는 액체 상태에서 <u>전기 전도성이 있다.</u>
  이온 결합 물질 ➡ Y는 비금속 물질
- XY_2를 구성하는 입자는 모두 네온(Ne)과 같은 전자 배치를 갖는다.
  ➡ X: Mg(마그네슘), 3주기 2족 원소
  Y: F(플루오린), 2주기 17족 원소

ⓐ+ⓑ+ⓒ은? (단, X와 Y는 임의의 원소 기호이다.) [3점]
3+2+7=12

① 11 ② 12 ③ 13 ④ 14 ⑤ 15

 단서+발상

단서 화합물 XY_2의 특징이 제시되어 있다.

발상 XY_2는 액체 상태에서 전기 전도성이 있으므로 이온 결합 물질임을 추론할 수 있다.

적용 원소 X, Y를 구하는 것부터 문제 풀이를 시작해야 한다.

| 문제+자료 분석 |

- X와 Y는 X^{2+}와 Y^-가 1 : 2의 개수비로 결합하여 XY_2를 형성한다.
- X^{2+}와 Y^-는 네온(Ne)과 같은 전자 배치를 가지므로 X는 마그네슘(Mg), Y는 플루오린(F)이다.

| 선택지 분석 |

② 마그네슘(Mg)은 3주기 2족 원소이므로 ⓐ은 3, ⓑ은 2이고, 플루오린(F)은 17족 원소이므로 ⓒ은 7이다.
따라서 ⓐ+ⓑ+ⓒ=12이다.

✱ **공유 결합 물질과 이온 결합 물질의 상태에 따른 전기 전도성**

구분	공유 결합 물질	이온 결합 물질
고체 상태	없음	없음
수용액 상태	없음	있음

---

10 정답 ① ✱ 화학 결합에 따른 물질의 분류 ······························· ☆ 고난도 【① 49% ② 4% ③ 7% ④ 13% ⑤ 24% 】 **2020 실시 6월 학평 10**

그림은 3가지 물질을 주어진 기준에 따라 분류한 것이다.

```
          ┌─────────────────┐
          │ H₂O  O₂  NaCl   │
          └─────────────────┘
                   │
단서 H₂O, O₂   예 ┌──────────────┐ 아니요
          ┌───────│ 공유 결합 물질인가? │───────┐
          │       └──────────────┘       │
       예 ┌──────────┐ 아니요            │
     ┌────│ 2원자 분자인가? │────┐          │
     │    └──────────┘    │          │
  ┌──────┐           ┌──────┐    ┌──────┐
  │ⓐ  O₂ │      H₂O  │ⓑ   │    │NaCl ⓒ │
  └──────┘           └──────┘    └──────┘
```

ⓐ~ⓒ으로 옳은 것은?

	ⓐ	ⓑ	ⓒ
①	O₂	H₂O	NaCl
②	O₂	~~NaCl~~ 이온 결합 물질	~~H₂O~~
③	~~NaCl~~ 이온 결합 물질	H₂O	~~O₂~~ 공유 결합 물질
④	~~H₂O~~ 3원자 분자	~~NaCl~~	~~O₂~~
⑤	~~H₂O~~	~~O₂~~ 2원자 분자	NaCl

 단서+발상

단서 H_2O, O_2, NaCl을 분류하는 순서도가 제시되어 있다.

발상 H_2O, O_2는 비금속 원소들 사이의 결합으로 이루어진 물질, NaCl은 금속 원소와 비금속 원소의 결합으로 이루어진 물질임을 추론할 수 있다.

적용 H_2O, O_2는 공유 결합 물질, NaCl은 이온 결합 물질임을 알고 문제 풀이를 시작해야 한다.

| 문제+자료 분석 |

- H_2O, O_2는 비금속 원소들 사이의 결합으로 이루어진 물질이다.
  ➡ 공유 결합 물질
- NaCl은 금속 원소와 비금속 원소의 결합으로 이루어진 물질이다.
  ➡ 이온 결합 물질

| 선택지 분석 |

① H_2O과 O_2는 공유 결합 물질이고, NaCl은 이온 결합 물질이다.
H_2O은 2가지 원소로 이루어진 3원자 분자, O_2는 1가지 원소로 이루어진 2원자 분자이다.
따라서 ⓐ은 O_2, ⓑ은 H_2O, ⓒ은 NaCl이다.

✱ **이온 결합과 공유 결합**

- **이온 결합**: 금속 양이온과 비금속 음이온 사이의 정전기적 인력에 의한 결합이다.
- **공유 결합**: 전자를 얻기 쉬운 비금속 원소가 서로 전자를 내어 전자쌍을 공유함으로써 형성되는 결합이다.

11 정답 ④ ＊ 지각과 사람의 구성 원소 ····················· [정답률 73%] 2020 실시 6월 학평 11

표 (가), (나)는 사람과 지각을 구성하는 원소의 질량비를 순서 없이 나타낸 것이다. ㉠~㉢은 각각 규소, 산소, 탄소 중 하나이다.

구성 원소	질량비(%)	구성 원소	질량비(%)
단서 ㉠산소	46.6	규산염 광물의 성분 ㉠산소	65.0
㉡규소	27.7	㉢탄소	18.5
알루미늄	8.1	수소	9.5
철	5.0	질소	3.3
기타	12.6	기타	3.7

(가) 지각   (나) 사람

이에 대한 설명으로 옳은 것만을 [보기]에서 있는 대로 고른 것은? [3점]

─[보기]─
ㄱ. (가)는 ~~사람~~을 구성하는 원소의 질량비이다. 지각 산소와 규소의 질량비가 크다.
ㄴ. 규산염 광물은 ㉠과 ㉡을 포함한다.
ㄴ. ㉡(규소) 1개와 ㉠(산소) 4개가 공유 결합한 규산염 사면체를 기본 구조로 한다.
ㄷ. ㉡과 ㉢은 같은 족 원소이다.
ㄷ. ㉡(규소), ㉢(탄소)은 모두 14족 원소이다.

① ㄱ   ② ㄷ   ③ ㄱ, ㄴ   ④ ㄴ, ㄷ   ⑤ ㄱ, ㄴ, ㄷ

단서＋발상

단서 사람과 지각을 구성하는 원소의 질량비가 제시되어 있다.

발상 사람과 지각의 주요 구성 물질을 떠올린다.

적용 사람은 주로 탄소 화합물로, 지각은 주로 규산염 광물로 이루어짐을 알고 ㉠, ㉡, ㉢을 추론할 수 있다.

│ 문제＋자료 분석 │
- (가)는 지각, (나)는 사람을 구성하는 원소의 질량비를 나타낸 것이다.
- 지각과 사람을 구성하는 원소에서 산소의 질량비가 가장 크므로 ㉠은 산소(O)이다.
- 지각에는 산소 다음으로 규소가 많고, 사람에는 산소 다음으로 탄소가 많으므로 ㉡은 규소(Si), ㉢은 탄소(C)이다.

│ 보기 분석 │
ㄱ. (가)는 산소와 규소의 질량비가 크므로 지각을 구성하는 원소의 질량비이다. 지각을 이루는 규산염 광물의 기본 구조는 규소 원자 1개와 산소 원자 4개가 결합하여 형성된다.
ㄴ. 규산염 광물은 ㉠(산소)과 ㉡(규소)을 포함한다.
ㄷ. 규소와 탄소는 14족 원소이다.

---

12 정답 ④ ＊ 화학 결합의 종류에 따른 물질의 성질 ·············· [정답률 61%] 2020 실시 6월 학평 12

다음은 물질 A~C의 전기 전도성을 알아보는 실험이다. A~C는 각각 염화 나트륨(NaCl), 질산 칼륨(KNO₃), 포도당(C₆H₁₂O₆) 중 하나이다.

〈실험 과정〉
(가) 고체 상태의 물질 A~C를 홈판의 서로 다른 홈에 넣고, 전기 전도성 측정기로 전류가 흐르는지 확인한다. ➡ 고체 상태에서의 전기 전도성 확인
(나) 고체 물질이 들어 있는 각 홈에 증류수를 넣어 수용액을 만든 다음, 전기 전도성 측정기로 전류가 흐르는지 확인한다. ➡ 수용액 상태에서의 전기 전도성 확인

전기 전도성 측정기

〈실험 결과〉

상태＼물질	단서 포도당(C₆H₁₂O₆) A	염화 나트륨(NaCl) 또는 질산 칼륨(KNO₃) B	C
고체	×	×	×
수용액	×	○	○

(○: 전류가 흐름, ×: 전류가 흐르지 않음)

이에 대한 설명으로 옳은 것만을 [보기]에서 있는 대로 고른 것은? [3점]

─[보기]─
ㄱ. A는 ~~질산 칼륨~~이다. 포도당(C₆H₁₂O₆)
ㄴ. B는 수용액 상태에서 양이온과 음이온으로 나누어져 있다.
   이온 결합 물질 ➡ 수용액 상태에서 양이온과 음이온으로 나누어진다.
ㄷ. C는 고체 상태에서 정전기적 인력에 의해 결합하고 있다.
   이온 결합 물질 ➡ 고체 상태에서 양이온과 음이온이 정전기적 인력으로 결합되어 있다.

① ㄱ   ② ㄴ   ③ ㄱ, ㄷ   ④ ㄴ, ㄷ   ⑤ ㄱ, ㄴ, ㄷ

단서＋발상

단서 고체와 수용액 상태에서 A~C의 전기 전도성이 제시되어 있다.

발상 〈실험 결과〉를 통해 A~C를 구성하는 화학 결합을 추론할 수 있다.

적용 A~C는 각각 염화 나트륨(NaCl), 질산 칼륨(KNO₃), 포도당(C₆H₁₂O₆) 중 하나이므로, 세 물질을 구성하는 화학 결합을 각각 구하는 것부터 문제 풀이를 시작해야 한다.

│ 문제＋자료 분석 │
- **염화 나트륨(NaCl)**: 양이온인 나트륨 이온(Na^+)과 음이온인 염화 이온(Cl^-) 사이의 정전기적 인력에 의해 생성된 이온 결합 물질이다.
- **질산 칼륨(KNO₃)**: 양이온인 칼륨 이온(K^+)과 음이온인 질산 이온(NO_3^-) 사이의 정전기적 인력에 의해 생성된 이온 결합 물질이다.
- **포도당(C₆H₁₂O₆)**: 비금속 원소인 탄소(C), 수소(H), 산소(O)로 구성되어 있으며, 각 원자가 다른 원자와 전자쌍을 공유함으로써 만들어진 공유 결합 물질이다.

│ 보기 분석 │
ㄱ. A는 고체와 수용액 상태에서 모두 전기 전도성이 없으므로 공유 결합 물질이다. 따라서 A는 포도당(C₆H₁₂O₆)이다.
ㄴ. B는 이온 결합 물질이다. 따라서 B는 수용액 상태에서 양이온과 음이온이 각각 물 분자에 의해 둘러싸여 나누어진다.
ㄷ. C는 이온 결합 물질이다. 따라서 C는 고체 상태에서 양이온과 음이온이 정전기적 인력으로 결합되어 있다.

＊ 고체 상태와 수용액 상태의 이온 결합

고체 상태	수용액 상태
양이온과 음이온이 정전기적 인력으로 결합되어 있다.	양이온과 음이온이 각각 물 분자에 의해 둘러싸여(수화) 쉽게 나누어진다.

13 정답 ② ＊ 신호와 정보

신호와 정보에 대한 설명으로 옳은 것만을 [보기]에서 있는 대로 고른 것은?

─────────────[보기]─────────────

ㄱ. 지진파는 ~~디지털~~ 신호에 해당한다. 아날로그
   자연에서 발생하는 신호

ㄴ. 수집한 신호는 분석 과정을 거쳐 정보로 이용할 수 있다.
   정보는 자연의 신호를 측정, 분석하여 의미 있는 형태로 만든 것이다.

ㄷ. ~~센서~~를 통해 아날로그 신호가 디지털 신호로 바뀐다.
   아날로그 디지털 변환기

① ㄱ   ② ㄴ   ③ ㄱ, ㄷ   ④ ㄴ, ㄷ   ⑤ ㄱ, ㄴ, ㄷ

＊ 자연의 신호와 정보

• 신호: 인간을 둘러싼 자연의 변화가 전달된 것
  자연에서 발생하는 신호는 지진파나 빛, 소리와 같은 파동부터 힘, 압력, 온도 등 여러 가지 형태를 띠고 있다.

• 정보: 자연의 신호를 측정하고 분석하여 의미 있는 형태로 만든 것 수집한 신호는 분석 과정을 거쳐 정보로 이용할 수 있다.

• 센서: 자연의 다양한 신호를 전기 신호로 변환하는 소자로, 인간의 감각기관과 같은 역할을 한다.

단서＋발상

단서 신호와 정보에 대한 설명이 제시되어 있다.

적용 디지털 신호와 아날로그 신호의 특징을 구분하는 것부터 문제 풀이를 시작해야 한다.

| 문제＋자료 분석 |

• 신호는 인간을 둘러싼 자연의 변화가 전달된 것으로, 자연에서 발생하는 신호는 지진파나 빛, 소리와 같은 파동부터 힘, 압력, 온도 등 여러 가지 형태를 띠고 있다.

• 정보는 자연의 신호를 측정하고 분석하여 의미 있는 형태로 만든 것으로, 수집한 신호는 분석 과정을 거쳐 정보로 이용할 수 있다.

| 보기 분석 |

ㄱ. 지진파는 아날로그 신호에 해당한다.

ㄴ. 정보는 자연의 신호를 측정하고 분석하여 의미 있는 형태로 만든 것이다.

ㄷ. 센서는 자연에서 발생하는 다양한 신호를 전기 신호로 변환하는 소자이고, 아날로그 신호를 디지털 신호로 변환시키는 장치는 아날로그 디지털 변환기이다.

---

14 정답 ⑤ ＊ 탄소 화합물의 결합 규칙성

다음은 탄소 원자의 결합 방식에 대한 탐구 활동이다.

〈탐구 과정〉

탄소 원자 모형과 결합 막대로 아래의 결합 규칙에 따라 탄소 골격을 만든다.

단서 =공유하는 전자쌍

• 규칙 1: 탄소 원자 모형 1개에는 반드시 결합 막대 4개를 꽂아야 한다.
  탄소는 최대 4개의 공유 결합 가능

• 규칙 2: 탄소 원자 모형 1개와 다른 탄소 원자 모형 1개를 연결할 때에는 결합 막대를 최대 3개까지 사용할 수 있다.

〈탐구 결과〉

결합 방식이 다양한 탄소 골격이 만들어졌다.

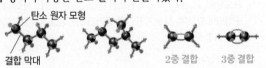

탄소 원자 모형 / 결합 막대 / 2중 결합 / 3중 결합

이에 대한 설명으로 옳은 것만을 [보기]에서 있는 대로 고른 것은?

─────────────[보기]─────────────

ㄱ. 탄소의 원자가 전자 수는 4이다.
   탄소는 2주기 14족 원소이다.

ㄴ. 결합 막대는 공유하는 전자쌍을 의미한다.
   비금속 원소 사이의 결합: 공유 결합 ➡ 결합 막대

ㄷ. 탄소 골격에 수소, 산소, 질소 원자 등이 결합하면 다양한 탄소 화합물이 만들어진다.
   $C_6H_{12}O_6$(포도당), $C_{12}H_{22}O_{11}$(설탕) 등과 같이 다양한 탄소 화합물이 만들어진다.

① ㄱ   ② ㄷ   ③ ㄱ, ㄴ   ④ ㄴ, ㄷ   ⑤ ㄱ, ㄴ, ㄷ

단서＋발상

단서 탄소 원자의 결합 규칙이 제시되어 있다.

발상 결합 막대가 공유 전자쌍임을 추론할 수 있다.

| 문제＋자료 분석 |

• 탄소는 주기율표의 14족 원소이므로 원자가 전자가 4개이다.
  ➡ 최대 4개의 공유 결합을 할 수 있다.

• 탄소 골격의 길이와 모양, 탄소 원자와 결합하는 원소에 따라 다양한 탄소 화합물이 형성된다.

• 규칙 1: 탄소의 원자가 전자 수는 4개이므로 최대 4개의 원자와 공유 결합을 할 수 있다.

• 규칙 2: 탄소 원자 1개와 다른 탄소 원자 1개 사이에 최대 3중 결합까지 할 수 있다.

| 보기 분석 |

ㄱ. 탄소 원자 모형 1개에 반드시 결합 막대 4개를 꽂아야 하므로 탄소의 원자가 전자 수는 4이다.

ㄴ. 탄소 원자 모형은 탄소 원자를, 결합 막대는 공유하는 전자쌍을 의미한다.

ㄷ. 탄소 골격에 수소, 산소, 질소 원자 등이 결합하면 다양한 탄소 화합물이 만들어진다.

＊ 탄소 화합물의 결합 규칙성

• 탄소 골격의 길이: 탄소는 다른 탄소와 연속적으로 결합할 수 있어 결합한 탄소의 개수에 따라 탄소 골격의 길이가 다양하다.

• 탄소 골격의 모양: 탄소는 다른 탄소와 단일 결합하여 사슬 모양, 가지 달린 사슬 모양, 고리 모양 등의 다양한 구조를 만들 수 있다.

• 탄소 원자 간의 결합: 탄소와 탄소 사이에 2중 결합이나 3중 결합을 할 수 있다.

그림 (가)는 DNA의 구조를, (나)는 DNA를 구성하는 4가지 단위체를 모형으로 나타낸 것이다. A는 아데닌, C는 사이토신이고, ㉠과 ㉡은 각각 G(구아닌)와 T(타이민) 중 하나이다.

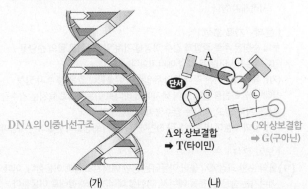

DNA의 이중나선구조

A와 상보결합
➡ T(타이민)

C와 상보결합
➡ G(구아닌)

(가)   (나)

이에 대한 설명으로 옳은 것만을 [보기]에서 있는 대로 고른 것은?

[보기]
㉠ DNA의 구조는 이중나선구조이다.
  (가)에서 DNA의 구조는 이중나선구조로 되어 있다.
ㄴ. ㉠은 ~~G(구아닌)~~, ㉡은 ~~T(타이민)~~이다.
      T(타이민)   G(구아닌)
㉢ DNA는 단위체의 배열 순서에 따라 다양한 유전정보를 저장한다.
  뉴클레오타이드의 배열 순서에 따라 다양한 유전정보를 저장한다.

① ㄱ ② ㄴ ③ ㄱ, ㄷ ④ ㄴ, ㄷ ⑤ ㄱ, ㄴ, ㄷ

 단서+발상

(단서) DNA의 구조와 DNA를 구성하는 4가지 단위체 모형이 제시되어 있다.

(적용) DNA 염기의 상보결합 개념을 적용하여 ㉠과 ㉡을 구하는 것부터 문제 풀이를 시작해야 한다.

| 문제+자료 분석 |
· A(아데닌)와 결합하는 ㉠은 T(타이민), C(사이토신)와 결합하는 ㉡은 G(구아닌)이다.

| 보기 분석 |
㉠ DNA는 이중나선구조로 되어 있다.
ㄴ. DNA의 염기는 A(아데닌)와 T(타이민), G(구아닌)와 C(사이토신)가 각각 상보결합을 하므로, ㉠은 T(타이민), ㉡은 G(구아닌)이다.
㉢ DNA는 단위체인 뉴클레오타이드로 구성되어 있고, 뉴클레오타이드의 배열 순서에 따라 다양한 유전정보가 저장된다.

★ 핵산의 종류

구분	DNA	RNA
구조	이중나선	단일 가닥
기능	유전정보 저장	유전정보 전달 및 단백질 합성
당	디옥시라이보스	라이보스
염기	아데닌(A), 구아닌(G), 사이토신(C), 타이민(T)	아데닌(A), 구아닌(G), 사이토신(C), 유라실(U)

2020.6
10회

그림은 단백질이 만들어지는 과정을 모형으로 나타낸 것이다. A는 단백질의 단위체이다.

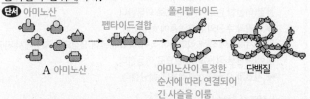

아미노산   펩타이드결합   폴리펩타이드

A 아미노산

아미노산이 특정한 순서에 따라 연결되어 긴 사슬을 이룸

단백질

이에 대한 설명으로 옳은 것만을 [보기]에서 있는 대로 고른 것은?
[3점]

[보기]
㉠ A는 아미노산이다.
  단백질의 단위체는 아미노산이다.
ㄴ. A가 서로 결합할 때 물(H_2O) 분자가 ~~첨가된다~~
  펩타이드결합   빠진다.
㉢ A의 배열 순서에 따라 단백질의 입체 구조가 결정된다.
  아미노산의 종류와 수, 배열 순서에 따라 단백질의 입체 구조가 달라진다.

① ㄱ ② ㄴ ③ ㄱ, ㄷ ④ ㄴ, ㄷ ⑤ ㄱ, ㄴ, ㄷ

 단서+발상

(단서) 단백질을 구성하는 단위체 A와 단백질 생성 과정이 제시되어 있다.
(발상) 아미노산의 펩타이드결합으로 단백질이 생성됨을 추론할 수 있다.

| 문제+자료 분석 |
· 단백질의 단위체는 아미노산이며, 2개의 아미노산이 결합할 때 물 분자 1개가 빠지면서 펩타이드결합이 형성된다.
· 아미노산의 종류와 수, 배열 순서에 따라 단백질의 입체 구조가 달라지며, 단백질의 입체 구조에 따라 단백질의 기능이 결정된다.

| 보기 분석 |
㉠ A는 단백질의 단위체이므로 아미노산이다.
ㄴ. 아미노산이 서로 결합할 때 물(H_2O) 분자가 빠져나오면서 펩타이드결합이 형성된다.
㉢ 아미노산의 배열 순서에 따라 단백질의 입체 구조가 결정된다.

★ 단백질의 형성

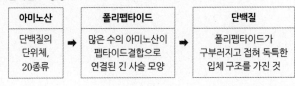

아미노산	폴리펩타이드	단백질
단백질의 단위체, 20종류	많은 수의 아미노산이 펩타이드결합으로 연결된 긴 사슬 모양	폴리펩타이드가 구부러지고 접혀 독특한 입체 구조를 가진 것

17 정답 ⑤ ＊ 물의 순환과 지형의 변화 ·· [정답률 74%] 2020 실시 9월 학평 13

그림 (가)는 지구시스템에서 물의 순환을, (나)는 강원도 영월의 동강 유역에 위치한 한반도 모양의 지형을 나타낸 것이다.

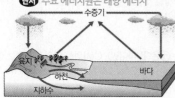

단서 주요 에너지원은 태양 에너지
수증기
육지
하천
바다
지하수

(가)
물의 순환
➡ 에너지가 함께 이동함

(나)
물에 의한 침식, 퇴적 작용으로 형성됨

이에 대한 설명으로 옳은 것만을 [보기]에서 있는 대로 고른 것은?

[보기]
ㄱ. (가)에서 물질과 에너지가 이동한다.
　물의 순환 과정에서 물질과 에너지가 이동한다.
ㄴ. (가)의 주된 에너지원은 태양 에너지이다.
　증발과 강수 등을 일으키는 주요 에너지원은 태양 에너지이다.
ㄷ. (나)는 (가) 과정에 의해 지표가 변화되어 형성된 지형이다.
　(나)는 하천수에 의한 침식과 퇴적으로 형성된 지형이다.

① ㄱ　　② ㄴ　　③ ㄱ, ㄷ　　④ ㄴ, ㄷ　　⑤ ㄱ, ㄴ, ㄷ

단서＋발상

(단서) 물의 순환 과정과 하천수에 의한 침식 지형이 제시되어 있다.
(발상) 증발과 강수 과정이 물을 이동시키는 주요 원인임을 추론할 수 있다.
(적용) 물을 순환시키는 주요 에너지원을 생각하는 것에서부터 문제 풀이를 시작해야 한다.

| 문제＋자료 분석 |
・물의 순환은 주로 증발과 강수 과정을 거쳐 일어나므로 물의 순환을 일으키는 에너지원은 태양 에너지이다.
・(가): 육지와 바다는 각각 물의 유입량과 유출량이 같은 물 수지 평형 상태이다. 하천을 통해 물이 육지에서 바다로 이동하므로 육지는 강수량이 증발량보다 많고, 바다는 강수량이 증발량보다 적다.
・(나): 물의 흐름이 비교적 느린 하천에서 곡류가 형성되어 만들어진 지형이다.

| 보기 분석 |
ㄱ. 물의 순환 과정에서 물이 이동하는 동안 에너지도 함께 이동한다. 이때 에너지는 숨은열, 운동 에너지, 퍼텐셜 에너지 등의 형태로 이동한다.
ㄴ. 물의 순환을 일으키는 가장 주요한 에너지원은 태양 에너지이다.
ㄷ. (나)의 한반도 모양의 지형은 하천수가 경사가 완만한 지역에서 흐를 때 침식 및 퇴적 작용을 일으켜 형성된 것이다.

＊ 유수에 의한 지형의 변화
・V 자곡: 유수의 작용으로 생기는 단면이 V자 모양인 골짜기로, 하천의 상류나 물의 흐름이 비교적 빠른 협곡에서 잘 만들어진다.
・선상지: 강에 의해 운반된 자갈이나 모래가 퇴적되어 만들어진 부채 모양의 지형이다. 유속이 갑자기 느려질 때 운반되던 물질들이 가라앉아 만들어진다.
・삼각주: 주로 모래와 점토 등의 퇴적물이 하천의 흐름이 매우 느려지는 하구에 오랜 시간 동안 퇴적되어 형성된 삼각형 모양의 지형이다.

---

18 정답 ① ＊ 지구시스템의 상호작용 ··· [정답률 93%] 2020 실시 9월 학평 11

표는 지구시스템의 상호작용과 그 예를 나타낸 것이다.

지구시스템의 상호작용	단서 상호작용의 예
기권 (가) A　　B (나) 생물권 지권　　수권 C (다)	(가) 화산 활동에 의해 화산 가스가 대기 중에 방출된다. ➡ 기권과 지권(A) (나) 대기의 이산화 탄소가 바다로 녹아 들어간다. ➡ 기권과 수권(B) (다) 지하수에 의해 석회암이 녹아 석회 동굴이 생성된다. ➡ 지권과 수권(C)

A∼C에 해당하는 예로 옳은 것은?

	A	B	C
①	(가)	(나)	(다)
②	(가)	(다)	(나)
③	(나)	(가)	(다)
④	(다)	(가)	(나)
⑤	(다)	(나)	(가)

단서＋발상

(단서) 지구시스템의 구성 요소 간의 상호작용의 예가 제시되어 있다.
(발상) 상호작용이 일어날 때 어느 권역 사이에서 물질이 이동하는지 추론할 수 있다.
(적용) 상호작용의 예에서 영향을 주고받는 지구시스템의 구성 요소를 판단하는 것에서부터 문제 풀이를 시작해야 한다.

| 문제＋자료 분석 |
・(가): 화산 활동에 의해 화산 가스가 대기 중으로 방출되는 과정에서 지권의 물질이 기체 형태로 기권으로 이동한다.
➡ 기권과 지권의 상호작용에 해당한다.
・(나): 대기의 이산화 탄소가 바다로 녹아 들어가는 과정에서 기권의 물질(이산화 탄소)이 수권으로 이동한다.
➡ 기권과 수권의 상호작용에 해당한다.
・(다): 지하수에 의해 석회암이 녹아 석회 동굴이 생성되는 과정에서 지권의 물질(탄산염 광물)이 수권으로 이동한다.
➡ 지권과 수권의 상호작용에 해당한다.

| 선택지 분석 |
① (가)는 기권과 지권의 상호작용에 해당하므로 A에 해당한다.
(나)는 기권과 수권의 상호작용에 해당하므로 B에 해당한다.
(다)는 지권과 수권의 상호작용에 해당하므로 C에 해당한다.

＊ 지구시스템의 상호작용
・지구계의 각 권역은 서로 유기적으로 영향을 주고받으므로, 어떤 현상이 어느 한 권역에서 생기면 그 변화는 다른 권역과 연쇄적으로 영향을 주고받게 된다. 이와 같은 과정을 상호작용이라고 한다.
・지구시스템에서 일어나는 다양한 상호작용을 통해 끊임없이 물질과 에너지가 이동하고 있다.
・지구시스템의 상호작용을 일으키는 주요 에너지원은 태양 에너지, 지구 내부 에너지, 조력 에너지이다.

19 정답 ③　＊ 생명체를 구성하는 물질 ·· [정답률 60%] **2020** 실시 **6월 학평 19**

표 (가)는 사람을 구성하는 물질 A, B에 특성 ㉠, ㉡의 유무를, (나)는 ㉠, ㉡을 순서 없이 나타낸 것이다. A, B는 각각 단백질, 핵산 중 하나이다.

물질＼특성	**'구성 원소에 탄소가 있다.'** ㉠	**'효소와 호르몬의 주성분이다.'** ㉡
A 단백질	○	○
B 핵산	○	×

(○: 있음, ×: 없음)

단서 특성(㉠, ㉡)
- 구성 원소에 탄소가 있다 ➡ 단백질, 핵산
- 효소와 호르몬의 주성분이다. ➡ 단백질

(가)　　　　　　　　　　(나)

이에 대한 설명으로 옳은 것만을 [보기]에서 있는 대로 고른 것은? [3점]

[보기]
ㄱ. ㉠은 '구성 원소에 탄소가 있다.'이다.
　　㉠은 '구성 원소에 탄소가 있다.'이다.
ㄴ. B에는 DNA와 RNA가 있다.
　　B(핵산)에는 DNA와 RNA가 있다.
ㄷ. A와 B의 단위체는 ~~서로 같다.~~ 서로 다르다.

① ㄱ　② ㄷ　③ ㄱ, ㄴ　④ ㄱ, ㄷ　⑤ ㄴ, ㄷ

단서＋발상
(단서) 물질 A, B의 특성 ㉠, ㉡의 유무와 특성 ㉠, ㉡이 제시되어 있다.
(발상) 단백질과 핵산이 특성 ㉠, ㉡에 갖는지를 파악하면, A와 B를 추론할 수 있다.
(적용) 단백질과 핵산이 특성 ㉠, ㉡을 만족하는지를 파악하는 것부터 문제 풀이를 시작해야 한다.

| 문제＋자료 분석 |
- ㉠: '구성 원소에 탄소가 있다.'는 단백질과 핵산이 모두 갖는 특성이다.
- ㉡: '효소와 호르몬의 주성분이다.'는 단백질만 갖는 특성이다.
- A: 특성 ㉠과 ㉡을 모두 가지므로 단백질이다.
- B: 특성 ㉠만을 가지므로 핵산이다.

| 보기 분석 |
ㄱ. ㉠은 단백질과 핵산이 공통으로 갖는 특성이므로 '구성 원소에 탄소가 있다.'이다.
ㄴ. 핵산의 종류에는 DNA와 RNA가 있다.
ㄷ. A(단백질)의 단위체는 아미노산이고, B(핵산)의 단위체는 염기, 당, 인산이 1 : 1 : 1로 결합된 뉴클레오타이드이다.

＊ 단백질과 핵산

구분	단백질	핵산
구성 원소	탄소(C), 수소(H), 산소(O), 질소(N)	탄소(C), 수소(H), 산소(O), 질소(N), 인(P)
단위체	아미노산	뉴클레오타이드
특징	• 에너지원(4 kcal/g) • 효소, 호르몬, 항체의 주성분 • 각종 화학 반응과 생리 작용 조절	• **종류**: DNA, RNA • 유전정보 저장, 유전정보의 전달과 단백질 합성에 관여

20 정답 ②　＊ 판 경계 부근의 화산 활동 ·· [정답률 51%] **2020** 실시 **9월 학평 20**

그림 (가)는 칠레 칼부코 화산 주변 판의 경계(A)와 운동 방향이고, (나)는 2015년에 발생한 칼부코 화산 분출에 대한 신문 기사의 일부이다.

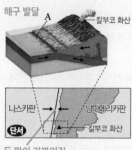

해구 발달 / A / 칼부코 화산
나스카판 / 남아메리카판
단서 칼부코 화산
두 판이 가까워짐
➡ 수렴형 경계 (가)
➡ 맨틀 대류 하강

칼부코 화산 분출로 발생한 엄청난 양의 화산재가 하늘을 뒤덮었다. 칠레 정부는 주민들에게 긴급 대피 명령과 휴교령을 내렸다. 칠레의 주변 국가인 아르헨티나와 우루과이에서는 화산재로 인해 <u>항공기 운항이 중단</u>되었고 농작물 피해가 발생했다.
사회적, 경제적 피해를 일으킴

(나)

이에 대한 설명으로 옳은 것만을 [보기]에서 있는 대로 고른 것은? [3점]

[보기]
ㄱ. A는 ~~보존형~~ 경계이다. 수렴형
ㄴ. 칼부코 화산은 맨틀 대류가 ~~상승~~하는 곳에서 발생했다. 하강
ㄷ. 화산 활동은 주변 국가에 사회적, 경제적 영향을 준다.
　　화산 활동으로 분출된 화산재는 사회적, 경제적 피해를 일으킨다.

① ㄱ　② ㄷ　③ ㄱ, ㄴ　④ ㄴ, ㄷ　⑤ ㄱ, ㄴ, ㄷ

단서＋발상
(단서) 판의 단면과 화산의 위치, 화산 활동으로 발생한 피해가 제시되어 있다.
(발상) 두 판의 상대적 이동으로부터 판 경계의 종류를 추론할 수 있다.
(적용) 판 경계의 종류를 이용해서 화산 부근에서 일어나는 맨틀 대류 운동을 파악하는 것부터 문제 풀이를 시작해야 한다.

| 문제＋자료 분석 |
- A: 해양판인 나즈카판이 대륙판인 남아메리카판 아래로 섭입한다.
　➡ A에는 수심이 깊은 해구가 발달한다.
- (가): 해양판이 섭입하면서 만들어진 마그마가 위로 분출하여 화산 활동이 활발하다.
　➡ 칼부코 화산은 수렴형 경계 부근에서 만들어진 화산이다.
- (나): 화산 활동에 의해 항공기 운항 중단, 농작물 피해 등이 발생했다.
　➡ 사회적, 경제적 영향을 준다.

| 보기 분석 |
ㄱ. A에는 두 판이 서로 가까워지는 수렴형 경계가 존재한다.
ㄴ. 칼부코 화산은 수렴형 경계 부근에 위치하므로 맨틀 대류가 하강하는 곳 부근에서 발생했다.
ㄷ. 대규모 화산 활동이 일어났으므로 인근 지역과 국가에 사회적, 경제적, 환경적 피해를 주었을 것이다.

왜 틀렸나?
- [보기] ㄱ의 진위를 판단하지 못한 학생은 판 경계를 이루는 두 판의 상대적 이동 방향을 자료에서 확인하지 못한 경우이다.
- [보기] ㄴ의 진위를 판단하지 못한 학생은 판의 운동과 맨틀 대류와의 관련성을 파악하지 못한 경우이다. 또한 화산 활동으로 화산재 분출이나 마그마의 상승을 맨틀 대류 상승과 관련 있을 것으로 착각하지 않도록 주의해야 한다.

2020.6
10회

01 정답 ⑤ ＊ 여러 가지 운동　　　　[정답률 88%] **2024 실시 9월 학평 1**

자연과 일상생활에서 일어나는 현상을 나타낸 것이다.

A. 달의 공전　　**B.** 공의 포물선 운동　　**C.** 물의 낙하

단서 질량을 가진 모든 물체가 상호작용 하여 서로 끌어당기는 힘

중력의 영향을 받는 현상만을 있는 대로 고른 것은?

① A　② C　③ A, B　④ B, C　⑤ A, B, C

＊ 중력의 영향을 받는 현상

- **자유 낙하 운동**: 지표면 근처에서 가만히 놓은 물체는 일정한 크기($9.8 \, \mathrm{m/s^2}$)의 중력 가속도로 직선 운동을 한다.
- **포물선 운동**: 지표면 근처에서 수평 방향 또는 비스듬히 던져진 물체는 중력의 영향을 받아 포물선 경로를 따라 운동한다.
- **행성, 위성의 궤도 운동**: 지구, 달, 인공위성 등의 물체가 중력의 영향을 받아 별 또는 행성 주위를 궤도 운동한다.
- **진자 운동**: 실에 매달린 물체를 들었다가 놓으면 물체는 중력과 실의 장력을 받아 진자 운동을 한다.

 단서＋발상

단서 여러 가지 물체의 운동 모습이 제시되어 있다.

발상 운동의 원인이 되는 힘의 종류를 추론할 수 있다.

적용 중력에 영향을 받는 운동의 종류와 특징을 바탕으로 제시된 현상을 분석하는 것부터 문제 풀이를 시작해야 한다.

| 문제＋자료 분석 |

- **달의 공전**: 지구 중력의 영향으로 달이 지구를 중심으로 약 한 달에 한 바퀴씩 서에서 동으로 도는 운동이다.
- **공의 포물선 운동**: 지표면 근처에서 일어나는 물체의 운동으로써, 공은 연직 방향의 일정한 중력을 받아 포물선 궤적을 그리며 운동한다.
- **물의 낙하**: 물에 작용하는 지구 중력에 의해 일어나는 현상이다.

| 선택지 분석 |

⑤ **A**: 달의 공전은 달과 지구 사이에 작용하는 중력에 의한 운동이다. 만약 중력이 작용하지 않으면 달은 관성에 의해 우주 공간을 등속 직선 운동할 것이다.

B: 공의 포물선 운동은 공과 지구 사이에 작용하는 중력에 의한 운동이다. 비스듬히 던져진 물체는 일정한 크기의 중력을 받아 포물선 궤적을 그리며 운동한다. 만약 중력이 작용하지 않으면 공은 처음 던져진 방향으로 직선 운동할 것이다.

C: 물의 낙하는 물과 지구 사이에 작용하는 중력에 의한 운동이다. 지표면 근처의 자유 낙하 운동은 중력에 의해 일어나는 현상이다.

02 정답 ③ ＊ 도체　　　　　　　　　　　**예상 문제**

그림은 어떤 도체 또는 부도체 중 하나의 모형을 나타낸 것이다.

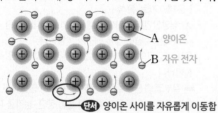

A 양이온
B 자유 전자

단서 양이온 사이를 자유롭게 이동함

이에 대한 옳은 설명만을 [보기]에서 있는 대로 고른 것은?

[보기]

ㄱ. 이 물체는 도체이다.
　자유 전자가 자유롭게 움직이고 있으므로 도체이다.
ㄴ. A는 이동하지 않고 고정되어 있다.
　양이온은 고정되어 있어서 이동하지 않는다.
ㄷ. B는 원자핵에 속박된 전자이다.
　자유 전자는 원자핵에서 벗어나 자유롭게 움직일 수 있다.

① ㄱ　② ㄷ　③ ㄱ, ㄴ　④ ㄴ, ㄷ　⑤ ㄱ, ㄴ, ㄷ

 단서＋발상

단서 자유 전자와 양이온의 모형이 제시되어 있다.

발상 자유 전자의 이동을 통해 이 모형은 도체임을 추론할 수 있다.

| 문제＋자료 분석 |

- A는 양이온, B는 자유 전자이다. 자유 전자가 양이온 사이의 공간에서 자유롭게 움직이고 있으므로 이 물체는 도체이다.

| 보기 분석 |

ㄱ. 자유 전자가 물질 내를 자유롭게 이동할 수 있는 도체이다.
ㄴ. A(양이온)는 이동하지 않고 고정되어 있고, 자유 전자가 양이온 사이를 이동하면서 전류가 흐른다.　함정
ㄷ. B(자유 전자)는 원자핵의 인력에서 벗어나 물질 속에서 자유롭게 이동하는 전자이다.

＊ 전기적 성질에 따른 물질의 구분

- 물질은 물질 내 자유 전자의 이동에 따른 전기적 성질에 따라 도체, 부도체(절연체), 반도체로 구분할 수 있다.

구분	도체	부도체(절연체)	반도체
물질 내 자유 전자	자유 전자가 많아 전류가 잘 흐름	자유 전자가 거의 없어 전류가 잘 흐르지 않음	특정 조건에 따라 자유 전자가 생겨 전류가 흐름
전기 전도성	높음	낮음	도체보다 낮고, 부도체보다 높음

그림은 효소인 카탈레이스에 의한 과산화 수소 분해 반응을 모식적으로 나타낸 것이다. A와 B는 각각 카탈레이스와 과산화 수소 중 하나이다.

이에 대한 설명으로 옳은 것만을 [보기]에서 있는 대로 고른 것은?

[보기]
ㄱ. A는 ~~카탈레이스~~이다.　과산화 수소
ㄴ. B의 주성분은 단백질이다.
　B는 효소이므로 주성분은 단백질이다.
ㄷ. B는 반응 전과 후에 변하지 않는다.
　B는 효소이므로 반응 전과 후에 변하지 않는다.

① ㄱ　② ㄷ　③ ㄱ, ㄷ　④ ㄴ, ㄷ　⑤ ㄱ, ㄴ, ㄷ

🧠 **단서＋발상**

단서 반응 전과 후에 B가 변하지 않으며, A는 반응 후 물과 산소로 분해됨이 그림으로 제시되어 있다.

발상 반응 후 다른 물질로 변화하는 A는 반응물이며, 반응 전과 후에 변하지 않는 B는 효소임을 추론할 수 있다.

적용 반응 전과 후의 효소, 반응물, 생성물의 변화를 적용해서 A와 B가 무엇인지 구하는 것부터 문제 풀이를 시작해야 한다.

| 문제＋자료 분석 |
· 카탈레이스는 과산화 수소 분해 반응을 촉매하는 효소다.
· 화학 반응이 끝나면 효소는 생성물과 분리되어 반응 전과 같은 상태가 되므로 촉매 작용을 반복할 수 있다.
· A는 반응 후 새로운 물질이 되므로 반응물인 과산화 수소를 나타낸 것이고, B는 반응 전과 후에 변화가 없으므로 효소인 카탈레이스를 나타낸 것이다.

| 보기 분석 |
ㄱ. A는 반응물인 과산화 수소다.
ㄴ. B는 효소인 카탈레이스로 주성분은 단백질이다. 달걀에 들어 있는 단백질이 높은 온도에서 변하는 것처럼 효소도 온도가 높아지면 촉매 기능을 잃는다.
ㄷ. 효소는 화학 반응이 끝나면 생성물과 분리되어 반응 전과 같은 상태가 되어 촉매 작용을 반복할 수 있다. 효소인 B는 반응 전과 후에 변하지 않는다.

＊ **효소, 반응물, 생성물**
· **효소**: 화학 반응을 촉매하는 생체 촉매로 화학 반응을 일으키는 활성화 에너지를 낮추어 화학 반응이 빠르게 일어나도록 한다.
· **반응물과 생성물**: 효소는 특정 반응물과 결합하여 화학 반응을 촉매하여 빠르게 생성물이 생성된다. 반응이 끝나면 효소는 생성물과 분리된다.
· 과산화 수소는 공기 중에서 물과 산소로 분해될 수 있지만 그 반응이 매우 느리다. 반응물인 과산화 수소에 효소인 카탈레이스를 넣으면 분해 반응의 활성화 에너지를 낮추어 생성물인 물과 산소로 빠르게 분해된다.

그림 (가)~(다)는 우주, 지구, 사람을 구성하는 주요 원소의 질량비를 순서 없이 나타낸 것이다.

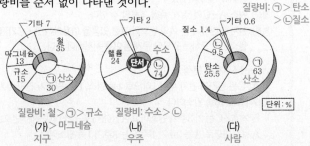

이에 대한 설명으로 옳은 것만을 [보기]에서 있는 대로 고른 것은? [3점]

[보기]
ㄱ. 지구를 구성하는 주요 원소의 질량비는 (가)이다.
　지구의 핵은 철로 이루어져 있다.
ㄴ. ㉠은 산소이다.
　(다)에서 사람을 구성하는 질량비가 가장 큰 원소 ㉠은 산소이다.
ㄷ. ㉡은 대부분 초기 우주에서 생성되었다.
　(나)에서 우주를 구성하는 질량비가 가장 큰 원소 ㉡은 수소이다.

① ㄱ　② ㄷ　③ ㄱ, ㄴ　④ ㄴ, ㄷ　⑤ ㄱ, ㄴ, ㄷ

단서 (가)는 철이, (나)는 ㉡과 헬륨이, (다)는 ㉠과 탄소의 질량비가 높게 제시되어 있다.

발상 (나)는 우주를 구성하는 주요 원소의 질량비임을 추론할 수 있다.

적용 ㉠과 ㉡의 원소를 알아내는 것부터 문제 풀이를 시작해야 한다.

| 문제＋자료 분석 |
· **(가)**: 질량비가 가장 큰 원소는 철이고, 두 번째로 큰 원소는 ㉠이다.
　➡ (가)는 지구를 구성하는 주요 원소의 질량비이다.
· **(나)**: 질량비가 가장 큰 원소는 ㉡이고, 두 번째로 큰 원소는 헬륨이다.
　➡ (나)는 우주를 구성하는 주요 원소의 질량비이고, ㉡은 수소이다.
· **(다)**: 질량비가 가장 큰 원소는 ㉠이고, 두 번째로 큰 원소는 탄소이다.
　➡ (다)는 사람을 구성하는 주요 원소의 질량비이고, ㉠은 산소이다.

| 보기 분석 |
ㄱ. 지구의 핵은 주로 철로 이루어져 있으므로 지구를 구성하는 주요 원소 중 철의 질량비가 가장 크게 나타난다. 따라서 (가)는 지구를 구성하는 주요 원소의 질량비이다.
ㄴ. ㉠은 사람을 구성하는 주요 원소의 질량비를 나타낸 (다)에서 가장 높게 나타나므로 산소이다.
ㄷ. ㉡은 우주를 구성하는 주요 원소의 질량비를 나타낸 (나)에서 두 번째로 높게 나타나므로 수소이다. 수소는 대부분 초기 우주에서 생성되었다.

05 정답 ①   * DNA의 구조

그림은 DNA 모형에 대해 학생 A~C가 대화하는 모습을 나타낸 것이다.

- 학생 B: 관찰되는 뉴클레오타이드는 ~~5종류~~ 야. 4종류
- 학생 C: 사이토신 수는 구아닌 수의 ~~2배~~ 다. 같음
- 학생 A: DNA는 이중 나선 구조야.
- 단서

제시한 내용이 옳은 학생만을 있는 대로 고른 것은?

① A   ② C   ③ A, B   ④ B, C   ⑤ A, B, C

 문제 풀이 꿀팁

- **DNA의 구조**: DNA의 단위체는 인산, 당, 염기가 1 : 1 : 1로 결합한 뉴클레오타이드이다. 하나의 뉴클레오타이드에 포함된 인산이 다른 뉴클레오타이드의 당과 결합하고, 이 결합이 반복되면 긴 사슬이 만들어진다. 대부분의 DNA는 두 가닥의 사슬이 결합한 이중 나선 구조다.
- **뉴클레오타이드의 종류**: DNA를 구성하는 뉴클레오타이드의 당은 디옥시라이보스이고, 염기는 아데닌(A), 구아닌(G), 사이토신(C), 타이민(T) 중 하나이다.
- **뉴클레오타이드의 상보적 결합**: DNA 이중나선에서 각 가닥의 염기들은 나선 안쪽에서 마주 보며 결합하고 있는데, 이때 아데닌은 항상 타이민과 상보적으로 결합하고, 구아닌은 항상 사이토신과 상보적으로 결합한다.

단서+발상

- **단서** 4종류의 뉴클레오타이드를 기본 단위체로 가지는 DNA 이중 나선 구조가 그림으로 제시되어 있다.
- **발상** 제시된 모형을 바탕으로 DNA가 이중 나선 구조이며 4종류의 뉴클레오타이드로 이루어져 있음을 추론할 수 있다.
- **적용** DNA의 구조를 적용해서 기본 단위체인 뉴클레오타이드의 종류와 상보적 결합을 파악하는 것부터 문제 풀이를 시작해야 한다.

| 문제+자료 분석 |

- DNA의 단위체는 뉴클레오타이드이며, DNA를 구성하는 뉴클레오타이드의 염기는 아데닌(A), 구아닌(G), 사이토신(C), 타이민(T)의 4종류이다. 한편 RNA를 구성하는 뉴클레오타이드의 염기는 아데닌(A), 구아닌(G), 사이토신(C), 유라실(U)의 4종류이다.
- DNA는 두 가닥의 폴리뉴클레오타이드 사슬이 결합한 이중 나선 구조이며, 항상 구아닌과 사이토신이 상보적으로 결합하고 아데닌과 타이민이 상보적으로 결합하므로 그 수를 비교할 수 있다.

| 선택지 분석 |

① **학생 A**: DNA는 두 가닥의 폴리뉴클레오타이드 사슬이 결합한 이중나선구조다. ➡ 옳음

학생 B: DNA의 뉴클레오타이드를 이루는 당과 인산은 모두 동일하며, 각각의 뉴클레오타이드는 아데닌(A), 구아닌(G), 사이토신(C), 타이민(T)의 4종류 중 한 가지의 염기를 가지므로, DNA에서 관찰되는 뉴클레오타이드는 4종류다. ➡ 옳지 않음

학생 C: DNA 이중나선에서 각 가닥의 염기는 마주 보며 결합하고 있는데, 항상 구아닌과 사이토신이 상보적으로 결합한다. 따라서 어떤 DNA에서 관찰되는 사이토신 수와 구아닌 수는 같다. ➡ 옳지 않음

---

06 정답 ⑤   * 원자가 전자, 주기율표

표는 2, 3주기 원소 A~C에 대한 자료이다. 원자 번호는 C가 B보다 크다. 단서

C는 원자 번호 11번, 1족이므로 3주기 1족 ➡ B는 2주기 16족

원소	A	B	C
원자가 전자 수	1 1족	6 16족	1 1족
원자 번호	3	㉠ 8	11

이에 대한 설명으로 옳은 것만을 [보기]에서 있는 대로 고른 것은? (단, A~C는 임의의 원소 기호이다.)

[보기]

ㄱ. ㉠은 8이다.
  B는 2주기 16족 원소이므로 원자 번호는 8이다.
ㄴ. A와 B는 모두 2주기 원소이다.
  A는 2주기 1족, B는 2주기 16족으로 모두 2주기 원소이다.
ㄷ. A와 C는 화학적 성질이 비슷하다.
  A와 C는 같은 족 원소이므로 화학적 성질이 비슷하다.

① ㄱ   ② ㄷ   ③ ㄱ, ㄴ   ④ ㄴ, ㄷ   ⑤ ㄱ, ㄴ, ㄷ

단서+발상

- **단서** 원소 A~C는 2, 3주기 원소라는 것과 각 원소의 원자가 전자 수, 원자 번호가 제시되어 있다.
- **발상** 원소 A~C의 주기, 족을 추론할 수 있다.
- **적용** 원자가 전자 수는 족의 번호와 관련 있음을 이용하여 A~C가 몇 족 원소인지 구하는 것부터 문제 풀이를 시작해야 한다.

| 문제+자료 분석 |

- A, C는 원자가 전자 수가 1이므로 1족 원소, B는 원자가 전자 수가 6이므로 16족 원소이다.
- 원소 A~C는 2, 3주기 원소이고 A, C는 1족 원소이며 원자 번호는 A<C이므로 A는 2주기 1족, C는 3주기 1족 원소이다.
- 원자 번호는 C>B이고 C는 3주기 1족 원소이므로 B는 2주기 16족 원소이다.

| 보기 분석 |

ㄱ. B는 2주기 16족 원소이므로 원자 번호 ㉠은 8이다.
ㄴ. A는 2주기 1족, B는 2주기 16족이므로 모두 2주기 원소이다.
ㄷ. A와 C는 같은 족 원소이므로 화학적 성질이 비슷하다.

* 원자가 전자

- 원자가 전자는 원자의 마지막 껍질에 존재하면서 화학 반응에 관여하는 전자로, 원소의 화학적 성질을 결정한다. 같은 족 원소는 원자가 전자 수가 같으므로 화학적 성질도 서로 비슷하다.

그림은 정지해 있는 벽에 자동차가 충돌하는 모의 실험을 나타낸 것이다.

단서
자동차의 운동량 변화량
＝자동차가 벽으로부터 받는 충격량

에어백
➡ 충돌 시간↑

관성에 의해 계속 운동 방향으로 운동하려고 하기 때문에 인체 모형이 앞으로 쏠리게 된다.

범퍼 찌그러짐
➡ 충돌 시간↑

자동차가 벽에 충돌하는 동안, 이에 대한 설명으로 옳은 것만을 [보기]에서 있는 대로 고른 것은?

[보기]
ㄱ. 인체 모형이 앞으로 쏠리는 것은 관성에 의한 현상이다.
　관성에 의해 운동하던 방향으로 계속 운동하려고 한다.
ㄴ. 에어백은 인체 모형이 힘을 받는 시간을 길게 해 준다.
　에어백이 찌그러지는 동안 충돌 시간이 길어진다.
ㄷ. 범퍼는 자동차가 벽으로부터 받는 충격량의 크기를 ~~감소~~시킨다.
　자동차의 운동량 변화량은 같으므로 충격량의 크기도 같다.

① ㄱ　　② ㄷ　　③ ㄱ, ㄴ　　④ ㄴ, ㄷ　　⑤ ㄱ, ㄴ, ㄷ

단서＋발상

단서 벽과 자동차가 충돌하는 모습이 제시되어 있다.
발상 운동량 변화가 있으므로 충격량을 받았음을 추론할 수 있다.
적용 (충격량)＝(평균 힘×충돌 시간)을 적용해서 힘을 구하는 것부터 문제 풀이를 시작해야 한다.

| 문제＋자료 분석 |
• 벽에 자동차가 충돌하면 운동하던 물체가 정지하며 운동량의 변화가 일어난다.
• 범퍼가 찌그러지면서 자동차의 충돌 시간이 길어진다.
• 에어백은 인체 모형이 힘을 받는 시간을 길게 한다.

| 보기 분석 |
ㄱ 인체 모형은 자동차와 함께 운동하고 있었으므로 자동차가 정지하면 관성에 의해 계속 운동 방향으로 운동하려고 한다. 이로 인해 인체 모형은 앞으로 쏠려 핸들에 충돌하는 현상이 나타난다.

ㄴ 에어백과 같이 푹신하고 모양이 잘 변하는 물체가 있으면 충돌 시간이 길어져 충돌하는 물체로부터 힘을 받는 시간을 길게 하는 효과가 있다.

ㄷ. 충격량의 크기는 운동량의 변화량과 같다. 범퍼가 있든 없든 자동차의 운동량 변화량은 차이가 없으므로 자동차가 벽으로부터 받는 충격량의 크기도 차이가 없다. **함정**

왜 틀렸나?
• 안전장치의 효과를 판단할 때는 다른 조건을 모두 같게 하고 안전장치의 유무에 따른 차이를 봐야 한다. 벽과 충돌하기 전 자동차의 속력은 똑같이 하고 벽과 충돌시키면 자동차의 운동량 변화량은 범퍼의 유무와 무관하게 같다. 따라서 자동차가 벽으로부터 받는 충격량의 크기도 범퍼의 유무와 무관하게 같다.

2024.9
11회

그림은 어떤 식물 세포의 구조를 나타낸 것이다. A~C는 각각 핵, 엽록체, 마이토콘드리아 중 하나이다.

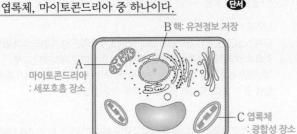

단서
B 핵: 유전정보 저장
A 마이토콘드리아 : 세포호흡 장소
C 엽록체 : 광합성 장소

이에 대한 설명으로 옳은 것만을 [보기]에서 있는 대로 고른 것은?

[보기]
ㄱ. ~~A~~에서 광합성이 일어난다.
　C(엽록체)
ㄴ. B에는 핵산이 있다.
　B는 핵으로 핵산이 있다.
ㄷ. C는 ~~마이토콘드리아~~이다.
　엽록체

① ㄴ　　② ㄷ　　③ ㄱ, ㄴ　　④ ㄱ, ㄷ　　⑤ ㄱ, ㄴ, ㄷ

단서＋발상

단서 식물의 세포소기관으로 핵, 엽록체, 마이토콘드리아가 제시되어 있다.
발상 내막이 구불구불한 A가 마이토콘드리아, 핵막을 가지며 소포체와 인접한 B가 핵, 납작한 원반형 구조물이 겹겹이 쌓인 C가 엽록체임을 추론할 수 있다.
적용 세포소기관의 형태적 특징을 적용해서 A~C가 핵, 엽록체, 마이토콘드리아 중 무엇인지 파악하는 것부터 문제 풀이를 시작해야 한다.

| 문제＋자료 분석 |
• A는 구불구불한 내막을 가지고 있으며, 이 내막에 세포호흡에 필요한 효소가 있다. **꿀팁**
　A는 세포호흡이 일어나 생명활동을 하는 데 필요한 형태의 에너지를 생산하는 마이토콘드리아다.
• B는 이중막의 핵막을 가지며, 라이보솜이 붙어 있는 소포체와 인접해 있다. B는 유전 물질을 가져 생명활동을 조절하는 핵이다.
• C는 납작한 원반형 구조물이 겹겹이 쌓여 있으며, 이 구조물에 광합성에 필요한 색소와 효소가 있다. **꿀팁**
　C는 광합성이 일어나 포도당을 합성하는 엽록체다.

| 보기 분석 |
ㄱ. A는 마이토콘드리아로 세포호흡이 일어나며, 엽록체인 C에서 광합성이 일어난다.

ㄴ B는 핵으로 유전정보를 저장하는 물질인 핵산을 가지고 있다.

ㄷ. 내부에 납작한 원반형 구조물이 겹겹이 쌓여 있는 C는 엽록체이다.

문제 풀이 **꿀팁**
• 식물 세포의 모식도에서 엽록체와 마이토콘드리아를 찾을 때는 각 세포소기관 내부 구조를 확인해야 한다. 엽록체의 내부에는 납작한 원반형 구조물이 규칙적으로 여러 겹 쌓여 있으며, 마이토콘드리아 내부에는 구불구불한 내막이 불규칙적으로 그려져 있다.

그림 (가)는 전자 현미경을, (나)는 제임스 웹 우주 망원경을 나타낸 것이다. **단서**

원자 규모 측정

우주 규모 측정

(가)　　　　　　　　　　(나)

이에 대한 옳은 설명만을 [보기]에서 있는 대로 고른 것은?

[보기]

ㄱ. 측정 대상의 규모는 (가)보다 (나)가 크다.
　　(가) 원자 규모 < (나) 우주 규모
ㄴ. (가)는 나노 단위로 물체를 관찰하고 분석할 수 있다.
　　전자 현미경은 나노초 이하 단위까지 측정할 수 있다.
ㄷ. 별이나 행성을 관측하는 데 사용하는 첨단 장비는 (나)이다.
　　우주 망원경은 별이나 행성을 관측하는 데 사용한다.

① ㄱ　　② ㄷ　　③ ㄱ, ㄴ　　④ ㄴ, ㄷ　　⑤ ㄱ, ㄴ, ㄷ

🧠 **단서＋발상**

단서 (가) 전자 현미경과 (나) 제임스 웹 우주 망원경이 제시되어 있다.

발상 (가)와 (나)의 특징을 통해 측정 대상의 규모를 추론할 수 있다.

적용 (가)와 (나)의 특징을 적용하여 쓰임새를 구하는 것부터 문제 풀이를 시작해야 한다.

| 문제＋자료 분석 |
· **(가)**: 전자 현미경은 원자 규모의 자연 현상을 관측할 때 사용한다.
· **(나)**: 우주 망원경은 우주 규모의 자연 현상을 관측할 때 사용한다.

| 보기 분석 |
ㄱ. 측정 대상의 규모는 (가)는 원자 규모, (나)는 우주 규모이므로 (가)보다 (나)가 크다.

ㄴ. 전자 현미경은 원자나 분자 내부의 움직임을 나노초 이하 단위까지 측정할 수 있다.

ㄷ. 우주 망원경은 별이나 행성들을 관측하는 데 사용하는 첨단 장비이다.

＊ **길이의 측정**
· **과거**: 눈으로 보이는 움직임이나 물체의 크기에 대한 측정만 가능하였다.
· **현대**: 위성 위치 확인 시스템(GPS)이나 전자 현미경 등을 이용하여 눈으로 볼 수 없는 움직임이나 물체의 크기까지도 측정할 수 있게 되었다.

다음은 염화 나트륨(NaCl)의 전기 전도성을 알아보기 위한 실험이다.

〈실험 과정 및 결과〉
(가) 비커에 고체 NaCl을 넣고 간이 전기 전도계를 대었더니 변화가 없었다. 고체 NaCl은 전기 전도성이 없다.
(나) (가)의 비커에 증류수를 넣어 NaCl을 완전히 녹인 후 간이 전기 전도계를 대었더니, 소리가 나며 불이 켜졌다. **단서**
　　NaCl 수용액은 전기 전도성이 있다.

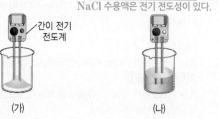

간이 전기
전도계

(가)　　　　　　　　(나)

이에 대한 설명으로 옳은 것만을 [보기]에서 있는 대로 고른 것은? [3점]

[보기]

ㄱ. NaCl은 공유 결합 물질이다.
　　고체 상태에서는 전기 전도성이 없고 수용액에서 전기 전도성이 있으므로 이온 결합 물질이다.
ㄴ. NaCl을 구성하는 이온은 수용액 상태에서 이동할 수 있다.
　　수용액에서 전기 전도성이 있는 것으로 보아 이온이 이동할 수 있다.
ㄷ. NaCl대신 설탕($C_{12}H_{22}O_{11}$)으로 실험해도 (나)의 실험 결과는 동일하다.
　　설탕($C_{12}H_{22}O_{11}$) 수용액은 전기 전도성이 없다.

① ㄱ　　② ㄴ　　③ ㄱ, ㄷ　　④ ㄴ, ㄷ　　⑤ ㄱ, ㄴ, ㄷ

🧠 **단서＋발상**

단서 NaCl 고체와 수용액에서 전기 전도성 실험 결과가 제시되어 있다.

발상 고체 상태와 수용액 상태의 전기 전도성으로부터 NaCl의 화학 결합의 종류를 추론할 수 있다.

적용 이온 결합 물질과 공유 결합 물질의 전기적 성질을 적용해서 NaCl의 결합의 종류를 구하는 것부터 문제 풀이를 시작해야 한다.

| 문제＋자료 분석 |
· 고체 NaCl은 전기 전도성이 없고 NaCl 수용액은 전기 전도성이 있는 것으로 보아 NaCl에는 전하를 띤 입자인 이온이 존재하지만 고체 상태에서는 움직일 수 없고 수용액 상태에서는 이동하면서 전기가 통하게 함을 알 수 있다. 따라서 NaCl은 이온 결합 물질이다.

| 보기 분석 |
ㄱ. 공유 결합 물질은 전하를 띠는 입자로 구성되지 않았으므로 고체 상태와 수용액 상태 모두 전기 전도성이 없다. 고체 상태에서 전기 전도성이 없지만 수용액에서 전기 전도성이 있는 것으로 보아 NaCl은 이온 결합 물질이다.

ㄴ. NaCl 수용액이 전기 전도성이 있는 것으로 보아 NaCl을 구성하는 Na^+과 Cl^-은 수용액에서 이동하면서 전기가 통하게 한다는 것을 알 수 있다.

ㄷ. 설탕($C_{12}H_{22}O_{11}$)은 전하를 띤 입자로 구성된 물질이 아니라 비금속 원자 간 공유 결합으로 이루어진 물질이므로 수용액에서 전기 전도성이 없다.

＊ **이온 결합 물질과 공유 결합 물질의 전기 전도성**
· 이온 결합 물질은 전하를 띤 입자인 양이온과 음이온으로 구성되어 있다. 고체 상태에서는 이온이 움직일 수 없으므로 전기가 통하지 않지만, 액체 상태나 수용액 상태에서는 이온들이 자유롭게 이동할 수 있어 전기가 통한다.
· 공유 결합 물질을 구성하는 입자는 전하를 띠지 않으므로 액체나 수용액 상태가 되어도 전기가 통하지 않는다.

11 정답 ⑤ ★ 신호의 종류와 발생 ······························· [정답률 76%] 2017 실시 11월 학평 2 과학 - 물리

그림은 메모리 카드에 저장된 디지털 정보가 신호 변환기를 거쳐 스피커를 통해 소리로 발생되는 모습을 나타낸 것이다.

아날로그 신호
스피커

메모리 카드   단서 신호 변환기
디지털 신호   디지털 신호
처리   ➡ 아날로그 신호 변환

이에 대한 설명으로 옳은 것만을 [보기]에서 있는 대로 고른 것은? [3점]

[보기]
ㄱ. 메모리 카드에는 0과 1로 구성된 2진수의 신호로 정보가 저장되어 있다.
메모리 카드는 디지털 신호(0과 1로 구성)를 저장한다.
ㄴ. 신호 변환기에서는 디지털 신호가 아날로그 신호로 변환된다.
디지털 정보는 신호 변환기를 거쳐 소리(아날로그 신호)로 발생한다.
ㄷ. 스피커에서 발생한 소리는 공기의 진동에 의해 전달된다.
소리는 공기의 진동에 의해 전달되는 파동 형태의 신호이다.

① ㄱ   ② ㄴ   ③ ㄱ, ㄷ   ④ ㄴ, ㄷ   ⑤ ㄱ, ㄴ, ㄷ

단서+발상

단서 디지털 정보가 신호 변환기를 거쳐 스피커를 통해 소리로 발생되는 모습이 제시되어 있다.

발상 스피커를 통해 나오는 소리는 아날로그 신호임을 추론할 수 있다.

| 문제+자료 분석 |
• 컴퓨터 내에서는 디지털 신호만을 처리하지만 스피커로 소리를 낼 때는 아날로그 신호가 출력된다.

| 보기 분석 |
ㄱ. 메모리 카드에 저장된 정보는 디지털 신호이므로 0과 1로 구성된 2진수의 신호이다.
ㄴ. 스피커를 통해 소리를 발생시키기 위해서는 디지털 신호가 신호 변환기에서 아날로그 신호로 변환되어야 한다.
ㄷ. 스피커에서 발생한 소리는 공기의 진동에 의해 전달되는 파동 형태의 신호이다.

★ 아날로그 신호와 디지털 신호
• 아날로그 신호: 시간에 따라 신호의 세기가 연속적으로 변하는 신호
  예 자연에서 발생하는 대부분의 신호(빛, 소리, 지진파 등)
• 디지털 신호: 시간에 따라 신호의 세기가 불연속적으로 변하는 신호
  예 컴퓨터 등의 정보 통신 분야에서 처리하는 신호

12 정답 ④ ★ 운동량과 충격량 ······························· [정답률 76%] 2024 실시 9월 학평 12

그림 (가)는 포수가 글러브를 움직이지 않고 야구공을 받는 모습을, (나)는 포수가 글러브를 뒤로 빼면서 야구공을 받는 모습을 나타낸 것이다. 그림 (다)의 그래프 P와 Q는 (가)와 (나)에서 야구공이 글러브에 닿는 순간부터 정지할 때까지 글러브가 야구공으로부터 받는 힘의 크기를 시간에 따라 나타낸 것으로, 각각 (가)와 (나) 중 하나에 해당한다. (다)에서 그래프와 시간 축이 만드는 면적은 P와 Q가 같다. 단서 충격량의 크기와 같음

Q는 힘이 작용하는 시간이 P보다 길다.
➡ P는 (가), Q는 (나)

힘의 크기
P
Q
0   시간

(가)   (나)   (다)

이에 대한 설명으로 옳은 것만을 [보기]에서 있는 대로 고른 것은? [3점]

[보기]
ㄱ. Q는 (가)에 대한 그래프이다.
Q는 힘이 작용하는 시간이 더 길므로 (나)에 대한 그래프
ㄴ. 충돌하는 동안 글러브에 작용한 충격량의 크기는 (가)에서와 (나)에서가 같다.
면적은 P와 Q가 같으므로 충격량의 크기도 (가)와 (나)가 같다.
ㄷ. 글러브에 닿기 직전 야구공의 운동량의 크기는 (가)에서와 (나)에서가 같다.
충격량의 크기는 운동량의 변화량과 같으므로 (가)와 (나)가 같다.

① ㄱ   ② ㄷ   ③ ㄱ, ㄴ   ④ ㄴ, ㄷ   ⑤ ㄱ, ㄴ, ㄷ

단서+발상

단서 힘의 크기를 시간에 따라 나타낸 그래프가 제시되어 있다.

발상 그래프와 시간축이 만드는 면적으로부터 충격량의 크기를 추론할 수 있다.

적용 운동량의 변화량은 충격량과 같다는 것을 적용해서 충돌 전 운동량을 구하는 것부터 문제 풀이를 시작해야 한다.

| 문제+자료 분석 |
• 포수가 글러브를 뒤로 빼면서 야구공을 받으면 힘이 작용하는 시간이 길어지므로 P는 (가), Q는 (나)의 상황을 나타낸 그래프이다.
• 그래프와 시간 축이 만드는 면적은 충격량의 크기와 같고, 면적은 P와 Q가 같으므로 야구공의 충격량의 크기는 (가)와 (나)에서 서로 같다.

| 보기 분석 |
ㄱ. Q는 힘이 작용하는 시간이 P보다 길다. 따라서 Q는 글러브를 뒤로 빼면서 받는 (나)에 대한 그래프이다.
ㄴ. 그래프와 시간 축이 만드는 면적은 P와 Q가 같으므로 충돌하는 동안 글러브에 작용한 충격량의 크기는 (가)에서와 (나)에서가 같다.
ㄷ. 운동량의 변화량은 충격량과 같고, 야구공은 충돌 후 정지하므로 글러브에 닿기 직전(충돌 직전) 야구공의 운동량의 크기는 충격량의 크기와 같다.
충격량의 크기는 (가)와 (나)에서 서로 같으므로 글러브에 닿기 직전 야구공의 운동량의 크기도 (가)에서와 (나)에서가 같다.

왜 틀렸나?
• 충격량과 충돌할 때 작용하는 힘의 크기(평균 힘)를 혼동하면 오답을 고르게 된다. (다)에서 힘의 크기는 P가 더 크고, P는 (가)이므로 충격량과 힘의 크기를 혼동하는 경우 [보기] ㄴ을 오답으로 고르게 된다.
• (충격량) = (운동량의 변화량) = (충돌 후 운동량 - 충돌 전 운동량)인데, 야구공을 받으면 정지하므로 충돌 후 운동량이 0인 상황이다. 따라서 충격량의 크기와 충돌 전 운동량, 즉 글러브에 닿기 직전 야구공의 운동량의 크기는 서로 같다.
(충격량의 크기) = (글러브에 닿기 직전 야구공의 운동량의 크기)

그림 (가)는 높이에 따른 기권의 기온 분포를, (나)는 깊이에 따른 해수의 수온 분포를 나타낸 것이다.

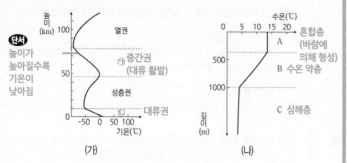

단서
높이가 높아질수록 기온이 낮아짐

이에 대한 설명으로 옳은 것만을 [보기]에서 있는 대로 고른 것은? [3점]

[보기]

ㄱ. ㉠에서는 대류가 일어난다.
   중간권(㉠)에서는 대류 현상이 일어난다.
ㄴ. ㉡에서 발생하는 바람은 A의 두께에 영향을 준다.
   대류권(㉡)의 바람이 강할수록 혼합층(A)이 두꺼워진다.
ㄷ. 깊이에 따른 수온의 변화는 B에서가 C에서보다 ~~작다~~
   깊이에 따른 수온 변화는 수온 약층(B)에서 가장 크다.

① ㄱ   ② ㄴ   ③ ㄷ   ④ ㄱ, ㄴ   ⑤ ㄴ, ㄷ

단서+발상

(단서) 기권과 수권의 층상 구조가 각각 제시되어 있다.
(발상) 각 층의 명칭과 온도 변화를 비교하여 특징을 추론할 수 있다.
(적용) 기권과 수권에서 층상 구조가 형성된 과정을 파악하는 것부터 문제 풀이를 시작해야 한다.

| 문제+자료 분석 |

· (가): 기권은 높이에 따른 기온 분포를 기준으로 대류권, 성층권, 중간권, 열권으로 구분한다. 대류 현상은 ㉠과 ㉡에서 일어난다.
➡ ㉠은 중간권, ㉡은 대류권이다.
· (나): 해수는 깊이에 따른 수온 분포를 기준으로 혼합층, 수온 약층, 심해층으로 구분한다.
➡ A는 혼합층, B는 수온 약층, C는 심해층이다. 깊이에 따른 수온 변화는 B에서 가장 크다.

| 보기 분석 |

ㄱ. ㉠은 중간권이다. 중간권에서는 높이가 높아질수록 기온이 낮아지며, 대류가 일어난다.
ㄴ. ㉡은 대류권이다. 대류권에서 부는 바람은 해수의 혼합 작용을 일으키므로, 바람이 강할수록 혼합층의 두께가 두꺼워진다.
ㄷ. 깊이에 따른 수온 변화는 수온 약층에서 가장 크게 나타나며, 심해층에서는 거의 수온 변화가 나타나지 않는다.

✱ 기권과 수권의 층상 구조 비교

구분	기권	수권
층을 구분하는 기준	기온 변화	수온 변화
대류가 활발한 층	대류권, 중간권	혼합층
가장 안정한 층	성층권	수온 약층
일교차가 가장 큰 층	열권	혼합층
밀도가 가장 큰 층	대류권	심해층

그림은 주기율표의 일부를 나타낸 것이다.

단서

A~D에 대한 설명으로 옳은 것만을 [보기]에서 있는 대로 고른 것은? (단, A~D는 임의의 원소 기호이다.) [3점]

[보기]

ㄱ. A는 ~~알칼리 금속~~이다.
   A는 1주기 1족 원소인 수소(H)이므로 알칼리 금속이 아니다.
ㄴ. C는 B보다 전자를 얻기 쉽다.
   C는 원자가 전자 7개, B는 원자가 전자 1개로 C가 B보다 전자를 얻기 쉽다.
ㄷ. 화합물 BC와 DC₂에서 음이온의 전자 배치는 같다.
   화합물 BC와 DC₂에서 음이온은 모두 C 이온이므로 전자 배치는 같다.

① ㄱ   ② ㄴ   ③ ㄱ, ㄴ   ④ ㄴ, ㄷ   ⑤ ㄱ, ㄴ, ㄷ

단서+발상

(단서) 원소 A~D의 주기와 족이 제시되어 있다.
(발상) 주기와 족으로부터 각 원소의 성질을 추론할 수 있다.
(적용) 각 원소가 몇 족 원소인지로부터 원자가 전자 수를 구하는 것부터 문제 풀이를 시작해야 한다.

| 문제+자료 분석 |

· A는 1주기 1족 원소이므로 수소(H)이다.
· B는 2주기 1족 원소로 원자가 전자 1개인 알칼리 금속, C는 2주기 17족 원소로 원자가 전자 7개인 비금속 원소, D는 3주기 2족 원소로 원자가 전자 2개인 금속 원소이다.

| 보기 분석 |

ㄱ. A는 1주기 1족 원소인 수소(H)이므로 알칼리 금속이 아니다.
ㄴ. C는 17족 원소로 원자가 전자 수가 7이므로 전자 1개를 얻어 1가 음이온이 되기 쉽고, B는 1족 원소로 전자 1개를 잃어 1가 양이온이 되기 쉽다. 따라서 C는 B보다 전자를 얻기 쉽다.
ㄷ. 화합물 BC는 B^+과 C^-으로 이루어져 있고, 화합물 DC_2는 D^{2+}과 C^-으로 이루어져 있어 음이온은 C^-으로 같으므로 전자 배치도 같다.

 문제 풀이 🍯팁

· **원자가 전자 수에 따른 이온의 형성:** 원자가 전자 수가 1, 2인 1족, 2족 원소는 전자를 잃어 각각 1가, 2가의 양이온이 되기 쉽고, 원자가 전자 수가 7인 원소는 전자 1개를 얻어 1가 음이온이 되기 쉽다.

다음은 질량이 서로 다른 별 A와 B의 진화 과정을 나타낸 것이다.

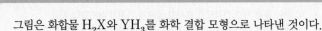

초신성 폭발 ➡ 철보다 무거운 원소가 생성

단서
- A: 주계열성 → 초거성 → ㉠ → 중성자별
- B: 주계열성 → 적색 거성 → 행성상 성운 → 백색 왜성

이에 대한 설명으로 옳은 것만을 [보기]에서 있는 대로 고른 것은?

─[보기]─
ㄱ. '초신성 폭발'은 ㉠으로 적절하다.
초거성은 초신성 폭발을 거쳐 중성자별로 진화한다.
ㄴ. 철보다 무거운 원소는 ~~별 B~~의 진화 과정에서 생성된다.
철보다 무거운 원소는 별 A의 초신성 폭발 과정에서 생성된다.
ㄷ. 주계열성 단계에서의 질량은 별 A가 별 B보다 ~~작다~~.
별의 질량은 A가 B보다 크다.

① ㄱ   ② ㄷ   ③ ㄱ, ㄴ   ④ ㄴ, ㄷ   ⑤ ㄱ, ㄴ, ㄷ

단서+발상

단서 질량이 다른 두 별 A와 B의 진화 경로가 제시되어 있다.

발상 진화 경로를 비교하여 두 별의 상대적 질량, 생성 가능한 원소의 종류를 추론할 수 있다.

적용 두 별의 최종 진화 단계로부터 초신성 폭발이 일어날 수 있는 별을 파악하는 것부터 문제 풀이를 시작해야 한다.

| 문제+자료 분석 |
- A: 초거성으로 진화한다. ➡ A는 질량이 태양보다 훨씬 큰 별이다. A는 최종적으로 중성자별이 된다. ➡ 초신성 폭발을 일으킨다.
- B: 적색 거성으로 진화한다. ➡ B는 질량이 태양과 비슷한 별이다. B는 최종적으로 백색 왜성이 된다. ➡ 초신성 폭발이 일어나지 않는다.

| 보기 분석 |
ㄱ. A는 최종 진화 단계에서 중성자별이 되므로 초신성 폭발이 일어난다.
ㄴ. 철보다 무거운 원소는 초신성 폭발이 일어날 때 만들어지므로 A의 진화 과정에서 생성된다.
ㄷ. 별의 질량은 초신성 폭발을 일으키는 A가 B보다 크다.

★ **별의 각 진화 단계에서 생성되는 원소의 종류**

구분	질량이 태양과 비슷한 별	질량이 태양보다 훨씬 큰 별
주계열성	헬륨	헬륨
거성(또는 초거성)	헬륨, 탄소(산소)	헬륨, 탄소, 산소, 네온, 마그네슘, 규소, 황, 철
초신성 폭발	—	금, 은, 우라늄 등

2024. 9
11회

그림은 화합물 H_2X와 YH_3를 화학 결합 모형으로 나타낸 것이다.

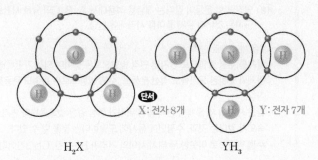

단서
X: 전자 8개   Y: 전자 7개

H_2X YH_3

이에 대한 설명으로 옳은 것만을 [보기]에서 있는 대로 고른 것은?

─[보기]─
ㄱ. H_2X에서 X의 전자 배치는 비활성 기체인 네온(Ne)과 같다.
H_2X에서 X는 전자 10개로 전자 배치가 원자 번호 10번인 네온(Ne)과 같다.
ㄴ. X와 Y는 모두 비금속 원소이다.
X는 전자 8개로 산소(O), Y는 전자 7개로 질소(N)이므로 모두 비금속 원소이다.
ㄷ. 공유하는 전자쌍의 수는 X_2가 Y_2보다 ~~크다~~.
공유하는 전자쌍은 X_2가 2개, Y_2가 3개로 X_2가 Y_2보다 작다.

① ㄱ   ② ㄷ   ③ ㄱ, ㄴ   ④ ㄴ, ㄷ   ⑤ ㄱ, ㄴ, ㄷ

단서+발상

단서 화합물 H_2X와 YH_3의 화학 결합 모형이 제시되어 있다.

발상 원소 X, Y의 전자 수를 추론할 수 있다.

적용 원소 X, Y의 전자 수로부터 각 원소가 무엇인지를 구하는 것부터 문제 풀이를 시작해야 한다.

| 문제+자료 분석 |
- H_2X에서 X는 전자 8개이므로 산소(O)이다.
- YH_3에서 Y는 전자 7개이므로 질소(N)이다.

| 보기 분석 |
ㄱ. H_2X에서 X는 공유 전자쌍 2개를 이루면서 전자 10개를 만족하게 되어 원자 번호 10번인 네온(Ne)과 전자 배치가 같다.
ㄴ. X는 전자 8개인 산소(O), Y는 전자 7개인 질소(N)로 모두 비금속 원소이다.
ㄷ. X_2에서 X는 원자가 전자 6개이므로 전자 2개씩을 내놓아 공유하는 2중 결합, Y_2에서 Y는 원자가 전자 5개이므로 전자 3개씩을 내놓아 공유하는 3중 결합을 하므로 공유하는 전자쌍 수는 X_2가 Y_2보다 작다.

★ **원자가 전자 수와 공유 전자쌍 수**

- 공유 결합이 형성되면 원자는 비활성 기체와 같은 전자 배치를 한다. 원자가 전자 수가 6인 산소 원자(O)는 전자 2개를 얻어 마지막 껍질에 전자 10개를 만족하게 되므로, 산소 분자(O_2)를 형성할 때 각 산소 원자가 전자 2개씩을 내놓아 공유 전자쌍 2개를 형성한다. 이것을 2중 결합이라 한다.

- 원자가 전자 수가 5인 질소 원자(N)가 질소 분자(N_2)를 형성할 때는 각 질소 원자가 전자 3개씩을 내놓아 공유 전자쌍 3개를 형성한다. 이것을 3중 결합이라 한다.

그림은 산안드레아스 단층이 속한 판의 경계와 판의 상대적인 이동 방향을 나타낸 것이다.

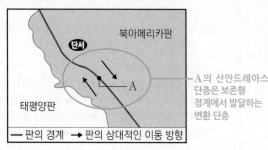

━ 판의 경계 → 판의 상대적인 이동 방향

A 지역에 대한 설명으로 옳은 것만을 [보기]에서 있는 대로 고른 것은?

─────────[보기]─────────

ㄱ. 지진 활동이 활발하다.
　보존형 경계이므로 지진 활동이 활발하다.
ㄴ. 맨틀 대류의 ~~하강부~~에 위치한다.
　보존형 경계는 맨틀 대류의 상승부 또는 하강부에 위치하지 않는다.
ㄷ. 두 판이 서로 어긋나게 이동한다.
　두 판이 서로 평행하게 어긋나게 이동한다.

① ㄱ　　② ㄴ　　③ㄱ, ㄷ　　④ ㄴ, ㄷ　　⑤ ㄱ, ㄴ, ㄷ

단서＋발상

(단서) 판의 경계와 판의 상대적 이동 방향이 제시되어 있다.
(발상) 두 판이 서로 반대 방향으로 어긋나게 이동하고 있다는 것으로부터 보존형 경계임을 추론할 수 있다.
(적용) 보존형 경계에서 나타나는 지각 변동의 특징을 파악하는 것부터 문제 풀이를 시작해야 한다.

| 문제＋자료 분석 |
・ A에서 두 판의 상대적 이동 방향은 서로 평행하며, 반대 방향으로 어긋난다.
・ A의 산안드레아스 단층은 보존형 경계에서 발달하는 변환 단층이다.
・ 보존형 경계에서는 지진이 활발하고, 화산 활동은 거의 일어나지 않는다.

| 보기 분석 |
ㄱ. A 지역은 보존형 경계이므로 지진 활동이 활발하다.
ㄴ. 보존형 경계에서는 판이 생성되거나 소멸하지 않으므로 맨틀 대류의 상승부 또는 하강부에 위치하지 않는다.
ㄷ. A 지역에서는 태평양판과 북아메리카판이 서로 어긋나게 이동한다.

＊ 보존형 경계의 특징
・ 두 판이 서로 반대 방향으로 어긋나는 경계
・ 판의 생성이나 소멸이 없음
・ 주로 해령과 해령 사이에 변환 단층이 발달함
・ 천발 지진이 자주 발생, 화산 활동은 거의 없음

그림은 같은 높이에서 공 A를 가만히 놓는 동시에 공 B와 C를 수평 방향으로 던졌을 때, 세 공의 위치를 일정한 시간 간격으로 나타낸 것이다. A, B, C의 질량은 같다.

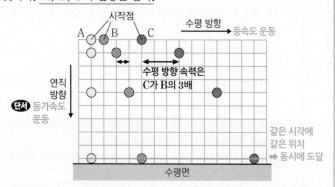

이에 대한 설명으로 옳은 것만을 [보기]에서 있는 대로 고른 것은? (단, 공의 크기와 공기 저항은 무시한다.) [3점]

─────────[보기]─────────

ㄱ. A는 B보다 수평면에 ~~먼저~~ 도달한다.
　A, B, C가 모두 동시에 도달한다.
ㄴ. 운동하는 동안 A와 C에 작용하는 힘의 크기는 같다.
　질량이 같으므로 같은 크기의 중력이 작용한다.
ㄷ. 운동하는 동안 수평 방향의 속력은 C가 B의 ~~2배~~이다.
　같은 시간 간격 동안 B는 1칸, C는 3칸 이동하므로 C가 B의 3배이다.

① ㄱ　　② ㄴ　　③ ㄱ, ㄷ　　④ ㄴ, ㄷ　　⑤ ㄱ, ㄴ, ㄷ

단서＋발상

(단서) 일정 시간 간격으로 표시한 물체의 위치가 제시되어 있다.
(발상) 일정 시간 간격의 위치 정보이므로 물체의 속도를 추론할 수 있다.
(적용) 연직 방향 운동이 같다는 개념을 적용해서 A, B, C의 낙하 시간을 구하는 것부터 문제 풀이를 시작해야 한다.

| 문제＋자료 분석 |
・ 물체를 수평 방향으로 던지면 연직 방향으로는 중력에 의해 가만히 놓은 물체와 동일한 등가속도 직선 운동을, 수평 방향으로는 등속도 운동을 한다.
・ 같은 시각에 세 물체의 연직 방향 위치가 항상 같은 것으로부터 연직 방향 속도가 같다는 것과, 수평면에 동시에 도달한다는 것을 알 수 있다.
・ 수평 방향으로 이웃한 두 위치 사이의 거리가 B는 1칸, C는 3칸이다.

| 보기 분석 |
ㄱ. 물체를 수평 방향으로 던지면 연직 방향의 운동은 가만히 놓은 물체와 동일한 등가속도 운동이므로 A, B, C의 연직 방향 운동은 모두 같다. 따라서 A, B, C는 모두 수평면에 동시에 도달한다.
ㄴ. A와 C의 질량은 같으므로 A와 C에 작용하는 중력의 크기도 같다. 중력 외에는 다른 힘이 작용하지 않으므로 운동하는 동안 A와 C에 작용하는 힘의 크기는 같다.
ㄷ. 그림은 일정한 시간 간격으로 물체의 위치를 나타낸 것이므로 이웃한 위치의 간격을 통해 속력의 크기를 비교할 수 있다. 같은 시간 간격 동안 B는 1칸, C는 3칸 이동하였으므로 수평 방향 속력은 C가 B의 3배이다.

문제 풀이 (꿀팁)
・**중력**: 지표면 근처에서 물체에 작용하는 중력의 크기는 물체의 질량에 비례한다($F＝mg$). 따라서 질량의 크기가 같으면 작용하는 중력의 크기도 같다.

19 정답 ④ * 세포막을 통한 물질의 이동 ························· [정답률 73%] **2024 실시 9월 학평 19**

그림은 물질 A가 세포 외부에서 단백질을 통해 세포 내부로 확산하는 과정을 나타낸 것이다. _{단서}

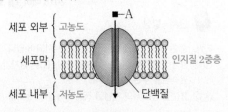

이에 대한 설명으로 옳은 것만을 [보기]에서 있는 대로 고른 것은? [3점]

[보기]
ㄱ. 세포막의 인지질은 2중층으로 배열되어 있다.
　　세포막의 주성분은 인지질 2중층을 이룬다.
ㄴ. A의 농도는 세포 외부에서가 세포 내부에서보다 ~~높다~~. 낮다
　　A의 농도는 세포 외부에서가 내부에서보다 낮다.
ㄷ. 세포막의 단백질을 통해 이동하는 물질에는 포도당이 있다.
　　세포막의 단백질을 통해 크기가 큰 포도당이 이동한다.

① ㄱ　　② ㄴ　　③ ㄱ, ㄴ　　④ ㄱ, ㄷ　　⑤ ㄴ, ㄷ

🧑 단서+발상

단서 세포막의 단백질을 통해 물질 A가 세포 외부에서 내부로 확산하는 과정이 제시되어 있다.

발상 확산 과정이므로 A의 농도는 세포 외부에서가 세포 내부에서보다 높음을 추론할 수 있다.

적용 세포막을 통한 확산 과정의 특징을 적용해서 물질 A의 특성과 세포 외부와 내부의 A 농도를 파악하는 것부터 문제 풀이를 시작해야 한다.

| 문제+자료 분석 |
· 분자가 무작위로 움직여 농도가 높은 쪽에서 낮은 쪽으로 이동하는 현상을 확산이라고 한다. 물질 A가 세포막의 단백질을 통해 세포 외부에서 세포 내부로 확산하고 있으므로 A의 농도는 세포 외부가 높은 쪽이다.
· 물질 A는 인지질 2중층을 직접 통과해 확산하지 못하고, 세포막의 단백질 통로를 통해 확산하고 있다.

| 보기 분석 |
ㄱ 세포막은 세포를 둘러싸고 있는 얇은 막으로 주성분은 인지질과 단백질이다. 세포의 안과 밖에는 물이 풍부하므로 세포막의 인지질은 소수성 부분이 마주 보며 배열되어 2중층을 이룬다.
ㄴ A가 세포 외부에서 세포 내부로 확산하므로 A의 농도는 세포 외부에서가 세포 내부에서보다 낮다.
ㄷ 산소 기체 분자와 같이 크기가 매우 작은 물질은 세포막의 인지질 2중층을 통해 확산할 수 있지만, 크기가 비교적 큰 물질은 세포막의 단백질 통로를 통해 확산한다. 세포막의 단백질을 통해 이동하는 A와 같은 물질에는 크기가 비교적 큰 포도당, 아미노산 등이 있다.

2024.9
11회

20 정답 ② * 유전정보의 흐름 ····························· [정답률 64%] **2024 실시 9월 학평 20**

다음은 세포 내 유전정보의 흐름에 대한 모의 실험이다.

(가) 3염기조합 모형, 코돈 모형, 아미노산 모형을 준비한다.
(나) 3염기조합 모형을 3개 선택하여 칠판에 순서대로 붙인다.
(다) (나)의 각 3염기조합 모형에 대응하는 코돈 모형을 찾아 그 아래에 붙인다. ➡ 전사
(라) 아래 표를 참고하여 (다)의 각 코돈 모형에 대응하는 아미노산 모형을 찾아 그 아래에 붙인다. ➡ 번역

코돈 모형	GCU	CAA	CUU	CGG
아미노산 모형	◯	△	□	⬡

(마) 각 모형의 배열은 그림과 같다. ㉠은 아미노산 모형이다.

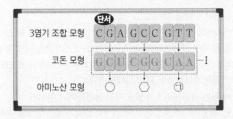

이에 대한 설명으로 옳은 것만을 [보기]에서 있는 대로 고른 것은? [3점]

[보기]
ㄱ. (라)는 세포 내 유전정보 흐름 과정에서의 ~~전사~~에 해당한다.
　　　　　　　　　　　　　　　　　　　　번역
ㄴ. I에서 'U'의 개수는 ~~2개~~이다. 1개
ㄷ. ㉠은 '△'이다. ㉠은 CAA이므로 △이다.

① ㄱ　　② ㄷ　　③ ㄱ, ㄴ　　④ ㄴ, ㄷ　　⑤ ㄱ, ㄴ, ㄷ

🧑 단서+발상

단서 3염기조합 모형, 코돈 모형, 아미노산 모형이 제시되어 있다.

발상 3염기조합 모형에 대응하는 코돈 모형을 찾는 과정이 전사에, 코돈 모형에 대응하는 아미노산 모형을 찾는 과정이 번역에 해당함을 추론할 수 있다.

적용 전사와 번역의 특징을 적용해서 해당하는 코돈 모형과 아미노산 모형을 찾는 것부터 문제 풀이를 시작해야 한다.

| 문제+자료 분석 |
· 3염기조합 모형은 DNA의 염기서열을 나타낸 것이고, 코돈 모형은 RNA의 염기서열을 나타낸 것이다.
· 전사 과정에서 사이토신(C)과 구아닌(G), 아데닌(A)과 유라실(U), 타이민(T)과 아데닌(A)이 각각 상보적 결합을 한다.
· 3염기조합 모형 CGA에 대응하는 코돈 모형은 GCU, GCC에 대응하는 코돈 모형은 CGG, GTT에 대응하는 코돈 모형은 CAA이다. _{함정}
· 코돈 모형 CAA에 대응하는 아미노산 모형은 △이다.

| 보기 분석 |
ㄱ (라)는 코돈 모형에 대응하는 아미노산 모형을 찾는 과정으로 RNA 염기서열에 따라 아미노산이 순서대로 결합하여 단백질이 합성되는 번역 과정에 해당한다.
ㄴ 3염기조합 모형에 따라 전사 과정을 모의로 진행한 결과, 해당하는 코돈 모형은 GCU, CGG, CAA이다. I에서 'U'의 개수는 1개이다.
ㄷ 3염기조합 모형 GTT에 대응하는 코돈 모형은 CAA이며, 코돈 모형 CAA에 대응하는 아미노산 모형은 △이므로 ㉠은 △이다.

왜 틀렸나?
· 3염기조합의 아데닌(A)은 RNA 코돈의 유라실(U)과 결합하며, 3염기조합의 타이민(T)은 RNA 코돈의 아데닌(A)과 결합한다.
· 문제에서 제시된 3염기조합 모형 GTT에 대응하는 코돈 모형은 CUU가 아닌 CAA다.

01 정답 ③ ＊반도체
2015 대비 9월 모평 3 물리 I (고3) 변형

그림은 각각 순수한 반도체 X와 X에 붕소(B)를 도핑한 반도체 Y의 원자 주변의 전자 배열을 나타낸 것이다.

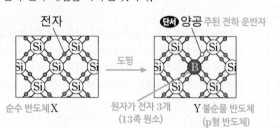

전자
단서 양공 주된 전하 운반자

도핑 →

순수 반도체 X
원자가 전자 3개 (13족 원소)
Y 불순물 반도체 (p형 반도체)

이에 대한 설명으로 옳은 것만을 [보기]에서 있는 대로 고른 것은? [3점]

──────[보기]──────
ㄱ. 붕소의 원자가 전자는 ~~5개~~이다.
　　　　　　　　　　　　3개
ㄴ. Y는 ~~n형~~ 반도체이다.
　　　　p형
Ⓒ. Y는 X보다 전기 전도성이 좋다.
순수 반도체(X)보다 불순물 반도체(Y)에 양공이 더 자유롭게 움직이므로, Y가 X보다 전류가 잘 흘러 전기 전도성이 좋다.
────────────────

① ㄱ　② ㄴ　③ ㄷ　④ ㄱ, ㄷ　⑤ ㄴ, ㄷ

단서+발상

단서 순수 반도체와 불순물 반도체가 제시되어 있다.

발상 양공이 존재하는 것으로 보아 붕소(B)는 원자가 전자가 3개인 원소임을 추론할 수 있다.

적용 불순물 반도체의 개념을 적용해서 문제 풀이를 시작해야 한다.

| 문제+자료 분석 |
・X는 규소로 이루어진 순수 반도체, Y는 양공이 주된 전하 운반자인 p형 반도체이다.

| 보기 분석 |
ㄱ. Y의 불순물 반도체는 양공이 있는 p형 반도체이다. 따라서 도핑에 사용한 불순물인 붕소의 원자가 전자의 수는 4개보다 1개가 적은 3개이다.

ㄴ. 그림에서 Y의 불순물 반도체의 전하 운반자가 양공임을 알 수 있다. 따라서 Y는 p형 반도체이다.

Ⓒ. X는 순수 반도체이고, Y는 불순물 반도체이다. 순수 반도체는 양공이나 자유 전자의 수가 매우 적어 전류가 잘 흐르지 않는다. 불순물 반도체는 순수 반도체에 불순물을 첨가하여 전류를 잘 흐르게 한 것이다. 따라서 전기 전도성은 Y가 X보다 좋다.

＊n형 반도체와 p형 반도체

구분	n형 반도체	p형 반도체
불순물 종류	원자가 전자가 5개인 원소 예 인(P), 비소(As), 안티모니(Sb) 등	원자가 전자가 3개인 원소 예 붕소(B), 알루미늄(Al), 갈륨(Ga), 인듐(In) 등
구조	규소(Si)에 인(P)을 첨가하면 인의 5개의 원자가 전자 중 4개는 규소와 공유 결합을 한다. ➡ 전자가 1개 남는다.	규소(Si)에 붕소(B)를 첨가하면 붕소의 3개의 원자가 전자는 규소와 공유 결합을 한다. ➡ 전자가 비어있는 자리(양공)가 생긴다.

02 정답 ② ＊효소와 활성화에너지
[정답률 52%] 2023 실시 9월 학평 2

그림은 과산화 수소 분해 반응에서의 에너지 변화를 나타낸 것으로, ㉠과 ㉡은 각각 생체촉매인 카탈레이스가 있을 때와 없을 때 중 하나이다. **단서**

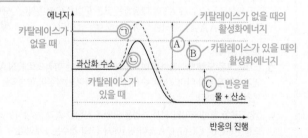

에너지
카탈레이스가 없을 때
카탈레이스가 없을 때의 활성화에너지
카탈레이스가 있을 때의 활성화에너지
과산화 수소
카탈레이스가 있을 때
반응열
물 + 산소
반응의 진행

카탈레이스가 있을 때 과산화 수소 분해 반응의 활성화 에너지는?

① A　② B　③ C　④ A+C　⑤ B+C

단서+발상

단서 과산화 수소 분해 반응에서의 에너지 변화가 제시되어 있다.

발상 효소의 특성을 통해 ㉠과 ㉡ 그래프가 어떤 경우인지 추론할 수 있다.

적용 ㉠과 ㉡ 그래프 중에서 카탈레이스가 있을 때의 그래프를 찾는 것부터 문제 풀이를 시작해야 한다.

| 문제+자료 분석 |
・㉠: ㉠과 ㉡ 그래프 중에서 ㉠이 활성화에너지가 더 크므로 카탈레이스가 없을 때의 그래프이다. ➡ A는 카탈레이스가 없을 때의 활성화에너지이다.

・㉡: ㉠과 ㉡ 그래프 중에서 ㉡이 활성화에너지가 더 작으므로 카탈레이스가 있을 때의 그래프이다.
➡ B는 카탈레이스가 있을 때의 활성화에너지이다.

・C: 카탈레이스 효소에 의해 과산화 수소가 물과 산소로 분해된다. 반응물인 과산화 수소의 에너지가 생성물인 물과 산소의 에너지보다 크므로 반응이 진행되면 반응열이 방출된다. 따라서 C는 반응열이다.

| 선택지 분석 |
② 카탈레이스가 있을 때 과산화 수소 분해 반응의 활성화에너지는 B이다.

왜 틀렸나?

・카탈레이스가 있을 때의 활성화에너지는 ㉡ 그래프의 에너지에서 과산화 수소의 에너지를 뺀 값인 B이다.

・A와 B는 흡수하는 에너지이고 C는 방출하는 에너지이다. A~C를 구분하지 못했다면 오답을 고를 수 있다.

그림 (가)와 (나)는 우주의 진화 과정에서 원자가 생성되기 전과 후의 우주의 모습을 순서 없이 나타낸 것이다.

우주의 온도: (가) > (나)

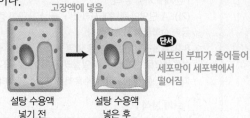

(가) 불투명한 우주 ⟶ (나) 투명한 우주

- ⊖ 전자
- ○ 중성자
- ⊕ 양성자
- 〰 빛

단서 원자 생성

이에 대한 설명으로 옳은 것만을 [보기]에서 있는 대로 고른 것은? [3점]

[보기]

ㄱ. (나)에서 수소 원자와 헬륨 원자가 나타난다.
전자와 원자핵이 결합하여 수소 원자와 헬륨 원자가 만들어졌다.

ㄴ. 우주의 진화 과정은 (가) → (나) 순이다.
우주는 불투명한 우주 (가)에서 투명한 우주 (나)로 진화한다.

ㄷ. 우주의 온도는 (가)일 때가 (나)일 때보다 높다.
우주의 온도는 원자가 생성되기 전보다 후에 낮다.

① ㄱ   ② ㄴ   ③ ㄱ, ㄷ   ④ ㄴ, ㄷ   ⑤ ㄱ, ㄴ, ㄷ

단서+발상

단서 빛의 진행이 물질에 영향을 받는지 여부가 제시되어 있다.

발상 빛의 진행으로부터 우주 배경 복사를 추론할 수 있다.

적용 우주 배경 복사가 형성되기 전과 후의 차이점을 생각해 보는 것에서부터 문제 풀이를 시작해야 한다.

| 문제+자료 분석 |

- **(가)**: 초기 우주는 고온·고밀도 상태로 빛은 전하를 띤 입자들에 의해 끊임없이 산란되어 빠져나갈 수 없었다. 이러한 상태의 우주를 불투명한 우주라고 한다.

- **(나)**: 우주의 팽창으로 온도가 낮아지면서 빅뱅으로부터 약 38만 년이 지났을 때 전자가 원자핵과 결합하여 전기적으로 중성 상태인 원자가 형성되었다. 이때부터 빛은 원자에 방해받지 않고 직진할 수 있게 되었다. 이러한 상태의 우주를 투명한 우주라고 한다.
  ➡ 이 시기에 우주 공간을 채우고 있는 빛이 오늘날 우주 배경 복사로 관측된다.

| 보기 분석 |

ㄱ. (가)에서는 양성자와 중성자가 결합하여 원자핵이 만들어지고, (나)에서는 우주의 온도가 낮아지면서 원자핵이 전자와 결합하여 원자가 생성되었다.

ㄴ. 빛이 전하를 띤 입자와 뒤섞여 있는 (가)는 원자가 생성되기 전의 모습이며, 빛이 입자의 영향을 받지 않고 자유롭게 퍼져나가는 (나)는 원자가 생성된 후의 모습이다.
따라서 우주의 진화 과정은 (가) ➡ (나) 순이다.

ㄷ. 우주의 온도가 매우 높을 때는 (가)와 같이 전자와 양성자(수소 원자핵)가 결합할 수 없었으나, 우주의 온도가 낮아짐에 따라 전자와 양성자가 결합하여 원자를 형성할 수 있었다. 따라서 우주의 온도는 (가)일 때가 (나)일 때보다 높다.

2023.9
12회

그림은 어떤 식물 세포를 설탕 수용액에 넣기 전과 넣은 후의 세포의 모습을 나타낸 것이다.

고장액에 넣음

설탕 수용액 넣기 전 → 설탕 수용액 넣은 후

단서 세포의 부피가 줄어들어 세포막이 세포벽에서 떨어짐

세포의 모습이 변하는 과정에 대한 설명으로 옳은 것만을 [보기]에서 있는 대로 고른 것은?

[보기]

ㄱ. 삼투 현상이 일어난다.
고장액에 넣어 빠져나가는 물의 양이 많은 삼투가 일어난다.

ㄴ. 세포막을 통한 물의 이동이 없~~다.~~ 많아진다

ㄷ. 세포의 부피는 증가~~한다.~~ 줄어든다

① ㄱ   ② ㄷ   ③ ㄱ, ㄴ   ④ ㄴ, ㄷ   ⑤ ㄱ, ㄴ, ㄷ

＊ 삼투가 일어날 때 물 분자의 이동

· 삼투에 의해 물이 이동할 때, 물 분자는 양방향으로 이동한다. 그러나 용질의 농도가 낮은 곳에서 높은 곳으로 이동하는 물의 양이 반대쪽으로 이동하는 물의 양보다 많아서 세포의 부피가 변하게 된다.

단서+발상

단서 설탕 수용액에 넣기 전과 설탕 수용액에 넣은 후의 식물 세포의 모습이 제시되어 있다.

발상 설탕 수용액에 넣기 전보다 설탕 수용액에 넣은 후에 식물 세포의 부피가 줄어든 모습을 통해 세포 안보다 농도가 높은 설탕 수용액 (고장액)에 넣었다는 것을 추론할 수 있다.

적용 삼투의 개념을 적용해서 식물 세포를 넣은 설탕 수용액의 농도가 세포 안보다 높다는 것을 구하는 것부터 문제 풀이를 시작해야 한다.

| 문제+자료 분석 |

· **삼투**: 세포막을 경계로 용질의 농도가 낮은 용액에서 높은 용액으로 물이 이동하는 현상으로 에너지를 소모하지 않는다. 세포를 농도가 다른 용액에 넣으면 삼투에 의해 물이 세포막을 통해 이동하여 세포의 모양이 변할 수 있다.

· 식물 세포를 세포 안보다 농도가 높은 설탕 수용액에 넣으면 세포에서 나가는 물의 양이 많아 세포의 부피가 줄어들다가 세포막이 세포벽에서 떨어진다.
  ➡ 설탕 수용액은 세포 안보다 농도가 높은 고장액이다.

· 식물 세포는 동물 세포와 달리 세포의 부피가 줄어들면서 세포막이 세포벽에서 떨어지는데, 이를 원형질 분리라고 한다.

| 보기 분석 |

ㄱ. 식물 세포를 세포 안보다 농도가 높은 설탕 수용액(고장액)에 넣으면 세포에서 빠져나가는 물의 양이 많아지는 삼투 현상이 일어난다.

ㄴ. 식물 세포를 세포 안보다 농도가 높은 설탕 수용액(고장액)에 넣으면 세포막을 통해 빠져나가는 물의 이동이 많아진다.

ㄷ. 식물 세포를 세포 안보다 농도가 높은 설탕 수용액(고장액)에 넣으면 세포에서 빠져나가는 물의 양이 많아져 세포의 부피는 줄어든다.

그림은 어떤 세포에서 일어나는 유전정보의 흐름을 나타낸 것이다.
(가)는 번역과 전사 중 하나이며, ⓐ는 단백질의 단위체이다.

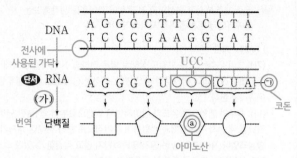

이에 대한 설명으로 옳은 것만을 [보기]에서 있는 대로 고른 것은?
(단, 돌연변이는 고려하지 않는다.) [3점]

[보기]
ㄱ. (가)는 번역이다.
  RNA에서 단백질로 합성되는 과정은 번역이다.
ㄴ. ㉠은 코돈이다.
  RNA에서 하나의 아미노산을 지정하는 연속된 3개의 염기는 코돈이다.
ㄷ. ⓐ를 지정하는 RNA의 염기서열은 ~~AGG~~이다.
                                    UCC

① ㄱ   ② ㄷ   ③ ㄱ, ㄴ   ④ ㄴ, ㄷ   ⑤ ㄱ, ㄴ, ㄷ

🧠 단서+발상
〔단서〕 DNA 이중나선구조 두 가닥의 염기서열, RNA 단일 가닥의 염기서열, 아미노산 서열이 제시되어 있다.
〔발상〕 DNA 염기에 상보적인 염기를 가진 RNA 뉴클레오타이드가 결합하는 전사 과정을 통해 전사에 사용된 DNA 가닥이 아래 가닥임을 추론할 수 있다.
〔적용〕 RNA 염기서열을 통해 전사에 사용된 DNA 가닥을 찾는 것부터 문제 풀이를 시작해야 한다.

| 문제＋자료 분석 |
• **생명중심원리**: 세포 내에서 이루어지는 유전정보의 흐름을 설명하는 원리로, 유전정보는 DNA에서 RNA를 거쳐 단백질로 전달된다.
• **전사**: DNA의 유전정보가 RNA로 전달되는 과정으로, DNA의 염기에 상보적인 염기를 가진 RNA 뉴클레오타이드가 결합한다.
• **번역**: RNA의 유전정보에 따라 단백질이 합성되는 과정으로, 세포질의 라이보솜에서 일어난다. ➡ (가)는 번역이다.
• **코돈**: RNA에서 하나의 아미노산을 지정하는 연속된 3개의 염기이다. ➡ ㉠은 코돈에 해당한다.
• RNA 염기서열(AGG-GCU-◯◯◯-CUA)을 통해 전사에 사용된 DNA 가닥은 아래 가닥이라는 것을 알 수 있다. 💡함정

| 보기 분석 |
ㄱ. RNA의 유전정보에 따라 아미노산이 연결되어 단백질이 합성되는 과정인 (가)는 번역이다.
ㄴ. ㉠은 RNA에서 하나의 아미노산을 지정하는 연속된 3개의 염기인 코돈이다.
ㄷ. 전사에 사용된 DNA 가닥의 염기서열은 TCC-CGA-AGG-GAT 이다. 따라서 ⓐ를 지정하는 RNA의 염기서열은 UCC이다.

다음은 알칼리 금속의 성질을 알아보는 실험이다.

〈실험 과정〉
(가) 알칼리 금속 A를 유리판 위에 올려놓고 칼로 자른 후 단면을 관찰한다.
(나) 페놀프탈레인 용액을 2~3 방울 넣은 물이 담긴 비커에 쌀알 크기의 A 조각을 넣고 반응하는 모습을 관찰한다.

(가)   (나)

〈실험 결과〉〔단서〕
• (가)에서 A 단면의 광택이 사라졌다. ➡ A가 공기 중의 산소와 반응한 것
• (나)에서 A는 물 위에 떠서 반응하였고, 기체가 발생하며 수용액의 색이 붉게 변하였다. ➡ 염기성

이에 대한 설명으로 옳은 것만을 [보기]에서 있는 대로 고른 것은? [3점]

[보기]
ㄱ. (가)에서 단면의 광택이 사라질 때 A는 공기 중의 산소와 반응한다. (가)에서 A 단면의 광택이 사라짐 ➡ A가 공기 중의 산소와 반응한다.
ㄴ. (가)에서 단면의 광택이 사라질 때 A는 전자를 잃는다.
  금속인 A와 비금속인 산소(O)가 반응 ➡ 금속(A)은 전자를 잃어 양이온이 된다.
ㄷ. (나)에서 반응 후 수용액의 액성은 ~~잘성~~이다. 염기성

① ㄱ   ② ㄴ   ③ ㄷ   ④ ㄱ, ㄴ   ⑤ ㄴ, ㄷ

🧠 단서+발상
〔단서〕 알칼리 금속 A에 대한 실험 과정 및 결과 (가), (나)가 제시되어 있다.
〔발상〕 (가), (나)의 실험 결과로부터 알칼리 금속 A의 성질을 추론할 수 있다.
〔적용〕 (가), (나)의 실험 결과를 해석하여 알칼리 금속 A의 성질을 구하는 것부터 문제 풀이를 시작해야 한다.

| 문제＋자료 분석 |
• **(가)**: A 단면의 광택이 사라졌다. ➡ A가 공기 중의 산소와 쉽게 반응하여 금속 산화물을 생성하였다.
• **(나)**: 페놀프탈레인 용액을 넣은 물에 A 조각을 넣었을 때 기체가 발생하며 붉은색으로 변하였다. ➡ 알칼리 금속인 A가 물과 반응하여 수소 기체(H_2)를 발생시킨 후 수용액은 염기성을 나타낸다.

| 보기 분석 |
ㄱ. (가)에서 A 단면의 광택이 사라진 것은 A가 공기 중의 산소와 반응하여 금속 산화물을 생성하기 때문이다. 따라서 (가)에서 단면의 광택이 사라질 때 A는 공기 중의 산소와 반응한다.
ㄴ. (가)에서 금속인 A와 비금속인 산소(O_2)가 반응하여 금속 산화물을 생성할 때, 금속 A는 전자를 잃어 양이온이 되고 비금속인 산소(O_2)는 전자를 얻어 음이온이 된다. 따라서 (가)에서 단면의 광택이 사라질 때 A는 전자를 잃는다.
ㄷ. (나)에서 페놀프탈레인 용액이 붉은색으로 변하였다. 따라서 (나)에서 반응 후 수용액의 액성은 염기성이다.

그림은 생명체를 구성하는 단백질, 핵산, 인지질을 구분하는 과정을 나타낸 것이다.

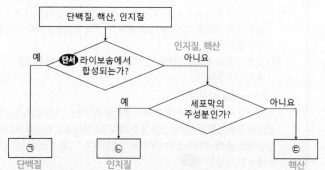

이에 대한 설명으로 옳은 것만을 [보기]에서 있는 대로 고른 것은?

[보기]

ㄱ. ㉠에는 펩타이드결합이 있다.
　㉠은 단백질로 아미노산이 펩타이드결합으로 연결되어 있다.
ㄴ. ㉡은 인지질이다.
　㉡은 라이보솜에서 합성되지 않고, 세포막의 주성분인 인지질이다.
ㄷ. ㉢의 단위체는 뉴클레오타이드이다.
　㉢은 핵산으로, 핵산의 단위체는 뉴클레오타이드이다.

① ㄱ　　② ㄴ　　③ ㄱ, ㄷ　　④ ㄴ, ㄷ　　⑤ ㄱ, ㄴ, ㄷ

🧠 단서＋발상

단서 단백질, 핵산, 인지질 3가지 물질을 '라이보솜에서 합성되는가', '세포막의 주성분인가?'에 따라 구분하는 단서가 제시되어 있다.

발상 라이보솜에서 합성되는 물질은 단백질이며, 세포막의 주성분인 물질은 인지질임을 추론할 수 있다.

적용 단백질, 핵산, 인지질을 각 질문에 맞게 구분하여 ㉠~㉢을 구하는 것부터 문제 풀이를 시작해야 한다.

| 문제＋자료 분석 |
· ㉠: 단백질은 DNA 유전정보에 따라 라이보솜에서 합성된다. 생명체의 주요 구성 물질이며, 생리 작용 조절, 방어 작용, 운반 작용 등에 관여한다.
➡ 단백질, 핵산, 인지질 중 라이보솜에서 합성되는 것은 단백질이다.
· ㉡: 지질의 종류에는 에너지원인 중성 지방, 성호르몬의 주성분인 스테로이드, 세포막의 주성분인 인지질이 있다. ➡ 라이보솜에서 합성되지 않고, 세포막의 주성분에 해당하는 것은 인지질이다.
· ㉢: 핵산의 종류에는 유전정보를 저장하는 DNA, 유전정보의 전달과 단백질 합성에 관여하는 RNA가 있다.
➡ 라이보솜에서 합성되지 않고, 세포막의 주성분이 아닌 것은 핵산이다.

| 보기 분석 |
ㄱ. ㉠은 라이보솜에서 합성되는 단백질이다. 단백질은 단위체인 아미노산이 펩타이드결합으로 연결되어 있다.
ㄴ. ㉡은 라이보솜에서 합성되지 않고, 세포막의 주성분인 인지질에 해당한다.
ㄷ. ㉢은 라이보솜에서 합성되지 않고, 세포막의 주성분이 아닌 핵산이다. 핵산의 단위체는 뉴클레오타이드이다.

＊ 단위체의 종류
· 단백질의 단위체는 아미노산으로, 20종류이다.
· DNA와 RNA의 단위체는 뉴클레오타이드로, 각각 4종류씩이다.

그림 (가)는 아날로그 신호를 디지털 신호로 기록한 것이고, (나)는 저장된 디지털 신호를 재생하는 것을 나타낸 것이다.

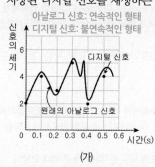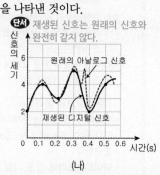

(가)　　　　　　　　　　　(나)

이에 대한 설명으로 옳은 것만을 [보기]에서 있는 대로 고른 것은?

[보기]

ㄱ. (가)에서 디지털 신호로 기록하는 시간 간격을 줄이면 왜곡을 줄일 수 있다.
　디지털 신호는 불연속적이므로 기록하는 시간 간격을 줄이면 왜곡이 줄어든다.
ㄴ. 아날로그 신호를 디지털 신호로 기록할 때는 왜곡이 ~~생기지 않는다~~ 발생한다
ㄷ. 디지털 신호는 아날로그 신호보다 ~~항상~~ 작은 세기로 기록된다.
　항상 작은 세기로 기록되는 것은 아니다.

① ㄱ　　② ㄷ　　③ ㄱ, ㄴ　　④ ㄴ, ㄷ　　⑤ ㄱ, ㄴ, ㄷ

🧠 단서＋발상

단서 아날로그 신호를 디지털 신호로 기록한 것과 저장된 디지털 신호를 재생하는 것이 제시되어 있다.

발상 디지털 신호가 아날로그 신호와 완전히 같아질 수는 없음을 추론할 수 있다.

| 문제＋자료 분석 |
· 원래의 아날로그 신호와 재생된 아날로그 신호 사이에는 오차가 발생한다.
· 아날로그 신호를 디지털화할 때 일정한 시간 간격으로 대푯값을 추출하므로 디지털 신호가 아날로그 신호와 완전히 같아질 수는 없다. 신호를 추출하는 시간 간격이 길면 그만큼 오차가 크고 추출하는 시간 간격이 짧을수록 오차가 작다.

| 보기 분석 |
ㄱ. 디지털 신호로 기록하는 시간 간격을 줄일수록 왜곡이 줄어든다.
ㄴ. 아날로그 신호를 디지털 신호로 기록할 때는 왜곡이 발생한다.
ㄷ. 디지털 신호는 아날로그 신호보다 항상 작은 세기로 기록되는 것은 아니다.

＊ 아날로그 신호와 디지털 신호
· 아날로그 신호: 시간에 따라 신호의 세기가 연속적으로 변하는 신호
· 디지털 신호: 시간에 따라 신호의 세기가 불연속적으로 변하는 신호
· 아날로그 신호를 일정한 시간 간격으로 작게 나눈 후 신호의 크기를 0과 1의 이진수로 표현하면 디지털 신호가 된다.

2023. 9

12회

다음은 서로 다른 주기의 원소 X, Y와 물질 XY, Y₂에 대한
자료이다. 3주기 또는 4주기 원소

- 원자 X와 Y의 전자 수의 차는 2이다. ➡ 원자 번호의 차＝2
- XY와 Y₂에서 모든 원자와 이온은 아르곤(Ar)과 같은 전자
  배치를 갖는다. **단서** 전자 18개

이에 대한 설명으로 옳은 것은? (단, X, Y는 임의의 원소 기호이며,
Ar의 원자 번호는 18이다.) [3점]

① X는 ~~3주기~~ 원소이다.
    4주기
② 원자 번호는 X가 Y보다 ~~작다~~.
    크다
③ X와 Y가 결합할 때 전자는 ~~X에서 X로~~ 이동한다.
    X에서 Y로
④ XY 수용액은 전기 전도성이 있다.
    XY(KCl)는 이온 결합 물질 ➡ 수용액 상태에서 전기 전도성이 있다.
⑤ Y₂는 ~~이온~~ 결합 물질이다.
    공유

단서＋발상

단서 X, Y의 주기와 전자 수 차이 및 XY, Y₂를 구성하는 원자와 이온의
전자 배치가 제시되어 있다.

발상 서로 다른 주기 원소인 X, Y가 화학 결합을 형성했을 때 아르곤(Ar)과
같은 전자 배치를 갖는다는 것을 통해 X, Y의 주기율표 상의 위치를
추론할 수 있다.

적용 화학 결합의 원리를 이용해 X, Y를 구하는 것부터 문제 풀이를
시작해야 한다.

| 문제＋자료 분석 |

- 서로 다른 주기 원소인 X, Y가 화학 결합을 형성했을 때 아르곤(Ar)과
  같은 전자 배치를 가지므로 X와 Y는 각각 3주기 비금속 원소와 4주기
  금속 원소 중 하나이다. 2개의 Y원자가 결합하여 Y₂를 형성하므로 Y는
  비금속 원소이다. **꿀팁**
  따라서 X가 4주기 금속 원소이고 Y가 3주기 비금속 원소이다.
- 원자 X와 Y의 전자 수의 차는 2이므로 X와 Y의 원자 번호 차이가 2이다.
  따라서 X는 원자 번호가 19인 4주기 1족 칼륨(K)이고, Y는 원자 번호가
  17인 3주기 17족 염소(Cl)이다.

| 선택지 분석 |

① X는 칼륨(K)으로, 4주기 원소이다.
② 원자 번호는 X(K)가 19이고 Y(Cl)가 17이다.
   따라서 원자 번호는 X가 Y보다 크다.
③ 금속 원소인 X(K)는 전자를 잃어 양이온이 되고 비금속 원소인 Y(Cl)는
   전자를 얻어 음이온이 된다. 따라서 X(K)와 Y(Cl)가 결합할 때 전자는
   X(K)에서 Y(Cl)로 이동한다.
④ XY(KCl)는 이온 결합 물질이다. 이온 결합 물질은 수용액 상태에서
   전기 전도성이 있다. 따라서 XY(KCl) 수용액은 전기 전도성이 있다.
⑤ Y(Cl)는 비금속 원소이다. 전자를 얻어 안정해지려는 경향이 있는 비금속
   원소는 공유 결합을 형성한다. 따라서 Y₂(Cl₂)는 공유 결합 물질이다.

표는 세포 A와 B에서 세포소기관의 유무를 나타낸 것이다. A와
B는 각각 은행나무의 잎 세포와 사람의 간 세포 중 하나이다.

	세포소기관 → 마이토콘드리아 (동물, 식물 세포 모두 존재)	엽록체 (식물 세포에만 존재)
A 은행나무 잎 세포	㉠ ○	**단서** ○
B 사람 간 세포	○	×

(○: 있음, ×: 없음)

이에 대한 설명으로 옳은 것만을 [보기]에서 있는 대로 고른 것은?

[보기]
ㄱ. ㉠은 '○'이다.
   A는 은행나무 잎 세포로 마이토콘드리아를 가진다.
ㄴ. A는 은행나무의 잎 세포이다.
   A는 엽록체를 갖고 있는 식물 세포인 은행나무 잎 세포이다.
ㄷ. B에는 세포벽이 ~~있다~~
   없다

① ㄱ ② ㄷ ③ ㄱ, ㄴ ④ ㄴ, ㄷ ⑤ ㄱ, ㄴ, ㄷ

단서＋발상

단서 은행나무의 잎 세포와 사람의 간 세포의 마이토콘드리아와 엽록체 존재
유무가 제시되어 있다.

발상 은행나무의 잎 세포는 식물 세포이므로 마이토콘드리아와 엽록체가
모두 존재하고, 사람의 간 세포는 동물 세포이므로 마이토콘드리아만
존재한다.

적용 식물 세포와 동물 세포의 특징을 적용하여 A, B를 구하는 것부터 문제
풀이를 시작해야 한다.

| 문제＋자료 분석 |

- **엽록체**: 식물 세포에 존재하는 초록색의 세포소기관으로, 막으로 둘러싸여
  있다. 광합성이 일어나는 장소로, 이산화 탄소와 물을 원료로 포도당을
  합성한다.
- **마이토콘드리아**: 동물, 식물 세포에 모두 존재하는 둥근 막대 모양의
  세포소기관으로, 막으로 둘러싸여 있다. 세포호흡이 일어나는 장소로,
  유기물을 산화시켜 세포가 생명활동을 하는 데 필요한 에너지를 생산한다.
- **식물 세포**: 마이토콘드리아, 엽록체, 세포벽이 모두 존재하고, 동물 세포는
  엽록체, 세포벽이 없고 마이토콘드리아만 존재한다.

| 보기 분석 |

ㄱ. A는 엽록체가 존재하는 식물 세포인 은행나무 잎 세포로
   마이토콘드리아를 갖는다. 따라서 ㉠은 '○'이다.
ㄴ. A는 엽록체와 마이토콘드리아가 존재하는 식물 세포인 은행나무 잎
   세포이다.
ㄷ. B는 엽록체가 없고 마이토콘드리아만 존재하는 동물 세포인 사람의 간
   세포이다. 동물 세포에는 세포벽이 존재하지 않는다.

＊ 동물 세포와 식물 세포의 세포소기관
- 핵, 마이토콘드리아, 라이보솜, 세포막, 소포체, 골지체는 동물 세포와 식물 세포에
  공통적으로 존재한다.
- 동물 세포와 달리 식물 세포에는 엽록체와 세포벽이 있고, 액포가 발달해 있다.

그림은 어느 지역의 판 경계를 나타낸 것이다.

해령(발산형 경계)
A
C
해구(수렴형 경계)
B
변환 단층(보존형 경계)

단서
=== 해령
— 변환 단층
▲ 해구

이에 대한 설명으로 옳은 것만을 [보기]에서 있는 대로 고른 것은?

―――[보기]―――

ㄱ. A 지역에서는 인접한 두 판이 서로 멀어진다.
  A지역은 발산형 경계이다.
ㄴ. B 지역에서는 지진과 ~~화산 활동이~~ 활발하게 일어난다.
  화산 활동은 거의 일어나지 않는다
ㄷ. C 지역은 맨틀 대류의 ~~상승부~~에 해당한다.
  하강부

① ㄱ   ② ㄷ   ③ ㄱ, ㄴ   ④ ㄴ, ㄷ   ⑤ ㄱ, ㄴ, ㄷ

🧠 단서+발상

단서 판 경계에서 발달하는 지형이 제시되어 있다.
발상 제시된 각 지형이 관찰되는 판 경계를 추론할 수 있다.
적용 A~C의 판 경계를 구하는 것부터 문제 풀이를 시작해야 한다.

| 문제+자료 분석 |

· **A**: 해령이 발달한 곳은 발산형 경계이다.
· **B**: 변환 단층이 해령축에 수직으로 발달하여 판의 소멸이나 생성이 없는 보존형 경계이다.
· **C**: 대륙판과 해양판이 수렴하여 해구가 형성된 곳은 수렴형 경계이다.

| 보기 분석 |

ㄱ. A 지역은 해령이 발달한 곳으로 인접한 두 판이 서로 멀어져 발산형 경계에 해당한다.
ㄴ. B 지역은 판의 소멸이나 생성이 없는 보존형 경계에 해당하므로 천발 지진만 발생하고, 화산 활동은 거의 일어나지 않는다.
ㄷ. C 지역은 해구가 형성된 수렴형 경계로 맨틀 대류의 하강부에 해당한다. 맨틀 대류의 상승부에 해당하는 지역은 A 지역인 발산형 경계이다.

✱ 판 경계에 따른 지각 변동

발산형	보존형	수렴형	
		섭입형	충돌형
천발 지진, 화산 활동	천발 지진	천발~심발 지진, 화산 활동	천발~중발 지진, 화산 활동

다음 A, B, C는 중력에 의해 지구에서 발생하는 다양한 자연 현상의 원리이다.   **단서** 질량을 가진 모든 물체가 상호작용 하여 서로 끌어당기는 힘

A: 어떤 높이에서의 대기압은 그 위로 쌓인 대기에 작용하는 중력에 의해 발생한다.
  ➡ 산소나 질소와 같은 기체는 지구 중력의 영향을 받아 대기를 구성한다.
B: 물질의 밀도 차이에 따른 상대적 중력의 차이에 의해 대류 현상이 발생한다.
  ➡ 따뜻한 공기와 차가운 공기의 밀도 차이에 따라 상대적으로 중력의 차이가 발생하여 대류 현상이 일어나 대기의 순환이 일어난다.
C: 동일한 온도에서 기체 분자는 질량이 작을수록 속력이 크므로 중력의 영향에서 벗어나 우주로 날아가기 쉽다.
  ➡ 대기를 구성하는 산소와 질소에 비해 질량이 작은 수소나 헬륨은 중력의 영향을 거의 받지 않는다.

각 원리를 적용하여 옳게 설명한 자연 현상만을 [보기]에서 있는 대로 고른 것은? [3점]

―――[보기]―――

ㄱ. A: 해수면으로부터 높이 올라갈수록 대기압이 ~~증가~~한다.
  감소
ㄴ. B: 밀물과 썰물은 주로 ~~바닷물의 밀도 차이~~에 의해 발생한다.
  달과 지구 사이의 중력
ㄷ. C: 분자의 질량이 작은 수소와 헬륨은 우주로 날아가 지구 대기에 거의 존재하지 않는다.
  분자의 질량이 작을수록 분자에 작용하는 중력의 크기는 작아지고 속력이 빨라져 우주로 날아간다.

① ㄱ   ② ㄷ   ③ ㄱ, ㄴ   ④ ㄴ, ㄷ   ⑤ ㄱ, ㄴ, ㄷ

🧠 단서+발상

단서 중력에 의한 자연 현상이 제시되어 있다.
적용 중력의 개념을 적용해서 문제 풀이를 시작해야 한다.

| 문제+자료 분석 |

· 두 물체 사이의 거리가 멀어질수록 두 물체 사이에 작용하는 중력의 크기는 감소한다.
· 높은 곳으로 올라갈수록 공기가 희박하므로 대기의 밀도가 작고, 지표면에 가까울수록 대기의 밀도가 크다.

| 보기 분석 |

ㄱ. A: 해수면으로부터 높이 올라갈수록 쌓인 대기의 양이 감소하므로 대기압은 감소한다.
ㄴ. B: 밀물과 썰물은 지구와 달 사이에 작용하는 중력에 의한 현상이다.
ㄷ. C: 분자의 질량이 작은 수소와 헬륨은 속력이 크므로 지구 중력의 영향에서 벗어나 우주로 날아가 지구 대기에 거의 존재하지 않는다.

✱ 중력에 의한 자연 현상

· **대류 현상**: 중력의 영향을 받는 열에너지의 전달 방식으로, 차가운 공기는 밀도가 커서 아래쪽으로 이동하고, 따뜻한 공기는 밀도가 작아 위쪽으로 이동한다.
· **중력과 대기 구성**
대기가 지표 가까이 모여 있으므로 높은 산에 올라갈수록 공기가 희박해져 산소통이 필요하다.
가벼운 기체일수록 속력이 빠르며, 기체 분자의 속력이 지구의 탈출 속도보다 크면 지구 중력장을 벗어난다.
달은 중력이 작아서 기체가 달의 중력에서 쉽게 벗어나 우주로 날아가 버리기 때문에 대기가 존재하지 않는다.

그림은 주기율표의 일부를 나타낸 것이다.

단서 족 번호의 끝자리 수＝원자가 전자 수

주기＼족	1	2	13	14	15	16	17	18
1	A H							
2	B Li						C F	

A, B, C에 대한 설명으로 옳은 것만을 [보기]에서 있는 대로 고른 것은? (단, A, B, C는 임의의 원소 기호이다.)

[보기]

ㄱ. 금속 원소는 ~~2가지~~이다.
　1가지

ㄴ. A와 B는 원자가 전자 수가 같다.
　A와 B는 모두 1족 원소 ➡ 원자가 전자 수＝1로 같다.

ㄷ. B와 C는 전자가 들어 있는 전자 껍질 수가 같다.
　B와 C는 모두 2주기 원소 ➡ 전자가 들어 있는 전자 껍질 수＝2로 같다.

① ㄱ　　② ㄷ　　③ ㄱ, ㄴ　　④ ㄴ, ㄷ　　⑤ ㄱ, ㄴ, ㄷ

🧠 **단서＋발상**

단서 A~C의 주기율표 상의 위치가 제시되어 있다.

발상 A~C의 족으로부터 원자가 전자 수를, 주기로부터 전자가 들어 있는 전자 껍질 수를 추론할 수 있다.

적용 A~C의 주기율표 상의 위치를 통해 A~C를 구하는 것부터 문제 풀이를 시작해야 한다.

| 문제＋자료 분석 |

· **A**: 1주기 1족 원소이므로 A는 수소(H)이다.
· **B**: 2주기 1족 원소이므로 B는 리튬(Li)이다.
· **C**: 2주기 17족 원소이므로 C는 플루오린(F)이다.

| 보기 분석 |

ㄱ. A(H)와 C(F)는 비금속 원소이고 B(Li)은 금속 원소이다. 따라서 금속 원소는 1가지이다. A(H)는 1족 원소이지만 알칼리 금속이 아닌 비금속 원소이다. 함정

ㄴ. 원자가 전자 수는 족의 1의 자릿수와 동일하다.(18족 제외) 꿀팁
A(H)와 B(Li)는 모두 1족 원소이므로 원자가 전자 수가 1이다. 따라서 A와 B는 원자가 전자 수가 같다.

ㄷ. 전자가 들어 있는 전자 껍질 수는 원소의 주기와 같다. 꿀팁
B(Li)와 C(F)는 모두 2주기 원소이므로 전자가 들어 있는 전자 껍질 수는 2이다. 따라서 B와 C는 전자가 들어 있는 전자 껍질 수가 같다.

✱ **전자 배치에 따른 원소의 주기성**

· **같은 주기 원소:** 전자가 들어 있는 전자 껍질 수가 같다.

· **같은 족 원소:** 원자가 전자 수가 같다. 원자가 전자 수는 원소가 속한 족 번호의 끝자리 수와 같다. (단, 18족 원소는 원자가 전자 수가 0이다.)

다음은 우리나라에서 발견된 두 화석 (가)와 (나)에 대한 답사 보고서이다.

<답사 보고서>

○○○○년 ○○월 ○○일

단서 (가) 고생대 표준 화석
○화석: 삼엽충
○산출지: 강원도 태백 일대
○관찰 내용: 다양한 크기의 삼엽충 화석을 관찰함.

(나) 중생대 표준 화석
○화석: 공룡 발자국
○산출지: 경남 고성 남해안 일대
○관찰 내용: 모양이 다른 여러 개의 공룡 발자국 화석을 관찰함.

이에 대한 설명으로 옳은 것만을 [보기]에서 있는 대로 고른 것은?

[보기]

ㄱ. (가)는 (나)보다 먼저 생성되었다.
　삼엽충은 고생대, 공룡은 중생대에 번성했던 생물이다.

ㄴ. 삼엽충과 공룡은 ~~모두~~ 해양 환경에서 서식하였다.
　삼엽충은 해양 생물, 공룡은 육상 생물이다.

ㄷ. 생물이 활동하면서 남긴 흔적도 화석이 될 수 있다.
　생물의 유해나 흔적이 지층에 남아 화석이 될 수 있다.

① ㄱ　　② ㄴ　　③ ㄱ, ㄷ　　④ ㄴ, ㄷ　　⑤ ㄱ, ㄴ, ㄷ

🧠 **단서＋발상**

단서 우리나라에서 발견된 삼엽충 화석과 공룡 화석이 제시되어 있다.

발상 삼엽충과 공룡이 어느 지질 시대의 표준 화석인지 구분할 수 있다.

적용 삼엽충은 고생대, 공룡은 중생대에 번성한 생물임을 알고 먼저 생성된 화석을 구하는 것부터 문제 풀이를 시작해야 한다.

| 문제＋자료 분석 |

· **(가) 삼엽충 화석:** 고생대의 표준 화석이다. 삼엽충은 고생대에 번성하였던 해양 무척추동물로, 고생대 말 대멸종 시기에 멸종하였다.

· **(나) 공룡 발자국 화석:** 중생대의 표준 화석이다. 공룡은 중생대에 번성하였던 육상 생물로, 중생대 말에 소행성 충돌, 대규모 화산 폭발 등으로 인해 멸종하였다.

| 보기 분석 |

ㄱ. 삼엽충은 고생대의 표준 화석, 공룡 발자국 화석은 중생대의 표준 화석이다. 따라서 (가)는 (나)보다 먼저 생성되었다.

ㄴ. 삼엽충은 해양 생물이므로 해양 환경에서 서식하였지만, 공룡은 육상 생물이므로 육지 환경에서 서식하였다.

ㄷ. 화석은 지질 시대에 살았던 생물의 유해나 흔적이 지층에 남아 있는 것이다. 일반적으로 생물의 뼈나 껍질같이 단단한 부분이 화석으로 남지만, 공룡이나 새의 발자국, 생물이 뚫은 구멍, 알이나 배설물 등 생물이 활동하면서 남긴 흔적이 화석으로 남기도 한다.

✱ **화석**

· 지질 시대에 살았던 생물의 유해나 흔적이 지층 속에 남아서 굳은 것으로, 주로 퇴적암에서 발견된다.

· **표준 화석:** 지층의 생성 시대를 알려주는 화석
　예 고생대-삼엽충, 방추충, 갑주어 등
　　중생대-암모나이트, 공룡 등
　　신생대-화폐석, 매머드 등

15 정답 ① ✻ 자유 낙하 운동

그림은 질량이 각각 5 kg,
1 kg인 물체 A와 B를
<u>수평면으로부터 같은 높이에서</u>
동시에 가만히 놓은 것을 나타낸
것이다. **단서**

A와 B가 수평면에 도달할 때까지
A가 B보다 큰 물리량만을
[보기]에서 있는 대로 고른 것은?
(단, 물체의 크기와 공기 저항은 무시한다.)

A ⑤kg   ①kg B

질량은 A가 B보다 크다.

같은 높이에서 떨어지므로
수평면에 동시에 도달한다.

수평면

──────────[보기]──────────
ㄱ. 중력의 크기
  질량이 A가 B보다 크므로 중력의 크기는 A가 B보다 크다.
ㄴ. 수평면에 도달하는 데 걸리는 ~~시간~~
  수평면에 도달하는 데 걸리는 시간은 A와 B가 같다.
ㄷ. 단위 시간 동안 속도 변화량의 ~~크기~~
  중력 가속도는 A와 B가 같다.
──────────────────────────

① ㄱ   ② ㄴ   ③ ㄱ, ㄷ   ④ ㄴ, ㄷ   ⑤ ㄱ, ㄴ, ㄷ

단서+발상

단서 질량이 다른 A, B가 자유 낙하 운동을 한다고 제시되어 있다.
발상 A, B에 작용하는 중력의 방향과 운동 방향이 같다는 것을 추론할 수 있다.
적용 자유 낙하 운동의 개념을 적용해서 문제 풀이를 시작해야 한다.

| 문제+자료 분석 |
· 질량이 클수록 물체가 받는 중력의 크기는 크다.
  ➡ '중력의 크기=질량×중력 가속도'이다.
· 가속도의 크기는 $\frac{\text{속도 변화량}}{\text{시간}}$ 이다. 중력 가속도는 중력에 의한 가속도이며, 중력 가속도의 크기는 물체의 질량에 관계없이 일정하다.

| 보기 분석 |
ㄱ. 질량은 A가 B의 5배이므로 물체가 받은 중력의 크기는 A가 B의 5배이다.
ㄴ. A와 B는 같은 높이에서 가만히 놓았으므로 수평면에서 도달하는 데 걸린 시간은 같다. **꿀팁**
ㄷ. 단위 시간 동안 속도 변화량의 크기는 가속도의 크기이다. A와 B의 가속도는 중력 가속도로 같으므로 단위 시간 동안 속도 변화량의 크기는 A와 B가 같다.

왜 틀렸나?
· 중력과 중력 가속도의 개념을 구분할 수 있어야 한다. 중력의 크기는 질량에 따라 달라지며, 중력 가속도의 크기는 질량과 관계없이 모두 같다.

2023.9
12회

---

16 정답 ④ ✻ 수평 방향으로 던진 물체의 운동

그림은 질량이 동일한 물체 A와 B를 수평면으로부터 <u>같은 높이에서</u>
수평 방향으로 각각 속력 v_A, v_B로 동시에 던졌더니,   낙하 시간: A=B
A와 B가 포물선 경로를 따라 운동한 모습을 나타낸 것이다. 물체는
<u>수평 방향으로 각각 d, $3d$만큼 이동하였다.</u>

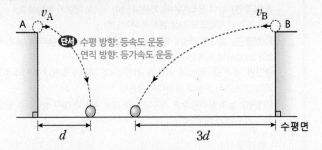

단서 수평 방향: 등속도 운동
연직 방향: 등가속도 운동

d   3d   수평면

이에 대한 설명으로 옳은 것만을 [보기]에서 있는 대로 고른 것은?
(단, 물체의 크기와 공기 저항은 무시한다.) [3점]

──────────[보기]──────────
ㄱ. 낙하하는 동안 A와 B에 작용하는 힘의 방향은 서로 같다.
  A와 B에 작용하는 힘은 중력이다.
ㄴ. 수평면에 도달하는 순간 연직 방향의 속력은 A가 B보다 ~~작다~~
  A와 B는 같은 높이에서 던졌으므로, 수평면에 도달하는 순간 연직 방향의 속력은 A와 B가 같다.
ㄷ. v_B는 v_A의 3배이다.
  수평 이동 거리는 B가 A의 3배이다.
──────────────────────────

① ㄱ   ② ㄴ   ③ ㄷ   ④ ㄱ, ㄷ   ⑤ ㄴ, ㄷ

단서+발상

단서 수평 방향으로 던져진 A, B의 운동 경로가 제시되어 있다.
발상 A와 B의 가속도의 크기는 같다는 것을 추론할 수 있다.
적용 수평 방향으로 던져진 물체의 운동을 분석하여 문제 풀이를 시작해야 한다.

| 문제+자료 분석 |
· A와 B는 수평 방향으로 던져졌으므로 수평 방향으로는 등속도 운동을 하고, 연직 방향으로는 등가속도 운동을 한다.
· A와 B는 같은 높이에서 던졌으므로 수평면에 도달하는 데 걸린 시간은 A와 B가 같다.
· 수평 방향으로의 이동 거리는 A가 B보다 작으므로 수평 방향의 속력은 A가 B보다 작다.

| 보기 분석 |
ㄱ. 낙하하는 동안 A와 B에 작용하는 힘은 연직 아래 방향으로 작용하는 중력이다. 따라서 낙하하는 동안 A와 B에 작용하는 힘의 방향은 같다.
ㄴ. A와 B의 연직 방향으로의 처음 속력은 0으로 같고, 중력 가속도는 같다. 따라서 수평면에 도달하는 순간 연직 방향의 속력은 A와 B가 같다.
ㄷ. 낙하하는 데 걸린 시간이 같고, 수평 이동 거리는 B가 A의 3배이므로 v_B는 v_A의 3배이다.

왜 틀렸나?
· 수평 방향으로 던진 물체가 낙하하는 동안 수평 방향 속력이 일정한 것을 기억하지 못했다면 오답을 선택했을 것이다. 등속도 운동하는 물체의 이동 거리는 속력과 시간의 곱이므로 수평 이동 거리는 B가 A의 3배라는 사실로부터 v_B는 v_A의 3배라는 것을 알아낼 수 있어야 한다.

17 정답 ① ★ 별의 진화와 무거운 원소의 생성 ········· ☆ 고난도 [① 48% ② 8% ③ 25% ④ 8% ⑤ 8%] 2023 실시 9월 학평 17

그림은 별 S의 진화 과정을 나타낸 것이다. 물음에 답하시오.

중력 수축
(중심부 온도 상승)

원시별 → 별 S → (가) → 적색 초거성 → 초신성 → 중성자별
태양보다 질량이
훨씬 큰 별
철보다 무거운
원소 생성

단서

이에 대한 설명으로 옳은 것만을 [보기]에서 있는 대로 고른 것은? [3점]

[보기]
ㄱ. 별 S의 질량은 태양의 질량과 ~~비슷~~하다.
    태양의 질량보다 크다.
ㄴ. 중심부의 온도는 원시별이 별 S보다 낮다.
    별 S는 주계열성이므로 원시별보다 중심부 온도가 높다.
ㄷ. ~~(가)~~ 과정에서 철보다 무거운 원소가 생성된다.
    철보다 무거운 원소는 초신성 폭발 과정에서 생성된다.

① ㄴ ② ㄷ ③ ㄱ, ㄴ ④ ㄱ, ㄷ ⑤ ㄴ, ㄷ

왜 틀렸나?

- [보기] ㄴ을 잘못 판단한 경우는 원시별과 주계열성의 특징은 이해하지 못했기 때문이다. 원시별은 중력 수축하면서 크기가 작아지는 별로 중심부의 온도와 밀도가 계속 상승한다.
- 별의 진화와 원소의 생성은 자주 출제되므로 충분히 학습해야 한다. 특히 별의 진화 단계에 따른 별의 종류와 생성되는 원소의 종류가 어떻게 다른지 잘 정리해 두어야 한다.

단서+발상

단서 별의 진화 과정에서 초신성이 제시되어 있다.

발상 초신성 폭발을 일으키는 별의 질량을 추론할 수 있다.

적용 별의 진화 과정에서 어떤 원소들이 생성될 수 있는지 파악하는 것부터 문제 풀이를 시작해야 한다.

| 문제+자료 분석 |

- **원시별**: 성운이 수축하여 원시별이 형성되고, 중력 수축으로 중심부 온도가 상승한다.
- **별 S**: 중심부 온도가 1000만 K 이상이 되면 수소 핵융합 반응이 일어나 주계열성이 된다. 주계열성은 핵융합 반응으로 발생한 내부 압력과 중력이 평형을 이루어 별의 크기가 일정하게 유지된다.
- **적색 초거성**: 태양보다 질량이 매우 큰 별은 주계열성에서 초거성으로 진화한다. 초거성의 중심부에서는 연속적인 핵융합 반응에 의해 탄소, 산소, 마그네슘, 규소, 철 등이 생성된다.
- **초신성**: 초거성의 중심부에서 핵융합 반응이 멈추면 철로 이루어진 핵이 급격하게 수축하다 폭발한다. 이 과정에서 철보다 무거운 원소가 생성된다.
- **중성자별**: 초신성 폭발로 별의 바깥층은 우주 공간으로 방출되고 중심부는 수축하여 밀도가 매우 큰 중성자별이 된다.

| 보기 분석 |

ㄱ. 별 S는 초신성 폭발 단계를 거치므로 태양보다 질량이 매우 큰 별이다.

ㄴ. 원시별은 중력 수축으로 중심부의 온도가 높아진다. 중심부 온도가 1000만 K 이상이 되면 수소 핵융합 반응이 시작되어 스스로 빛을 내는 별 S(주계열성)이 된다. 따라서 중심부의 온도는 원시별이 별 S보다 낮다.

ㄷ. 철보다 무거운 원소는 초신성 폭발 과정에서 생성된다. 함정

---

18 정답 ⑤ ★ 기권의 층상 구조 ········· [정답률 77%] 2023 실시 9월 학평 18

그림은 높이에 따른 기온 변화를 기준으로 기권의 층상 구조를 나타낸 것이다. 물음에 답하시오.

단서

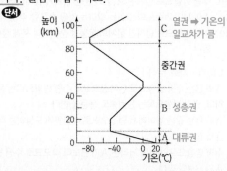

열권 ➡ 기온의 일교차가 큼
중간권
성층권
대류권

A, B, C에 대한 설명으로 옳은 것만을 [보기]에서 있는 대로 고른 것은?

[보기]
ㄱ. A에서는 대류가 일어난다.
    A는 대류권이므로 대류가 활발하다.
ㄴ. B에는 자외선을 차단하는 오존층이 있다.
    B는 성층권이며, 오존층이 존재한다.
ㄷ. 기온의 일교차는 C에서 가장 크다.
    기온의 일교차는 열권인 C에서 가장 크다.

① ㄱ ② ㄴ ③ ㄱ, ㄷ ④ ㄴ, ㄷ ⑤ ㄱ, ㄴ, ㄷ

단서+발상

단서 기권의 층상 구조 중 중간권 영역이 제시되어 있다.

발상 A, B, C에서 나타나는 온도 변화의 특징을 추론할 수 있다.

적용 기권의 층상 구조 중 A, B, C에 해당하는 영역을 파악하는 것부터 문제 풀이를 시작해야 한다.

| 문제+자료 분석 |

- **A(대류권)**: 높이 올라갈수록 기온이 낮아지므로 대류가 활발하고, 수증기가 존재하므로 기상 현상이 나타난다.
- **B(성층권)**: 높이 올라갈수록 기온이 높아지므로 안정한 층이며, 높이 약 20~30 km에 오존층이 존재한다.
- **중간권**: 높이 올라갈수록 기온이 낮아지므로 대류가 일어나지만, 수증기가 거의 없어 기상 현상이 나타나지 않는다.
- **C(열권)**: 높이 올라갈수록 기온이 높아지며, 공기가 매우 희박하여 낮과 밤의 기온 차가 매우 크다.

| 보기 분석 |

ㄱ. 대류권(A)은 고도가 높아질수록 기온이 낮아지므로 대류가 활발하게 일어난다.

ㄴ. 성층권(B)의 오존층은 자외선을 흡수하여 차단한다.

ㄷ. 열권(C)은 공기가 매우 희박하여 낮과 밤의 온도 차이가 매우 크게 나타난다.

★ 기권의 역할

- 기권에 존재하는 수증기와 이산화 탄소는 온실 효과를 일으켜 지구의 온도를 일정하게 유지해 준다.
- 성층권에서 유해한 자외선을 흡수하여 지상 생명체를 보호해 주는 역할을 한다.
- 기권에서 일어나는 대기 대순환과 기상 현상은 지구의 위도별 에너지 불균형을 해소하는 데 중요한 역할을 한다.

19 정답 ① ＊ 화학 결합의 종류

그림은 X^{2-}의 전자 배치를 모형으로 나타낸 것이다.

이에 대한 설명으로 옳은 것만을 [보기]에서 있는 대로 고른 것은? (단, X는 임의의 원소 기호이다.) [3점]

단서 전자 10개

[보기]

ㄱ. X는 비금속 원소이다.
　X는 전자를 얻어 안정한 전자 배치를 이룬다. ➡ X는 비금속 원소이다.
ㄴ. X^{2-}의 양성자수는 ~~10~~이다.
　X의 양성자수＝X의 전자 수＝10－2＝8
ㄷ. X_2에서 두 원자 사이의 공유 전자쌍 수는 ~~1~~이다.
　　　　　　　　　　　　　　　　　　　2

① ㄱ　　② ㄴ　　③ ㄱ, ㄴ　　④ ㄱ, ㄷ　　⑤ ㄴ, ㄷ

＊ 화학 결합의 원리

- 18족 원소는 가장 바깥 전자 껍질의 전자가 8개(단, He은 2개)로 모두 채워져 있으므로 매우 안정하다. 따라서 다른 원자와 거의 반응하지 않는다.
- **화학 결합의 형성**: 18족 이외의 원소들은 이온 결합이나 공유 결합 등의 화학 결합을 하여 18족 원소와 같은 전자 배치를 이루며 안정해진다.

🧠 단서＋발상

단서 X의 음이온인 X^{2-}의 전자 배치 모형이 제시되어 있다.

발상 X의 음이온의 전자 배치 모형이 네온(Ne)의 전자 배치와 같으므로 X는 2주기 비금속 원소임을 추론할 수 있다.

| 문제＋자료 분석 |

- 전자를 잃기 쉬운 금속 원자는 원자가 전자를 잃고 양이온을 형성한다. 전자를 얻기 쉬운 비금속 원자는 안정한 전자 배치에 필요한 전자 수만큼 전자를 얻어 음이온을 형성한다.
- 따라서 X가 전자 2개를 얻어 2주기 18족의 네온(Ne)의 전자 배치와 같아지므로 X는 2주기 16족 원소인 산소(O)이다.

| 보기 분석 |

ㄱ. X는 전자 2개를 얻어 18족의 네온(Ne)의 전자 배치와 같아진다. 따라서 X는 전자를 얻기 쉬운 비금속 원소이다.

ㄴ. X가 전자 2개를 얻어 생성된 X^{2-}의 전자 수가 10이므로 X의 전자 수는 10－2＝8이다. 양성자수는 원자의 전자 수와 같으므로 X^{2-}의 양성자수는 8이다. X가 전자 2개를 얻어 음이온을 생성할 때 X^{2-}의 양성자수는 변하지 않는다. 함정

ㄷ. X(O)의 원자가 전자 수는 6이므로 X(O) 원자 2개는 각각의 X(O) 원자가 전자 2개씩을 내어 공유 결합하여 $X_2(O_2)$를 형성한다. 따라서 $X_2(O_2)$에서 두 원자 사이의 공유 전자쌍 수는 2이다.

---

20 정답 ② ＊ 운동량과 충격량

☆ 고난도 [① 8% ② 49% ③ 15% ④ 10% ⑤ 16%] 2023 실시 9월 학평 20

다음은 물체의 충돌 실험이다.

〈실험 과정〉

(가) 그림과 같이 수평면 위에 고정된 속도 센서와 힘 센서 사이에 물체 A를 놓은 후, A가 힘 센서를 향해 등속 직선 운동하게 한다.

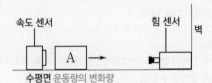

속도 센서　　　　　힘 센서　벽

수평면　운동량의 변화량
＝질량×(충돌 직후 속력－충돌 직전 속력)

(나) A와 힘 센서의 충돌 직전과 직후에 A의 속력을 측정하고, 힘 센서를 이용하여 충돌하는 동안 A에 작용하는 힘의 크기를 시간에 따라 측정한다.

(다) A를 물체 B로 바꾼 후 (가)와 (나)의 과정을 반복한다.

〈실험 결과〉

단서

물체	속력(m/s)		속력 변화량
	충돌 직전	충돌 직후	
A	2	0 정지	－2
B	3	0 정지	－3

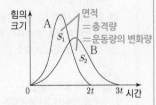

힘의 크기　　면적＝충격량
　　　A
　　　　S_1　　＝운동량의 변화량
　　　　　B
　　　　S_2
0　　　2t　3t 시간

- 그래프에서 각 곡선이 시간 축과 이루는 면적 S_1과 S_2는 같다.
  충격량의 크기: A＝B → 2×A의 질량＝3×B의 질량

이에 대한 설명으로 옳은 것만을 [보기]에서 있는 대로 고른 것은? (단, 모든 마찰과 공기 저항은 무시한다.) [3점]

[보기]

ㄱ. 충돌하는 동안 물체가 받은 충격량의 크기는 A가 B보다 ~~크다~~ A와 B가 같다
ㄴ. 충돌하는 동안 물체가 받은 평균 힘의 크기는 A와 B가 ~~같다~~ A가 B보다 크다
ㄷ. 물체의 질량은 A가 B보다 크다.
　충돌 과정에서 운동량의 변화량의 크기는 A와 B가 같고, 속력의 변화량은 A가 B보다 작다.

① ㄱ　　② ㄷ　　③ ㄱ, ㄴ　　④ ㄱ, ㄷ　　⑤ ㄴ, ㄷ

🧠 단서＋발상

단서 두 물체의 충돌 실험이 제시되어 있다.

발상 (나)에서 A, B가 받은 충격량의 크기를 추론할 수 있다.

적용 표에 제시된 실험 결과값을 이용하여 A, B의 운동량의 변화량을 구하는 것부터 문제 풀이를 시작해야 한다.

| 문제＋자료 분석 |

- 물체가 벽에 충돌한 직후 속력이 0이므로, 물체의 나중 운동량은 0이다.
- 힘과 시간 축이 이루는 면적은 물체가 받은 충격량이다. S_1과 S_2가 같으므로 A와 B가 받은 충격량의 크기는 같다.

| 보기 분석 |

ㄱ. S_1과 S_2는 같으므로 물체가 받은 충격량의 크기는 A와 B가 같다.

ㄴ. 물체가 충돌하는 과정에서 힘 센서로부터 힘을 받는 시간은 A가 B보다 짧고, 물체가 받은 충격량의 크기는 같으므로 물체가 받은 평균 힘의 크기는 A가 B보다 크다.

ㄷ. 충격량은 운동량의 변화량과 같다. 물체가 힘 센서와 충돌하는 과정에서 속력의 변화량은 A가 B보다 작으므로 질량은 A가 B보다 크다.

01 정답 ① ✱ 다양한 규모의 자연 세계 ··· 예상 문제

다음 (가)~(라)는 다양한 규모의 자연 세계를 나타낸 것이다.

단서 미시 세계, 거시 세계

- (가) 우주의 나이 억 년 단위 ➡ 거시 세계
- (나) 사람의 평균 수명 십 년 단위 ➡ 거시 세계
- (다) 지구의 공전 주기 1년 ➡ 거시 세계
- (라) 세슘 원자가 한 번 진동하는 데 걸리는 시간 나노초 이하 단위 ➡ 미시 세계

시간 규모가 큰 것부터 순서대로 나열한 것은?

① (가)-(나)-(다)-(라) ② (가)-(다)-(나)-(라)
③ (가)-(라)-(다)-(나) ④ (라)-(가)-(다)-(나)
⑤ (라)-(가)-(나)-(다)

🧠 단서+발상

단서 다양한 규모의 자연 세계가 제시되어 있다.

발상 미시 세계와 거시 세계로 나누어 각 자연 세계의 단위를 추론할 수 있다.

| 문제+자료 분석 |
- 자연 세계는 원자처럼 아주 작은 규모의 물체나 현상을 다루는 미시 세계와 우주처럼 큰 규모의 물체나 현상을 다루는 거시 세계로 이루어져 있다.

| 선택지 분석 |
① 우주의 나이는 억 년 단위, 사람의 평균 수명은 십 년 단위, 지구의 공전 주기는 1년, 세슘 원자가 한 번 진동하는 데 걸리는 시간은 나노초 이하 단위이다. 따라서 시간 규모가 큰 것부터 순서대로 나열하면 (가)-(나)-(다)-(라) 순이다.

✱ **자연 세계**
- **미시 세계**: 아주 작은 물체나 현상을 다루는 세계
  예 원자, 분자, 이온 등
- **거시 세계**: 큰 물체나 현상을 다루는 세계
  예 나무, 동물, 천체 등

02 정답 ② ✱ 알칼리 금속과 할로젠 ··· [정답률 67%] **2022 실시 9월 학평 2**

다음은 나트륨의 성질을 알아보기 위한 실험이다.

〈실험 과정〉

(가) 물이 든 삼각 플라스크에 쌀알 크기의 나트륨 조각을 넣고 <u>발생하는 기체를 모은다.</u>
   수소 기체
(나) 기체를 모은 시험관 입구에 ⑤ 을/를 대어 본다.
   ⑤은 수소 기체의 성질을 알아볼 수 있는 것
(다) 삼각 플라스크의 용액에 ⑥ 을 2~3방울 떨어뜨린 후 색 변화를 관찰한다.
   ⑥은 수용액의 액성을 알아볼 수 있는 지시약

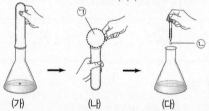

(가) (나) (다)

〈결론〉
- 나트륨이 물과 반응하면 <u>수소 기체가 발생한다.</u> **단서**
- 나트륨이 물과 반응하여 생성된 용액은 <u>염기성이다.</u> **단서**

다음 중 ⑤과 ⑥으로 가장 적절한 것은?

	⑤	⑥
①	성냥불	질산은 수용액
②	성냥불 수소 기체가 불에 타는 성질 확인	페놀프탈레인 용액 수용액의 액성 확인
③	pH 시험지	질산은 수용액
④	pH 시험지	페놀프탈레인 용액
⑤	꺼져 가는 불씨	질산은 수용액

🧠 단서+발상

단서 결론에 실험 과정에서 발생하는 기체가 수소 기체라는 것과 반응 후 수용액의 액성이 염기성임이 제시되어 있다.

발상 수소 기체의 성질과 수용액의 액성을 알아보는 실험 과정이 필요함을 추론할 수 있다.

적용 수소 기체가 불에 잘 타는 성질이 있다는 것과 반응 후 수용액의 액성이 염기성임을 확인할 수 있는 방법을 구하는 것부터 문제 풀이를 시작해야 한다.

| 문제+자료 분석 |
- 나트륨 조각이 물과 반응하면 수소 기체가 발생하고 수용액은 염기성이 된다.
- 수소 기체가 불에 타는 성질이 있다는 것과 수용액의 액성이 염기성이라는 것을 알아볼 수 있는 것이 ⑤, ⑥에 들어가야 한다.

| 선택지 분석 |
① ⑥에 질산은 수용액은 염기성을 알아보기 위한 지시약으로 적절하지 않다.
② ⑤으로 수소 기체가 불에 타는 성질을 확인하기에 적절한 것은 성냥불이고, 수용액의 액성이 염기성임을 확인하기에 적절한 지시약은 페놀프탈레인 용액이다.
③, ④ pH 시험지는 용액의 산도(pH)를 측정하기 위한 것이므로 수소 기체의 성질을 알아보기 위한 것이 아니다.
⑤ 꺼져 가는 불씨는 수소 기체의 성질을 알아보기에 적절하지 않다.

🐝 문제 풀이 꿀팁
- 수소 기체(H_2)는 불에 타는 성질(가연성)이 있으므로 성냥불을 대면 '펑' 소리를 내면서 타는 것을 확인할 수 있다.
- 산소 기체(O_2)는 다른 물질이 불에 잘 타게 도와주는 성질이 있으므로 꺼져 가는 불씨를 가까이 가져가면 다시 불꽃이 타오르는 것을 확인할 수 있다.

그림은 동물 세포의 구조를 나타낸 것이다. A, B, C는 각각 핵, 라이보솜, 소포체 중 하나이다. **단서**

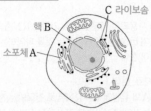

C 라이보솜
핵 B
소포체 A

이에 대한 설명으로 옳은 것만을 [보기]에서 있는 대로 고른 것은?

―――――――――[보기]―――――――――

ㄱ. A는 소포체이다.
  소포체는 막으로 둘러싸인 납작한 주머니와 관으로 되어 있다.
ㄴ. B에는 DNA가 있다.
  핵은 핵막으로 둘러싸여 있다.
ㄷ. C에서 광합성이 ~~일어난다~~
  일어나지 않는다

① ㄴ   ② ㄷ   ③ ㄱ, ㄴ   ④ ㄱ, ㄷ   ⑤ ㄴ, ㄷ

🧠 **단서+발상**

단서 동물 세포의 세포소기관 A~C가 그림으로 제시되어 있다.

적용 A~C의 구조를 통해 핵, 라이보솜, 소포체를 구분하는 것부터 문제 풀이를 시작해야 한다.

| 문제+자료 분석 |

· **A**: 막으로 둘러싸인 납작한 주머니와 관으로 되어 있으며 핵막과 연결되어 있으므로 소포체이다. 소포체는 라이보솜에서 합성된 단백질을 골지체나 세포의 다른 곳으로 운반하거나 지질을 합성한다.
· **B**: 세포에서 가장 큰 세포소기관으로 핵이다. 핵막으로 둘러싸여 있으며, 유전정보를 저장하고 있는 DNA가 있어 세포의 생명활동을 통제하고 조절한다.
· **C**: 작은 알갱이 모양으로 소포체에 붙어 있거나 세포질에 존재하는 라이보솜이다. DNA의 유전정보에 따라 아미노산을 결합하여 단백질을 합성한다.

| 보기 분석 |

ㄱ. 소포체는 라이보솜에서 합성된 단백질을 골지체나 세포의 다른 곳으로 운반하거나 지질을 합성하는 역할을 한다. A는 소포체이다.
ㄴ. B(핵)는 핵막으로 둘러싸여 있으며, 유전정보를 저장하고 있는 DNA가 있어 세포의 생명활동을 통제하고 조절한다.
ㄷ. 라이보솜은 단백질을 합성하는 세포소기관이며, 광합성은 식물 세포의 엽록체에서 일어난다. 따라서 C(라이보솜)에서는 광합성이 일어나지 않는다.

✻ **세포의 구조**

· 세포는 세포막으로 둘러싸여 있으며, 내부는 핵과 세포질로 구분된다. 세포질에는 다양한 세포소기관이 있다.

그림 (가)는 전화 통화를 하는 동안 두 변환기를 통해 정보가 전달되는 과정을, (나)는 이 과정에서 사용되는 신호 A, B를 나타낸 것이다. 변환기는 A를 B로, 또는 B를 A로 변환시키는 장치이다.

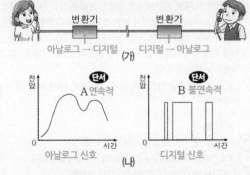

변환기   변환기
아날로그 → 디지털   디지털 → 아날로그
(가)

전압 **단서** A 연속적   전압 **단서** B 불연속적
0   아날로그 신호   시간   0   디지털 신호   시간
(나)

이에 대한 설명으로 옳은 것만을 [보기]에서 있는 대로 고른 것은?

―――――――――[보기]―――――――――

ㄱ. A는 ~~불연속적인~~ 신호이다.
  연속적인
ㄴ. 두 변환기 사이에서 사용되는 신호는 B이다.
  변환기 사이에서 사용되는 신호는 디지털 신호이다.
ㄷ. 정보를 멀리 전송할 때 B는 A에 비해 정보의 왜곡이 적다.
  디지털 신호(B)는 아날로그 신호(A)에 비해 정보의 왜곡이 적다.

① ㄱ   ② ㄴ   ③ ㄷ   ④ ㄱ, ㄷ   ⑤ ㄴ, ㄷ

🧠 **단서+발상**

단서 두 변환기를 통해 정보가 전달되는 과정이 제시되어 있다.

발상 연속적으로 변하는 A는 아날로그 신호, 불연속적으로 변하는 B는 디지털 신호임을 추론할 수 있다.

적용 변환기에서 일어나는 신호의 변환을 구하는 것부터 문제 풀이를 시작해야 한다.

| 문제+자료 분석 |

· **A**: 시간에 따라 신호의 세기가 연속적으로 변하는 신호이다.
  ➡ 아날로그 신호
· **B**: 시간에 따라 신호의 세기가 불연속적으로 변하는 신호이다.
  ➡ 디지털 신호
· 첫 번째 변환기는 아날로그 신호를 디지털 신호로, 두 번째 변환기는 디지털 신호를 아날로그 신호로 변환한다.

| 보기 분석 |

ㄱ. A는 아날로그 신호로, 연속적인 신호이다.
ㄴ. 변환기 사이에서는 디지털 신호를 사용한다.
ㄷ. 디지털 신호는 아날로그 신호보다 전송 시 정보의 왜곡이 적다.

✻ **아날로그 신호와 디지털 신호의 변환**

· 아날로그 신호를 일정한 시간 간격으로 작게 나눈 후 신호의 크기를 0과 1의 이진수로 표현하면 디지털 신호가 된다.

05 정답 ① ★ 유전정보의 흐름 ⸼⸼⸼⸼⸼⸼⸼⸼⸼⸼⸼⸼⸼⸼⸼⸼⸼⸼⸼⸼⸼⸼⸼⸼⸼⸼⸼⸼⸼⸼⸼⸼⸼⸼⸼⸼⸼⸼⸼ [정답률 61%] **2022 실시 9월 학평 5**

그림은 세포에서 일어나는 유전정보의 흐름을 나타낸 것이다. (가)와 (나)는 각각 번역과 전사 중 하나이고, ㉠~㉢은 각각 아데닌(A), 타이민(T), 유라실(U) 중 하나이다.

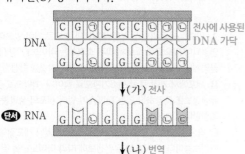

DNA — 전사에 사용된 DNA 가닥

↓ (가) 전사

단서 RNA

↓ (나) 번역

단백질

이에 대한 설명으로 옳은 것만을 [보기]에서 있는 대로 고른 것은? (단, 돌연변이는 고려하지 않는다.) [3점]

─────────[보기]─────────

㉠ (가)는 전사이다.
　DNA에서 RNA로 유전정보가 전달되는 과정은 전사이다.

ㄴ. ㉢은 ~~타이민(T)~~이다.
　유라실(U)

ㄷ. (나)는 ~~핵~~에서 일어난다.
　세포질의 라이보솜

① ㄱ　② ㄷ　③ ㄱ, ㄴ　④ ㄱ, ㄷ　⑤ ㄴ, ㄷ

 단서+발상

단서 세포에서 일어나는 전사와 번역 과정이 제시되어 있다.

발상 RNA의 염기서열을 통해 전사에 사용된 DNA 가닥을 추론할 수 있다.

적용 전사에 사용되지 않은 DNA 가닥과 RNA의 염기서열을 비교하여 RNA가 ㉠ 대신 ㉢을 가지는 것을 파악하는 것부터 문제 풀이를 시작해야 한다.

| 문제+자료 분석 |
- (가): DNA의 유전정보가 RNA로 전달되는 전사 과정이다. DNA의 염기에 상보적인 염기서열을 가진 RNA가 합성된다.
- (나): RNA의 유전정보에 따라 단백질이 합성되는 번역 과정이다. RNA의 코돈(3개의 염기)이 1개의 아미노산을 지정한다.
- 전사에 사용되지 않은 DNA 가닥과 RNA의 염기서열을 비교하면, **함정** RNA는 ㉠ 대신 ㉢을 가진다는 것을 알 수 있다.
- RNA는 타이민(T) 대신 유라실(U)을 가지므로, ㉠은 타이민(T), ㉢은 유라실(U)이며, ㉡은 아데닌(A)이다.

| 보기 분석 |

㉠ (가)는 DNA에 저장된 유전정보가 RNA로 전달되는 과정으로, 전사에 해당한다.

ㄴ. 전사에 사용되지 않은 DNA 가닥과 RNA의 염기서열을 비교했을 때, 나머지의 염기서열은 동일하고, RNA는 타이민(T) 대신 유라실(U)을 갖는다. 꿀팁
　RNA는 ㉠ 대신 ㉢을 가지므로, ㉠은 타이민(T), ㉢은 유라실(U)이며, ㉡은 아데닌(A)이다.

ㄷ. (나)(번역)는 RNA의 유전정보에 따라 단백질이 합성되는 과정으로, 세포질의 라이보솜에서 일어난다.

---

06 정답 ⑤ ★ 반도체 ⸼⸼ **2019 실시 3월 학평 8 물리학Ⅰ (고2)**

단서 특정 조건에 따라 자유 전자가 생겨 전류가 흐름

그림은 반도체가 일상생활에서 이용되는 예를 나타낸 것이다.

다양한 반도체 소자의 회로를 하나의 기판 위에 정밀하게 만든 반도체 소자

n형 반도체와 p형 반도체를 결합하여 만든 반도체 소자

컴퓨터 중앙 처리 장치(CPU)
집적 회로 ➡ 데이터 저장, 처리

발광 다이오드(LED)
전기 에너지 ➡ 빛에너지

반도체에 대한 설명으로 옳은 것만을 [보기]에서 있는 대로 고른 것은? [3점]

─────────[보기]─────────

㉠ 전기적 성질을 이용한다.
　반도체는 특정 조건에 따라 자유 전자가 생겨 전류가 흐르는 물질이다.

㉡ 규소(Si)는 대표적인 반도체 물질이다.
　규소는 원자가 전자가 4개인 원소로 불순물이 없는 순수한 반도체이다.

㉢ 전기 에너지를 빛에너지로 전환하는 데 이용할 수 있다.
　발광 다이오드(LED)는 전류가 흐를 때 빛을 방출하는 다이오드이다.

① ㄱ　② ㄴ　③ ㄱ, ㄷ　④ ㄴ, ㄷ　⑤ ㄱ, ㄴ, ㄷ

단서+발상

단서 반도체가 이용되는 CPU와 LED가 제시되어 있다.

발상 반도체는 전기적 성질을 이용한 신소재라는 것을 추론할 수 있다.

적용 반도체의 개념을 적용해서 문제 풀이를 시작해야 한다.

| 문제+자료 분석 |
- 반도체는 도체와 절연체의 중간적인 성질을 가진 신소재이다.
- 반도체 소자는 전기 및 전자 부품과 연결되어 다양한 기능을 구현한다.
- 컴퓨터 중앙 처리 장치(CPU)는 다양한 반도체 소자의 회로를 하나의 기판 위에 정밀하게 만들어 부착한 반도체 소자로, 데이터를 처리하거나 저장하는 역할을 한다.
- LED는 반도체를 접합하여 만든 소자이며, LED에 전류가 흐르면 빛을 방출한다.

| 보기 분석 |

㉠ 반도체는 전기적 성질을 이용한 신소재이다.
㉡ 규소(Si)와 저마늄(Ge)은 대표적인 반도체 물질이다.
㉢ LED는 전기 에너지를 빛에너지로 전환한다.

★ 반도체의 활용

구분	이용
터치스크린	다양한 방식(압력, 정전기)에 따라 전기 저항이 변하는 성질의 반도체
태양 전지판	빛을 받으면 전류가 흐르는 성질의 반도체
레이저의 광원	전류가 흐르면 빛을 방출하는 성질의 반도체
컴퓨터의 중앙 처리 장치	전기 전도성을 증가시키는 성질의 반도체
화재 감지기	온도에 따라 전기 저항이 변하는 성질의 반도체
자동 조명	밝기에 따라 전기 저항이 변하는 성질의 반도체

다음은 생명체를 구성하는 물질 ㉠과 ㉡에 대한 자료이다. ㉠, ㉡은 각각 단백질, 핵산 중 하나이다. **단서**

> 핵산 ⟶
> • ㉠은 유전정보를 저장하고 전달한다.
> • ㉡의 단위체는 아미노산이다.
> ⟵ 단백질

이에 대한 설명으로 옳은 것만을 [보기]에서 있는 대로 고른 것은?

[보기]
ㄱ. ㉠은 핵산이다.
  핵산은 유전정보를 저장하고 전달한다.
ㄴ. ㉡은 효소의 주성분이다.
  ㉡(단백질)은 효소의 주성분이다.
ㄷ. ㉠과 ㉡은 모두 탄소 화합물에 해당한다.
  ㉠과 ㉡은 모두 탄소 화합물이다.

① ㄱ ② ㄷ ③ ㄱ, ㄴ ④ ㄴ, ㄷ ⑤ ㄱ, ㄴ, ㄷ

🧠 단서+발상

단서 생명체를 구성하는 물질 ㉠과 ㉡에 대한 자료가 제시되어 있다.

적용 핵산과 단백질의 기능, 단위체, 특징을 떠올리는 것부터 문제 풀이를 시작해야 한다.

| 문제+자료 분석 |

• ㉠: 유전정보를 저장하고 전달하는 물질이므로 핵산이다. 핵산의 구성 원소는 탄소(C), 수소(H), 산소(O), 질소(N), 인(P)이며, 핵산의 종류에는 DNA과 RNA가 있다.
• ㉡: 단위체가 아미노산인 물질이므로 단백질이다. 단백질의 구성 원소는 탄소(C), 수소(H), 산소(O), 질소(N)이며, 단백질은 생물체 내 각종 화학 반응과 생리 작용을 조절하는 역할을 한다.

| 보기 분석 |

ㄱ. ㉠은 유전정보를 저장하고 전달하는 물질이므로 핵산이다.
ㄴ. ㉡은 단위체가 아미노산이므로 단백질이다. 단백질은 생명체의 주요 구성 물질로 근육, 뼈, 머리카락 등을 구성하며, 효소, 호르몬, 항체의 주성분이다.
ㄷ. ㉠(핵산)과 ㉡(단백질)은 모두 탄소(C)가 수소(H), 산소(O), 질소(N) 등과 공유 결합하여 이루어진 탄소 화합물이다.

✱ **탄소 화합물**

구분	구성 원소	기능
탄수화물	C, H, O	주요 에너지원
단백질	C, H, O, N	에너지원, 효소, 호르몬, 항체의 주성분
지질	C, H, O	에너지원, 세포막의 주성분
핵산	C, H, O, N, P	유전정보의 저장 및 전달

2022.9

13회

그림 (가)는 지질 시대를 24시간으로 가정했을 때 고생대, 중생대, 신생대가 시작된 시각을, (나)는 온라인 수업에서 학생 A, B, C가 **단서** (가)에 대해 나눈 대화를 나타낸 것이다.

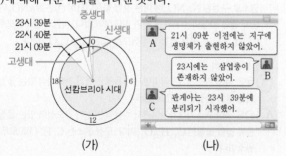

(가)   (나)

제시한 내용이 옳은 학생만을 있는 대로 고른 것은? [3점]
① A ② B ③ A, C ④ B, C ⑤ A, B, C

🧠 단서+발상

단서 고생대는 21시 09분, 중생대는 22시 40분, 신생대는 23시 39분에 시작되었음이 제시되어 있다.

발상 각 지질 시대의 생물과 환경의 특징을 떠올릴 수 있다.

| 문제+자료 분석 |

• **지질 시대의 상대적 길이**: 선캄브리아 시대 ≫ 고생대 > 중생대 > 신생대
• **선캄브리아 시대**: 생물의 개체 수가 적었고 생물체에 단단한 골격이 없었으며, 화석이 되었어도 지각 변동과 풍화 작용을 많이 받아 화석이 거의 발견되지 않는 시대이다.
• **고생대**: 바다에는 무척추동물(삼엽충, 방추충, 완족류 등)과 척추 동물인 어류(갑주어)가 번성하였고, 육지에는 양서류, 곤충류(대형 잠자리), 양치식물, 이끼류, 겉씨식물이 출현하였다.
• **중생대**: 판게아가 분리되면서 전 세계적으로 지각 변동이 활발하게 일어났고, 대륙과 해양의 분포가 다양해졌다.
• **신생대**: 대서양과 인도양이 넓어지고 현재와 비슷한 수륙 분포가 형성되었다.

| 선택지 분석 |

② **학생 A**: 화석이 거의 발견되지 않는 시대이지만 최초의 생명체는 선캄브리아 시대에 출현하였다. ➡ 옳지 않음
학생 B: 23시는 중생대에 해당한다. 삼엽충은 고생대 말기에 멸종하였으므로 해당 시기에 존재하지 않았다. ➡ 옳음
학생 C: 23시 39분은 신생대의 시작 시기이다. 판게아는 중생대 초에 분리되기 시작하였다. ➡ 옳지 않음

09 정답 ② ★ 세포막을 통한 물질 이동 .... [정답률 51%] **2022 실시 9월 학평 9**

그림은 물질 ㉠과 ㉡이 세포막을 통해 확산하는 방향을 나타낸 것이다.

단서 고농도 → 저농도

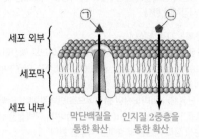

이에 대한 설명으로 옳은 것만을 [보기]에서 있는 대로 고른 것은? [3점]

[보기]

ㄱ. ㉠의 농도는 세포 외부에서가 세포 내부에서보다 ~~낮다~~ 높다

ㄴ. ㉡에 해당하는 물질로는 ~~포도당~~이 있다.
　　기체 분자, 지용성 물질 등

ㄷ. 세포막은 선택적 투과성이 있다.
　　세포막은 선택적 투과성이 있다.

① ㄱ　　② ㄷ　　③ ㄱ, ㄴ　　④ ㄴ, ㄷ　　⑤ ㄱ, ㄴ, ㄷ

단서+발상

단서 막단백질을 통한 확산과 인지질 2중층을 통한 확산이 제시되어 있다.

적용 그림을 통해 ㉠과 ㉡의 이동 방식을 비교하여 막단백질을 통한 확산과 인지질 2중층을 통한 확산 중 무엇에 해당하는지 파악하는 것부터 문제 풀이를 시작해야 한다.

| 문제+자료 분석 |
· ㉠: ㉠이 세포 외부에서 세포 내부로 막단백질을 통해 확산되고 있으므로, ㉠의 농도는 세포 외부가 세포 내부보다 높다.
　➡ ㉠에 해당하는 물질로는 수용성 물질(포도당, 아미노산), 전하를 띠는 물질(이온) 등이 있다.
· ㉡: ㉡이 세포 외부에서 세포 내부로 인지질 2중층을 통해 확산되고 있으므로, ㉡의 농도는 세포 외부가 세포 내부보다 높다.
　➡ ㉡에 해당하는 물질로는 기체 분자(O_2, CO_2 등), 지용성 물질(지방산, 글리세롤 등)이 있다.

| 보기 분석 |
ㄱ. ㉠은 세포 외부에서 세포 내부로 막단백질을 통해 확산되고 있다. 따라서 ㉠의 농도는 세포 외부에서가 세포 내부에서보다 높다.

ㄴ. ㉡은 세포 외부에서 세포 내부로 인지질 2중층을 통해 확산되고 있다. ㉡에 해당하는 물질로는 기체 분자(O_2, CO_2 등), 지용성 물질(지방산, 글리세롤 등)이 있다. 포도당과 같은 수용성 물질은 막단백질을 통해 확산된다.

ㄷ. 세포막은 물질의 종류에 따라 어떤 물질은 잘 투과시키고 어떤 물질은 잘 투과시키지 않는 선택적 투과성이 있어 세포 안팎으로의 물질 출입을 조절한다.

---

10 정답 ⑤ ★ 이온 결합, 수용액의 전기 전도성 .... [정답률 69%] **2022 실시 9월 학평 10**

그림은 3가지 화합물 염화 나트륨(NaCl), 질산 나트륨($NaNO_3$), 설탕($C_{12}H_{22}O_{11}$)을 주어진 기준에 따라 분류한 것이다.

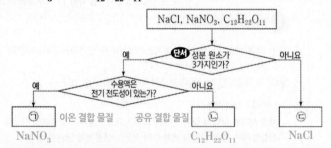

이에 대한 설명으로 옳은 것만을 [보기]에서 있는 대로 고른 것은? [3점]

[보기]

ㄱ. ㉠은 $NaNO_3$이다.
　　㉠은 성분 원소가 3가지이고, 수용액은 전기 전도성이 있다.

ㄴ. ㉡을 구성하는 원소들은 모두 비금속 원소이다.
　　㉡은 성분 원소가 C, H, O로 모두 비금속 원소이다.

ㄷ. ㉢에서 구성 입자 사이의 결합은 이온 결합이다.
　　㉢을 구성하는 입자는 Na^+과 Cl^-이고, 이온 결합을 하고 있다.

① ㄱ　　② ㄴ　　③ ㄱ, ㄷ　　④ ㄴ, ㄷ　　⑤ ㄱ, ㄴ, ㄷ

단서+발상

단서 3가지 화합물의 화학식이 제시되어 있다.

발상 구성 원소의 가짓수를 보고 ㉢을 추론할 수 있다.

적용 화학 결합의 종류에 따른 전기적 성질 차이를 이용하여 ㉠, ㉡을 구하는 것부터 문제 풀이를 시작해야 한다.

| 문제+자료 분석 |
· 성분 원소는 NaCl은 2가지, $NaNO_3$과 $C_{12}H_{22}O_{11}$은 각각 3가지이다.
· 이온 결합 물질의 수용액은 전기 전도성이 있다. 금속 원소와 비금속 원소로 구성된 $NaNO_3$이 이온 결합 물질이므로 ㉠은 $NaNO_3$이다.
· 공유 결합 물질의 수용액은 전기 전도성이 없다. 비금속 원소만으로 구성된 $C_{12}H_{22}O_{11}$은 공유 결합 물질이므로 ㉡은 $C_{12}H_{22}O_{11}$이다.

| 보기 분석 |
ㄱ. ㉠은 성분 원소가 3가지이면서 수용액은 전기 전도성이 있는 물질이므로 이온 결합 물질인 $NaNO_3$이다.

ㄴ. ㉡은 구성 원소가 3가지이면서 수용액은 전기 전도성이 있는 물질이므로 공유 결합 물질인 $C_{12}H_{22}O_{11}$이다. 구성 원소는 C, H, O로 모두 비금속 원소이다.

ㄷ. ㉢은 성분 원소가 2가지인 물질이므로 NaCl이고 양이온인 Na^+과 음이온인 Cl^-이 이온 결합하여 이루어진 물질이다.

★ 공유 결합 물질과 이온 결합 물질의 성질

물질		공유 결합 물질	이온 결합 물질
구성 원소의 종류		비금속 원소	금속 원소와 비금속 원소
전기 전도성	고체 상태	없음	없음
	수용액 상태	없음	있음

11 정답 ③　＊효소 ··· [정답률 76%] **2022 실시 9월 학평 11**

그림은 카탈레이스의 유무에 따른 과산화 수소 분해 반응에서의
에너지 변화를 나타낸 것이다.

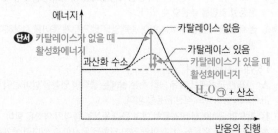

이에 대한 설명으로 옳은 것만을 [보기]에서 있는 대로 고른 것은?

─────────────────[보기]─────────────────

ㄱ. ㉠은 물(H_2O)이다.
　카탈레이스에 의한 과산화 수소 분해 반응에서 물(㉠)과 산소가 발생한다.
ㄴ. 카탈레이스는 과산화 수소 분해 반응의 활성화에너지를 낮춘다.
　카탈레이스는 과산화 수소 분해 반응의 활성화에너지를 낮춘다.
ㄷ. 카탈레이스는 과산화 수소가 분해되는 속도를 ~~감소시킨다~~
　　　　　　　　　　　　　　　　　　　　　증가시킨다

① ㄱ　　② ㄷ　　③ ㄱ, ㄴ　　④ ㄴ, ㄷ　　⑤ ㄱ, ㄴ, ㄷ

🧠 **단서＋발상**

(단서) 카탈레이스 유무에 따른 과산화 수소 분해 반응에서의 에너지 변화가 제시되어 있다.

(적용) 카탈레이스의 유무에 따른 활성화에너지를 비교하고, 과산화 수소 분해의 화학 반응식을 떠올리는 것부터 문제 풀이를 시작해야 한다.

| 문제＋자료 분석 |
・카탈레이스에 의한 과산화 수소 분해 반응식은 다음과 같다.
$$2H_2O_2 \rightarrow 2H_2O + O_2$$
・카탈레이스는 생체 내 촉매로서 활성화에너지를 낮추어 반응이 빠르게 일어나도록 한다.
・㉠: 카탈레이스에 의해 과산화 수소가 분해되면 물과 산소 기체가 생성되므로 ㉠은 물(H_2O)이다.

| 보기 분석 |

ㄱ. ㉠은 과산화 수소의 분해 결과 산소 기체(O_2)와 함께 생성되는 물질이므로 물(H_2O)이다.

ㄴ. 카탈레이스는 생체 내 촉매로서 과산화 수소 분해 반응의 활성화에너지를 낮춘다. 활성화에너지는 화학 반응이 일어나는 데 필요한 최소한의 에너지로, 활성화에너지가 클수록 반응이 일어나기 어렵다. 🍯

ㄷ. 효소는 활성화에너지를 낮추어 낮은 온도에서도 화학 반응이 빠르게 일어나도록 한다. 따라서 카탈레이스는 과산화 수소가 분해되는 속도를 증가시킨다.

🐝 **문제 풀이** 🍯
・활성화에너지는 화학 반응이 일어나는 데 필요한 최소한의 에너지로 활성화에너지가 클수록 반응이 일어나기 어렵다.

12 정답 ④　＊원소와 별의 스펙트럼 ·· [정답률 87%] **2022 실시 9월 학평 12**

그림은 임의의 원소 A, B, C의 방출 스펙트럼과 별 S의 흡수
스펙트럼을 나타낸 것이다.

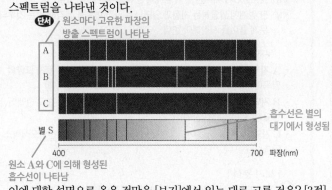

이에 대한 설명으로 옳은 것만을 [보기]에서 있는 대로 고른 것은? [3점]

─────────────────[보기]─────────────────

ㄱ. 고온의 A는 특정 파장의 빛을 방출한다.
　원소마다 고유한 파장의 빛을 방출한다.
ㄴ. 별 S의 대기에는 B와 C가 ~~존재한다~~
　　　　　　　　　　　B는 존재하지 않는다.
ㄷ. 별빛의 스펙트럼을 통해 별을 구성하는 원소의 종류를 확인할 수 있다.
　흡수선과 방출선의 파장이 같다면 동일한 원소에 의해 형성된 것이다.

① ㄱ　　② ㄷ　　③ ㄱ, ㄴ　　④ ㄱ, ㄷ　　⑤ ㄱ, ㄴ, ㄷ

🧠 **단서＋발상**

(단서) 별 S에서 관측된 흡수선과 원소의 방출선이 제시되어 있다.

(발상) 별 S의 스펙트럼에서 관측된 흡수선의 위치(파장)로부터 원소의 종류를 추론할 수 있다.

(적용) 원소마다 고유한 파장의 방출선이 나타난다는 것을 고려하여 문제 풀이를 시작해야 한다.

| 문제＋자료 분석 |
・원소 A, B, C의 스펙트럼에서 각각 고유한 파장의 방출선이 나타난다.
・별 S의 스펙트럼에서 흡수선이 나타난다. 흡수선의 파장 중 A와 C에서 관측된 방출선의 파장과 같다.
➡ 별 S의 대기에 원소 A와 C가 포함되어 있다.

| 보기 분석 |

ㄱ. 고온의 기체에서는 특정 파장의 빛을 방출하므로 방출 스펙트럼이 나타난다.

ㄴ. 별 S의 흡수 스펙트럼에서 관측된 흡수선의 파장은 A와 C의 방출선의 파장과 같으므로 별 S의 대기에는 A와 C가 존재하나, B에 의해 만들어진 흡수선이 없으므로 B는 존재하지 않는다.

ㄷ. 원소는 종류에 따라 고유한 파장의 선스펙트럼이 나타나므로 별빛의 스펙트럼을 분석하면 별을 구성하는 원소를 확인할 수 있다.

＊스펙트럼의 종류

・스펙트럼은 크게 연속 스펙트럼과 선스펙트럼이 있고, 선스펙트럼은 다시 흡수 스펙트럼과 방출 스펙트럼으로 구분할 수 있다.
・**연속 스펙트럼**: 모든 파장의 빛이 무지개 띠 모양으로 나타난다. (예) 백열등)
・**방출 스펙트럼**: 고온의 기체가 고유한 파장의 빛을 방출할 때 좁은 선으로 나타난다.
・**흡수 스펙트럼**: 특정한 파장의 빛이 흡수되어 검은색의 좁은 선으로 나타난다. 흡수선은 연속 스펙트럼을 배경으로 만들어진다.

2022.9

13회

다음은 물체 A~C의 운동에 대한 설명이다.

사과 A가 사과나무에서
아래로 떨어진다.
정지해 있던 물체가 중력을
받아 자유낙하를 하면
등가속도 직선 운동을 함

공 B가 곡선 경로를
따라 운동한다.
비스듬히 던져 올린 물체는
중력을 받아 곡선 경로를
따라 운동함

인공위성 C가
지구 주위를 돈다.
인공위성, 달, 지구의
공전 등은 모두 중력의
영향을 받아 운동하는 것임

A~C 중에서 중력의 영향을 받아 운동하는 것만을 있는 대로 고른
것은? **단서** 질량을 가진 모든 물체가 상호작용 하여 서로 끌어당기는 힘

① A   ② B   ③ A, C   ④ B, C   ⑤ A, B, C

✱ 중력에 의한 운동

(1) **자유 낙하 운동**: 공기의 저항을 무시할 때 지표면 근처에서 물체가 중력만을 받아 아래로
떨어지는 운동

(2) **수평 방향으로 던진 물체의 운동**: 공기 저항을 무시할 때 수평 방향으로는 등속 직선
운동, 연직 아래 방향으로는 등가속도 운동

(3) **지구 주위를 공전하는 원운동**: 지구의 중력이 물체를 지구의 중심 방향으로 끌어당겨서
물체가 일정한 속력으로 지구 주위를 도는 운동

단서+발상

단서 다양한 운동의 형태가 제시되어 있다.

발상 지표면 근처(지구 근처)에서 운동하는 물체는 중력의 영향을 받아
운동할 것임을 추론할 수 있다.

적용 물체 운동의 원인이 되는 힘이 중력임을 알고 문제 풀이를 시작해야
한다.

| 문제+자료 분석 |

- **A**: 지표면 근처에서 자유 낙하 하는 물체는 중력의 영향을 받아 중력
가속도로 등가속도 직선 운동을 한다.
- **B**: 지표면 근처에서 비스듬히 던져 올린 물체는 중력의 영향을 받아
속도가 변하는 운동을 한다. 만약 공기 저항을 무시할 수 있다면 물체는
포물선 운동을 하게 된다.
- **C**: 지구 주위를 도는 인공위성은 지구와 인공위성 사이의 중력에 의해 원
또는 타원 궤도로 공전을 한다.

| 선택지 분석 |

⑤ **A**: 사과나무에 매달려 정지해 있던 사과 A는 나무에서 분리된 후 중력의
영향을 받아 등가속도 직선 운동을 하며 아래로 떨어진다.
B: 비스듬히 던져 올린 공 B는 중력의 영향을 받아 속도가 변하면서 곡선
경로를 따라 운동한다.
C: 지구 주위를 도는 인공위성 C는 지구의 중력에 의해 원 또는 타원
궤도로 공전한다.

그림은 판의 경계에 위치한 지역 A, B, C와 각 지역에 인접한 판의
상대적인 이동 방향을 나타낸 것이다.

동아프리카 열곡대
➡ V자 모양의 골짜기 발달

히말라야산맥(습곡 산맥)
➡ 화산 활동이 거의 없음

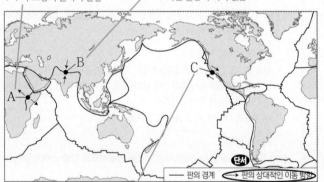

— 판의 경계 **단서** ⟨판의 상대적인 이동 방향⟩

산안드레아스 단층(변환 단층)
➡ 판의 생성이나 소멸이 없음

이에 대한 설명으로 옳은 것만을 [보기]에서 있는 대로 고른 것은? [3점]

[보기]
ㄱ. A에는 폭이 좁고 긴 V자 모양의 골짜기가 발달한다.
  A 지역은 발산형 경계로 V자 모양의 열곡대가 발달한다.
ㄴ. B에는 산맥을 따라 ~~화산~~ 이 분포한다.
  화산 활동이 거의 없다.
ㄷ. C에서는 판이 ~~소멸된다~~
  소멸되지 않는다

① ㄱ   ② ㄴ   ③ ㄱ, ㄷ   ④ ㄴ, ㄷ   ⑤ ㄱ, ㄴ, ㄷ

단서+발상

단서 판의 경계와 판의 상대적인 이동 방향이 제시되어 있다.

발상 A, B, C가 위치한 판의 경계의 종류를 추론할 수 있다.

적용 판 경계에 발달하는 지형과 일어나는 지각 변동을 생각해 보는 것부터
문제 풀이를 시작해야 한다.

| 문제+자료 분석 |

- **A 지역**: 하나의 대륙판이 두 개의 대륙판으로 갈라지면서 V자 모양의
열곡이 길게 이어진 열곡대가 발달한다. (동아프리카 열곡대)
- **B 지역**: 두 대륙판이 서로 가까워지면서 충돌하여 거대한 습곡 산맥이
발달한다. (히말라야산맥)
- **C 지역**: 두 판이 서로 어긋나면서 변환 단층이 발달한다. (산안드레아스
단층)

| 보기 분석 |

ㄱ. A 지역은 하나의 대륙판이 두 개의 대륙판으로 갈라지면서 멀어지고
있다. 이 지역에는 폭이 좁고 긴 V자 모양의 골짜기가 길게 이어진
열곡대가 발달한다.

ㄴ. B 지역은 두 대륙판이 충돌하여 형성된 히말라야산맥이 분포한다.
이 지역에서는 화산 활동은 거의 일어나지 않고, 천발~중발 지진이
발생한다.

ㄷ. C 지역은 두 판이 서로 어긋나는 보존형 경계에 위치한다. 보존형
경계에서는 판이 생성되거나 소멸하지 않는다.

왜 틀렸나?

- 열곡대가 어떤 지형인지를 정확하게 알고 있지 못한 학생은 [보기] ㄱ이
옳다는 것을 판단하지 못했을 것이다.
- 판의 경계에서 지진은 항상 활발하지만 화산 활동은 거의 일어나지 않는
경우도 있다. 특히 두 대륙판이 충돌하거나 두 판이 서로 어긋나는 변환
단층에서는 화산 활동이 거의 없다. [보기] ㄴ을 판단하지 못한 학생은 이
부분에 대한 학습이 필요하다.

15 정답 ③ ✱ 지구시스템의 에너지원

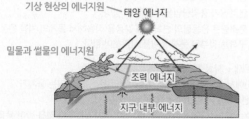

그림은 지구시스템의 에너지원을 나타낸 것이다.

기상 현상의 에너지원 → 태양 에너지
밀물과 썰물의 에너지원
조력 에너지
지구 내부 에너지
차지하는 양: 태양 에너지 > 지구 내부 에너지 > 조력 에너지

이에 대한 설명으로 옳은 것만을 [보기]에서 있는 대로 고른 것은?

[보기]
ㄱ. 태양 에너지는 기상 현상을 일으킨다.
   기상 현상을 일으키는 에너지원은 태양 에너지이다.
ㄴ. 조력 에너지는 밀물과 썰물을 일으켜 해수면의 높이를 변화시킨다.
   조력 에너지는 조석 현상을 일으켜 해수면의 높이를 변화시킨다.
ㄷ. 지구시스템에서 가장 많은 양을 차지하는 에너지원은 ~~지구 내부 에너지~~이다.
   태양 에너지

① ㄱ ② ㄷ ③ ㄱ, ㄴ ④ ㄴ, ㄷ ⑤ ㄱ, ㄴ, ㄷ

🧠 단서+발상

(단서) 지구시스템의 에너지원 3가지가 제시되어 있다.

(적용) 지구시스템의 에너지원과 관련된 자연 현상을 생각해 보는 것부터 문제 풀이를 시작해야 한다.

| 문제+자료 분석 |
• **태양 에너지**: 지구시스템의 에너지원 중 가장 많은 양을 차지한다. 다양한 기상 현상, 해수와 대기의 순환을 일으키고, 풍화와 침식 작용을 일으켜 지형을 변화시킨다.
• **지구 내부 에너지**: 맨틀 대류를 일으켜 판을 움직이고, 지진과 화산 활동과 같은 지각 변동을 일으킨다.
• **조력 에너지**: 밀물과 썰물을 일으키고, 해안 지형을 변화시킨다. 해수면의 높이 변화를 주기적으로 일으켜 갯벌 생태계에 영향을 미친다.

| 보기 분석 |
ㄱ. 태양 에너지는 물의 순환이 일어나도록 하여 기상 현상을 일으킨다.
ㄴ. 달과 태양의 인력이 지구에 작용하여 발생하는 조력 에너지는 밀물과 썰물을 일으켜 해수면의 높이를 변화시킨다.
ㄷ. 지구시스템에서 가장 많은 양을 차지하는 에너지원은 태양 에너지이다.

✱ 지구시스템의 에너지원
• 지구시스템의 변화를 일으키는 근원 에너지를 지구시스템의 에너지원이라고 한다.
• 지구시스템의 에너지원에 해당하는 태양 에너지, 지구 내부 에너지, 조력 에너지는 상호작용을 통해 다양한 형태의 다른 에너지로 전환될 수 있다.
• 지구시스템의 에너지원은 운동 에너지, 열에너지 등으로 전환될 수 있지만 근원 에너지가 다른 근원 에너지로 전환될 수 없다는 점에 주의해야 한다. 예를 들어 지구 내부 에너지가 태양 에너지 또는 조력 에너지로 전환되지 않는다.

2022.9
13회

---

16 정답 ③ ✱ 충격량과 안전장치 ⭐ 고난도 [① 15% ② 28% ③ 39% ④ 11% ⑤ 5%] 2022 실시 6월 학평 19

그림은 자동차의 안전장치를 나타낸 것이다.

(단서) 에어백과 범퍼는 모두 충돌 시간을 증가시켜 평균 힘의 크기를 감소시킴

에어백   범퍼

이에 대한 설명으로 옳은 것만을 [보기]에서 있는 대로 고른 것은?

[보기]
ㄱ. 에어백은 충돌 시간을 길게 한다.
   에어백이 찌그러지는 동안 충돌 시간이 길어진다.
ㄴ. 범퍼는 충돌할 때 받는 ~~충격량의 크기~~를 증가시킨다.
   충돌 시간
ㄷ. 에어백과 범퍼는 충돌할 때 받는 힘의 크기를 줄여준다.
   충격량이 같을 때 충돌 시간이 길면 평균 힘이 작아진다.

① ㄱ ② ㄴ ③ ㄱ, ㄷ ④ ㄴ, ㄷ ⑤ ㄱ, ㄴ, ㄷ

🧠 단서+발상

(단서) 자동차의 안전장치가 제시되어 있다.

(발상) 충돌 시간을 길게 하여 사람(또는 자동차)이 받는 힘의 크기를 줄이는 안전장치임을 추론할 수 있다.

| 문제+자료 분석 |
• 에어백은 충돌 시간을 길게 하여 탑승자가 받는 힘을 줄여준다.
• 범퍼는 충돌 시간을 길게 하여 자동차가 받는 힘을 줄여준다.

| 보기 분석 |
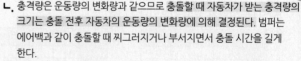
ㄱ. 관성에 의해 사람이 에어백에 충돌할 때, 충돌 시간을 길게 하여 크게 다치는 것을 방지한다.
ㄴ. 충격량은 운동량의 변화량과 같으므로 충돌할 때 자동차가 받는 충격량의 크기는 충돌 전후 자동차의 운동량의 변화량에 의해 결정된다. 범퍼는 에어백과 같이 충돌할 때 찌그러지거나 부서지면서 충돌 시간을 길게 한다.

ㄷ. 에어백과 범퍼는 충돌 시 충돌 시간을 길게 하여, 물체가 받는 힘을 줄여준다.

왜 틀렸나?
• 안전장치(에어백, 범퍼 등)의 효과를 설명할 때는 안전장치의 유무 외에는 서로 같은 조건일 때를 비교해야 한다. 안전장치가 있는 자동차와 안전장치가 없는 자동차가 같은 속도로 달리다가, 충돌한 후에도 같은 속도가 되는 경우를 비교해 보자. 에어백과 범퍼가 있을 때와 없을 때 자동차의 운동량 변화량이 서로 같으므로 충격량은 서로 같다. 이때 안전장치(에어백과 범퍼)는 충돌 시간을 길게 하므로 물체가 받는 힘이 안전장치가 없을 때보다 줄어들게 된다.

17 정답 ⑤ * 운동량과 충격량 ·············· ⭐ 고난도 [① 18% ② 4% ③ 25% ④ 8% ⑤ 41%] **2022 실시 9월 학평 17**

그림 (가)와 같이 수평면 위에 놓여 있는 물체 A를 밀어 용수철을 압축시킨 후 잡고 있던 손을 가만히 놓았더니, A는 용수철에서 분리되어 운동하다가 수평면에 고정된 쿠션과 충돌하여 정지하였다. (나)는 A가 쿠션과 충돌하는 순간부터 정지할 때까지 쿠션으로부터 받은 힘의 크기를 시간에 따라 나타낸 것으로, 곡선이 시간 축과 이루는 면적은 S이다.

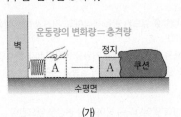
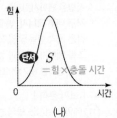

(가)   (나)

물리량의 크기가 S인 것만을 [보기]에서 있는 대로 고른 것은? (단, 모든 마찰과 공기 저항은 무시하고, A는 용수철과 쿠션으로부터 수평 방향으로만 힘을 받는다.) [3점]

─────[보기]─────
ㄱ. 쿠션과 충돌하는 순간부터 정지할 때까지 A가 쿠션으로부터
　　받은 충격량
　　힘-시간 그래프의 면적은 충격량의 크기와 같다.
ㄴ. 쿠션에 충돌하기 직전 A의 운동량
　　충격량=운동량의 변화량=(충돌 후 운동량-충돌 전 운동량)
ㄷ. 손을 놓은 순간부터 용수철에서 분리될 때까지 A가
　　용수철로부터 받은 충격량
　　손을 놓은 순간 A의 운동량=0, 용수철에서 분리되는 순간 A의 운동량=S

① ㄱ　　② ㄴ　　③ ㄱ, ㄷ　　④ ㄴ, ㄷ　　⑤ ㄱ, ㄴ, ㄷ

🧠 단서+발상

단서　힘-시간 그래프가 제시되어 있다.

발상　면적 S가 충격량임을 추론할 수 있다.

적용　충격량은 운동량의 변화량과 같음을 적용해서 물체의 처음 운동량을 구하는 것부터 문제 풀이를 시작해야 한다.

| 문제＋자료 분석 |
· (나)에서 곡선이 시간 축과 이루는 면적은 S이고, 이는 물체가 쿠션으로부터 받은 충격량의 크기와 같다.
· A는 정지 상태에서 손을 가만히 놓아 용수철로부터 힘을 받아 운동하다가 분리된다. 손을 놓기 전 운동량은 0, 용수철로부터 분리되는 순간 운동량은 S이다.
　➡ 운동량 변화량의 크기=충격량의 크기=S
· A가 쿠션과 충돌하기 전 운동량은 S, 쿠션과 충돌 후 정지했을 때 운동량은 0이다. ➡ 운동량 변화량의 크기=충격량의 크기=S

| 보기 분석 |
ㄱ. 쿠션과 충돌하는 순간부터 정지할 때까지 A가 쿠션으로부터 받은 충격량의 크기는 (나)에서 곡선이 시간 축과 이루는 면적과 같으므로 크기가 S인 물리량이다.

ㄴ. 쿠션에 충돌하기 직전 A의 운동량을 p_A라고 하면 쿠션에 충돌한 후 정지했을 때의 운동량은 0이므로 이 과정에서 운동량 변화량의 크기는 p_A이다.
　　운동량 변화량의 크기는 충격량의 크기와 같으므로 $p_A = S$이다.
　　따라서 쿠션에 충돌하기 직전 A의 운동량은 크기가 S인 운동량이다.

ㄷ. 손을 놓은 순간 A는 정지해 있으므로 운동량은 0이고, 용수철에서 분리될 때 물체의 운동량은 S이다. 따라서 손을 놓은 순간부터 용수철에서 분리될 때까지 A가 용수철로부터 받은 충격량의 크기는 $S-0=S$이다.

18 정답 ② * 주기, 전자 껍질, 원자가 전자 ·············· [정답률 74%] **2022 실시 9월 학평 18**

다음은 2, 3주기 원소 A~D에 대한 자료이다.

단서
· A와 B는 금속 원소이며, 원자 번호는 A가 B보다 작다.
· B와 C는 전자 껍질 수가 같다. 같은 주기 원소
· C와 D는 원자가 전자 수가 같다. 같은 족 원소
· 화합물 BD_2에서 각 이온의 전자 배치는 네온(Ne)의 전자 배치와 같다. B 이온은 B^{2+}, D 이온은 D^-이고 두 이온 모두 전자 10개이므로 B는 전자 12개, D는 전자 9개

다음 중 A~D를 주기율표에 나타낸 것으로 적절한 것은? (단, A~D는 임의의 원소 기호이다.) [3점]

①
주기＼족	1	2	13	14	15	16	17	18
2	A					C	D	
3		B						
B와 C가 같은 주기 원소가 아님
C와 D가 같은 족 원소가 아님

②
주기＼족	1	2	13	14	15	16	17	18
2	A						D	
3		B					C	

③
주기＼족	1	2	13	14	15	16	17	18
2		A					D	
3		B				C		
C와 D가 같은 족 원소가 아님

④
주기＼족	1	2	13	14	15	16	17	18
2		B					D	
3	A						C	
B의 원자 번호가 A보다 큼
B와 C가 같은 주기 원소가 아님

⑤
주기＼족	1	2	13	14	15	16	17	18
2							D	
3	A	B					C	
B 이온은 B^{3+}, D 이온은 D^-이 되어 화합물의 화학식이 BD_3가 됨

🧠 단서+발상

단서　2, 3주기 원소 A~D에 대한 자료가 제시되어 있다.

발상　주기율표에서 A~D의 위치를 추론할 수 있다.

적용　BD_2에서 각 이온의 전자 수가 10개씩이므로 B와 D의 원자 번호를 구하는 것부터 문제 풀이를 시작해야 한다.

| 문제＋자료 분석 |
· B와 C는 전자 껍질 수가 같으므로 같은 주기 원소이다.
· C와 D는 원자가 전자 수가 같으므로 같은 족 원소이다.
· BD_2에서 각 이온의 화학식은 B^{2+}와 D^-이고, 각각 전자 배치가 네온(Ne)과 같아 10개씩 이므로 B는 전자 12개, D는 전자 9개이다.

| 선택지 분석 |
① B와 C가 같은 주기 원소가 아니며, C와 D가 같은 족 원소가 아니다.
② A~D에 대한 설명을 모두 만족한다.
③ C와 D가 같은 족 원소가 아니다.
④ B의 원자 번호가 A보다 작으며, B와 C가 같은 주기 원소가 아니다.
⑤ B 이온은 B^{3+}이 되고 D 이온은 D^-이 되어 화합물의 화학식은 BD_3가 된다.

* 주기와 족
· 전자 껍질 수가 같은 두 원소는 같은 주기 원소이다.
· 원자가 전자 수가 같은 두 원소는 같은 족 원소이다.

그림은 분자 XY_3의 화학 결합을 모형으로 나타낸 것이다.

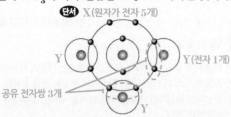

단서 X(원자가 전자 5개)

Y, Y(전자 1개)

공유 전자쌍 3개

Y

이에 대한 설명으로 옳은 것만을 [보기]에서 있는 대로 고른 것은?
(단, X, Y는 임의의 원소 기호이다.)

―――――――――――[보기]―――――――――――

ㄱ. Y의 양성자 수는 ~~2~~ 이다.
    1

ㄴ. XY_3 분자 1개에는 공유 전자쌍이 3개 존재한다.
   XY_3 분자에는 X―Y 공유 결합의 공유 전자쌍 3개가 존재한다.

ㄷ. X_2 분자에서 X 원자 사이의 결합은 공유 결합이다.
   X는 원자가 전자 5개인 비금속 원소로 X 원자 사이의 결합은 공유 결합이다.

① ㄱ　② ㄴ　③ ㄱ, ㄷ　④ ㄴ, ㄷ　⑤ ㄱ, ㄴ, ㄷ

단서+발상

단서 XY_3의 화학 결합 모형이 제시되어 있다.

발상 X, Y의 전자 수로부터 각각 어떤 원자인지를 추론할 수 있다.

적용 X, Y가 모두 비금속 원자임을 알고 결합의 종류를 구하는 것부터 문제 풀이를 시작해야 한다.

| 문제＋자료 분석 |

· 그림에서 X는 원자가 전자 5개, 전자 수는 7인 비금속 원소이고, Y는 전자 1개이므로 수소 원자(H)임을 알 수 있다.

· X, Y는 모두 비금속 원소로 XY_3 분자는 X 원자 1개에 Y 원자 3개가 공유 결합하여 이루어진 분자이다.

| 보기 분석 |

ㄱ. Y는 전자 1개인 원자이고 원자의 양성자 수는 전자 수와 같으므로 1이다.

ㄴ. XY_2 분자 1개에는 3개의 X―Y 결합이 있으며 X, Y는 모두 비금속 원소로 서로 공유 결합하므로 공유 전자쌍이 3개 존재한다.

ㄷ. X는 비금속 원소로 X_2에서 2개의 X 원자는 공유 결합을 형성한다.

＊ **공유 결합과 공유 전자쌍**

· **공유 결합**: 두 개의 비금속 원자가 전자를 내놓고 함께 공유하여 이루어지는 결합

· **공유 전자쌍**: 두 개의 원자가 각각 전자를 내놓아 형성되는 전자쌍

다음은 자유 낙하하는 물체와 수평 방향으로 던진 물체의 운동을 비교하는 실험이다.

〈실험 과정〉

(가) 수평면으로부터 0.8 m의 높이에 쇠구슬 발사 장치를 수평하게 설치한다.

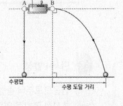

쇠구슬 발사 장치

A　B

수평면　수평 도달 거리

(나) 쇠구슬 A는 자유 낙하하고, 쇠구슬 B는 수평 방향으로 발사하여 포물선 운동하도록 A, B를 쇠구슬 발사 장치에 장착한다.

(다) 쇠구슬 발사 장치를 작동하여 A, B가 동시에 운동을 시작한 순간부터 A, B가 각각 수평면에 도달할 때까지의 낙하 시간과 B의 수평 도달 거리를 측정한다. 같은 높이＝낙하 시간 같음

(라) 수평면으로부터 쇠구슬 발사 장치까지의 높이만을 변경한 후 (나)와 (다)의 과정을 반복한다. 단서

〈실험 결과〉

과정	낙하 시간		B의 수평 도달 거리
	A	B	
(다)	0.5 s	0.5 s	1.2 m
(라)	0.6 s	0.6 s	㉠ 운동 시간이 (다)보다 크므로 1.2 m보다 큼

이에 대한 설명으로 옳은 것만을 [보기]에서 있는 대로 고른 것은? (단, B가 발사되는 속력은 일정하고, A와 B는 동일한 쇠구슬이다.) [3점]

―――――――――――[보기]―――――――――――

ㄱ. (다)에서 낙하하는 A와 B에 작용하는 중력의 방향은 같다.
   지표면 근처에서 운동하는 물체에는 항상 연직 아래 방향의 중력이 작용한다.

ㄴ. ㉠은 1.2 m보다 크다. 수평면에 도달할 때까지의 낙하 시간은 (라)에서 더 길므로 더 멀리 도달한다.

ㄷ. 수평면에 도달하기 직전의 A의 속력은 ~~(다)에서와 (라)에서가~~ 같다.
   (다)에서가 (라)에서보다 작다.

① ㄱ　② ㄷ　③ ㄱ, ㄴ　④ ㄴ, ㄷ　⑤ ㄱ, ㄴ, ㄷ

단서+발상

단서 [실험 과정]에서 낙하 높이를 변경한다는 단서가 제시되어 있다.

발상 낙하 높이가 높을수록 낙하 시간이 길어짐을 추론할 수 있다.

적용 낙하 높이는 낙하 시간(운동 시간)을 결정하고, 운동 시간은 수평 도달 거리를 결정한다는 것을 적용해서 B의 수평 도달 거리를 구하는 것부터 문제 풀이를 시작해야 한다.

| 문제＋자료 분석 |

· [실험 결과]에서 A의 운동을 측정한 결과 (다)보다 (라)의 낙하 시간이 더 길다. B의 연직 방향 운동은 A와 같으므로 B 역시 낙하 시간은 (다)보다 (라)에서 더 길다.

· 수평 방향으로 던진 물체는 낙하 시간이 길수록 수평 도달 거리도 늘어나므로 (라)에서가 (다)에서보다 수평 도달 거리가 더 길다.

| 보기 분석 |

ㄱ. 지표면 근처에서 운동하는 물체에는 항상 연직 아래 방향으로 중력이 작용하므로 (다)에서 낙하하는 A와 B에 작용하는 중력의 방향은 연직 아래 방향으로 같다.

ㄴ. (다)와 (라)에서 A의 낙하 시간을 비교해보면 (라)에서가 더 길다. A와 B의 연직 방향 운동은 서로 같으므로 B 역시 낙하 시간은 (라)에서가 더 길다. B의 수평 도달 거리는 낙하 시간에 비례하므로 ㉠은 1.2 m보다 크다. 꿀팁

ㄷ. 낙하 시간이 길수록 중력 가속도에 의해 가속되는 시간이 길다. 따라서 수평면에 도달하기 직전의 A의 속력은 (다)에서가 (라)에서보다 작다.

2022. 9

13회

01 정답 ⑤ ＊ 초기 우주에서 원소의 생성 ·········· [정답률 80%] 2021 실시 9월 학평 1

그림은 빅뱅 이후 초기 우주에서 <u>원자가 생성되는 과정</u>을 나타낸
것이다. **단서** 원자핵＋전자

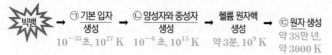

이에 대한 설명으로 옳은 것만을 [보기]에서 있는 대로 고른 것은?

─[보기]─

ㄱ. 전자는 ⊙에 해당한다.
　전자는 기본 입자이다.
ㄴ. ⓒ은 쿼크로 이루어져 있다.
　양성자와 중성자는 위 쿼크와 아래 쿼크로 구성된다.
ㄷ. ⓒ의 생성으로 빛이 퍼져나가기 시작했다.
　원자가 형성되면서 빛이 자유롭게 퍼져 나갈 수 있게 되었다.

① ㄱ　② ㄴ　③ ㄱ, ㄷ　④ ㄴ, ㄷ　⑤ ㄱ, ㄴ, ㄷ

🧠 단서＋발상

단서 빅뱅 이후 초기 우주에서 원자가 생성되는 과정이 제시되어 있다.

발상 기본 입자로부터 양성자와 중성자가 생성된 것을 추론할 수 있다.

적용 양성자와 중성자를 이루는 구성 입자를 구하는 것부터 문제 풀이를
시작해야 한다.

| 문제＋자료 분석 |
· 양성자와 중성자는 기본 입자인 위 쿼크와 아래 쿼크의 결합으로 형성되었다.
· 기본 입자인 전자는 원자핵과 결합하여 중성 원자를 형성하였다.

| 보기 분석 |
ㄱ. 빅뱅 직후에 우주에서 생성된 기본 입자에는 6종류의 쿼크와 6종류의
경입자가 있다. 전자는 경입자의 일종으로 기본 입자이다.
ㄴ. 양성자는 2개의 위 쿼크와 1개의 아래 쿼크가, 중성자는 1개의 위 쿼크와
2개의 아래 쿼크가 결합하여 생성되었다. 🍯**탑**
ㄷ. 원자핵과 전자가 결합하여 중성 원자를 생성하여 빛이 입자의 방해를
받지 않고 직진할 수 있었으므로 우주는 투명한 상태가 되었다.

＊ 빅뱅과 입자의 생성
· 빅뱅 이후 우주가 팽창하여 우주의 온도가 낮아지면서 기본 입자가
생성되었고, 점차 무거운 입자가 생성되었다.

생성 입자	우주의 나이	우주의 온도
기본 입자 (쿼크, 전자 등)	빅뱅 직후	약 1000조 K
양성자, 중성자	10^{-6}초	약 100억 K
헬륨 원자핵	약 3분	약 10억 K
원자	약 38만 년	약 3000 K

02 정답 ④ ＊ 별의 진화 과정 ·········· [정답률 72%] 2021 실시 9월 학평 2

그림은 <u>어떤 별의 진화 과정</u>을 단계별로 나타낸 것이다.
태양보다 질량이 매우 큰 별의 진화 과정

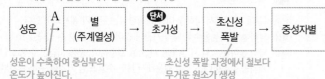

성운이 수축하여 중심부의　초신성 폭발 과정에서 철보다
온도가 높아진다.　무거운 원소가 생성

이에 대한 설명으로 옳은 것만을 [보기]에서 있는 대로 고른 것은?

─[보기]─

ㄱ. 질량이 ~~태양 정도인~~ 별의 진화 과정이다.
　태양보다 매우 큰
ㄴ. A 과정에서 성운이 수축하여 중심부의 온도가 높아진다.
　성운이 수축하여 중심부의 온도가 높아질 때 별이 탄생한다.
ㄷ. 철보다 무거운 원소는 초신성 폭발로 만들어진다.
　핵융합 반응의 최종 원소는 철이고, 철보다 무거운 원소는 초신성 폭발로
　형성된다.

① ㄱ　② ㄷ　③ ㄱ, ㄴ　④ ㄴ, ㄷ　⑤ ㄱ, ㄴ, ㄷ

🧠 단서＋발상

단서 성운으로부터 중성자별까지 별의 진화 과정이 제시되어 있다.

발상 초신성 폭발로 인해서 별의 내부에서 만들어질 수 없는 무거운
원소들이 생성되었다는 것을 추론할 수 있다.

적용 별의 질량에 따라 별의 진화 과정이 다르다는 것을 구하는 것부터 문제
풀이를 시작해야 한다.

| 문제＋자료 분석 |
· 진화하면서 최종적으로 중성자별을 형성하는 별의 질량은 태양보다
질량이 매우 큰 별이다.
· 초신성 폭발로 인해 철보다 무거운 원소가 생성될 수 있다.

| 보기 분석 |
ㄱ. 별은 주계열 단계 이후에는 별의 질량에 따라 진화 경로가 달라진다.
중성자별은 질량이 태양보다 매우 큰 별이 진화할 때 초신성 폭발 이후에
형성된다.
ㄴ. 성운이 중력에 의해 수축할 때 위치 에너지의 감소로 중력 수축 에너지가
생성되어 중심부의 밀도와 온도가 높아진다. 🍯**탑**
ㄷ. 철 핵융합 반응이 일어나려면 에너지를 방출하는 대신 흡수해야 하기
때문에 별의 내부에서는 일어나지 않는다. 철보다 무거운 원소는 초신성
폭발 과정에서 생성된다.

＊ 초거성과 무거운 원소의 생성
· 주계열성 이후 별이 매우 크게 팽창하여 적색 거성보다 더 큰 초거성이 된다.
· 초거성의 중심부의 헬륨이 모두 탄소로 바뀐 후에도 온도가 계속 높아져
탄소, 산소, 규소 핵융합 반응이 차례대로 일어나 철까지 생성된다.

다음은 지구로부터 받는 중력에 대한 학생 A~C의 대화이다.

단서 중력＝질량×중력 가속도

질량이 작을수록 물체가 받는 중력의 크기는 ~~커~~ (작아)

공기 저항을 무시할 때, 중력을 받아 자유 낙하 하는 물체의 속도는 ~~변하지 않아~~ (일정하게 증가)

달의 공전은 중력에 의해 나타나는 현상이야.

학생 A   학생 B   학생 C

제시한 내용이 옳은 학생만을 있는 대로 고른 것은?

① A   ② C   ③ A, B
④ B, C   ⑤ A, B, C

 단서＋발상

단서 중력의 크기에 대한 대화가 제시되어 있다.

발상 중력의 크기에 영향을 주는 요인을 묻고 있음을 추론할 수 있다.

적용 중력의 크기는 $F=G\dfrac{m_1 m_2}{r^2}$임을 적용해서 질량과 거리에 따른 중력의 크기를 판단하는 것부터 문제 풀이를 시작해야 한다.

| 문제＋자료 분석 |

· **지구로부터 받는 중력의 크기**: 지구의 질량을 M, 물체의 질량을 m, 지구의 중심과 물체 사이의 거리를 r이라고 하면, 물체가 지구로부터 받는 중력의 크기는 $F=G\dfrac{Mm}{r^2}$이다.

· 달의 공전, 지구의 공전은 모두 중력에 의해 나타나는 현상이다.

| 선택지 분석 |

② **학생 A**: 물체의 질량 m이 작을수록 물체가 받는 중력의 크기 F는 작아진다. ➡ 옳지 않음

학생 B: 자유 낙하 하는 물체는 중력만 받으며 연직 아래 방향으로 떨어지므로 속력이 일정하게 빨라지는 등가속도 운동을 한다. 따라서 물체의 속도는 일정하게 증가한다. ➡ 옳지 않음

학생 C: 달의 공전은 지구와 달 사이에 작용하는 중력 때문에 나타나는 현상이다. ➡ 옳음

＊ 중력

· 질량을 가진 물체 사이에 작용하는 힘

· 중력의 크기는 두 물체의 질량의 곱에 비례하고, 두 물체 사이의 거리 제곱에 반비례한다.

· 물체의 무게는 물체가 지구로부터 받는 중력의 크기와 같다.

2021. 9

14회

다음은 물질 A~C가 우리 생활에서 이용되는 예를 나타낸 것이다.

A   B   C

 연료   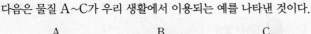   비누

휴대용 가스 버너 연료의 주성분이다.
단서 뷰테인

빵을 만들 때 사용하는 베이킹파우더의 성분이다.
탄산수소 나트륨

비누를 만드는 주원료로 사용된다.
수산화 나트륨

A~C에 해당하는 것으로 옳은 것은?

	A	B	C
①	뷰테인	탄산수소 나트륨	수산화 나트륨
②	뷰테인	탄산수소 나트륨	탄산 칼슘
③	뷰테인	수산화 나트륨	탄산수소 나트륨
④	이산화 탄소	수산화 나트륨	탄산 칼슘
⑤	이산화 탄소	탄산 칼슘	수산화 나트륨

단서＋발상

단서 물질 A~C가 우리 생활에서 이용되는 예가 제시되어 있다.

발상 우리 생활에서 이용되는 예를 통해 물질 A~C를 추론할 수 있다.

| 문제＋자료 분석 |

· **A**: 휴대용 가스 버너 연료는 뷰테인(C_4H_{10})이 주성분으로 이용된다.

· **B**: 빵을 만들 때 반죽을 부풀리기 위해 사용하는 베이킹파우더의 성분은 탄산수소 나트륨($NaHCO_3$)이다.

· **C**: 비누를 제조할 때 수산화 나트륨($NaOH$)을 주원료로 사용한다.

| 선택지 분석 |

① A는 뷰테인, B는 탄산수소 나트륨, C는 수산화 나트륨이다.

＊ 이온 결합 물질의 이용

이온 결합 물질	이용
$NaCl$(염화 나트륨)	소금의 주성분
$NaHCO_3$(탄산수소 나트륨)	베이킹 파우더의 주성분
$NaOH$(수산화 나트륨)	비누의 제조
$CaCl_2$(염화 칼슘)	제설제, 습기 제거제
$CaCO_3$(탄산 칼슘)	조개껍데기, 달걀 껍데기의 주성분
$Mg(OH)_2$(수산화 마그네슘)	제산제의 주성분

다음은 알칼리 금속의 성질을 알아보기 위한 실험이다.

단서

〈실험 과정〉

(가) 물이 담긴 시험관 A와 B에 서로 다른
알칼리 금속 조각 a와 b를 각각 넣고
반응을 관찰한다. ➡ 금속의 반응성 확인

(나) A와 B에서 발생한 기체를 모아
성냥불을 대어본다.

(다) A와 B에 페놀프탈레인 용액을
떨어뜨리고 색 변화를 관찰한다.

〈실험 결과〉 ➡ 용액의 액성 확인

과정	특징
(가)	A와 B에서 모두 격렬하게 반응하며 기체가 발생하였다. 물과 격렬하게 반응 ➡ 금속 a, b는 반응성이 큼
(나)	A와 B에서 모두 '펑'소리가 났다. 성냥불을 대었을 때 펑소리가 남 ➡ 발생한 기체: 수소(H_2)
(다)	A와 B의 용액 모두 붉은색으로 변하였다. 페놀프탈레인 용액을 떨어뜨렸을 때 붉은색으로 변함 ➡ 염기성

이에 대한 설명으로 옳은 것만을 [보기]에서 있는 대로 고른 것은? [3점]

[보기]

ㄱ. A와 B의 용액은 염기성이다.
(다)에서 페놀프탈레인 용액을 떨어뜨렸을 때 붉은색으로 변한다. ➡ 염기성

ㄴ. (가)에서 발생한 기체는 산소이다.
(나)에서 성냥불을 대었을 때 펑소리가 난다. ➡ 수소(H_2)

ㄷ. 알칼리 금속은 물에 닿지 않도록 석유에 넣어 보관한다.
(가)에서 물과 격렬히 반응한다. ➡ 물과 섞이지 않는 석유에 보관한다.

① ㄱ   ② ㄴ   ③ ㄱ, ㄷ   ④ ㄴ, ㄷ   ⑤ ㄱ, ㄴ, ㄷ

단서＋발상

(단서) 알칼리 금속 a와 b에 대한 실험 과정 (가)~(다)의 실험 결과가 각각
제시되어 있다.

(발상) (가)~(다)의 실험 결과로부터 알칼리 금속 a와 b의 공통적인 성질을
추론할 수 있다.

(적용) (가)~(다)의 실험 결과를 해석하여 실험 과정의 의미를 파악하는
것부터 문제 풀이를 시작해야 한다.

| 문제＋자료 분석 |

· **(가)**: 물이 담긴 시험관 A와 B에 금속 a와 b를 각각 넣었을 때 A, B에서
모두 격렬하게 반응한다.
➡ 금속 a, b는 반응성이 큰 금속임을 알 수 있다.

· **(나)**: 시험관 A, B에서 발생한 기체를 모아 성냥불을 대었을 때 '펑'소리가
났다. ➡ 발생한 기체는 수소 기체(H_2)임을 알 수 있다.

· **(다)**: 물과 금속 a, b의 반응이 끝난 시험관 A와 B에 페놀프탈레인 용액을
떨어뜨렸을 때 붉은색으로 변하였다.
➡ 용액의 액성이 염기성임을 알 수 있다.

| 보기 분석 |

ㄱ. (다)에서 페놀프탈레인 용액을 떨어뜨렸을 때 붉은색으로 변하였다.
따라서 A와 B의 용액은 염기성이다.

ㄴ. (나)에서 성냥불을 대었을 때 '펑'소리가 난다.
따라서 (가)에서 발생한 기체는 수소(H_2)이다.

ㄷ. (가)에서 알칼리 금속 a와 b는 물과 격렬히 반응한다.
따라서 알칼리 금속은 물에 닿지 않도록 석유에 넣어 보관한다.

✱ 알칼리 금속의 보관

· 알칼리 금속은 반응성이 커서 공기 중의 산소나 물과 쉽게 반응한다.
따라서 공기나 물과 접촉하지 않도록 석유나 액체 파라핀 속에 넣어
보관한다.

그림은 중성 원자 A와 B가 결합하여 BA_2를 생성하는 과정을
모형으로 나타낸 것이다.

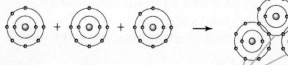

단서 A
전자 껍질 수＝2 ➡ 2주기
원자가 전자 수＝7 ➡ 17족

B
전자 껍질 수＝2 ➡ 2주기
원자가 전자 수＝6 ➡ 16족

BA_2
A, B 모두
Ne의 전자 배치

이에 대한 설명으로 옳은 것만을 [보기]에서 있는 대로 고른 것은?
(단, A, B는 임의의 원소 기호이다.) [3점]

[보기]

ㄱ. A는 2주기 원소이다.
A 원자에서 전자가 들어 있는 전자 껍질 수＝2 ➡ 2주기 원소

ㄴ. B는 ~~17족~~ 원소이다.
원자가 전자 수＝6 ➡ 16족 원소

ㄷ. BA_2에서 원자는 모두 네온(Ne)과 같은 전자 배치를 갖는다.
모두 두 번째 전자 껍질에 8개의 전자를 채움 ➡ 네온(Ne)과 같은 전자 배치

① ㄱ   ② ㄴ   ③ ㄱ, ㄷ   ④ ㄴ, ㄷ   ⑤ ㄱ, ㄴ, ㄷ

단서＋발상

(단서) 원자 A와 B 및 BA_2의 모형이 제시되어 있다.

(발상) 각각의 원자에서 전자가 들어 있는 전자 껍질 수로부터 주기를, 원자가
전자 수로부터 족을 추론할 수 있다.

(적용) A와 B의 원자 모형으로부터 A와 B의 주기와 족을 구하는 것부터
문제 풀이를 시작해야 한다.

| 문제＋자료 분석 |

· **A**: 전자가 들어 있는 전자 껍질 수가 2이고 원자가 전자 수가 7이므로
A는 2주기 17족 원소인 플루오린(F)이다.

· **B**: 전자가 들어 있는 전자 껍질 수가 2이고 원자가 전자 수가 6이므로 B는
2주기 16족 원소인 산소(O)이다.

· **BA_2**: $BA_2(OF_2)$에서 A(F)는 전자쌍 1쌍을 B(O)와 공유함으로써
네온(Ne)의 전자 배치와 같아지고, B(O)는 2개의 A(F)와 각각 전자쌍
1개씩을 공유함으로써 네온(Ne)의 전자 배치와 같아진다.

| 보기 분석 |

ㄱ. A 원자 모형에서 전자가 들어 있는 전자 껍질 수가 2이다.
따라서 A는 2주기 원소이다.

ㄴ. B 원자 모형에서 원자가 전자 수는 6이다. 따라서 B는 16족 원소이다.

ㄷ. $BA_2(OF_2)$에서 A(F)와 B(O)는 전자쌍을 공유함으로써 모두
네온(Ne)의 전자 배치와 같아진다.

그림은 동물 세포의 구조를 나타낸 것이다. A~D는 각각 핵, 라이보솜, 소포체, 마이토콘드리아 중 하나이다. (단서)

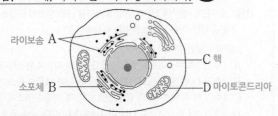

라이보솜 A
C 핵
소포체 B
D 마이토콘드리아

A~D에 대한 설명으로 옳지 <u>않은</u> 것은?

① A에서 **포도당**이 합성된다.
  <u>단백질</u>
② B는 소포체이다.
  B는 핵막과 연결되어 있고 막으로 둘러싼 납작한 주머니 모양인 소포체이다.
③ C에는 유전물질이 있다.
  C는 핵막으로 둘러싸인 핵으로 유전 물질인 DNA가 존재한다.
④ D에서 세포호흡이 일어난다.
  D는 둥근 막대 모양의 마이토콘드리아로 에너지를 생산하는 세포호흡이 일어난다.
⑤ A~D는 모두 식물 세포에도 존재한다.
  A~D는 모두 식물 세포에 존재하는 세포소기관이다.

✱ **동물 세포와 식물 세포의 세포소기관**
· 핵, 마이토콘드리아, 라이보솜, 세포막, 소포체, 골지체는 동물 세포와 식물 세포에 공통적으로 존재한다.
· 동물 세포와 달리 식물 세포에는 엽록체와 세포벽이 있고, 액포가 발달되어 있다.

🧠 **단서+발상**

(단서) 동물 세포의 구조가 제시되어 있다.
(발상) 세포소기관의 구조와 모양을 통해 A는 라이보솜, B는 소포체, C는 핵, D는 마이토콘드리아임을 추론할 수 있다.

| **문제+자료 분석** |
· **A**: 막으로 둘러싸여 있지 않으며, 작은 알갱이 모양이다. DNA의 유전정보에 따라 단백질이 합성되는 장소이다. ➡ 라이보솜
· **B**: 막으로 둘러싸인 납작한 주머니와 관으로 되어 있으며, 핵막과 연결되어 있다. 라이보솜에서 합성된 단백질을 골지체나 세포의 다른 부위로 운반하거나 지질을 합성한다. ➡ 소포체
· **C**: 세포에서 가장 큰 세포소기관으로, 뚜렷하게 관찰된다. 핵막으로 둘러싸여 있으며, 유전정보를 저장하고 있는 DNA가 있어 세포의 생명활동을 조절한다. ➡ 핵
· **D**: 둥근 막대 모양으로, 막으로 둘러싸여 있다. 세포호흡이 일어나는 장소로, 유기물을 산화시켜 세포가 생명활동을 하는 데 필요한 에너지를 생산한다. ➡ 마이토콘드리아

| **선택지 분석** |
① A는 작은 알갱이 모양의 라이보솜으로 단백질이 합성되는 장소이다. (함정)
② B는 핵막과 연결되어 있고 막으로 둘러싸인 납작한 주머니 모양인 소포체이다.
③ C는 세포소기관 중 가장 크고 핵막으로 둘러싸인 핵이다.
  핵은 유전물질인 DNA를 저장하고 있다.
④ D는 둥근 막대 모양의 마이토콘드리아이다. 마이토콘드리아는 세포호흡이 일어나는 장소로, 생명활동을 하는 데 필요한 에너지를 생산한다.
⑤ 라이보솜, 소포체, 핵, 마이토콘드리아 모두 식물 세포에도 존재하는 세포소기관이다.

(단서) 힘 × 힘이 작용한 시간
다음은 **충격량**에 대한 탐구 활동이다.

〈탐구 과정〉
(가) [그림1]과 같이 빨대 A의 끝 부분에 구슬을 넣고, 수평으로 강하게 불 때와 약하게 불 때 구슬이 날아가는 거리를 측정한다.
  └ 힘의 크기 비교
(나) [그림2]와 같이 A에 구슬을 입과 가까운 부분에 넣고, 수평으로 불 때 구슬이 날아가는 거리를 측정한다.
(다) A의 길이를 반으로 자른 빨대 B에 구슬을 입과 가까운 부분에 넣고, (나)와 같은 세기로 수평으로 불 때 구슬이 날아가는 거리를 측정한다.
  └ 힘이 작용한 시간

구슬 A [그림1]
구슬 A [그림2]

〈탐구 결과〉
· (가)에서 빨대를 강하게 불 때 구슬이 더 멀리 날아간다.
· (나)에서가 (다)에서보다 구슬이 더 멀리 날아간다.

이에 대한 설명으로 옳은 것만을 [보기]에서 있는 대로 고른 것은?

─────────[보기]─────────
ㄱ. (가)에서 구슬이 받은 충격량의 크기는 강하게 불 때가 약하게 불 때보다 크다. 구슬이 처음에 정지해 있으므로 충격량이 클수록 운동량이 크고, 운동량이 클수록 멀리 날아간다.
ㄴ. (나)와 (다)를 통해 구슬이 힘을 받은 시간에 따른 충격량의 크기를 비교할 수 있다. 빨대의 길이가 길수록 힘을 받은 시간이 크다.
ㄷ. 구슬이 받은 충격량의 크기는 (나)에서가 (다)에서보다 크다. (나)에서가 (다)에서보다 멀리 날아갔으므로 충격량의 크기는 (나)에서 더 크다.

① ㄱ　　② ㄷ　　③ ㄱ, ㄴ　　④ ㄴ, ㄷ　　⑤ ㄱ, ㄴ, ㄷ

🧠 **단서+발상**

(단서) 구슬에 작용하는 힘의 크기와 작용 시간이 다른 탐구 과정이 제시되어 있다.
(발상) 힘의 세기와 작용 시간에 따라 충격량이 다름을 추론할 수 있다.
(적용) 어느 과정에서 충격량이 더 큰지 알아내는 것부터 문제 풀이를 시작해야 한다.

| **문제+자료 분석** |
· **(가)**: 수평으로 강하게 부는 것과 약하게 부는 것은 구슬에 작용하는 힘의 크기를 다르게 하는 과정이다.
· **(나), (다)**: 구슬을 입과 가까운 부분에 넣고 불면 구슬이 빨대 A의 끝에서 날아갈 때까지 힘이 작용하게 된다. 따라서 A의 길이를 반으로 자르면 구슬에 힘이 작용하는 시간이 짧아진다.

| **보기 분석** |
ㄱ. (가)의 탐구 결과에서 빨대를 강하게 불 때 구슬이 더 멀리 날아가므로 강하게 불 때 구슬의 운동량이 더 크다는 것을 알 수 있다. 구슬이 받은 충격량의 크기는 운동량의 변화량과 같다. 따라서 구슬이 받은 충격량의 크기는 강하게 불 때가 약하게 불 때보다 크다.
ㄴ. (나)와 (다)는 빨대의 길이가 다르다. 구슬이 빨대 속에 있을 때 힘이 작용하므로 빨대의 길이가 길면 힘을 받는 시간이 더 길다. 따라서 (나)와 (다)를 통해 구슬이 힘을 받은 시간에 따른 충격량의 크기를 비교할 수 있다.
ㄷ. (나)와 (다)의 탐구 결과를 비교하면 (나)에서가 (다)에서보다 구슬이 더 멀리 날아가므로 구슬이 받은 충격량의 크기는 (나)에서가 (다)에서보다 크다.

2021. 9
14회

다음은 주기율표의 일부를 나타낸 것이다.

주기 \ 족	1 단서	2	13	14	15	16	17	18
1	A H							B He
2				C C				
3		D Mg					E Cl	

A~E에 대한 설명으로 옳은 것만을 [보기]에서 있는 대로 고른
것은? (단, A~E는 임의의 원소 기호이다.) [3점]

[보기]

ㄱ. A와 B는 같은 ~~족~~ 원소이다.
    주기

ㄴ. CA_4는 공유 결합 물질이다.
    ↳ A(H)와 C(C)는 모두 비금속 원소 ➡ CA_4는 공유 결합 물질이다.

ㄷ. DE_2 수용액은 전기 전도성이 있다.
    ↳ DE_2는 이온 결합 물질 ➡ 수용액 상태에서 전기 전도성이 있다.

① ㄱ   ② ㄴ   ③ ㄷ   ④ ㄱ, ㄴ   ⑤ ㄴ, ㄷ

단서＋발상

단서 A~E의 주기율표 상의 위치가 제시되어 있다.

발상 A~E의 주기와 족을 통해 A~E를 추론할 수 있다.

적용 A~E가 어떤 원소인지 구하여 각각을 금속 원소와 비금속 원소로
분류하는 것부터 문제 풀이를 시작해야 한다.

| 문제＋자료 분석 |

· A: 1주기 1족 원소이므로 A는 수소(H)이며 비금속 원소이다.
· B: 1주기 18족 원소이므로 B는 헬륨(He)이며 비금속 원소이다.
· C: 2주기 14족 원소이므로 C는 탄소(C)이며 비금속 원소이다.
· D: 3주기 2족 원소이므로 D는 마그네슘(Mg)이며 금속 원소이다.
· E: 3주기 17족 원소이므로 E는 염소(Cl)이며 비금속 원소이다.

| 보기 분석 |

ㄱ. A(H)는 1주기 1족 원소이고 B(He)는 1주기 18족 원소이다.
따라서 A와 B는 같은 족 원소가 아니며 같은 주기 원소이다.

ㄴ. A(H)와 C(C)는 모두 비금속 원소로, 전자를 얻기 쉬운 비금속 원소
사이에서는 전자쌍의 공유에 의한 결합인 공유 결합이 형성된다.
따라서 $CA_4(CH_4)$는 공유 결합 물질이다.

ㄷ. D(Mg)는 금속 원소이고 E(Cl)는 비금속 원소로, 금속 양이온과 비금속
음이온 사이의 정전기적 인력에 의한 결합인 이온 결합이 형성되므로
$DE_2(MgCl_2)$는 이온 결합 물질이다. 이온 결합 물질은 수용액 상태에서
전기 전도성이 있다. 따라서 DE_2 수용액은 전기 전도성이 있다.

다음은 물체의 충돌 실험이다.

〈실험 과정〉
(가) 그림과 같이 수평면에서 물체가
운동하여 힘 센서와 충돌하게 한다.
(나) 물체를 일정한 속력 v로 직선
운동하게 하고, 물체가 힘 센서와
충돌한 후 정지할 때까지의 시간과
힘을 측정한다.
(다) (가)의 물체와 질량이 같고 종류가 다른 물체로 바꾼 후 (나)를
반복한다. 충돌 전 운동량이 같음

※ 물체는 힘 센서와 충돌 후 정지한다. 나중 운동량＝0

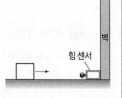
힘 센서 / 벽

〈실험 결과〉

과정	물체가 힘 센서와 충돌한 후 정지할 때까지의 시간
(나)	t ㉠
(다)	$2t$ ㉡

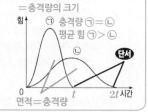
충돌 전 운동량의 크기
＝충격량의 크기
힘 / ㉠ 충격량 ㉠＝㉡ / 평균 힘 ㉠＞㉡ / ㉡ / 단서
0 / t / $2t$ 시간
면적＝충격량

이에 대한 설명으로 옳은 것만을 [보기]에서 있는 대로 고른 것은?
(단, 모든 마찰은 무시한다.) [3점]

[보기]

ㄱ. ㉠은 ~~(다)~~의 측정 결과이다. (나)

ㄴ. 곡선 ㉠과 ㉡이 시간 축과 이루는 면적은 서로 같다.
    (나)와 (다)에서 충격량의 크기는 같으므로 면적도 같다.

ㄷ. 충돌하는 과정에서 물체가 힘 센서로부터 받은 평균 힘의
크기는 (나)에서가 (다)에서보다 크다.
    충격량의 크기가 같으므로 충돌 시간이 짧은 (나)에서 평균 힘이 더 크다.

① ㄱ   ② ㄴ   ③ ㄱ, ㄷ   ④ ㄴ, ㄷ   ⑤ ㄱ, ㄴ, ㄷ

단서＋발상

단서 물체가 충돌할 때 받은 힘과 시간 그래프가 제시되어 있다.

발상 〈실험 결과〉로부터 과정 (나)와 (다)에서의 충격량의 크기와 충격력을
추론할 수 있다.

적용 운동량의 변화량이 충격량과 같다는 것을 적용해서 (나), (다)에서
물체의 충격량의 크기를 구하는 것부터 문제 풀이를 시작해야 한다.

| 문제＋자료 분석 |

· (나)와 (다)의 과정에서 물체의 질량과 속력이 같으므로 충돌 전 운동량도
같다.
· 충돌 시간은 (나)에서가 (다)에서보다 짧으므로 힘-시간 그래프의 ㉠이
(나)의 결과이고, ㉡이 (다)의 결과이다.

| 보기 분석 |

ㄱ. 충돌 시간은 (나)에서 t, (다)에서 $2t$이므로 ㉠은 (나)의 측정 결과이다.

ㄴ. [충격량＝운동량의 변화량＝나중 운동량－처음 운동량]이고, 물체가
힘 센서와 충돌 후 정지하므로 나중 운동량은 0이다.
따라서 [충격량＝처음 운동량]이다.
즉, (나)와 (다)에서 충돌 전 운동량이 같으므로 충격량도 같다.
힘-시간 그래프의 곡선이 시간 축과 이루는 면적은 충격량의 크기와
같으므로 곡선 ㉠과 ㉡이 시간 축과 이루는 면적은 서로 같다. 꿀팁

ㄷ. 평균 힘＝$\dfrac{충격량}{충돌 시간}$이고, (나)와 (다)에서 물체의 충격량의 크기는 서로

같다. 따라서 평균 힘의 크기는 충돌 시간이 더 짧은 (나)에서가
(다)에서보다 크다.

왜 틀렸나?

· 힘-시간 그래프가 주어졌을 때 그래프가 시간축과 이루는 면적은 충격량의
크기와 같다. 따라서 문제에서 주어진 단서를 바탕으로 충격량의 크기를
비교해야 그래프를 옳게 해석할 수 있다. 어림짐작으로 그래프의 면적을
비교해서는 안 된다.

11 정답 ⑤ ＊ 단백질과 핵산

그림은 생명체를 구성하는 탄소 화합물을 나타낸 것이다. (가)와 (나)는 각각 헤모글로빈과 DNA 중 하나이다.

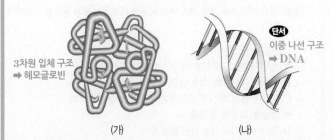

3차원 입체 구조
➡ 헤모글로빈

단서
이중 나선 구조
➡ DNA

(가)   (나)

이에 대한 설명으로 옳은 것만을 [보기]에서 있는 대로 고른 것은? [3점]

[보기]

ㄱ. (가)에는 펩타이드결합이 있다.
  (가)(헤모글로빈)는 단백질이므로 펩타이드결합이 존재한다.

ㄴ. (나)는 핵산의 한 종류이다.
  (나)(DNA)는 핵산의 한 종류이다.

ㄷ. (가)와 (나)는 모두 단위체로 이루어져 있다.
  헤모글로빈(단백질)의 단위체는 아미노산, DNA(핵산)의 단위체는 뉴클레오타이드로 모두 단위체로 이루어진다.

① ㄱ   ② ㄷ   ③ ㄱ, ㄴ   ④ ㄴ, ㄷ   ⑤ ㄱ, ㄴ, ㄷ

 문제 풀이 (꿀팁)

• **단백질의 단위체**: 아미노산이며, 20종류가 있다.
• **핵산의 단위체**: 뉴클레오타이드이며 DNA의 뉴클레오타이드 4종류, RNA의 뉴클레오타이드 4종류가 있다.

 단서＋발상

(단서) (가)에서는 3차원적 입체 구조, (나)에서는 이중나선구조가 제시되어 있다.

(발상) 3차원적 입체 구조인 (가)는 헤모글로빈(단백질), 이중나선구조인 (나)는 DNA(핵산)임을 추론할 수 있다.

(적용) (가)와 (나)의 구조를 확인한 후 (가)는 헤모글로빈(단백질), (나)는 DNA(핵산)을 구하는 것부터 문제 풀이를 시작해야 한다.

| 문제＋자료 분석 |

• 단백질(헤모글로빈)의 단위체는 아미노산이고, 핵산(DNA, RNA)의 단위체는 뉴클레오타이드이다.
• 많은 수의 아미노산이 펩타이드결합으로 연결되어 긴 사슬 모양의 폴리펩타이드가 형성된다.
  단백질은 폴리펩타이드가 아미노산의 배열 순서에 따라 구부러지고 접혀 독특한 입체 구조를 가진다. ➡ (가)는 헤모글로빈으로 단백질의 일종이다.
• 디옥시라이보스를 가진 뉴클레오타이드끼리 연결되어 DNA의 폴리뉴클레오타이드가 형성되고, 폴리뉴클레오타이드 두 가닥이 꼬여 있는 이중나선구조가 형성된다.
  ➡ (나)는 DNA이다.

| 보기 분석 |

ㄱ. (가)는 3차원적 입체 구조인 헤모글로빈(단백질)이다. 단백질은 아미노산이 펩타이드결합으로 연결되어 형성된다.

ㄴ. (나)는 이중나선구조인 DNA이다. DNA는 핵산의 한 종류이다.

ㄷ. 헤모글로빈(단백질)의 단위체는 아미노산, DNA(핵산)의 단위체는 뉴클레오타이드이다. 단백질과 핵산은 모두 단위체로 이루어져 있다.

---

12 정답 ② ＊ 지각과 사람을 구성하는 원소

표는 지각과 사람을 구성하는 원소의 질량비를 나타낸 것이다. (가)와 (나)는 각각 지각과 사람 중 하나이다.

구분	(가) 지각		**단서**		(나) 사람			
구성 원소	산소	규소	알루미늄	기타	산소	탄소	수소	기타
질량비 (%)	46	28	8	18	65	18	10	7

➡ 지각과 사람에서 모두 산소가 가장 많은 질량비를 나타냄

이에 대한 설명으로 옳은 것만을 [보기]에서 있는 대로 고른 것은?

[보기]

ㄱ. (가)는 주로 ~~물과 유기물~~로 이루어져 있다.
       규산염 광물로 구성된 암석

ㄴ. (나)는 ~~지각~~에 해당한다.
       사람

ㄷ. (가)와 (나)를 구성하는 원소 중 가장 큰 질량비를 차지하는 원소는 산소이다.
  지각과 사람에서 질량비가 가장 큰 원소는 산소이다.

① ㄱ   ② ㄷ   ③ ㄱ, ㄴ   ④ ㄴ, ㄷ   ⑤ ㄱ, ㄴ, ㄷ

단서＋발상

(단서) 지각과 사람을 구성하는 원소의 질량비가 순서 없이 제시되어 있다.

(발상) 지각은 주로 규산염 광물, 사람은 주로 물과 탄소 화합물로 구성되어 있으므로 (가)가 지각, (나)가 사람인 것을 추론할 수 있다.

| 문제＋자료 분석 |

• 지각을 구성하는 암석은 주로 규산염 광물로 이루어져 있으므로 지각을 구성하는 원소의 질량비는 산소가 가장 높고, 규소가 두 번째로 높다.
• 사람은 물과 무기물을 제외하면 대부분 탄소 화합물로 구성되어 있으므로 사람을 구성하는 원소의 질량비는 산소가 가장 높고, 탄소가 두 번째로 높다.

| 보기 분석 |

ㄱ. (가)는 지각, (나)는 사람이다. 지각은 주로 규산염 광물로 구성되어 있고, 사람은 주로 물과 탄소 화합물(유기물)로 구성되어 있다.

ㄴ. 지각을 구성하는 원소의 질량비는 산소＞규소＞알루미늄＞철 등이고, 사람을 구성하는 원소의 질량비는 산소＞탄소＞수소＞질소 등이다. 따라서 (나)는 사람에 해당한다.

ㄷ. 산소는 다른 원소와 쉽게 결합하여 다양한 물질을 형성할 수 있으므로 지각과 사람에서 가장 큰 질량비를 차지한다.

＊ **지각과 생명체를 구성하는 원소 비교**

지각	생명체
지구를 구성하는 암석 중 가장 바깥 껍질에 해당하는 얇은 층으로, 주로 장석, 석영 등의 규산염 광물로 구성되어 있음	생명이 있는 물체를 통칭하며, 주로 탄수화물, 단백질, 지질, 핵산 등의 탄소 화합물(유기물)로 구성되어 있음

13 정답 ① * 생물 대멸종

그림은 고생대 이후 해양 생물 과의 수와 생물 과의 멸종 비율을 나타낸 것이다. A~E는 다섯 번의 대멸종을 나타낸 것이다.

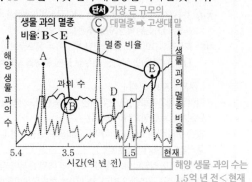

단서 가장 큰 규모의
대멸종 ➡ 고생대 말

이에 대한 옳은 설명만을 [보기]에서 있는 대로 고른 것은? [3점]

─────[보기]─────
ㄱ. 고생대가 끝나는 무렵에 발생한 대멸종은 C이다.
    고생대 말에 가장 큰 규모의 멸종이 일어났다.
ㄴ. 해양 생물 과의 수는 1.5억 년 전이 현재보다 <del>많다</del> 적다
    1.5억 년 이후로 해양 생물 과의 수는 증가하였다.
ㄷ. B에서의 생물 과의 멸종 비율은 E에서의 생물 과의 멸종
    비율보다 <del>높다</del> 낮다

① ㄱ   ② ㄷ   ③ ㄱ, ㄴ   ④ ㄴ, ㄷ   ⑤ ㄱ, ㄴ, ㄷ

단서+발상

단서 고생대 이후 해양 생물 과의 수와 생물 과의 멸종 비율이 제시되어 있다.

발상 5번의 대멸종이 있었음을 추론할 수 있다.

적용 생물 과의 수와 생물 과의 멸종 비율을 비교해서 문제 풀이를 시작해야 한다.

| 문제+자료 분석 |
- A: 빙하의 확장으로 인한 해수면 하강, 기온 하강 등
- B: 해양의 무산소화, 기후 냉각, 소행성 충돌 등
- C: 판게아 형성, 화산 폭발로 인한 온난화, 소행성 충돌 등
  ➡ 삼엽충, 방추충 등 멸종
- D: 판게아 분리에 따른 화산 활동 등
- E: 소행성 충돌, 화산 폭발 등 ➡ 공룡, 암모나이트 등 멸종

| 보기 분석 |
ㄱ. 고생대 말기에 가장 큰 규모의 멸종이 일어났다. 그림에서 해양 생물 과의 수가 가장 많이 변하고 멸종 비율이 가장 큰 C가 대멸종이다. 대멸종 전후로 고생대와 중생대가 구분된다.

ㄴ. 해양 생물 과의 수는 1.5억 년 이후로 증가하여 1.5억 년 전이 현재보다 적다.

ㄷ. B에서의 생물 과의 멸종 비율은 E에서의 생물 과의 멸종 비율보다 낮다.

* 대멸종의 원인
- 수륙 분포 변화 및 해수면의 변화, 소행성 충돌(운석 충돌), 대규모 화산 폭발, 지각 변동, 기후 변화, 대기와 해양의 산소량 급감 등 지구 환경의 급격한 변화

---

14 정답 ⑤ * 반도체

다음은 반도체에 관한 설명이다.
단서 특정 조건에 따라 자유 전자가 생겨 전류가 흐름

불순물 반도체는 ㉠ 순수한 반도체에 ㉡ 미량의 다른
            규소(Si), 저마늄(Ge)   도핑
원소(불순물)를 첨가하여 만든 소재로 ㉢ 태양 전지, 스마트폰의
전기 소자 등을 만드는 데 활용된다.

태양 전지   스마트폰의 전기 소자
빛에너지를 전기 에너지로 전환

이에 대한 옳은 설명만을 [보기]에서 있는 대로 고른 것은? [3점]

─────[보기]─────
ㄱ. 규소(Si)로만 이루어진 물질은 ㉠에 해당한다.
    규소(Si)는 대표적인 순수한 반도체 물질이다.
ㄴ. ㉡을 통해 ㉠의 전기적 성질을 변화시킬 수 있다.
    순수 반도체에 불순물을 첨가하면 전기 전도성이 좋아진다.
ㄷ. ㉢은 빛에너지를 전기 에너지로 전환한다.
    태양 전지에서 빛에너지가 전기 에너지로 전환된다.

① ㄱ   ② ㄴ   ③ ㄱ, ㄷ   ④ ㄴ, ㄷ   ⑤ ㄱ, ㄴ, ㄷ

단서+발상

단서 반도체를 이용되는 예시가 제시되어 있다.

발상 전자 제품에 반도체가 활용됨을 추론할 수 있다.

적용 반도체의 특성을 적용해서 문제 풀이를 시작해야 한다.

| 문제+자료 분석 |
- 순수한 반도체에 불순물을 첨가하면 전기 전도성이 높아진다.
- 순수한 반도체는 불순물이 없는 반도로 원자가 전자가 4개인 규소(Si)와 저마늄(Ge)이 대표적인 물질이다.
- 불순물 반도체는 순수 반도체에 불순물을 첨가(도핑)한 반도체이며, p형 반도체와 n형 반도체가 있다.

| 보기 분석 |
ㄱ. 순수한 반도체는 규소(Si) 또는 저마늄(Ge)만으로 이루어져 있다.
ㄴ. 순수 반도체에 불순물을 첨가하면 전기 전도성이 좋아진다.
ㄷ. 태양 전지에서 빛에너지가 전기 에너지로 전환된다. 꿀팁

* 반도체의 전기적 성질을 이용하는 예
- **태양 전지**: 빛을 받으면 전류가 흐르는 성질의 반도체
- **컴퓨터의 중앙 처리 장치**: 전기 전도성을 증가시키는 성질의 반도체
- **압력 감지기**: 압력에 따라 전기 저항이 변하는 성질의 반도체
- **레이저의 광원**: 전류가 흐르면 빛을 방출하는 성질의 반도체

그림은 같은 높이에서 수평 방향으로 던진 두 물체 A와 B의 위치를 일정한 시간 간격으로 나타낸 것이다.

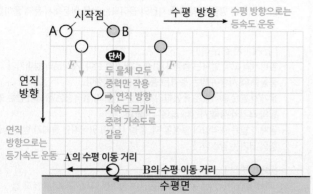

시작점에서 수평면에 도달할 때까지, A와 B의 운동에 대한 설명으로 옳은 것만을 [보기]에서 있는 대로 고른 것은? (단, 물체의 크기와 공기 저항은 무시한다.) [3점]

[보기]
ㄱ. A와 B에 작용하는 힘의 방향은 서로 같다.
　두 물체 모두 중력만 작용하므로 힘의 방향은 연직 방향으로 서로 같다.
ㄴ. 수평 방향의 속력은 A가 B보다 ~~크다~~ 작다
ㄷ. 연직 방향의 가속도 크기는 A가 B보다 ~~크다~~ 같다

① ㄱ　　② ㄷ　　③ ㄱ, ㄴ　　④ ㄴ, ㄷ　　⑤ ㄱ, ㄴ, ㄷ

👤 **단서+발상**

단서 물체의 위치가 일정한 시간 간격으로 제시되어 있다.

발상 물체의 위치 변화로부터 연직, 수평 방향 속력을 추론할 수 있다.

적용 물체에는 연직 방향의 중력만 작용하므로 연직, 수평 방향의 운동을 각각 분석하는 것부터 문제 풀이를 시작해야 한다.

| 문제+자료 분석 |
- **연직 방향**: A, B가 매 순간 같은 높이에 있으므로 두 물체의 연직 방향의 속력은 같다.
　같은 시간 동안의 연직 방향의 속력 변화량은 A, B가 같으므로 가속도의 크기도 A, B가 같다.
- **수평 방향**: B가 A보다 같은 시간 동안 더 많은 수평 거리를 이동하였으므로 B가 A보다 수평 방향의 속력이 크다. A와 B 모두 수평 방향의 속력의 변화가 없으므로 등속도 운동을 한다.

| 보기 분석 |
ㄱ 공기 저항을 무시하는 경우, 수평 방향으로 던진 물체에는 연직 방향의 중력만 작용하므로 A와 B에 작용하는 힘의 방향은 서로 같다.
ㄴ. 수평 방향으로는 같은 시간 동안 A가 B보다 더 짧은 거리를 이동하므로 수평 방향의 속력은 A가 B보다 작다.
ㄷ. 수평 방향으로 던진 물체의 연직 방향 가속도는 중력 가속도이다. 연직 방향으로는 매 순간 A와 B의 위치가 같으므로 가속도의 크기가 서로 같은 운동을 함을 알 수 있다. 💡함정

🤔 **왜 틀렸나?**
- 물체의 운동 경로를 보고 A에 연직 방향으로 더 큰 힘이 작용하여, 즉 A의 가속도 크기가 더 크기 때문에 A가 더 멀리 날아가지 못한다고 생각할 수 있는데, 이는 틀린 생각이다. B가 A보다 더 멀리 날아가는 이유는 B의 수평 방향 속력이 더 크기 때문이다.
- 수평 방향으로 던진 물체의 운동은 연직 방향과 수평 방향의 운동을 각각 나누어 생각할 수 있다. 즉 연직 방향으로는 등가속도 운동, 수평 방향으로는 등속도 운동을 하며, 연직 방향 가속도는 항상 중력 가속도이다.

2021.9
14회

그림은 세포막을 통한 물질의 이동 방식을 나타낸 것이다.

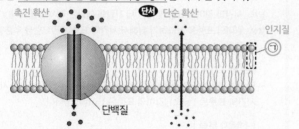

이에 대한 설명으로 옳은 것만을 [보기]에서 있는 대로 고른 것은?

[보기]
ㄱ. ㉠은 인지질이다.
　세포막의 주성분은 인지질과 단백질로, ㉠은 인지질이다.
ㄴ. 세포막은 선택적 투과성이 있다.
　세포막은 물질의 종류에 따라 물질을 선택적으로 통과시키는 선택적 투과성이 있다.
ㄷ. 단백질을 통해 이동하는 물질에는 포도당이 있다.
　포도당과 같이 비교적 분자 크기가 큰 수용성 물질은 막단백질을 통과하는 촉진 확산을 통해 이동한다.

① ㄱ　　② ㄷ　　③ ㄱ, ㄴ　　④ ㄴ, ㄷ　　⑤ ㄱ, ㄴ, ㄷ

👤 **단서+발상**

단서 세포막을 통한 물질의 이동 그림이 제시되어 있다.

발상 막단백질을 통해 이동하는 촉진 확산, 인지질 2중층을 직접 통과하는 단순 확산임을 추론할 수 있다.

적용 ㉠을 파악하는 것부터 문제 풀이를 시작해야 한다.

| 문제+자료 분석 |
- 세포막의 주성분은 인지질과 단백질이다. 세포막은 인지질 2중층에 단백질(막단백질)이 파묻혀 있거나 관통하고 있는 구조로, 인지질은 유동성이 있어 단백질이 고정되어 있지 않고 움직일 수 있다.
- **선택적 투과성**: 세포막은 물질의 종류에 따라 물질을 선택적으로 통과시키는 특성이 있어 세포 안팎으로의 물질 출입을 조절한다. 인지질 2중층은 친수성과 소수성 부분으로 되어 있어 세포막을 통과하는 물질은 특성에 따라 각각 다른 방식으로 이동한다.

| 보기 분석 |
ㄱ 세포막의 주성분은 인지질과 단백질이다. 머리 부분은 친수성이고, 꼬리 부분은 소수성인 ㉠은 인지질이다.
ㄴ 세포막은 물질의 종류에 따라 물질을 선택적으로 통과시키는 선택적 투과성이 있다. 이를 통해 세포 안팎으로의 물질 출입을 조절한다.
ㄷ 포도당과 같이 비교적 분자 크기가 큰 수용성 물질은 막단백질을 통과하는 촉진 확산을 통해 이동한다.

✱ **단순 확산과 촉진 확산의 예**
- **단순 확산**: 폐포와 모세 혈관 사이의 O_2와 CO_2 교환
- **촉진 확산**: 혈액 속의 포도당이 조직 세포로 확산

17 정답 ② ✱ 충격량, 충격력 ·· [정답률 86%] 2021 실시 9월 학평 17

다음은 범퍼카의 안전장치에 대한 설명이다.
사람이 받는 충격력이 작을수록 안전하다.

범퍼카는 고무 범퍼로 둘러싸여 있어 물체와
충돌할 때 충돌 시간이 길어져 범퍼카를 탄
사람이 받는 충격을 작게 한다.
단서 —충격력↓

이와 같은 원리가 적용된 예에 해당하는 것만을 [보기]에서 있는
대로 고른 것은?

[보기]

ㄱ. 빠르게 잡아당기는 종이 위의 동전 ➡ 관성
ㄴ. 배에 매단 타이어 ➡ 충격 흡수
ㄷ. 지진계의 무거운 추 ➡ 관성

① ㄱ   ② ㄴ   ③ ㄱ, ㄷ   ④ ㄴ, ㄷ   ⑤ ㄱ, ㄴ, ㄷ

🧠 단서+발상

단서 범퍼카가 충돌할 때 충격이 작은 이유가 제시되어 있다.

발상 충돌 시간이 길면 충격이 작아진다는 것을 추론할 수 있다.

적용 충격량은 평균 힘과 충돌 시간의 곱이라는 것을 이용해서 문제 풀이를
시작해야 한다.

| 문제+자료 분석 |
• 범퍼카의 고무 범퍼는 충돌 시간을 길어지게 한다. 제시문의 범퍼카가
충돌할 때 사람이 받는 충격은 충격력을 의미한다.
• 물체가 받은 충격량은 운동량의 변화량과 같고, 충격량은 물체가 받는 평균
힘의 크기와 충돌 시간의 곱이다. **꿀팁**
• 물체가 받은 충격량이 일정할 때, 충돌 시간이 길어지면 물체가 받은 평균
힘의 크기는 감소한다.

| 보기 분석 |

ㄱ. 빠르게 잡아당기는 종이 위의 동전이 종이를 따라 움직이지 않고 컵
안으로 떨어지는 것은 동전이 정지 상태를 유지하려는 성질인 관성과
관련 있다.

ㄴ. 배에 매달려 있는 타이어는 다른 물체와 충돌 시 충돌 시간을 길게 하여
배가 받는 충격력을 작게 한다.

ㄷ. 지진계의 무거운 추는 정지 상태를 유지하려는 성질인 관성 때문에
지진계와 같이 움직이지 않고 회전 원통에 자취를 남긴다.

✱ 충격량이 일정할 때, 충격력과 충돌 시간의 관계

충격량은 [충격력 × 충돌 시간]이므로 충격량이 같을 때, 충격력과 충돌
시간은 반비례한다. 즉, 충돌 시간이 길수록 충격력이 작아진다.
이때 물체가 충돌할 때 받는 힘인 충격력은 충돌이 매우 짧은 시간에
일어나는 경우에는 매 순간 변하기 때문에 측정하기 어렵다.
충격력은 충격을 가하는 동안의 평균적인 힘인 평균 힘이라고도 한다.

---

18 정답 ⑤ ✱ 시간과 길이의 표준 ·· 2017 실시 6월 학평 1 물리 I (고2)

그림은 오늘날 사용되는 시간과 길이의 표준에 대해 수업한 후 세
사람이 나눈 대화이다.

• 시간의 표준 : 1초는 세슘 원자($^{133}_{55}$Cs)에서 방출되는 빛이
9,192,631,770번 진동하는 데 걸리는 시간이다.
단서
• 길이의 표준 : 1 m는 빛이 진공에서 $\frac{1}{299,792,458}$ 초 동안
진행한 거리이다.

시간의 표준으로는 원자시를 이용해.
길이의 기본 단위는 미터(m)야.
1 m를 정의하기 위해서는 시간의 표준이 필요해.

철수   영희   민수

옳게 말한 사람만을 있는 대로 고른 것은?
① 철수   ② 영희   ③ 민수
④ 철수, 영희   ⑤ 철수, 영희, 민수

🧠 단서+발상

단서 시간과 길이의 표준에 대한 세 사람의 대화가 제시되어 있다.

발상 길이의 표준을 정의하기 위해서 시간의 표준이 필요함을 추론할 수
있다.

| 문제+자료 분석 |
• 단위의 정의는 국제단위계(SI)의 정의가 국제 공통의 표준으로 사용된다.
시간의 표준은 1 s(초), 길이의 표준은 1 m(미터)이다.

| 선택지 분석 |

⑤ 철수: 원자시는 세슘 원자에서 나온 빛의 진동 주기를 기준으로 정한
시각을 말한다. ➡ 옳음

영희: 길이의 기본 단위는 m(미터)이다. ➡ 옳음

민수: 길이의 표준이 되는 1 m는 빛이 진공에서 $\frac{1}{299,792,458}$ 초 동안
진행한 거리이므로 1 m를 정의하기 위해서는 시간의 표준이
필요하다. ➡ 옳음

✱ 표준이 되는 시간

• 시간은 여러 가지 기본량 중의 하나이다.
• 시간은 다른 물리량에 대한 측정 표준의 기초로 사용되고 있어 '표준의
표준'이라고도 한다.

그림은 효소가 없을 때 과산화
수소 분해 반응의 에너지 변화를
나타낸 것이다. 표는 3% 과산화
수소수가 든 시험관 A와 B에 각각
㉠과 ㉡ 중 하나를 넣었을 때 기포
발생 결과를 나타낸 것이다. ㉠과
㉡은 각각 감자즙과 증류수 중 하나이다.

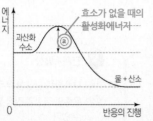

| 시험관 | 시험관에 넣은 용액(mL) | | | 기포 발생 결과 |
	3% 과산화 수소수	㉠ 증류수	㉡ 감자즙	
A	10	2	0	발생하지 않음
B	10	0	2	발생함

이에 대한 설명으로 옳은 것만을 [보기]에서 있는 대로 고른 것은?
(단, 표에서 제시된 조건 이외의 다른 조건은 동일하다.) [3점]

[보기]
ㄱ. ㉠은 ~~감자즙~~ 증류수 이다.
ㄴ. ㉡에는 ⓐ를 감소시키는 물질이 들어있다.
  ㉡(감자즙)에는 ⓐ(활성화에너지)를 감소시키는 효소가 존재한다.
ㄷ. A와 B에서 과산화 수소가 분해되는 속도는 ~~같다~~ B의 분해 속도가 더 빠르다.

① ㄱ ② ㄴ ③ ㄱ, ㄷ ④ ㄴ, ㄷ ⑤ ㄱ, ㄴ, ㄷ

단서＋발상

(단서) 표에서 ㉠을 넣은 A에서는 기포가 발생하지 않았고, ㉡을 넣은 B에서는 기포가 발생한 자료가 제시되어 있다.

(발상) 기포 발생 여부에 따라 ㉠과 ㉡에 효소가 들어 있는지 여부를 추론할 수 있다.

(적용) ㉠과 ㉡이 감자즙과 증류수 중 무엇인지를 구하는 것부터 문제 풀이를 시작해야 한다.

| 문제＋자료 분석 |
• **활성화에너지**: 화학 반응이 일어나는 데 필요한 최소한의 에너지로, 활성화에너지가 클수록 반응이 일어나기 어렵다.
  ➡ ⓐ는 활성화에너지이다.
• 과산화 수소는 자연적으로 분해되나 반응 속도가 매우 느려 기포 발생이 관찰이 되지 않는다. ➡ ㉠은 증류수이다.
• 감자즙에 있는 카탈레이스라는 효소에 의해 과산화 수소가 물과 산소로 분해된다. (꿀팁)
• 과산화 수소수에 과산화 수소의 분해를 촉진하는 효소인 카탈레이스가 들어 있으면 기포 발생이 관찰된다. ➡ ㉡은 감자즙이다.

| 보기 분석 |
ㄱ. ㉠이 포함된 시험관 A는 기포가 발생하지 않았으므로 ㉠은 증류수이다.
ㄴ. ㉡이 포함된 시험관 B는 기포가 발생했으므로 ㉡은 감자즙이다. 감자즙에는 활성화에너지(ⓐ)를 감소시키는 효소인 카탈레이스가 들어있다.
ㄷ. 효소는 활성화에너지를 낮추어 화학 반응의 반응 속도를 증가시키므로 과산화 수소의 분해 속도는 시험관 B보다 A가 더 느리다.

그림은 세포에서 일어나는 유전정보의 흐름을 나타낸 것이다.

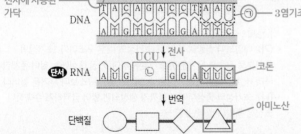

이에 대한 설명으로 옳은 것만을 [보기]에서 있는 대로 고른 것은?
(단, 돌연변이는 고려하지 않는다.) [3점]

[보기]
ㄱ. ㉠의 염기조합은 ~~코돈~~ 3염기조합 이다.
ㄴ. ㉡의 염기서열은 UCU이다.
  ㉡은 DNA 3염기조합 AGA에서 전사된 코돈으로 염기서열은 UCU이다.
ㄷ. 번역은 라이보솜에서 일어난다.
  번역은 단백질이 합성되는 과정으로, 세포질의 라이보솜에서 일어난다.

① ㄱ ② ㄴ ③ ㄱ, ㄷ ④ ㄴ, ㄷ ⑤ ㄱ, ㄴ, ㄷ

단서＋발상

(단서) 세포에서 일어나는 유전정보의 흐름이 제시되어 있다.

(발상) DNA 염기에 상보적인 염기를 가진 RNA 뉴클레오타이드가 연결되는 전사 과정을 활용해서 전사에 사용된 DNA 가닥을 추론할 수 있다.

(적용) RNA 염기서열을 통해 DNA의 두 가닥 중 전사에 사용된 가닥을 구하는 것부터 문제 풀이를 시작해야 한다.

| 문제＋자료 분석 |
• **전사**: DNA의 유전정보가 RNA로 전달되는 과정으로, DNA의 염기에 상보적인 염기를 가진 RNA 뉴클레오타이드가 결합한다.
• **번역**: RNA의 유전정보에 따라 단백질이 합성되는 과정으로, 세포질의 라이보솜에서 일어난다.
• **㉠**: DNA에서 하나의 아미노산을 지정하는 연속된 3개의 염기이다.
  ➡ 3염기조합
• **코돈**: RNA에서 하나의 아미노산을 지정하는 연속된 3개의 염기이다.
• RNA 염기서열이 AUG / ㉡ / GGA / UUC 임을 통해 DNA 염기서열이 TAC / AGA / CCT / AAG 인 위 가닥이 전사에 사용된 가닥임을 알 수 있다. (함정)

| 보기 분석 |
ㄱ. ㉠은 DNA에서 하나의 아미노산을 지정하는 연속된 3개의 염기인 3염기조합이다.
ㄴ. 전사에 사용된 가닥은 DNA 위 가닥이므로 ㉡은 DNA 3염기조합 AGA에서 전사된 코돈으로 염기서열은 UCU이다.
ㄷ. 번역은 RNA의 유전정보에 따라 단백질이 합성되는 과정으로, 세포질의 라이보솜에서 일어난다.

01 정답 ④   ＊ 초기 우주에서 원소의 생성 ·· [정답률 90%] **2020 실시 9월 학평 1**

다음은 우주의 생성 과정에 대한 설명의 일부이다.

>
> • 우주는 온도와 밀도가 매우 높은 한 점에서 대폭발하여 탄생하였다.
> • 대폭발 이후 우주 온도가 내려가면서 <u>기본 입자가 결합하여</u>
> 양성자와 중성자가 만들어졌다.   └ 빅뱅 우주론
> • 원자핵과 ㉠ <u>전자</u>가 결합하여 원자가 만들어졌다.
>   음(−) 전하를 띔
> • 수소와 헬륨으로 이루어진 성운은 중력에 의해 수축하여
> 원시별이 되고, 내부 온도가 충분히 올라가면 별의 중심부에서
> ㉡ <u>수소 원자핵이 헬륨 원자핵으로 바뀌는 반응</u>이 일어나 많은
> 양의 에너지가 방출된다. 수소 핵융합 반응

이에 대한 설명으로 옳은 것만을 [보기]에서 있는 대로 고른 것은?

> ────────[보기]────────
> ㄱ. ㉠은 ~~양(+)~~ 전하를 띤다.
>   전자는 음(−) 전하를 띠고 있다.
> ㄴ. ㉡은 수소 핵융합 반응이다.
>   수소 핵융합 반응을 거쳐 헬륨 원자핵이 생성된다.
> ㄷ. 빅뱅 우주론에 대한 설명이다.
>   빅뱅 우주론은 대폭발로 우주가 생성되었다는 이론이다.

① ㄱ   ② ㄴ   ③ ㄱ, ㄷ   ④ ㄴ, ㄷ   ⑤ ㄱ, ㄴ, ㄷ

🧠 단서＋발상

(단서) 대폭발로 탄생한 우주의 진화 과정이 제시되어 있다.

(발상) 우주의 생성과 진화 과정으로부터 가벼운 원소의 생성 과정을 추론할 수 있다.

(적용) 원자를 구성하는 입자들의 종류와 특징, 헬륨 원자핵의 생성 과정을 파악하는 것부터 문제 풀이를 시작해야 한다.

| 문제＋자료 분석 |
• 우주는 고온 고밀도의 한 점에서 대폭발하여 탄생하였다.
  ➡ 빅뱅 우주론에서 주장하는 우주의 탄생 과정이다.
• 대폭발 이후 기본 입자인 쿼크가 결합하여 양성자와 중성자가 만들어졌다.
• 대폭발 이후 약 38만 년이 되었을 때 원자핵과 전자가 결합하여 원자가 만들어졌다. ➡ 이 시기에 우주 배경 복사가 형성되었다.
• 성간 물질이 수축하여 원시별을 형성하고, 원시별이 계속 수축하여 주계열성이 된다. ➡ 주계열성의 중심부에서는 수소 원자핵이 헬륨 원자핵으로 바뀌는 핵융합 반응이 일어난다.

| 보기 분석 |
ㄱ. 전자는 초기 우주에서 가장 먼저 생성된 기본 입자들 중 하나로 음(−)전하를 띠고 있다.
ㄴ. 별의 중심부 온도가 1000만 K 이상이 되면 수소 원자핵이 핵융합 반응을 하여 헬륨 원자핵이 형성되는데, 이 반응을 수소 핵융합 반응이라고 한다.
ㄷ. 빅뱅 우주론은 우주가 한 점에서 대폭발하여 탄생하였다고 주장하는 이론이다. 이 이론에 따르면 우주가 팽창함에 따라 우주의 온도가 낮아지면서 물질이 생성되었다.

02 정답 ②   ＊ 별의 진화와 무거운 원소의 생성 ······································· [정답률 86%] **2020 실시 9월 학평 2**

그림 (가)는 태양보다 질량이 큰 별의 내부 구조를, (나)는 초신성 폭발 모습을 나타낸 것이다. A와 B는 각각 철과 수소 중 하나이다.

원자 번호: 수소 < 철

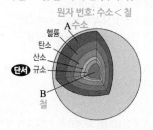
A 수소
헬륨
탄소
산소
(단서) 규소
B
철
(가) 초거성

(나) 초신성 폭발

이에 대한 설명으로 옳은 것만을 [보기]에서 있는 대로 고른 것은? [3점]

> ────────[보기]────────
> ㄱ. 원자 번호는 A가 B보다 ~~크다~~.
>   원자 번호는 수소(A)가 철(B)보다 작다.
> ㄴ. (가)의 중심으로 갈수록 ~~가벼운~~ 원소로 이루어진 층이 분포한다.
>   초거성의 중심으로 갈수록 무거운 원소로 이루어진 층이 분포한다.
> ㄷ. (나)의 폭발 과정에서 철보다 무거운 원소가 생성된다.
>   철보다 무거운 원소는 초신성 폭발 과정에서 생성된다.

① ㄱ   ② ㄷ   ③ ㄱ, ㄴ   ④ ㄴ, ㄷ   ⑤ ㄱ, ㄴ, ㄷ

🧠 단서＋발상

(단서) 초거성의 내부 구조와 초신성 폭발 모습이 제시되어 있다.

(발상) 별의 진화 과정에서 무거운 원소의 생성 과정을 추론할 수 있다.

(적용) 별의 내부에서 생성될 수 있는 가장 무거운 원소의 종류를 구하는 것부터 문제 풀이를 시작해야 한다.

| 문제＋자료 분석 |
• (가): 태양보다 질량이 훨씬 큰 초거성의 내부 구조이다. 초거성의 중심부로 갈수록 무거운 원소가 존재하며, 가장 중심에는 철이 존재한다. 따라서 A는 헬륨보다 가벼운 수소이고, B는 규소보다 무거운 철이다.
• (나): 초거성의 중심부에서 철까지 생성되면 별이 급격하게 수축하다 초신성 폭발이 일어난다.

| 보기 분석 |
ㄱ. A는 수소, B는 철이다. 원자 번호는 양성자의 수와 같으므로 수소는 1, 철은 56이다. 따라서 원자 번호는 A가 B보다 크다.
ㄴ. (가)에서 초거성의 중심부로 갈수록 온도가 높아지고, 점점 무거운 원자핵으로 이루어진 층이 나타난다.
ㄷ. (나)는 초신성 폭발이 일어나는 모습이며, 이 과정에서 철보다 무거운 금, 우라늄, 납 등의 원소가 생성된다.

＊ 초거성과 무거운 원소의 생성
• 주계열성 이후 별이 매우 크게 팽창하여 적색 거성보다 더 큰 초거성이 된다.
• 초거성의 중심부의 헬륨이 모두 탄소로 바뀐 후에도 온도가 계속 높아져 탄소, 산소, 규소 핵융합 반응이 차례대로 일어나 철까지 생성된다.

03 정답 ③ ＊ 공유 결합 ··· [정답률 79%] **2020 실시 9월 학평 3**

그림은 A_2 분자의 화학 결합 모형이다.

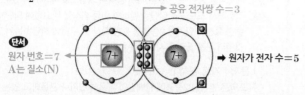

단서
원자 번호＝7
A는 질소(N)

공유 전자쌍 수＝3

➡ 원자가 전자 수＝5

이에 대한 설명으로 옳은 것만을 [보기]에서 있는 대로 고른 것은?
(단, A는 임의의 원소 기호이다.) [3점]

[보기]
ㄱ. A_2는 질소 분자이다.
　원자핵의 전하＝＋7 ➡ 원자 번호＝7인 질소(N)
ㄴ. A_2의 공유 전자쌍은 3개이다.
　A 원자 2개가 각각 전자 3개씩을 내어 공유 결합하여 A_2를 형성
ㄷ. A의 원자가 전자는 7~~개~~이다.
　　　　　　　　　　　5개

① ㄱ　　② ㄷ　　③ ㄱ, ㄴ　　④ ㄴ, ㄷ　　⑤ ㄱ, ㄴ, ㄷ

🧠 단서＋발상

단서 A_2 분자의 화학 결합 모형이 제시되어 있다.
발상 원자핵의 전하(또는 전자의 수)를 통해 A의 원자 번호를 추론할 수 있다.
적용 A_2 분자의 화학 결합 모형을 통해 공유 전자쌍의 수를 구하는 것부터 문제 풀이를 시작해야 한다.

| 문제＋자료 분석 |
• A의 원자핵의 전하는 ＋7이므로 A는 원자 번호가 7인 질소(N)이다.
• A_2 분자에서 공유 전자쌍이 3개 ➡ A 원자 2개가 각각 전자 3개씩을 내어 공유 결합함으로써 각각의 A 원자가 네온(Ne)의 전자 배치를 이룬다.

| 보기 분석 |
ㄱ. A의 원자핵의 전하는 ＋7이므로 A는 원자 번호가 7인 질소(N)이다. 따라서 A_2는 질소 분자(N_2)이다.
ㄴ. 질소 원자(N) 2개가 각각 전자 3개씩을 내어 공유 결합하여 질소 분자(N_2)를 형성한다. 따라서 A_2의 공유 전자쌍은 3개이다.
ㄷ. A(질소)의 원자가 전자는 5개이다. 함정

＊ 공유 결합
• **공유 결합**: 비금속 원소의 원자들이 전자쌍을 공유하여 형성되는 결합
• **공유 결합의 형성**: 비금속 원소가 서로 전자를 하나씩 내놓아 형성한 전자쌍을 공유하여 비활성 기체의 전자 배치를 이루며 결합을 형성한다.

---

04 정답 ④ ＊ 공유 결합 ··· [정답률 74%] **2020 실시 9월 학평 4**

그림은 원자 A와 B의 전자 배치 모형이다.

단서
원자 번호＝11
A는
나트륨(Na)

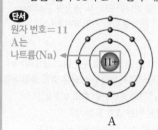

A　　　　　B

원자 번호＝17
B는 염소(Cl)

이에 대한 설명으로 옳은 것만을 [보기]에서 있는 대로 고른 것은?
(단, A와 B는 임의의 원소 기호이다.)

[보기]
ㄱ. A는 ~~비금속~~ 원소이다.
　A는 나트륨(Na) ➡ 금속 원소
ㄴ. 화합물 AB의 화학식은 NaCl이다.
　Na^+과 Cl^-이 1 : 1의 개수비로 결합하여 NaCl 형성
ㄷ. 화합물 AB는 이온 결합 물질이다.
　A는 금속 원소, B는 비금속 원소 ➡ A와 B는 이온 결합 형성

① ㄱ　　② ㄴ　　③ ㄱ, ㄷ　　④ ㄴ, ㄷ　　⑤ ㄱ, ㄴ, ㄷ

🧠 단서＋발상

단서 원자 A와 B의 전자 배치 모형이 제시되어 있다.
발상 원자핵의 전하(또는 전자의 수)를 통해 A와 B의 원자 번호를 추론할 수 있다.
적용 원자 번호로부터 A와 B가 어떤 원소인지 구하고, 각각을 금속 원소와 비금속 원소로 분류하는 것부터 문제 풀이를 시작해야 한다.

| 문제＋자료 분석 |
• 원자 번호는 양성자수와 같고, 원자는 전기적으로 중성이므로 양성자수는 전자 수와 같다.
　따라서 중성 원자에서 [전자 수＝양성자수＝원자 번호]이다. 꿀팁
• A: 원자핵의 전하가 ＋11(또는 전자 수가 11)이므로 A는 원자 번호 11번 나트륨(Na)이며 금속 원소이다.
• B: 원자핵의 전하가 ＋17(또는 전자 수가 17)이므로 B는 원자 번호 17번 염소(Cl)이며 비금속 원소이다.

| 보기 분석 |
ㄱ. A의 원자핵의 전하는 ＋11(또는 전자 수가 11)이므로 A는 원자 번호 11번 나트륨(Na)이다. 따라서 A는 금속 원소이다.
ㄴ. A(Na) 원자는 전자를 잃어 나트륨 이온(Na^+)이 되고 B(Cl) 원자는 전자를 얻어 염화 이온(Cl^-)이 된다. Na^+과 Cl^-은 1 : 1의 개수비로 결합하여 NaCl을 형성한다. 따라서 화합물 AB의 화학식은 NaCl이다.
ㄷ. A(Na)는 금속, B(Cl)는 비금속 원소로, 금속 양이온(Na^+)과 비금속 음이온(Cl^-) 사이의 전기적 인력에 의해 이온 결합을 형성한다. 따라서 화합물 AB는 이온 결합 물질이다.

＊ 이온 결합과 공유 결합
• **이온 결합**: 금속 원소의 원자가 비금속 원소의 원자에게 전자를 준다.
• **공유 결합**: 비금속 원소의 원자들이 전자쌍을 공유한다.

그림은 세포막을 통해 물질이 이동하는 과정을 나타낸 것이다.

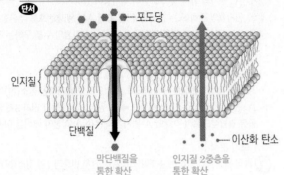

이에 대한 설명으로 옳은 것만을 [보기]에서 있는 대로 고른 것은?

─[보기]─
ㄱ. 세포막은 세포 안팎의 물질 출입을 조절한다.
　세포막은 세포 안팎의 물질 출입을 조절한다.
ㄴ. 세포막은 주로 인지질과 단백질로 이루어진다.
　세포막은 인지질 2중층과 단백질로 이루어진다.
ㄷ. 포도당과 이산화 탄소의 이동 방식은 확산이다.
　포도당과 이산화 탄소의 이동 방식은 모두 확산이다.

① ㄱ　　② ㄴ　　③ ㄱ, ㄷ　　④ ㄴ, ㄷ　　⑤ ㄱ, ㄴ, ㄷ

단서+발상

단서 세포막을 통한 확산의 두 가지 방식이 그림으로 제시되어 있다.

적용 그림에서 포도당과 이산화 탄소의 이동 방식을 비교하여 막단백질을 통한 확산과 인지질 2중층을 통한 확산 중 무엇에 해당하는지 파악하는 것부터 문제 풀이를 시작해야 한다.

| 문제+자료 분석 |
· 세포막은 인지질 2중층에 단백질이 파묻혀 있거나 관통하고 있는 구조로, 인지질은 유동성이 있어 단백질이 고정되어 있지 않고 움직일 수 있다.
· 세포막을 통한 확산은 막단백질과 인지질 2중층을 통해 일어난다.
· 포도당은 막단백질을 통해 고농도에서 저농도로 확산된다.
· 이산화 탄소는 인지질 2중층을 직접 통과하여 고농도에서 저농도로 확산된다.

| 보기 분석 |
ㄱ. 세포막은 물질의 종류에 따라 어떤 물질은 잘 투과시키고 어떤 물질은 잘 투과시키지 않는 선택적 투과성을 가져 세포 안팎으로의 물질 출입을 조절한다.
ㄴ. 세포막은 인지질 2중층에 단백질이 파묻혀 있거나 관통하고 있는 구조이다.
ㄷ. 포도당은 막단백질을 통해 확산되고, 이산화 탄소는 인지질 2중층을 통해 확산된다.

다음은 물질 A와 B의 전기 전도성을 비교하는 실험이다. A와 B는
└─ 이온 결합 물질
각각 설탕과 염화 칼슘 중 하나이다.
└─ 공유 결합 물질

〈실험 과정〉
(가) 고체 상태 물질 A와 B에 각각 전기 전도성 측정 장치를 사용하여 전류가 흐르는지 관찰한다.

(나) 물질 A와 B를 각각 증류수에 녹인 후 전기 전도성 측정 장치를 사용하여 전류가 흐르는지 관찰한다.

〈실험 결과〉　┌─ 고체 상태에서의 전기 전도성 확인

구분	(가)의 결과	(나)의 결과	← 수용액 상태에서의 전기 전도성 확인
A	단서 ×	○	→ 이온 결합 물질 ➡ A: 염화 칼슘
B	×	×	→ 공유 결합 물질 ➡ B: 설탕

(○: 전류가 흐름, ×: 전류가 흐르지 않음)

이에 대한 설명으로 옳은 것만을 [보기]에서 있는 대로 고른 것은? [3점]

─[보기]─
ㄱ. A는 ~~공유~~ 결합 물질이다.
　　　　이온
ㄴ. B는 ~~금속~~ 원소를 포함한다.
　B는 공유 결합 물질인 설탕 ➡ 비금속 원소로만 구성되어 있다.
ㄷ. A는 염화 칼슘, B는 설탕이다.
　A는 이온 결합 물질인 염화 칼슘, B는 공유 결합 물질인 설탕

① ㄱ　　② ㄷ　　③ ㄱ, ㄴ　　④ ㄴ, ㄷ　　⑤ ㄱ, ㄴ, ㄷ

단서+발상

단서 고체와 수용액 상태에서의 전기 전도성이 제시되어 있다.

발상 전기 전도성 실험 결과를 통해 A, B를 구성하는 화학 결합을 추론할 수 있다.

적용 A, B는 각각 설탕과 염화 칼슘 중 하나이므로, 두 물질을 구성하는 화학 결합을 각각 구하는 것부터 문제 풀이를 시작해야 한다.

| 문제+자료 분석 |
· **설탕**: 비금속 원소인 탄소(C), 수소(H), 산소(O)로 구성되어 있으며, 각 원자가 다른 원자와 전자쌍을 공유함으로써 만들어진 공유 결합 물질이다.
· **염화 칼슘**: 양이온인 칼슘 이온(Ca^{2+})과 음이온인 염화 이온(Cl^-) 사이의 정전기적 인력에 의해 생성된 이온 결합 물질이다.
· **A**: 고체 상태에서는 전기 전도성이 없고 수용액 상태에서는 전기 전도성이 있으므로 이온 결합 물질이다. ➡ A는 염화 칼슘이다.
· **B**: 고체와 수용액 상태에서 모두 전기 전도성이 없으므로 공유 결합 물질이다. ➡ B는 설탕이다.

| 보기 분석 |
ㄱ. A는 고체 상태에서는 전기 전도성이 없고 수용액 상태에서는 전기 전도성이 있으므로 이온 결합 물질이다.
ㄴ. B는 설탕으로 비금속 원소로만 구성되어 있다. 따라서 B는 금속 원소를 포함하지 않는다.
ㄷ. A는 이온 결합 물질이고 B는 공유 결합 물질이다. 따라서 A는 염화 칼슘, B는 설탕이다.

✱ 화학 결합에 따른 물질의 전기 전도성
· **이온 결합 물질**: 고체 상태에서는 전기 전도성이 없고, 액체·수용액 상태에서 전기 전도성이 있다.
· **공유 결합 물질**: 일반적으로 공유 결합 물질은 전기 전도성이 없다.
　(단, 흑연은 고체 상태에서 전기 전도성이 있으며, HCl과 같이 일부 공유 결합 물질은 수용액 상태에서 전기 전도성이 있다.)

그림은 <u>규산염(Si-O) 사면체와 규산염 광물</u> 중 휘석과 각섬석의
결합 구조를 나타낸 것이다. <u>규소와 산소로 이루어짐</u> (단서)

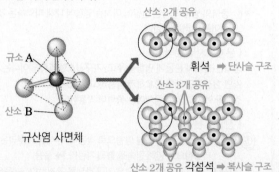

이에 대한 설명으로 옳은 것만을 [보기]에서 있는 대로 고른 것은? [3점]

─────────────[보기]─────────────

ㄱ. A는 ~~산소~~이다.
   A는 규소, B는 산소이다.
ㄴ. 규산염 사면체는 규산염 광물의 기본 구조이다.
   규산염 광물은 기본 단위체인 규산염 사면체가 결합하여 형성된 광물이다.
ㄷ. 규산염 사면체는 이웃한 규산염 사면체와 B를 공유하여
   다양한 규산염 광물을 만든다.
   규산염 사면체의 산소 원자를 공유하여 다양한 결합 구조가 형성된다.

① ㄱ   ② ㄷ   ③ ㄱ, ㄴ   ④ ㄴ, ㄷ   ⑤ ㄱ, ㄴ, ㄷ

🧠 **단서+발상**

(단서) 규산염 사면체의 기본 구조가 제시되어 있다.

(발상) 휘석과 각섬석의 결합 구조를 통해 규산염 사면체의 결합 규칙성을 추론할 수 있다.

| **문제+자료 분석** |
· 규산염 광물은 규소와 산소가 결합한 기본 단위인 규산염 사면체가 규칙적으로 결합하여 형성된 광물이다.
· 규산염 사면체는 규소 1개가 4개의 산소와 전자쌍을 공유하여 결합하여 정사면체 모양을 이룬다.
· 휘석은 규산염 사면체가 산소 2개를 공유하여 단일 사슬 모양으로 결합한 규산염 광물이다.
· 각섬석은 규산염 사면체가 산소 2~3개를 공유하여 2중 사슬 모양으로 결합한 규산염 광물이다.

| **보기 분석** |
ㄱ. 규산염 사면체에서 중심부에는 규소 원자가, 사면체의 각 모서리에는 산소 원자가 위치한다. 따라서 A는 규소이고, B는 산소이다.
ㄴ. 규산염 광물은 규소 원자 1개와 산소 원자 4개가 결합한 규산염 사면체를 기본 골격으로 하는 광물이다. 따라서 규산염 사면체는 규산염 광물의 기본 구조이다.
ㄷ. 규산염 사면체는 이웃한 규산염 사면체와 산소 원자를 공유하는 방식으로 다양한 결합 구조를 형성할 수 있어 다양한 규산염 광물을 만든다.

그림은 서로 다른 단백질 A와 B의 형성 과정 일부를 나타낸 것이다.
㉠은 단백질의 단위체이다.

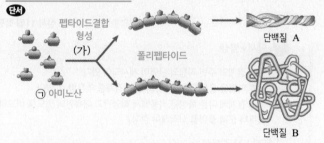

이에 대한 설명으로 옳은 것만을 [보기]에서 있는 대로 고른 것은?

─────────────[보기]─────────────

ㄱ. ㉠은 아미노산이다.
   ㉠은 아미노산이다.
ㄴ. (가) 과정에서 펩타이드결합이 형성된다.
   (가) 과정에서 아미노산 사이에 펩타이드결합이 형성된다.
ㄷ. ㉠의 종류와 수에 따른 다양한 조합의 배열로 단백질의
   종류가 달라진다.
   ㉠(아미노산)의 종류와 수, 배열 순서에 따라 단백질의 종류가 달라진다.

① ㄱ   ② ㄴ   ③ ㄱ, ㄷ   ④ ㄴ, ㄷ   ⑤ ㄱ, ㄴ, ㄷ

🧠 **단서+발상**

(단서) 서로 다른 단백질 A와 B의 형성 과정 일부가 제시되어 있다.

(적용) 단백질의 단위체인 ㉠이 (가)에 의해 폴리펩타이드가 되는 것을 파악하는 것부터 문제 풀이를 시작해야 한다.

| **문제+자료 분석** |
· ㉠: 단백질의 단위체인 아미노산이다. 아미노산은 탄소를 중심으로 아미노기, 카복실기, 수소 원자, 곁사슬(R)이 결합되어 있다. 곁사슬의 종류에 따라 아미노산의 종류가 달라진다.
· (가): 많은 수의 아미노산이 펩타이드결합으로 연결되어 긴 사슬 모양의 폴리펩타이드를 형성한다.
· 폴리펩타이드는 아미노산의 배열 순서에 따라 구부러지고 접혀서 독특한 입체 구조를 갖는 단백질이 되며, 단백질의 기능은 이 입체 구조에 의해 결정된다.

| **보기 분석** |
ㄱ. ㉠은 단백질의 단위체인 아미노산이다.
ㄴ. (가) 과정에서 2개의 아미노산이 결합할 때 두 아미노산 사이에서 물 분자 1개가 빠져나오며 펩타이드결합이 형성된다. 많은 수의 아미노산이 펩타이드결합으로 연결되어 긴 사슬 모양의 폴리펩타이드를 형성한다.
ㄷ. ㉠(아미노산)의 종류와 수, 결합 순서에 따라 단백질의 입체 구조가 달라지며, 단백질의 입체 구조에 따라 단백질의 기능이 결정되어 다양한 종류의 단백질이 형성된다.

❋ **단백질의 형성**

아미노산		폴리펩타이드		단백질
단백질의 단위체, 20종류	→	많은 수의 아미노산이 펩타이드결합으로 연결된 긴 사슬 모양	→	폴리펩타이드가 구부러지고 접혀 독특한 입체 구조를 가진 것

2020. 9

15회

09 정답 ⑤ * 중력 ··· [정답률 78%] 2020 실시 9월 학평 9

<단서> 지구와 물체 사이에 상호작용 하는 힘

다음은 지구 중력이 생명체와 자연 현상에 미치는 영향에 대한 세 학생의 대화이다.

식물의 뿌리는 중력을 받아 땅 속을 향해 자라.

뿌리에 작용하는 중력은 지구 중심 방향으로 작용한다.

달은 중력을 받아 지구 주위를 공전해.

무거운 기체

질소, 산소 등의 기체는 중력에 의해 지표 부근의 대기를 구성해.

학생 A   학생 B   학생 C

제시한 내용이 옳은 학생만을 있는 대로 고른 것은?

① A   ② B   ③ A, C   ④ B, C   ⑤ A, B, C

* 지구 중력과 자연 현상

· 중력과 지구시스템

대기 구성	수소나 헬륨에 비해 무거운 산소나 질소와 같은 기체는 지구 중력의 영향을 받아 대기를 구성한다.
기상 현상	구름 속에서 성장한 물방울에 중력이 작용하여 비나 눈이 내린다.
대류 현상	따뜻한 공기와 차가운 공기의 밀도 차이에 따라 대류 현상이 일어난다.
밀물과 썰물	달과 지구 사이에 작용하는 중력은 밀물과 썰물 현상을 일으킨다.

<단서+발상>

<단서> 지구 중력이 생명체와 자연 현상에 미치는 영향에 대한 대화가 제시되어 있다.

<적용> 중력의 방향과 자연 현상에 미치는 영향에 대해 파악하는 것부터 문제 풀이를 시작해야 한다.

| 문제+자료 분석 |
· 중력은 물체의 운동에 영향을 주고, 지구시스템에서 일어나는 여러 가지 자연 현상에도 매우 중요하게 작용하고 있다.
· 질량을 가지고 있는 물체에는 중력이 작용한다.

| 선택지 분석 |
⑤ **학생 A**: 중력은 지구 중심 방향으로 작용하며, 식물의 뿌리는 중력의 영향으로 인해 땅속을 향해 자란다. ➡ 옳음
학생 B: 지구 중력에 의해 달은 지구 주위를 공전한다. ➡ 옳음
학생 C: 산소나 질소 같은 무거운 기체는 속력이 느려 지구에 남아 지구 중력의 영향을 받아 지구 대기를 구성하고 있다. ➡ 옳음

· 중력과 생명 시스템

식물의 뿌리와 세포벽	식물의 뿌리는 중력을 받아 땅속을 향해 자라고, 세포벽은 세포의 무게를 지탱해 식물이 높이 자랄 수 있다.
동물의 골격 근육	코끼리나 하마 같은 무거운 육상 동물은 중력에 적응하기 위해 골격과 근육이 발달해 있다.
몸의 균형	귓속의 전정기관에 있는 이석이라는 작은 칼슘 덩어리가 중력 방향으로 움직이며 몸의 평형을 유지한다.

---

10 정답 ④ * 발산형 경계와 수렴형 경계 ····························· [정답률 71%] 2018 실시 11월 학평 9

그림 (가)와 (나)는 판의 경계와 주변 지형의 단면을 나타낸 것이다.

밀도가 큰 해양판이 밀도가 작은 대륙판 아래로 섭입함

해령

<단서>

열곡

해양판   해양판

(가) 발산형 경계

습곡 산맥   해구

대륙판   해양판

(나) 수렴형 경계

이에 대한 설명으로 옳은 것만을 [보기]에서 있는 대로 고른 것은?

─────[보기]─────

ㄱ. (가)에서 판의 경계는 발산 경계이다.
해령과 열곡이 형성되어 있는 발산 경계이다.

ㄴ. (나)에서 판의 밀도는 해양판이 대륙판보다 크다.
밀도가 큰 해양판이 밀도가 작은 대륙판 아래로 섭입한다.

ㄷ. 해양판은 (가)에서는 ~~소멸~~되고, (나)에서는 ~~생성~~된다.
(가)에서 해양판이 생성되고, (나)에서 소멸된다.

① ㄱ   ② ㄴ   ③ ㄷ   ④ ㄱ, ㄴ   ⑤ ㄴ, ㄷ

<단서+발상>

<단서> 판의 경계와 주변 지형의 단면이 제시되어 있다.

<발상> 주변 지형을 통해 (가)와 (나)의 판의 경계를 추론할 수 있다.

<적용> 판의 경계에 따른 특성을 적용해서 해양판과 대륙판의 밀도를 비교하는 것부터 문제 풀이를 시작해야 한다.

| 문제+자료 분석 |
· (가): 두 판이 서로 멀어지는 발산형 경계로, 맨틀 물질이 상승하여 새로운 판이 생성된다.
· (나): 두 판이 서로 가까워지는 수렴형 경계로, 밀도가 큰 해양판이 밀도가 작은 대륙판 아래로 섭입하면서 소멸한다.

| 보기 분석 |
ㄱ. (가)에서 두 판이 서로 멀어지고, 해령과 열곡이 형성되어 있으므로 판의 경계는 발산 경계이다.
ㄴ. (나)는 해양판이 대륙판 아래로 섭입이 일어나고 있으므로 판의 밀도는 해양판이 대륙판보다 크다.
ㄷ. (가)에서는 해양판이 생성되고, (나)에서는 해양판이 소멸한다.

* 판 경계에서 발달하는 지형
· **해령**: 각 대양의 해저에 위치한 거대한 해저 산맥
· **열곡**: 폭이 좁고 긴 V자 모양의 골짜기
· **해구**: 깊은 해저 골짜기
· **습곡 산맥**: 양쪽에서 미는 힘에 의해 지층이 융기하여 형성된 산맥

11 정답 ⑤ ✶ 발산형 경계와 수렴형 경계 ··

그림은 2021년 12월 한 달 동안 인도네시아 주변에서 발생한 규모 4.5 이상인 지진의 발생 지점을 나타낸 것이고, 글은 A 지점에서 발생한 지진에 대한 설명이다.

에너지원: 지구 내부 에너지

보르네오 섬

— 판 경계
○ 지진 발생 지점 **단서**

12월 14일에 A에서 규모 7.3의 ㉠ 지진이 발생하였다. 이 지진으로 ㉡ 지진 해일이 발생하였다. 지권 → 수권

이에 대한 옳은 설명만을 [보기]에서 있는 대로 고른 것은?

─────── [보기] ───────
㉠ ㉠은 지구 내부 에너지에 의해 발생하였다.
　지진은 지층에 축적된 지구 내부 에너지의 급격한 방출로 발생한다.
㉡ 지진은 판의 중앙부보다 경계 부근에서 주로 발생하였다.
　지진은 판 경계에서 주로 발생한다.
㉢ ㉡은 해안 저지대에 침수 피해를 일으킨다.
　지진 해일은 해안에 접근하면서 파고가 높아져 해안 저지대에 침수 피해를 일으킨다.

① ㄱ　② ㄷ　③ ㄱ, ㄴ　④ ㄴ, ㄷ　⑤ ㄱ, ㄴ, ㄷ

 단서+발상

(단서) A 지점에서 발생한 지진에 대한 설명이 제시되어 있다.
(발상) 판 경계와 지진 발생 지점 사이의 관계를 추론할 수 있다.
(적용) 지진을 발생시키는 에너지원을 구하는 것부터 문제 풀이를 시작해야 한다.

| 문제＋자료 분석 |
· 지진은 지층에 축적된 에너지가 방출되면서 진동이 일어나는 현상으로, 단층 형성, 화산 활동 등으로 발생한다.

| 보기 분석 |
㉠ 지진은 한 지점에 축적되어 있던 지구 내부 에너지가 급격히 방출될 때 발생한다.
㉡ 지진은 판의 상대적인 운동으로 판 경계에서 주로 발생한다.
㉢ 지진 해일은 해안에 접근함에 따라 파고가 높아져 해안 저지대에 침수 피해를 일으킨다.

✶ **지진의 영향**

피해	·땅의 진동으로 산사태가 일어나거나 지표면이 갈라진다. ·건물이 무너지고, 가스 누출이나 전기 누전 등으로 화재가 발생한다. ·해저에서 지진이 발생하면 지진 해일(쓰나미)이 발생한다.
이용	·지진파를 분석하여 지구 내부의 구조를 연구한다. ·지진파를 이용하여 석유, 천연가스 등 유용한 지하 자원이 매장된 지역을 찾는다. ·지질 구조를 파악하여 댐이나 도로 등을 건설하기에 적합한 지역을 선정한다.

---

12 정답 ③ ✶ 세포의 구조와 기능 ·· [정답률 68%]

그림은 어떤 동물 세포의 구조를 나타낸 것이다. A~C는 각각 핵, 라이보솜, 마이토콘드리아 중 하나이다. **단서**

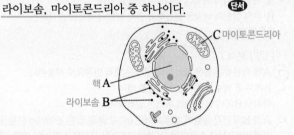

C 마이토콘드리아

핵 A
라이보솜 B

이에 대한 설명으로 옳은 것만을 [보기]에서 있는 대로 고른 것은?

─────── [보기] ───────
㉠ A는 핵이다.
　A는 핵막으로 둘러싸여 있는 핵이다.
㉡ B에서 단백질이 합성된다.
　B(라이보솜)에서 RNA의 유전정보에 따라 아미노산을 결합하여 단백질을 합성한다.
㉢ C에서 ~~광합성~~이 일어난다.
　C(마이토콘드리아)에서 세포호흡이 일어난다.

① ㄱ　② ㄷ　③ ㄱ, ㄴ　④ ㄴ, ㄷ　⑤ ㄱ, ㄴ, ㄷ

 단서+발상

(단서) 동물 세포의 세포소기관 A~C가 그림으로 제시되어 있다.
(적용) A~C의 구조를 통해 핵, 라이보솜, 마이토콘드리아를 구분하는 것부터 문제 풀이를 시작해야 한다.

| 문제＋자료 분석 |
· A: 핵이며, 유전정보를 저장하고 있는 DNA가 있어 세포의 생명활동을 조절한다.
· B: 라이보솜이며, RNA의 유전정보에 따라 아미노산을 결합하여 단백질을 합성한다.
· C: 마이토콘드리아이며, 세포호흡이 일어나는 장소이다. 산소를 이용해 유기물을 분해하여 세포가 생명활동을 하는 데 필요한 에너지를 생산한다.

| 보기 분석 |
㉠ A는 핵이다. 핵은 세포에서 가장 큰 세포소기관으로 핵막으로 둘러싸여 있으며, DNA가 있어 세포의 생명활동을 조절한다.
㉡ B(라이보솜)은 RNA의 유전정보에 따라 아미노산을 결합하여 단백질을 합성한다.
㉢ C(마이토콘드리아)에서는 유기물을 분해하여 생명활동에 필요한 에너지를 생산하는 세포호흡이 일어난다. 광합성이 일어나는 세포소기관은 엽록체이며, 엽록체는 식물 세포에서 관찰된다.

✶ **마이토콘드리아와 엽록체**

구분	엽록체	마이토콘드리아
기능	광합성	세포호흡
차이점	**엽록체**는 동물 세포와 식물 세포 중 **식물 세포**에서 관찰되며, **마이토콘드리아**는 동물 세포와 식물 세포에서 **모두** 관찰된다.	

13 정답 ② ★ 물의 순환

그림 (가)는 물의 순환 과정을, (나)는 지구시스템 구성 요소들의 상호작용을 나타낸 것이다.

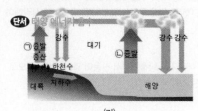
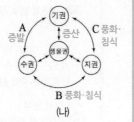

(가)　　(나)

이에 대한 설명으로 옳은 것만을 [보기]에서 있는 대로 고른 것은?

[보기]
ㄱ. ㉠은 ~~B~~ 에 해당한다. A
ㄴ. ㉡의 주된 에너지는 ~~지구~~ 로부터 얻는다.
　　　　　　　　　　　태양
㉢ 물의 순환 과정을 통해 물질과 에너지가 이동한다.
　물은 지구시스템을 순환하며 에너지가 함께 이동한다.

① ㄱ　　② ㄷ　　③ ㄱ, ㄴ　　④ ㄴ, ㄷ　　⑤ ㄱ, ㄴ, ㄷ

🧠 단서+발상
단서 물의 순환 과정과 지구시스템 구성 요소들의 상호작용이 제시되어 있다.
발상 물의 순환 과정에서 일어나는 상호작용을 추론할 수 있다.
적용 물의 순환을 일으키는 에너지원을 구하는 것부터 문제 풀이를 시작해야 한다.

| 문제+자료 분석 |
• 해수와 육수가 증발하고, 식물의 증산 작용에 의해 물이 수증기의 형태로 대기로 이동한다.
• 수증기가 응결하여 구름을 형성하고, 비나 눈이 되어 지표로 이동한다. 지권에 내린 물은 지형을 변화시키고, 일부는 생물체에 흡수된다.

| 보기 분석 |
ㄱ. 증발은 수권과 기권의 상호작용에 의해 일어나므로 ㉠(증발)은 A에 해당한다.
ㄴ. 수권의 물은 주로 태양 에너지에 의해 기권, 지권, 생물권과 상호작용하며 순환한다.
㉢ 물은 고체, 액체, 기체로 상태 변화하면서 지구시스템을 순환하며, 물의 순환 과정에서 에너지가 함께 이동한다.

---

14 정답 ① ★ 자유 낙하 운동, 수평 방향으로 던진 물체의 운동

다음은 자유 낙하하는 쇠구슬 A와 수평 방향으로 발사한 쇠구슬 B의 운동에 관한 실험이다. A와 B의 연직 방향의 처음 속력은 모두 0이다.

〈실험 과정〉
(가) 쇠구슬 발사 장치를 고정한다.
(나) 쇠구슬 A는 자유 낙하하도록, A와 동일한 쇠구슬 B는 A와 같은 높이에서 수평 방향으로 발사되도록 장착한다.
　단서 A와 B의 연직 방향의 높이는 같다.
(다) 쇠구슬 발사 장치를 동시에 작동하여 두 쇠구슬이 운동하는 모습을 일정한 시간 간격으로 촬영한다.

〈실험 결과〉
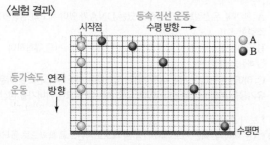

이에 대한 설명으로 옳은 것만을 [보기]에서 있는 대로 고른 것은? (단, 공기 저항은 무시한다.) [3점]

[보기]
㉠ A에 작용하는 힘의 방향은 연직 방향이다.
　A에는 연직 방향으로 중력이 작용한다.
ㄴ. B의 수평 방향의 속력은 ~~증가~~ 한다. 일정하다
　B의 수평 방향 속력은 일정하다.
ㄷ. 수평면에 도달하는 데 걸린 시간은 A가 B보다 ~~크다~~. 같다
　A와 B의 연직 방향의 처음 속력과 운동을 시작한 높이는 같다.

① ㄱ　　② ㄷ　　③ ㄱ, ㄴ　　④ ㄴ, ㄷ　　⑤ ㄱ, ㄴ, ㄷ

🧠 단서+발상
단서 자유 낙하하는 A와 수평 방향으로 발사한 쇠구슬 B가 운동하는 모습이 제시되어 있다.
발상 A와 B는 중력을 받으며 운동하는 것을 추론할 수 있다.
적용 B의 운동을 수평 방향과 연직 방향으로 구분하여 분석하는 것부터 문제 풀이를 시작해야 한다.

| 문제+자료 분석 |
• A: 연직 방향의 속력이 증가하는 운동을 한다.
• B: 수평 방향의 속력은 일정하고 연직 방향의 속력은 증가하는 운동을 한다.

| 보기 분석 |
㉠ A에 작용하는 힘은 중력이며, 중력은 연직 방향으로 작용한다.
ㄴ. B에 수평 방향으로 작용하는 힘은 없다. 따라서 B의 수평 방향의 속력은 일정하다.
ㄷ. A와 B의 연직 방향의 처음 속력은 0으로 같고, 같은 높이에서 운동을 시작하였으므로 수평면에 도달하는 데 걸린 시간은 A와 B가 같다. 꿀

★ 수평 방향으로 던진 물체의 운동
• 공기 저항을 무시할 때, 지표면 근처에서 수평 방향으로 던진 물체의 경우 수평 방향으로는 힘이 작용하지 않으므로 등속 직선 운동을 하고, 연직 방향으로는 지구 중력만 작용하므로 등가속도 운동을 한다.

🐝 문제 풀이 꿀

• 연직[(鉛(납 연)直(곧을 직)]: 연직은 실에 추를 달아 늘어뜨릴 때 실이 나타내는 방향으로 즉, 중력의 방향을 의미한다.

15 정답 ① ＊ 운동량, 충격량

그림 (가)는 야구 선수가 운동량이 같은 야구공을 받는 모습을 나타낸 것이다. A는 야구 장갑을 움직이지 않고, B는 야구 장갑을 뒤로 빼면서 받는 모습이다. (나)는 야구공이 야구 장갑에 닿는 순간부터 멈출 때까지 야구 장갑이 받는 힘의 크기를 시간에 따라 나타낸 것으로 P, Q는 각각 A 또는 B의 그래프이다. 그래프에서 시간 축과 이루는 넓이는 P와 Q가 서로 같다.

〈단서〉 ＝충격량

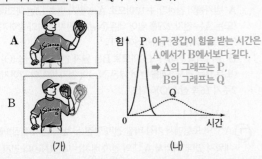

힘 P
야구 장갑이 힘을 받는 시간은 A에서 B에서보다 길다.
➡ A의 그래프는 P, B의 그래프는 Q

A
B

(가)   (나)

이에 대한 설명으로 옳은 것만을 [보기]에서 있는 대로 고른 것은? (단, 중력은 무시한다.) [3점]

[보기]
ㄱ. A의 그래프는 P이다.
　힘을 받는 시간은 P가 Q보다 작다.
ㄴ. 야구 장갑이 야구공으로부터 받는 충격량의 크기는 A에서가 B에서보다 ~~크다~~ 같다
　힘과 시간 축이 이루는 넓이는 A에서와 B에서가 같다.
ㄷ. 야구 장갑이 야구공으로부터 받는 평균 힘의 크기는 A에서가 B에서보다 ~~작다~~ 크다
　평균 힘의 크기 ＝ $\dfrac{충격량의\ 크기}{충돌\ 시간}$ 이다.

① ㄱ ② ㄴ ③ ㄱ, ㄷ ④ ㄴ, ㄷ ⑤ ㄱ, ㄴ, ㄷ

🧠 단서＋발상
〈단서〉 운동 선수가 야구 공을 다른 방법으로 받는 모습 A, B가 제시되어 있다.
〈발상〉 힘과 시간 축이 이루는 면적은 충격량이라는 것을 추론할 수 있다.
〈적용〉 충격량의 개념을 적용하여 평균 힘의 크기가 큰 경우를 찾는 것부터 문제 풀이를 시작해야 한다.

| 문제＋자료 분석 |
・충격량은 운동량의 변화량과 같고, 충격량은 충격력의 크기와 충돌 시간의 곱이다. 〈꿀팁〉
・야구 장갑이 야구공으로부터 힘을 받는 시간은 A에서 B에서보다 작다.
・(나)에서 힘과 시간 축이 이루는 면적은 같으므로 야구 장갑이 야구공으로부터 받는 충격량은 A에서와 B에서가 같다.
・야구 장갑이 야구공으로부터 힘을 받는 시간은 P가 Q보다 작다.

| 보기 분석 |
ㄱ. 야구 장갑이 야구공으로부터 힘을 받는 시간은 A가 B보다 작으므로 A의 그래프는 P이다.
ㄴ. 힘과 시간 축이 이루는 면적은 P와 Q가 같으므로 야구 장갑이 야구공으로부터 받는 충격량의 크기는 A에서와 B에서가 같다.
ㄷ. 야구 장갑이 받은 충격량의 크기는 A에서와 B에서가 같고, 야구공으로부터 야구 장갑이 힘을 받는 시간은 A가 B보다 작다. 따라서 야구 장갑이 야구공으로부터 받는 평균 힘의 크기는 A에서가 B에서보다 크다.

＊ 충격량
・충격량은 물체가 받은 충격의 정도를 나타내는 양이며, 충격량은 크기와 방향을 갖는 물리량이다. 물체가 받은 충격량의 방향은 물체가 받은 힘의 방향과 같다.
・충격량은 충격력과 충돌 시간의 곱이다. 이때, 물체가 받는 충격량이 같을 때 힘을 받는 시간이 길어지면 물체가 받는 평균 힘의 크기가 작아진다.

16 정답 ③ ＊ 원자의 전자 배치

그림은 주기율표의 일부를 나타낸 것이다.

	1족	⋯	17족	18족
2주기	A		C	D
3주기	B			

〈단서〉 2주기 원소
➡ 전자가 들어 있는 전자 껍질 수＝2

A~D에 대한 설명으로 옳은 것만을 [보기]에서 있는 대로 고른 것은? (단, A~D는 임의의 원소 기호이다.)

[보기]
ㄱ. A와 B는 화학적 성질이 비슷하다.
　같은 족 원소 ➡ 화학적 성질 비슷하다.
ㄴ. A와 C는 전자 껍질의 수가 같다.
　같은 주기 원소 ➡ 전자 껍질의 수가 같다.
ㄷ. C가 전자를 1개 ~~잃으면~~ 얻으면 D와 같은 전자 배치를 가진다.

① ㄱ ② ㄷ ③ ㄱ, ㄴ ④ ㄴ, ㄷ ⑤ ㄱ, ㄴ, ㄷ

🧠 단서＋발상
〈단서〉 A~D의 주기율표 상의 위치가 제시되어 있다.
〈발상〉 A~D의 주기와 족을 추론할 수 있다.

| 문제＋자료 분석 |
・A, C, D: 같은 주기(2주기) 원소로, 바닥상태에서 전자가 들어 있는 전자 껍질 수가 2로 동일하다.
・A, B: 같은 족(1족) 원소로, 원자가 전자 수가 1로 같으므로 화학적 성질이 비슷하다.

| 보기 분석 |
ㄱ. A와 B는 같은 족(1족) 원소로, 원자가 전자 수가 1로 같다. 따라서 A와 B는 화학적 성질이 비슷하다.
ㄴ. A와 C는 같은 주기(2주기) 원소이다. 따라서 A와 C는 전자 껍질의 수가 같다.
ㄷ. C는 2주기 17족 원소로 원자가 전자 수가 7이다. 따라서 C가 전자를 1개 얻으면 2주기 18족 원소인 D와 같은 전자 배치를 가진다.

＊ 주기율표와 원자의 전자 배치
・같은 주기의 원소: 바닥상태에서 전자가 들어 있는 전자 껍질 수가 같다.
　예 2주기 원소: 전자가 들어 있는 전자 껍질 수＝2
・같은 족의 원소: 원자가 전자 수가 같으므로 화학적 성질이 비슷하다.
　예 17족 원소: 원자가 전자 수＝7

그림은 화합물 AB의 결합 모형이다.

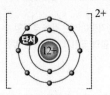 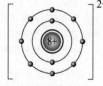

A²⁺ Mg²⁺   B²⁻ O²⁻

이에 대한 설명으로 옳은 것만을 [보기]에서 있는 대로 고른 것은?
(단, A와 B는 임의의 원소 기호이다.) [3점]

[보기]

ㄱ. A²⁺의 전자 배치는 네온(Ne)의 전자 배치와 같다.
　　가장 바깥 전자 껍질(두 번째 전자 껍질)에 전자 8개 채워져 있다.
　　➡ 네온(Ne)의 전자 배치

ㄴ. A와 B는 ~~같은~~ 족 원소이다.
　　A는 Mg(2족 원소), B는 O(16족 원소) ➡ A와 B는 다른 족 원소

ㄷ. 화합물 AB가 만들어질 때 B가 얻은 전자는 2개이다.
　　원자 B가 전자 2개를 얻어 B²⁻이 된다.

① ㄱ　　② ㄴ　　③ ㄱ, ㄷ　　④ ㄴ, ㄷ　　⑤ ㄱ, ㄴ, ㄷ

단서+발상

(단서) 화합물 AB의 결합 모형이 제시되어 있다.

(발상) 화합물 AB는 A²⁺과 B²⁻의 이온 결합으로 이루어진 물질임을 추론할 수 있다.

(적용) 원자핵의 전하(또는 이온의 전자 배치)를 통해 A와 B가 어떤 원소인지 구하는 것부터 문제 풀이를 시작해야 한다.

| 문제+자료 분석 |

・ **A**: 원자핵의 전하가 +12이므로 A는 원자 번호 12번 마그네슘(Mg)이다.
　(또는 A는 전자 2개를 잃어 네온(Ne)의 전자 배치와 같아지므로 A는 3주기 2족 마그네슘(Mg)이다.)

・ **B**: 원자핵의 전하가 +8이므로 B는 원자 번호 8번 산소(O)이다.
　(또는 B는 전자 2개를 얻어 네온(Ne)의 전자 배치와 같아지므로 B는 2주기 16족 산소(O)이다.)

| 보기 분석 |

ㄱ. A²⁺의 모형에서 가장 바깥 전자 껍질(두 번째 전자 껍질)에 전자 8개가 채워져 있다. 따라서 A²⁺의 전자 배치는 네온(Ne)의 전자 배치와 같다.

ㄴ. A는 3주기 2족 마그네슘(Mg)이고, B는 2주기 16족 산소(O)이다. A와 B는 같은 족 원소가 아니다.

ㄷ. 화합물 AB가 만들어질 때, 원자 B는 전자 2개를 얻어 B²⁻이 된다. 따라서 화합물 AB가 만들어질 때 B가 얻은 전자는 2개이다.

＊ **이온의 생성**

・ **양이온이 되기 쉬운 원소**: 원자가 전자가 1~2개인 원소
　➡ 1족 알칼리 금속, 2족 금속 원소

・ **음이온이 되기 쉬운 원소**: 원자가 전자가 6~7개인 원소
　➡ 16족 비금속 원소, 17족 할로젠

그림은 세포에서 일어나는 유전정보의 흐름을 나타낸 것이다.

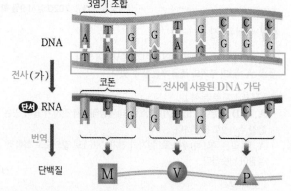

이에 대한 설명으로 옳은 것만을 [보기]에서 있는 대로 고른 것은?
(단, 돌연변이는 고려하지 않는다.) [3점]

[보기]

ㄱ. (가) 과정은 ~~번역~~이다.
　　　　　　전사

ㄴ. DNA는 유전정보를 저장한다.
　　DNA는 아미노산의 종류, 배열 순서에 대한 유전정보를 저장한다.

ㄷ. 코돈 'GUG'는 'Ⓥ'를 지정한다.
　　코돈 'GUG'는 하나의 아미노산을 지정한다.

① ㄱ　　② ㄷ　　③ ㄱ, ㄴ　　④ ㄴ, ㄷ　　⑤ ㄱ, ㄴ, ㄷ

단서+발상

(단서) 세포에서 일어나는 전사와 번역 과정이 제시되어 있다.

(발상) RNA의 염기서열을 통해 전사에 사용된 DNA 가닥을 추론할 수 있다.

(적용) DNA에서 3염기조합이 전사를 거쳐 RNA에서는 1개의 코돈(3개의 염기)이 되고, RNA에서 1개의 코돈이 단백질에서 1개의 아미노산으로 번역됨을 파악하는 것부터 문제 풀이를 시작해야 한다.

| 문제+자료 분석 |

・ **(가)**: DNA의 유전정보가 RNA로 전달되는 전사 과정이다. DNA의 염기에 상보적인 염기서열을 가진 RNA가 합성된다. DNA의 3염기조합이 RNA에서는 하나의 코돈이 된다.

・ **번역**: RNA의 유전정보에 따라 단백질이 합성되는 과정이다. RNA의 코돈 1개(3개의 염기)가 1개의 아미노산을 지정한다.

| 보기 분석 |

ㄱ. (가)는 DNA의 유전정보가 RNA로 전달되는 전사 과정이다.

ㄴ. DNA의 유전자에는 아미노산의 종류, 배열 순서에 대한 정보가 저장되어 있다.

ㄷ. RNA에서 코돈 'GUG'는 단백질에서 아미노산 'Ⓥ'를 지정한다. RNA에서 하나의 코돈(3개의 염기)은 단백질에서 하나의 아미노산이 된다. (꿀팁)

＊ **전사와 번역**

・ **전사**: DNA의 3염기조합 ➡ RNA의 하나의 코돈(3개의 염기)

・ **번역**: RNA의 하나의 코돈(3개의 염기) ➡ 단백질의 하나의 아미노산

다음은 과산화 수소를 이용한 효소 반응 실험이다.

〈실험 과정〉

(가) 삼각 플라스크 A, B에 5% 과산화 수소수를 넣는다.

(나) (가)의 삼각 플라스크에 각각 증류수와 감자즙을 넣은 직후, 삼각 플라스크 입구에 고무풍선을 끼운다. 단서

삼각 플라스크	5% 과산화 수소수	증류수	감자즙
A	100	10	0
B	100	0	10

(단위: mL)

(다) 일정 시간이 지난 후, 고무풍선의 부피 변화를 관찰한다.

〈실험 결과〉

○ A의 고무풍선은 변화가 거의 없었으며, B의 고무풍선은 부풀어 올랐다.

➡ 감자즙(카탈레이스)를 넣은 B에서 과산화 수소의 분해가 더 활발하게 일어났다.

A   B

이에 대한 설명으로 옳은 것만을 [보기]에서 있는 대로 고른 것은? (단, 제시된 조건 이외의 모든 조건은 동일하다.) [3점]

[보기]

ㄱ. 감자즙에는 과산화 수소를 분해를 촉진하는 생체촉매가 있다.
　감자즙에는 과산화 수소를 분해하는 카탈레이스(생체촉매)가 있다.

ㄴ. 과산화 수소의 분해는 B에서가 A에서보다 빠르게 일어난다.
　과산화 수소의 분해는 B에서가 A에서보다 빠르게 일어난다.

ㄷ. 고무풍선이 부풀어 오른 것은 과산화 수소 분해 결과 산소가 생성되었기 때문이다. B에서 산소가 더 활발하게 생성되었기 때문이다.

① ㄱ　　② ㄴ　　③ ㄱ, ㄷ　　④ ㄴ, ㄷ　　⑤ ㄱ, ㄴ, ㄷ

 단서+발상

단서 감자즙의 유무에 따른 과산화 수소 분해 실험이 제시되어 있다.

발상 실험 결과를 통해 B에서 과산화 수소가 분해되어 산소가 A보다 많이 발생했음을 추론할 수 있다.

적용 A와 B에서 어떠한 차이에 의해 기체 발생 정도가 달라지는지 분석하는 것에서부터 문제 풀이를 시작해야 한다.

| 문제＋자료 분석 |

· A에는 감자즙을 넣지 않았고, B에만 감자즙을 넣었다.

· 과산화 수소 분해 반응식은 다음과 같다.

$$2H_2O_2 \rightarrow 2H_2O + O_2$$

· 과산화 수소는 자연적으로 물과 산소로 분해되지만 반응 속도가 매우 느리다.

· 감자즙(카탈레이스)를 넣은 B에서는 생체촉매인 카탈레이스가 반응의 활성화에너지를 낮추어 A보다 과산화 수소의 분해 반응이 빠르게 일어난다.

· A보다 B에서 반응이 더 빨리 일어나 산소가 더 많이 발생한 결과, B의 풍선이 A보다 크게 부풀어 올랐다.

| 보기 분석 |

ㄱ B의 풍선이 A보다 크게 부풀어 오른 것을 통해 감자즙에는 과산화 수소를 분해하는 생체촉매가 들어 있다는 것을 알 수 있다.

ㄴ 감자즙(카탈레이스)을 넣은 B에서는 생체촉매인 카탈레이스가 반응의 활성화에너지가 낮추어 A보다 반응이 빠르게 일어난다.

ㄷ 실험 결과 B에서 고무풍선이 부풀어 오른 것은 과산화 수소 분해 결과, 산소가 많이 발생했기 때문이다. 꿀팁

 문제 풀이 꿀팁

꺼져 가는 불씨를 시험관에 넣었을 때 불씨가 다시 타오른다면, 생성된 기체가 산소(O_2)임을 확인할 수 있다.

다음은 자연 현상을 이해하기 위해 여러 요인을 측정한 보고서의 일부를 나타낸 것이다.

○ 탐구 주제: 미세 먼지 농도에 영향을 주는 요인은 무엇일까?
○ 측정 날짜: 20○○년 ○○월 ○○일
○ 측정 장소: 과학실

측정 시각	미세 먼지 농도 ($\mu g/m^3$)	기온 (℃)	습도 (%)	풍속 (m/s)
			유도량	
	기본량			
9시	질량 단위 16 길이 단위	19	57	2.3
10시	15	19	52	3.6
11시	12	20	50	6.6
…	…	…	…	…

이에 대한 설명으로 옳은 것만을 [보기]에서 있는 대로 고른 것은? [3점]

[보기]

ㄱ. 보고서에 있는 기본량의 개수는 2개다. 1개

ㄴ. 풍속의 단위는 유도량의 단위이다.
　풍속의 단위는 m/s로 유도량의 단위이다.

ㄷ. 미세 먼지 농도는 기본량만으로 유도할 수 없다.
　미세 먼지 농도는 질량과 길이라는 기본량만으로 유도할 수 있다.

① ㄱ　　② ㄴ　　③ ㄷ　　④ ㄱ, ㄷ　　⑤ ㄴ, ㄷ

 단서+발상

단서 여러 요인을 측정한 보고서의 일부가 제시되어 있다.

발상 기본량과 유도량을 추론할 수 있다.

적용 풍속의 단위가 유도량의 단위인지 구하는 것부터 문제 풀이를 시작해야 한다.

| 문제＋자료 분석 |

· 농도, 습도, 풍속은 유도량, 기온은 기본량이다.

| 보기 분석 |

ㄱ. 농도, 습도, 풍속은 유도량, 기온은 기본량이므로 보고서에 있는 기본량의 개수는 1개이다.

ㄴ 풍속의 단위는 m/s로 길이의 단위를 시간의 단위로 나누어 나타낸다. 따라서 풍속의 단위는 유도량의 단위이다.

ㄷ. 미세 먼지 농도의 단위는 $\mu g/m^3$으로 질량의 단위와 길이의 단위를 조합해 유도할 수 있다. 질량과 길이는 기본량이므로 미세 먼지 농도는 기본량만으로 유도할 수 있다.

＊ 기본량과 유도량

· **기본량**: 다른 물리량을 활용하여 표현할 수 없는 가장 기본이 되는 물리량
　예 길이, 질량, 시간, 전류, 온도, 물질량, 광도

· **유도량**: 두 가지 이상의 기본량을 조합해 유도하는 물리량으로, 기본량 이외의 모든 물리량이 이에 해당한다.
　예 넓이, 부피, 속력, 농도 등

01 정답 ⑤ ＊ 원소와 주기율표 ··· [정답률 88%] **2023 실시 11월 학평 1**

그림은 <u>할로젠 원소</u> (가)에 대한 설명이 적힌 카드를 나타낸 것이다.

17족

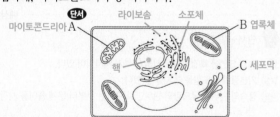

(가)
단서 • 원자 번호: 9 ➡ 플루오린(F)
• 이용: 충치 예방용 치약

(가)는?
① 리튬 ② 산소 ③ 염소 ④ 나트륨 ⑤ 플루오린

🧠 단서+발상

단서 (가)의 원자 번호가 제시되어 있다.

발상 원자 번호를 통해 할로젠 원소 (가)를 추론할 수 있다.

| 문제+자료 분석 |
• 원자 번호 9인 원소는 플루오린(F)이다.

| 선택지 분석 |
① 리튬(Li)은 휴대 전화의 배터리에 사용되는 알칼리 금속으로 할로젠 원소가 아니다.
② 산소(O)는 생명체의 호흡에 이용되는 16족 비금속 원소로 할로젠 원소가 아니다.
③ 염소(Cl)는 할로젠 원소이지만 표백제의 주성분이며 수영장 물이나 수돗물의 소독에 이용된다.
④ 나트륨(Na)은 소금의 주요 성분 또는 조명에 사용되는 알칼리 금속으로 할로젠 원소가 아니다.
⑤ 플루오린(F)은 할로젠 원소이며 충치 예방 성분으로 치약에 사용된다. 따라서 (가)는 플루오린(F)이다.

＊ 할로젠 원소
• 주기율표의 17족에 속하는 비금속 원소
  예 플루오린(F), 염소(Cl), 브로민(Br), 아이오딘(I) 등

02 정답 ⑤ ＊ 세포소기관 ··· [정답률 76%] **2023 실시 11월 학평 2**

그림은 식물 세포의 구조를 나타낸 것이다. A~C는 각각 세포막, 엽록체, 마이토콘드리아 중 하나이다.

단서
마이토콘드리아 A
라이보솜 소포체
B 엽록체
핵
C 세포막

이에 대한 설명으로 옳은 것만을 [보기]에서 있는 대로 고른 것은?

[보기]
ㄱ. A는 마이토콘드리아이다.
  A는 둥근 막대 모양, 2중막, 내막 안쪽으로 주름이 잡혀있는 마이토콘드리아이다.
ㄴ. B에서 광합성이 일어난다.
  B는 둥근 모양, 2중막, 내막 안에 원반 모양의 구조가 있는 엽록체이므로 광합성이 일어난다.
ㄷ. C는 선택적 투과성이 있다.
  C는 세포를 둘러싸고 있는 세포막으로 물질 출입을 조절하는 선택적 투과성이 있다.

① ㄱ ② ㄷ ③ ㄱ, ㄴ ④ ㄴ, ㄷ ⑤ ㄱ, ㄴ, ㄷ

🧠 단서+발상

단서 식물 세포에서 세포막, 엽록체, 마이토콘드리아의 그림이 제시되어 있다.

발상 모양을 통해 A는 마이토콘드리아, B는 엽록체, C는 세포막임을 추론할 수 있다.

적용 마이토콘드리아, 엽록체, 세포막의 특성을 적용하는 것부터 문제 풀이를 시작해야 한다.

| 문제+자료 분석 |
• **마이토콘드리아**: 둥근 막대 모양으로 2중막으로 둘러싸여 있고, 내막 안쪽으로 주름이 잡혀있다. ➡ A는 마이토콘드리아이다.
• **엽록체**: 둥근 모양의 초록색 세포소기관으로 2중막으로 둘러싸여 있고, 내막 안에 원반 모양의 구조가 발달되어 있다. 광합성이 일어나는 장소로, 이산화 탄소와 물을 원료로 포도당을 합성한다. ➡ B는 엽록체이다.
• **세포막**: 세포를 둘러싸는 막으로, 세포의 경계를 이루어 세포 내부를 외부와 독립된 공간으로 만든다. 세포 안팎으로 물질 출입을 조절하는 선택적 투과성이 있다. ➡ C는 세포막이다.

| 보기 분석 |
ㄱ. A는 둥근 막대 모양, 2중막, 내막 안쪽으로 주름이 잡혀있는 마이토콘드리아이다.
ㄴ. B는 둥근 모양, 2중막, 내막 안에 원반 모양의 구조가 있는 엽록체이다. 엽록체는 식물 세포에서 광합성이 일어나는 장소이다.
ㄷ. C는 세포를 둘러싸는 막으로, 세포의 경계를 이루어 내부를 외부와 독립된 공간으로 만드는 세포막이다. 세포막은 세포 안팎으로 물질 출입을 조절하는 선택적 투과성이 있다. 꿀팁

＊ 동물 세포와 식물 세포
• **동물, 식물 세포에 공통적으로 있는 세포소기관**: 핵, 마이토콘드리아, 세포막, 라이보솜, 소포체, 골지체
• **동물 세포에는 없고 식물 세포에만 있는 세포소기관**: 엽록체, 세포벽

다음은 헬륨 원자핵이 생성되는 2가지 과정에 대한 설명이다.

- 빅뱅 이후 ㉠ 초기 우주에서 ⓐ 양성자 와/과 중성자가
  <단서>
  현재 우주보다 온도가 훨씬 높음
  결합하여 헬륨 원자핵이 생성된다.
- ㉡ 중심부에서 수소 핵융합 반응이 일어나는 별에서
  주계열성 ➡ 주로 수소와 헬륨으로 구성
  ⓐ 양성자(수소 원자핵) 이/가 서로 결합하여 헬륨 원자핵이
  생성된다.

이에 대한 설명으로 옳은 것만을 [보기]에서 있는 대로 고른 것은? [3점]

[보기]
ㄱ. '양성자'는 ⓐ로 적절하다.
  헬륨 원자핵은 양성자 2개와 중성자 2개가 결합하여 생성된다.
ㄴ. ㉠의 온도는 현재 우주의 온도보다 높다.
  초기 우주는 현재 우주보다 온도가 높았다.
ㄷ. ㉡은 주로 철보다 ~~무거운~~ 가벼운 원소로 구성된다.
  주계열성 ➡ 수소와 헬륨으로 구성된다.

① ㄱ ② ㄷ ③ ㄱ, ㄴ ④ ㄴ, ㄷ ⑤ ㄱ, ㄴ, ㄷ

＊ 주계열성의 수소 핵융합 반응
- 원시별이 수축하여 중심부 온도가 약 1000만 K 이상이 되면 수소 핵융합 반응이 시작된다.
- 수소 핵융합 반응에 의해 4개의 수소 원자핵이 융합해 1개의 헬륨 원자핵이 되는데 이 과정에서 감소된 질량만큼 에너지로 전환된다.

단서+발상

(단서) 초기 우주와 별 내부에서 헬륨 원자핵이 생성되는 과정이 제시되어 있다.

(발상) 헬륨 원자핵이 생성되는 2가지 과정의 공통점과 차이점을 추론할 수 있다.

(적용) 헬륨 원자핵이 생성되는 데 필요한 입자의 종류를 파악하는 것부터 문제 풀이를 시작해야 한다.

| 문제+자료 분석 |
- 우주에 존재하는 헬륨 원자핵은 거의 대부분 초기 우주에서 형성되었으며, 별의 진화 과정에서도 일부 생성되었다.
- 초기 우주에서 양성자 2개와 중성자 2개가 결합하여 헬륨 원자핵을 생성하였다. 이후 수소 원자핵과 헬륨 원자핵의 질량비는 약 3 : 1이 되었다.
- 별 내부에서 일어나는 수소 핵융합 반응에 의해 4개의 수소 원자핵이 1개의 헬륨 원자핵으로 바뀐다.

| 보기 분석 |
ㄱ. 빅뱅 이후 초기 우주에서 양성자(ⓐ)와 중성자가 결합하여 헬륨 원자핵이 생성되고, 별 중심부에서 수소 핵융합 반응을 통해 양성자가 서로 결합하면서 여러 단계의 반응을 거쳐 헬륨 원자핵이 생성된다.
  따라서 ⓐ는 양성자이다.
ㄴ. 빅뱅 이후 우주는 계속 팽창하였으며 우주의 온도는 계속 낮아졌다.
  따라서 초기 우주의 온도(㉠)는 현재 우주의 온도보다 높았다.
ㄷ. ㉡은 주계열성으로 주로 수소와 헬륨으로 구성된다.
  따라서 ㉡은 철보다 가벼운 원소로 구성된다.

그림은 유전적 다양성, 종다양성, 생태계다양성을 나타낸 것이다.

(단서) 유전적 다양성 / 종다양성 / 생태계다양성
같은 종의 무당벌레에서 / 일정한 지역에 다양한 / 생물 서식지가 다양함
무늬와 색이 다양함 / 생물종이 분포함

이에 대한 설명으로 옳은 것만을 [보기]에서 있는 대로 고른 것은?

[보기]
ㄱ. 환경이 급격하게 변했을 때 유전적 다양성이 높은 종은 낮은 종보다 멸종될 확률이 ~~높다~~ 낮다.
ㄴ. 종다양성이 높을수록 생태계가 안정적으로 유지된다.
  종다양성이 높을수록 다양한 생물종이 존재하여 생태계가 안정적으로 유지된다.
ㄷ. 사막, 삼림, 습지, 초원 등이 다양하게 나타나는 것은 생태계다양성에 해당한다.
  사막, 삼림, 습지, 초원 등은 생물 서식지에 해당하므로 생태계다양성이다.

① ㄱ ② ㄷ ③ ㄱ, ㄴ ④ ㄴ, ㄷ ⑤ ㄱ, ㄴ, ㄷ

문제 풀이 꿀팁
- 종다양성이 높은 생태계는 생물종이 많을수록, 각 종의 분포 비율이 균등할수록 종다양성이 높다.

단서+발상

(단서) 유전적 다양성, 종다양성, 생태계다양성이 제시되어 있다.

(적용) 유전적 다양성, 종다양성, 생태계다양성 개념을 적용하여 문제 풀이를 시작해야 한다.

| 문제+자료 분석 |
- 유전적 다양성은 같은 생물종이라도 서로 다른 유전자를 가지고 있어 다양한 형질이 나타나는 것을 의미한다. 유전적 다양성이 높을수록 급격한 환경 변화에도 적응하여 살아남는 개체가 존재할 가능성이 높다.
- 종다양성은 일정한 지역에 얼마나 많은 생물종이 고르게 분포하여 살고 있는지를 의미한다. 종다양성이 높을수록 먹이 그물이 복잡해져 특정 생물종이 사라지더라도 대체할 수 있는 생물종이 있기 때문에 생태계가 안정적으로 유지된다.
- 생태계다양성은 생물 서식지의 다양한 정도를 의미한다. 생태계가 다양할수록 종다양성과 유전적 다양성도 높아진다. 사막, 삼림, 습지, 초원 등이 다양하게 나타나는 것은 생태계다양성에 해당한다.

| 보기 분석 |
ㄱ. 환경이 급격하게 변했을 때 개체의 유전적 다양성이 높을수록 급격한 환경 변화에도 적응하여 살아남을 가능성이 높다.
  따라서 유전적 다양성이 높은 종은 낮은 종보다 멸종될 확률이 낮다.
ㄴ. 종다양성이 높을수록 일정한 지역에 다양한 생물종이 분포한다.
  종다양성이 높을수록 먹이 그물이 복잡해져 특정 생물종이 사라지더라도 대체할 수 있는 생물종이 있기 때문에 생태계가 안정적으로 유지된다.
ㄷ. 사막, 삼림, 습지, 초원 등은 생물 서식지에 해당한다. 생물 서식지가 다양하게 나타나는 것은 생태계다양성에 해당한다.

05 정답 ① * 열효율

그림은 열효율이 0.25인 <u>열기관이 고열원에서 100 J의 열을 흡수하여</u>
＝W＋저열원으로 방출한 열
W의 일을 하고 저열원으로 열을 방출하는 것을 나타낸 것이다.

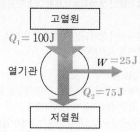

고열원

$Q_1 = 100\,J$

열기관 → $W = 25\,J$

$Q_2 = 75\,J$

저열원

W는? $0.25 = \dfrac{W}{100}$ ➡ $W = 25\,J$

① 25 J　② 30 J　③ 50 J　④ 60 J　⑤ 75 J

🧠 단서+발상

(단서) 열을 일로 전환하는 열기관이 제시되어 있다.

(발상) 열기관이 흡수한 열과 한 일의 차이는 저열원으로 방출한 열이라는 것을 추론할 수 있다.

(적용) 열기관의 열효율을 구하는 공식을 적용해서 W를 구하는 것부터 문제 풀이를 시작해야 한다.

| 문제＋자료 분석 |
- 열기관의 열효율은 $\dfrac{일}{흡수한\ 열}$이다.
- 열기관이 고열원으로부터 흡수한 열(Q_1)은 열기관이 한 일(W)과 저열원으로 방출한 열(Q_2)의 합과 같다.

| 선택지 분석 |

① 열효율은 0.25이므로 $0.25 = \dfrac{W}{100}$에서 $W = 25\,J$이다.

* 열기관의 작동 원리
- 열기관은 높은 온도의 고열원에서 열에너지 Q_1을 공급 받아 외부에 W의 일을 하고 낮은 온도의 저열원으로 열에너지 Q_2를 방출한다.
- 열효율(%) $= \dfrac{열기관이\ 하는\ 일(W)}{열기관에\ 공급되는\ 에너지(Q_1)} \times 100$

---

06 정답 ④ * 충격량, 충격력

다음은 <u>안전장치</u>에 대한 설명이다.
충격력을 줄여주는 장치

야구장에 있는 ㉠ 푹신한 재질로 만들어진 펜스는 공을 잡기 위해
푹신한 재질은 충돌 시간을 늘려준다. (단서)
㉡ 달리던 야구 선수가 곧바로 정지하지
관성에 의해 곧바로 정지하지 못한다.
못하고 펜스와 충돌할 때 충돌 시간을 길게 하여 선수를 다치지 않게 보호한다.

이에 대한 설명으로 옳은 것만을 [보기]에서 있는 대로 고른 것은? [3점]

─[보기]─

ㄱ. ㉠은 선수가 충돌하여 정지할 때까지 선수가 받는 ~~충격량의~~ **충격력** 크기를 줄여 준다.
충돌 시간을 늘려준다.

ㄴ. ㉠은 선수가 충돌할 때 선수가 받는 평균 힘의 크기를 줄여 준다. 푹신한 재질은 충돌 시간을 늘려줘서 평균 힘의 크기를 줄여 준다.

ㄷ. ㉡은 관성으로 설명된다. 관성은 원래의 운동 상태를 유지하려는 성질이다.

① ㄱ　② ㄷ　③ ㄱ, ㄴ　④ ㄴ, ㄷ　⑤ ㄱ, ㄴ, ㄷ

🧠 단서+발상

(단서) 야구 선수가 펜스에 충돌하는 모습이 제시되어 있다.

(발상) 펜스는 야구 선수가 받는 충격력의 크기를 줄여준다는 것을 추론할 수 있다.

(적용) 충격량을 구하는 식을 적용해서 충격력과 충돌 시간과의 관계를 구하는 것부터 문제 풀이를 시작해야 한다.

| 문제＋자료 분석 |
- 푹신한 재질로 만들어진 펜스는 충돌 시간을 길게 늘려준다.
- 충격량은 물체의 운동량의 변화량과 같다.
- 관성은 물체가 현재의 운동 상태를 유지하려는 성질이다. 야구 선수가 달리다가 펜스에 충돌하면, 관성으로 인해 곧바로 정지하지 못한다.

| 보기 분석 |

ㄱ. 선수가 펜스와 충돌하여 정지할 때까지 선수가 받는 충격량의 크기는 펜스의 재질과 관계없고 운동량의 변화량의 크기와 관련이 있다. 따라서 푹신한 재질로 만들어진 펜스(㉠)는 충돌 시간을 길게 하여 선수가 받는 충격력의 크기를 줄여준다.

ㄴ. 선수가 펜스와 충돌할 때 펜스는 충돌 시간을 길게 하여 선수에게 작용하는 평균 힘의 크기를 줄여 준다.

ㄷ. 달리던 선수가 곧바로 정지하지 못하는 현상은 관성 때문이다.

* 충격량
- **충격량**: 물체가 받은 충격을 정량적으로 표현한 값이다. 충격량(I)은 충돌 시 물체가 받은 힘(F)과 충돌 시간(Δt)의 곱으로 나타낸다.
$$I = F\,\Delta t$$
- **운동량과 충격량의 관계**: 충격량은 운동량의 변화량과 같다.
$$I = \Delta p = mv_2 - mv_1$$
- **관성**: 물체가 운동 상태를 유지하려는 성질. 정지해 있는 물체는 계속 정지해 있으려 하고, 운동하던 물체는 운동하던 방향으로 계속 운동하려고 한다.

다음은 튀르키예 부근에서 발생한 지진에 대한 신문 기사의 일부이다.

○월 ○일 튀르키예 남동부 지역에서 규모 7.8의 강진이 발생하고 ㉠ 여러 차례 지진이 이어져 큰 피해가 일어났다. 판과 판이 만나는 이 지역은 과거에도 보존형 경계에 위치함 발생하였다.

지진은 주로 판의 경계를 따라 발생함
보존형 경계에 위치함

튀르키예
단서

— 판의 경계
→ 판의 상대적 이동 방향
○ 지진 발생 지점

이에 대한 설명으로 옳은 것만을 [보기]에서 있는 대로 고른 것은?

[보기]

㉠ ㉠은 주로 판의 경계 부근에서 발생하였다.
지진 발생 지점은 대부분 판의 경계를 따라 분포한다.

㉡ A 지역에는 두 판이 어긋나는 경계가 있다.
A 지역에는 두 판이 어긋나는 보존형 경계가 있다.

㉢ 지진의 주된 에너지원은 지구 내부 에너지이다.
지진을 일으키는 에너지원은 지구 내부 에너지이다.

① ㄱ   ② ㄷ   ③ ㄱ, ㄴ   ④ ㄴ, ㄷ   ⑤ ㄱ, ㄴ, ㄷ

단서＋발상

단서 판의 경계와 지진 발생 지점이 제시되어 있다.

발상 지진은 주로 판의 경계를 따라 발생함을 추론할 수 있다.

적용 판의 상대적 이동 방향을 통해 A 지역에서 판 경계의 종류를 판단하는 것부터 문제 풀이를 시작해야 한다.

| 문제＋자료 분석 |
• A는 두 판이 서로 어긋나는 보존형 경계에 위치한다. 보존형 경계에서는 마그마가 생성되지 않으므로 화산 활동은 일어나지 않고, 천발 지진이 발생한다.

| 보기 분석 |
㉠ 자료에 제시된 지진 발생 지점은 대부분 판의 경계 부근이다.
㉡ A 지역에는 두 판의 상대적 이동 방향이 서로 어긋나는 보존형 경계가 있다.
㉢ 지진, 화산 활동 등의 지각 변동을 일으키는 에너지원은 지구 내부 에너지이다.

＊ 지진대와 화산대의 분포
• 지진이나 화산 활동이 자주 발생하는 곳을 각각 지진대와 화산대라고 한다. 지진대와 화산대는 비교적 잘 일치하며, 좁고 긴 띠 모양으로 분포한다.
• 지진대와 화산대가 띠 모양으로 나타나는 까닭은 판의 경계 부근을 따라 분포하기 때문이다. 특히 지진대는 판의 경계와 거의 일치한다.
• 전 세계의 대표적인 지진대(또는 화산대)에는 환태평양 지진대, 알프스-히말라야 지진대, 해령 지진대가 있다.

다음은 감자즙을 이용한 효소 반응 실험이다.

• 감자즙에 있는 효소는 다음 반응에서 촉매로 작용한다.
과산화 수소 → 물 ＋ 산소 단서

〈실험 과정 및 결과〉
(가) 시험관 Ⅰ과 Ⅱ에 각각 3 % 과산화 수소수 5 mL를 넣는다.
(나) Ⅰ에는 ⓐ 증류수 1 mL를, Ⅱ에는 ⓑ 감자즙 1 mL를 넣은 직후 일정한 시간 동안 Ⅰ과 Ⅱ에서 기포가 발생하는지를 관찰한다. ⓐ와 ⓑ는 감자즙과 증류수를 순서 없이 나타낸 것이다.
(다) 관찰 결과는 표와 같다.

시험관	Ⅰ ➡ 증류수(ⓐ)	Ⅱ ➡ 감자즙(ⓑ)
결과	기포가 발생하지 않음 효소 존재하지 않음	㉠ 기포가 발생함 효소 존재

이에 대한 설명으로 옳은 것만을 [보기]에서 있는 대로 고른 것은? (단, 제시된 조건 이외는 고려하지 않는다.) [3점]

[보기]

ㄱ. (다)에서 분해된 과산화 수소의 양은 Ⅰ에서가 Ⅱ에서보다 ~~많다~~ 적다.   Ⅱ에서 기포가 발생했으므로 효소가 존재한다.

ㄴ. ㉠에 산소가 있다.
㉠(기포)에는 과산화 수소가 분해되어 생성된 산소가 존재한다.

ㄷ. ⓐ는 ~~감자즙~~이다. 증류수
Ⅰ에서 기포가 발생하지 않았으므로 Ⅰ은 효소가 없다.

① ㄱ   ② ㄴ   ③ ㄱ, ㄷ   ④ ㄴ, ㄷ   ⑤ ㄱ, ㄴ, ㄷ

단서＋발상

단서 과산화 수소 반응식, 증류수, 감자즙, 시험관에서 기포 발생 유무가 제시되어 있다.

발상 감자즙의 효소에 의해 과산화 수소가 물과 산소로 분해되는 것을 추론할 수 있다.

적용 기포의 발생 유무로 ⓐ, ⓑ를 구하는 것부터 문제 풀이를 시작해야 한다.

| 문제＋자료 분석 |
• 감자즙에 존재하는 카탈레이스 효소에 의해 과산화 수소가 물과 산소로 분해된다.
➡ Ⅱ에서 발생한 ㉠(기포)에 산소가 존재한다.
• 과산화 수소와 카탈레이스가 함께 있으면 과산화 수소의 분해가 촉진되어 기포가 발생한다.
➡ Ⅱ에서 기포가 발생하였으므로 ⓑ는 감자즙이고, ⓐ는 증류수이다.

| 보기 분석 |
ㄱ. Ⅰ에서는 기포가 발생하지 않았고, Ⅱ에서는 기포가 발생했으므로 감자즙(카탈레이스)을 넣은 시험관은 Ⅱ이다. (다)에서 분해된 과산화 수소의 양은 감자즙(카탈레이스)을 넣은 Ⅱ가 더 많다.
ㄴ. 감자즙(카탈레이스)을 넣은 시험관은 Ⅱ에서는 과산화 수소가 분해되어 산소가 생성된다. ㉠에는 산소가 있다.
ㄷ. 과산화 수소와 카탈레이스가 함께 있으면 과산화 수소의 분해가 촉진되어 기포가 발생한다. Ⅰ에서 기포가 발생하지 않았으므로 ⓐ는 증류수이다.

＊ 효소의 특성
• 효소는 활성화에너지를 낮추어 화학 반응의 반응 속도를 증가시킨다.
• 한 종류의 효소는 한 종류의 반응물(기질)에만 작용한다. ➡ 기질 특이성
• 효소는 촉매로서 반응 후에도 구조와 성질이 변하지 않으므로 생성물과 분리된 후 새로운 반응물과 결합하여 다시 반응을 촉진할 수 있다.

2023. 11
16회

다음은 원소 X와 Y에 대한 자료이다.

> · X와 Y는 2주기 원소이다.
> · X는 금속 원소이며, Y의 원자가 전자 수는 7이다.   **단서**
>   <u>17족 원소 ➡ 비금속 원소</u>
> · X와 Y는 결합하여 안정한 화합물 XY를 형성한다.
>   <u>X : Y = 1 : 1로 결합 ➡ X의 원자가 전자 수 = 1</u>

XY는 이온 결합 화합물

XY의 화학 결합 모형으로 가장 적절한 것은? (단, X와 Y는 임의의 원소 기호이다.) [3점]

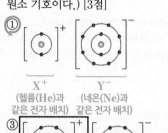

① X⁺   Y⁻
   (헬륨(He)과   (네온(Ne)과
   같은 전자 배치) 같은 전자 배치)

② 공유 결합 화합물

③ ⁺

④ 공유 결합 화합물

⑤ 2+   2−

네온(Ne)과 같은 전자 배치를 갖는 양이온은 3주기 원소이므로 제시된 조건에 맞지 않는다.

단서 Y의 원자가 전자 수가 제시되어 있다.

발상 X와 Y는 각각 금속과 비금속 원소이므로 XY는 이온 결합 화합물 임을 추론할 수 있다.

적용 XY는 X와 Y가 1 : 1로 결합한 것임을 이용해 X의 원자가 전자 수를 구하는 것부터 문제 풀이를 시작해야 한다.

| 문제+자료 분석 |
· **Y**: 2주기 원소이며 원자가 전자 수가 7이므로 Y는 17족 비금속 원소이다.
· **XY**: X는 금속 원소이고 Y는 비금속 원소이므로 XY는 금속 양이온과 비금속 음이온이 결합한 이온 결합 화합물이다.
· X와 Y가 1 : 1로 결합하여 안정한 화합물 XY를 형성하므로 [금속 원자 X가 잃은 전자 수=비금속 원자 Y가 얻은 전자 수]이다. **🍯팁**
  ➡ 원자가 전자 수가 7인 Y는 전자 1개를 얻어 Y⁻이 된다.
  따라서 X가 잃은 전자 수는 1이고 X의 원자가 전자 수는 1이다.
· X는 전자 1개를 잃어 X⁺이 되고, X⁺은 1주기 18족 원소인 헬륨(He)과 같은 전자 배치를 이룬다. Y는 전자 1개를 얻어 Y⁻이 되고, Y⁻은 2주기 18족 원소인 네온(Ne)과 같은 전자 배치를 이룬다.

| 선택지 분석 |
① XY는 X⁺과 Y⁻이 1 : 1의 원자 수 비로 결합한 물질이다.
  X⁺은 1주기 18족 원소인 헬륨(He)과 같은 전자 배치를 이루고,
  Y⁻은 2주기 18족 원소인 네온(Ne)과 같은 전자 배치를 이룬다.

* **화학 결합의 원리**
· 18족 원소는 가장 바깥 전자 껍질의 전자가 8개(단, He은 2개)로 모두 채워져 있으므로 매우 안정하다. 따라서 다른 원자와 거의 반응하지 않는다.
· **화학 결합의 형성**: 18족 이외의 원소들은 이온 결합이나 공유 결합 등의 화학 결합을 하여 18족 원소와 같은 전자 배치를 이루며 안정해진다.

다음은 철의 제련 과정에서 일어나는 반응 (가)와 (나)에 대한 자료이다.

> (가) 코크스(C)가 연소하여 일산화 탄소(CO)를 생성한다.
>   **단서** ┌─산화─┐
> $2C + O_2 \rightarrow 2CO$
> (나) 산화 철(Fe_2O_3)이 CO와 반응하여 철(Fe)과 이산화 탄소(CO_2)를 생성한다.
>   ┌─산화─┐
> $Fe_2O_3 + 3CO \rightarrow 2Fe + 3CO_2$
>   └─환원─┘

이에 대한 설명으로 옳은 것만을 [보기]에서 있는 대로 고른 것은?

─────[보기]─────
ㄱ. (가)에서 C는 산화된다.
  C가 산소를 얻어 CO를 생성한다. ➡ C는 산화된다.
ㄴ. (나)에서 Fe_2O_3은 환원된다.
  Fe_2O_3이 산소를 잃어 Fe을 생성한다. ➡ Fe_2O_3은 환원된다.
ㄷ. (나)에서 전자의 이동이 일어난다.
  (나)는 산화 환원 반응 ➡ 전자를 잃고(산화) 얻는(환원) 반응이 일어난다.

① ㄱ   ② ㄷ   ③ ㄱ, ㄴ   ④ ㄴ, ㄷ   ⑤ ㄱ, ㄴ, ㄷ

단서 철의 제련 과정에서 일어나는 반응의 화학 반응식이 제시되어 있다.

발상 산소(O)의 이동을 통해 산화되는 물질과 환원되는 물질을 추론할 수 있다.

적용 산화 환원 반응의 정의를 이용하여 각 반응에서 산소(O)를 얻거나 잃는 물질을 구하는 것부터 문제 풀이를 시작해야 한다.

| 문제+자료 분석 |
· (가)에서 코크스(C)가 산화되어 일산화 탄소(CO)가 생성된다.
· (나)에서 일산화 탄소(CO)가 산화되어 이산화 탄소(CO_2)가 생성되고, 산화철(Fe_2O_3)이 환원되어 철(Fe)이 생성된다.

| 보기 분석 |
ㄱ. C가 산소를 얻어 CO를 생성한다. 따라서 (가)에서 C는 산화된다.
ㄴ. Fe_2O_3이 산소를 잃어 Fe을 생성한다. 따라서 (나)에서 Fe_2O_3은 환원된다.
ㄷ. (나)는 CO가 산화되고 Fe_2O_3이 환원되는 산화 환원 반응이며, 산화 환원 반응은 전자를 잃고(산화) 얻는(환원) 반응이다.
  따라서 (나)에서 전자의 이동이 일어난다.

* **산화 환원 반응**

구분	산화	환원
산소의 이동	산소를 얻는 반응	산소를 잃는 반응
전자의 이동	전자를 잃는 반응	전자를 얻는 반응

그림 (가)는 지구시스템에서 물의 순환을, (나)는 지구시스템 구성 요소들의 상호작용을 나타낸 것이다.

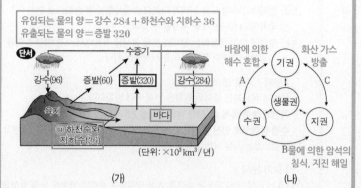

유입되는 물의 양＝강수 284＋하천수와 지하수 36
유출되는 물의 양＝증발 320

(단위: ×10³ km³/년)

(가)

(나)

이에 대한 설명으로 옳은 것만을 [보기]에서 있는 대로 고른 것은?

[보기]
ㄱ. (가)의 바다에서 강수량과 증발량은 ~~같다~~
   강수량보다 증발량이 많다.
ㄴ. A의 예로 바람에 의한 해수 혼합이 있다.
   바람에 의한 해수의 혼합은 기권과 수권의 상호작용에 해당한다.
ㄷ. ㉠에 의한 암석의 침식은 B에 해당한다.
   수권에 속하는 하천수와 지하수의 이동으로 지권의 암석이 침식된다.

① ㄱ   ② ㄷ   ③ ㄱ, ㄴ   ④ ㄴ, ㄷ   ⑤ ㄱ, ㄴ, ㄷ

단서＋발상

단서 물의 순환 과정이 제시되어 있다.

적용 물의 순환 과정과 지구시스템 구성 요소의 상호작용을 관련지어 생각해 보는 것부터 문제 풀이를 시작해야 한다.

| 문제＋자료 분석 |
· (가): 육지로의 유입량은 강수 96 단위이고, 유출량은 증발 60 단위＋하천수와 지하수 36 단위이다. 바다로의 유입량은 강수 284 단위＋하천수와 지하수 36 단위이고, 유출량은 증발 320 단위이다.
· 육지, 바다, 대기 모두 물의 유입량과 유출량이 같은 평형 상태를 이루고 있다.
· 육지에서는 강수량이 증발량보다 많고, 바다에서는 증발량이 강수량보다 많다.
· A: 기권과 수권의 상호작용 예로 혼합층 형성, 태풍의 발생 등이 있다.
· B: 수권과 지권의 상호작용 예로 물에 의한 암석의 침식, 지진 해일의 발생 등이 있다.
· C: 지권과 기권의 상호작용 예로 화산 가스 방출 등이 있다.

| 보기 분석 |
ㄱ. 바다에서 강수량은 284 단위이고, 증발량은 320 단위이다. 따라서 강수량보다 증발량이 많다.
ㄴ. 바람에 의한 해수의 혼합은 기권과 수권의 상호작용에 해당한다.
ㄷ. ㉠(하천수와 지하수)은 수권에 속하며, 이들이 이동하면서 지권의 암석이 침식될 수 있다. 따라서 ㉠에 의한 암석의 침식은 수권과 지권의 상호작용에 해당한다.

그림 (가)는 고생대 이후 해양 생물 과의 수 변화를, (나)는 암모나이트 화석을 나타낸 것이다. A와 B는 대멸종 시기이다.

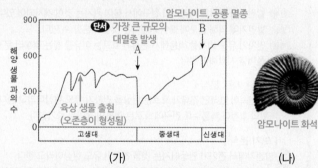

(가)   (나)

이에 대한 설명으로 옳은 것만을 [보기]에서 있는 대로 고른 것은?

[보기]
ㄱ. 해양 생물 과의 수 감소 비율은 A 시기가 B 시기보다 크다.
   A 시기에 가장 큰 규모의 생물 대멸종이 일어났다.
ㄴ. (나)는 ~~A 시기~~에 멸종한 생물의 화석이다. B 시기
   암모나이트
ㄷ. 오존층은 B 시기 ~~이후에~~ 형성되었다. 이전에
   고생대 초기로 추정

①ㄱ   ② ㄷ   ③ ㄱ, ㄴ   ④ ㄴ, ㄷ   ⑤ ㄱ, ㄴ, ㄷ

단서＋발상

단서 암모나이트 화석이 제시되어 있다.

발상 그래프에서 A와 B 시기에 일어난 생물 대멸종을 추론할 수 있다.

적용 생물 과의 수 변화와 지질 시대의 환경 변화를 연관지어 생각해 보는 것부터 문제 풀이를 시작해야 한다.

| 문제＋자료 분석 |
· (가): 지질 시대 동안 해양 생물 과의 수는 급격하게 감소하는 대멸종 시기도 있었으나 대체로 증가하는 경향이 나타난다.
· (나): 중생대 해양에서 번성하였던 암모나이트 화석이다.
· A: 고생대 말에 일어난 대멸종 시기로, 가장 큰 규모의 대멸종이 일어났다.
· B: 중생대 말에 일어난 대멸종 시기로, 공룡과 암모나이트가 멸종하였다.

| 보기 분석 |
ㄱ. A는 고생대 말의 대멸종 시기, B는 중생대 말의 대멸종 시기이다. 따라서 해양 생물 과의 수 감소 비율은 A 시기가 B 시기보다 크다.
ㄴ. (나)의 생물은 중생대에 바다에 살았던 암모나이트이다. 암모나이트는 B 시기에 멸종하였다.
ㄷ. 최초로 육상 생물이 출현한 시기는 고생대 중기이다. 따라서 오존층이 형성된 시기는 고생대 초기로 추정하고 있으므로 B 시기 이전에 형성되었다.

＊생물 대멸종

· 지질 시대 동안 일어난 5번의 대규모 멸종 사건을 생물 대멸종이라고 한다. 고생대에 3번, 중생대에 2번 일어났다.
· 대멸종 직후 새로운 환경에 적응한 생물이 크게 번성하면서 생물 다양성을 회복한다.

그림과 같이 동일한 높이에서 가만히 놓은 물체 A와 수평 방향으로
<u>자유 낙하 운동</u>
던진 물체 B, C가 각각 경로를 따라 운동한다. 수평 도달 거리는
<u>연직 방향의 처음 속력은 0이다.</u>   <u>수평 방향으로는 등속도 운동을 한다.</u>
C가 B보다 크다.

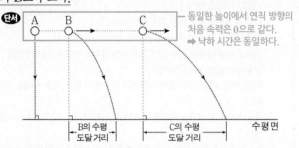

단서 동일한 높이에서 연직 방향의
처음 속력은 0으로 같다.
➡ 낙하 시간은 동일하다.

B의 수평 도달 거리   C의 수평 도달 거리   수평면

이에 대한 설명으로 옳은 것만을 [보기]에서 있는 대로 고른 것은?
(단, 물체의 크기, 공기 저항은 무시한다.) [3점]

[보기]
ㄱ. A에 작용하는 중력의 방향은 A의 운동 방향과 같다.
   중력의 방향과 운동 방향은 모두 연직 아래 방향이다.
ㄴ. 운동을 시작한 순간부터 수평면에 도달할 때까지 걸린 시간은
   B가 A보다 ~~크다~~ A와 B가 같다.
   낙하 시간은 동일하다.
ㄷ. 물체의 수평 방향 속력은 C가 B보다 크다.
   수평 도달 거리는 C가 B보다 크다.

① ㄱ   ② ㄴ   ③ ㄱ, ㄷ   ④ ㄴ, ㄷ   ⑤ ㄱ, ㄴ, ㄷ

🧠 단서+발상

단서 자유 낙하 하는 물체 A와 수평 방향으로 던진 물체 B, C가 제시되어 있다.

발상 물체마다 수평 도달 거리가 다르므로 물체를 수평 방향으로 던진 속력이 다르다는 것을 추론할 수 있다.

적용 중력을 받아 운동하는 물체의 운동 공식을 적용해서 수평 방향 속력을 비교하는 것부터 문제 풀이를 시작해야 한다.

| 문제+자료 분석 |
- 물체에 작용하는 중력의 방향은 연직 아래 방향이다.
- **가만히 놓은 물체 A**: 자유 낙하 운동을 한다.
- **수평 방향으로 던진 물체 B와 C**: 수평 방향으로 등속도 운동을 하고 연직 방향으로는 자유 낙하 운동을 한다.

| 보기 분석 |
ㄱ. A는 자유 낙하 운동을 하므로 A에 작용하는 중력의 방향은 운동 방향과 같다.
ㄴ. A, B, C의 연직 방향의 처음 속력은 0이다. **함정**
   A, B, C의 처음 높이는 같으므로 운동을 시작한 순간부터 수평면에 도달할 때까지 걸린 시간은 A, B, C가 모두 같다.
ㄷ. 수평 도달 거리는 C가 B보다 크고, 걸린 시간은 C와 B가 동일하다.
   따라서 수평 방향 속력은 C가 B보다 크다.

✱ 수평 방향으로 던진 물체의 운동
- **연직 방향 운동**: 중력 가속도로 자유낙하 하므로 등가속도 직선 운동이다. 같은 높이에서 가만히 놓은 물체의 자유 낙하 운동과 동일한 운동을 한다. 따라서 높은 곳에서 던질수록 낙하 시간이 길다.
- **수평 방향 운동**: 수평 방향으로 작용하는 알짜힘이 없으므로 처음 던져진 속력으로 등속도 운동한다. 수평 도달 거리를 R, 던져진 속력을 v, 낙하 시간을 t라고 하면 $R = vt$이다.

다음은 자전거에 장착된 발전기에 대한 설명이다.

자전거의 바퀴를 회전시키면 발전기의 자석이 회전하여 코일에
단서 자기 선속이 변함
유도 전류가 흐르는 ㉠ <u>전자기 유도</u> 현상으로 전구에 불이 켜진다.
운동 에너지 ➡ 전기 에너지

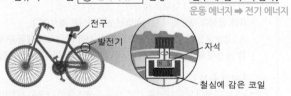

전구 / 발전기 / 자석 / 철심에 감은 코일

이에 대한 설명으로 옳은 것만을 [보기]에서 있는 대로 고른 것은?

[보기]
ㄱ. '전자기 유도'는 ㉠으로 적절하다.
   자기 선속의 변화로 인해 전류가 흐르는 현상이다.
ㄴ. 자석이 회전하면 코일 내부의 자기장이 변한다.
   자석이 회전하면 코일 내부의 자기 선속이 변한다.
ㄷ. 발전기에서 운동 에너지가 전기 에너지로 전환된다.
   발전기는 운동 에너지를 전기 에너지로 전환시킨다.

① ㄱ   ② ㄴ   ③ ㄱ, ㄷ   ④ ㄴ, ㄷ   ⑤ ㄱ, ㄴ, ㄷ

🧠 단서+발상

단서 발전기가 부착된 자전거의 전구에서 불이 켜지는 것이 제시되어 있다.

발상 발전기에 의해 전구에 불이 켜진다는 것을 추론할 수 있다.

적용 전자기 유도 법칙을 적용해서 전류가 흐르는 이유를 찾는 것부터 문제 풀이를 시작해야 한다.

| 문제+자료 분석 |
- 자기 선속이 변하면 전류가 흐르는 현상을 전자기 유도 현상이라고 한다.
- 바퀴의 회전이 빠를수록 전구에 흐르는 전류의 세기는 증가한다.

| 보기 분석 |
ㄱ. 발전기에서 전기가 만들어지는 것을 전자기 유도 현상이라고 한다.
ㄴ. 자석이 회전하면 코일의 내부를 통과하는 자기 선속이 변하므로 코일에 유도 전류가 흐른다.
ㄷ. 바퀴가 회전하면 전구에 불이 켜지므로 발전기에서 운동 에너지가 전기 에너지로 전환된다.

✱ 전자기 유도
- 전자기 유도는 코일 근처에서 자석을 움직이거나 자석 근처에서 코일을 움직일 때 코일에 전류가 흐르는 현상이다. 자석을 빨리 움직일수록, 자석의 세기가 셀수록, 코일의 감은 수가 많을수록 유도 전류의 세기가 크다.

표 (가)는 생명체를 구성하는 물질의 2가지 특징을, (나)는 (가)의 특징 중 물질 A와 B가 갖는 특징의 개수를 나타낸 것이다. A와 B는 각각 단백질과 핵산 중 하나이다.

단서 특징	물질	특징의 개수
• 단위체로 구성된다. 단백질, 핵산 모두 해당	**A** 핵산	1
• 펩타이드결합이 있다. 단백질만 해당	**B** 단백질	2
(가)	(나)	

이에 대한 설명으로 옳은 것만을 [보기]에서 있는 대로 고른 것은? [3점]

[보기]
ㄱ. A는 핵산이다.
'단위체로 구성된다' 1가지 특징만 해당하는 A는 핵산이다.
ㄴ. B는 효소의 주성분이다.
B(단백질)은 효소의 주성분이다.
ㄷ. A와 B의 구성 원소에는 모두 탄소가 있다.
A(핵산)와 B(단백질)는 모두 탄소 화합물로 구성 원소에 탄소가 존재한다.

① ㄱ   ② ㄷ   ③ ㄱ, ㄴ   ④ ㄴ, ㄷ   ⑤ ㄱ, ㄴ, ㄷ

단서+발상

단서 생명체를 구성하는 물질의 2가지 특징과 물질 A, B가 갖는 특징의 개수가 제시되어 있다.

발상 '단위체로 구성된다.'는 단백질과 핵산에 모두 해당하는 특징이며, '펩타이드결합이 있다.'는 단백질만의 특징이라는 점을 통해 A는 핵산, B는 단백질임을 추론할 수 있다.

| 문제+자료 분석 |
• 단백질의 단위체는 아미노산, 핵산의 단위체는 뉴클레오타이드이다.
• 펩타이드결합은 2개의 아미노산이 결합할 때 한 아미노산의 카복실기와 다른 아미노산의 아미노기 사이에서 물 분자가 1개가 빠지면서 이루어지는 공유 결합이다.
• A는 핵산, B는 단백질이다.

| 보기 분석 |
ㄱ. 핵산은 뉴클레오타이드 단위체로 구성되고, 펩타이드결합은 존재하지 않는다. '단위체로 구성된다.' 1가지 특징만 해당하는 A는 핵산이다.
ㄴ. 단백질은 아미노산 단위체로 구성되고, 두 아미노산 사이에 펩타이드결합이 형성되어 연결된다. '단위체로 구성된다.', '펩타이드결합이 있다.' 2가지 특징에 해당하는 B는 단백질이다. 단백질은 효소의 주성분이다.
ㄷ. 단백질과 핵산은 구성 원소에 탄소가 존재하는 생명체 구성 물질인 탄소 화합물에 해당한다.

✱ **단위체가 연결되어 형성되는 탄소 화합물**
• 탄수화물(녹말, 셀룰로스, 글리코젠)은 포도당이, 단백질은 아미노산이, 핵산은 뉴클레오타이드가 일정한 규칙에 따라 결합하여 형성된 탄소 화합물이다.
• 단위체의 종류와 연결 방식에 따라 구조와 특성 및 기능이 다른 다양한 탄소 화합물이 형성되어 생명체가 나타내는 다양한 기능을 수행한다.

표는 2가지 기준에 대한 물질 (가)와 (나)의 해당 여부를 나타낸 것이다. (가), (나)는 HCl 수용액, NaOH 수용액을 순서 없이 나타낸 것이다.

기준 \ 물질	(가) ➡ HCl 수용액	(나) ➡ NaOH 수용액
전기 전도성이 있는가? ➡ 산과 염기는 모두 수용액에서 전류가 흐름	㉠=○	○
단서 탄산 칼슘을 넣었을 때 기체가 발생하는가? ➡ 산은 탄산 칼슘과 반응하여 이산화 탄소 기체를 발생시킴	○ ➡ 산	× ➡ 염기

(○: 예, ×: 아니요)

이에 대한 설명으로 옳은 것만을 [보기]에서 있는 대로 고른 것은? [3점]

[보기]
ㄱ. (가)는 NaOH 수용액이다. HCl
ㄴ. ㉠은 '○'이다. 산과 염기는 모두 수용액에서 전류가 흐른다.
ㄷ. (나)에 BTB 용액을 넣으면 수용액이 노란색으로 변한다.
NaOH 수용액 ➡ 염기성   파란색

① ㄱ   ② ㄴ   ③ ㄱ, ㄷ   ④ ㄴ, ㄷ   ⑤ ㄱ, ㄴ, ㄷ

단서+발상

단서 HCl 수용액과 NaOH 수용액의 특징이 제시되어 있다.
발상 탄산 칼슘과의 반응 여부로부터 (가)와 (나)의 액성을 추론할 수 있다.
적용 산은 탄산 칼슘과 반응하고, 염기는 탄산 칼슘과 반응하지 않음을 이용하여 (가)와 (나)를 구하는 것부터 문제 풀이를 시작해야 한다.

| 문제+자료 분석 |
• 산은 탄산 칼슘과 반응하여 이산화 탄소 기체를 발생시키고 염기는 탄산 칼슘과 반응하지 않는다.
따라서 (가)의 액성은 산성이고 (나)의 액성은 염기성이다.
• HCl 수용액은 산성이고 NaOH 수용액은 염기성이므로 (가)가 HCl 수용액이고 (나)가 NaOH 수용액이다.

| 보기 분석 |
ㄱ. (가)는 탄산 칼슘을 넣었을 때 기체가 발생한다. 산은 탄산 칼슘과 반응하여 이산화 탄소 기체를 발생시키므로 (가)는 HCl 수용액이다.
ㄴ. 산과 염기는 모두 수용액에서 전류가 흐른다. 따라서 ㉠은 '○'이다.
ㄷ. (나)는 NaOH 수용액이며, BTB 용액은 염기성에서 파란색을 나타낸다.
따라서 (나)에 BTB 용액을 넣으면 수용액이 파란색으로 변한다.

✱ **용액의 액성과 지시약**

지시약	산성	중성	염기성
리트머스 종이	붉은색	—	푸른색
페놀프탈레인 용액	무색	무색	붉은색
BTB 용액	노란색	녹색	파란색

그림은 사람의 유전정보 흐름을 나타낸 것이다. ㉠~㉢은 각각
아데닌(A), 유라실(U), 타이민(T) 중 하나이다.

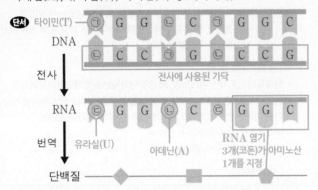

이에 대한 설명으로 옳은 것만을 [보기]에서 있는 대로 고른 것은?
(단, 돌연변이는 고려하지 않는다.)

[보기]

ㄱ. 세포의 핵에는 DNA가 있다.
　　생물의 유전 물질인 DNA는 세포의 핵에 있다.
ㄴ. ㉠은 타이민(T)이다.
　　㉠은 DNA에만 존재하는 염기이므로 타이민(T)이다.
ㄷ. RNA의 염기 1개가 아미노산 1개를 지정한다.
　　3개 ➡ 코돈

① ㄱ　② ㄷ　③ ㄱ, ㄴ　④ ㄴ, ㄷ　⑤ ㄱ, ㄴ, ㄷ

단서+발상

단서 DNA와 RNA의 염기서열이 제시되어 있다.

적용 ㉠은 RNA에 존재하지 않고, ㉢은 DNA에 존재하지 않는다는 점을
통해 ㉠은 타이민(T), ㉡은 아데닌(A), ㉢은 유라실(U)임을 구하는
것부터 문제 풀이를 시작해야 한다.

| 문제+자료 분석 |

· DNA와 RNA에 모두 존재하는 ㉡은 아데닌(A)이다.
· ㉠은 DNA에만 존재하는 염기이므로 타이민(T),
　㉢은 RNA에만 존재하는 염기이므로 유라실(U)이다.

| 보기 분석 |

ㄱ. 생물의 형질을 결정하는 유전정보는 세포 핵 속의 DNA에 저장되어
　있다.

ㄴ. 아데닌(A)은 DNA와 RNA를 모두 구성하는 염기, 타이민(T)은
　DNA에만 존재하는 염기, 유라실(U)은 RNA에만 존재하는 염기이다.
　㉠은 타이민(T)이다.

ㄷ. 코돈은 RNA에서 하나의 아미노산을 지정하는 연속된 3개의 염기이다.
　RNA의 염기 3개(코돈)가 아미노산 1개를 지정한다.

문제 풀이 꿀팁

· ㉠, ㉡은 DNA에 존재하는 염기이고, ㉡, ㉢은 RNA에 존재하는
　염기이다.
　㉠은 RNA에 존재하지 않고, ㉢은 DNA에 존재하지 않는다는 개념을
　통해 ㉠은 RNA에 존재하지 않는 염기인 타이민(T)이고, ㉢은 DNA에
　존재하지 않는 염기인 유라실(U)인 것을 파악해야 한다.

표는 농도가 같은 HCl 수용액과 NaOH 수용액의 부피를 달리하여
중화 반응시켰을 때, 실험 (가)와 (나)에서 혼합 용액에 존재하는
양이온을 모형으로 나타낸 것이다. △, ▇는 H^+, Na^+을 순서 없이
나타낸 것이다.
　── 수소 이온(H^+)과 수산화 이온(OH^-)의
　　　개수는 부피에 비례한다.

실험		(가) 산성	(나) 중성
혼합 전 수용액의 부피(mL)	HCl	30	20
	NaOH	10	20
혼합 용액에 존재하는 양이온 모형		Na^+ △ ▇ ▇ H^+	△ Na^+

이에 대한 설명으로 옳은 것만을 [보기]에서 있는 대로 고른 것은?
[3점]

[보기]

ㄱ. ▇는 Na^+이다. H^+
　산성인 (가)에만 존재하는 양이온이다.
ㄴ. (가)의 혼합 용액은 산성이다. (가)의 혼합 전 수용액의 부피:
　HCl 수용액 > NaOH 수용액 ➡ 혼합 용액은 산성
ㄷ. 생성된 물 분자의 수는 (가)에서가 (나)에서보다 작다.
　생성된 물 분자 수의 비 (가) : (나) = 1 : 2

① ㄱ　② ㄴ　③ ㄱ, ㄷ　④ ㄴ, ㄷ　⑤ ㄱ, ㄴ, ㄷ

단서+발상

단서 HCl 수용액과 NaOH 수용액의 농도가 같음이 제시되어 있다.

발상 HCl 수용액과 NaOH 수용액의 혼합 전 부피를 비교하여 (가)와
(나)의 액성을 추론할 수 있다.

적용 산의 수소 이온(H^+)과 염기의 수산화 이온(OH^-)이 1 : 1의 개수 비로
반응한다는 점을 이용하여 (가)와 (나)의 액성을 구하는 것부터 문제
풀이를 시작해야 한다.

| 문제+자료 분석 |

· HCl 수용액과 NaOH 수용액의 농도가 같으므로 수소 이온(H^+)과
　수산화 이온(OH^-)의 개수는 부피에 비례한다.
· (가): 혼합 전 HCl 수용액의 부피(30 mL)가 NaOH 수용액의
　부피(10 mL)보다 크므로 H^+의 개수가 OH^-의 개수보다 많다.
　따라서 혼합하면 OH^-은 모두 반응하고 혼합 용액에는 H^+이 남는다.
　➡ 혼합 용액은 산성이다.
· (나): 혼합 전 HCl 수용액의 부피(20 mL)와 NaOH 수용액의
　부피(20 mL)가 같으므로 H^+의 개수와 OH^-의 개수가 같다.
　따라서 혼합하면 H^+과 OH^-은 모두 반응한다. ➡ 혼합 용액은 중성이다.
· ▇는 산성인 (가)에만 존재하므로 H^+이고, △은 (가)와 (나)에 모두
　존재하므로 Na^+이다.

| 보기 분석 |

ㄱ. ▇는 산성인 (가)에만 존재한다. 따라서 ▇는 H^+이다.

ㄴ. 혼합 전 H^+의 개수가 OH^-의 개수보다 많으므로 혼합 용액에는 H^+이
　남는다. 따라서 (가)의 혼합 용액은 산성이다.

ㄷ. H^+과 OH^-이 반응하는 양은 (가)에서가 (나)에서보다 적다.
　따라서 생성되는 물 분자 수는 (가)에서가 (나)에서보다 작다.

19 정답 ③ * 엘니뇨

그림은 태평양 적도 부근 해역에서 대기 순환 모습을 나타낸 것이다. (가)와 (나)는 각각 평상시와 엘니뇨 시기 중 하나이다.

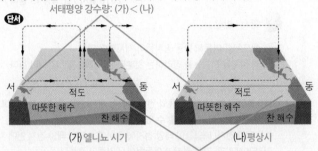

서태평양 강수량: (가) < (나)

(가) 엘니뇨 시기   (나) 평상시

동태평양의 표층 수온: (가) > (나)

이에 대한 설명으로 옳은 것만을 [보기]에서 있는 대로 고른 것은? [3점]

[보기]
ㄱ. (가)는 엘니뇨 시기이다.
　　(가)는 엘니뇨 시기, (나)는 평상시이다.
ㄴ. 동태평양 적도 부근 해역의 표층 수온은 (가)가 (나)보다 높다.
　　(가)일 때 동태평양 적도 부근 해역에서 용승이 약해지므로 표층 수온이 높아진다.
ㄷ. 서태평양 적도 부근 해역의 강수량은 (가)가 (나)보다 ~~많다.~~ 적다.
　　하강 기류 형성

① ㄱ　② ㄷ　③ ㄱ, ㄴ　④ ㄴ, ㄷ　⑤ ㄱ, ㄴ, ㄷ

단서+발상

(단서) 태평양 적도 부근 해역에서 상승 기류와 하강 기류가 나타나는 해역이 제시되어 있다.

(발상) 대기 순환과 따뜻한 해수층의 분포로부터 엘니뇨 시기를 추론할 수 있다.

(적용) 엘니뇨 시기에 동태평양과 서태평양에서 나타나는 특징을 비교하는 것에서부터 문제 풀이를 시작해야 한다.

| 문제+자료 분석 |
· (가): 상승 기류가 태평양 적도의 중앙 해역과 동쪽 연안에서 나타난다. 무역풍이 약해진 엘니뇨 시기에 해당한다.
· (나): 태평양 적도의 서쪽 연안에서 상승 기류가 나타나며, 강수량이 많은 평상시에 해당한다.
· 동태평양 적도 부근 해역에서 따뜻한 해수층의 두께는 (가)가 (나)보다 두껍다.
· (가)일 때 용승이 약해져 표층 수온이 더 높다.

| 보기 분석 |
ㄱ. 엘니뇨 시기에는 동태평양 적도 부근 해역에서 서태평양 적도 부근 해역으로 이동하는 따뜻한 해수의 흐름이 약해진다. 따라서 동태평양 적도 부근 해역에서 따뜻한 해수가 두껍게 분포하는 (가)는 엘니뇨 시기이다.
ㄴ. 엘니뇨 시기인 (가)일 때 동태평양 적도 부근 해역에서 용승이 약해져 표층 수온이 평상시보다 높게 나타난다.
ㄷ. 엘니뇨 시기에는 서태평양 부근 해역에 하강 기류가 형성되므로 서태평양 부근 해역의 강수량이 평상시보다 적다.

* 엘니뇨 시기의 특징
· 무역풍이 약해지면서 따뜻한 해수가 상대적으로 동쪽으로 이동한다.
· 적도 태평양 중앙 해역에서 상승 기류가 나타나 강수량이 증가한다.
· 적도 태평양 동쪽 해역(페루 연안)에서 용승이 약해지고, 상승 기류가 평상시보다 우세해져 강수량이 증가한다. ➡ 홍수 피해가 나타날 수 있다.
· 적도 태평양 서쪽 해역(인도네시아 연안)에서 하강 기류가 평상시보다 우세해져 강수량이 감소한다. ➡ 가뭄, 산불 피해가 나타날 수 있다.

20 정답 ③ * 지각과 사람을 구성하는 원소

그림은 지각과 사람을 구성하는 원소 중 질량비가 높은 3가지 원소를 나타낸 것이다. ㉠~㉢은 각각 탄소, 산소, 규소 중 하나이다.

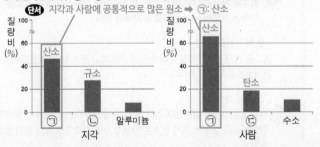

지각과 사람에 공통적으로 많은 원소 ➡ ㉠: 산소

지각　　　　사람

이에 대한 설명으로 옳은 것만을 [보기]에서 있는 대로 고른 것은? [3점]

[보기]
ㄱ. ㉠은 산소이다.
　　㉠은 지각과 사람에서 가장 높은 비율을 차지하므로 산소이다.
ㄴ. ㉡은 규산염 광물을 구성하는 원소 중 하나이다.
　　규산염 광물을 구성하는 주요 원소는 규소와 산소이므로 ㉡은 규소이다.
ㄷ. ~~㉢은~~ 우주에서 가장 높은 비율을 차지하는 원소이다.
　　탄소　　　➡ 수소

① ㄱ　② ㄷ　③ ㄱ, ㄴ　④ ㄴ, ㄷ　⑤ ㄱ, ㄴ, ㄷ

단서+발상

(단서) 지각과 사람을 구성하는 원소의 질량비가 제시되어 있다.

(발상) 지각과 사람을 구성하는 원소 중에서 가장 큰 질량비를 차지하는 ㉠은 산소라는 것을 추론할 수 있다.

(적용) 지각과 사람을 구성하는 원소 중에서 두 번째로 질량비가 큰 ㉡과 ㉢이 각각 무엇인지 구하는 것부터 문제 풀이를 시작해야 한다.

| 문제+자료 분석 |
· ㉠은 지각과 사람을 구성하는 원소 중 질량비가 가장 높다.
　➡ ㉠은 산소이다. 산소는 다른 원소와 쉽게 결합하여 다양한 물질을 만들 수 있다.
· ㉡은 지각을 구성하는 원소 중 두 번째로 질량비가 높다.
　➡ ㉡은 규소이다. 지각을 구성하는 암석은 주로 규산염 광물로 구성되어 있다.
· ㉢은 사람을 구성하는 원소 중 두 번째로 질량비가 높다.
　➡ ㉢은 탄소이다. 사람은 물과 무기물을 제외하면 대부분 탄소 화합물로 구성되어 있다.

| 보기 분석 |
ㄱ. 지각과 사람에서 가장 높은 비율을 차지하는 원소는 산소이다. 따라서 ㉠은 산소이다.
ㄴ. 지각에서 두 번째로 많은 ㉡은 규소이다. 규산염 광물을 이루는 주요 원소는 규소와 산소이다.
ㄷ. 우주에서 가장 높은 비율을 차지하는 원소는 수소이다. ㉢은 탄소이다.

2023. 11
16회

01 정답 ④ ＊ 반도체의 이용 ·· 2016 실시 7월 학평 13 물리 I 변형

그림 (가), (나), (다)는 p형 반도체와 n형 반도체를 이용해 만든 장치들을 나타낸 것이다.

n형 반도체와 p형 반도체를 결합하여 만든 반도체 소자

단서 트랜지스터 　　　 태양 전지 　　　 발광 다이오드

(가)
증폭 작용,
스위치 작용

(나)
빛에너지
➡ 전기 에너지

(다)
전기 에너지
➡ 빛에너지

이에 대한 설명으로 옳은 것만을 [보기]에서 있는 대로 고른 것은?

[보기]
ㄱ. (가)는 전기 신호를 증폭시킬 때 이용된다.
　(가)는 트랜지스터로 전기 신호를 증폭시킨다.
ㄴ. (나)는 전기 에너지를 빛에너지로 전환한다.
　　　　　　 빛　　　　　 전기
ㄷ. (다)는 첨가하는 불순물에 따라 방출하는 빛의 색이 다르다.
　(다)는 발광다이오드로 빛의 3원색을 구현할 수 있다.

① ㄱ　　② ㄴ　　③ ㄷ　　④ ㄱ, ㄷ　　⑤ ㄴ, ㄷ

단서 + 발상

단서 반도체를 이용해 만든 장치들이 제시되어 있다.
발상 각 장치들의 기능을 정리하는 것부터 문제 풀이를 시작해야 한다.

| 문제 + 자료 분석 |
- **(가) 트랜지스터**: 약한 전류와 전압을 크게 하는 증폭 작용과 전류의 흐름을 조절하는 스위치 작용을 할 수 있다.
- **(나) 태양 전지**: 태양광이 태양 전지에 닿아 흡수되면 태양 전지 안에 자유 전자가 생기고, 자유 전자가 이동하면서 전류가 흐른다.
- **(다) 발광 다이오드(LED)**: 전류가 흐를 때 빛을 방출한다.

| 보기 분석 |
ㄱ 트랜지스터는 전기 신호를 증폭시킬 수 있다.
ㄴ 태양 전지는 빛에너지를 흡수하여 전기 에너지를 발생시킨다.
ㄷ 발광 다이오드(LED)는 갈륨, 비소, 인, 질소 등을 이용하여 만들며 첨가하는 원소에 따라 방출하는 빛의 색이 달라 빛의 3원색을 구현할 수 있다.

＊ 반도체 소자
- **다이오드**: n형 반도체와 p형 반도체를 결합한 반도체 소자
　➡ 정류 작용
- **발광 다이오드(LED)**: 전류가 흐를 때 빛을 방출하는 다이오드
　➡ 빛의 3원색 구현
- **트랜지스터**: n형 반도체와 p형 반도체를 복합적으로 결합한 반도체 소자
　➡ 증폭 작용, 스위치 작용
- **집적 회로**: 다양한 반도체 소자의 회로를 하나의 기판 위에 정밀하게 만들어 부착한 반도체 소자 ➡ 데이터의 처리와 저장

02 정답 ③ ＊ 전자 배치 ······················· [정답률 55%] 2022 실시 11월 학평 2

그림은 이온 A⁻의 전자 배치를 모형으로 나타낸 것이다.

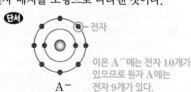

단서 · 전자

이온 A⁻에는 전자 10개가 있으므로 원자 A에는 전자 9개가 있다.

A⁻

A의 원자 번호는? (단, A는 임의의 원소 기호이다.)
A는 전자 9개이므로 양성자 수는 9이며, 원자 번호는 9이다.

① 7　　② 8　　③ 9　　④ 10　　⑤ 11

단서 + 발상

단서 이온 A⁻의 전자 배치가 제시되어 있다.
발상 A의 전자 수를 추론할 수 있다.
적용 원자의 양성자 수와 전자 수는 같다는 것을 이용하여 원자 번호를 구하는 것부터 문제 풀이를 시작해야 한다.

| 문제 + 자료 분석 |
- A⁻은 A가 전자 1개를 얻어 형성된 이온이고 전자 10개가 있으므로 A는 전자 9개를 갖는 원자이다.

| 선택지 분석 |
③ A는 전자 9개를 갖는 원자이고 원자 내 양성자 수는 전자 수와 같으므로 양성자 수도 9이다. 원자 번호는 양성자 수와 같으므로 A의 원자 번호는 9이다.

＊ 원자 번호와 양성자 수, 전자 수
- 원자 번호는 양성자 수와 같다.
- 원자는 전기적으로 중성이므로 양전하를 띤 양성자 수와 음전하를 띤 전자 수가 같다.

＊ 양이온과 음이온

양이온	음이온
원자가 전자를 잃어 형성된 입자	원자가 전자를 얻어 형성된 입자
양전하를 띤 입자	음전하를 띤 입자

표는 빅뱅 이후 초기 우주에서 A와 B 시기의 입자의 생성에 대한 설명을 나타낸 것이다.

단서 우주의 온도 : A 시기 > B 시기

시기	입자의 생성
A	기본 입자인 쿼크가 결합하여 양성자와 중성자가 생성되었다.
B	원자핵과 ⓐ 이/가 결합하여 원자가 생성되었다. 전자

수소의 총질량 : 헬륨의 총질량 = 3 : 1

이에 대한 설명으로 옳은 것만을 [보기]에서 있는 대로 고른 것은?
[3점]

[보기]
ㄱ. '전자'는 ⓐ에 해당한다.
  원자핵과 전자가 결합하여 중성 원자가 생성된다.
ㄴ. 우주의 온도는 A일 때가 B일 때보다 ~~낮다~~ 높다.
  빅뱅 이후 온도는 계속 낮아졌다.
ㄷ. B 이후 우주에 존재하는 수소 원자들의 총질량은 헬륨 원자들의 총질량보다 크다.
  B 이후 수소와 헬륨의 질량비는 약 3 : 1이 되었다.

① ㄱ ② ㄴ ③ ㄱ, ㄷ ④ ㄴ, ㄷ ⑤ ㄱ, ㄴ, ㄷ

🧠 **단서+발상**

단서 A일 때 양성자와 중성자, B일 때 원자가 생성되었다고 제시되어 있다.
발상 초기 우주에서 기본 입자와 원자의 생성 순서를 추론할 수 있다.
적용 빅뱅 우주론에서 입자가 생성된 순서를 고려하면서 문제 풀이를 시작해야 한다.

| 문제+자료 분석 |
- **기본 입자**: 물질을 구성하는 가장 작은 입자로 쿼크와 전자 등을 말한다. 쿼크는 전자에 비해 질량이 크다.
- **원자**: 모든 물질은 원자로 이루어져 있다. 원자는 중심에 원자핵, 그 주위에 전자로 구성되어 있다. 원자핵은 양성자와 중성자로 이루어져 있고, 양성자와 중성자는 기본 입자인 쿼크로 구성되어 있다.
- 초기 우주에서 온도가 매우 높았던 시기에는 원자핵과 전자가 공간을 가득 채우고 있었다. 우주의 온도가 낮아지면서 원자핵과 전자가 결합하여 원자가 형성되었다.

| 보기 분석 |
ㄱ 양(+)전하를 띤 원자핵과 음(−)전하를 띤 전자가 결합하여 전기적으로 중성인 원자가 생성된다. 따라서 ⓐ은 전자이다.
ㄴ 빅뱅 이후 우주가 팽창하면서 온도는 계속 낮아졌다. 초기 우주에서 최초로 생성된 물질은 기본 입자이고, 이후 온도가 낮아짐에 따라 양성자와 중성자가 생성되고 원자가 생성되었다. 따라서 우주의 온도는 A일 때가 B일 때보다 높다.
ㄷ 초기 우주에서 헬륨 원자핵이 형성될 때 수소와 헬륨의 질량비는 약 3 : 1이었고, 이후 현재까지도 우주에 존재하는 수소 원자와 헬륨 원자의 질량비는 약 3 : 1로 유지되고 있다.

그림은 과학 신문 기사의 일부를 나타낸 것이다.

과학 신문
○○○○년 ○○월 ○○일

단서 철보다 무거운 원소가 생성된다.

게성운은 어느 별이 ⓐ초신성 폭발을 거친 후 남은 잔해이다. ⓑ게성운을 만든 별은 중심부에서 [A] 반응을 통해 철까지 생성하였다.
핵융합 / 태양 질량의 10배 이상인 별

이에 대한 설명으로 옳은 것만을 [보기]에서 있는 대로 고른 것은?
[3점]

[보기]
ㄱ. ⓐ의 과정에서 철보다 무거운 원소가 생성된다.
  철보다 무거운 금, 은, 우라늄 등은 초신성 폭발 과정에서 형성된다.
ㄴ. ⓑ의 질량은 태양의 질량보다 크다.
  초신성 폭발을 일으키는 별은 태양보다 질량이 훨씬 크다.
ㄷ. '핵융합'은 A에 해당한다.
  별 내부에서 핵융합을 통해 만들어지는 가장 무거운 원소는 철이다.

① ㄱ ② ㄴ ③ ㄱ, ㄷ ④ ㄴ, ㄷ ⑤ ㄱ, ㄴ, ㄷ

🧠 **단서+발상**

단서 초신성 폭발로 만들어진 게성운의 모습이 제시되어 있다.
발상 별의 진화 과정 중 초신성 폭발이 일어나는 별의 질량을 추론할 수 있다.
적용 초신성 폭발을 일으키는 별은 태양 질량의 10배 이상인 별이라는 것을 고려하여 문제 풀이를 시작해야 한다.

| 문제+자료 분석 |
- 질량이 매우 큰 별은 최종 단계에서 폭발을 일으키는데 이를 초신성 폭발이라고 한다.
- 게성운은 초신성 잔해이다. 게성운의 중심부에는 지름이 약 30 km인 중성자별이 존재하는 것으로 알려져 있다.
- 별의 내부에서는 핵융합 반응으로 철 원자핵까지 생성될 수 있으며, 초신성 폭발 과정에서 철보다 무거운 원자핵(금, 우라늄 등)이 생성된다.

| 보기 분석 |
ㄱ 금, 은, 우라늄 등은 철보다 무거운 원소로, 이들은 초신성 폭발이 일어나는 과정에서 생성된다.
ㄴ 질량이 태양과 비슷한 별은 최종 단계에서 행성상 성운과 백색 왜성이 되고, 질량이 태양의 10배 이상인 별은 초신성 폭발을 일으켜 초신성 잔해와 중성자별(또는 블랙홀)을 남긴다. 게성운은 초신성 잔해에 해당하므로 ⓑ은 태양보다 질량이 큰 별이다.
ㄷ 철 원자핵은 모든 원자핵 중 결합 에너지가 가장 강하여 매우 안정한 원소이며, 별의 중심부에서는 핵융합 반응을 통해 철까지 생성될 수 있다.

다음은 지질 시대 중 어느 시기에 대한 설명이다.

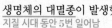

> 고생대
> ┌─────┐
> │ A │ 말에 판게아가 형성되어 급격한 환경
> └─────┘
> 변화가 일어났다. 그 결과 ┌─────┐ 을/를 비롯한
>   │ ㉠ │
>   └─────┘
> 수많은 생명체의 대멸종이 발생했다.
> 　지질 시대 동안 5번 일어남
>
> 단서 ㉠의 화석
> 　　　　삼엽충

A와 ㉠으로 적절한 것은?

	A	㉠		A	㉠
①	고생대	삼엽충	②	고생대	암모나이트
③	중생대	삼엽충	④	중생대	암모나이트
⑤	신생대	화폐석			

(단서) 삼엽충 화석과 판게아 형성이 제시되어 있다.

(발상) 판게아가 형성된 것을 통해 삼엽충 화석은 고생대 표준 화석임을 추론할 수 있다.

(적용) 삼엽충이 멸종한 지질 시대를 생각해 보는 것부터 문제 풀이를 시작해야 한다.

| 문제＋자료 분석 |

- **판게아**: 고생대 말(약 3억 년 전)에 지구상의 여러 대륙이 하나로 모여 형성한 초대륙이다.
- **㉠의 화석**: 고생대에 번성했던 삼엽충이다. 삼엽충은 고생대 동안 해양에서 번성했던 절지동물이다.
- 지질 시대 동안 일어난 5번의 대규모 멸종 사건을 생물 대멸종이라고 한다. 이 중에서 가장 큰 생물 대멸종은 고생대 말에 일어났으며 이때 삼엽충이 멸종하였다.

| 선택지 분석 |

① 판게아는 약 3억 년 전(고생대 말)에 형성된 초대륙이다. ➡ A 판게아가 형성된 후 지구 환경은 급격한 변화가 일어났으며 삼엽충을 비롯한 수많은 생물이 멸종하였다. ➡ ㉠은 삼엽충이다.

②, ④, ⑤ 암모나이트는 중생대의 화석이고, 화폐석은 신생대의 화석이다.

＊ 지질 시대와 화석

- **지질 시대**: 지구의 탄생부터 현재까지의 기간을 말한다.
- **화석**: 지질 시대에 살았던 생물의 유해나 활동의 흔적이 지층에 남아 있는 것을 말한다. 크게 표준 화석과 시상 화석으로 구분할 수 있다.
- **표준 화석**: 지질 시대를 구분하는 데 이용 ➡ 삼엽충, 암모나이트, 화폐석 등
- **시상 화석**: 퇴적될 당시의 환경을 알아내는 데 이용 ➡ 산호, 고사리 등

그림은 동물 세포의 구조를 나타낸 것이다. A~C는 각각 마이토콘드리아, 라이보솜, 핵 중 하나이다.

(단서)

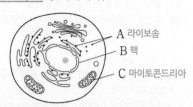

> A 라이보솜
> B 핵
> C 마이토콘드리아

이에 대한 설명으로 옳은 것만을 [보기]에서 있는 대로 고른 것은?

─────────[보기]─────────
ㄱ. A는 라이보솜이다.
　　라이보솜은 작은 알갱이 모양이다.
ㄴ. B에는 핵산이 있다.
　　B(핵)에는 핵산이 존재한다.
ㄷ. C에서 세포호흡이 일어난다.
　　C(마이토콘드리아)에서 세포호흡이 일어난다.

① ㄱ　② ㄷ　③ ㄱ, ㄴ　④ ㄴ, ㄷ　⑤ ㄱ, ㄴ, ㄷ

(단서) 동물 세포의 세포소기관 A~C가 그림으로 제시되어 있다.

(적용) A~C의 구조를 통해 마이토콘드리아, 라이보솜(ribosome), 핵을 구분하는 것부터 문제 풀이를 시작해야 한다.

| 문제＋자료 분석 |

- **A**: 작은 알갱이 모양이며, 소포체에 붙어 있거나 세포질에 존재하므로 라이보솜이다. 라이보솜은 DNA의 유전정보에 따라 전사된 RNA로부터 단백질을 합성한다.
- **B**: 세포에서 가장 큰 세포소기관으로 핵이다. 핵막으로 둘러싸여 있으며, 유전정보를 저장하고 있는 DNA가 있어 세포의 생명활동을 통제하고 조절한다.
- **C**: 세포호흡이 일어나는 마이토콘드리아로, 유기물을 분해하여 생명활동을 하는 데 필요한 에너지를 생산한다.

| 보기 분석 |

ㄱ. A는 라이보솜이다. 라이보솜은 막으로 둘러싸여 있지 않으며, 작은 알갱이 모양이다. 라이보솜은 DNA의 유전정보에 따라 전사된 RNA로부터 번역을 통해 단백질을 합성한다.

ㄴ. B(핵)에는 유전정보를 저장하고 있는 DNA가 있으므로 핵산이 존재한다.

ㄷ. C(마이토콘드리아)는 세포호흡이 일어나는 장소로, 유기물을 분해하여 세포가 생명활동을 하는 데 필요한 에너지를 생산한다.

그림은 주기율표의 일부를 나타낸 것이다.

같은 족 원소는 화학적 성질이 비슷하다.

원자가 전자 1개   원자가 전자 4개   원자가 전자 7개

이에 대한 설명으로 옳은 것만을 [보기]에서 있는 대로 고른 것은? [3점]

[보기]
ㄱ. Li과 C는 화학적 성질이 ~~비슷하다~~ 비슷하지 않다.
   1족 14족
ㄴ. Li과 F이 화학 결합할 때 Li은 전자를 ~~얻는다~~ 잃는다.
   비금속 원소 금속 원소
ㄷ. HF의 공유 전자쌍 수는 1이다.
   H와 F가 결합할 때는 전자 1개씩을 내놓아 공유 전자쌍 1개가 형성된다.

① ㄱ   ② ㄷ   ③ ㄱ, ㄴ   ④ ㄴ, ㄷ   ⑤ ㄱ, ㄴ, ㄷ

단서+발상

단서 주기율표의 일부와 4가지 원소의 위치가 제시되어 있다.

발상 각 원소의 성질을 추론할 수 있다.

적용 금속과 비금속, 원자가 전자 수 등을 구하는 것부터 문제 풀이를 시작해야 한다.

| 문제+자료 분석 |
· H와 Li은 같은 족 원소로 화학적 성질이 비슷하다.
· H, C, F은 각각 원자가 전자 1개, 4개, 7개인 비금속 원소, Li은 원자가 전자 1개인 금속 원소이다.

| 보기 분석 |
ㄱ. 원소의 화학적 성질은 원자가 전자 수에 따라 달라지며 같은 족 원소는 원자가 전자 수가 같으므로 화학적 성질도 비슷하다.
   Li과 C는 서로 다른 족 원소이므로 화학적 성질이 비슷하지 않다.

ㄴ. Li은 금속 원소, F은 비금속 원소로 Li과 F이 화학 결합할 때는 Li이 전자 1개를 잃어 양이온인 Li^+으로 되고 F이 전자 1개를 얻어 F^-으로 되면서 이온 결합을 형성한다.
   따라서 Li과 F이 화학 결합할 때 Li은 전자를 잃는다.

ㄷ. HF에서 H와 F은 전자 1개씩을 내놓아 공유 전자쌍 1개를 형성하면서 공유 결합한다.
   따라서 HF의 공유 전자쌍 수는 1이다.

＊ 이온 결합과 공유 결합
· **이온 결합**: 금속 원자와 비금속 원자 사이의 결합
· **공유 결합**: 비금속 원자 사이의 결합

다음은 일상생활에서 사용하는 안전장치에 대한 설명이다.

단서 충돌 시간↑
➡ 사람이 받는 힘의 크기↓

머리 보호대
다른 선수와 충돌할 때 발생할 수 있는 부상을 예방한다.

안전띠
⊙급정거할 때 승객이 앞으로 튀어 나가는 것을 방지한다.
└ 관성에 의해 사람이 튀어 나가는 것을 방지

범퍼
접촉 사고가 일어날 때 찌그러지면서 운전자의 피해를 줄인다.

이에 대한 설명으로 옳은 것만을 [보기]에서 있는 대로 고른 것은?

[보기]
ㄱ. 머리 보호대는 충돌할 때 머리가 받는 평균 힘을 줄여 준다.
   충돌 시간을 길게 하여 평균 힘을 줄여 주는 원리이다.
ㄴ. ⊙은 관성으로 설명된다.
   운동하던 승객은 관성에 의해 자동차가 급정거하여도 계속 앞으로 운동하려고 한다.
ㄷ. 자동차가 충돌하여 정지할 때까지 받은 ~~충격량~~은 범퍼가 찌그러지면 작아진다.
   충격력

① ㄱ   ② ㄷ   ③ ㄱ, ㄴ   ④ ㄴ, ㄷ   ⑤ ㄱ, ㄴ, ㄷ

단서+발상

단서 일상생활에서 사용하는 충돌과 관련된 안전장치가 제시되어 있다.

발상 (가)와 (다)는 충돌 시간을 길게 하는 안전장치, (나)는 관성과 관련된 안전장치임을 추론할 수 있다.

| 문제+자료 분석 |
· 머리 보호대는 다른 선수와 충돌할 때 찌그러지는 동안 충돌 시간을 증가시켜 선수가 받는 평균 힘의 크기를 감소시킨다.
· 자동차가 급정거할 때 승객은 관성에 의해 계속 앞으로 운동하려고 하므로 안전띠를 매지 않으면 앞으로 튀어 나가 충돌할 수 있다.
· 범퍼는 충돌할 때 찌그러지면서 자동차가 다른 자동차와 충돌하는 시간을 길게 하여 평균 힘의 크기를 감소시킨다.

| 보기 분석 |
ㄱ. 머리 보호대는 푹신한 소재로 만들어져 다른 선수와 충돌할 때 보호대가 압축되는 동안 충돌 시간을 증가시켜 사람이 받는 평균 힘의 크기를 감소시킨다.

ㄴ. 급정거할 때 승객이 앞으로 튀어 나가는 것은 관성으로 설명된다.

ㄷ. 접촉 사고가 일어날 때 충격량은 일정하므로 범퍼가 찌그러지면서 충돌 시간을 증가시켜 자동차가 받는 평균 힘의 크기를 감소시킨다.

＊ 충격량
· **충격량**: 물체가 받은 충격을 정량적으로 표현한 값이다. 충격량(I)은 충돌 시 물체가 받은 힘(F)과 충돌 시간(Δt)의 곱으로 나타낸다.
$$I = F\Delta t$$
· **운동량과 충격량의 관계**: 충격량은 운동량의 변화량과 같다.
$$I = \Delta p = mv_2 - mv_1$$
· **관성**: 물체가 운동 상태를 유지하려는 성질. 정지해 있는 물체는 계속 정지해 있으려 하고, 운동하던 물체는 운동하던 방향으로 계속 운동하려고 한다.

2022.11
17회

그림은 생태계를 구성하는 요소 사이의 상호 관계를 나타낸 것이다.

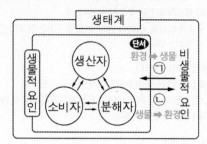

이에 대한 설명으로 옳은 것만을 [보기]에서 있는 대로 고른 것은?

[보기]

ㄱ. 물은 비생물적 요인에 해당한다.
  비생물적 요인으로 빛, 온도, 물, 토양, 공기 등이 있다.
ㄴ. 생산자에서 소비자로 유기물이 이동한다.
  먹이 사슬을 통해 생산자에서 소비자로 유기물이 이동한다.
ㄷ. '식물의 낙엽으로 인해 토양이 비옥해지는 것'은 ⊙에 해당한다.
  생물적 요인   비생물적 요인   ⓛ

① ㄱ   ② ㄷ   ③ ㄱ, ㄴ   ④ ㄴ, ㄷ   ⑤ ㄱ, ㄴ, ㄷ

단서+발상

단서 생태계를 구성하는 요소와 구성 요소 사이의 상호 관계 ⊙과 ⓛ이 제시되어 있다.

적용 비생물적 요인이 생물적 요인에 영향을 미치는 경우(⊙)와 생물적 요인이 비생물적 요인에 영향을 미치는 경우(ⓛ)로 구분하는 것부터 문제 풀이를 시작해야 한다.

| 문제+자료 분석 |

· ⊙: 비생물적 요인(환경)이 생물적 요인에 영향을 미치는 경우이다.
   예 · 토양에 양분이 풍부하면 식물이 잘 자란다.
      · 가을에 기온이 낮아지면 은행나무 잎이 노랗게 변한다.
· ⓛ: 생물적 요인이 비생물적 요인(환경)에 영향을 미치는 경우이다.
   예 · 지렁이는 흙 속을 돌아다니며 토양의 통기성을 높인다.
      · 식물의 광합성으로 대기 중의 O_2 농도가 증가한다.

| 보기 분석 |

ㄱ 물은 비생물적 요인에 해당한다. 비생물적 요인은 생물을 둘러싸고 있는 모든 환경 요인으로 빛, 온도, 물, 토양, 공기 등이 있다.
ㄴ 생태계에서 에너지는 먹이 사슬을 통해 유기물의 형태로 상위 영양 단계로 이동한다. 따라서 먹이 사슬을 통해 생산자에서 소비자로 유기물이 이동한다.
ㄷ '식물의 낙엽으로 인해 토양이 비옥해지는 것'은 생물적 요인(식물의 낙엽)이 비생물적 요인(토양)에 영향을 미치는 것이므로 ⓛ에 해당한다.

다음은 물질 X의 전기 전도성을 알아보기 위한 실험이다. X는 설탕($C_{12}H_{22}O_{11}$)과 염화 나트륨(NaCl) 중 하나이고, 실험 기구 ⊙은 전기 전도계, 전자저울, 온도계 중 하나이다.

〈실험 과정 및 결과〉

(가) 고체 상태의 X에 전류가 흐르는지 ⎡ ⊙ ⎤ 을/를 이용해 확인했더니 전류가 흐르지 않았다. 전류가 흐르는지 보여 주는 것은 전기 전도계

(나) 고체 상태의 X를 증류수에 녹인 수용액에 전류가 흐르는지 ⎡ ⊙ ⎤ 을/를 이용해 확인했더니 전류가 흘렀다.
  ∴ X는 수용액 상태에서만 전기 전도성이 있으므로 이온 결합 물질인 NaCl

〈실험 기구〉

전기 전도계   전자저울   온도계

X와 ⊙으로 가장 적절한 것은?
X는 이온 결합 물질 ➡ 염화 나트륨, ⊙은 전기 전도성을 알아보는 기구 ➡ 전기 전도계

	X	⊙		X	⊙
①	설탕	전기 전도계	②	염화 나트륨	전기 전도계
③	설탕	전자저울	④	염화 나트륨	전자저울
⑤	설탕	온도계			

단서+발상

단서 물질 X의 전기 전도성을 알아보기 위한 실험 내용과 실험 기구 그림이 제시되어 있다.

발상 실험 과정으로부터 사용된 실험 기구 ⊙을 추론할 수 있다.

적용 이온 결합 물질과 공유 결합 물질의 전기적 성질로부터 물질 X를 구하는 것부터 문제 풀이를 시작해야 한다.

| 문제+자료 분석 |

· 실험 과정에서 전기 전도성을 확인하므로 ⊙은 전기 전도계이다.
· X는 수용액 상태에서 전기 전도성이 있으므로 이온 결합 물질이다.

| 선택지 분석 |

② 수용액 상태에서 전기 전도성이 있는 것은 이온 결합 물질이다. 따라서 X는 설탕과 염화 나트륨 중 염화 나트륨이고 전기 전도성을 확인하는 ⊙은 전기 전도계이다.
①, ③, ⑤ 설탕은 공유 결합 물질이므로 전기 전도성이 없다.

✱ 이온 결합 물질과 공유 결합 물질의 전기 전도성 비교

물질	공유 결합 물질	이온 결합 물질
고체 상태	없음	없음
수용액 상태	없음	있음

그림 (가)는 어느 지역의 판 경계 A와 판의 상대적인 이동 방향을, (나)는 (가)의 X—X′ 구간에서의 지형 단면을 나타낸 것이다.

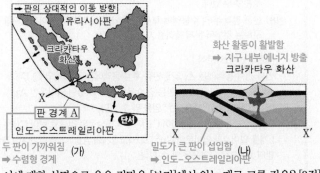

이에 대한 설명으로 옳은 것만을 [보기]에서 있는 대로 고른 것은? [3점]

[보기]

ㄱ. A는 ~~발산형~~ 경계이다. 수렴형
　　두 판이 서로 가까워지고 있다.

ㄴ. 크라카타우 화산에서 용암이 분출될 때 지구 내부 에너지가
　　방출된다. 화산 활동에 의해 지구 내부 에너지가 방출된다.

ㄷ. A에 인접한 판의 밀도는 인도-오스트레일리아판이 유라시아판
　　보다 ~~작다~~ 크다
　　인도-오스트레일리아판이 유라시아 판 아래로 섭입하고 있다.

① ㄱ　　② ㄴ　　③ ㄱ, ㄷ　　④ ㄴ, ㄷ　　⑤ ㄱ, ㄴ, ㄷ

👤 단서＋발상

(단서) 판의 상대적인 이동 방향과 판 경계의 단면이 제시되어 있다.

(발상) X—X′ 구간에 수렴형(섭입형) 경계가 존재함을 추론할 수 있다.

(적용) 섭입하는 판이 무엇인지 파악하는 것부터 문제 풀이를 시작해야 한다.

| 문제＋자료 분석 |
· 인도-오스트레일리아판과 유라시아판이 서로 가까워지므로 두 판의 경계는 수렴형 경계에 해당한다.
· X—X′ 구간의 단면에서 인도-오스트레일리아판이 유라시아판 아래로 섭입한다. 판이 섭입하면서 생성된 마그마가 상승하여 크라카타우 화산을 형성한다.

| 보기 분석 |
ㄱ. (가)에서 두 판의 상대적인 이동 방향은 서로 가까워지고 있으므로 A는 수렴형 경계이다.

ㄴ. 화산 활동을 일으키는 에너지원은 지구 내부 에너지이므로 크라카타우 화산에서 용암이 분출될 때 지구 내부 에너지가 방출된다.

ㄷ. (나)에서 인도-오스트레일리아판이 유라시아판 아래로 섭입하고 있으므로 판의 밀도는 인도-오스트레일리아판이 유라시아판보다 크다.

＊ 섭입형 경계의 특징
· 밀도가 큰 해양판이 다른 판 아래로 섭입하면서 해저에 수심이 깊은 골짜기(해구)가 형성된다.
· 섭입하는 과정에서 마그마가 만들어지고, 이 마그마가 위쪽으로 분출하면 섭입하지 않는 판에서 화산 활동이 일어난다. 화산 활동이 바다에서 일어나면 호상 열도가 형성되고, 육지에서 일어나면 대륙 화산호가 형성된다.
· 해양판이 지구 내부로 섭입함에 따라 지진이 발생하는 진원의 깊이가 점점 깊어진다. 이러한 지진 발생 영역을 베니오프대(또는 섭입대)라고 한다.

그림은 지구시스템을 구성하는 권역 간 상호작용의 예를 구분하는 과정을 나타낸 것이다.

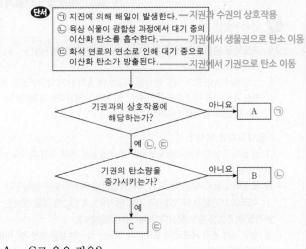

A ~ C로 옳은 것은?

	A	B	C		A	B	C
①	㉠	㉡	㉢	②	㉠	㉢	㉡
③	㉡	㉠	㉢	④	㉡	㉢	㉠
⑤	㉢	㉠	㉡				

👤 단서＋발상

(단서) 각 권역 사이에 일어나는 상호작용의 예가 제시되어 있다.

(발상) 제시된 상호작용이 일어난 두 권역을 추론할 수 있다.

| 문제＋자료 분석 |
· ㉠: 해저 지진이나 산사태, 화산 폭발 등으로 큰 해파가 발생할 수 있다. 이러한 해파를 지진 해일이라고 한다.
· ㉡: 광합성 과정을 거쳐 대기 중의 이산화 탄소가 식물에 유기물 형태로 저장되어 기권의 탄소량이 감소한다.
· ㉢: 지권에 저장된 화석 연료(석탄, 석유, 천연가스)를 사용하면 대기 중으로 이산화 탄소가 방출되어 기권의 탄소량이 증가한다.

| 선택지 분석 |
① 지권에서 발생한 지진에 의해 수권에서 해일이 일어나는 현상은 지권과 수권의 상호작용의 예이므로 ㉠은 A에 해당한다.
　육상 식물이 광합성 과정에서 대기 중의 이산화 탄소를 흡수하면 기권의 탄소량이 감소하므로 ㉡은 B에 해당한다.
　화석 연료의 연소는 대기 중으로 이산화 탄소를 방출하여 기권의 탄소량을 증가시키므로 ㉢은 C에 해당한다.

＊ 지구시스템에서 탄소의 분포

구분	주요 형태	탄소의 양($\times 10^{12}$ kg)	비율(%)
지권	퇴적암(탄산염)	80,000,000	99.943
	화석연료	4,000	0.005
수권	탄산 이온	39,000	0.049
생물권	유기 화합물	2,200	0.003
기권	이산화 탄소	750	0.001

2022.11

17회

그림은 질산 은($AgNO_3$) 수용액에 구리(Cu) 조각을 넣어
반응시켰을 때, 반응 전과 후의 수용액에 들어 있는 금속 양이온을
모형으로 나타낸 것이다. △와 ○는 각각 구리 이온(Cu^{2+}),
은 이온(Ag^+) 중 하나이다. <u>단서</u>

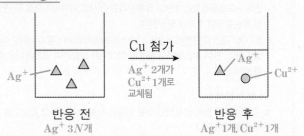

반응 전
Ag^+ 3N개

반응 후
Ag^+1개, Cu^{2+}1개

Cu 첨가
Ag^+ 2개가
Cu^{2+} 1개로
교체됨

이에 대한 설명으로 옳은 것만을 [보기]에서 있는 대로 고른 것은?

[보기]
ㄱ. ○는 Cu^{2+}이다.
   반응 전에는 없었고 반응 후 새롭게 나타난 이온이므로 Cu^{2+}이다.
ㄴ. 이 반응이 일어날 때 전자의 이동이 일어난다.
   Cu 원자가 Ag^+에게 전자를 잃어 Cu^{2+}으로 되고 Ag^+은 전자를 얻는다.
ㄷ. 이 반응에서 △는 ~~산화~~된다.
                    환원

① ㄱ   ② ㄷ   ③ ㄱ, ㄴ   ④ ㄴ, ㄷ   ⑤ ㄱ, ㄴ, ㄷ

단서＋발상

(단서) 반응 전과 후 수용액 속 양이온 모형이 제시되어 있다.

(발상) Ag^+이 Cu와 반응하여 Ag^+ 수가 감소하고 Cu^{2+}이 형성되었음을
추론할 수 있다.

(적용) 반응 전과 후 각 수용액에 표시된 △와 ○이 각각 어떤 이온인지를
구하는 것부터 문제 풀이를 시작해야 한다.

| 문제＋자료 분석 |
· 반응 전 수용액에는 △ 3개, 반응 후 수용액에는 △ 1개와 ○ 1개가
  표시되어 있으므로 △는 반응 전 수용액에 녹아 있던 양이온인 Ag^+,
  ○은 반응에서 생성된 Cu^{2+}임을 알 수 있다.
· Ag^+ 2개가 Cu와 반응하여 Cu^{2+} 1개가 생성된 것으로 보아 Cu는 전자
  2개를 잃어 2가 양이온인 Cu^{2+}로 되고 2개의 Ag^+이 각각 전자 1개씩을
  얻어 Ag으로 되었음을 알 수 있다.

| 보기 분석 |
ㄱ ○는 반응 전에는 없었다가 반응 후 수용액에 생성된 양이온이므로
   Cu^{2+}이다.
ㄴ 이 반응은 2개의 Ag^+이 Cu와 반응하여 Cu^{2+} 1개가 생성된 것으로
   보아 Cu는 전자 2개를 잃어 2가 양이온인 Cu^{2+}로 되고 2개의 Ag^+이
   각각 전자 1개씩을 얻어 Ag으로 되었음을 알 수 있다.
ㄷ. △는 반응 전 수용액에 3개였다가 반응 후 1개로 된 양이온으로
   Ag^+이고 Cu로부터 전자를 얻었으므로 환원되었다.

＊ 질산 은($AgNO_3$) 수용액과 구리(Cu)의 반응
· 질산 은($AgNO_3$) 수용액과 구리(Cu)의 반응을 화학 반응식으로
  나타내면 아래와 같다.

$$2AgNO_3 + Cu \rightarrow Cu(NO_3)_2 + 2Ag$$

· 이 반응에서 Ag^+는 전자를 얻어 Ag으로 환원되었고, Cu는 전자를 잃어
  Cu^{2+}으로 산화되었다.

그림은 세포막을 통한 물질 이동 방식 A와 B를, 표는 물질 이동
방식 Ⅰ과 Ⅱ의 예를 나타낸 것이다. Ⅰ과 Ⅱ는 A와 B를 순서 없이
나타낸 것이다.

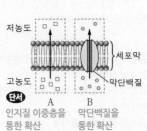

A
인지질 이중층을
통한 확산

B
막단백질을
통한 확산

이동 방식	예
Ⅰ A	폐포와 모세혈관 사이에서 기체 교환이 일어난다.
Ⅱ B	혈액에서 조직 세포로 ㉠포도당이 이동한다.

이에 대한 설명으로 옳은 것만을 [보기]에서 있는 대로 고른 것은? [3점]

[보기]
ㄱ. Ⅰ은 ~~B~~이다. A
   폐포와 모세혈관 사이의 기체 교환 ➡ 인지질 이중층을 통한 확산
ㄴ. ㉠의 구성 원소에는 탄소가 있다.
   ㉠은 탄소, 수소, 산소 원소로 구성된다.
ㄷ. A와 B는 모두 확산에 해당한다.
   A와 B는 모두 고농도에서 저농도로 이동한다.

① ㄱ   ② ㄴ   ③ ㄱ, ㄷ   ④ ㄴ, ㄷ   ⑤ ㄱ, ㄴ, ㄷ

단서＋발상

(단서) 세포막을 통한 확산의 두 가지 방식(A, B)과 그에 대한 예(Ⅰ, Ⅱ)가
제시되어 있다.

(적용) 그림에서 A와 B의 이동 방식을 비교하여 A와 B가 막단백질을 통한
확산과 인지질 이중층을 통한 확산 중 무엇에 해당하는지 파악하는
것부터 문제 풀이를 시작해야 한다.

| 문제＋자료 분석 |
· A: 물질이 고농도에서 저농도로 인지질 이중층을 통해 직접 확산되는
  방식이다.
· B: 물질이 고농도에서 저농도로 막단백질을 통해 확산되는 방식이다.
· Ⅰ: 폐포와 모세혈관 사이에서의 기체 분자(O_2, CO_2)의 이동 방식은
  인지질 이중층을 통한 확산이다. ➡ A에 해당한다.
· Ⅱ: 혈액에서 조직 세포로의 포도당의 이동은 막단백질을 통한 확산이다.
  ➡ B에 해당한다.
· ㉠: 탄수화물 중 단당류에 해당하므로, 구성 원소에는 C(탄소), H(수소),
  O(산소)가 있다.

| 보기 분석 |
ㄱ. Ⅰ은 폐포와 모세혈관 사이의 O_2와 CO_2의 교환을 나타낸다.
   O_2와 CO_2는 인지질 이중층을 통해 확산되므로 Ⅰ은 A에 해당한다.
ㄴ ㉠(포도당)은 C(탄소), H(수소), O(산소) 원소로 구성된다.
ㄷ A와 B는 모두 분자가 스스로 운동하여 농도가 높은 곳에서 낮은 곳으로
   이동하는 현상이므로 확산에 해당한다.

15 정답 ① ★ 수평 방향으로 던진 물체의 운동 ·· [정답률 78%] 2022 실시 11월 학평 15

그림과 같이 동일한 높이에서 물체 A를 가만히 놓는 순간 물체 B를
<u>같은 높이 = 낙하 시간 같음</u>
수평 방향으로 v의 속력으로 던졌더니 A와 B가 각각 경로를 따라
운동한다. A를 가만히 놓은 순간부터 <u>A가 수평면에 도달할 때까지
걸린 시간은 1초이다.</u> 이에 대한 설명으로 옳은 것만을 [보기]에서
<u>B도 1초 걸림</u>
있는 대로 고른 것은? (단, 물체의 크기, 공기 저항은 무시한다.) [3점]

단서
A는 자유 낙하 운동

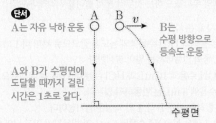

A와 B가 수평면에
도달할 때까지 걸린
시간은 1초로 같다.

B는
수평 방향으로
등속도 운동

수평면

─────────[보기]─────────
ㄱ. A에 작용하는 중력의 방향은 일정하다.
  중력은 항상 연직 아래 방향으로 작용한다.
ㄴ. B가 수평면에 도달하는 순간 B의 수평 방향 속력은 v보다 ~~크다~~
  B는 수평 방향으로 등속도 운동을 한다.   <u>같다</u>
ㄷ. B를 던진 순간부터 B가 수평면에 도달할 때까지 걸린 시간은
  1초보다 ~~크다~~ <u>같다</u>
  B의 연직 방향 운동은 A와 같다

① ㄱ   ② ㄴ   ③ ㄱ, ㄷ   ④ ㄴ, ㄷ   ⑤ ㄱ, ㄴ, ㄷ

단서 + 발상
단서 동일한 높이에서 A, B가 운동을 시작한다는 단서가 제시되어 있다.
발상 수평면에 도달할 때까지 걸린 시간이 같음을 추론할 수 있다.
적용 연직 방향으로는 등가속도 직선 운동, 수평 방향으로는 등속도 운동을
  한다는 것을 적용하는 것부터 문제 풀이를 시작해야 한다.

| 문제 + 자료 분석 |
· 지표면 근처에서 운동하므로 중력이 항상 연직 아래 방향으로 작용한다.
· 공기 저항을 무시하면 수평 방향으로는 알짜힘이 작용하지 않으므로 수평
  방향으로는 등속도 운동을 한다.
· A, B는 동일한 높이에서 운동을 시작하고, 운동을 시작할 때 연직
  방향으로는 운동하지 않았으므로 수평면에 도달할 때까지 걸린 시간은
  서로 같다.

| 보기 분석 |
ㄱ. 중력은 항상 연직 아래 방향으로 작용하므로 A에 작용하는 중력의
  방향은 일정하다.
ㄴ. B는 수평 방향으로 등속도 운동을 하므로 B가 수평면에 도달하는 순간
  B의 수평 방향 속력은 처음과 같은 v이다.
ㄷ. 수평 방향으로 던진 물체의 연직 방향 운동은 같은 높이에서 가만히 놓은
  물체의 자유 낙하 운동과 같다. **꿀팁**
  따라서 B를 던진 순간부터 B가 수평면에 도달할 때까지 걸린 시간은
  A와 같은 1초이다.

★ 수평 방향으로 던진 물체의 운동
· **연직 방향 운동**: 중력 가속도로 자유낙하 하므로 등가속도 직선 운동이다.
  같은 높이에서 가만히 놓은 물체의 자유 낙하 운동과 동일한 운동을 한다.
  따라서 높은 곳에서 던질수록 낙하 시간이 길다.
· **수평 방향 운동**: 수평 방향으로 작용하는 알짜힘이 없으므로 처음 던져진
  속력으로 등속도 운동한다. 수평 도달 거리를 R, 던져진 속력을 v, 낙하
  시간을 t라고 하면 $R = vt$이다.

---

16 정답 ② ★ 변이와 자연선택에 의한 생물의 진화 ······················ [정답률 89%] 2022 실시 11월 학평 16

그림은 한 종으로 이루어진 세균 집단의 진화 과정을 나타낸 것이다.
㉠과 ㉡은 '항생제 A에 내성이 없는 세균'과 '항생제 A에 내성이
있는 세균'을 순서 없이 나타낸 것이다.

항생제 A에   항생제 A에
내성이 없는   내성이 있는
세균 ㉠   ㉡ 세균

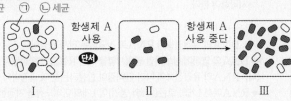

I   II   III

이에 대한 설명으로 옳은 것만을 [보기]에서 있는 대로 고른 것은?
(단, 외부와의 개체 출입은 없다.) [3점]

─────────[보기]─────────
ㄱ. ㉠은 '항생제 A에 내성이 ~~있는~~ 세균'이다. <u>없는</u>
  항생제 A 사용 시 대부분 죽은 세균
ㄴ. I → II 과정에서 자연선택이 일어났다.
  항생제를 사용할 때, 항생제 내성이 있는 세균이 자연선택되었다.
ㄷ. II → III 과정에서 ㉠과 ㉡의 수는 모두 ~~감소~~했다.
  모두 자손을 남겼다.   <u>증가</u>

① ㄱ   ② ㄴ   ③ ㄱ, ㄷ   ④ ㄴ, ㄷ   ⑤ ㄱ, ㄴ, ㄷ

단서 + 발상
단서 항생제 내성 세균의 자연선택 과정이 그림으로 제시되어 있다.
발상 I → II 과정에서 자연선택이 일어나므로 ㉠과 ㉡ 중 항생제 A에
  내성이 있는 세균을 추론할 수 있다.
적용 I → II 과정에서 항생제 A를 사용했을 때 죽는 세균이 무엇인지
  파악하는 것부터 문제 풀이를 시작해야 한다.

| 문제 + 자료 분석 |
· I : 많은 세균 중에 항생제 A에 내성이 있는 세균(㉡)이 일부 존재한다.
· II : 항생제 A를 사용하면 항생제 A에 내성이 없는 세균(㉠)은 대부분
  죽는다. 항생제 A에 내성이 있는 세균(㉡)이 살아남아 자손을 남겨 항생제
  내성 세균이 점점 증가한다.
· III : 항생제 A의 사용을 중단하면 내성이 있는 세균과 내성이 없는 세균
  모두 개체수가 증가한다.
· ㉠: 항생제 A 사용 시 대부분 죽은 세균이므로 '항생제 A에 내성이 없는
  세균'이다.
· ㉡: 항생제 A를 사용해도 살아남아 자손을 남기는 세균이므로 '항생제
  A에 내성이 있는 세균'이다.

| 보기 분석 |
ㄱ. ㉠은 I → II 과정에서 항생제 A 사용 시 대부분 죽은 세균이므로
  '항생제 A에 내성이 없는 세균'이다.
ㄴ. I → II 과정에서 '항생제 A에 내성이 없는 세균'과 '항생제 A에 내성이
  있는 세균' 중 '항생제 A에 내성이 있는 세균'이 자연선택되었다.
ㄷ. II → III 과정에서 항상제 A 사용을 중단하면, 항생제 A에 내성이 있는
  세균과 없는 세균 모두 자손을 남겨 집단을 형성한다.
  따라서 ㉠과 ㉡의 수는 모두 증가했다.

다음은 중화 반응 실험이다.

〈실험 과정〉 **단서**
(가) 온도와 농도가 같은 NaOH 수용액, HCl 수용액을 준비한다.
(나) NaOH 수용액 10 mL와 HCl 수용액 5 mL를 혼합하여 만든 용액 I의 액성을 확인한다. 두 수용액의 농도는 같고 부피는 NaOH 수용액이 더 크므로 혼합한 용액 I의 액성은 염기성이다.
(다) 용액 I에 HCl 수용액 5 mL를 혼합하여 만든 용액 II의 액성을 확인한다. 두 수용액의 농도는 같고 부피도 10 mL씩 동일하게 섞었으므로 혼합한 용액 II의 액성은 중성이다.

〈실험 결과〉
• 각 과정 후 혼합 용액의 액성

용액	I	II
액성	⊙ 염기성	중성

이에 대한 설명으로 옳은 것만을 [보기]에서 있는 대로 고른 것은? [3점]

[보기]
ㄱ. ⊙은 염기성이다.
   NaOH 수용액과 HCl 수용액의 농도는 같고 부피는 NaOH 수용액이 더 많으므로 혼합한 용액 I의 액성은 염기성이다.
ㄴ. (다)에서 중화열이 발생한다.
   용액 I은 염기성 수용액이므로 산성인 HCl 수용액 5 mL를 혼합하면 중화 반응이 일어나 중화열이 발생한다.
ㄷ. (나)에서 생성된 물 분자의 수는 (다)에서 생성된 물 분자의 ~~2배이다.~~ 수와 같다.

① ㄱ   ② ㄷ   ③ ㄱ, ㄴ   ④ ㄴ, ㄷ   ⑤ ㄱ, ㄴ, ㄷ

단서+발상
단서 반응에 사용한 NaOH 수용액, HCl 수용액의 농도와 부피가 제시되어 있다.
발상 (나)와 (다)에서 HCl 수용액을 5 mL씩만 단계적으로 반응시켰으므로 중화 반응이 2단계로 일어났음을 추론할 수 있다.
적용 NaOH 수용액과 HCl 수용액의 농도가 같으므로 부피 비 1 : 1로 중화 반응한다는 것을 적용해서 (나)와 (다)에서 중화 반응에 참여한 각 수용액의 부피를 구하는 것부터 문제 풀이를 시작해야 한다.

| 문제+자료 분석 |
• NaOH 수용액과 HCl 수용액의 농도가 같으므로 부피 비 1 : 1로 중화 반응하며, 중화 반응에서는 열이 발생한다.
• (나): NaOH 수용액 10 mL과 HCl 수용액 5 mL를 혼합했으므로 NaOH 수용액 5 mL는 반응하지 않는다.
 따라서 혼합하여 만든 용액 I의 액성은 염기성이다.
• (다): 용액 I에는 NaOH 수용액 5 mL가 반응하지 않고 남아 있으므로 HCl 수용액 5 mL를 넣으면 부피비 1 : 1로 모두 반응하여 용액 II는 중성이 된다.

| 보기 분석 |
ㄱ. NaOH 수용액과 HCl 수용액은 농도가 같으므로 부피비 1 : 1로 중화 반응한다. (나)에서 NaOH 수용액 10 mL과 HCl 수용액 5 mL를 혼합하면 NaOH 수용액 5 mL는 중화 반응하지 않고 남아 있게 되므로 용액 I의 액성은 염기성이다.
ㄴ. (다)에서 용액 I에는 반응하지 않고 남아 있는 NaOH 수용액 5 mL가 포함되어 있으므로 HCl 수용액 5 mL를 혼합하면 부피비 1 : 1로 모두 중화 반응하면서 중화열이 발생한다.
ㄷ. (나)에서 NaOH 수용액 10 mL과 HCl 수용액 5 mL를 혼합하면 각각 5 mL씩만 반응에 참여하고, (다)에서는 용액 I에 남아 있던 NaOH 수용액 5 mL과 HCl 수용액 5 mL가 반응에 참여한다.
 따라서 (나)와 (다)에서 생성된 물 분자 수는 모두 같다.

그림은 세포에서 일어나는 유전정보의 흐름을 나타낸 것이다.
⊙~@은 각각 아데닌(A), 유라실(U), 타이민(T), 사이토신(C) 중 하나이고, (가)와 (나)는 각각 번역과 전사 중 하나이다.

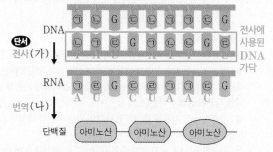

이에 대한 설명으로 옳은 것만을 [보기]에서 있는 대로 고른 것은? (단, 돌연변이는 고려하지 않는다.)

[보기]
ㄱ. (가)는 ~~번역~~이다. 전사
   DNA의 유전정보가 RNA로 전달
ㄴ. ⓒ은 ~~아데닌(A)~~이다. 타이민(T)
   RNA에서 왼쪽 두 번째 염기는 ⓒ(타이민, T) 대신 @(유라실, U)을 가진다.
ㄷ. DNA의 단위체는 뉴클레오타이드이다.
   DNA의 단위체는 뉴클레오타이드이다.

① ㄱ   ② ㄷ   ③ ㄱ, ㄴ   ④ ㄴ, ㄷ   ⑤ ㄱ, ㄴ, ㄷ

단서+발상
단서 세포에서 일어나는 전사와 번역 과정이 제시되어 있다.
발상 RNA의 염기서열을 통해 전사에 사용된 DNA 가닥을 추론할 수 있다.
적용 전사에 사용되지 않은 DNA 가닥과 RNA의 염기서열을 비교하여 RNA가 ⓒ 대신 @을 가지고 있음을 파악하는 것부터 문제 풀이를 시작해야 한다.

| 문제+자료 분석 |
• (가): DNA의 유전정보가 RNA로 전달되는 전사 과정이다.
 ➡ DNA의 염기에 상보적인 염기서열을 가진 RNA가 합성된다. **꿀팁**
• (나): RNA의 유전정보에 따라 단백질이 합성되는 번역 과정이다.
 ➡ RNA에서 1개의 코돈(3개의 염기)이 1개의 아미노산을 지정한다.
• ©: 구아닌(G)과 상보적인 결합을 형성하므로 사이토신(C)이다.
• 전사에 사용되지 않은 DNA 가닥과 RNA의 염기서열을 비교했을 때, RNA에서는 ⓒ 대신 @을 가진다.
 ➡ ⓒ은 타이민(T), @은 유라실(U)이다.
• DNA에서 ⊙과 ⓒ(타이민)은 상보적인 결합을 한다.
 ➡ ⊙은 아데닌(A)이다.

| 보기 분석 |
ㄱ. (가)는 DNA의 유전정보가 RNA로 전달되는 과정이므로 전사이다.
ㄴ. RNA에서는 ⓒ 대신 @을 가지므로, ⓒ은 타이민(T), @은 유라실(U)이다.
ㄷ. DNA의 단위체는 뉴클레오타이드이다.

19 정답 ⑤ ＊ 엘니뇨 ·········· [정답률 52%] **2022 실시 11월 학평 19**

그림은 평상시와 엘니뇨 시기의 태평양 적도 부근 해역에서의 일평균 강수량을 각각 나타낸 것이다.

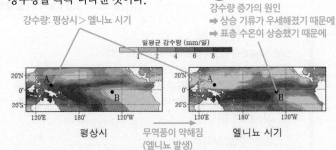

강수량 증가의 원인
➡ 상승 기류가 우세해졌기 때문에
➡ 표층 수온이 상승했기 때문에

강수량: 평상시 > 엘니뇨 시기

평상시 / 무역풍이 약해짐 (엘니뇨 발생) / 엘니뇨 시기

평상시와 비교할 때, 엘니뇨 시기에 대한 설명으로 옳은 것만을 [보기]에서 있는 대로 고른 것은? [3점]

[보기]
ㄱ. 무역풍의 세기가 약하다.
　엘니뇨 시기에는 서쪽으로 부는 무역풍이 약해진다.
ㄴ. A 해역의 일평균 강수량이 적다.
　A 해역의 일평균 강수량은 엘니뇨 시기가 평상시보다 적다.
ㄷ. B 해역의 평균 표층 수온이 높다.
　엘니뇨 시기에는 B 해역의 표층 수온이 높아져 강수량이 증가한다.

① ㄱ　② ㄷ　③ ㄱ, ㄴ　④ ㄴ, ㄷ　⑤ ㄱ, ㄴ, ㄷ

단서+발상

(단서) 평상시와 엘니뇨 시기의 일평균 강수량이 제시되어 있다.

(발상) A 해역은 평상시에, B 해역은 엘니뇨 시기에 강수량이 더 많다는 것을 추론할 수 있다.

(적용) 엘니뇨 시기에는 평상시보다 무역풍이 약해져 따뜻한 해수가 상대적으로 동쪽으로 이동한다는 것을 고려하여 문제 풀이를 시작해야 한다.

| 문제＋자료 분석 |
- **엘니뇨**: 무역풍이 평상시보다 약해지면서 태평양 적도 부근 해역의 중앙부와 동쪽 연안에서 표층 수온이 평상시보다 높아지는 현상이다.
- **일평균 강수량**: 평상시에는 A 해역의 강수량이 B 해역에 비해 많지만, 엘니뇨 시기에는 A 해역의 강수량이 B 해역에 비해 적다.
- B 해역에서 엘니뇨 시기에 강수량이 증가한 이유는 표층 수온이 높아져 상승 기류가 우세해졌기 때문이다. (함정)

| 보기 분석 |
ㄱ. 엘니뇨 시기에는 무역풍이 평상시보다 약해져 서쪽으로 이동하는 따뜻한 해수의 흐름이 약해진다.

ㄴ. 평상시에는 A 해역에 따뜻한 해수의 분포로 상승 기류가 우세하여 강수량이 많지만, 엘니뇨 시기에는 A 해역에서 하강 기류가 우세하여 강수량이 감소한다.

ㄷ. 엘니뇨 시기에는 따뜻한 해수가 B 해역에 많아지므로 B 해역의 평균 표층 수온이 평상시보다 높다.

왜 틀렸나?
- 엘니뇨 발생은 무역풍과 직접적인 관련이 있으므로 무역풍에 대한 이해가 중요하다. 특히 무역풍은 동풍 계열의 바람이므로 따뜻한 해수를 서쪽으로 이동시킨다는 점을 잘 알고 있어야 한다.
- 이 문항을 틀린 경우는 엘니뇨 시기에 표층 수온 변화에 따른 강수량 변화를 이해하지 못했기 때문이다.

---

20 정답 ④ ＊ 운동량과 충격량 ·········· [정답률 69%] **2022 실시 11월 학평 20**

그림 (가)는 수평면에서 $3v$의 속력으로 운동하는 물체 A가 정지해 있는 물체 B와 충돌한 후 A와 B가 v의 속력으로 함께 운동하는 모습을 나타낸 것이다. A와 B의 질량은 각각 m과 $2m$이다. 그림 (나)는 A와 B가 충돌하는 동안 B가 A로부터 받는 힘의 크기를 시간에 따라 나타낸 것이다. A와 B의 충돌 시간은 T이다.

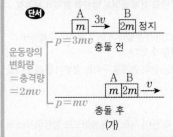

운동량의 변화량 ＝충격량 ＝$2mv$

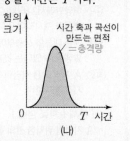

이에 대한 설명으로 옳은 것만을 [보기]에서 있는 대로 고른 것은? [3점]

[보기]
ㄱ. A의 운동량 크기는 충돌 전이 충돌 후보다 ~~작다~~ 크다
　　　　　　　　　 $3mv$　　mv
ㄴ. (나)에서 시간 축과 곡선이 만드는 면적은 $2mv$이다.
　시간 축과 곡선이 만드는 면적은 충격량의 크기와 같다.
ㄷ. A와 B가 충돌하는 동안 B가 A로부터 받은 평균 힘의 크기는
　$\dfrac{2mv}{T}$이다.　평균 힘의 크기＝$\dfrac{충격량}{충돌\ 시간}$＝$\dfrac{2mv}{T}$

① ㄱ　② ㄴ　③ ㄱ, ㄷ　④ ㄴ, ㄷ　⑤ ㄱ, ㄴ, ㄷ

단서+발상

(단서) 충돌 전후 물체 A, B의 속력이 제시되어 있다.

(발상) 운동량의 변화량을 통해 충격량을 계산해야 함을 추론할 수 있다.

(적용) (나)에서 시간 축과 곡선이 만드는 면적은 충격량과 같음을 적용해서 운동량의 변화량을 구하는 것부터 문제 풀이를 시작해야 한다.

| 문제＋자료 분석 |
- **A의 운동량 변화량**: $mv-3mv=-2mv$
- **B의 운동량 변화량**: $2mv-0=2mv$

| 보기 분석 |
ㄱ. A의 운동량 크기는 충돌 전 $3mv$, 충돌 후 mv이므로 충돌 전이 충돌 후보다 크다.

ㄴ. 운동량의 변화량의 크기는 충격량의 크기와 같고, (나)에서 시간 축과 곡선이 만드는 면적은 B가 A로부터 받은 충격량의 크기와 같으므로 $2mv$이다.

ㄷ. 충격량을 충돌 시간으로 나눈 값을 평균 힘이라고 한다. B가 A로부터 받은 충격량의 크기는 $2mv$이고 A와 B의 충돌 시간은 T이므로 평균 힘의 크기는 $\dfrac{2mv}{T}$이다.

＊ 충격량과 평균 힘
- 충돌하는 동안 받는 힘의 크기를 시간에 따라 나타낸 그래프가 시간축과 이루는 면적은 충격량의 크기와 같다.
- 충격량을 충돌 시간으로 나눈 것을 평균 힘이라고 한다.

01 정답 ③   ★ 지구시스템의 상호작용 이해하기 ·················· [정답률 94%] **2021 실시 11월 학평 1**

그림은 지구시스템의 상호작용을, 표는 ㉠~㉢에 해당하는
상호작용의 예를 나타낸 것이다. A~C는 각각 지권, 기권, 생물권
중 하나이다.

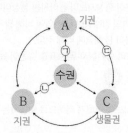

	상호작용의 예
㉠	바람에 의한 해수 혼합 기권 수권
㉡	하천수에 의한 지표 침식 수권 지권
㉢	식물의 광합성으로 대기 생물권 기권 중에 산소 공급

A~C로 옳은 것은?

	A	B	C
①	지권	기권	생물권
②	지권	생물권	기권
③	기권	지권	생물권
④	기권	생물권	지권
⑤	생물권	지권	기권

단서+발상

(단서) 수권과의 상호작용의 예가 제시되어 있다.

(발상) ㉠, ㉡, ㉢이 수권과 어느 권의 상호작용인지 추론할 수 있다.

(적용) 지구시스템의 상호작용을 제대로 이해하기 위해서는 근원이 되는
권역과 영향을 받는 권역이 무엇인지 구하는 것부터 문제 풀이를
시작해야 한다.

| 문제+자료 분석 |
- ㉠: 바람(기권)에 의한 해수 혼합(수권) ➡ A는 기권이다.
- ㉡: 하천수(수권)에 의한 지표 침식(지권) ➡ B는 지권이다.
- ㉢: 식물의 광합성(생물권)으로 대기 중에 산소 공급(기권) ➡ C는 생물권이다.

| 선택지 분석 |
③ ㉠은 기권과 수권의 상호작용, ㉡은 수권과 지권의 상호작용, ㉢은
생물권과 기권의 상호작용에 해당한다.
따라서 A는 기권, B는 지권, C는 생물권이다.

★ 지구시스템의 구성 요소 사이의 상호작용 예

근원＼영향	기권	수권	지권	생물권
기권	전선 형성	표층 해류, 엘니뇨 발생	풍화, 침식 작용	호흡
수권	태풍 발생	해수의 혼합	지표의 변화	생물체에 물 제공
지권	화산 가스 방출	지진 해일	대륙 이동	생물체에 서식지 제공
생물권	광합성, 증산 작용	생물체에 의한 용해	화석 연료 생성	먹이 사슬

02 정답 ④   ★ 판 경계의 특징 분석하기 ·················· [정답률 71%] **2021 실시 11월 학평 2**

그림은 판의 이동 방향과 단면을 나타낸 것이다.

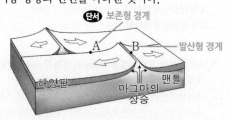

지점 A, B에 대한 설명으로 옳은 것만을 [보기]에서 있는 대로 고른
것은?

─────[보기]─────
ㄱ. A는 보존형 경계에 위치한다.
  A에 인접한 두 판이 서로 반대 방향으로 이동하므로 A는 보존형 경계에 위치한다.
ㄴ. B에서는 ~~해구~~가 발달한다. 해령
  발산형 경계
ㄷ. 화산 활동은 A보다 B에서 활발하다.
  화산 활동은 A(보존형 경계)보다 주로 B(발산형 경계)에서 활발하게 일어난다.

① ㄱ   ② ㄷ   ③ ㄱ, ㄴ   ④ ㄱ, ㄷ   ⑤ ㄴ, ㄷ

단서+발상

(단서) 해양판에서 나타날 수 있는 판의 경계 중에서 발산형 경계와 보존형
경계가 제시되어 있다.

(발상) 맨틀 대류의 상승부에는 마그마가 분출하여 화산 활동이 우세하게
발생할 수 있다는 것을 추론할 수 있다.

(적용) A 지점과 B 지점이 위치하는 판의 경계를 구하는 것부터 문제 풀이를
시작해야 한다.

| 문제+자료 분석 |
- A 지점이 위치한 판의 경계는 두 판이 서로 반대 방향으로 평행하게 스쳐
지나가는 경계이므로 보존형 경계이다.
- B 지점이 위치한 판의 경계는 두 판이 서로 멀어지는 경계이므로 발산형
경계이다.

| 보기 분석 |
ㄱ. A는 보존형 경계에 위치하는 지점이다. 보존형 경계는 인접한 두 판이
서로 반대 방향으로 이동하는 경계이다.
ㄴ. B는 발산형 경계에 위치하는 지점이다.
따라서 B에서는 해령이 주로 발달한다.
ㄷ. 판의 생성이나 소멸이 없는 보존형 경계에서는 주로 지진이 일어나고
화산 활동이 거의 없다. 맨틀의 상승부에 위치하여 새로운 판이 생성되는
발산형 경계에서는 화산 활동과 지진이 모두 일어난다. 꿀圓
따라서 화산 활동은 A보다 B에서 활발하게 일어난다.

03 정답 ⑤ ＊ 세포막을 통한 물질의 이동 ·· [정답률 81%] 2021 실시 11월 학평 3

그림 (가)는 세포막을 통해 포도당이 이동하는 과정을, (나)는 세포막을 통해 산소 기체가 이동하는 과정을 나타낸 것이다.

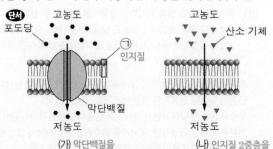

(가) 막단백질을 통한 확산   (나) 인지질 2중층을 통한 확산

이에 대한 설명으로 옳은 것만을 [보기]에서 있는 대로 고른 것은? [3점]

─────── [보기] ───────
ㄱ. ㉠은 인지질이다.
　　㉠은 친수성의 머리와 소수성의 꼬리로 이루어진 인지질이다.
ㄴ. (가)에서 포도당의 이동에 막단백질이 이용된다.
　　막단백질을 통해 고농도에서저농도로 확산된다.
ㄷ. (나)에서 산소 기체의 이동 방식은 확산이다.
　　인지질 이중층을 직접 통과하여 고농도에서 저농도로 확산된다.

① ㄱ   ② ㄷ   ③ ㄱ, ㄴ   ④ ㄴ, ㄷ   ⑤ ㄱ, ㄴ, ㄷ

 단서+발상

단서 막단백질을 통한 확산과 인지질 2중층을 통한 확산이 제시되어 있다.

적용 그림을 통해 (가)와 (나)의 이동 방식을 비교하여 막단백질을 통한 확산과 인지질 2중층을 통한 확산 중 무엇에 해당하는지 파악하는 것부터 문제 풀이를 시작해야 한다.

| 문제+자료 분석 |
· ㉠: 세포막의 주성분인 인지질로, 지질에 인산이 결합되어 있는 물질이다. 머리 부분은 친수성이고, 꼬리 부분은 소수성이다.
· (가): 포도당이 막단백질을 통해 농도가 높은 곳에서 낮은 곳으로 확산된다.
· (나): 산소 기체가 인지질 2중층을 직접 통과하여 확산된다.

| 보기 분석 |
ㄱ. ㉠은 지질에 인산이 결합되어 있는 인지질이다. 세포막은 인지질 2중층에 단백질이 파묻혀 있거나 관통하고 있는 구조로, 인지질은 유동성이 있어 단백질이 고정되어 있지 않고 움직일 수 있다.
ㄴ. (가)에서 포도당은 세포막의 막단백질을 통해 고농도에서 저농도로 확산된다.
ㄷ. (나)에서 산소 기체는 인지질 2중층을 직접 통과하여 고농도에서 저농도로 확산된다.

＊ **확산**

구분	인지질 2중층을 통한 확산 (단순 확산)	막단백질을 통한 확산 (촉진 확산)
확산 방식	물질이 인지질 2중층을 직접 통과하여 확산(고농도 ➡ 저농도)	물질이 단백질을 통해 확산(고농도 ➡ 저농도)
확산 속도	분자의 크기가 작을수록, 온도가 높을수록, 세포 안팎의 농도차가 클수록, 지질에 대한 용해도가 클수록 빠르게 확산한다.	세포 안팎의 농도차가 클수록 빠르게 확산하지만, 일정 농도 차 이상에서는 확산 속도가 더 이상 증가하지 않는다.
이동 물질	O_2, CO_2, 지용성 물질(지방산, 글리세롤) 등	포도당, 아미노산, 이온 등
예	폐포와 모세 혈관 사이의 O_2와 CO_2 교환	혈액 속의 포도당이 조직 세포로 확산

---

04 정답 ② ＊ 충격량, 충격력 ·· ✪ 고난도 [① 1% ② 43% ③ 1% ④ 48% ⑤ 4%] 2021 실시 11월 학평 4

다음은 학생 A~C가 자전거 헬멧 착용과 관련된 뉴스 내용에 대해 대화하는 모습을 나타낸 것이다. **단서** 머리에 작용하는 충격력의 크기를 감소시킨다.

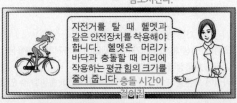

제시한 내용이 옳은 학생만을 있는 대로 고른 것은?
① A   ② C   ③ A, B   ④ B, C   ⑤ A, B, C

 단서+발상

단서 헬멧을 착용하면 안전한 이유가 제시되어 있다.

발상 헬멧을 착용하면 머리에 작용하는 충격력이 감소한다는 것을 추론할 수 있다.

적용 충돌 시간과 충격력의 관계를 찾는 것에서부터 문제 풀이를 시작해야 한다.

| 문제+자료 분석 |
· 물체가 받는 충격량은 충격력의 크기와 충돌 시간의 곱이다.
· 머리가 바닥에 충돌할 때 충돌 시간이 길수록 물체가 받는 평균 힘의 크기는 감소한다.

| 선택지 분석 |
② **학생 A**: 헬멧을 착용하면 머리가 바닥과 충돌할 때 충돌 시간을 길게 하여 머리에 작용하는 평균 힘의 크기를 줄여 준다. ➡ 옳지 않음
　학생 B: 충돌할 때 머리에 작용하는 충격량의 크기는 헬멧의 착용 여부와 관계없이 일정하다. ➡ 옳지 않음
　학생 C: 에어백은 헬멧과 같이 충돌 시간을 길게 하여 사람이 받는 평균 힘의 크기를 줄여 주는 장치이다. ➡ 옳음

다음은 빅뱅 우주론에서 헬륨 원자핵이 생성되는 과정에 대한
설명이다. A, B는 각각 양성자와 중성자 중 하나이고, ㉠, ㉡은
각각 수소 원자핵과 헬륨 원자핵 중 하나이다. 단서

빅뱅 초기에 생성된 기본 입자 중 쿼크가 결합하여 A와 B가
만들어졌다. A는 그 자체로 수소 원자핵이 되었고, 그림과 같이
A와 B가 결합하여 헬륨 원자핵이 생성되었으며, 우주에 존재하는
┌─㉠─┐의 총질량은 ┌─㉡─┐의 총질량의 약 3배가 되었다.
　수소 원자핵　　헬륨 원자핵　양성자와 중성자의 개수비 14 : 2 = 7 : 1

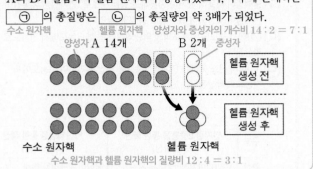

양성자 A 14개　　　　　B 2개 중성자
　　　　　　　　　　헬륨 원자핵
　　　　　　　　　　생성 전
　　　　　　　　　　헬륨 원자핵
　　　　　　　　　　생성 후
수소 원자핵　　　헬륨 원자핵
수소 원자핵과 헬륨 원자핵의 질량비 12 : 4 = 3 : 1

이에 대한 설명으로 옳은 것만을 [보기]에서 있는 대로 고른 것은? [3점]

[보기]
㉠ A는 양성자이다.
　A는 그 자체로 수소 원자핵이므로 양성자이다.
ㄴ. ㉠은 ~~헬륨~~ 원자핵이다. 수소
　㉠의 총질량은 ㉡의 총질량의 약 3배이므로 수소 원자핵이다.
ㄷ. ㉡은 전기적으로 ~~중성~~이다. 양(+)전하
　양성자 2개와 중성자 2개가 결합하였다.

① ㄱ　　② ㄴ　　③ ㄱ, ㄷ　　④ ㄴ, ㄷ　　⑤ ㄱ, ㄴ, ㄷ

단서+발상

단서 헬륨 원자핵이 형성되기 전 양성자와 중성자의 개수비는 7:1로
제시되어 있다.

발상 수소 원자핵과 헬륨 원자핵의 질량비를 추론할 수 있다.

적용 수소 원자핵은 양성자 1개이고, 헬륨의 원자핵은 양성자 2개와 중성자
2개가 결합하여 생성된다는 것을 고려하여 문제 풀이를 시작해야 한다.

| 문제+자료 분석 |
· 초기 우주는 온도가 높아서 양성자가 중성자로, 중성자가 양성자로 서로
변환이 일어나 양성자와 중성자의 개수가 비슷했다.
· 우주의 온도가 낮아지면서 에너지를 방출하는 중성자에서 양성자로의
변환은 계속 일어났지만, 에너지를 흡수하는 양성자에서 중성자로의
변환은 어려워져 중성자보다 양성자의 개수가 많아졌다.
· 헬륨 원자핵이 생성되기 직전 양성자와 중성자의 개수비는 약 7 : 1이었다.
· 양성자는 그 자체로 수소 원자핵이 되고, 헬륨 원자핵은 양성자 2개와
중성자 2개가 결합하여 생성된다.

| 보기 분석 |
㉠ A는 그 자체로 수소 원자핵이므로 양성자이고, 양성자와 결합하여 헬륨
원자핵을 구성하는 B는 중성자이다.
ㄴ. 헬륨 원자핵이 생성되기 직전 양성자와 중성자의 개수비는 7 : 1이었고,
헬륨 원자핵이 생성된 후 수소 원자핵과 헬륨 원자핵의 질량비는
3 : 1이었다.
따라서 ㉠은 수소 원자핵이고, ㉡은 헬륨 원자핵이다.
ㄷ. 헬륨 원자핵은 양성자 2개와 중성자 2개가 결합하여 생성되므로
전기적으로 양(+)전하를 띤다. 함정

왜 틀렸나?
· [보기] ㄴ을 제대로 판단하기 위해서는 우주에서 수소 원자핵과
헬륨 원자핵의 질량비가 약 3 : 1이라는 것을 이해하고 있어야 한다.
· [보기] ㄷ의 진위 판단을 옳게 하려면, 원자핵은 구성되는 양성자로 인해서
양(+)전하를 띤다는 것을 파악하고 있어야 한다.

그림은 지질 시대의 지속 기간을 상대적인 비율로 나타낸 것이다.
A~C는 각각 고생대, 중생대, 신생대 중 하나이다.
단서

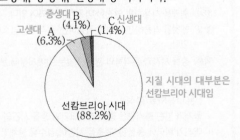

중생대 B
(4.1%)　　C 신생대
고생대 A　　(1.4%)
(6.3%)
　　　　　　　지질 시대의 대부분은
　　　　　　　선캄브리아 시대임
선캄브리아 시대
(88.2%)

이에 대한 설명으로 옳은 것만을 [보기]에서 있는 대로 고른 것은?

[보기]
㉠ A는 고생대이다.
　A는 지질 시대 중 2번째로 지속 기간이 긴 고생대이다.
㉡ B에는 공룡이 번성하였다.
　B는 중생대이다. 중생대에는 파충류인 공룡이 번성하였다.
ㄷ. ~~C~~에는 최초의 육상 생물이 출현하였다.
　A　　리니아-고생대 중기 초에 출현

① ㄱ　　② ㄷ　　③ ㄱ, ㄴ　　④ ㄴ, ㄷ　　⑤ ㄱ, ㄴ, ㄷ

단서+발상

단서 지질 시대의 대부분은 선캄브리아 시대라는 것이 제시되어 있다.

발상 지속 기간의 상대적인 비율로 A는 고생대, B는 중생대, C는
신생대라는 것을 추론할 수 있다.

적용 각각의 지질 시대 환경과 분포하는 생명체의 종류를 구하는 것부터
문제 풀이를 시작해야 한다.

| 문제+자료 분석 |
· 고생대, 중생대, 신생대가 지질 시대에서 차지하는 비율은
고생대 > 중생대 > 신생대이다.
· 기권에 오존층이 형성된 이후에 육상 생물이 출현할 수 있었다.

| 보기 분석 |
㉠ 지질 시대의 지속 기간은 선캄브리아 시대 > 고생대 > 중생대 > 신생대
이다.
따라서 A는 지질 시대 중에서 2번째로 지속 기간이 긴 고생대이다.
㉡ B는 약 2억 5천만 년 전부터 약 6천 6백만 년 전까지인 중생대이다.
중생대에는 전반적으로 온난한 기후가 지속되어 파충류가 번성하였다.
따라서 파충류의 한 무리인 공룡이 중생대에 크게 번성하였다.
ㄷ. C는 약 6천 6백만 년 전부터 최근까지인 신생대이다. 신생대에는 함정
속씨식물과 포유류가 번성하였다. 최초의 육상 생물은 고생대 중기 초에
출현한 식물인 리니아이다.
따라서 최초의 육상 생물이 출현한 시기는 신생대 C가 아니라
고생대 A이다.

표 (가)는 사람을 구성하는 물질 A, B의 특성 ㉠과 ㉡의 유무를, (나)는 ㉠과 ㉡을 순서 없이 나타낸 것이다. A, B는 각각 단백질과 물 중 하나이다.

단서

물질 \ 특성	㉠ '에너지원으로 이용된다.'	㉡ '구성 원소에 산소가 있다.'
A 물	×	○
B 단백질	○	○

(○: 있음, ×: 없음)

(가)

특성(㉠, ㉡)
• 에너지원으로 이용된다.
  ➡ 단백질
• 구성 원소에 산소가 있다.
  ➡ 단백질, 물

(나)

이에 대한 설명으로 옳은 것만을 [보기]에서 있는 대로 고른 것은?

[보기]
ㄱ. A는 ~~단백질~~이다. 물 특성 ㉡만을 가진다.
ㄴ. B에 펩타이드결합이 있다. B(단백질)에 펩타이드결합이 존재한다.
ㄷ. ㉡은 ~~에너지원으로 이용된다~~이다. '구성 원소에 산소가 있다.' 공통 특성

① ㄱ   ② ㄴ   ③ ㄱ, ㄴ   ④ ㄱ, ㄷ   ⑤ ㄴ, ㄷ

단서+발상

(단서) 물질 A, B의 특성 ㉠, ㉡의 여부와 특성 ㉠, ㉡이 제시되어 있다.
(발상) 단백질과 물의 특성을 파악하면, A와 B를 추론할 수 있다.
(적용) 단백질과 물이 특성 ㉠, ㉡을 만족하는지를 파악하는 것부터 문제 풀이를 시작해야 한다.

| 문제+자료 분석 |
• ㉠: 단백질과 물 중 단백질만 갖는 특성이므로 '에너지원으로 이용된다.'이다.
• ㉡: 단백질과 물 모두 갖는 특성이므로 '구성 원소에 산소가 있다.'이다.
• A: ㉠, ㉡ 중 한 가지 특성만 가지므로 물이다.
• B: ㉠과 ㉡을 모두 만족하므로 단백질이다.

| 보기 분석 |
ㄱ. A는 특성 ㉡만을 가지므로 물이다.
ㄴ. 단백질의 기본 단위는 아미노산이며, 2개의 아미노산이 결합할 때 두 아미노산 사이에서 물 분자 1개가 빠져나오면서 펩타이드결합이 형성된다. 많은 수의 아미노산이 펩타이드결합으로 연결되어 긴 사슬 모양의 폴리펩타이드를 형성하며, 하나 이상의 폴리펩타이드가 모여 독특한 입체 구조를 갖는 단백질이 된다.
  따라서 B(단백질)에 펩타이드결합이 존재한다.
ㄷ. ㉡은 단백질과 물이 공통적으로 갖는 특성이므로 '구성 원소에 산소가 있다.'이다.

* 단백질
• 단백질의 구성 원소는 탄소(C), 수소(H), 산소(O), 질소(N)이며, 에너지원으로 사용된다. 생명체의 근육, 뼈, 머리카락 등을 구성하며, 효소, 항체, 호르몬의 주성분으로 각종 화학 반응과 생리 작용을 조절한다.

그림 (가)는 어느 별의 진화 과정에서 중심부의 핵융합 반응이 끝난 직후 별의 내부 구조를, (나)는 (가)의 원자 ㉠, ㉡ 중 하나의 전자 배치 모형을 나타낸 것이다.

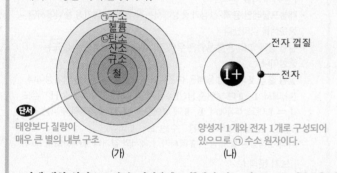

단서
태양보다 질량이 매우 큰 별의 내부 구조

(가)

양성자 1개와 전자 1개로 구성되어 있으므로 ㉠ 수소 원자이다.

(나)

이에 대한 설명으로 옳은 것만을 [보기]에서 있는 대로 고른 것은? [3점]

[보기]
ㄱ. (가)에서 별의 내부 온도는 중심에서 표면으로 갈수록 ~~높아진다~~. 중심부에서 무거운 원자핵이 형성된다. 낮아진다.
ㄴ. (가)와 같은 구조를 가진 별의 질량은 태양의 질량보다 크다. 태양 정도 질량을 가진 별은 헬륨 핵융합 반응까지만 일어난다.
ㄷ. (나)는 ~~㉡~~의 전자 배치 모형이다. ㉠ 수소 원자

① ㄱ   ② ㄴ   ③ ㄱ, ㄷ   ④ ㄴ, ㄷ   ⑤ ㄱ, ㄴ, ㄷ

단서+발상

(단서) (가)의 중심부에 철로 구성된 핵이 제시되어 있다.
(발상) (가)의 중심에 형성된 핵을 통해 별의 대략적인 질량을 추론할 수 있다.
(적용) 양성자 1개와 전자 1개가 결합하여 구성하는 원자를 구하는 것부터 문제 풀이를 시작해야 한다.

| 문제+자료 분석 |
• 핵융합 반응에서 별 내부의 온도가 높을수록 무거운 원소가 생성될 수 있다.
• 별의 질량이 클수록 별의 내부에서 핵융합 반응으로 더 무거운 원소가 생성될 수 있다.
• 수소는 양성자 1개로 구성된 원자핵과 원자핵 주위를 도는 전자 1개가 결합하여 전기적으로 중성이다.

| 보기 분석 |
ㄱ. 핵융합 반응에서 무거운 원자핵이 형성되기 위해서는 중심부의 온도가 더 높아져야 한다.
  따라서 (가)에서 별의 내부 온도는 중심에서 표면으로 갈수록 낮아진다.
ㄴ. (가)는 중심부에 철로 이루어진 중심핵이 존재한다. 질량이 태양 정도인 별은 중심에서 헬륨 핵융합 반응까지만 일어나므로 (가)는 태양보다 질량이 매우 큰 별의 내부 구조이다.
ㄷ. (나)는 양성자 수가 1개이므로 수소의 전자 배치 모형이다.
  탄소는 양성자 수가 6개이므로, 양성자가 6개인 전자 배치 모형을 가져야 한다.

* 별의 진화와 원소의 생성

구분	질량이 태양 정도의 별	질량이 태양보다 매우 큰 별
생성 원소	철보다 가벼운 원소(헬륨, 탄소, 산소 등)	헬륨~철, 철보다 무거운 원소 (금, 우라늄) 등

다음은 임의의 알칼리 금속 M의 성질을 알아보기 위한 실험과
3가지 실험 기구이다. ㉠, ㉡은 실험 기구 A~C 중 하나이다.

〈자료〉 단서 리튬(Li)
• M은 원자 번호가 3이고, 휴대 전화의 배터리에 사용된다.

〈실험 과정 및 결과〉
• 쌀알 크기의 M 조각을 ㉠ 핀셋 (으)로 집어서 물이 담긴
㉡ 시험관 에 넣었더니 격렬한 반응이 일어났다.

〈실험 기구〉

A.   B.   C.
핀셋   시험관   스포이트

다음 중 알칼리 금속 M과 실험 기구 ㉠, ㉡으로 가장 적절한 것은?

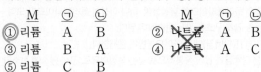

	M	㉠	㉡		M	㉠	㉡
①	리튬	A	B	②	나트륨	A	B
③	리튬	B	A	④	나트륨	A	C
⑤	리튬	C	B				

🧠 **단서＋발상**

단서 금속 M의 원자 번호와 실험 과정 및 결과가 제시되어 있다.

발상 원자 번호로부터 금속 M을 추론할 수 있다.

적용 실험 과정을 통해 각 과정에서 필요한 실험 기구를 구하는 것부터 문제
풀이를 시작해야 한다.

| 문제＋자료 분석 |
• M의 원자 번호가 3이므로 M은 리튬(Li)이다.
• 실험 기구 A~C 중 금속 조각을 집어 옮기는 ㉠으로 적절한 것은
A(핀셋)이다.
• 실험 기구 A~C 중 물을 담아 반응을 관찰하는데 사용하는 ㉡으로 적절한
것은 B(시험관)이다.

| 선택지 분석 |
① 원자 번호가 3인 M은 리튬(Li)이고, ㉠은 A(핀셋), ㉡은 B(시험관)이다.

✱ **알칼리 금속의 성질**
• 실온에서 모두 고체 상태이고, 은백색의 광택을 띤다.
• 다른 금속에 비해 밀도가 작고, 칼로 쉽게 잘릴 정도로 무르다.
• 반응성이 매우 커서 공기 중의 산소와 빠르게 반응하며, 실온에서도 물과
활발하게 반응한다.

다음은 산과 염기의 중화 반응 실험이다.

〈실험 과정〉
(가) HCl 수용액, NaOH 수용액을 준비한다.
(나) 삼각 플라스크 Ⅰ, Ⅱ에 HCl 수용액을 각각 10mL씩 넣은
후 페놀프탈레인 용액 2~3방울을 떨어뜨린다.
(다) 그림과 같이 Ⅰ에는 NaOH 수용액 5 mL를, Ⅱ에는 NaOH
수용액 15 mL를 각각 첨가한 후 혼합 용액을 만든다.

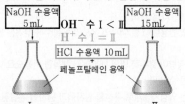

NaOH 수용액 5mL OH^- 수 Ⅰ < Ⅱ   NaOH 수용액 15mL
H^+ 수 Ⅰ = Ⅱ
HCl 수용액 10 mL
＋
페놀프탈레인 용액
Ⅰ   Ⅱ

(라) Ⅰ, Ⅱ에 들어 있는 혼합 용액의 색을 관찰한다.

〈실험 결과〉 단서   ➡ Ⅰ은 산성 또는 중성
• (라)에서 Ⅰ에 들어 있는 혼합 용액은 무색이고, Ⅱ에 들어 있는
혼합 용액은 붉은색이다.   ➡ Ⅱ는 염기성

이에 대한 설명으로 옳은 것만을 [보기]에서 있는 대로 고른 것은? [3점]

─────────── [보기] ───────────
ㄱ. (다)에서 중화열이 발생한다.
HCl 수용액(산)에 NaOH 수용액(염기)을 첨가
➡ 중화 반응 일어나며 중화열 발생
ㄴ. (다)에서 생성된 물의 양은 Ⅱ에서보다 Ⅰ에서가 많다.
Ⅰ ≤ Ⅱ   적거나 같다.
ㄷ. (라)에서 Ⅱ에 들어 있는 혼합 용액은 중성이다.
붉은색   염기성

① ㄱ   ② ㄴ   ③ ㄱ, ㄴ   ④ ㄱ, ㄷ   ⑤ ㄴ, ㄷ

🧠 **단서＋발상**

단서 산과 염기의 중화 반응 실험에서 지시약으로 페놀프탈레인 용액을
사용했음이 제시되어 있다.

발상 액성에 따른 페놀프탈레인의 색깔을 통해 혼합 용액의 액성을 추론할
수 있다.

적용 실험 결과 혼합 용액의 색깔을 통해 Ⅰ, Ⅱ에 들어 있는 혼합 용액의
액성을 구하는 것부터 문제 풀이를 시작해야 한다.

| 문제＋자료 분석 |
• **페놀프탈레인 용액**: 산성과 중성에서는 무색이며, 염기성 용액에서만
붉은색을 나타낸다.
• 실험 결과 Ⅰ의 혼합 용액은 무색이므로 용액의 액성은 산성 또는
중성이다.
실험 결과 Ⅱ의 혼합 용액은 붉은색이므로 용액의 액성은 염기성이다.
• (나)에서 Ⅰ, Ⅱ에 넣어준 HCl 수용액의 부피가 동일하므로 H^+ 수도
Ⅰ = Ⅱ이고, (다)에서 Ⅰ, Ⅱ에 넣어준 NaOH 수용액의 부피는 각각
5 mL, 15 mL이므로 OH^- 수는 Ⅰ < Ⅱ이다.
따라서 생성된 물의 양은 Ⅱ에서가 Ⅰ에서와 같거나 Ⅰ에서보다 크다.

| 보기 분석 |
ㄱ. 산과 염기가 반응하는 중화 반응이 일어나면 중화열이 발생한다.
따라서 (다)에서 HCl 수용액(산)에 NaOH 수용액(염기)을 첨가하면
중화열이 발생한다.
ㄴ. 실험 결과 Ⅰ의 혼합 용액은 산성 또는 중성이고, Ⅱ의 혼합 용액은
염기성이다. 따라서 (다)에서 생성된 물의 양은 Ⅱ에서보다 Ⅰ에서가
많지 않다(Ⅰ ≤ Ⅱ).
ㄷ. (라)에서 Ⅱ에 들어 있는 혼합 용액이 붉은색이므로 염기성이다.

✱ **혼합 용액의 액성**

혼합 전 산과 염기 수용액의 H^+과 OH^- 수에 따라 중화 반응 후 혼합
용액의 액성이 달라진다.
• 용액에 H^+이 OH^-보다 많으면 산성을 나타낸다.
• 용액에 H^+과 OH^- 수가 같으면 중성을 나타낸다.
• 용액에 OH^-이 H^+보다 많으면 염기성을 나타낸다.

그림은 원자 A, B의 전자 배치를 모형으로 나타낸 것이다.

A
전자 수＝양성자수＝원자 번호＝11
➡ A는 Na

B
전자 수＝양성자수＝원자 번호＝9
➡ B는 F

이에 대한 설명으로 옳은 것만을 [보기]에서 있는 대로 고른 것은?
(단, A, B는 임의의 원소 기호이다.)

[보기]
ㄱ. A의 양성자수는 11이다.
　A의 전자 수＝11 ➡ 원자는 전기적으로 중성이므로 A의 양성자수＝11
ㄴ. B₂는 공유 결합 물질이다.
　B(F)는 비금속 원소 ➡ B₂는 공유 결합 물질
ㄷ. AB는 수용액 상태에서 전기 전도성이 있다.
　AB는 이온 결합 물질 ➡ 수용액 상태에서 전기 전도성 있다.

① ㄱ　　② ㄷ　　③ ㄱ, ㄴ　　④ ㄴ, ㄷ　　⑤ ㄱ, ㄴ, ㄷ

단서＋발상

(단서) 원자 A와 B의 전자 배치 모형이 제시되어 있다.
(발상) 각각의 전자 수를 통해 A와 B의 원자 번호를 추론할 수 있다.
(적용) 원자 번호로부터 A와 B가 어떤 원소인지 구하고, 각각을 금속 원소와 비금속 원소로 분류하는 것부터 문제 풀이를 시작해야 한다.

| 문제＋자료 분석 |
· 중성 원자에서 [전자 수 ＝ 양성자수 ＝ 원자 번호]이다. (꿀팁)
· **A**: 전자 수가 11이므로 A는 원자 번호 11번 나트륨(Na)이며 금속 원소이다.
· **B**: 전자 수가 9이므로 B는 원자 번호 9번 플루오린(F)이며 비금속 원소이다.

| 보기 분석 |
ㄱ. A는 전자 수가 11이며 원자는 전기적으로 중성이므로 양성자수는 전자 수와 같다. 따라서 A의 양성자수는 11이다.
ㄴ. B(F)는 비금속 원소로, 전자를 얻기 쉬운 비금속 원소 사이에서는 전자쌍의 공유에 의한 결합인 공유 결합이 형성된다.
　따라서 B₂는 공유 결합 물질이다.
ㄷ. A(Na)는 금속 원소이고 B(F)는 비금속 원소로, 금속 양이온과 비금속 음이온 사이의 정전기적 인력에 의한 결합인 이온 결합이 형성되므로 AB(NaF)는 이온 결합 물질이다. 이온 결합 물질은 수용액 상태에서 전기 전도성이 있다.
　따라서 AB는 수용액 상태에서 전기 전도성이 있다.

★ **화학 결합의 원리**
· 18족 원소는 가장 바깥 전자 껍질의 전자가 8개(단, He은 2개)로 모두 채워져 있으므로 매우 안정하다. 따라서 다른 원자와 거의 반응하지 않는다.
· **화학 결합의 형성**: 18족 이외의 원소들은 이온 결합이나 공유 결합 등의 화학 결합을 하여 18족 원소와 같은 전자 배치를 이루며 안정해진다.

다음은 지구를 구성하는 물질 A에 대한 설명이다.

(단서) 반도체
A는 순수한 상태에서는 자유 전자가 거의 없어 전류가 흐르지 않지만, 특정 조건에서는 전류가 흐르는 특성을 가진다. 지각을 구성하는 원소 중 산소 다음으로 풍부한 　┌─ ⑤ ─┐　는 A를 이용한 전기 소자를 만드는 데 이용된다.
규소

A를 이용한 전기 소자

A와 ⑤으로 가장 적절한 것은?

	A	⑤		A	⑤
①	도체	탄소	②	절연체	규소
③	반도체	탄소	④	반도체	규소
⑤	절연체	탄소			

단서＋발상

(단서) 신소재에 대한 설명이 제시되어 있다.
(발상) A는 전기적 성질을 조절할 수 있는 신소재라는 것을 추론할 수 있다.
(적용) 고체의 전기 전도성의 개념을 적용해서 A를 구하는 문제 풀이를 시작해야 한다.

| 문제＋자료 분석 |
· 지각을 구성하는 원소에는 산소, 규소, 알루미늄, 철, 칼슘, 나트륨, 칼륨, 마그네슘이 있다.
· 도체는 철, 구리, 알루미늄과 같이 전기 저항이 작아 전류가 잘 흐르는 물질이다.
· 절연체(부도체)는 고무, 유리, 플라스틱과 같이 전기 저항이 매우 커서 전류가 거의 흐르지 않는 물질이다.
· 반도체는 규소, 저마늄과 같이 전기적으로 도체와 절연체의 중간 정도의 특성을 가지는 물질이다.

| 선택지 분석 |
④ **A**: 반도체는 전기적으로 도체와 절연체의 중간 정도인 특성을 가진다. 따라서 A는 반도체이다.
⑤: 지각을 구성하는 원소 중 산소 다음으로 풍부한 규소는 반도체를 이용한 전기 소자를 만드는 데 이용된다. 따라서 ⑤은 규소이다.

2021.11
18회

★ **전기적 성질에 따른 물질의 구분**

구분	도체	절연체(부도체)	반도체
성질	자유 전자가 많아 전류가 잘 흐른다.	자유 전자가 거의 없어 전류가 잘 흐르지 않는다.	특정 조건에 따라 자유 전자가 생겨 전류가 흐른다.
전기 전도성	높다.	낮다.	도체보다 낮고, 절연체보다 높다.

13 정답 ② ＊ 생태계의 먹이 관계

그림은 어떤 생태계의 먹이 관계를 나타낸 것이다.

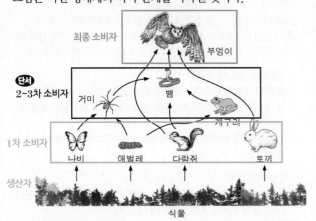

최종 소비자 / 부엉이

단서 2~3차 소비자 / 거미 / 뱀 / 개구리

1차 소비자 / 나비 / 애벌레 / 다람쥐 / 토끼

생산자 / 식물

이에 대한 설명으로 옳은 것만을 [보기]에서 있는 대로 고른 것은?
(단, 제시된 먹이 관계 이외에는 고려하지 않는다.)

[보기]

ㄱ. 거미는 ~~1차~~ 소비자에 속한다. 2차
나비와 애벌레를 먹이로 섭취한다.
ㄴ. 부엉이는 토끼의 포식자이다.
부엉이는 토끼를 먹이로 삼는다.
ㄷ. 하위 영양단계 생물이 가진 ~~모든~~ 에너지는 상위 영양단계의
생물로 이동한다. 일부는 열에너지 또는 분해자에게 전달된다.

① ㄱ　　② ㄴ　　③ ㄱ, ㄷ　　④ ㄴ, ㄷ　　⑤ ㄱ, ㄴ, ㄷ

단서+발상

단서 어떤 생태계에서 여러 생물의 먹이 사슬이 복잡하게 얽힌 먹이 그물이 제시되어 있다.

적용 생산자, 1차 소비자, 2차 소비자(또는 3차 소비자), 최종 소비자를 파악하는 것부터 문제 풀이를 시작해야 한다.

| 문제＋자료 분석 |
· 식물은 생산자에 해당한다.
· 나비, 애벌레, 다람쥐, 토끼는 생산자를 먹이로 섭취하므로 1차 소비자에 해당한다.
· 거미, 개구리, 뱀은 1차 소비자를 먹이로 섭취하므로 2차 소비자에 해당한다.
· 부엉이는 이 먹이 그물의 최종 소비자에 해당한다.

| 보기 분석 |
ㄱ. 거미는 1차 소비자인 나비와 애벌레를 먹이로 섭취하므로 2차 소비자에 해당한다.
ㄴ. 토끼는 부엉이에게 잡아 먹히므로 부엉이의 피식자이다. 따라서 부엉이는 토끼의 포식자이다.
ㄷ. 생태계에서 에너지는 먹이 사슬을 통해 유기물의 형태로 하위 영양 단계에서 상위 영양 단계로 이동한다. 유기물에 저장된 에너지는 각 영양 단계에서 생명활동을 통해 열에너지로 방출되거나, 사체 및 배설물로 분해자에게 전달되므로, 하위 영양 단계 생물이 가진 에너지의 일부만이 먹이 사슬을 통해 상위 영양 단계의 생물로 이동한다. **함정**

＊ 먹이 사슬과 먹이 그물

· **먹이 사슬**: 생산자부터 최종 소비자까지 먹고 먹히는 관계를 사슬 모양으로 나타낸 것
· **먹이 그물**: 여러 생물의 먹이 사슬이 복잡하게 얽혀 그물처럼 나타나는 것

---

14 정답 ③ ＊ 유전정보의 흐름

그림은 세포에서 일어나는 유전정보의 흐름을 나타낸 것이다.
(가), (나)는 각각 번역과 전사 중 하나이다. **단서**

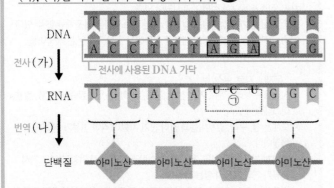

DNA / TGGAAATCTGGC / ACCTTT[AGA]CCG
전사 (가) ↓
└ 전사에 사용된 DNA 가닥

RNA / UGGAAA U C U GGC / ⑤
번역 (나) ↓
단백질 / 아미노산 아미노산 아미노산 아미노산

이에 대한 설명으로 옳은 것만을 [보기]에서 있는 대로 고른 것은?
(단, 돌연변이는 고려하지 않는다.) [3점]

[보기]

ㄱ. (가)는 전사이다.
(가)는 DNA의 유전정보가 RNA로 전달되는 전사이다.
ㄴ. (나) 과정에서는 RNA의 염기 3개가 단백질의 아미노산
1개를 지정한다. 코돈 ➡ 아미노산 1개를 지정
ㄷ. ⑤의 염기서열은 ~~AGA~~ 이다.
AGA에 대해 상보적인 서열인 UCU이다.

① ㄱ　　② ㄷ　　③ ㄱ, ㄴ　　④ ㄴ, ㄷ　　⑤ ㄱ, ㄴ, ㄷ

단서+발상

단서 세포에서 일어나는 전사와 번역 과정이 제시되어 있다.

발상 RNA의 염기서열을 통해 전사에 사용된 DNA 가닥을 추론할 수 있다.

적용 RNA의 염기서열과 전사에 사용된 DNA 가닥의 염기서열이 상보적임을 이용하여 전사에 사용된 DNA 가닥을 찾는 것부터 문제 풀이를 시작해야 한다.

| 문제＋자료 분석 |
· **(가)**: DNA의 유전정보가 RNA로 전달되는 전사 과정이다. DNA의 염기에 상보적인 염기서열을 가진 RNA가 합성된다. **꿀팁**
· **(나)**: RNA의 유전정보에 따라 단백질이 합성되는 번역 과정이다. RNA의 코돈(3개의 염기)이 1개의 아미노산을 지정한다.
· **⑤**: DNA의 염기서열 AGA에 대해 상보적인 RNA의 염기서열(코돈)이므로 UCU이다.

| 보기 분석 |
ㄱ. (가)는 DNA의 유전정보가 RNA로 전달되는 과정이므로 전사 과정이다.
ㄴ. (나) 과정에서 RNA의 염기 3개(코돈)가 단백질의 아미노산 1개를 지정한다.
ㄷ. RNA의 염기서열과 전사에 사용된 DNA 가닥의 염기서열은 서로 상보적이다. 따라서 DNA 염기서열 AGA에 대해 상보적인 RNA의 염기서열은 UCU이다.

다음은 쇠구슬 A, B의 운동을 비교하는 실험이다.

〈실험 과정〉

(가) 그림과 같이 발사 장치를 이용하여 A, B를 같은 높이에 위치시킨 후, A를 가만히 놓는 순간 B를 수평 방향으로 발사시켜 A, B가 각각 수평면에 도달할 때까지의 낙하 시간과 B의 수평 도달 거리를 측정한다.

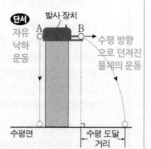

단서 자유 낙하 운동   발사 장치   수평 방향으로 던져진 물체의 운동   수평면   수평 도달 거리

(나) B의 처음 속력만을 2배로 하여 과정 (가)를 반복한다.
   수평 방향 속력이 2배

〈실험 결과〉

과정	낙하 시간		B의 수평 도달 거리
	A	B	
(가)	t	t	R
(나)	t	㉠ $=t$	㉡ $=2R$

이에 대한 설명으로 옳은 것만을 [보기]에서 있는 대로 고른 것은? (단, A, B의 크기 및 공기 저항은 무시한다.) [3점]

[보기]

ㄱ. 운동하는 동안 A와 B에 작용하는 중력의 방향은 같다.
  중력의 방향은 연직 방향이다.

ㄴ. ㉠은 ~~보기보다~~ t와 같다.
  낙하 시간은 A와 B가 같다.

ㄷ. ㉡은 R보다 크다.
  B의 수평 방향 속력이 증가하면, 수평 도달 거리는 증가한다.

① ㄱ   ② ㄴ   ③ ㄱ, ㄷ   ④ ㄴ, ㄷ   ⑤ ㄱ, ㄴ, ㄷ

🧑 **단서+발상**

단서 자유 낙하 운동하는 A와 수평 방향으로 던져진 B의 운동 경로가 제시되어 있다.

발상 A와 B는 중력을 받으며 운동한다는 것을 추론할 수 있다.

적용 등가속도 운동의 개념을 적용해서 A와 B의 낙하 시간을 구하는 것부터 문제 풀이를 시작해야 한다.

| 문제+자료 분석 |

· 자유 낙하 운동하는 A에 작용하는 중력의 방향은 A의 운동 방향과 같으므로 A는 속력이 증가하는 등가속도 운동을 한다.

· 수평 방향으로 던진 B에 작용하는 알짜힘은 중력이며, 중력은 연직 방향으로 작용한다. 따라서 B의 연직 방향의 속력은 증가한다.

· B에는 수평 방향으로 작용하는 힘이 없으므로 B가 낙하하는 동안 수평 방향의 속력은 일정하다.

· B는 연직 방향으로는 자유 낙하 운동을 하고 수평 방향으로는 등속도 운동을 한다.

| 보기 분석 |

ㄱ. 물체에 작용하는 중력은 연직 방향이므로 운동하는 동안 A와 B에 작용하는 중력의 방향은 같다.

ㄴ. 연직 방향으로의 B의 운동은 처음 속력이 0인 자유 낙하 운동과 같다. A와 B의 처음 높이는 같으므로 낙하 시간은 A와 B가 같다. 따라서 ㉠은 t이다. **함정**

ㄷ. B의 처음 속력을 2배로 하면, 낙하 시간은 변화가 없고 수평 방향의 속력이 2배가 되므로 수평 도달 거리는 2배가 된다. 따라서 ㉡은 R보다 크다.

✱ **수평 방향으로 던진 물체의 운동**

· **연직 방향 운동**: 중력 가속도로 자유 낙하 운동을 하므로 등가속도 직선 운동이다. 같은 높이에서 가만히 놓은 물체의 자유 낙하 운동과 동일한 운동을 한다. 따라서 높은 곳에서 던질수록 낙하 시간이 길다.

· **수평 방향 운동**: 수평 방향으로 작용하는 알짜힘이 없으므로 처음 던진 속력으로 등속도 운동한다. 수평 도달 거리를 R, 던져진 속력을 v, 낙하 시간을 t라고 하면 $R=vt$이다.

표는 2, 3주기 원소 X~Z에 대한 자료이다. 원자 번호는 Y보다 X가 크다. **단서**

원소	3주기	2주기	3주기
	X	Y	Z
원자가 전자 수	2	7	7
	3주기 2족 Mg	2주기 17족 F	**3주기 17족 Cl**

이에 대한 설명으로 옳은 것만을 [보기]에서 있는 대로 고른 것은? (단, X~Z는 임의의 원소 기호이다.) [3점]

[보기]

ㄱ. X는 2족 원소이다.
  X의 원자가 전자 수=2 ➡ 2족 원소

ㄴ. Y는 2주기 원소이다.
  원자가 전자 수: X < Y, 원자 번호: X > Y ➡ X: 3주기 원소, Y: 2주기 원소

ㄷ. Y와 Z는 화학적 성질이 비슷하다.
  원자가 전자 수 동일 ➡ 화학적 성질 비슷

① ㄱ   ② ㄴ   ③ ㄱ, ㄷ   ④ ㄴ, ㄷ   ⑤ ㄱ, ㄴ, ㄷ

🧑 **단서+발상**

단서 X~Z의 원자가 전자 수가 제시되어 있다.

발상 원자가 전자 수를 통해 X~Z의 족을 추론할 수 있다.

적용 원자 번호는 Y보다 X가 크다는 조건을 이용하여 X~Z를 구하는 것부터 문제 풀이를 시작해야 한다.

| 문제+자료 분석 |

· 원자가 전자 수는 족의 1의 자릿수와 동일하므로(18족 제외) X는 2족 원소이며 Y와 Z는 17족 원소이다.

· 원자가 전자 수는 X(2)가 Y(7)보다 작은데, 원자 번호는 Y보다 X가 크다. 따라서 X는 3주기 2족 원소인 마그네슘(Mg)이고, Y는 2주기 17족 원소인 플루오린(F)이다.

· Z는 Y와 동족 원소이므로 3주기 17족 원소인 염소(Cl)이다.

| 보기 분석 |

ㄱ. 원자가 전자 수는 족의 1의 자릿수와 동일하다(18족 제외). X의 원자가 전자 수가 2이므로 X는 2족 원소이다.

ㄴ. 원자가 전자 수는 X < Y인데 원자 번호가 X > Y이므로 Y는 2주기 원소이다. **함정**

ㄷ. Y와 Z는 원자가 전자 수가 7로 동일한 17족 원소이다. 같은 족에 속하는 원소는 원자가 전자 수가 동일하므로 화학적 성질이 비슷하다. 따라서 Y와 Z는 화학적 성질이 비슷하다.

2021.11

18회

그림은 식물 세포의 구조를 나타낸 것이다. A ~ C는 각각 라이보솜, 엽록체, 마이토콘드리아 중 하나이다. 〔단서〕

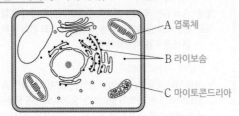

- A 엽록체
- B 라이보솜
- C 마이토콘드리아

이에 대한 설명으로 옳은 것만을 [보기]에서 있는 대로 고른 것은?

[보기]
ㄱ. A는 ~~마이토콘드리아~~이다.
    엽록체 ➡ 광합성
ㄴ. B에서 단백질이 합성된다.
    라이보솜 ➡ 아미노산을 결합하여 단백질을 합성
ㄷ. C는 동물 세포에도 있다.
    마이토콘드리아 ➡ 동물 세포와 식물 세포에서 모두 관찰

① ㄱ   ② ㄷ   ③ ㄱ, ㄴ   ④ ㄴ, ㄷ   ⑤ ㄱ, ㄴ, ㄷ

🧠 단서 + 발상

〔단서〕 식물 세포의 세포소기관 A ~ C가 그림으로 제시되어 있다.

〔적용〕 A ~ C의 구조를 통해 엽록체, 라이보솜, 마이토콘드리아를 구분하는 것부터 문제 풀이를 시작해야 한다.

| 문제 + 자료 분석 |
- **A**: 광합성이 일어나는 엽록체로, 빛에너지를 흡수하여 이산화 탄소와 물로부터 포도당을 합성한다.
- **B**: DNA의 유전정보에 따라 단백질을 합성하는 라이보솜이다.
- **C**: 세포호흡이 일어나는 마이토콘드리아로, 유기물을 분해하여 생명활동을 하는 데 필요한 에너지를 생산한다.

| 보기 분석 |
ㄱ. A는 광합성이 일어나는 엽록체이다.
ㄴ. B는 막으로 둘러싸여 있지 않으며, 작은 알갱이 모양인 라이보솜이다. B(라이보솜)는 DNA의 유전정보에 따라 전사된 RNA로부터 단백질을 합성한다.
ㄷ. C(마이토콘드리아)는 동물 세포와 식물 세포에서 모두 관찰되는 세포소기관이다. 마이토콘드리아에서는 유기물을 분해하여 생명활동을 하는 데 필요한 에너지를 생산하는 세포호흡이 일어난다.

＊ 동물 세포와 식물 세포

구분	세포소기관
동물 세포와 식물 세포에 모두 존재하는 세포소기관	핵, 세포막, 마이토콘드리아, 라이보솜, 소포체 등
식물 세포에만 존재하는 세포소기관	엽록체, 세포벽

다음은 A 기체와 관련된 반응에 대한 실험이다.

〈실험 Ⅰ〉 〔단서〕
- A 기체가 천천히 발생하고 있는 과산화 수소수에 감자즙을 넣었더니 A 기체가 빠르게 발생하였다.

$$2H_2O_2 \xrightarrow{\text{카탈레이스}} 2H_2O + \boxed{A}$$
과산화 수소 .... O_2

〈실험 Ⅱ〉
- 나트륨을 칼로 잘랐더니 공기 중의 A 기체와 반응하면서 단면의 은백색 광택이 서서히 사라졌다. 산화 반응이 일어남

$$4Na + \boxed{A} \rightarrow 2Na_2O$$
..........O_2

이에 대한 설명으로 옳은 것만을 [보기]에서 있는 대로 고른 것은? [3점]

[보기]
ㄱ. A는 O_2이다.
    카탈레이스의 과산화 수소 분해 실험 결과 생성되는 기체 ➡ O_2
ㄴ. Ⅰ에서 감자즙에는 촉매로 작용하는 물질이 있다.
    카탈레이스(효소)
ㄷ. Ⅱ에서 Na은 산화된다.
    산소를 얻어 산화된다.

① ㄱ   ② ㄷ   ③ ㄱ, ㄴ   ④ ㄴ, ㄷ   ⑤ ㄱ, ㄴ, ㄷ

🧠 단서 + 발상

〔단서〕 실험 Ⅰ과 실험 Ⅱ의 화학 반응식이 제시되어 있다.

〔적용〕 감자즙에 의한 과산화 수소 분해 실험과 나트륨의 산화 실험의 반응식을 통해 A 기체를 찾는 것부터 문제 풀이를 시작해야 한다.

| 문제 + 자료 분석 |
- **실험 Ⅰ**: 감자즙에 들어 있는 카탈레이스에 의해 과산화 수소가 물과 산소 기체로 분해되는 반응이다. 카탈레이스는 생체 내 촉매로서 활성화에너지를 낮추어 반응이 빠르게 일어나도록 한다. 꺼져 가는 불씨를 시험관에 넣으면 불씨가 다시 타오르는 것을 이용하여 발생하는 기포가 산소라는 것을 알 수 있다.
- **실험 Ⅱ**: Na이 산소 기체(O_2)와 반응하면서 산소를 얻는 산화 반응이다.
- **A**: 산소 기체(O_2)이다.

| 보기 분석 |
ㄱ. A는 실험 Ⅰ에서 카탈레이스의 과산화 수소 분해 실험 결과 생성되며, 실험 Ⅱ에서 Na의 산화 반응에 관여하는 기체이므로 A는 산소 기체(O_2)이다.
ㄴ. Ⅰ에서 감자즙에는 과산화 수소를 물과 산소 기체(O_2)로 분해시키는 카탈레이스가 포함되어 있다. 카탈레이스는 생체 내 촉매로서 활성화에너지를 낮추어 과산화 수소의 분해 반응이 빠르게 일어나도록 한다. 따라서 Ⅰ에서 감자즙에는 촉매로 작용하는 물질이 있다.
ㄷ. Ⅱ에서 Na이 산소를 얻으므로 Na은 산화된다.

＊ 산화 환원 반응

구분	산화	환원
산소의 이동	산소를 **얻는** 반응	산소를 **잃는** 반응
전자의 이동	전자를 **잃는** 반응	전자를 **얻는** 반응

그림 (가)는 <u>규소와 산소로 이루어진 규산염 사면체</u>를, (나)는 규산염 광물 중 흑운모의 결합 구조를 나타낸 것이다. (단서)

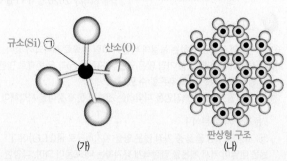

규소(Si) ㉠   산소(O)

(가)   판상형 구조
              (나)

이에 대한 설명으로 옳은 것만을 [보기]에서 있는 대로 고른 것은?

[3점]

[보기]

㉠ ㉠은 규소이다.
규산염 사면체는 규소 1개와 산소 4개로 구성된다.

㉡ (가)는 규산염 광물의 기본 구조이다.
규산염 사면체(Si−O 사면체)

㉢ (나)에서 각각의 규산염 사면체는 산소를 공유한다.
판상형 구조에서 각각의 규산염 사면체는 산소를 공유한다.

① ㄱ   ② ㄷ   ③ ㄱ, ㄴ   ④ ㄴ, ㄷ   ⑤ ㄱ, ㄴ, ㄷ

단서+발상

(단서) (가)에서는 규소(Si) 1개와 산소(O) 4개로 이루어진 규산염 사면체가 제시되어 있다.

(발상) (나)는 규산염 사면체가 여러 개 결합하여 형성된다는 것을 추론할 수 있다.

(적용) 규산염 광물을 구성하는 기본 구조인 규산염 사면체의 특징을 알고 문제 풀이를 시작해야 한다.

| 문제+자료 분석 |

· 규소(Si) 1개와 산소(O) 4개로 이루어진 규산염 사면체는 규산염 광물을 형성하는 기본 구조이다.

· 흑운모는 규산염 사면체가 산소 3개를 공유하여 얇은 판 모양으로 결합한 판상 구조의 광물이다.

| 보기 분석 |

㉠ 규산염 광물은 규소 1개를 중심으로 산소 4개가 결합한 규산염 사면체(Si−O 사면체)를 기본 구조로 한다. 따라서 ㉠은 규소(Si)이다.

㉡ 규산염 사면체는 규산염 광물의 기본 구조이다.

㉢ 흑운모는 규산염 사면체가 얇은 판 모양으로 결합한 구조로, 각각의 규산염 사면체는 인접한 규산염 사면체와 산소 3개를 공유한다. (꿀팁)

✷ **규산염 사면체의 기본 구조**

· Si^{4+} 1개와 O^{2-} 4개가 공유 결합하여 전체적으로 음전하(SiO_4^{4-})를 형성한다.

· SiO_4^{4-} 규산염 사면체와 인접한 양이온이 결합하거나 각각의 사면체에서 산소를 다른 규산염 사면체와 공유하여 전기적으로 중성인 물질을 형성한다.

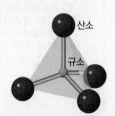

산소

규소

그림 (가)는 각각 일정한 속력으로 운동하는 물체 A, B가 기준선을 동시에 통과한 후 같은 거리를 이동하여 벽에 충돌해 정지한 모습을 나타낸 것이다. 그림 (나)는 A, B가 기준선을 통과한 순간부터 정지할 때까지 벽으로부터 받는 힘의 크기를 시간에 따라 나타낸 것이다. <u>시간 축과 A, B에 대한 곡선이 각각 만드는 면적은 서로 같다.</u> (단서) 벽에 충돌한 후 운동량은 0이다.

A와 B가 각각 벽으로부터 받은 충격량의 크기는 같다.
➡ 운동량의 변화량이 같다.

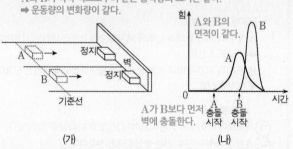

A와 B의 면적이 같다.

A가 B보다 먼저 벽에 충돌한다.

(가)   (나)

이에 대한 설명으로 옳은 것만을 [보기]에서 있는 대로 고른 것은? [3점]

[보기]

㉠ 벽과 충돌하기 전 운동량의 크기는 A와 B가 서로 같다.
벽으로부터 받은 충격량의 크기는 A와 B가 같다.

㉡ 질량은 A보다 B가 크다.
운동량의 크기는 같고, 속력은 A가 B보다 크므로 질량은 A보다 B가 크다.

ㄷ. 벽과 충돌하는 동안 벽으로부터 받는 평균 힘의 크기는 B보다
A가 ~~크다~~ 벽에 충돌하는 시간은 A가 B보다 더 오래 걸린다.
작다

① ㄱ   ② ㄷ   ③ ㄱ, ㄴ   ④ ㄴ, ㄷ   ⑤ ㄱ, ㄴ, ㄷ

단서+발상

(단서) A와 B가 벽에 충돌한 후 정지한다고 제시되어 있다.

(발상) A, B가 각각 벽으로부터 받은 충격량의 크기가 같다는 것을 추론할 수 있다.

(적용) 기준선을 통과한 순간부터 벽에 충돌할 때까지 걸린 시간을 이용하여 속력을 비교하는 것부터 문제 풀이를 시작해야 한다.

| 문제+자료 분석 |

· A와 B는 동시에 기준선을 통과하여 벽에는 A가 B보다 먼저 충돌하므로 벽에 충돌하기 전 속력은 A가 B보다 크다.

· 벽에 충돌한 후 A와 B는 정지했으므로, 벽에 충돌한 후 A와 B의 운동량은 모두 0이다.

· 힘과 시간 축이 이루는 면적이 같으므로 A와 B가 각각 벽으로부터 받은 충격량의 크기(운동량의 변화량의 크기)는 같다.

| 보기 분석 |

㉠ A와 B가 벽에 충돌한 후 운동량은 0이고, A와 B가 벽으로부터 받은 충격량의 크기는 같으므로 벽에 충돌하기 직전 A와 B의 운동량의 크기는 같다.

㉡ 기준선을 통과한 순간부터 벽에 충돌할 때까지 걸린 시간은 A가 B보다 작으므로 속력은 A가 B보다 빠르다. (꿀팁) 벽에 충돌하기 전 운동량의 크기는 A와 B가 같으므로 질량은 A가 B보다 작다.

ㄷ. 벽에 충돌하는 시간은 A가 B보다 더 오래 걸린다. 벽으로부터 받은 충격량의 크기는 A와 B가 같으므로 벽과 충돌하는 동안 벽으로부터 받은 평균 힘의 크기는 B보다 A가 작다.

✷ **시간−힘 그래프의 해석**

· 물체에 작용한 힘의 변화를 시간에 따라 나타낸 그래프에서 힘과 시간 축이 이루는 면적은 충격량을 나타낸다. 이때, 물체가 충돌 과정에서 받은 평균 힘의 크기는 $\dfrac{충격량}{시간}$이다.

2021. 11
18회

01 정답 ③ ✱ 생명체의 구성 물질 .... [정답률 80%] 2020 실시 11월 학평 1

그림은 사람의 몸을 구성하는 물질의 비율을 나타낸 것이다. ㉠과 ㉡은 각각 단백질과 물 중 하나이다. **단서**

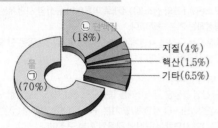

- ㉡ 단백질 (18%)
- 지질(4%)
- 핵산(1.5%)
- 기타(6.5%)
- ㉠ 물 (70%)

이에 대한 설명으로 옳은 것만을 [보기]에서 있는 대로 고른 것은?

─────[보기]─────

ㄱ. ㉠은 물이다.
    가장 많은 양을 차지하므로 ㉠은 물이다.
ㄴ. ㉡은 에너지원으로 이용된다.
    단백질 ➡ 두 번째로 많다.
ㄷ. ㉠과 ㉡의 구성 원소에 모두 탄소가 있다.
    ㉠(H₂O)의 구성 원소에는 탄소가 포함되지 않는다.

① ㄱ ② ㄷ ③ ㄱ, ㄴ ④ ㄴ, ㄷ ⑤ ㄱ, ㄴ, ㄷ

단서+발상

단서 사람의 몸을 구성하는 물질의 비율이 그림 자료로 제시되어 있다.

발상 사람의 구성 물질 중 가장 많은 양을 차지하는 ㉠과 두 번째로 많은 양을 차지하는 ㉡을 추론할 수 있다.

적용 ㉠은 물, ㉡은 단백질임을 파악하는 것부터 문제 풀이를 시작해야 한다.

| 문제+자료 분석 |

- ㉠: 사람의 구성 물질 중 가장 많은 양을 차지하므로 물(H_2O)이다. 물은 비열이 커서 체온을 일정하게 유지하는 데 도움이 되며, 다양한 물질대사에 이용된다.

- ㉡: 사람의 구성 물질 중 물 다음으로 많은 양을 차지하므로 단백질이다. 단백질의 구성 원소는 탄소(C), 수소(H), 산소(O), 질소(N)이다. 단백질은 효소, 호르몬, 항체의 주성분으로, 생물체 내에서 에너지원으로 이용되거나 각종 화학 반응과 생리 작용을 조절하는 기능을 한다.

| 보기 분석 |

ㄱ. ㉠은 사람의 구성 물질 중 가장 많은 양을 차지하므로 물이다.
ㄴ. ㉡은 사람의 구성 물질 중 두 번째로 많은 단백질이며, 생물체 내에서 에너지원으로 이용된다. **꿀팁**
ㄷ. ㉠(물)의 구성 원소는 수소(H), 산소(O)이며, ㉡(단백질)의 구성 원소는 탄소(C), 수소(H), 산소(O), 질소(N)이다. 따라서 ㉠의 구성 원소에는 탄소(C)가 포함되지 않는다.

✱ 사람을 구성하는 물질

물(70%) > 단백질(18%) > 지질(4%) > 핵산(1.5%), 기타(6.5%)

02 정답 ⑤ ✱ 정보 인식 .... [정답률 76%] 2017 실시 9월 학평 11 과학 - 물리 변형

그림은 스캐너를 사용하여 바코드에 기록된 정보를 읽는 과정이다. 스캐너 안에 있는 신호 변환기는 바코드에서 반사된 빛 신호 A를 전기 신호 B로 바꾸어 준다. **단서**

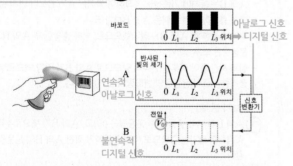

이에 대한 설명으로 옳은 것만을 [보기]에서 있는 대로 고른 것은?

─────[보기]─────

ㄱ. 바코드의 검은색 부분은 B에서 전압이 V_0으로 나타난다.
    아날로그 신호가 디지털 신호로 바뀌면서 전압 V_0으로 나타난다.
ㄴ. 신호 변환기에서는 아날로그 신호가 디지털 신호로 변환된다.
    A의 연속적인 아날로그 신호가 B에서는 불연속적으로 변환됨으로써 디지털 신호로 변환되었음을 확인할 수 있다.
ㄷ. 컴퓨터는 B를 이진수로 인식하여 정보를 처리한다.
    컴퓨터는 디지털 신호를 이진수로 인식한다.

① ㄱ ② ㄴ ③ ㄱ, ㄴ ④ ㄱ, ㄷ ⑤ ㄱ, ㄴ, ㄷ

단서+발상

단서 바코드와 빛 신호 A, 전기 신호 B가 제시되어 있다.

발상 빛 신호 A는 아날로그 신호, 전기 신호 B는 디지털 신호임을 추론할 수 있다.

| 문제+자료 분석 |

- A: 위치나 시간에 따라 신호의 세기가 연속적으로 변하는 신호이다. ➡ 아날로그 신호
- B: 위치나 시간에 따라 신호의 세기가 불연속적으로 변하는 신호이다. ➡ 디지털 신호

| 보기 분석 |

ㄱ. 바코드에서 어두운 부분이 B에서 V_0으로 나타남을 알 수 있다.
ㄴ. A는 연속적인 신호, B는 불연속적인 신호이다.
ㄷ. 컴퓨터는 불연속적인 신호인 이진수로 정보를 처리한다.

✱ 아날로그 신호와 디지털 신호의 장점과 단점

구분	아날로그 신호	디지털 신호
장점	• 발생한 모든 신호를 나타낼 수 있다. • 신호의 미세한 부분까지도 표현이 가능하다.	• 신호의 가공이 쉽다. • 정보를 압축하여 효율적으로 전송할 수 있다. • 장기간 변질 없이 보존이 가능하다.
단점	• 신호의 편집이나 가공이 어렵다. • 신호가 변질되기 쉽다.	• 정보의 고유함이 일부 상실된다. • 출력 시 다시 아날로그 신호로 변환해야 하는 번거로움이 있다.

그림 (가)는 발산형 경계를, (나)는 보존형 경계를 나타낸 것이다.

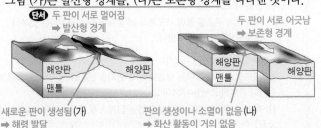

단서 두 판이 서로 멀어짐
➡ 발산형 경계

두 판이 서로 어긋남
➡ 보존형 경계

해양판   해양판

해양판   해양판

맨틀

새로운 판이 생성됨 (가)
➡ 해령 발달

판의 생성이나 소멸이 없음 (나)
➡ 화산 활동이 거의 없음

이에 대한 설명으로 옳은 것만을 [보기]에서 있는 대로 고른 것은? [3점]

━━━━━━━━━ [보기] ━━━━━━━━━
ㄱ. (가)에서 해령이 발달한다.
　　발산형 경계
ㄴ. (나)에서 해양판이 ~~소멸한다~~.
　　보존형 경계　　 소멸하지 않는다.
ㄷ. 화산 활동은 ~~(가)보다 (나)에서~~ 활발하다.
　　　　　　 (나)보다 (가)에서
━━━━━━━━━━━━━━━━━━━

① ㄱ　　② ㄷ　　③ ㄱ, ㄴ　　④ ㄴ, ㄷ　　⑤ ㄱ, ㄴ, ㄷ

단서 발산형 경계와 보존형 경계가 제시되어 있다.

적용 판 경계에서 발달하는 지형과 일어나는 지각 변동을 파악하는 것부터 문제 풀이를 시작해야 한다.

| 문제+자료 분석 |
· **(가) 발산형 경계**: 해령이 발달하며, 마그마의 상승으로 화산 활동이 활발하고, 천발 지진이 발생한다.
· **(나) 보존형 경계**: 변환 단층이 발달하며, 마그마가 생성되지 않으므로 화산 활동은 일어나지 않고, 천발 지진이 발생한다.

| 보기 분석 |
ㄱ. (가)는 두 해양판이 서로 멀어지고 있는 발산형 경계에 해당하며, 주변보다 수심이 얕은 해령이 발달한다.
ㄴ. (나)는 두 해양판이 서로 어긋나는 보존형 경계에 해당하며, 판이 생성되거나 소멸하지 않는다.
ㄷ. 화산 활동은 발산형 경계에서 활발하지만, 보존형 경계에서는 거의 일어나지 않는다.

✱ **판 경계에서의 지각 변동**

구분	지진	화산 활동	지형
발산형 경계	천발 지진	활발	해령, 열곡대
보존형 경계	천발 지진	거의 없음	변환 단층
수렴형 경계 (섭입대)	천발·중발·심발 지진	활발	해구, 호상 열도, 습곡 산맥
수렴형 경계 (충돌대)	천발·중발 지진	거의 없음	습곡 산맥

다음은 3가지 반응의 화학 반응식에 대한 학생 A~C의 대화이다.

단서
　　　　　　　산화
(가) $CH_4 + 2O_2 \longrightarrow CO_2 + 2H_2O$

(나) $6H_2O + 6CO_2 \longrightarrow C_6H_{12}O_6 + 6O_2$

(다) $Cu + 2Ag^+ \longrightarrow Cu^{2+} + 2Ag$
　　　　　　　환원

(가)에서 메테인(CH_4)은 산화되었어.

(나)는 산화 환원 반응이야.

(다)에서 은 이온(Ag^+)은 환원되었어.

학생 A　　학생 B　　학생 C

메테인(CH_4)에 포함된 탄소(C)가 산소(O)와 결합
➡ 메테인(CH_4)은 산화됨

광합성: 이산화 탄소(CO_2)가 환원되고, 물(H_2O)이 산화됨
➡ 산화 환원 반응

은 이온(Ag^+)이 전자를 얻어 은(Ag)으로 환원됨

제시한 내용이 옳은 학생만을 있는 대로 고른 것은?

① A　　② B　　③ A, C
④ B, C　　⑤ A, B, C

단서 3가지 반응의 화학 반응식이 제시되어 있다.

발상 반응물과 생성물을 비교하여 산소의 이동 또는 전자의 이동을 추론할 수 있다.

적용 산화 환원 반응의 정의를 적용하여 각 반응이 산화 환원 반응인지 구분하는 것부터 문제 풀이를 시작해야 한다.

| 문제+자료 분석 |
· **(가) 메테인의 연소 반응**: 메테인(CH_4)에 포함된 탄소(C)가 산소(O)와 결합하면서 이산화 탄소(CO_2)로 산화되고, 산소(O_2)가 물(H_2O)로 환원되는 산화 환원 반응이다.
· **(나) 광합성 반응**: 이산화 탄소(CO_2)가 포도당($C_6H_{12}O_6$)이 될 때 탄소(C) 1개당 산소(O)의 개수가 감소하므로 환원되고, 물(H_2O)이 산소(O_2)로 산화되는 산화 환원 반응이다.
· **(다)**: 구리(Cu)가 전자를 잃어 구리 이온(Cu^{2+})으로 산화되고, 은 이온(Ag^+)이 전자를 얻어 은(Ag)으로 환원되는 산화 환원 반응이다.

| 선택지 분석 |
⑤ **학생 A**: 메테인(CH_4)이 이산화 탄소(CO_2)로 산화된다. ➡ 옳음
학생 B: 이산화 탄소(CO_2)가 환원되고, 물(H_2O)이 산화되는 산화 환원 반응이다. ➡ 옳음
학생 C: 은 이온(Ag^+)이 전자를 얻어 은(Ag)으로 환원된다. ➡ 옳음

✱ **산화 환원 반응**

구분	산화	환원
산소의 이동	산소를 얻는 반응	산소를 잃는 반응
전자의 이동	전자를 잃는 반응	전자를 얻는 반응

2020.11

19회

그림 (가)는 동물 세포를, (나)는 식물 세포를 나타낸 것이다. A와 B는 각각 세포막과 핵 중 하나이다. _{단서}

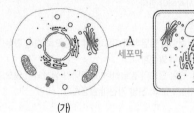

(가)   (나)

이에 대한 설명으로 옳은 것만을 [보기]에서 있는 대로 고른 것은?

──────[보기]──────
ㄱ. A는 세포막이다.
　　동물 세포에서 세포를 둘러싸고 있는 막이다.
ㄴ. B에는 유전물질이 들어 있다.
　　핵　　　　DNA
ㄷ. (가)와 (나)에는 모두 마이토콘드리아가 있다.
　　　　　　　　세포호흡(공통)

① ㄱ　② ㄷ　③ ㄱ, ㄴ　④ ㄴ, ㄷ　⑤ ㄱ, ㄴ, ㄷ

 단서+발상

(단서) 동물 세포와 식물 세포의 구조가 제시되어 있다.

(적용) A와 B의 구조를 통해 세포막과 핵 중 무엇인지 구분하는 것부터 문제 풀이를 시작해야 한다.

| 문제+자료 분석 |
- **A**: 세포를 둘러싸고 있는 세포막이다. 인지질 2중층에 단백질이 파묻혀 있거나 관통하고 있는 구조이다.
- **B**: 핵이며, 유전정보를 저장하고 있는 DNA가 있어 세포의 생명활동을 조절한다.

| 보기 분석 |
ㄱ. A는 동물 세포에서 세포를 둘러싸고 있는 막이므로 세포막이다.
ㄴ. B(핵)에는 유전정보를 저장하고 있는 DNA가 들어 있다.
ㄷ. (가)(동물 세포)와 (나)(식물 세포)에는 모두 세포호흡 장소인 마이토콘드리아가 관찰된다. (꿀팁)

 문제 풀이 (꿀팁)
- 마이토콘드리아는 동물 세포와 식물 세포에서 모두 관찰되며, 엽록체는 동물 세포에는 없고, 식물 세포에서만 관찰된다.

표는 네온(Ne) 원자와 A 이온을 구성하는 입자에 대한 자료이다.

원자 또는 이온	**Ne**	**A 이온**
전자 수	(단서) 10	10
양성자 수	㉠=10	12

　　　　　　중성 원자의　　　➡ A 이온은
　　　　　　전자 수=양성자 수　　+2가 양이온
　　　　　　➡ ㉠=10

이에 대한 설명으로 옳은 것만을 [보기]에서 있는 대로 고른 것은?
(단, A는 임의의 원소 기호이다.) [3점]

──────[보기]──────
ㄱ. ㉠은 10이다.
　　중성 원자에서 [전자 수=양성자 수] ➡ ㉠=10
ㄴ. A 이온은 양이온이다.
　　전자 수: 10, 양성자 수: 12 ➡ +2가 양이온
ㄷ. A는 Ne과 같은 주기 원소이다.
　　3주기 2주기 서로 다른

① ㄱ　② ㄷ　③ ㄱ, ㄴ　④ ㄴ, ㄷ　⑤ ㄱ, ㄴ, ㄷ

단서+발상

(단서) 네온(Ne) 원자와 A 이온의 전자 수 및 양성자 수가 제시되어 있다.

(발상) A 이온의 전자 수와 양성자 수를 비교하여 A 이온의 전하를 추론할 수 있다.

(적용) 네온(Ne)은 중성 원자임을 이용하여 ㉠을 구하는 것부터 문제 풀이를 시작해야 한다.

| 문제+자료 분석 |
- 중성 원자에서 [전자 수=양성자 수=원자 번호]이다. 따라서 ㉠은 10이다.
- A 이온의 전자 수는 10, 양성자 수는 12이므로 A 이온은 양이온이다.
- A 원자가 전자 2개를 잃어 Ne의 전자 배치와 같아지므로 A는 3주기 2족 원소이다.

| 보기 분석 |
ㄱ. 중성 원자의 전자 수는 양성자 수와 같다. 따라서 ㉠은 10이다.
ㄴ. A 이온의 전자 수는 10, 양성자 수는 12이다. 따라서 A 이온은 양이온이다.
ㄷ. A는 3주기, Ne은 2주기 원소이다. 따라서 A는 Ne과 서로 다른 주기 원소이다.

✱ **원자 번호와 양성자 수, 전자 수**
- 원자 번호는 양성자 수와 같다.
- 원자는 전기적으로 중성이므로 양전하를 띤 양성자 수와 음전하를 띤 전자 수가 같다.

✱ **양이온과 음이온**

양이온	음이온
원자가 전자를 잃어 형성된 입자	원자가 전자를 얻어 형성된 입자
양전하를 띤 입자	음전하를 띤 입자

그림은 지구시스템의 상호작용을, 표는 A~C에 해당하는
탄소순환의 예를 나타낸 것이다. ㉠~㉢은 A~C의 예를 순서 없이
나타낸 것이다.

단서

탄소순환의 예
㉠ 화석 연료가 연소되어 대기 중으로 이산화 탄소 배출 지권 ➡ 기권
㉡ 해양 생물이 바닷물의 탄산 이온을 이용하여 골격 형성 수권 ➡ 생물권
㉢ 육상 식물이 광합성 과정에서 대기 중의 이산화 탄소 흡수 기권 ➡ 생물권

A~C로 옳은 것은?

	A	B	C
①	㉠	㉡	㉢
②	㉠	㉢	㉡
③	㉡	㉠	㉢
④	㉡	㉢	㉠
⑤	㉢	㉡	㉠

단서+발상

(단서) 지구시스템에서 일어나는 탄소순환의 예가 제시되어 있다.

(발상) 탄소순환의 예에서 탄소의 존재 형태를 추론할 수 있다.

(적용) 지구시스템의 각 권역에서 탄소의 존재 형태를 생각하는 것부터 문제 풀이를 시작해야 한다.

| 문제＋자료 분석 |

· ㉠: 지권에 존재하는 화석 연료가 이산화 탄소 형태로 기권으로 이동한다. ➡ 지권에서 기권으로 탄소가 이동한다.

· ㉡: 수권에 존재하는 탄산 이온(또는 탄산 수소 이온)이 생물권으로 이동하여 유기물(탄산염 물질)로 저장된다. ➡ 수권에서 생물권으로 탄소가 이동한다.

· ㉢: 기권에 존재하는 이산화 탄소가 생물권으로 이동하여 유기물(포도당)로 저장된다. ➡ 기권에서 생물권으로 탄소가 이동한다.

| 선택지 분석 |

② ㉠에서 탄소는 지권에서 기권으로 이동하며, ㉡에서 탄소는 수권에서 생물권으로 탄소가 이동한다. ㉢에서 탄소는 기권에서 생물권으로 이동한다. 따라서 A는 ㉠에 해당하고, B는 ㉢에 해당하며, C는 ㉡에 해당한다.

＊ **지구시스템에서 탄소의 순환**

· 지구시스템에 존재하는 탄소 전체의 양은 일정하지만, 각 권역에 분포하는 탄소량은 탄소순환을 통해 달라질 수 있다.

· 탄소는 각 권역에 다양한 형태로 존재하며, 현재 대부분의 탄소는 지권에 저장되어 있다.

구분	지권		수권	생물권	기권
주요 형태	퇴적암 (탄산염)	화석 연료	탄산 이온, 탄산 수소 이온	유기물	이산화 탄소
비율	99.943	0.005	0.049	0.003	0.001

그림 (가)는 카탈레이스에 의한 반응을, (나)는 이 효소에 의한
반응에서의 에너지 변화를 나타낸 것이다. ㉠은 생성물이다.

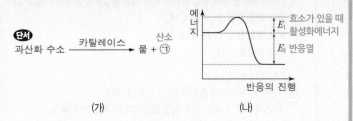

단서

과산화 수소 $\xrightarrow{\text{카탈레이스}}$ 물 + 산소 ㉠

(가)   (나)

이에 대한 설명으로 옳은 것만을 [보기]에서 있는 대로 고른 것은? [3점]

[보기]

ㄱ. ㉠은 산소이다.
 과산화 수소의 분해 결과 생성되는 기체 ➡ 산소(O_2)
ㄴ. (나)에서 활성화에너지는 ~~E_2~~이다. E_1
ㄷ. 카탈레이스의 주성분은 단백질이다.
 효소(생체 촉매)

① ㄱ ② ㄴ ③ ㄷ ④ ㄱ, ㄷ ⑤ ㄴ, ㄷ

단서+발상

(단서) 카탈레이스에 의한 반응과 효소에 의한 반응에서의 에너지 변화 그래프가 제시되어 있다.

(적용) (나)의 그래프에서 E_1과 E_2가 활성화에너지와 반응열 중 무엇에 해당하는지 파악하는 것부터 문제 풀이를 시작해야 한다.

| 문제＋자료 분석 |

· ㉠: 과산화 수소는 카탈레이스(효소)에 의해 물과 산소(O_2)로 분해된다. ➡ ㉠은 산소(O_2)이다.

· E_1: 효소가 있을 때의 활성화에너지이다. 활성화에너지는 화학 반응이 일어나는 데 필요한 최소한의 에너지로, 활성화에너지가 클수록 반응 속도가 느리다.

· E_2: 반응물의 에너지와 생성물의 에너지 차이이므로 반응열이다. 반응물의 에너지가 생성물의 에너지보다 크므로 이 반응이 진행되면 반응열이 방출된다. ➡ 발열 반응

| 보기 분석 |

ㄱ. ㉠은 과산화 수소의 분해 결과 생성되는 기체이므로 산소(O_2)이다.

ㄴ. (나)에서의 활성화에너지는 E_1이다.

ㄷ. 카탈레이스는 활성화에너지를 낮추어 화학 반응이 빠르게 일어나도록 도와주는 효소(생체 촉매)이며, 효소의 주성분은 단백질이다.

＊ **카탈레이스와 활성화에너지**

· 카탈레이스는 생체 내 촉매로서 활성화에너지를 낮추어 반응이 빠르게 일어나도록 한다.

2020.11
19회

그림은 지질 시대 생물의 화석 (가)와 (나)를 나타낸 것이다.

단서 표준 화석 ➡ 고생대　　시상 화석 ➡ 따뜻하고 습한 환경

(가) 삼엽충
바다에서 퇴적된
지층에서 발견됨

(나) 고사리
육지에서 퇴적된
지층에서 발견됨

이에 대한 설명으로 옳은 것만을 [보기]에서 있는 대로 고른 것은?

[3점]

[보기]
ㄱ. (가)는 고생대에 살았던 생물의 화석이다.
　삼엽충은 고생대 화석이다.
ㄴ. (나)는 주로 따뜻하고 습한 환경에서 살았던 생물의 화석이다.
　고사리 화석은 온난 습윤한 환경을 나타내는 화석이다.
ㄷ. (가)와 (나)는 모두 육지에서 퇴적된 지층에서 발견된다.
　(가)는 바다에서, (나)는 육지에서 살았던 생물의 화석이다.

① ㄱ　② ㄷ　③ ㄱ, ㄴ　④ ㄴ, ㄷ　⑤ ㄱ, ㄴ, ㄷ

 단서+발상

단서 서로 다른 종류의 화석이 제시되어 있다.

발상 제시된 화석을 표준 화석과 시상 화석으로 구분할 수 있다.

적용 삼엽충과 고사리 화석으로부터 알아낼 수 있는 정보가 무엇인지
파악하는 것에서부터 문제 풀이를 시작해야 한다.

| 문제+자료 분석 |
• 지질 시대에 살았던 생물의 유해나 활동의 흔적이 지층에 남아있는 것을
화석이라고 하는데, 화석은 크게 표준 화석과 시상 화석으로 구분할 수 있다.
표준 화석은 지질 시대를 구분하는데 유용한 화석이고, 시상 화석은 지층이
퇴적될 당시의 환경을 알아내는 데 유용한 화석이다.
• (가): 삼엽충은 고생대에 살았던 생물이므로 표준 화석에 해당한다.
• (나): 고사리는 온난 습윤한 환경에서 살았던 생물이므로 시상 화석에
해당한다.

| 보기 분석 |
ㄱ 삼엽충은 고생대 전 기간에 걸쳐 산출될 수 있는 대표적인 화석이다.
ㄴ 고사리는 주로 따뜻하고 습한 환경에서 사는 생물이므로 고사리가
화석으로 산출될 경우, 퇴적될 당시의 환경을 추론할 수 있다.
ㄷ. 삼엽충은 해양 생물이고 고사리는 육상 식물이다.
따라서 (가)는 해양 환경에서, (나)는 육상 환경에서 퇴적된 지층에서 발견된다.

왜 틀렸나?
• [보기] ㄱ과 ㄴ은 대표적인 표준 화석과 시상 화석의 종류를 학습해 두었으면
충분히 해결할 수 있었다. 다소 까다로운 화석이 출제될 수도 있으므로 지질
시대별 표준 화석에 대해 충분히 학습해 두어야 한다.
• [보기] ㄷ을 해결하려면 고생물이 살았던 환경에 대해 알고 있어야 한다.
특히 화석이 생성될 당시의 퇴적 환경이 바다인지 육지인지 판단할 수
있어야 [보기] ㄷ을 해결할 수 있다.

다음은 5가지 물질을 분류하는 탐구 활동이다.

〈탐구 과정〉
(가) 물질의 화학식이 적힌 5가지 카드를 준비한다.
(나) (가)의 카드 중 기준 Ⅰ에 해당하는 카드만을 남기고, 나머지
카드는 모두 제외한다.
(다) (나)에서 남은 카드 중 기준 Ⅱ에 해당하는 카드만을 남기고,
나머지 카드는 모두 제외한다.

〈탐구 결과〉　이온 결합 물질　➡ 공유 결합 물질

단서

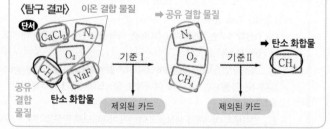

공유 결합 물질　탄소 화합물

기준 Ⅰ과 Ⅱ에 해당하는 내용으로 가장 적절한 것을 [보기]에서 고른 것은?

[보기]
ㄱ. 탄소 화합물이다. ➡ 기준 Ⅱ　ㄴ. 공유 결합 물질이다. ➡ 기준 Ⅰ
ㄷ. 금속 원소가 포함되어 있다. ➡ 이온 결합 물질

	Ⅰ	Ⅱ		Ⅰ	Ⅱ
①	ㄱ	ㄴ	②	ㄱ	ㄷ
③	ㄴ	ㄱ	④	ㄴ	ㄷ
⑤	ㄷ	ㄱ			

 단서+발상

단서 5가지 물질과 분류 기준 2가지가 제시되어 있다.

발상 (가)와 (나)에서 남은 카드를 통해 각각 기준 Ⅰ과 Ⅱ를 추론할 수 있다.

적용 카드에 적힌 5가지 물질을 비교하여 분류하는 것부터 문제 풀이를
시작해야 한다.

| 문제+자료 분석 |
• 5가지 물질을 공유 결합 물질과 이온 결합 물질로 분류하면 다음과 같다.
• **공유 결합 물질**: N_2, O_2, CH_4
• **이온 결합 물질**: NaF, $CaCl_2$
• **탄소 화합물**: CH_4

| 선택지 분석 |
③ **기준 Ⅰ**: 해당하는 물질은 N_2, O_2, CH_4이다.
따라서 기준 Ⅰ에는 '공유 결합 물질이다.'가 적절하다. ➡ ㄴ
기준 Ⅱ: 해당하는 물질은 CH_4이다.
따라서 기준 Ⅱ에는 '탄소 화합물이다.'가 적절하다. ➡ ㄱ

* **이온 결합과 공유 결합**
• **이온 결합**: 금속 원자와 비금속 원자 사이의 결합
• **공유 결합**: 비금속 원자 사이의 결합

다음은 빅뱅 이후 입자가 생성된 과정을 나타낸 것이다. A~C는
수소 원자, 중성자, 헬륨 원자핵을 순서 없이 나타낸 것이다. **단서**

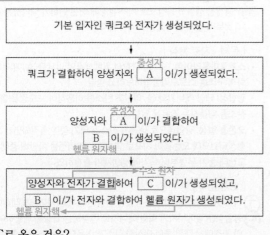

A~C로 옳은 것은?

	A	B	C
①	중성자	~~수소 원자~~	~~헬륨 원자핵~~
②	중성자	헬륨 원자핵	수소 원자
③	~~헬륨 원자핵~~	~~중성자~~	수소 원자
④	~~헬륨 원자핵~~	~~수소 원자~~	~~중성자~~
⑤	~~수소 원자~~	헬륨 원자핵	~~중성자~~

단서＋발상

단서 초기 우주에서 입자들이 생성되는 과정이 순서대로 제시되어 있다.

발상 빅뱅 직후 기본 입자에서 원자가 생성되기까지의 과정을 추론할 수 있다.

적용 원자가 양성자, 중성자, 전자로 이루어져 있다는 것을 고려하는 것부터 문제 풀이를 시작해야 한다.

| 문제＋자료 분석 |

- 빅뱅 이후 최초로 생성된 물질은 기본 입자이다.
  ➡ 기본 입자에는 쿼크, 전자 등이 있다.
- A: 쿼크가 결합하여 중성자와 양성자가 생성되었다. ➡ A는 중성자이다.
- B: 양성자 2개와 중성자(A) 2개가 결합하여 헬륨 원자핵(B)이 생성되었다.
  ➡ 현재 우주에 존재하는 헬륨(헬륨 원자핵)은 대부분 빅뱅 후 1초~3분 사이에 생성되었다.
- 원자핵과 전자가 결합하여 원자가 생성되었다.
  ➡ 빅뱅 후 38만 년이 되었을 때 수소 원자(C)와 헬륨 원자가 생성되었다.

| 선택지 분석 |

② A: 쿼크가 결합하여 양성자 또는 중성자를 생성된다.
  따라서 A는 중성자이다.
  B: 양성자 2개와 중성자 2개로 이루어진 헬륨 원자핵이다.
  C: 초기 우주에서 생성된 원자는 수소와 헬륨이다.
  따라서 C는 수소 원자이다.

＊ 초기 우주에서 입자의 생성 과정

- **기본 입자의 생성**: 빅뱅 직후 물질을 구성하는 기본 입자가 가장 먼저 생성되었다. 기본 입자에는 쿼크, 전자 등이 있다.
- **양성자와 중성자 생성**: 쿼크가 결합하여 양성자와 중성자를 생성하였다. 전자는 우주 공간에 계속 남아 있었다.
- **원자핵의 생성**: 양성자와 중성자가 결합하여 헬륨 원자핵을 형성하였고, 결합에 참여하지 못한 양성자는 수소 원자핵으로 남았다.
- **원자의 생성**: 빅뱅 후 약 38만 년이 지났을 때, 우주의 온도가 약 3,000 K까지 낮아지면서 전자가 원자핵과 결합하여 원자가 형성되었다.

그림은 주기율표에서 영역 (가)~(다)와 이에 속하는 3가지 원소를
각각 나타낸 것이다.

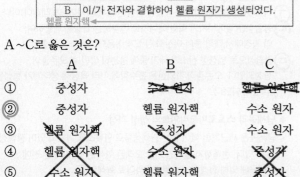

이에 대한 설명으로 옳은 것만을 [보기]에서 있는 대로 고른 것은?

[보기]
ㄱ. (가)에 속하는 원소는 알칼리 금속이다.
  Li, Na, K ➡ 알칼리 금속
ㄴ. (나)에 속하는 원소 중 원자가 전자 수가 가장 큰 원소는 ~~N~~이다. O
  C, N, O 중 원자 번호가 가장 큰 원소
ㄷ. (다)에 속하는 원소는 전자가 들어 있는 ~~전자 껍질 수가 모두~~ 7이다. F, Cl, Br
  원자가 전자 수

① ㄱ   ② ㄴ   ③ ㄱ, ㄷ   ④ ㄴ, ㄷ   ⑤ ㄱ, ㄴ, ㄷ

단서＋발상

단서 주기율표 상의 영역 (가)~(다)가 제시되어 있다.

발상 (가)와 (다)는 각각 같은 족 원소를, (나)는 같은 주기 원소의 영역임을 추론할 수 있다.

적용 족과 주기를 통해 (가)~(다) 영역의 특징을 구하는 것부터 문제 풀이를 시작해야 한다.

| 문제＋자료 분석 |

- **(가)**: Li, Na, K은 같은 족(1족) 원소로, 알칼리 금속이다.
- **(나)**: C, N, O는 같은 주기(2주기) 원소이다.
- **(다)**: F, Cl, Br은 같은 족(17족) 원소로, 할로겐 원소이다.

| 보기 분석 |

ㄱ. (가)에 속하는 원소는 Li, Na, K으로, 1족 원소이다.
  따라서 (가)에 속하는 원소는 알칼리 금속이다.
ㄴ. (나)에 속하는 원소는 같은 주기에 속하는 원소로, 원자 번호가 클수록 원자가 전자 수가 커진다.
  따라서 (나)에 속하는 원소 중 원자가 전자 수가 가장 큰 원소는 O이다.
ㄷ. (다)에 속하는 원소는 같은 족에 속하는 원소로, 원자 번호가 클수록 전자가 들어 있는 전자 껍질 수가 커진다(F: 2, Cl: 3, Br: 4).

2020.11
19회

13 정답 ⑤ ★ 지질 시대의 환경과 생물

다음은 스트로마톨라이트에 대한 자료이다.

단서

스트로마톨라이트는 **최초의** 남세균
광합성 생물 A에 의해 만들어진
구조이다. A의 ㉠ 광합성으로
발생한 산소가 대기 중으로
공급되면서 ㉡ 오존층이
형성되었다. 자외선 흡수   빛에너지가 화학 에너지로 전환됨
➡ 육상 생태계 형성   ➡ 양분을 합성함

이에 대한 설명으로 옳은 것만을 [보기]에서 있는 대로 고른 것은? [3점]

──────────────[보기]──────────────

㉠ A는 남세균이다.
　최초의 광합성 생물은 남세균이다.
㉡ ㉠ 과정에서 빛에너지를 이용하여 양분을 합성한다.
　광합성은 빛에너지가 화학 에너지로 전환되는 과정에 해당된다.
㉢ ㉡이 형성된 이후 바다 속 생물이 육상으로 진출했다.
　오존층이 자외선을 차단한 이후에 육상 생태계가 형성되었다.

① ㄱ　② ㄷ　③ ㄱ, ㄴ　④ ㄴ, ㄷ　⑤ ㄱ, ㄴ, ㄷ

🧠 단서+발상

단서 최초의 광합성 생물과 오존층 형성에 대한 내용이 제시되어 있다.

발상 오존층의 형성이 생태계에 미친 영향을 추론할 수 있다.

적용 광합성 생물의 등장으로 지구 환경에 어떤 변화가 나타났는지 생각하는 것부터 문제 풀이를 시작해야 한다.

| 문제+자료 분석 |
- **스트로마톨라이트**: 최초의 광합성 원핵생물인 남세균(A)에 의해 형성된 퇴적 구조를 스트로마톨라이트라고 한다.
- **광합성**: 태양 에너지와 물, 이산화 탄소를 이용하여 포도당을 합성하고 산소를 배출하는 작용을 말한다.
- **오존층 형성**: 광합성으로 배출된 산소가 대기 중에 축적되면서 오존층이 형성되었으며 오존층이 지표로 입사되는 자외선을 차단해 줌에 따라 고생대 중기 무렵부터 육지에 생명체가 출현하였다.

| 보기 분석 |
㉠ 지구 상에 출현한 최초의 광합성 생물은 남세균(시아노박테리아)이다.
㉡ 광합성은 빛에너지가 화학 에너지로 전환되는 과정에 해당하며, 이 과정에서 대기 중의 이산화 탄소가 이용되고 산소가 방출된다.
㉢ 광합성으로 발생한 산소가 대기 중에 충분히 쌓인 후 오존층이 형성되었다. 오존층이 자외선을 흡수함에 따라 육상에 생태계가 형성될 수 있게 되었다.

★ 남세균과 스트로마톨라이트의 생성 과정
- 남세균은 세균처럼 핵이 없는 원핵생물로 엽록소를 가지고 있어 광합성을 할 수 있다. 현재까지 알려진 가장 오래된 화석은 약 35억 년 전에 남세균에 의해 형성된 스트로마톨라이트 화석이다.
- 물속에 떠다니던 진흙 또는 탄산칼슘이 생물의 분비물과 엉겨 붙으면서 층을 이루면서 쌓인다. 이를 스트로마톨라이트라고 하는데 현재 바다에서도 생성되고 있다.

---

14 정답 ④ ★ 규산염 광물의 결합 구조

그림은 광물 (가)와 (나)의 결합 구조를 나타낸 것이다. A와 B는
규소와 산소를 순서 없이 나타낸 것이다.　**단서**

규소　산소
●: A　○: B

단일 사슬 구조　　　　　　　판상 구조
　　　　　　　　　　　　➡ 판 모양으로 쪼개짐

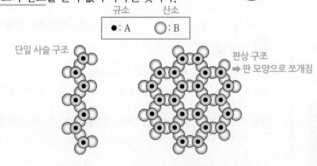

(가) 휘석 ── 규산염 광물 ── (나) 흑운모

이에 대한 설명으로 옳은 것만을 [보기]에서 있는 대로 고른 것은?

──────────────[보기]──────────────

ㄱ. A는 ~~산소~~이다. 규소
　규산염 사면체의 중심에 위치
ㄴ. (가)와 (나)는 모두 규산염 광물이다.
　(가)와 (나)는 규산염 사면체를 기본 단위로 하는 규산염 광물이다.
ㄷ. (나)는 얇은 판 모양으로 쪼개지는 성질이 있다.
　(나)는 판상 구조를 갖고 있으므로 쪼개지는 성질이 있다.

① ㄱ　② ㄴ　③ ㄱ, ㄷ　④ ㄴ, ㄷ　⑤ ㄱ, ㄴ, ㄷ

🧠 단서+발상

단서 휘석과 흑운모의 결합 구조가 제시되어 있다.

발상 A는 규소, B는 산소임을 추론할 수 있다.

적용 (가)는 단사슬 구조, (나)는 판상 구조임을 고려하여 규산염 광물의 특성을 파악하는 것부터 문제 풀이를 시작해야 한다.

| 문제+자료 분석 |
- 규산염 사면체는 규소 원자 1개와 산소 원자 4개가 결합하여 만들어진다.
  ➡ A는 규소, B는 산소이다.
- **(가) 휘석**: 규산염 사면체가 산소 2개를 공유하여 단일 사슬 모양으로 결합한다. ➡ 단사슬 구조
- **(나) 흑운모**: 규산염 사면체가 산소 3개를 공유하여 얇은 판 모양으로 결합한다. ➡ 판상 구조

| 보기 분석 |
ㄱ. A는 규산염 사면체의 중심에 위치한 규소이다.
ㄴ. 휘석과 흑운모는 모두 규산염 사면체를 기본 단위로 하여 형성된 규산염 광물이다.
ㄷ. 흑운모는 규산염 사면체의 4개의 산소 중 3개를 공유하므로 산소를 공유하지 않은 쪽의 결합력이 약하다. 따라서 광물에 물리적 힘을 가했을 때, 흑운모는 결합력이 약한 면을 따라 쪼개지는 성질이 있다.

⚠ 왜 틀렸나?
- 이 문항을 해결하지 못한 학생들은 쪼개짐에 대한 이해가 부족했기 때문이라고 판단된다.
- 쪼개짐은 광물의 결합 구조로 인해 특정 방향으로 결합력이 약할 때 나타난다. 예를 들어 판상 구조를 가진 광물은 판 모양의 상하 방향으로 결합이 약하기 때문에 얇게 쪼개지는 성질이 나타난다.

그림은 세포에서 일어나는 유전정보의 흐름을 나타낸 것이다. (가)와
(나)는 각각 번역과 전사 중 하나이고, ㉠~㉢은 각각 아데닌(A),
유라실(U), 타이민(T) 중 하나이다. **단서**

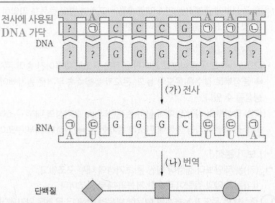

이에 대한 설명으로 옳은 것만을 [보기]에서 있는 대로 고른 것은?
(단, 돌연변이는 고려하지 않는다.) [3점]

[보기]
ㄱ. (가)는 전사이다.
　DNA의 유전정보가 RNA로 전달되는 과정 ➡ 전사
ㄴ. ㉠은 아데닌(A)이다.
　DNA와 RNA에서 공통적으로 갖는 염기 ➡ 아데닌(A)
ㄷ. RNA의 염기 ~~1개~~가 아미노산 1개를 지정한다.
　　　　3개(코돈)

① ㄱ　　② ㄴ　　③ ㄷ　　④ ㄱ, ㄴ　　⑤ ㄱ, ㄴ, ㄷ

단서＋발상

단서 세포에서 일어나는 전사와 번역 과정이 제시되어 있다.

발상 RNA의 염기서열을 통해 전사에 사용된 DNA 가닥을 추론할 수 있다.

적용 전사에 사용된 DNA 가닥과 RNA의 염기서열을 비교하여 RNA가 ㉡ 대신 ㉢을 가지는 것에서부터 문제 풀이를 시작해야 한다.

| 문제＋자료 분석 |
· (가): DNA의 유전정보가 RNA로 전달되는 전사 과정이다.
　DNA의 염기에 상보적인 염기서열을 가진 RNA가 합성된다. **꿀팁**
· (나): RNA의 유전정보에 따라 단백질이 합성되는 번역 과정이다.
　RNA의 코돈 1개(3개의 염기)가 1개의 아미노산을 지정한다.
· 전사에 사용된 DNA 가닥과 RNA의 염기서열을 비교하면, ㉠은
　DNA와 RNA에서 공통적으로 나타나므로 아데닌(A)임을 알 수 있다.
　또한, RNA는 DNA에서 나타나는 ㉡ 대신 ㉢을 가짐을 알 수 있다.
　RNA는 타이민(T) 대신 유라실(U)을 가지므로, ㉡은 타이민(T), ㉢은
　유라실(U)이다.

| 보기 분석 |
ㄱ. (가)는 DNA의 유전정보가 RNA로 전달되는 과정이므로 전사이다.
ㄴ. ㉠은 DNA와 RNA에서 공통적으로 갖는 염기이므로 아데닌(A)이다.
ㄷ. RNA의 코돈 1개(3개의 염기)가 1개의 아미노산을 지정한다.

문제 풀이 **꿀팁**
RNA에는 타이민(T)이 없고 유라실(U)이 있으므로 아데닌(A)에 상보적인
염기는 유라실(U)이 된다.

DNA 염기	A	G	C	T
↓ 전사	↓	↓	↓	↓
RNA 염기	U	C	G	A

그림과 같이 물체 A를 수평 방향으로 속력 v로 던지는 순간, 물체
B를 가만히 놓았더니 A와 B가 각각 경로를 따라 운동하여 수평면에
연직 방향의 처음 속력은 0이고, 처음 높이는 같다. **단서**
동시에 도달한다. A는 던져진 순간부터 수평면에 도달할 때까지
수평 방향으로 L만큼 이동한다.

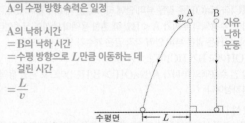

A의 수평 방향 속력은 일정

A의 낙하 시간
＝B의 낙하 시간
＝수평 방향으로 L만큼 이동하는 데
　걸린 시간
＝$\dfrac{L}{v}$

이에 대한 설명으로 옳은 것만을 [보기]에서 있는 대로 고른 것은?
(단, 물체의 크기, 공기 저항은 무시한다.) [3점]

[보기]
ㄱ. A가 운동하는 동안 A의 수평 방향 속력은 v로 일정하다.
　A의 수평 방향의 처음 속력은 v이고, A의 수평 방향의 속력은 일정하다.
ㄴ. B가 가만히 놓인 순간부터 수평면에 도달할 때까지 걸린
　시간은 $\dfrac{L}{v}$이다. 수평면에 도달할 때까지 걸린 시간은 A와 B가 같다.
ㄷ. 운동하는 동안 A와 B에 작용하는 중력의 방향은 같다.
　중력은 연직 방향으로 작용한다.

① ㄱ　　② ㄴ　　③ ㄱ, ㄷ　　④ ㄴ, ㄷ　　⑤ ㄱ, ㄴ, ㄷ

단서＋발상

단서 수평 방향으로 던진 물체 A와 가만히 놓은 물체 B의 운동 경로가 각각
제시되어 있다.

발상 A와 B에는 중력이 작용한다는 것을 추론할 수 있다.

적용 수평 방향과 연직 방향의 속력의 변화를 분석하는 것부터 문제 풀이를
시작해야 한다.

| 문제＋자료 분석 |
· A: 수평 방향의 속력은 일정하고 연직 방향의 속력은 증가하는 운동을 한다.
· B: 연직 방향의 속력이 증가하는 운동을 한다.

| 보기 분석 |
ㄱ. A에 수평 방향으로 작용하는 힘은 0이므로 A의 수평 방향의 속력은 v로
　일정하다.
ㄴ. A와 B의 연직 방향의 처음 속력은 0으로 같고, 처음 높이는 A와 B가
　같으므로 수평면에 도달하는 데 걸린 시간은 A와 B가 같다. **함정**
　A가 수평면에 도달할 때까지 수평 방향으로 진행한 거리는 L이므로
　A가 수평면에 도달하는 데 걸린 시간은 $\dfrac{L}{v}$이다. 따라서 B가 가만히
　놓인 순간부터 수평면에 도달할 때까지 걸린 시간은 $\dfrac{L}{v}$이다.
ㄷ. A와 B에는 모두 중력이 작용하고, 중력의 방향은 연직 방향이다.

왜 틀렸나?
A의 수평 방향의 속력은 v로 일정하고, 수평면에 도달할 때까지 수평
방향으로 진행한 거리는 L이므로 A를 가만히 놓은 순간부터 수평면에 도달할
때까지 걸린 시간은 $\dfrac{L}{v}$이다.

2020.11

19회

그림 (가)와 (나)는 질량이 서로 다른 두 별의 진화 과정에서
중심부의 핵융합 반응이 끝난 직후 별의 내부 구조를 나타낸 것이다.

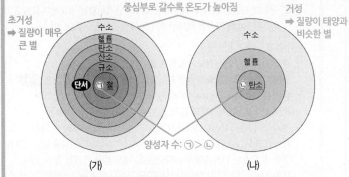

중심부로 갈수록 온도가 높아짐

초거성
➡ 질량이 매우
　큰 별

거성
➡ 질량이 태양과
　비슷한 별

양성자 수: ㉠ > ㉡

(가)　　　　　(나)

이에 대한 설명으로 옳은 것만을 [보기]에서 있는 대로 고른 것은?
(단, 두 별의 크기는 고려하지 않는다.) [3점]

[보기]
ㄱ. (가)는 질량이 ~~태양 정도인~~ 별의 진화 과정에서 나타난다.
　(가)는 초거성으로 질량이 태양보다 훨씬 크다.
ㄴ. 중심부의 온도는 (나)보다 (가)에서 높다.
　(가)는 (나)보다 중심부 온도가 높아 더 무거운 원소가 존재한다.
ㄷ. 원소의 양성자 수는 ㉠보다 ㉡이 작다.
　철(26) > 탄소(6)

① ㄱ　　② ㄷ　　③ ㄱ, ㄴ　　④ ㄴ, ㄷ　　⑤ ㄱ, ㄴ, ㄷ

단서+발상

(단서) 초거성과 거성의 내부 구조가 제시되어 있다.

(발상) 별의 중심부로 갈수록 점점 무거운 원소가 존재한다는 것을 확인할 수
있다.

(적용) 중심부에 존재하는 원소의 종류를 비교하여 별의 종류를 파악하는
것부터 문제 풀이를 시작해야 한다.

| 문제+자료 분석 |
· (가)와 (나) 모두 중심부로 갈수록 무거운 원소로 이루어진 층이 존재한다.
　➡ 중심부로 갈수록 온도가 높고, 온도가 높을수록 무거운 원자핵이
　생성될 수 있다.
· (가): 중심부의 가장 안쪽에 철이 존재한다. ➡ 초거성의 내부 구조이다.
· (나): 중심부의 가장 안쪽에 탄소가 존재한다. ➡ 거성의 내부 구조이다.

| 보기 분석 |
ㄱ. (가)는 태양보다 질량이 훨씬 큰 초거성의 내부 구조이고,
　(나)는 태양과 질량이 비슷한 거성의 내부 구조이다.
ㄴ. 중심부의 온도가 높을수록 핵융합 반응에 의해 더 무거운 원자핵이
　생성된다.
　따라서 별 중심부의 온도는 철이 존재하는 (가)가 탄소가 존재하는
　(나)보다 높다.
ㄷ. 철의 원자 번호는 26이고 탄소의 원자 번호는 6이다.
　원소의 양성자 수는 원자 번호와 같으므로 철(㉠)보다 탄소(㉡)가 작다.

표는 A와 B 수용액의 부피를 달리하여 혼합한 용액 (가)~(다)에
대한 자료이다. A와 B는 각각 HCl과 NaOH 중 하나이다. (단서)

혼합	혼합 전 수용액의 부피(mL)		액성
용액	A 수용액 NaOH	B 수용액 HCl	
(가)	20 <	40	산성
(나)	40 >	20	염기성
(다)	40 =	40	중성

수용액의 부피: A < B일 때 산성
➡ A: NaOH, B: HCl

수용액의 부피: A = B일 때 중성
➡ HCl과 NaOH은 같은 부피 안에
　각각 같은 개수가 들어 있음

이에 대한 설명으로 옳은 것만을 [보기]에서 있는 대로 고른 것은?
(단, 혼합 전 수용액의 농도는 모두 같다.) [3점]

[보기]
ㄱ. A는 NaOH이다.
　(가)에서 A < B일 때 산성 ➡ A: NaOH, B: HCl
ㄴ. (나)에서 이온의 수는 Cl⁻ ✗ Na⁺이다. <
　NaOH의 개수 > HCl의 개수 ➡ Na⁺ > Cl⁻
ㄷ. 생성된 물 분자의 수는 (나)보다 (다)가 크다.
　(나)에서는 20 mL씩, (다)에서는 40 mL씩 반응
　➡ 생성된 물 분자 수: (나) < (다)

① ㄱ　　② ㄴ　　③ ㄱ, ㄷ　　④ ㄴ, ㄷ　　⑤ ㄱ, ㄴ, ㄷ

단서+발상

(단서) 혼합 전 수용액의 부피와 혼합 후 액성이 제시되어 있다.

(발상) (다)에서 혼합 용액의 액성이 중성이므로 같은 부피에 들어 있는 A와
B의 개수를 추론할 수 있다.

(적용) 수소 이온(H^+)과 수산화 이온(OH^-)이 1 : 1의 개수 비로 반응한다는
점을 이용하여 A와 B를 구하는 것부터 문제 풀이를 시작해야 한다.

| 문제+자료 분석 |
· (다): 혼합 전 수용액의 부피가 A = B일 때 혼합 용액의 액성이 중성이다.
　따라서 HCl과 NaOH은 같은 부피 안에 각각 같은 개수가 들어 있다.
· (가): 혼합 전 수용액의 부피가 A < B일 때 혼합 용액의 액성이 산성인데,
　HCl과 NaOH은 같은 부피 안에 각각 같은 개수가 들어 있으므로
　A가 NaOH이고 B가 HCl이다.
· (나): 혼합 전 수용액의 부피가 A(NaOH) > B(HCl)이므로 혼합 용액의
　액성은 염기성이다.

| 보기 분석 |
ㄱ. (다)의 액성이 중성이므로 HCl과 NaOH은 같은 부피 안에 각각 같은
　개수가 들어 있다.
　(가)에서 혼합 전 수용액의 부피가 A < B이므로
　A의 개수 < B의 개수이고, 혼합 용액의 액성이 산성이므로
　B가 산인 HCl이고 A는 NaOH이다.
ㄴ. (나)에서 혼합 전 수용액의 부피가 A > B이므로
　A의 개수 < B의 개수이다.
　A와 B는 각각 NaOH와 HCl이므로 (나)에서 이온의 수는
　Na⁺ > Cl⁻이다.
ㄷ. A(NaOH)와 B(HCl)는 같은 부피 안에 각각 같은 개수가 들어
　있으므로 A와 B는 1 : 1의 부피 비로 반응한다.
　(나)에서는 A와 B가 각각 20 mL씩 반응하고, (다)에서는 각각
　40 mL씩 반응하므로 생성된 물 분자 수의 비는 (나) : (다) = 1 : 2이다.
　따라서 생성된 물 분자의 수는 (나)보다 (다)가 크다.

다음은 충돌과 관련된 과학 원리에 대한 설명이다.

> 물체가 충돌할 때, 충돌 시간이 길어지면 물체가 받는 평균 힘의 크기는 작아진다. 충격량=평균 힘×충돌 시간 **단서**

이와 같은 원리가 이용되는 안전장치로 옳은 것만을 [보기]에서 있는 대로 고른 것은?

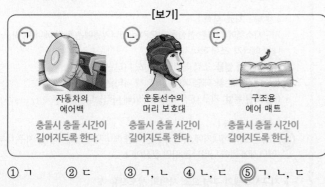

[보기]

ㄱ 자동차의 에어백 / 충돌시 충돌 시간이 길어지도록 한다.
ㄴ 운동선수의 머리 보호대 / 충돌시 충돌 시간이 길어지도록 한다.
ㄷ 구조용 에어 매트 / 충돌시 충돌 시간이 길어지도록 한다.

① ㄱ   ② ㄷ   ③ ㄱ, ㄴ   ④ ㄴ, ㄷ   ⑤ ㄱ, ㄴ, ㄷ

👤 단서+발상

단서 충돌 시간이 길어지면 물체가 받는 평균 힘의 크기가 작아진다고 제시되어 있다.

발상 충격량은 평균 힘과 충돌 시간의 곱이라는 것을 추론할 수 있다.

적용 충돌 시간이 길어지도록 하는 안전장치를 찾는 것부터 문제 풀이를 시작해야 한다.

| 문제＋자료 분석 |
· 충격량은 평균 힘과 충돌 시간의 곱이다.
· 충격량은 운동량의 변화량과 같다.
· 안전장치는 사람이 받는 평균 힘의 크기를 줄여준다. **꿀팁**

| 보기 분석 |
ㄱ 자동차의 에어백은 운전 중에 앞으로 진행하려는 사람의 관성으로 인해 충돌 시 앞으로 튀어나가게 되는데, 이때 운전자 또는 탑승자의 머리 등을 보호하기 위한 안전장치이다.
ㄴ 운동선수의 머리 보호대는 머리가 바닥 등에 충돌할 때 충돌 시간을 길게 하여 머리에 작용하는 평균 힘의 크기를 줄여 준다.
ㄷ 구조용 매트는 푹신한 소재로 낙하하는 사람이 바닥에 충돌 시 발생하는 피해를 줄이는 안전장치이다. 안전장치는 사람이 힘을 받는 시간을 길게 한다.

다음은 물체가 받은 평균 힘의 크기를 구하는 과정이다.

> · 그림과 같이 수평면에 정지해 있던 질량이 1 kg인 물체에 수평 방향으로 힘을 작용하였더니 물체가 10 m/s의 일정한 속력으로 직선 운동한다. 물체는 스틱으로부터 그래프와 같이 $\frac{1}{20}$초 동안 힘을 받았다.
>
> **단서**
>
> 스틱 / 나중 운동량 $=1\,kg×10\,m/s$ $=10\,kg·m/s$
> 처음 운동량 $=1\,kg×0\,m/s$ $=0\,kg·m/s$ / 정지 (1kg) 10m/s → 수평면
>
> 힘(N) / 면적 / 충격량(I) / 운동량의 변화량(Δp) $=10\,kg·m/s-0$ $=10\,N·s$ / 0 $\frac{1}{20}$ 시간(s)
>
> · 그래프에서 시간 축과 곡선이 만드는 면적은 물체의 운동량 변화량의 크기와 같다.
>
> · 따라서 0초부터 $\frac{1}{20}$초까지 물체가 받은 충격량의 크기는 ⓐ ⓐ(10 N·s) 이므로 물체가 받은 평균 힘의 크기는 ⓑ (200 N) 이다. $=\dfrac{충격량}{힘이 작용한 시간}=\dfrac{10\,N·s}{\left(\dfrac{1}{20}\,s\right)}=200\,N$

ⓐ과 ⓑ은? (단, 물체의 크기는 무시한다.) [3점]

	ⓐ	ⓑ		ⓐ	ⓑ
①	10 N·s	100 N	②	10 N·s	200 N
③	20 N·s	100 N	④	20 N·s	200 N
⑤	20 N·s	400 N			

👤 단서+발상

단서 정지해 있는 물체가 스틱으로부터 힘을 받아 운동한다고 제시되어 있다.

발상 물체가 받는 힘이 시간 축과 이루는 면적은 물체가 받은 충격량이라는 것을 추론할 수 있다.

적용 운동량의 개념을 적용해서 일정한 속력으로 운동하는 물체의 운동량의 크기를 구하는 것부터 문제 풀이를 시작해야 한다.

| 문제＋자료 분석 |
· 정지해 있던 물체의 운동량은 0이고, 일정한 속력으로 운동하는 물체의 운동량의 크기는 10 kg·m/s이다.

| 선택지 분석 |
② 물체의 나중 운동량은 10 kg·m/s이고, 처음 운동량은 0이므로 물체가 받은 충격량의 크기는 10 N·s이다. 따라서 ⓐ은 10 N·s이다.

물체가 스틱으로부터 힘을 받은 시간은 $\frac{1}{20}$초이므로 ⓑ은 $\dfrac{10\,N·s}{\left(\dfrac{1}{20}\,s\right)}=200\,N$이다.

✱ 충격량
· **충격량**: 물체가 받은 충격을 정량적으로 표현한 값
· 충격량(I)은 충돌 시 물체가 받은 힘(F)과 충돌 시간(Δt)의 곱으로 나타낸다.
$$I=F\Delta t$$
· **운동량과 충격량의 관계**: 충격량은 운동량의 변화량과 같다.
$$I=\Delta p=mv_2-mv_1$$

2020. 11
19회

01 정답 ② ＊ 지구시스템의 에너지원 ··· [정답률 90%] **2019 실시 11월 학평 1**

그림 (가)~(다)는 지구시스템에서 일어나는 다양한 자연 현상을 나타낸 것이다.

단서 (가) 밀물과 썰물
달과 태양이 지구에 작용하는 인력에 의해 생기는 에너지인 조력 에너지에 의해 발생

(나) 대기 대순환
태양 에너지에 의해 대기 대순환이 나타남

(다) 화산 폭발
지구 내부 에너지에 의해 대륙이 움직이고, 화산 활동이 발생함

(가)~(다)를 일으키는 근원적인 에너지로 옳은 것은?

	(가)	(나)	(다)
①	태양 에너지	조력 에너지	지구 내부 에너지
②	조력 에너지	태양 에너지	지구 내부 에너지
③	조력 에너지	지구 내부 에너지	태양 에너지
④	지구 내부 에너지	조력 에너지	태양 에너지
⑤	지구 내부 에너지	태양 에너지	조력 에너지

🧠 **단서+발상**

단서 지구시스템에서 일어나는 현상과 에너지원이 제시되어 있다.

적용 지구시스템의 에너지원과 관련된 자연 현상을 생각해 보는 것부터 문제 풀이를 시작해야 한다.

| 문제＋자료 분석 |
· 지구시스템에 다양한 현상을 일으키는 에너지원에는 태양 에너지, 지구 내부 에너지, 조력 에너지가 있다.
· **(가) 밀물과 썰물**: 조력 에너지에 의해 나타난다.
· **(나) 대기 대순환**: 태양 에너지에 의해 나타난다.
· **(다) 화산 폭발**: 지구 내부 에너지에 의해 나타난다.

| 선택지 분석 |
② (가)는 조력 에너지에 의해, (나)는 태양 에너지에 의해, (다)는 지구 내부 에너지에 의해 나타나는 자연 현상이다.

＊ **지구시스템의 구성 요소 사이의 상호작용 예**

영향 근원	기권	수권	지권	생물권
기권	전선 형성	표층 해류, 엘니뇨 발생	풍화, 침식 작용	호흡, 광합성
수권	태풍 발생	해수의 혼합	지표의 변화	생물체에 물 제공
지권	화산 가스 방출	지진 해일	대륙 이동	생물체에 서식지 제공
생물권	광합성, 증산 작용	생물체에 의한 용해	화석 연료 생성	먹이 사슬

02 정답 ② ＊ 동물 세포의 구조 ·· [정답률 69%] **2019 실시 11월 학평 2**

그림은 동물 세포의 구조를 나타낸 것이다. A와 B는 각각 소포체와 마이토콘드리아 중 하나이다. **단서**
이에 대한 설명으로 옳은 것만을 [보기]에서 있는 대로 고른 것은?

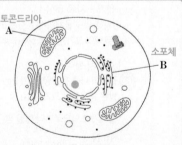

[보기]
ㄱ. A는 ~~핵~~이다.
　　마이토콘드리아
ㄴ. ~~B~~에서 세포호흡이 일어난다.
　　A(마이토콘드리아)
ㄷ. A와 B는 식물 세포에도 있다.
　　식물 세포에도 마이토콘드리아와 소포체가 있다.

① ㄱ ② ㄷ ③ ㄱ, ㄴ ④ ㄴ, ㄷ ⑤ ㄱ, ㄴ, ㄷ

🧠 **단서+발상**

단서 A와 B는 각각 소포체와 마이토콘드리아 중 하나이다.

발상 둥근 막대 모양의 A는 마이토콘드리아, 핵막과 연결된 납작한 주머니 모양의 B는 소포체임을 추론할 수 있다.

| 문제＋자료 분석 |
· **마이토콘드리아(A)**: 둥근 막대 모양으로, 세포호흡이 일어나는 장소이다. 유기물을 분해하여 생명활동에 필요한 에너지를 얻는다.
· **소포체(B)**: 막으로 싸인 납작한 주머니가 일부 핵막과 서로 연결된 모양으로, 라이보솜에서 합성한 단백질을 골지체나 세포의 다른 곳으로 운반하는 통로 역할을 한다.

| 보기 분석 |
ㄱ. A는 마이토콘드리아, B는 소포체이다.
ㄴ. 세포호흡을 통해 생명활동에 필요한 에너지를 생산하는 세포소기관은 마이토콘드리아(A)이다.
ㄷ. 마이토콘드리아(A), 소포체(B)는 동물 세포와 식물 세포에 모두 존재한다.

＊ **동물 세포와 식물 세포**

구분	세포소기관
동물 세포와 식물 세포에 모두 존재하는 세포소기관	핵, 세포막, 마이토콘드리아, 라이보솜, 소포체 등
식물 세포에만 존재하는 세포소기관	엽록체, 세포벽

03 정답 ③ ✱ 주기율표와 원소의 주기성 ⋯⋯⋯⋯⋯⋯⋯⋯⋯⋯⋯⋯⋯⋯⋯⋯⋯⋯⋯⋯⋯⋯ [정답률 84%] **2019 실시 11월 학평 3**

그림은 주기율표에서 원소를 3가지씩 묶은 영역 (가)~(다)를 나타낸 것이다. **단서**

같은 족 원소들은 원자가 전자 수가 같음

H 알칼리 금속

(나) 같은 주기 원소 ➡ 화학적 성질이 비슷 ➡ 전자 껍질 수 같음

같은 족 원소들은 원자가 전자 수가 같음 ➡ 화학적 성질이 비슷

(가)~(다) 중 화학적 성질이 비슷한 원소끼리 묶여 있는 영역만을
있는 대로 고른 것은? └ 같은 족 원소

① (가) ② (나) ③ (가), (다)
④ (나), (다) ⑤ (가), (나), (다)

🧠 **단서+발상**

단서 주기율표가 제시되어 있다.

발상 주기율표를 통해 (가)~(다) 원소의 족, 주기를 추론할 수 있다.

적용 화학적 성질이 비슷하려면 같은 족의 원소여야 함을 적용하는 것부터 문제 풀이를 시작해야 한다.

| 문제+자료 분석 |
· **현대의 주기율표**: 원소들을 원자 번호(양성자수) 순서로 나열하되, 화학적 성질이 비슷한 원소들이 같은 세로줄에 오도록 배열하였다.

| 선택지 분석 |
③ 같은 족 원소끼리 묶여 있는 (가) 영역(Li, Na, K), (다) 영역(Cl, Br, I)에 속한 원소들은 화학적 성질이 비슷하다.

✱ **같은 족 원소의 공통점**
· 원자가 전자 수가 같다.
· 화학적 성질이 비슷하다. (단, 수소 및 3~12족 원소는 예외임)

✱ **주기율표와 원자의 전자 배치**
· **같은 주기의 원소**: 바닥상태에서 전자가 들어 있는 전자 껍질 수가 같다.
예) 2주기 원소: 전자가 들어 있는 전자 껍질 수＝2
· **같은 족의 원소**: 원자가 전자 수가 같으므로 화학적 성질이 비슷하다.

---

04 정답 ① ✱ 태평양 주변의 판 경계 ⋯⋯⋯⋯⋯⋯⋯⋯⋯ ⭐ 고난도 【① 35% ② 6% ③ 10% ④ 14% ⑤ 33%】 **2019 실시 11월 학평 4**

그림은 태평양 주변의 판 경계와 세 지역 A~C에서의 판의
상대적인 이동 방향을 나타낸 것이다. **단서**

A~C에 대한 설명으로 옳은 것만을 [보기]에서 있는 대로 고른
것은? [3점]

[보기]
ㄱ. A는 맨틀 대류의 하강부이다.
    수렴형(섭입형) 경계 ➡ 맨틀 대류의 하강부
ㄴ. B에서는 주로 ~~심발 지진~~이 발생한다.
    천발 지진
ㄷ. C에는 ~~해구~~가 발달한다.
    해령

① ㄱ ② ㄴ ③ ㄷ ④ ㄱ, ㄴ ⑤ ㄱ, ㄷ

🧠 **단서+발상**

단서 태평양 주변의 판 경계와 판의 상대적인 이동 방향이 제시되어 있다.

발상 A, B, C 지점의 판 경계의 종류를 추론할 수 있다.

| 문제+자료 분석 |
· **A**: 필리핀판 아래로 태평양판이 섭입하여 해구와 호상열도가 발달한다. (마리아나 해구, 마리아나 제도)
· **B**: 태평양판과 북아메리카판이 서로 스쳐 지나가며 이동하여 변환 단층이 발달한다. (산안드레아스 단층)
· **C**: 태평양판과 나스카판이 서로 멀어지면서 해령이 발달한다. (동태평양 해령)

| 보기 분석 |
ㄱ. A는 태평양판과 필리핀판이 만나는 수렴형(섭입형) 경계로 맨틀 대류의 하강부에 해당한다.
ㄴ. B는 보존형 경계로 천발 지진은 발생하지만 심발 지진은 발생하지 않는다.
ㄷ. C는 태평양판과 나스카판이 서로 멀어지는 발산형 경계로 해령이 발달한다.

✱ **판 경계와 지각 변동**

판의 경계		지진	화산 활동
수렴형 경계	섭입형	천발 지진~심발 지진	○
	충돌형	천발 지진~중발 지진	×
발산형 경계		천발 지진	○
보존형 경계		천발 지진	×

2019.11

20회

다음은 영상이 재생되는 휴대 전화에 대한 설명이다.

> **단서**
> 휴대 전화에 공급된 **전기 에너지**에
> 의해 영상이 재생될 때, ㉠ 화면에서
> 빛이 방출되고 ㉡ 스피커에서 소리가
> 전기 에너지 ➡ 빛에너지   전기 에너지 ➡ 소리 에너지
> 나며 휴대 전화에서 열이 발생한다.

이에 대한 설명으로 옳은 것만을 [보기]에서 있는 대로 고른 것은?

[보기]

ㄱ. ㉠에서 전기 에너지가 빛에너지로 전환된다.
  휴대 전화에 공급된 전기 에너지 ➡ 화면의 빛에너지
ㄴ. ㉡에서 빛에너지가 소리 에너지로 전환된다.
  전기 에너지
ㄷ. 휴대 전화에서 발생한 열에너지는 휴대 전화에 공급된 전기
  에너지보다 작다. 에너지 보존 법칙에 의해 공급된 전기 에너지보다
  열에너지가 작다.

① ㄱ   ② ㄴ   ③ ㄱ, ㄷ   ④ ㄴ, ㄷ   ⑤ ㄱ, ㄴ, ㄷ

🧠 **단서＋발상**

(단서) 휴대 전화에서 공급된 에너지의 종류가 제시되어 있다.
(발상) 전기 에너지가 빛에너지, 소리 에너지로 전환되었음을 추론할 수 있다.

| 문제＋자료 분석 |
· 에너지의 형태가 다른 형태로 바뀌는 에너지 전환에 관한 내용이다.
· 휴대 전화에 공급된 전기 에너지는 화면에서 빛에너지, 스피커에서 소리 에너지, 진동할 때 운동 에너지 등으로 전환된다.
· 에너지 보존 법칙에 의해 외부로부터 에너지 출입이 없다면 에너지가 전환될 때 에너지의 총량은 항상 일정하므로, 휴대 전화에 공급된 전기 에너지보다 열에너지가 크지 않다.

| 보기 분석 |
ㄱ. 공급된 전기 에너지가 화면에서 빛에너지로 전환되면서 영상이 재생된다.
ㄴ. 스피커에 공급된 전기 에너지가 소리 에너지로 전환되어 스피커에서 소리가 난다.
ㄷ. 영상이 재생될 때, 휴대 전화에 공급된 전기 에너지는 빛에너지, 소리 에너지, 열에너지로 전환되므로 열에너지는 휴대 전화에 공급된 전기 에너지보다 작다.

✱ **휴대 전화에서 일어나는 에너지 전환과 보존**

배터리 충전	전기 에너지 → 화학 에너지
배터리 사용	화학 에너지 → 전기 에너지
화면	전기 에너지 → 빛에너지
진동	전기 에너지 → 운동 에너지
스피커	전기 에너지 → 소리 에너지
발열	전기 에너지 → 열에너지

그림은 태양 정도의 질량을 가진 별의 진화 과정의 일부를, 표는 (가)~(다) 단계의 특징을 나타낸 것이다. **단서**

원시
성운 ●
중심부 수축
바깥층 팽창

중심부 수축
바깥층 팽창

(가) 주계열성   (나) 적색거성   (다) 행성상 성운

단계	특징
(가)	중심부에서 수소 핵융합 반응으로 에너지를 생성함
(나)	(가)보다 크기가 크고 적색을 띰 중심부 수축, 온도 상승
(다)	중심부는 수축하고 외곽 물질이 우주 공간으로 방출됨

이에 대한 설명으로 옳은 것만을 [보기]에서 있는 대로 고른 것은?

[3점]

[보기]

ㄱ. 태양은 현재 (가)에 해당한다.
  태양은 주계열성이다.
ㄴ. 중심부의 온도는 (나)가 (가)보다 높다.
  (가)에서 (나)로 중심부가 수축하여 온도가 상승한다.
ㄷ. (다)에서는 철보다 무거운 원소가 생성된다.
  가벼운 원소(예 탄소, 산소)

① ㄱ   ② ㄴ   ③ ㄷ   ④ ㄱ, ㄴ   ⑤ ㄴ, ㄷ

🧠 **단서＋발상**

(단서) 태양 정도의 질량을 가진 별의 진화 과정과 특징이 제시되어 있다.
(발상) (가)의 중심부에서 수소 핵융합 반응으로 에너지를 생성하는 것으로 보아 태양은 현재 주계열성인 (가)에 해당함을 추론할 수 있다.
(적용) 주계열성의 중심부는 점점 수축하여 온도가 상승하고, 탄소, 산소 등의 원소가 생성됨을 파악하는 것부터 문제 풀이를 시작해야 한다.

| 문제＋자료 분석 |
· **(가) 주계열성**: 원시별의 중심부 온도가 약 1000만 K 이상이 되면 수소 핵융합 반응이 일어나 에너지를 생성하는 주계열성이 된다.
· **(나) 적색거성**: 주계열성의 중심부에서 수소 핵융합 반응이 멈추면 중심부는 수축하여 온도가 상승하고, 핵을 둘러싸고 있는 수소층이 가열된다. 수소층에서 수소 핵융합 반응이 일어나면 별이 팽창하여 표면 온도가 낮아져 붉게 보이는 적색거성이 된다.
· **(다) 행성상 성운**: 적색거성의 중심부에서 헬륨 핵융합 반응이 멈추면 별은 불안정해져 팽창과 수축을 반복하다 바깥층은 팽창하여 행성상 성운이 되고, 중심부는 더욱 수축하여 백색 왜성이 된다.

| 보기 분석 |
ㄱ. 태양은 현재 중심부에서 수소 핵융합 반응으로 에너지를 생성하므로 (가) 주계열성에 해당한다.
ㄴ. 별의 중심부에서 수소가 모두 헬륨으로 바뀌면 수소 핵융합 반응이 멈춘다. 이후 별의 중심부는 수축하면서 온도가 상승하여 약 1억 K 이상이 되면 헬륨 핵융합 반응이 일어나고, 별의 외곽은 부풀어 올라 적색거성 단계로 진화한다. 따라서 중심부의 온도는 (나) 적색거성 단계가 (가) 주계열성 단계보다 높다.
ㄷ. 태양 정도의 질량을 가진 별의 내부에서는 핵융합 반응으로 탄소, 산소까지 생성된다. 철보다 무거운 원소는 질량이 태양의 10배 이상인 별에서 생성된다.

다음은 에어백이 탑승자를 보호하는 원리에 대한 설명이다.

> 에어백은 충돌 시간을 길게 하여 탑승자에게
> 작용하는 평균 힘의 크기를 작아지게 한다.
> (단서) 충격량＝충돌 시간×충격력

이와 같은 원리를 이용하는 안전장치로 옳은 것만을 [보기]에서 있는
대로 고른 것은? [3점]

[보기]

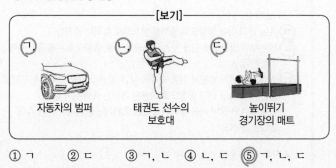

ㄱ.	ㄴ.	ㄷ.
자동차의 범퍼	태권도 선수의 보호대	높이뛰기 경기장의 매트

① ㄱ　　② ㄷ　　③ ㄱ, ㄴ　　④ ㄴ, ㄷ　　⑤ ㄱ, ㄴ, ㄷ

단서＋발상

(단서) 에어백이 탑승자를 보호하는 원리가 제시되어 있다.

(발상) 푹신한 소재 등을 사용하여 충돌 시간을 길게 할 수 있음을 추론할 수 있다.

(적용) 충격량은 충돌 시간과 충격력의 곱으로 나타낼 수 있음을 적용하여 문제 풀이를 시작해야 한다.

| 문제＋자료 분석 |

- 충격량은 물체에 작용한 힘과 힘이 작용한 시간의 곱으로 나타낸다.
$$I = Ft$$
- **에어백**: 충돌하는 시간을 길게 하여 인체 모형이 받는 힘의 크기를 줄여 준다.

| 보기 분석 |

ㄱ 자동차의 범퍼는 충돌시 찌그러지면서 충돌 시간이 길어져 탑승자가 받는 힘의 크기를 줄인다.

ㄴ 태권도 선수의 보호대는 충격이 가해질 때 힘을 받는 시간을 길게 하여 몸이 받는 힘의 크기를 줄인다.

ㄷ 높이뛰기 경기장의 매트는 착지할 때 걸리는 시간을 길게 하여 선수가 받는 힘의 크기를 줄인다.

＊ 힘이 작용한 시간에 따른 충격의 차이

- 같은 충격량을 받더라도 물체가 충돌할 때 힘이 작용하는 시간을 길게 하면 물체가 받는 평균 힘의 크기가 작아져 충돌로 생기는 피해를 줄일 수 있다.
- **안전 장치의 원리**: 관성에 의해 몸이 쏠리는 것을 방지하거나 일반적으로 충격량이 일정할 때 물체에 힘이 작용하는 시간을 길게 하여 물체가 받는 힘의 크기가 작아지는 원리를 이용한다.

그림은 세포막을 통한 물질의 이동 방식 (가)와 (나)를 나타낸
것이다. (단서)

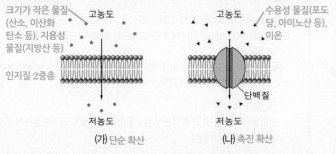

크기가 작은 물질 (산소, 이산화 탄소 등), 지용성 물질(지방산 등)　고농도　　인지질 2중층　　저농도
(가) 단순 확산

고농도　수용성 물질(포도당, 아미노산 등), 이온　단백질　저농도
(나) 촉진 확산

이에 대한 설명으로 옳은 것만을 [보기]에서 있는 대로 고른 것은?

[보기]

ㄱ. 폐포와 모세 혈관 사이의 O_2 이동 방식은 (가)이다.
(가)는 물질이 인지질 2중층을 통해 이동한다.

ㄴ. (나)는 확산에 해당한다.
물질이 고농도에서 저농도로 이동하므로 확산에 해당한다.

ㄷ. 세포막은 선택적 투과성이 있다.
분자의 크기가 작을수록 인지질 2중층을 잘 통과한다.

① ㄱ　　② ㄴ　　③ ㄱ, ㄷ　　④ ㄴ, ㄷ　　⑤ ㄱ, ㄴ, ㄷ

단서＋발상

(단서) 단순 확산과 촉진 확산이 제시되어 있다.

(발상) 세포막을 통해서 물질이 고농도에서 저농도로 이동하는 것은 확산임을 추론할 수 있다.

(적용) 인지질 2중층과 막단백질을 통과하는 물질의 종류를 파악하는 것부터 문제 풀이를 시작해야 한다.

| 문제＋자료 분석 |

- 세포막은 인지질 2중층에 단백질이 파묻히거나 관통하거나 표면에 붙어있는 구조이다.
- 분자의 크기가 작거나, 지질에 잘 용해되는 물질은 인지질 2중층을 잘 통과한다.
- 수용성 물질(포도당, 아미노산 등)이나 전하를 띠는 물질은 인지질 2중층을 통과하기 어려워 막단백질에 의해 이동한다.

| 보기 분석 |

ㄱ (가)는 인지질 2중층을 통한 단순 확산에 해당하며, 폐포와 모세혈관 사이의 O_2와 CO_2를 교환하는 방식이다.

ㄴ 확산은 분자가 스스로 운동하여 고농도에서 저농도로 이동하는 현상이다. 그림에서 (나)는 막단백질을 통한 촉진 확산에 해당하며, (가)와 (나) 모두 확산이다.

ㄷ (가)에서처럼 일반적으로 분자의 크기가 작은 물질일수록 인지질 2중층을 잘 통과한다. (나)에서는 수용성 물질, 이온 등이 막단백질을 통해 이동한다. 이처럼 세포막은 물질의 종류에 따라 잘 투과시키는 물질이 있고, 잘 투과시키지 않는 물질이 있다. 이를 선택적 투과성이라 한다.

09 정답 ⑤   ✱ 중력을 받는 물체의 운동

그림은 같은 높이에서 물체 A를 가만히 놓는 순간 물체 B를 수평 방향으로 속력 v로 던졌더니 A와 B가 각각 경로를 따라 운동하여 수평면에 도달한 모습을 나타낸 것이다. B가 운동하는 경로상의 점 p의 높이는 h이다. 질량은 A와 B가 같다.

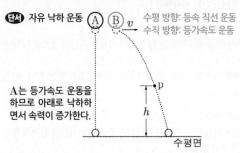

단서 자유 낙하 운동
수평 방향: 등속 직선 운동
수직 방향: 등가속도 운동

A는 등가속도 운동을 하므로 아래로 낙하하면서 속력이 증가한다.

이에 대한 설명으로 옳은 것만을 [보기]에서 있는 대로 고른 것은? (단, A와 B의 크기, 공기 저항은 무시한다.) [3점]

─────[보기]─────
ㄱ. A가 운동하는 동안 A의 속력은 증가한다.
　A는 등가속도 운동을 하므로 속력이 증가한다.
ㄴ. B가 수평면에 도달하는 순간 B의 수평 방향 속력은 v이다.
　B는 수평 방향으로 등속 직선 운동을 하므로 속력이 일정하다.
ㄷ. B가 p를 지나는 순간 A의 높이는 h이다.
　A, B는 연직 방향의 처음 속력이 같고, 같은 높이에서 떨어지므로 B가 p를 지날 때 A의 높이도 h이다.

① ㄱ　② ㄷ　③ ㄱ, ㄴ　④ ㄴ, ㄷ　⑤ ㄱ, ㄴ, ㄷ

단서+발상

단서 중력을 받는 두 물체 A, B의 운동이 제시되어 있다.

발상 A는 자유 낙하 운동, B는 수평 방향으로 등속 직선 운동, 수직 방향으로 자유 낙하 운동을 하는 것을 추론할 수 있다.

적용 A, B의 운동을 파악하는 것부터 문제 풀이를 시작해야 한다.

| 문제+자료 분석 |
· **A**: 자유 낙하하는 물체는 등가속도 운동을 한다.
· **B**: 수평 방향으로 던진 물체는 수평 방향으로는 등속 직선 운동을 하고, 연직 방향으로는 자유 낙하 운동과 같이 등가속도 운동을 한다.

| 보기 분석 |
ㄱ. A는 연직 아래 방향으로 중력을 받으므로 속력이 증가한다.
ㄴ. B는 수평 방향으로 힘을 받지 않으므로 수평 방향으로는 일정한 속력 v로 운동한다.
ㄷ. A와 B의 연직 방향의 처음 속력이 같고, 같은 크기의 중력을 받으므로 같은 시간 동안 연직 방향으로 이동한 거리는 A와 B가 같다.
　따라서 A와 B의 처음 높이가 같으므로 B가 p를 지나는 순간 A의 높이는 h이다.

✱ 자유 낙하 운동

자유 낙하 하는 물체는 중력이 작용하는 연직 방향으로 운동하는데, 물체가 일정 시간 동안 움직인 거리, 즉 속도는 일정하게 증가한다.
➡ 물체의 운동 방향과 같은 방향으로 지구의 중력이 계속 작용했기 때문이다.

✱ 수평 방향으로 던진 물체의 운동

· **연직 방향 운동**: 중력 가속도로 자유낙하 하므로 등가속도 직선 운동이다. 같은 높이에서 가만히 놓은 물체의 자유 낙하 운동과 동일한 운동을 한다. 따라서 높은 곳에서 던질수록 낙하 시간이 길다.
· **수평 방향 운동**: 수평 방향으로 작용하는 알짜힘이 없으므로 처음 던져진 속력으로 등속도 운동한다. 수평 도달 거리를 R, 던져진 속력을 v, 낙하 시간을 t라고 하면 $R = vt$이다.

---

10 정답 ④   ✱ 열기관의 열효율

그림은 열효율이 0.3인 열기관이 고열원에서 50 kJ의 열을 흡수하여 일을 하고 저열원으로 Q의 열을 방출하는 것을 나타낸 것이다. Q는?

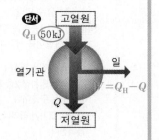

① 15 kJ　② 25 kJ　③ 30 kJ
④ 35 kJ　⑤ 40 kJ

$e = \dfrac{W}{Q_H} = \dfrac{Q_H - Q}{Q_H}$
$0.3Q_H = Q_H - Q$
$Q = 0.7Q_H$
$Q = 0.7 \times 50 \text{ kJ} = 35 \text{ kJ}$

단서+발상

단서 열기관과 열효율이 제시되어 있다.

발상 열효율은 공급한 열에너지 중 열기관이 한 일의 비율임을 추론할 수 있다.

적용 열기관의 작동 원리를 이해하고 열효율을 구하는 식을 파악하는 것부터 문제 풀이를 시작해야 한다.

| 문제+자료 분석 |
· 열효율의 의미를 알고 열기관의 열효율로부터 저열원으로 방출하는 열을 계산할 수 있어야 한다.

| 선택지 분석 |
④ 열효율을 e, 열기관이 흡수한 열을 Q_H, 열기관이 한 일을 W, 열기관이 방출한 열을 Q라 할 때, $e = \dfrac{W}{Q_H} = \dfrac{Q_H - Q}{Q_H}$이다.

$e = 0.3$, $Q_H = 50 \text{ kJ}$이므로 $Q = 35 \text{ kJ}$이다.

✱ 열기관의 작동 원리

· 열기관은 높은 온도의 고열원에서 열에너지 Q_1을 공급 받아 외부에 W의 일을 하고 낮은 온도의 저열원으로 열에너지 Q_2를 방출한다.

· 열효율(%) $= \dfrac{\text{열기관이 하는 일}(W)}{\text{열기관에 공급되는 에너지}(Q_1)} \times 100$

그림은 세포에서 일어나는 유전정보의 흐름을 나타낸 것이다. (가)와
(나)는 각각 번역과 전사 중 하나이다.
【단서】

DNA

전사 (가) ↓

RNA

번역 (나) ↓

단백질

이에 대한 설명으로 옳은 것만을 [보기]에서 있는 대로 고른 것은?
(단, 돌연변이는 고려하지 않는다.) [3점]

─────────────[보기]─────────────

ㄱ. ㉠의 염기서열은 ~~UUU~~이다.
　　　　　　　　　　TTT

ㄴ. (가)는 ~~번역~~이다.
　　　　　전사

ㄷ. 단백질에 펩타이드결합이 있다.
　　단백질에는 펩타이드결합이 존재한다.

─────────────────────────────

① ㄱ　　② ㄴ　　③ ㄷ　　④ ㄱ, ㄷ　　⑤ ㄴ, ㄷ

🧠 **단서+발상**

【단서】 세포에서 일어나는 전사와 번역 과정이 제시되어 있다.

【발상】 DNA 이중나선은 마주 보는 염기 사이에 상보적 결합을 형성하므로
㉠에 해당하는 염기서열을 추론할 수 있다.

【적용】 DNA 염기서열 중 AAA에 상보적인 결합을 하는 ㉠의 염기서열을
찾는 것부터 문제 풀이를 시작해야 한다.

| 문제+자료 분석 |

· **(가)**: DNA의 유전정보가 RNA로 전달되는 전사 과정이다.
· **(나)**: RNA의 유전정보에 따라 단백질이 합성되는 번역 과정이다.
　RNA의 코돈 1개(3개의 염기)가 1개의 아미노산을 지정한다.
· **㉠**: DNA의 염기서열 AAA에 대해 상보적인 염기서열이므로
　TTT이다.

| 보기 분석 |

ㄱ. DNA 이중나선구조에서 A(아데닌)은 T(타이민)과, G(구아닌)은
　C(사이토신)과 상보적 결합을 한다. ㉠은 DNA의 이중나선에서 염기
　서열 AAA와 상보적으로 결합하는 염기의 서열이므로 TTT이다. 💡함정

ㄴ. (나) 과정은 RNA의 염기 3개(코돈)가 단백질의 아미노산 1개를
　지정하는 번역이고 (가)는 DNA의 유전정보가 RNA로 전달되는 전사
　과정이다.

ㄷ. 단백질의 기본 단위는 아미노산이며, 2개의 아미노산이 결합할 때 두
　아미노산 사이에서 분자 1개가 빠져나오면서 펩타이드결합이 형성된다.
　따라서 단백질에 펩타이드결합이 존재한다.

✱ **전사와 번역**

구분	전사	번역
정의	DNA에 저장된 유전정보가 RNA로 전달되는 과정	RNA의 유전정보에 따라 단백질이 합성되는 과정
장소	핵	세포질
특징	DNA의 3염기 조합 → RNA의 하나의 코돈	RNA의 하나의 코돈 → 단백질의 하나의 아미노산

다음은 생태계평형이 회복되는 과정에 대한 자료이다.

· 그림은 어떤 생태계에서 영양 단계별 개체수 변화를 나타낸
것이다.
【단서】

2차 소비자

1차
소비자

생산자

증가

(가) →　생산자 감소
　　　　　?

1차 소비자 증가
2차 소비자 증가

(나) →　감소

· 1차 소비자의 증가로 인해 과정 (가)에서 생산자의 개체수는
　┌ ㉠ ┐ 하고, 2차 소비자의 개체수는 ┌ ㉡ ┐ 했다.
　　감소　　　　　　　　　　　　　　　증가

· 과정 (나)에서 1차 소비자의 개체수는 감소했다.
　2차 소비자 증가와 생산자의 감소로 1차 소비자의 개체수가 감소함

㉠과 ㉡으로 적절한 것은? (단, 개체수 변화에 먹이 관계 이외의
다른 요인은 작용하지 않았다.)

	㉠	㉡		㉠	㉡
①	감소	감소	②	감소	증가
③	일정	감소	④	증가	감소
⑤	증가	증가			

🧠 **단서+발상**

【단서】 생태계평형이 유지되는 과정이 제시되어 있다.

【발상】 1차 소비자의 개체수가 증가하면 생산자의 개체수가 감소하고 2차
소비자의 개체수는 증가하는 것을 추론할 수 있다.

【적용】 생태계평형이 유지되는 원리를 파악하는 것부터 문제 풀이를 시작해야
한다.

| 문제+자료 분석 |

· 생태계평형이 유지되려면 생물군집의 구성이나 개체수, 물질의 양,
에너지의 흐름이 균형을 이루면서 안정된 상태여야 한다.
· 1차 소비자의 개체수가 증가함으로써 1차 소비자를 먹이로 하는 2차
소비자의 개체수가 증가하고, 1차 소비자의 먹이가 되는 생산자의
개체수는 감소하게 된다.
· (나)에서 2차 소비자의 개체수가 증가하여 1차 소비자의 개체수가
감소한다.
· 1차 소비자의 개체수가 감소하면 생산자의 개체수가 증가하고, 2차
소비자의 개체수는 감소하여 생태계평형이 회복된다.

| 선택지 분석 |

② 1차 소비자의 증가로 인해 과정 (가)에서 생산자의 개체수는
　감소(㉠)하고, 2차 소비자의 개체수는 증가(㉡)했다.

2019. 11

20회

그림은 물(H_2O)과 산화 마그네슘(MgO)의 화학 결합 모형과
네온(Ne)의 전자 배치 모형을 나타낸 것이다.

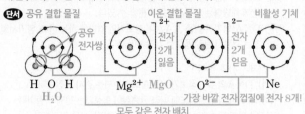

이에 대한 설명으로 옳은 것만을 [보기]에서 있는 대로 고른 것은? [3점]

─────────[보기]─────────
ㄱ. 산소(O) 원자의 원자가 전자 수는 ~~8~~ 이다.
    6

ㄴ. H_2O은 비금속 원소 사이의 결합으로 이루어진 물질이다.
    물(H_2O)은 비금속 원소인 산소(O)와 수소(H) 사이의 결합으로 이루어진 물질

ㄷ. MgO에서 O^{2-}은 Ne과 같은 전자 배치를 갖는다.
    O가 O^{2-}이 되었을 때 Ne과 같은 전자 배치를 갖는다.

① ㄱ   ② ㄷ   ③ ㄱ, ㄴ   ④ ㄴ, ㄷ   ⑤ ㄱ, ㄴ, ㄷ

단서+발상

단서 물과 산화 마그네슘의 화학 결합 모형이 제시되어 있다.

발상 물은 공유 결합 물질, 산화 마그네슘은 이온 결합 물질, 네온은 비활성 기체임을 추론할 수 있다.

적용 화학 결합 모형과 전자 배치를 통해 각 물질의 원자가 전자 수를 파악하는 것부터 문제 풀이를 시작해야 한다.

| 문제+자료 분석 |
• H_2O: 원자가 전자 수가 1인 H 원자 2개와 원자가 전자 수가 6인 O 원자 1개가 전자쌍 2개를 공유하여 형성한 분자이다.
• MgO: Mg^{2+}과 O^{2-}이 1 : 1의 개수비로 이온 결합한 물질이다. 2족인 Mg은 원자가 전자 2개를 잃어 양이온이 되고, 16족인 O는 원자가 전자 수가 6이므로 원자가 전자 2개를 얻어 음이온이 되어 정전기적 인력에 의해 결합하여 MgO을 형성한다. 이때 Mg^{2+}, O^{2-} 모두 Ne의 전자 배치를 갖는다.

| 보기 분석 |
ㄱ. MgO의 전자 배치 모형에서 O가 O^{2-}이 되었을 때 가장 바깥 껍질 전자 수가 8이 되므로 산소(O) 원자의 원자가 전자 수는 6이다.

ㄴ. H_2O은 비금속 원소인 산소(O)와 수소(H) 사이에 이루어진 공유 결합 물질이다.

ㄷ. MgO의 전자 배치 모형에서 O가 O^{2-}이 되었을 때 Ne과 같은 전자 배치를 갖는다.

그림 (가)와 (나)는 서로 다른 지질 시대에 번성하였던 생물의 화석을 나타낸 것이다.

이에 대한 설명으로 옳은 것만을 [보기]에서 있는 대로 고른 것은?

─────────[보기]─────────
ㄱ. (가)는 바다에서 번성하였던 생물의 화석이다.
    삼엽충은 바다에서 퇴적된 지층에서 발견된다.

ㄴ. ~~(나)~~가 생성된 지질 시대에 최초의 육상 생물이 출현하였다.
    (가)

ㄷ. ~~(나)~~는 ~~(가)~~보다 먼저 생존하였던 생물의 화석이다.
    (가)   (나)

① ㄱ   ② ㄴ   ③ ㄷ   ④ ㄱ, ㄴ   ⑤ ㄱ, ㄷ

단서+발상

단서 서로 다른 종류의 화석이 제시되어 있다.

발상 제시된 화석으로 지질 시대를 추론할 수 있다.

적용 삼엽충과 화폐석의 지질 시대를 파악하는 것부터 문제 풀이를 시작해야 한다.

| 문제+자료 분석 |
• 지질 시대에 살았던 생물의 유해나 활동의 흔적이 지층에 남아있는 것을 화석이라고 하는데, 화석이 생성된 지질 시대를 추론할 수 있다.
• 지질 시대는 선캄브리아 시대를 시작으로 고생대 – 중생대 – 신생대 순으로 구분한다.
• (가): 삼엽충은 고생대에 살았던 생물로 바다에서 번성하였다.
• (나): 화폐석은 신생대에 살았던 생물로 바다에서 번성하였다.

| 보기 분석 |
ㄱ. (가) 삼엽충은 바다에서 퇴적된 지층에서 발견된 생물의 화석으로, 바다에서 번성하였던 생물의 화석이다.

ㄴ. 최초의 육상 생물이 출현한 시기는 (가) 삼엽충이 생성된 고생대이다.

ㄷ. (나) 화폐석은 신생대에 바다에서 번성한 생물의 화석이고, (가) 삼엽충은 고생대에 바다에서 번성한 생물의 화석이다. 고생대가 신생대보다 앞선 시대이므로, 삼엽충이 화폐석보다 먼저 생존하였던 생물의 화석이다.

＊ **지질 시대와 화석**
• **지질 시대**: 지구의 탄생부터 현재까지의 기간을 말한다.
• **화석**: 지질 시대에 살았던 생물의 유해나 활동의 흔적이 지층에 남아 있는 것을 말한다. 크게 표준 화석과 시상 화석으로 구분할 수 있다.
  • **표준 화석**: 지질 시대를 구분하는 데 이용 ➡ 삼엽충, 암모나이트, 화폐석 등
  • **시상 화석**: 퇴적될 당시의 환경을 알아내는 데 이용 ➡ 산호, 고사리 등

표는 25℃ HCl 수용액과 25℃ NaOH 수용액을 여러 부피비로 혼합한 용액 (가)~(다)에 대한 자료이다.

혼합 용액	수용액의 부피(mL)		이온의 종류	최고 온도 (℃) $t_1 < t_2$
	HCl	NaOH		
(가)	10	5	H^+, Na^+, Cl^-	t_1
(나)	10	10	Na^+, Cl^-	t_2 → 완전히 중화된 상태
(다)	10	20	OH^-, Na^+, Cl^-	t_3

산성 / 염기성

이에 대한 설명으로 옳은 것만을 [보기]에서 있는 대로 고른 것은?
(단, 혼합 전 수용액의 농도는 모두 같다.) [3점]

[보기]
ㄱ. t_2는 t_1보다 크다.
　(나)에서 Na^+, Cl^-만 남았으므로, 산과 염기가 완전히 중화된 상태이다.
ㄴ. (가)에 마그네슘(Mg) 조각을 넣으면 수소 기체가 발생한다.
　(가)는 산성이므로 금속과 반응하여 수소 기체 발생
ㄷ. (다)는 ~~산성~~이다.
　염기성

① ㄱ　② ㄷ　③ ㄱ, ㄴ　④ ㄴ, ㄷ　⑤ ㄱ, ㄴ, ㄷ

 단서+발상

단서 혼합 용액의 부피와 이온의 종류가 제시되어 있다.

발상 HCl 수용액과 NaOH 수용액을 반응시키면 중화 반응에 의해 중화열이 발생함을 추론할 수 있다.

적용 수용액의 부피와 이온의 종류를 통해 중화열을 비교하는 것부터 문제 풀이를 시작해야 한다.

| 문제+자료 분석 |
· (나) 수용액에 존재하는 이온의 종류가 2개(Na^+, Cl^-)이므로, 중화 반응이 완전히 일어났으며, HCl 수용액과 NaOH 수용액이 1 : 1의 부피비로 반응한다.
· 중화 반응에서는 중화점에서 용액이 최고 온도에 도달한다.

| 보기 분석 |
ㄱ. (나)에서 이온은 Na^+, Cl^-만 남았으므로, 산과 염기가 모두 중화된 상태이다. 이때 용액은 최고 온도에 도달하므로 (나)의 최고 온도가 (가)의 최고 온도보다 높다.
　따라서 최고 온도는 t_2가 t_1보다 크다.
ㄴ. (가)에는 H^+가 있으므로, 마그네슘 조각을 (가) 수용액에 넣으면 수소 기체가 발생한다.
ㄷ. (다)에는 OH^-가 있으므로, 염기성을 나타낸다.

＊ 혼합 용액의 액성
혼합 전 산과 염기 수용액의 H^+과 OH^- 수에 따라 중화 반응 후 혼합 용액의 액성이 달라진다.
· 용액에 H^+이 OH^-보다 많으면 산성을 나타낸다.
· 용액에 H^+과 OH^- 수가 같으면 중성을 나타낸다.
· 용액에 OH^-이 H^+보다 많으면 염기성을 나타낸다.

그림은 생태계를 구성하는 요소 사이의 상호 관계를 나타낸 것이다.

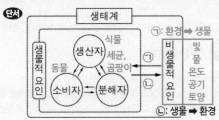

이에 대한 설명으로 옳은 것만을 [보기]에서 있는 대로 고른 것은?

[보기]
ㄱ. 빛은 비생물적 요인에 속한다.
　비생물적요인에는 빛, 물, 온도, 공기, 토양 등이 있다.
ㄴ. 광합성을 통해 양분을 만드는 생물은 생산자이다.
　생물적 요인 중 광합성을 통해 양분을 만드는 것은 생산자이다.
ㄷ. 지렁이에 의해 토양의 통기성이 높아지는 것은 ~~㉠~~에 해당한다.
　생물 ➡ 환경　　　　㉡

① ㄱ　② ㄷ　③ ㄱ, ㄴ　④ ㄴ, ㄷ　⑤ ㄱ, ㄴ, ㄷ

 단서+발상

단서 생태계를 구성하는 요소와 구성 요소 사이의 상호 관계 ㉠과 ㉡이 제시되어 있다.

적용 비생물적 요인이 생물적 요인에 영향을 미치는 경우(㉠)와 생물적 요인이 비생물적 요인에 영향을 미치는 경우(㉡)로 구분하는 것부터 문제 풀이를 시작해야 한다.

| 문제+자료 분석 |
· ㉠: 비생물적 요인(환경)이 생물적 요인에 영향을 미치는 경우이다.
　예 · 토양에 양분이 풍부하면 식물이 잘 자란다.
　　· 가을에 기온이 낮아지면 은행나무 잎이 노랗게 변한다.
· ㉡: 생물적 요인이 비생물적 요인(환경)에 영향을 미치는 경우이다.
　예 · 지렁이는 흙 속을 돌아다니며 토양의 통기성을 높인다.
　　· 식물의 광합성으로 대기 중의 O_2 농도가 증가한다.

| 보기 분석 |
ㄱ. 빛은 비생물적 요인에 해당한다. 비생물적 요인은 생물을 둘러싸고 있는 모든 환경 요인으로 빛, 온도, 물, 토양, 공기 등이 있다.
ㄴ. 생물적 요인은 생산자, 소비자, 분해자로 구분하며, 광합성을 통해 양분을 만드는 생물(식물 등)은 생산자에 해당한다.
ㄷ. 지렁이(생물적 요인)에 의해 토양(비생물적 요인)의 통기성이 높아지는 것은 ㉡에 해당한다.

＊ 생물요소

생산자	소비자	분해자
광합성으로 생명활동에 필요한 양분(유기물)을 스스로 만드는 생물 예 식물, 식물 플랑크톤, 해조류	다른 생물을 먹이로 하여 양분을 얻는 생물 예 동물, 동물 플랑크톤	다른 생물의 배설물이나 죽은 생물을 분해하여 양분을 얻는 생물 예 버섯, 세균, 곰팡이

2019.11

20회

17 정답 ⑤ ★ 금속과 산의 반응 ·· [정답률 73%] **2019 실시 11월 학평 17**

표는 황산 구리($CuSO_4$) 수용액에 고체 아연(Zn) 조각을 넣어 반응시켰을 때, 반응 전과 후의 수용액에 대한 자료이다.

단서 화학 반응식: $CuSO_4(aq) + Zn(s) \rightarrow Cu(s) + ZnSO_4(aq)$

	반응 전	반응 후
수용액에 들어 있는 이온의 모형	Cu^{2+} SO_4^{2-} SO_4^{2-} Cu^{2+}	SO_4^{2-} Zn^{2+} Zn^{2+} SO_4^{2-}
수용액의 색	푸른색	무색

이에 대한 설명으로 옳은 것만을 [보기]에서 있는 대로 고른 것은? [3점]

[보기]

ㄱ. 이 반응에서 Zn은 전자를 잃는다.
　반응 후에 Zn^{2+} 이온이 존재하므로, 고체 아연 조각은 전자를 잃고 양이온이 됨
ㄴ. $CuSO_4$ 수용액의 색이 푸른색을 띠는 이유는 Cu^{2+} 때문이다.
　반응 후에는 Cu^{2+} 이온이 없으므로, 반응 전 황산 구리 수용액이 푸른색을 띠는 이유는 Cu^{2+} 때문이다.
ㄷ. 반응이 일어나는 동안 수용액 속 SO_4^{2-}의 수는 변하지 않는다.
　반응 전과 반응 후의 SO_4^{2-} 이온의 수는 모두 2개로 동일하다.

① ㄱ　　② ㄷ　　③ ㄱ, ㄴ　　④ ㄴ, ㄷ　　⑤ ㄱ, ㄴ, ㄷ

🧠 **단서+발상**

단서 황산 구리 수용액에 고체 아연 조각을 넣은 반응 전후의 이온 모형과 수용액의 색이 제시되어 있다.

발상 이온의 모형을 보고 산화 환원 반응임을 추론할 수 있다.

| 문제＋자료 분석 |

· 황산 구리 수용액에 고체 아연 조각을 넣으면 화학 반응식은 다음과 같다.

$$CuSO_4(aq) + Zn(s) \rightarrow Cu(s) + ZnSO_4(aq)$$

금속의 반응성이 아연이 구리보다 더 크므로, 화학 반응에서 구리 금속이 석출된다.

· Zn이 산화되어 Zn^{2+}이 되고, Cu^{2+}이 Cu로 환원된다. 수용액 상태에서 Cu^{2+}은 푸른색을 띠는데 반응이 진행되면서 Cu^{2+}의 수가 감소하므로 수용액의 푸른색은 점점 옅어진다.

· Zn 원자 1개당 2개의 전자를 잃고 Cu^{2+} 1개당 2개의 전자를 얻으므로 수용액 속의 이온 수 변화는 없다.

| 보기 분석 |

ㄱ. 고체 아연 조각은 구리보다 금속 반응성이 크므로, 전자를 잃고 산화된다.
ㄴ. 반응 후에는 Cu^{2+} 이온이 없으므로, 반응 전 황산 구리 수용액이 푸른색을 띠는 이유는 Cu^{2+} 때문이다.
ㄷ. 반응 전후의 이온 모형을 비교해보면, SO_4^{2-}의 수는 변하지 않는다.

★ 산화 환원 반응

구분	산화	환원
산소의 이동	산소를 얻는 반응	산소를 잃는 반응
전자의 이동	전자를 잃는 반응	전자를 얻는 반응

---

18 정답 ① ★ 생명체를 구성하는 물질 ······················· ☆ 고난도 [① 49% ② 6% ③ 18% ④ 15% ⑤ 10%] **2019 실시 11월 학평 18**

표 (가)는 생명체를 구성하는 물질 A와 B에서 특성 ㉠과 ㉡의 유무를, (나)는 ㉠과 ㉡을 순서 없이 나타낸 것이다. A와 B는 각각 단백질과 DNA 중 하나이다. **단서**

특성 물질	㉠	㉡
DNA **A**	○	○
단백질 **B**	×	○

(○: 있음, ×: 없음)

(가)

특성(㉠, ㉡)
· 유전정보를 저장한다. ➡ ㉠
· 구성 원소에 탄소가 있다. ➡ ㉡

(나)

이에 대한 설명으로 옳은 것만을 [보기]에서 있는 대로 고른 것은? [3점]

[보기]

ㄱ. ㉡은 '구성 원소에 탄소가 있다.'이다.
　단백질과 DNA는 모두 구성 원소에 탄소가 있는 특성을 가지므로, ㉡은 '구성 원소에 탄소가 있다.'이다.
ㄴ. ~~A~~는 효소의 주성분이다.
　B(단백질)
ㄷ. ~~B~~의 단위체는 뉴클레오타이드이다.
　A(DNA)

① ㄱ　　② ㄴ　　③ ㄱ, ㄷ　　④ ㄴ, ㄷ　　⑤ ㄱ, ㄴ, ㄷ

🧠 **단서+발상**

단서 단백질과 DNA의 특성이 제시되어 있다.

발상 단백질과 DNA의 특성 유무로 물질 A, B를 추론할 수 있다.

적용 물질 A, B에 모두 해당하는 특징은 '구성 원소에 탄소가 있다.'임을 적용하는 것부터 문제 풀이를 시작해야 한다.

| 문제＋자료 분석 |

· 단백질과 DNA는 모두 탄소 화합물이므로 구성 원소에 탄소가 있다.
· 유전정보를 저장하는 물질은 DNA이다.
· ㉠은 '유전정보를 저장한다.'이고, ㉡은 '구성 원소에 탄소가 있다.'이다.

| 보기 분석 |

ㄱ. 두 가지 특성(㉠, ㉡)을 모두 갖는 A는 DNA, 유전정보를 저장하지 않는 B는 단백질이다.
ㄴ. 물질대사가 빠르게 일어나게 하는 물질인 효소의 주성분은 단백질(B)이다.
ㄷ. 단백질(B)의 단위체는 아미노산이다. 뉴클레오타이드가 단위체인 것은 DNA(A)이다.

★ 단백질과 DNA의 비교

구분	단백질	DNA
단위체	아미노산 20종류	뉴클레오타이드 4종류
단위체 간 결합	펩타이드결합	당-인산 결합
구조	입체 구조	이중나선구조

그림은 엘니뇨가 발생한 어느 시기의 태평양 적도 부근 대기의 순환과 해수의 연직 단면을, 표는 이 시기에 해역 ㉠과 ㉡ 중 한 곳에서 발생한 피해 상황을 나타낸 것이다.

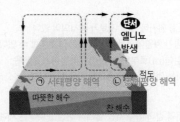

피해 상황

• 폭우가 내림
• 심해의 차가운 물이
  표층으로 올라오는 현상이
  줄어들어서 어획량이
  감소함

이 시기에 대한 설명으로 옳은 것만을 [보기]에서 있는 대로 고른 것은? [3점]

─────[보기]─────
ㄱ. 표의 피해 상황은 ㉠에서 발생한 것이다. ㉡
ㄴ. ㉡의 따뜻한 해수층 두께는 평상시보다 ~~얇아진다~~ 두꺼워진다
ㄷ. 무역풍의 세기는 평상시보다 약하다.
   엘니뇨 시기에 서쪽으로 부는 무역풍의 세기가 평상시보다 약해진다.
───────────────

① ㄴ   ② ㄷ   ③ ㄱ, ㄴ   ④ ㄱ, ㄷ   ⑤ ㄴ, ㄷ

단서＋발상

단서 엘니뇨로 인한 피해 상황과 태평양 적도 부근의 대기의 순환과 연직 단면이 제시되어 있다.

발상 엘니뇨 시기에 무역풍이 약해지는 것을 추론할 수 있다.

적용 그림에서 엘니뇨 발생 지역을 구하는 것부터 문제 풀이를 시작해야 한다.

| 문제＋자료 분석 |
• **엘니뇨**: 무역풍이 평상시보다 약해지면서 태평양 적도 부근 해역의 중앙부와 동쪽 연안에서 표층 수온이 평상시보다 높아지는 현상이다.

| 보기 분석 |
ㄱ. 엘니뇨 시기에 동태평양 해역(㉡)에서 평상시보다 표층 수온이 높아져 폭우가 발생하고 어획량이 감소한다. 서태평양 해역(㉠)은 평상시보다 표층 수온이 낮아져 강수량이 감소하고 날씨가 건조해진다.

ㄴ. 동태평양 해역(㉡)에서 심해의 차가운 물이 표층으로 올라오는 현상이 줄어들면서 따뜻한 해수층 두께가 평상시보다 두꺼워지고 표층 수온이 높아진다.

ㄷ. 엘니뇨 시기에는 무역풍이 평상시보다 약해져 서쪽으로 이동하는 따뜻한 해수의 흐름이 약해진다.

왜 틀렸나?

• 엘니뇨 발생은 무역풍과 직접적인 관련이 있으므로 무역풍에 대한 이해가 중요하다. 특히 무역풍은 동풍 계열의 바람이므로 따뜻한 해수를 서쪽으로 이동시킨다는 점을 잘 알고 있어야 한다.

---

20 정답 ④   ＊ 운동량과 충격량 ··· [정답률 73%] **2019 실시 11월 학평 20**

그림 (가)는 수평면에서 일정한 속력으로 직선 운동하는 물체가 벽과 충돌하여 정지한 모습을 나타낸 것이고, (나)는 (가)에서 물체가 벽과 충돌하는 동안 물체가 벽으로부터 받는 힘의 크기를 시간에 따라 나타낸 것이다. 물체와 벽의 충돌 시간은 T이고, 시간 축과 곡선이 만드는 면적은 S이다.

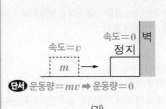

(가)   (나)

충돌 시간 T 동안, 이에 대한 설명으로 옳은 것만을 [보기]에서 있는 대로 고른 것은?

─────[보기]─────
ㄱ. 물체의 운동량의 크기는 ~~증가한다~~ 감소한다.
ㄴ. 물체가 벽으로부터 받은 충격량의 크기는 S이다.
   (나)에서 힘의 크기와 시간의 그래프의 면적은 물체가 벽으로부터 받은 충격량의 크기와 같다.
ㄷ. 물체가 벽으로부터 받은 평균 힘의 크기는 $\dfrac{S}{T}$이다.
   '충격량＝충격력×충돌 시간'이므로 물체가 벽으로부터 받은 평균 힘의 크기(충격력)은 $\dfrac{S}{T}$이다.
───────────────

① ㄱ   ② ㄷ   ③ ㄱ, ㄴ   ④ ㄴ, ㄷ   ⑤ ㄱ, ㄴ, ㄷ

단서＋발상

단서 물체가 벽에 충돌하여 정지한 모습과 그래프가 제시되어 있다.

발상 그래프의 면적은 물체가 벽으로부터 받은 충격량의 크기임을 추론할 수 있다.

적용 충격량과 운동량의 변화량의 크기는 같음을 적용하여 물체의 운동량을 구하는 것부터 문제 풀이를 시작해야 한다.

| 문제＋자료 분석 |
• 운동량은 물체의 질량과 속도의 곱과 같다.
• 충격량은 물체에 작용한 힘과 그 힘이 작용한 시간의 곱과 같다.

| 보기 분석 |
ㄱ. 운동하는 물체가 벽과 충돌하여 정지하였으므로 충돌 시간 T 동안 물체의 운동량의 크기는 감소한다.

ㄴ. (나)에서 시간 축과 곡선이 만드는 면적 S는 물체가 벽으로부터 받은 충격량의 크기와 같다.

ㄷ. 물체가 벽으로부터 받은 평균 힘의 크기는 $\dfrac{충격량}{힘이\ 작용한\ 시간} = \dfrac{S}{T}$이다.

＊ 충격량

• **충격량**: 물체가 받은 충격을 정량적으로 표현한 값
• **충격량**(I)은 충돌 시 물체가 받은 힘(F)과 충돌 시간(Δt)의 곱으로 나타낸다.

$$I = F\,\Delta t$$

• **운동량과 충격량의 관계**: 충격량은 운동량의 변화량과 같다.

$$I = \Delta p = mv_2 - mv_1$$

2019.11
20회

01 정답 ③ ＊ 기본량과 단위 ···················· 2028 대비 수능 예시 1

다음은 지구, 동물 세포, 리튬(Li) 원자에 대한 자료와 이에 대한 학생들의 대화이다.

구분	지구	동물 세포	리튬(Li)
모형	핵	핵	핵 +3
핵의 지름(m) 단서 길이	x >	y >	z

핵의 지름은 모두 길이에 해당하는 기본량으로 나타내.

$x > y > z$야.

핵의 부피는 핵의 지름과 ~~같은~~ 단위로 표현돼.

학생A 학생B 학생C

제시한 내용이 옳은 학생만을 있는 대로 고른 것은?

① A ② C ③ A, B ④ B, C ⑤ A, B, C

단서+발상

- **단서** 지구, 동물 세포, 리튬(Li) 원자에 대한 자료가 제시되어 있다.
- **발상** 원자와 우주의 규모를 공간 차원에서 비교하고 있음을 추론할 수 있다.
- **적용** 공간 차원의 기본량인 길이(m)로부터 부피(m³) 개념이 도출됨을 적용해서 자료를 이해하는 것부터 문제 풀이를 시작해야 한다.

| 문제+자료 분석 |
- **미시 세계**: 원자, 분자, 이온과 같이 아주 작은 물체나 현상을 다루는 세계
  ➡ 리튬 원자
- **거시 세계**: 사과나무, 태풍, 지진과 같이 큰 물체나 현상을 다루는 세계
  ➡ 지구, 동물 세포

| 선택지 분석 |
- ③ **학생 A**: 핵의 지름을 나타내는 기본량은 길이이며, 길이의 단위는 미터(m)이다. ➡ 옳음
- **학생 B**: 지구에 동물이 살고 있고, 동물은 세포로 구성되어 있으며, 세포의 여러 물질은 원자로 이루어져 있다. 따라서 $x > y > z$이다. ➡ 옳음
- **학생 C**: 부피를 나타내는 단위는 세제곱미터(m³)이다. 지름을 나타내는 기본량은 길이이며 단위는 미터(m)이다. 따라서 서로 다른 단위로 표현된다. ➡ 옳지 않음

＊ 기본량과 단위
- **기본량**: 다른 물리량을 활용하여 표현할 수 없는 가장 기본이 되는 물리량
- **기본량의 단위**: 길이(m), 질량(kg), 시간(s), 전류(A), 온도(K), 물질량(mol), 광도(cd)

02 정답 ① ＊ 별의 스펙트럼과 원소의 생성 ···················· 2028 대비 수능 예시 2

그림 (가)는 고온의 기체 방전관에서 관찰한 수소, 헬륨, 탄소의 스펙트럼을, (나)는 별 S의 흡수 스펙트럼을 나타낸 것이다. (가)와 (나)에서 관측한 스펙트럼의 파장 영역은 동일하다.

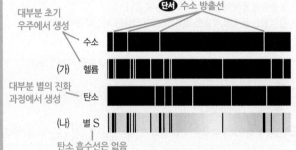

대부분 초기 우주에서 생성

단서 수소 방출선

수소
(가) 헬륨
대부분 별의 진화 과정에서 생성 탄소
(나) 별 S
탄소 흡수선은 없음

이에 대한 설명으로 옳은 것만을 [보기]에서 있는 대로 고른 것은?

[보기]
ㄱ. (가)의 수소 스펙트럼에서는 방출선이 나타난다.
  (가)는 원소 고유의 방출선이 나타나는 방출 스펙트럼이다.
ㄴ. S에는 탄소가 헬륨보다 풍부하게 ~~포함되어 있다~~.
  S의 스펙트럼에는 탄소에 의한 흡수선이 관측되지 않는다.
ㄷ. S에 포함된 헬륨은 모두 ~~별 내부~~의 핵융합 반응으로 생성되었다.
  S에 포함된 헬륨은 대부분 초기 우주에서 생성되었다.

① ㄱ ② ㄴ ③ ㄱ, ㄷ ④ ㄴ, ㄷ ⑤ ㄱ, ㄴ, ㄷ

단서+발상

- **단서** 기체 방전관의 방출 스펙트럼과 별의 흡수 스펙트럼이 제시되어 있다.
- **발상** 별의 스펙트럼에 나타난 흡수선의 파장을 (가)의 방출선과 비교하여 별에 포함된 원소의 종류를 추론할 수 있다.
- **적용** 원소마다 고유한 스펙트럼을 갖는다는 것을 이용하여 스펙트럼을 비교하는 것부터 문제 풀이를 시작해야 한다.

| 문제+자료 분석 |
- **(가)**: 원소 고유의 방출선 스펙트럼이 나타난다.
  ➡ 수소, 헬륨, 탄소의 방출선 파장은 각각 고유하다.
- **(나)**: 별 S의 스펙트럼에서 여러 원소에 의해 만들어진 흡수선이 나타난다.
  ➡ 별 S에서 관측된 흡수선의 파장은 수소와 헬륨에서 관측된 방출선 파장과 같다. 하지만 별 S의 스펙트럼에서 탄소에 의한 흡수선은 나타나지 않는다.

| 보기 분석 |
- ㄱ. (가)는 고온의 수소 기체에서 관측된 방출 스펙트럼이다.
  방출 스펙트럼에서는 특정한 파장에서 밝은색의 방출선이 관측되며, 원소의 종류마다 고유한 파장의 방출선이 나타난다.
- ㄴ. S의 스펙트럼에서는 연속 스펙트럼을 배경으로 검게 보이는 흡수선이 관측된다. 이 흡수선은 특정한 원소에 의해 형성된 것으로, 원소 고유의 방출선 파장과 비교하여 원소의 종류를 알아낼 수 있다.
  S의 스펙트럼에서는 수소와 헬륨에 의한 흡수선만 관측되며, 탄소에 의한 흡수선은 관측되지 않는다.
- ㄷ. S에 존재하는 헬륨은 거의 대부분 빅뱅 이후 초기 우주에서 일어난 핵융합 반응으로 형성된 것이다. 별 내부의 핵융합 반응을 통해서도 헬륨이 만들어지지만, 그 양은 초기 우주에서 형성된 양에 비하면 훨씬 적다.

다음은 자유 낙하하는 물체와 수평으로 던져진 물체의 운동을
비교하는 실험이다.

〈실험 과정〉

(가) 그림과 같이 쇠구슬 발사
장치와 모눈종이를
설치하고 동일한 쇠구슬
A와 B를 준비한다.

(나) 쇠구슬 발사 장치를
이용해 A를 가만히
떨어뜨리는 순간 B를 수평 방향으로 발사하고, A와 B의
운동을 스마트 기기로 촬영한다.

(다) 운동 분석 프로그램을 이용해 A, B의 시간에 따른 <u>연직 방향</u>과
<u>수평 방향</u>의 운동을 그래프로 각각 나타낸다.

연직 방향: 등가속도 직선 운동
수평 방향: 등속도 운동

〈실험 결과〉

Ⅰ, Ⅱ, Ⅲ은 (다)의 결과 중 일부를 나타낸 것이다.

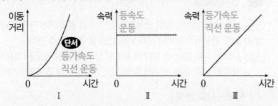

이에 대한 설명으로 옳은 것만을 [보기]에서 있는 대로 고른 것은?

[보기]

ㄱ. A의 연직 방향 운동의 이동 거리를 나타낸 그래프는
Ⅰ이다.
등가속도 직선 운동의 이동 거리 그래프는 Ⅰ이다.

ㄴ. B의 수평 방향 운동의 속력을 나타낸 그래프는 Ⅱ이다.
등속도 운동의 속력 그래프는 Ⅱ이다.

ㄷ. B의 연직 방향 운동을 나타낸 그래프는 Ⅰ과 Ⅲ이다.
B는 연직 방향으로 등가속도 직선 운동을 하므로 Ⅰ과 Ⅲ이다.

① ㄱ   ② ㄷ   ③ ㄱ, ㄴ   ④ ㄴ, ㄷ   ⑤ ㄱ, ㄴ, ㄷ

단서＋발상

단서 자유 낙하하는 물체와 수평으로 던져진 물체의 운동 실험 과정과
결과가 제시되어 있다.

발상 각 그래프가 등가속도 직선 운동과 등속도 운동을 나타냈다는 것을
추론할 수 있다.

적용 A, B의 연직 방향 운동은 동일하다는 것을 적용해서 (다)의 각 운동을
나타내는 그래프를 구하는 것부터 문제 풀이를 시작해야 한다.

| 문제＋자료 분석 |

· **A 자유 낙하하는 물체**: 연직 아래 방향으로 일정한 가속도(중력 가속도)로
운동한다.

· **B 수평 방향으로 던져진 물체**: 연직 방향과 수평 방향으로 나누어서
관찰하면 연직 방향으로는 자유 낙하하는 물체의 운동과 동일하고 수평
방향으로는 등속도 운동을 한다. 꿀팁

| 보기 분석 |

ㄱ. A 연직 아래 방향으로 등가속도 직선 운동을 한다. 따라서 A의 등가속도
직선 운동의 이동 거리를 나타낸 그래프는 Ⅰ이다.

ㄴ. B는 수평 방향으로 등속도 운동을 한다. 따라서 등속도 운동의 속력을
나타낸 그래프는 Ⅱ이다.

ㄷ. B는 연직 방향으로 등가속도 직선 운동을 한다. 따라서 B의 등가속도
직선 운동을 나타낸 그래프는 Ⅰ과 Ⅲ이다.

다음은 자석이 코일을 통과하는 과정에서 유도되는 전류를 알아보는 실험이다.

〈실험 과정〉

(가) 그림과 같이 코일에 검류계를
연결한다.

(나) 자석의 N극을 아래로 하고,
코일로부터 높이 h에서 코일의
중심축을 따라 자석을 가만히
놓는다.
아래 방향의 자기 선속이 증가

(다) 자석의 N극이 p점을 지나는
<u>순간 검류계 바늘이 움직이는</u>
방향을 관찰한다.
유도 전류의 방향이 서로 반대

(라) <u>자석의 S극이 q점을 지나는 순간 검류계 바늘이 움직이는</u>
방향을 관찰한다. 아래 방향의 자기 선속이 감소

〈실험 결과〉

(다)의 결과   단서

➡ (＋) 방향으로
움직인다.

이에 대한 설명으로 옳은 것만을 [보기]에서 있는 대로 고른
것은?

[보기]

ㄱ. 자석이 코일을 통과하는 과정에서 역학적 에너지
일부가 전기 에너지로 전환된다.
코일에 유도 전류가 흐르므로 에너지 전환이 일어난다.

ㄴ. h가 클수록 (다)에서 검류계 바늘이 (＋) 방향으로 더
많이 움직인다.
h가 크면 p점을 지날 때 자석의 속력이 크므로 더 센 유도 전류가 흐른다.

ㄷ. (라)에서 검류계 바늘은 (✕) 방향으로 움직인다.
(다)와 (라)에서 전류가 서로 반대 방향으로 흐르므로 (−) 방향으로
움직인다.

① ㄱ   ② ㄷ   ③ ㄱ, ㄴ   ④ ㄴ, ㄷ   ⑤ ㄱ, ㄴ, ㄷ

2028.

부록

![단서+발상 icon]

단서+발상

ㄴ **패러데이의 전자기 유도 법칙에 따르면 유도 기전력의 세기는 시간에 따른 자기 선속의 변화율에 비례한다.**

h가 클수록 p점을 지나는 자석의 속력도 커지므로 p점을 지날 때 코일 내부를 통과하는 자기 선속의 세기의 시간 변화율이 더 크다.
따라서 h가 클수록 (다)에서 검류계 바늘이 (＋) 방향으로 더 많이 움직인다.

ㄷ. **(다)에는 아래 방향의 자기 선속이 증가하고, (라)에서는 아래 방향의 자기 선속이 감소하므로 자기 선속이 변하는 양상이 서로 반대이다.**
따라서 (다)와 (라)에서는 서로 반대 방향으로 유도 전류가 흐르므로 바늘은 (－) 방향으로 움직인다.

＊ 패러데이 전자기 유도 법칙

코일을 통과하는 자기 선속이 변할 때 유도 기전력이 생성된다. 이때 유도 기전력의 크기는 코일의 감은 수, 시간에 따른 자기 선속의 변화율에 비례하며, 방향은 자기 선속의 변화를 방해하는 방향이다.

$$V = -N\frac{d\Phi}{dt}$$

---

05 **정답 ⑤** **＊ 산화 환원 반원과 에너지 출입** 2028 대비 수능 예시 5

다음은 학생 A가 수행한 탐구 활동이다.

〈가설〉
지구 및 생명 현상에서 산화 환원 반응이 일어나면
⊙ 주위로 열을 방출 또는 흡수한다.

〈탐구 과정〉
· 산화 환원과 관련한 지구 및 생명 현상 (가)~(다)에서 일어나는 산화 환원 반응의 화학 반응식과 이 반응이 일어날 때 주위로 열을 흡수 또는 방출하는지 조사한다.

(가) 호상철광층의 형성 　(나) 식물의 광합성 　(다) 산화 헤모글로빈의 형성

〈탐구 결과〉
단서 산소와 이온 결합 ➡ 전자를 잃어버림

현상	화학 반응식	열의 출입
(가)	$4Fe+3O_2 \rightarrow 2Fe_2O_3$	방출
(나)	$6CO_2+6H_2O \rightarrow C_6H_{12}O_6+6O_2$	흡수
(다)	$Hb + O_2 \rightarrow HbO_2$	방출

〈결론〉
산소와 결합함 ➡ 산화
· 가설은 옳다.

학생 A의 결론이 타당할 때, 이에 대한 설명으로 옳은 것만을 [보기]에서 있는 대로 고른 것은?

[보기]
ㄱ. '주위로 열을 ~~방출한다~~ '는 ⊙에 해당한다.
　'주위로 열을 방출 또는 흡수한다.'
ㄴ. (가)의 반응에서 Fe은 전자를 잃는다.
　(가)의 반응에서 Fe은 전자를 잃으면서 산화된다.
ㄷ. (다)의 반응에서 Hb은 산화된다.
　(다)에서 Hb는 산소와 결합하면서 산화된다.

① ㄱ　② ㄴ　③ ㄷ　④ ㄱ, ㄴ　⑤ ㄴ, ㄷ

단서+발상

단서 (가), (나), (다)의 화학 반응에서 산소와의 결합 여부가 제시되어 있다.
발상 화학 반응식으로부터 산화 환원 반응을 추론할 수 있다.
적용 산소의 이동 또는 전자의 이동에 의한 산화 환원 반응을 적용해서 반응 물질의 산화 환원 여부를 파악하는 것부터 문제 풀이를 시작해야 한다.

| 문제＋자료 분석 |
· **(가) 호상철광층 형성:** 철이 산소와 결합하여 산화 철이 퇴적된다.
➡ Fe이 산화되며, 이 반응에서 열이 방출된다.
· **(나) 식물의 광합성:** 이산화 탄소와 물이 화학 반응을 일으켜 포도당을 형성한다. ➡ C는 산소와 분리되면서 수소와 결합하므로 환원된다. 이때 열을 흡수한다.
· **(다) 산화 헤모글로빈의 형성:** Hb과 산소와 결합하여 HbO_2가 형성된다. ➡ Hb이 산화되며, 이 반응에서 열이 방출된다.

| 보기 분석 |
ㄱ. 〈탐구 결과〉에서 (가)와 (다)의 반응에서는 열을 방출하고, (나)의 반응에서는 열을 흡수한다. 결론에서 가설이 옳다고 했으므로 가설은 '산화 환원 반응이 일어나면 주위로 열을 방출 또는 흡수한다'이다.
ㄴ. (가)에서 Fe과 산소는 이온 결합을 한다. 따라서 Fe은 산소에게 전자를 내주면서 산화되고, 산소는 전자를 얻어 환원된다.
ㄷ. (다)의 반응에서 Hb은 산소와 결합한다. 따라서 Hb은 산화된다.

＊ 산화 환원 반응
산화 환원 반응은 산소의 이동 또는 전자의 이동으로 설명할 수 있다. 전자의 이동에 의한 산화 환원 반응은 산소의 이동에 의한 산화 환원 반응보다 훨씬 더 넓은 개념이다.

다음은 중화 반응 실험이다.

〈실험 과정〉

(가) HCl 수용액과 NaOH 수용액을 각각 50 mL 준비한다.

(나) (가)에서 준비한 두 가지 수용액의 부피를 표와 같이 달리하여 혼합한 용액 Ⅰ~Ⅲ을 만들고, 각 혼합 용액의 최고 온도를 측정한다. **단서** Ⅰ~Ⅲ 혼합 용액 부피가 동일하므로 최고 온도는 중화 반응한 양에 비례

혼합 용액	Ⅰ	Ⅱ	Ⅲ
HCl 수용액의 부피(mL)	15	10	5
NaOH 수용액의 부피(mL)	5	10	15

(다) Ⅰ~Ⅲ에 BTB 용액을 각각 2~3방울 넣은 후 혼합 용액의 색을 관찰한다. Ⅰ에서 H^+, OH^- 각 $4N$개씩 반응 / Ⅲ에서 H^+, OH^- 각 $2N$개씩 반응 ∴ $t_1 > t_2$

〈실험 결과 및 자료〉

혼합 용액	Ⅰ	Ⅱ	Ⅲ
최고 온도(℃)	t_1		t_2
혼합 용액의 색	㉠ 노란색	파란색 염기성	
이온 모형	Na^+ 2개 OH^- ~~2개~~ → 0개 H^+ ~~3개~~ → 1개 Cl^- 3개 ➡ 산성	▲●■■ / ■●▲ / ▲■●　Cl^-, OH^- 중 하나로 각각 2개씩	Na^+ 6개 Na^+ 4개 OH^- ~~6개~~ → 5개 H^+ ~~1개~~ → 0개 Cl^- 1개
모든 이온 수	$12N$ 모형 6개	$x = 16N$ 모형 8개	$y = 24N$ 모형 12개

이에 대한 설명으로 옳은 것만을 [보기]에서 있는 대로 고른 것은? (단, 혼합 전 모든 수용액의 온도는 같고, 혼합 용액의 부피는 혼합 전 각 수용액의 부피의 합과 같다.)

─────[보기]─────
ㄱ. ~~파란색~~ 은 ㉠에 해당한다.
　Ⅰ은 산성이므로 노란색이다.
ㄴ. $t_1 > t_2$ 이다.
　Ⅰ에서는 H^+, OH^- 각 $4N$개씩 반응
　Ⅲ에서는 H^+, OH^- 각 $2N$개씩 반응 ∴ $t_1 > t_2$
ㄷ. $x + y = 40N$ 이다.
　$x = 16N$, $y = 24N$ ∴ $x + y = 40N$
────────────────

① ㄱ　② ㄴ　③ ㄷ　④ ㄱ, ㄴ　⑤ ㄴ, ㄷ

🧠 **단서＋발상**

단서 혼합 용액의 조성과 혼합 용액 Ⅱ의 색, 이온 모형이 제시되어 있다.

발상 혼합 용액 Ⅱ의 색과 이온 모형으로 혼합 용액 Ⅰ~Ⅲ의 이온 모형을 추론할 수 있다.

적용 HCl 수용액과 NaOH 수용액의 혼합 용액에서 양이온과 음이온 수는 같다는 것을 적용해서 혼합 용액 Ⅱ에 존재하는 각 이온의 수를 구하는 것부터 문제 풀이를 시작해야 한다.

| 문제＋자료 분석 |

· HCl 수용액과 NaOH 수용액에 존재하는 H^+, Cl^-과 Na^+, OH^-은 모두 1가이므로, 혼합 용액에서 양이온 수와 음이온 수는 서로 같아야 한다.

· 혼합 용액 Ⅱ는 혼합 용액의 색이 파란색으로 염기성이므로 H^+은 없고 양이온은 Na^+만 남아 있어야 하며, 음이온은 OH^-, Cl^-이 있어야 한다. 따라서 이온 모형에서 4개 존재하는 ■은 양이온인 Na^+이고 ●와 ▲은 각각 음이온인 OH^-, Cl^- 중 하나이다.

· 혼합 용액 Ⅱ는 HCl 수용액과 NaOH 수용액을 각 10 mL씩 섞었으므로 HCl 수용액 10 mL에 존재하는 H^+, Cl^-의 모형은 각각 2개, NaOH 수용액 10 mL에 존재하는 Na^+, OH^-은 각각 4개이다.

· 혼합 용액 Ⅰ~Ⅲ에 존재하는 이온은 표와 같다.

혼합 용액	Ⅰ	Ⅱ	Ⅲ
이온 모형	Na^+ 2개 OH^- ~~2개~~ → 0개 H^+ ~~3개~~ → 1개 Cl^- 3개 ➡ 모형 6개	Na^+ 4개 OH^- ~~4개~~ → 2개 H^+ ~~2개~~ → 0개 Cl^- 2개 ➡ 모형 8개	Na^+ 6개 OH^- ~~6개~~ → 5개 H^+ ~~1개~~ → 0개 Cl^- 1개 ➡ 모형 12개
모든 이온 수	$12N$	$16N$	$24N$

| 보기 분석 |

ㄱ. 혼합 용액 Ⅰ은 산성이므로 ㉠은 노란색이어야 한다.

ㄴ. 중화 반응에서 발생한 열량은 중화 반응한 양에 비례한다. 혼합 용액 Ⅰ에서 H^+과 OH^-이 $4N$개(모형 2개에 해당)씩 반응했고, 혼합 용액 Ⅲ에서는 $2N$개(모형 1개에 해당)씩 반응했으며, 혼합 용액의 전체 부피는 20 mL로 서로 같으므로 온도는 혼합 용액 Ⅰ에서가 Ⅲ에서보다 높아 $t_1 > t_2$이다.

ㄷ. 혼합 용액 Ⅰ에서 이온 모형 6개가 이온 수 $12N$에 해당하므로 $x = 16N$, $y = 24N$이 되어 $x + y = 40N$이다.

＊ 중화 반응

· **산과 염기의 중화 반응**: 산과 염기가 반응하여 물과 염을 생성하는 반응

· **중화 반응의 개수 비**: 산과 염기를 혼합하면 산의 수소 이온(H^+)과 염기의 수산화 이온(OH^-)이 1：1로 반응하여 물(H_2O)을 생성한다.

$$H^+ + OH^- \longrightarrow H_2O$$

· **혼합 용액의 온도 변화**: 중화점에서 온도가 가장 높다. 반응하는 수소 이온(H^+)과 수산화 이온(OH^-)의 수가 많을수록 중화열이 많이 발생하므로 완전히 중화되었을 때 혼합 용액의 온도가 가장 높다. ➡ 중화점

2028.
부록

다음은 이산화 탄소가 지구 온난화에 미치는 영향을 알아보기 위한 탐구 활동이다.

〈탐구 과정〉

(가) 부피가 500 mL로 동일한 페트병 A와 B를 준비하여 20°C의 물을 각각 250 mL씩 채운다.

온실 기체

(나) 물과 반응하면 이산화 탄소가 발생하는 고체 조각 2개를 B에만 넣은 직후, 근거리 무선 통신 온도계를 끼운 고무마개로 A와 B의 입구를 막는다.

(다) 빛의 세기가 일정한 백열전등을 설치하고, 전등으로부터 20 cm 떨어진 곳에 A와 B를 나란히 놓는다.

(라) 근거리 무선 통신 온도계를 스마트 기기에 연결하고 전등을 켠 후, A와 B에서 나타나는 온도를 1분 간격으로 10분 동안 측정한다.

(마) (라)에서 측정한 각각의 페트병 내의 온도 변화를 ㉠과 ㉡의 그래프로 나타낸다.

〈탐구 결과〉

단서
B가 A보다 높은 온도에서 복사 평형을 이룸

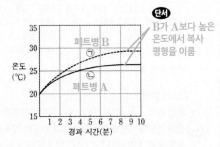

〈결론〉

• 대기 중 이산화 탄소의 양이 많을수록 온실 효과는 (㉮ 강화) 된다.

이에 대한 설명으로 옳은 것만을 [보기]에서 있는 대로 고른 것은?

[보기]

㉠ 페트병 B의 온도 변화를 나타낸 것은 ㉠이다.
  페트병 B는 온실 효과에 의해 온도가 더 높게 나타난다.

㉡ '강화'는 ㉮에 해당한다.
  이산화 탄소에 의해 온실 효과는 '강화'된다.

㉢ 대기 중 이산화 탄소의 양이 현재보다 많아지면 지구는 더 높은 온도에서 복사 평형에 도달할 것이다.
  온실 기체의 농도가 증가할수록 복사 평형 온도가 높아진다.

① ㄱ ② ㄷ ③ ㄱ, ㄴ ④ ㄴ, ㄷ ⑤ ㄱ, ㄴ, ㄷ

🧠 단서+발상

단서 페트병 A와 B의 차이점이 제시되어 있다.

발상 페트병 A와 B에 이산화 탄소의 포함 여부를 고려하여 온실 효과에 따른 온도 변화를 추론할 수 있다.

| 문제+자료 분석 |

• 〈탐구과정〉: A에는 물만 넣고, B에는 물과 이산화 탄소가 발생하는 고체 조각을 넣고 온도 변화를 측정한다.
  ➡ 이산화 탄소에 의한 온실 효과로 A보다 B의 온도가 더 높을 것이다.

• 〈탐구 결과〉: ㉠이 ㉡보다 더 높은 온도에서 복사 평형을 이룬다.
  ➡ 온실 효과는 ㉠이 ㉡보다 강하게 나타난다.

| 보기 분석 |

㉠ B에는 이산화 탄소가 존재하므로 A보다 높은 온도를 유지할 것이다. 따라서 그래프에서 B는 ㉠, A는 ㉡이다.

㉡ 〈탐구 결과〉에서 이산화 탄소가 들어 있는 B가 A보다 높은 온도를 유지하므로 이산화 탄소의 양이 많을수록 온실 효과가 강해짐을 추론할 수 있다.

㉢ 〈탐구 결과〉 그래프에서 ㉠과 ㉡은 모두 복사 평형 온도에 도달하고, ㉠은 ㉡보다 높은 온도에서 복사 평형 상태가 된다. 따라서 대기 중 이산화 탄소의 양이 현재보다 많아지면 지구는 더 높은 온도에서 복사 평형에 도달할 것임을 추론할 수 있다.

그림은 에너지 전환을 주제로 한 발표 자료에 대해 학생 A, B, C가 대화하는 모습을 나타낸 것이다.

내연 기관 자동차와 전기 자동차의 에너지 전환

• ㉠ 내연 기관에서 사용하는 화석 연료에는 모두 탄소(C)가 포함됨 단서 연소 과정에서 이산화 탄소 발생 ➡ 온실 기체

• 내연 기관 자동차에서 공급받은 연료의 에너지가 $100E_0$, 전기 자동차가 공급받은 전기 에너지가 $25E_0$일 때의 에너지 전환

내연 기관 자동차
공급받은 연료의 에너지 $100E_0$
발생한 열에너지 $79E_0$
효율 $= \dfrac{20E_0}{100E_0} = 0.2$
장치에 필요한 전기 에너지 E_0
주행에 사용하는 에너지 $20E_0$

전기 자동차
공급받은 전기 에너지 $25E_0$
효율 $= \dfrac{16E_0}{25E_0} = 0.64$
발생한 열에너지 $8E_0$
장치에 필요한 전기 에너지 E_0
주행에 사용하는 에너지 $16E_0$

㉠이 연소하는 과정에서 온실 기체가 발생해.

공급받은 에너지를 주행에 사용하는 에너지로 전환하는 과정에서의 에너지 효율은 내연 기관 자동차가 전기 자동차보다 ✗

같은 양의 에너지를 공급받았을 때 버려지는 열에너지가 많을수록 에너지 효율은 낮아져.
내연 기관: 0.2
전기 자동차: 0.64

이산화 탄소

학생 A 학생 B 학생 C

제시한 내용이 옳은 학생만을 있는 대로 고른 것은?

① A ② B ③ A, C ④ B, C ⑤ A, B, C

🧠 단서+발상

단서 내연 기관 자동차와 전기 자동차의 에너지 전환 과정이 제시되어 있다.

발상 에너지 전환 과정에서의 에너지 보존과 전환 효율을 추론할 수 있다.

적용 에너지 효율 $= \dfrac{\text{주행에 사용하는 에너지}}{\text{공급받은 에너지}}$ 를 적용하여 각 자동차의 에너지 효율을 구하는 것부터 문제 풀이를 시작해야 한다.

• 내연 기관 자동차의 에너지 효율

$$= \frac{\text{주행에 사용하는 에너지}}{\text{공급받은 에너지}} = \frac{20E_0}{100E_0} = 0.2$$

• 전기 자동차의 에너지 효율

$$= \frac{\text{주행에 사용하는 에너지}}{\text{공급받은 에너지}} = \frac{16E_0}{25E_0} = 0.64$$

왜 틀렸나?

단순히 주행에 사용하는 에너지가 전기 자동차보다 내연 기관 자동차에서 더 큰 것만을 보고 B를 옳은 설명으로 고르면 안 된다. 에너지 효율은 공급받은 에너지에 대한 사용한 에너지의 비율이므로 공급받은 에너지를 같이 고려해주어야 한다. 이 경우는 내연 기관 자동차에서 공급받은 에너지가 훨씬 크다는 것에 주목한다.

| 선택지 분석 |

③ **학생 A**: 내연 기관에서 화석 연료를 연소하는 과정에서 화석 연료의 탄소(C)가 공기 중의 산소(O_2)와 결합하여 이산화 탄소(CO_2)가 만들어진다. 이산화 탄소는 대표적인 온실 기체이다. ➡ 옳음

학생 B: 공급받은 에너지를 주행에 사용하는 에너지로 전환하는 과정에서의 에너지 효율은 내연 기관 자동차에서 0.2, 전기 자동차에서 0.64이므로 전기 자동차가 더 크다. ➡ 옳지 않음 (함정)

학생 C: 에너지 전환 과정에서도 에너지는 보존되므로 [공급받은 에너지=주행에 사용하는 에너지+장치에 필요한 전기 에너지+발생한 열에너지]가 성립한다. 따라서 같은 양의 에너지를 공급받았을 때 버려지는 열에너지가 많을수록 사용하는 에너지가 작아지므로 에너지 효율은 낮아진다. ➡ 옳음

---

09 정답 ⑤ ✱ 효소의 기능, 화학 결합 .... 2028 대비 수능 예시 9

다음은 어떤 학생이 작성한 과산화 수소 활용 실험 보고서이다.

〈가설 1〉
• 감자즙에는 ⓐ 과산화 수소 분해 반응을 촉진하는 효소가 있을 것이다.
$$2H_2O_2(l) \rightarrow 2H_2O(l) + O_2(g)$$

〈가설 2〉
• 과산화 수소수는 산성을 띨 것이다.

〈준비물〉
• 4홈판, 스포이트, 과산화 수소수, 감자즙, BTB 용액

A: 과산화 수소수 + 증류수
B: 과산화 수소수 + 감자즙
C: 과산화 수소수 + BTB 용액
D: 증류수 + BTB 용액

〈실험 과정〉
(가) 4홈판의 A~C에는 각각 과산화 수소수 3 mL를 넣고, D에는 증류수 3 mL를 넣는다.
(나) A에는 증류수, B에는 감자즙, C와 D에는 각각 BTB 용액을 2~3방울 넣는다.
(다) A~D에서 기포 생성 여부와 용액의 색 변화를 관찰한다.

〈실험 결과〉

감자즙이 과산화 수소 분해 반응을 촉진한다는 것을 알 수 있음 / 과산화 수소수가 산성임을 알 수 있음

구분	단서 A	B	C	D
기포 생성 여부	생성 안 됨	생성됨	생성 안 됨	생성 안 됨
색깔	투명	?	노란색	녹색

이에 대한 설명으로 옳은 것만을 [보기]에서 있는 대로 고른 것은?

-[보기]-
ㄱ. ⓐ는 과산화 수소 분해 반응의 활성화에너지를 낮춘다.
   분해 반응을 촉진하는 효소는 반응의 활성화에너지를 낮춰 화학 반응이 쉽게 일어나도록 해준다.
ㄴ. 과산화 수소 분해로 생성된 산소(O_2)는 공유 결합 물질이다.
   O_2는 비금속 원소인 산소 원자 간 결합으로 공유 결합 물질이다.
ㄷ. C와 D에서의 실험 결과를 비교하여 가설 2를 검증할 수 있다.
   C와 D를 비교하면 과산화 수소수가 산성인지 알 수 있다.

① ㄱ   ② ㄷ   ③ ㄱ, ㄴ   ④ ㄴ, ㄷ   ⑤ ㄱ, ㄴ, ㄷ

단서+발상

단서 가설 2가지와 실험 결과가 제시되어 있다.
발상 실험 결과로부터 가설이 맞는지 여부를 추론할 수 있다.
적용 실험에서 A와 B, C와 D의 결과를 비교하여 가설이 옳은지 여부를 구하는 것부터 문제 풀이를 시작해야 한다.

| 문제+자료 분석 |

• **과산화 수소 분해 반응**: $2H_2O_2(l) \rightarrow 2H_2O(l) + O_2(g)$
  ➡ 반응의 결과 산소(O_2) 기체가 생성된다.

• **A와 B 비교**: 실험 결과에서 과산화 수소수에 증류수를 넣은 A와 감자즙을 넣은 B를 비교했을 때 B에서만 기포가 생성된 것으로 보아 〈가설 1〉이 옳은 것임을 알 수 있다.

• **C와 D 비교**: 실험 결과에서 증류수에 BTB 용액을 넣은 D는 녹색으로 중성을 나타내지만 과산화 수소수에 BTB 용액을 넣은 C는 노란색으로 산성을 나타내는 것으로 보아 〈가설 2〉가 옳은 것임을 알 수 있다.

| 보기 분석 |

ㄱ. ⓐ(과산화 수소 분해 반응을 촉진하는 효소)는 과산화 수소 분해 반응의 활성화 에너지를 낮춰 반응이 쉽게 일어나도록 해준다.

ㄴ. 과산화 수소 분해 반응에서 생성된 산소(O_2)는 비금속 원소인 산소(O) 원자만으로 이루어진 공유 결합 물질이다.

ㄷ. D에서 증류수에 BTB 용액을 넣었을 때는 중성이므로 녹색이 나타나지만, C에서 과산화 수소수에 BTB 용액을 넣었을 때는 노란색으로 나타나는 것으로 보아 과산화 수소수는 산성이라는 〈가설 2〉가 옳다는 것을 알 수 있다.

✱ **효소**

• 감자에는 카탈레이스와 같은 효소가 들어 있는데, 카탈레이스는 과산화 수소 분해 반응에서 활성화 에너지를 낮춰 반응이 빠르게 일어날 수 있도록 해준다.

2028.
부록

다음은 어떤 항생제 내성에 관한 자료이다.

- 항생제 내성 세균은 항생제에 노출되었을 때 생존 가능성이 높고, 항생제 감수성 세균은 항생제에 노출되었을 때 죽을 가능성이 높다.
- 항생제 X에 대한 내성은 돌연변이에 의해 생기고, 다음 세대로 유전된다. _{단서} (다)에서 (나)의 비율 유지
- X가 없는 조건에서 X 내성 세균과 X 감수성 세균의 증식 속도는 동일하다.
- 그림은 X 처리 여부에 따라 X 내성 세균과 X 감수성 세균의 비율이 변화하는 과정을 나타낸 것이다.

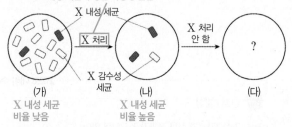

이 자료에 대한 설명으로 옳은 것만을 [보기]에서 있는 대로 고른 것은?

─────────[보기]─────────
ㄱ. X에 노출되지 않은 세균 집단에서 X 내성 세균은 발생할 수
  ~~없다.~~ X 내성 세균은 돌연변이에 의해 임의 발생할 수 있다.
ㄴ. (가) → (나) 과정에서 세균의 형질에 따른 자연선택의 원리가
  적용된다. (가) → (나) 과정에서 자연선택의 원리가 적용된다.
ㄷ. X 내성 세균의 비율은 (가)에서보다 (다)에서가 높다.
  항생제 X에 대한 내성은 다음 세대로 유전되기 때문에 X 내성 세균의
  비율은 (가)에서보다 (다)에서가 높다.

① ㄱ   ② ㄷ   ③ ㄱ, ㄴ   ④ ㄴ, ㄷ   ⑤ ㄱ, ㄴ, ㄷ

 단서+발상

(단서) 항생제 X의 처리 전후 X 내성 세균과 X 감수성 세균의 비율이 변화하는 과정이 제시되어 있다.

(발상) 항생제 X를 처리한 후에 X 내성 세균의 생존 가능성이 높으므로 (나)에서 X 내성 세균의 비율이 높아질 것이며, 이 형질이 다음 세대로 유전되기 때문에 (다)에서도 이 비율이 유지될 것임을 추론할 수 있다.

| 문제+자료 분석 |
- (가): 항생제 X에 대한 내성은 돌연변이에 의해 무작위로 생기기 때문에 (가)에서 X 내성 세균이 낮은 비율로 존재한다.
- (나): 항생제 X를 처리하면 X 감수성 세균은 죽을 가능성이 높고 X 내성 세균은 생존 가능성이 높기 때문에 (가)보다 (나)에서 X 내성 세균의 비율이 높아진다.
- (다): 항생제 X에 대한 내성은 다음 세대로 유전되기 때문에 (나)에서 높아진 X 내성 세균의 비율이 (다)에서도 유지될 것이다.

| 보기 분석 |
ㄱ. 항생제 X에 대한 내성은 돌연변이에 의해 무작위적으로 발생하기 때문에 세균 집단이 X에 노출되었는지 여부와 관계없이 X 내성 세균은 발생할 수 있다.
ㄴ. 항생제 내성 세균은 항생제에 노출되었을 때 생존 가능성이 높다. (가) → (나) 과정에서 항생제 X가 처리되었으므로, 환경 변화에 따른 자연선택에 의해 항생제 내성 형질을 가진 세균의 비율이 높아진다.
ㄷ. 항생제 X를 처리한 후 (가)에서보다 (나)에서 X 내성 세균의 비율이 높아졌으며, 항생제 X에 대한 내성은 다음 세대로 유전되는 형질이므로 이 비율이 (다)에서도 유지된다. _{함정}
따라서 X 내성 세균의 비율은 (가)에서보다 (다)에서가 높다.

 문제 풀이 (꿀팁)
- 개체 사이의 유전자 차이는 돌연변이나 생식세포의 다양한 조합으로 발생한다. 이러한 유전자 차이는 환경에 따른 자연선택에 영향을 주며, 자손에게 전달될 수 있다.
세균 집단에서 돌연변이에 의해 항생제 내성 형질이 우연히 나타날 수 있으며, 항생제가 사용되는 환경에서는 자연선택에 의해 항생제 내성 세균의 비율이 높아진다. 이 형질은 다음 세대에게 전달되기 때문에, 이후 항생제가 사용되지 않더라도 변화된 비율이 유지된다.

───

다음은 생명체의 단백질과 유전정보에 대한 자료이다. ⓐ와 ⓑ는 단백질과 DNA를 순서 없이 나타낸 것이다.

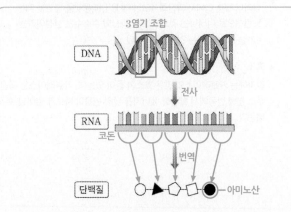

- ⓐ(단백질)의 합성에 이용되는 아미노산은 약 20 종류이다.

- ⓐ(단백질)를 구성하는 아미노산의 종류와 결합 순서는 ⓑ(DNA)에 있는 유전정보에 의해 결정된다. ⓑ(DNA)에서 연속된 2개의 염기가 1개의 아미노산에 대한 정보를 갖는다면 최대 16종류의 아미노산을 지정할 수 있고, 연속된 3개의 염기가 1개의 아미노산에 대한 정보를 갖는다면 최대 64종류의 아미노산을 지정할 수 있다.
  ➡ 3염기 조합

이에 대한 설명으로 옳은 것만을 [보기]에서 있는 대로 고른 것은?

─────────[보기]─────────
ㄱ. ⓐ는 효소의 구성 성분이다. 단백질은 효소의 구성 성분이다.
ㄴ. ⓑ를 구성하는 단위체는 4종류이다.
  DNA를 구성하는 단위체는 4종류의 뉴클레오타이드이다.
ㄷ. ⓑ에서 연속된 ~~2개~~의 염기가 1개의 아미노산을 지정한다. 3개

① ㄱ   ② ㄴ   ③ ㄱ, ㄴ   ④ ㄱ, ㄷ   ⑤ ㄴ, ㄷ

단서+발상

단서 DNA에서 RNA, 단백질로 이어지는 유전정보의 흐름과, 단백질 합성에 이용되는 아미노산의 종류 수가 제시되어 있다.

발상 단백질의 합성에 이용되는 아미노산의 종류가 20종류인데, 2개의 염기가 1개의 아미노산에 대한 정보를 갖는다면 20종류의 아미노산을 모두 지정할 수 없음을 추론할 수 있다.

| 문제＋자료 분석 |

- ⓐ: 아미노산이 단백질의 합성에 이용되므로 ⓐ는 단백질이다.
- ⓑ: DNA에 있는 유전정보에 의해 아미노산의 종류와 순서가 결정되므로 ⓑ는 DNA다.
- DNA에서 연속된 2개의 염기가 1개의 아미노산에 대한 정보를 갖는다면 최대 16종류의 아미노산을 지정할 수 있는데, 단백질의 합성에 이용되는 아미노산은 16종류를 초과한 20종류이므로 모순이다.
- DNA에서 연속된 3개의 염기가 1개의 아미노산에 대한 정보를 갖는다면 최대 64종류의 아미노산을 지정할 수 있으므로 단백질의 합성에 이용되는 20종류의 아미노산을 충분히 지정할 수 있다. 실제로 DNA의 3염기 조합이 아미노산 하나를 지정하는 부호가 된다.

| 보기 분석 |

ㄱ. 유전정보에 따라 합성된 ⓐ(단백질)는 효소, 근육, 머리카락 등을 구성하며 체내에서 특정한 기능을 수행한다.

ㄴ. ⓑ(DNA)를 구성하는 단위체는 뉴클레오타이드로 당, 염기, 인산으로 이루어져 있다. DNA를 구성하는 뉴클레오타이드의 당과 인산은 모두 동일하며, 염기는 아데닌(A), 구아닌(G), 사이토신(C), 타이민(T)의 4종류로 ⓑ를 구성하는 단위체는 4종류이다.

ㄷ. 20종류의 아미노산을 지정하려면 ⓑ(DNA)에서 최소 연속된 3개 이상의 염기가 1개의 아미노산을 지정해야 한다.

＊ 생명 중심 원리

- **전사**: DNA에 저장된 유전정보가 RNA로 전달되는 과정으로 DNA와 상보적인 염기 서열의 RNA가 합성되는 과정을 거친다.
- **번역**: RNA의 유전정보로부터 단백질이 합성되는 과정으로 RNA의 염기 3개인 코돈이 하나의 아미노산을 지정하는 부호가 된다.

---

12 정답 ③　＊기상 데이터 측정 및 해석　

2028 대비 수능 예시 12

다음은 디지털 센서를 활용하여 실시간 기상 데이터를 측정하는 탐구 활동이다.

〈탐구 과정 및 결과〉

(가) 어느 날 오후, 교실 내의 기온, 기압, 절대 습도, 이슬점을 측정하는 디지털 센서를 설치한다.

(나) 디지털 센서와 스마트 기기를 근거리 무선 통신으로 연결한 후, 스마트 기기가 기상 데이터를 30초 간격으로 수신하도록 설정한다.

(다) 스마트 기기에 기록된 〈자료 1〉의 기상 데이터를 이용하여 〈자료 2〉와 같이 (㉠ 그래프로 변환)하고, 〈자료 2〉의 경향성을 해석한다.

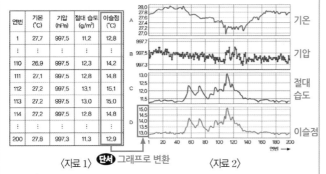

〈자료 1〉 **단서** 그래프로 변환　〈자료 2〉

〈결론〉

공기 중 단위 부피당 수증기량(절대 습도)이 많을수록 이슬점은 대체로 (㉡ 상승)한다.

이에 대한 설명으로 옳은 것만을 [보기]에서 있는 대로 고른 것은?

[보기]

ㄱ. '그래프로 변환'은 ㉠에 해당한다.
　〈자료 2〉는 측정한 기상 데이터를 그래프로 변환한 것이다.

ㄴ. A~D 중 이슬점 그래프는 ~~B~~이다. D
　이슬점 그래프는 최댓값이 15.1이다.

ㄷ. '상승'은 ㉡에 해당한다.
　절대 습도(C)와 이슬점(D)이 비례하므로 '상승'은 ㉡에 해당한다.

① ㄱ　② ㄴ　③ ㄱ, ㄷ　④ ㄴ, ㄷ　⑤ ㄱ, ㄴ, ㄷ

단서+발상

단서 디지털 센서로 측정한 기상 자료가 표와 그래프로 각각 제시되어 있다.

발상 측정된 값의 범위를 비교하여 A~D가 각각 어떤 물리량인지 추론할 수 있다.

| 문제＋자료 분석 |

- 〈자료 1〉: 기온, 기압, 절대 습도, 이슬점의 최댓값과 최솟값의 범위를 비교하면, A는 기온, B는 기압, C는 절대 습도, D는 이슬점이다.
- 〈자료 2〉: A가 감소할 때 C와 D는 대체로 증가하는 경향을 보인다.
　➡ C와 D는 변화 경향성이 대체로 일치한다.

| 보기 분석 |

ㄱ. 〈자료 2〉는 표로 작성한 〈자료 1〉의 기상 데이터를 그래프로 변환한 것이다. 따라서 '그래프로 변환'은 ㉠에 해당한다.

ㄴ. 이슬점은 〈자료 1〉에서 12.8~15.1 사이의 값을 갖는다. 따라서 이슬점 그래프는 〈자료 2〉의 D이다.

ㄷ. 〈자료 2〉에서 C(절대 습도)와 D(이슬점)는 변화 경향이 동일하게 나타난다. 따라서 절대 습도가 높을수록 이슬점은 대체로 상승한다.

2028.
부록

정답 및 해설　209

XISTORY HONORS CLUB

대한민국 **No.1**

자이스토리 장학생 선발!!

자이스토리와 함께 빛나는 성취를 이루어낸 수험생 여러분께
수경출판사가 장학금을 드립니다.

응모자격 ・ 고등·수능 자이스토리 교재로 학습한 고1 · 2 · 3학년, N수생

선발일정 ・ 매년 2월 5일까지 접수 (이메일 접수)
・ 매년 2월 20일 수상자 발표
・ 매년 2월 28일 장학금 수여

선발기준 ・ 수능대비 자이스토리 교재를 활용해 달성한
학업 성취에 대해 진솔한 학습법을 작성한 학생

장 학 금 ・ 자이스토리 장학금 4,000만 원+α
・ **부상** : Xistory Honors Club 장학증서,
Xistory Honors Club 백팩

★ 이현일 장학금(입학생 4명+졸업생)
(대학입학시 100만 원+졸업시 100만 원 지급)

"이현일 장학금"은 MIT출신으로 현 샌프란시스코 재미한인 협회장이신 이현일 씨가 우리나라 이공계
학생들을 후원하기 위해 수경출판사에 기탁한 장학금입니다. 『한국 열등생, MIT우등생』 저자

대상
500만 원
1명

이현일
장학금
400만 원+α
4명+α

금상
200만 원
2명

장려상
100만 원
5명

격려상
50만 원
20명

노력상
모바일 상품권
10만 원
60명+α

・ XISTORY 10th HONORS CLUB 장학금은 2025년 2월 28일에 지급될 예정입니다.
・ XISTORY 9th HONORS CLUB 장학금은 2024년 2월 28일에 지급되었습니다.
・ XISTORY 8th HONORS CLUB 장학금은 2023년 2월 28일에 지급되었습니다.
・ XISTORY 7th HONORS CLUB 장학금은 2022년 2월 25일에 지급되었습니다.
・ XISTORY 6th HONORS CLUB 장학금은 2021년 2월 26일에 지급되었습니다.
・ XISTORY 5th HONORS CLUB 장학금은 2020년 2월 28일에 지급되었습니다.
・ XISTORY 4th HONORS CLUB 장학금은 2019년 2월 27일에 지급되었습니다.
・ XISTORY 3rd HONORS CLUB 장학금은 2018년 2월 27일에 지급되었습니다.
・ XISTORY 2nd HONORS CLUB 장학금은 2017년 2월 24일에 지급되었습니다.
・ XISTORY 1st HONORS CLUB 장학금은 2016년 2월 20일에 지급되었습니다.

*자세한 내용은 수경출판사
홈페이지 www.book-sk.kr를
참조하여 주시기 바랍니다.

자이스토리 · 수경출판사

My Best friend
수경출판사 · 자이스토리

나만의 학습 계획표를 올려 주세요.

나만의 학습 계획표를 작성하고, 사진을 찍어
인스타그램 또는 블로그에 올려 주세요.

★ 필수 해시태그 - #수경출판사 #자이스토리 #수능기출문제집
#학습 계획표

★ 참여해 주신 분께: **바나나우유 기프티콘 증정**

 QR코드를 스캔하여 개인 정보 및 작성한 게시물의 URL을 입력합니다.

수경 Mania가 되어 주세요.

인스타그램, 카페, 블로그 등에
수경출판사 교재로 공부하는 모습,
학습 후기, 교재 사진을 올려 주세요.

★ 참여해 주신 분께: **3,000원 편의점 기프티콘 증정**
★ 우수 후기 작성자: **강남인강 1년 수강권 증정**

 QR코드를 스캔하여 개인 정보 및 작성한 게시물의
URL을 입력합니다.

수험장 생생체험단 모집

자이스토리 교재에 실릴 수능 문제에
대한 나만의 풀이 비법을 전수해 주세요.

★ 대상: **수능을 지원한 고3 및 N수생**
(성적 우수자 우선 선발)

★ 생생체험단 선정 수험생:
문항당 소정의 원고료 증정

QR코드를 스캔하여
해당 링크로 이동합니다.

교재 평가 설문지를 작성해 주세요.

수경출판사 교재 학습 후기, 교재 평가 설문지를 작성해 주세요.
[학생, 선생님 모두 가능]

★ 참여해 주신 분께: **2,000원 편의점 기프티콘 증정**
★ 우수 후기 작성자: **강남인강 1년 수강권 증정**

 QR코드를 스캔하여 해당 링크에 들어가서 설문 조사를 진행합니다.

선생님 전용
설문 조사

학생 전용
설문 조사

＊자세한 사항은 해당 QR코드를 스캔하거나, 홈페이지 이벤트 공지글을 참고해 주세요.
＊이벤트의 내용이나 상품이 변경될 수 있으며, 변경시 홈페이지에 공지됩니다.

판매량 1위, 만족도 1위, 추천도서 1위!!

쉬운 개념 이해와 정확한 연산력을 키운다!!

수력충전

고등 · 중등 · 초등

★ 수력충전이 꼭 필요한 학생들

- 계산력이 약해서 시험에서 실수가 잦은 학생
- 개념 이해가 어려워 자신감이 없는 학생
- 부족한 단원을 빠르게 보충하려는 학생
- 스스로 원리를 터득하기 원하는 학생
- 수학의 전체적인 흐름을 잡기 원하는 학생
- 선행 학습을 하고 싶은 학생

1 쉬운 개념 이해와 다양한 문제의 풀이를 따라가면서 수학의 연산 원리를 이해하는 교재!!

2 매일매일 반복하는 연산학습으로 기본 개념을 자연스럽고 완벽하게 이해하는 교재!!

3 단원별, 유형별 다양한 문제 접근 방법으로 부족한 부분의 문제를 집중 학습할 수 있는 교재!!

─────────────── ★ 수력충전 시리즈

초등 수력충전 [기본]

초등 수학 1-1, 2 / 초등 수학 2-1, 2
초등 수학 3-1, 2 / 초등 수학 4-1, 2
초등 수학 5-1, 2 / 초등 수학 6-1, 2

중등 수력충전

중등 수학 1-1, 2
중등 수학 2-1, 2
중등 수학 3-1, 2

고등 수력충전

공통수학1, 공통수학2
대수 / 미적분 I / 확률과 통계